VASARI · KÜNSTLER DER RENAISSANCE

SAMMLUNG DIETERICH · BAND 39

GIORGIO VASARI

KÜNSTLER DER RENAISSANCE

LEBENSBESCHREIBUNGEN
DER AUSGEZEICHNETSTEN ITALIENISCHEN
BAUMEISTER, MALER UND BILDHAUER

AUSGEWÄHLT UND MIT ANMERKUNGEN
HERAUSGEGEBEN VON
HERBERT SIEBENHÜNER

MIT 8 BILDNISSEN
NACH HOLZSCHNITTEN
DER ZWEITEN ORIGINALAUSGABE

PARKLAND VERLAG

1997 Lizenzausgabe für Parkland Verlag, Köln

Herstellung: Meco Buchproduktion, Dreieich
Einband: H. Hußmann
Druck und Bindung: Druckerei Ernst Uhl, Radolfzell am Bodensee

ISBN 3-88059-927-0

Printed in Germany

INHALT

—

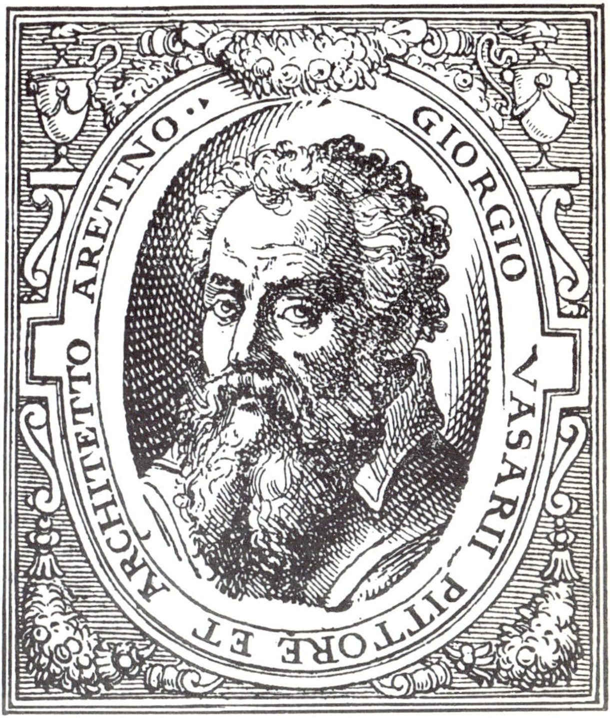
GIORGIO VASARI PITTORE ET ARCHITETTO ARETINO

Giorgio Vasari
und seine
Künstlerbiographien

I.

Es sind nicht die persönlichen Schicksale des Giorgio Vasari, die eine Darstellung seines Lebens interessant und für die Person selbst aufschlußreich machen, sondern seine Leistungen und Begegnungen mit Ideen und Menschen seiner Zeit. Der Reiz einer solchen im weitesten Sinne Biographie zu nennenden Betrachtung beruht vor allem darin, daß sich in ihr der neue Begriff vom Künstler des Cinquecento spiegelt. Die bedeutende Stellung, die das 16. Jahrhundert in der Geschichte der abendländischen Kultur einnimmt, zeigt sich in nicht minder eindringlicher Weise auch im Überblick über die Geschichte der bildenden Künste und der neuen soziologischen Struktur des Künstlerstandes. Selbst wenn die dem Mittelalter selbstverständliche Gleichsetzung von Künstler und Handwerker nicht in vollem Umfang aufrechterhalten blieb, so dient sie zumindest dazu, den Unterschied zu dem Künstlertyp der Renaissance und des Barock zu umschreiben. Noch im 15. Jahrhundert ist in Italien – wieviel mehr erst im Norden – der Kunst-Handwerkerstand zunftmäßig gegliedert; allein die allgemeine Auflösung der spätmittelalterlichen Gesellschaftsordnung im Verein mit dem sich in vielfältiger Weise durchsetzenden Selbstbewußtsein bewirken, daß sich die Traditionen des Berufes hinsichtlich Lehre und Ausübung als selbständiger Meister lockern, bis schließlich von der alten Ordnung nur noch geringe Reste vorhanden sind. Man ist leicht versucht, Lionardo da Vinci als den Prototyp des Befreiers von den alten Bindungen und Fesseln anzusehen, aber die Voraussetzungen für dessen Leben und Schaffen sind doch so anderer Natur, als daß etwa der Künstler Giorgio Vasari mit ihm in Beziehung gesetzt werden könnte. Vasaris Leben und Schaffen bietet eine so vollkommen veränderte Situation gegenüber Lionardo dar, daß er weit eher mit Künstlern des Barock – man braucht nur an Bernini, Rubens oder Lebrun zu denken – verglichen werden kann. Wenn bei Lionardo alle Begabungen und Beschäftigungen nach den verschiedensten Seiten hinreichen, so ist doch immer ein Gravitätszentrum spürbar und ersichtlich, bei Vasari hingegen stehen Begabungen und Beschäftigungen in dauernder und starker gegenseitiger Spannung, deren Auseinanderfall nur mit Mühe gesteuert wird. Allein schon die Tatsache, daß er Künstler und Geschichtsschreiber der Kunst, daß er Künstler und Denkmalpfleger ist, führt die gespannte Duplizität seines Wesens und Schaffens vor Augen; wieviel mehr noch, wenn man bedenkt, daß er sich auf allen Gebieten der bildenden und angewandten Künste betätigt, als Architekt und Bauleiter, als Kunsthandwerker (im modernen Sinne), als Theaterdekorateur usf., daß er diplomatische Missionen übernehmen kann und in den literarischen Zirkeln wie unter seinen Standesgenossen verkehrt. Seine Unermüdlichkeit im Anregen und Entwerfen auf allen Gebieten, das wache Verständnis und die Zugänglichkeit für alle möglichen modernen Ideen und Erfahrungen, die Dienstbeflissenheit weltlichen und geistlichen Fürsten gegenüber und endlich die Einsicht und das unverhohlene Bekenntnis vom Werte seiner selbst sind andere Kennzeichen seines Charakterbildes.

Schon dem Herkommen des Berufsstandes nach ist Vasaris erste Erziehung und Lehre untraditionell und widerspruchsvoll, vielbedeutend aber im Hinblick auf die sich ändernde Struktur des Künstlerstandes im Cinquecento.

Giorgio stammt aus einer Handwerkerfamilie, die seit Generationen die Töpferei betrieb und sich deshalb den Namen »de' Vasari« (vasaio = Töpfer) beigelegt hatte; er wurde am 30. Juli 1511 in Arezzo geboren. Nachdem ihm hier bei einem Glasmaler die Anfangsgründe des Kunsthandwerks gezeigt worden waren, nahm der Kardinal Silvio Passerini den Dreizehnjährigen als Gespielen und Studiengenossen des Hippolyt und Alessandro de' Medici mit nach Florenz. Aber es ist nicht die Welt der großen Künstler, die sich dem jungen Vasari hier anbietet, vielmehr tritt er in den seiner Bedeutung nach nur sekundären Gelehrtenkreis des Hauses Medici ein. In der Hauptsache erfährt Giorgio die Erziehung zu einem gelehrten Höfling, wird mit Sprach- und antiquarischen Studien vertraut, während die Belehrung in den Künsten zunächst unzusammenhängend und ohne Festigkeit ist. Es ist wahrscheinlich, daß ihm der Zugang zur Werkstatt Michelangelos offen war; jedenfalls ist er bei Andrea del Sarto und Baccio Bandinelli vorübergehend zunächst als Lehrling, dann als Gehilfe tätig. Die Vertreibung der Medici aus Florenz zwingt ihn, sich 1527 nach Arezzo zurückzuziehen, und hier, in seiner Vaterstadt, tritt er zum ersten Male als selbständiger Maler auf. Die Bekanntschaft mit dem Maler Rosso Fiorentino wirkt während dieses Aretiner Aufenthaltes nachdrücklich bei der Klärung seines Kunsturteils, und die Freundschaft mit einem anderen Florentiner Maler, Francesco Salviati, vermittelt ihm die Kenntnis einer neuen Kunstanschauung, die wir als »Manierismus« bezeichnen; Salviati veranlaßt auch die Rückkehr nach Florenz. Hier nun finden wir Vasari in den Werkstätten verschiedener Goldschmiede tätig, ruhelos die eine mit der anderen wechselnd. Schon die ersten Jahre der Lehre und Ausbildung enthüllen Vasaris enzyklopädisch veranlagte Natur, zeigen, wie er, von persönlichem und sachlichem

Interesse getrieben sich dem Studium der Malerei, Bildhauerei und dem Goldschmiedehandwerk widmet, ohne dabei wissenschaftliche Studien ganz aufzugeben. Das neue folgende Jahrzehnt zeigt diese Anlage in noch schärferem Lichte. 1529 läßt die Belagerung durch die kaiserlichen Truppen Vasari wiederum von Florenz fliehen; er zieht durch die südlichen Randgebiete der Emilia, durchstreift die Toskana, bis ihn der Studiengenosse der ersten Jugend, Kardinal Hippolyt de' Medici, im Dezember 1531 als Mitglied seiner Hofhaltung nach Rom nimmt.
Hier in Rom lernt Giorgio die Gewalt, die Größe und den Zauber der Antike kennen, studiert nach den unvergleichlichen Werken Michelangelos und Raffaels und tritt mit den römischen Humanisten und Literaten in enge Verbindung. Unter dem Protektorat des Kardinals Hippolyt hatte sich ein Gelehrtenzirkel gebildet – die accademia delle virtù – der Leute wie Paolo Giovio, Annibale Caro, Claudio Tolomei und Cesano angehörten. Neben der Pflege geselligen Verkehrs widmete man sich dort Sprach- und Stilstudien und untersuchte unter anderem Vitruvs Sprach- und Fachausdrücke. In diesem Kreise war Vasari sofort so heimisch geworden, daß er nach kurzer Zeit schreiben konnte, die Akademiker »liebten und leiteten ihn an wie einen Sohn« und seien seine eigentlichen »protettori«. Wenn auch der Kreis der Gelehrten später wieder auseinanderging, so verlor doch Vasari keineswegs die Freundschaft der meisten, und es wird noch zu zeigen sein, welchen Anteil etwa Paolo Giovio, Annibale Caro bei dem Entstehen und dem Abschluß von Vasaris literarischem Hauptwerk hatten. Auch Giorgio verließ 1536 Rom und trat in Florenz in Dienst der Mediceer. Als Porträtist und Maler allegorischer Darstellungen, als Organisator und Festdekorateur begründete er sich eine feste Hofstellung, jedoch die Ermordung des Herzogs Alessandro und die

Bestellung Cosimos I. zum Oberhaupt des Florentiner Staatswesens zwangen ihn zum dritten Male zur Flucht. Wieder nahm Giorgio den Reiseweg nach dem Norden, aber jetzt stößt er als fertiger und schon gefeierter Meister weit in die oberitalienischen Provinzen vor, malt in Mantua, Ferrara, Venedig und Mailand, ist vorübergehend in Toskana, längere Zeit in Rom und gelangt bis Neapel hinunter. Die zahllosen Aufträge, die Vasari ausführt, kommen zum größten Teil von Privaten; es sind Kirchenaltäre und Porträte (diese dem Geschmack der Zeit entsprechend oft in ganzen Serien) und Palastdekorationen. Sein eigenes Haus in Arezzo, das noch im ursprünglichen Zustand erhalten ist und heute das Vasari-Archiv beherbergt, begann er ab 1542 mit umfangreichen Fresken-Allegorien zu schmücken.

Während dieses ruhelosen Jahrzehnts begann sich Vasari ernstlich mit dem Studium der Architektur zu beschäftigen. Charakteristisch dabei ist, daß ihn das Betrachten der Denkmäler der Antike oder seiner Zeit nun nicht direkt mit Architekten in Verbindung treten läßt, sondern daß er den Zugang zur Ausübung des Architektenberufes auf dem Umweg über die Architekturtheorie findet. Die großen Architekturtheoretiker, angefangen von Bramante und Raffael, die unermüdlich den Kanon der antiken Ordnungen und ihrer Teile suchten, sind dabei Giorgios Vorbild gewesen. 1543 scheint bei ihm der Entwicklungsprozeß so weit zum Abschluß gekommen sein, daß ihm Michelangelo riet, sich nur noch mit der Architektur zu beschäftigen; aber es mußten noch Jahre vergehen, bis Giorgio auch als Architekt und Bauleiter tätig war. Im gleichen Jahre traf er schließlich in Rom auch die alten Freunde der accademia delle virtù wieder, in deren Kreis der Plan, Künstlerbiographien zu verfassen, feste Gestalt annahm.

Der dauernde Ortswechsel vermittelte zwar eine stete Bereicherung seines Wissens und seiner Kenntnisse, griff aber Vasaris Gesundheitszustand so an, daß er eine Art fester Anstellung erstrebte. Florenz schien der einzig geeignete Ort, wo noch hinzukam, daß unter Herzog Cosimo I. de' Medici ein ungeahnter Aufschwung im Florentiner Staatswesen eingesetzt hatte, der dem Künstler auch eine sichere und gehobene Stellung versprach. Von 1555 an nimmt Giorgio festen Wohnsitz in Florenz, und nun beginnt für ihn eine ungemein glückliche Zeit. Mit Arbeiten und Aufträgen überhäuft, konnte er seine künstlerischen, literarischen und organisatorischen Talente zu nahezu ungehemmter Entfaltung bringen. Abgesehen davon, daß er selbst noch als Maler tätig ist, leitet er fast für zwei Jahrzehnte den gesamten Florentiner Kunstbetrieb, vereinigt in sich das Amt eines Denkmalpflegers und Bauverwesers. Auf sein energisches Betreiben geht die Gründung der Florentiner Akademie im Jahre 1562 zurück. Er entwirft, organisiert und leitet den Umbau und die Ausstattung des alten Palazzo della Signoria zum herzoglichen Wohn- und Repräsentationsbau. Unterstützt von einem großen Mitarbeiterstab, wird im Laufe der Jahrzehnte der Palast im Innern so stark umgebaut und dekoriert, daß vom Tre- und Quattrocento nur noch verhältnismäßig geringe Teile stehen. Nach seinem Entwurfe wird 1560 der Bau der Stadtverwaltung – der berühmten Uffizien – begonnen; zwei Jahre darauf läßt Großherzog Cosimo I. für den von ihm gegründeten Stefans-Ritterorden in Pisa den Um- und Ausbau seines Palastes durch Vasari vornehmen und 1565 den Verbindungsgang zwischen Pal. Vecchio, Uffizien und Palazzo Pitti, dem neuerworbenen Palast der Medici, bauen. Aus der reichen Tätigkeit von Vasaris letztem Lebensjahrzehnt sei nur noch auf den Bau der Loggien in Arezzo verwiesen (1573 ff.)

und auf die Kirche S. Flora und Lucilla daselbst. Die Auszierung von Brunellescos Florentiner Domkuppel wurde begonnen, aber noch im Anfang dieser Arbeit starb Vasari am 27. Juni 1574 in Florenz.

Beim Versuche, sich Vasaris künstlerisches Schaffen zu vergegenwärtigen, ist es bestimmt weniger die Qualität der malerischen Gesamtproduktion, die einem Interesse abnötigt, als vielmehr die Qualität und Originalität seiner Bauwerke. An den Altären und Freskenzyklen in kirchlichen und profanen Räumen nötigt die Sicherheit und Gewandtheit der technischen Ausführung Bewunderung ab. Vasaris leichtes Anpassungsvermögen läßt ihn häufig schwierige örtliche Gegebenheiten leicht überwinden und komplizierte ikonographische Programme künstlerisch effektvoll vortragen. Bedrängend erscheint einem oft allerdings die Vielfalt seiner Formen- und Gestaltenwelt; die Leichtigkeit, mit der er erfindet, ist durchaus nicht mit der Kraft gepaart, der Komposition zu geschlossener Wirkung zu verhelfen. Daher kommt es, daß man bestimmte Äußerlichkeiten bewundert, und der Eindruck einer phantastischen Willkür bei der Betrachtung seiner Gemälde zurückbleibt. Eine Übereinstimmung von Gedankengehalt und Formbehandlung wird wohl erreicht, aber zumeist veranlaßt der erstere eine solche Wucherung des zweiten, daß man eher geneigt ist, vom Virtuosenhaften statt vom Künstlerischen zu sprechen. Als wirklicher Meister zeigt sich Vasari allerdings auf dem Gebiete der Architektur; Michelangelos Urteil hatte das schon bestätigt, noch ehe Vasari damals selbst gebaut hatte. Hier verhilft Vasaris Wirken einer Stilepoche zu einer echten Blüte. In der ersten Hälfte des 16. Jahrhunderts machen sich in ganz Europa Anzeichen eines Stiles bemerkbar, der nicht mehr zur Hochrenaissance gehört und dem folgenden des Barock direkt entgegengesetzt ist; man hat dafür die Bezeichnung des »Manierismus« verabredet. Daß diesem Begriff nichts von Verfall, Übergangserscheinung, Unechtem anhängt, zeigt am eindringlichsten Vasaris Uffizienbau. Die Grundform des Gebäudekomplexes und die Gliederung der Ordnungen überzeugen, daß Vasari lebendig und schöpferisch an die Bautradition der Florentiner Frührenaissance, an die Tat des Filippo Brunellesco anknüpft; im Kontakt mit der römischen Baukunst erreicht er eine großartige Einfachheit und eine Florenz recht angemessene Harmonie aller Bauteile. Der szenographische Effekt des Baues, vom Arno oder der Piazza Signoria her gesehen, ist elegant und streng, ohne das Gebiet der unrationalistischen Theaterarchitektur auch nur im mindesten zu streifen. Dem Charakter der Provinzstadt Arezzo angemessen wird ein verwandter Bauauftrag mit ans Rustikale grenzenden Mitteln beim Bau der Loggia wiederholt. Die Architektur der Toskana hat durch Vasari im 16. Jahrhundert somit nochmals ihre traditionellen Eigenheiten, die Vorliebe für vornehm-glatte Grundformen, die durch keinen abstrakten Kanon gebundenen Verhältnisse und die Zurückhaltung im Ornamentalen entwickeln können, und zwar so, daß sie sich durchaus ebenbürtig neben den römischen Bauwerken des Vignola behaupten kann.

Ins Zentrum unserer Betrachtung haben wir nunmehr Vasaris unübertroffene Hauptleistung zu stellen, das Werk, das hauptsächlich seinen Nachruhm durch die Jahrhunderte ausgemacht hat: die Künstlerbiographien.

II.

Angaben zur unmittelbaren Entstehungsgeschichte seiner »Lebensbeschreibungen« hat Vasari in der Selbstbiographie gemacht, die er bei der 2. Auflage seinem Werke anfügte; sie lauten: »In dieser Zeit (während der Ausmalung des Pal. della Cancelleria in Rom, 1545/1546) besuchte ich häufig abends, wenn die Tagesarbeit beendet war, zum Mahle den erlauchten Kardinal Farnese, wo sich auch immer Molza, Annibale Caro, Messer Gandolfo und Messer Claudio Tolomei, Messer Romolo Amaseo, Monsignor Giovio und viele andere Gelehrte und Edelleute einfanden, von denen die Hofhaltung jenes Herrn stets voll ist, um ihn mit den schönsten und ehrenvollsten Gesprächen zu unterhalten. Eines Abends kam das Gespräch auf das Museum des Giovio und auf die Bildnisse berühmter Männer, die er dort der Reihe nach und mit den schönsten Inschriften aufgestellt hat. Und als man von einer Sache zur anderen kam, wie es im Gespräche oft geschieht, da sagte Monsignor Giovio, er habe immer ein großes Verlangen gehabt und habe es noch jetzt, seinem Museum und seinem Buche der ‚Lobreden' eine Abhandlung zuzufügen, in der über die hervorragenden Meister der Zeichenkunst, die es von Cimabue bis auf unsere Zeiten hin gegeben hat, gehandelt würde. Indem er sich darüber verbreitete, erwies er, daß er Kenntnis und Urteil in den Dingen unserer Künste hatte. Aber es ist wohl wahr, daß er, da es ihm genügte, eine große Zusammenfassung zu machen, oft nicht so aufs Einzelne achtete und oft, wenn er über die genannten Künstler sprach, entweder die Vornamen oder Familiennamen, die Geburtsorte und die Werke verwechselte oder die Tatsachen nicht genau berichtete wie sie waren, sondern nur so von ungefähr. Als Giovio diese seine Rede beendet hatte, wandte sich der Kardinal an mich und sagte: ‚Was sagt Ihr dazu, Giorgio? Wird dies nicht eine schöne Arbeit und Aufgabe sein?' ‚Schön, erlauchtester Herr', antwortete ich, ‚wenn Giovio von irgendeinem des Handwerks unterstützt werden wird, um die Dinge zu ordnen und um ihm zu sagen, wo sie wirklich hingehören.' Ich sprach so, weil er, wenn auch diese seine Rede wunderbar gewesen ist, viele Dinge durcheinandergeworfen hatte. ‚So könntet Ihr also', erwiderte der Kardinal auf Bitten des Giovio, des Caro, des Tolomei und der anderen, ‚ihm eine Übersicht und eine genaue Aufstellung aller der genannten Künstler und ihrer Werke, nach der Zeit geordnet, geben, und Eure Künste würden so durch Euch eine große Wohltat erfahren.' Ich versprach sehr gerne, diese Sache gemäß meinem Vermögen auszuführen, wenn ich auch erkannte, daß sie über meine Kräfte ging. So setzte ich mich hin, um meine Aufzeichnungen und Schriften zu durchsuchen, die ich seit meiner Jugend als einen gewissen Zeitvertreib und aus einer Zuneigung, die ich für das Andenken unserer Künstler bewahrte, gemacht hatte, wobei mir jede Nachricht über sie sehr teuer war. Ich legte alles zusammen, was mir dazu geeignet erschien und übergab es dem Giovio. Dieser sagte zu mir, nachdem er solche Bemühungen sehr gelobt hatte: ‚Mein lieber Giorgio, ich möchte, daß Ihr die Arbeit übernehmt, alles in jener Weise darzulegen, da ich sehe, daß Ihr es aufs beste zu machen wißt. Ich selbst habe nicht das Herz dazu, da ich nicht die einzelnen Verfahren kenne, noch viele Einzelheiten weiß, die Ihr wissen könnt; abgesehen davon, würde ich, falls ich es auch vermöchte, nur eine ganz kleine Abhandlung nach Art des Plinius schreiben. Macht das, was ich Euch sage, Vasari, denn ich sehe, daß es anfängt, aufs beste zu gelingen; einen Beweis dafür habt Ihr mir mit dieser Darstellung gegeben!' Da es ihm schien, daß ich dazu nicht recht entschlossen war, veranlaßte er mich, mit Caro, Molza, Tolomei und mit anderen meiner Freunde darüber zu reden. Ich entschloß mich dazu und legte schließlich Hand daran an mit der Absicht, wenn das Werk vollendet wäre, es einem von ihnen zu übergeben, daß er es, wenn er es durchgesehen und zurechtgestutzt hätte, unter einem anderen Namen als dem meinen herausbrächte.«

Wenn auch Einzelnes der Aussagen einer eindringlichen Nachforschung nicht standhalten kann – Vasari beschrieb Vorgänge, die schon über zwanzig Jahre zurücklagen –, so ist der Kern seiner Angaben doch unbezweifelbar. Die erwähnten Abendunterhaltungen im Kreise des Alessandro Farnese fanden statt, als entweder Giorgio Vasari für den kunstsinnigen Kardinal seit Ende März 1546 in 100 Tagen den großen Amtssaal im Palazzo della Cancelleria in Rom ausmalte, oder aber schon im Herbste 1545, als der Künstler wegen dieser Arbeit mit dem Kardinal verhandelte. Einige Mitglieder des von Vasari genannten Kreises römischer Literaten und Humanisten waren zu der fraglichen Zeit bereits verstorben oder von Rom abwesend, jedoch hatte Vasari schon seit 1542/43 Gelegenheit gehabt, mit ihnen in Verbindung zu treten, so daß mit ihren Namen zumindest das Milieu dieser inoffiziellen Gelehrtenakademie genau umschrieben ist, aus der heraus der äußere Anstoß zur Abfassung seiner Künstlerbiographien kam. Wir erfahren, daß Paolo Giovio sich zunächst mit dem Gedanken beschäftigt hatte, biographische Skizzen von Künstlern zu verfassen, dann aber, die Überlegenheit Vasaris erkennend, davon abstand. Obschon die Grundkomposition von der Vasaris vollkommen verschieden ist, ist es doch notwendig, kurz darauf einzugehen.

Die berühmte und unvergleichliche Biographik der Antike, wie die »Imagines« des alten Varro, Suetons Lebensbeschreibungen der ersten zwölf römischen Kaiser, Plutarchs »Vitae Parallelae«, war im Mittelalter durch die Darstellung der Heiligenleben abgelöst worden. Die Literaturgattung der Biographik lebte in den Weltchroniken von Eusebius bis zu Giacomo da Acqui in konventioneller Weise fort und fand erst in Boccaccios kleiner Schrift »De viribus illustribus« einen neuen fruchtbaren Beginn. Vespasianos da Bisticci »Vite di uomini illustri del secolo XV«

bildeten den Höhepunkt der Biographik des 15. Jahrhunderts. Auf diese Tradition konnte Paolo Giovio zurückgreifen; das Eigentümliche und Charakteristische bestand bei ihm aber darin: Giovio hatte sich in Como eine Sammlung von Porträten hervorragender Persönlichkeiten angelegt – 1521 haben wir schon Kenntnis davon –, denen er zur Bildung gelehrter Besucher und zum Gedächtnis der Dargestellten rühmende Beischriften nach Art der Sentenzen und Aufschriften auf Ahnenbildern und Grabdenkmälern des Altertums anfügte, die die wichtigsten Ereignisse ihres Lebens und Wirkens in strenger Stilistik erzählen, keineswegs aber eine vollständige Biographie erstrebten. Dieses »Museo Gioviano« der Gelehrtenwelt bekannt zu machen, bemühte sich Paolo Giovio selbst, indem er von den dort aufgestellten 4 Abteilungen (1. verstorbene Gelehrte, Dichter und Humanisten, 2. noch lebende Humanisten, 3. berühmte Künstler und 4. Kriegs- und Friedenshelden aller Zeiten und Völker) zwei in Buchform herausgab: 1546 die »Elogia Virorum Doctorum« und 1551 die sieben Bücher umfassenden »Elogia Virorum Bellica Virtute Illustrorum«. Also gerade in der Zeit der Abendunterhaltungen bei Kardinal Farnese war Giovio mit der Redaktion seiner Elogien beschäftigt, so daß jenes von Vasari wiedergegebene Gespräch sowohl im Zeitansatz als auch hinsichtlich seines Inhaltes kaum zu bezweifeln ist. Erst durch Vasari aber sollte das allgemeine Thema, schriftlich Gedächtnis- und Ruhmesmale berühmter Männer zu verfassen, die entscheidende Wandlung durchmachen: an die Stelle der Elogie trat die klassische Künstlerbiographie.

1545–46 kam es also zu der entscheidenden Aussprache, die den Anlaß zur Niederschrift der Künstlerbiographien bildete. Denn daß es sich für Vasari fast nur noch um die Bearbeitung einer schon seit längerer Zeit angelegten

Notizensammlung, die er für die Verfassung von einfachen Werkverzeichnissen oder für die Darstellung einer Geschichte der bildenden Künste nach Art antiker Enzyklopädien wie die »Historia naturalis« des Plinius oder moderner Schriften von der Art des zweiten Teiles der »Commentarii« des Lorenzo Ghiberti oder schon für Künstlerbiographien im strengeren Sinne angelegt hatte, und um die endgültige Niederschrift des geplanten Werkes handelte, geht eindeutig genug aus der äußeren Entstehungsgeschichte der Lebensbeschreibungen hervor. Daß die innere Bereitschaft und der Entschluß zu einer solchen Unternehmung schon vor 1546 vorhanden waren, ist aus verschiedenen Gründen gesichert: Der Vergleich der von Vasari gesehenen, aufgeführten und zum Teil ausführlich beschriebenen Werke in Toskana und hauptsächlich im östlichen Oberitalien mit seinem sehr gut bekannten Itinerar zwischen 1540 und 1550 zeigt, daß er mindestens seit 1541 mit der Materialsammlung beschäftigt gewesen ist; zum anderen geht eindeutig aus dem Umfang des Werkes und der darin summierten Arbeit im Verhältnis zu der kurzen Zeitspanne zwischen den Abendunterhaltungen und der eigentlichen Vollendung des Manuskriptes hervor, daß die Abfassung ganz allgemein nur eine Sichtung und Ausarbeitung eines seit längerer Zeit gesammelten Materials sein konnte. An Daten und Umständen ist ungefähr das Folgende noch bekannt: Vasari siedelte nach der Vollendung der Cancelleriafresken im November 1546 nach Florenz über und widmete sich ganz der schriftstellerischen Arbeit; schon im März 1547 schrieb der Florentiner Drukker und Verleger Doni, daß er das Werk herausbringen wollte; im Herbst desselben Jahres wird in Rimini die Reinschrift des fast vollständigen Manuskriptes besorgt. Die Handschrift sandte Vasari sodann Annibale Caro, Paolo Giovio und anderen seiner römischen Freunde zur

Begutachtung und wohl auch zur stilistischen Überarbeitung, zumindest um ihr Urteil zu erfahren; inzwischen vervollständigte er den Text durch die Lebensbeschreibungen der jüngst verstorbenen Künstler. Im Herbst 1549 wird das Manuskript dem Florentiner Drucker Torrentino übergeben, der es im April 1550 im Druck herausbringt unter dem Titel: »Le Vite de' più eccellenti architetti, pittori et scultori italiani da Cimabue insino à tempi nostri«. Für Vasari selbst bedeutete die Veröffentlichung noch keine endgültige Trennung von seinem Werke; seine Studien und Reisen wurden fortgesetzt und ausgedehnt, um es in jeder Hinsicht zu verbessern und zu vervollständigen. Seit 1562 hören wir, daß er mit der Umarbeitung und Vorbereitung der zweiten Ausgabe beschäftigt ist, deren erster Band, die Lebensbeschreibung von Cimabue bis Perugino enthaltend, 1564 bei dem Drucker Giuntini in Florenz erschien, dem 1568 ebendort der zweite folgte.

III.

Eine Leben und Schicksal des bildenden Künstlers betreffende Überlieferung kann nur entstehen, wenn nicht mehr allein das Werk als Geschaffenes und die mit ihm verknüpfte Zweckbestimmung, sondern wenn es als die selbständige und eigene Leistung seines Schöpfers interessiert, d. h. wenn die Verbundenheit des Werkes mit dem Schaffenden ein Gegenstand des Nachdenkens wird. Erst unter solchen Voraussetzungen sind die Anfänge einer Künstlerbiographik möglich. Es ist bekannt genug, daß dieses allgemeine Interesse nicht zu allen Zeiten und allerorts vorhanden gewesen ist, daß für uns weite Bezirke des mittelalterlichen Kunstschaffens, eben weil jene Voraussetzungen fehlten, im Dunkel der Anonymität liegen und verbleiben müssen. Zwar gibt es auch in jenen »namenlosen« Zeiten schon Vorboten des Künstlerruhmes in Gestalt von Künstlerinschriften und anderem, so daß sich bisweilen die lockere Kontur einer Gestalt abzuzeichnen scheint, aber die wirkliche biographische Neugier oder das Streben nach einer geschichtlichen Ordnung ist nicht vorhanden. In Italien hat sich allerdings seit dem Ausgange der Antike in Bezug auf den Künstler das Interesse an der Person und seinem Werke nie ganz verloren; während wir diesseits der Alpen die Geschichte unserer Kunst noch ganz ohne Namen schreiben müssen, hellt sich das Dunkel und löst sich der Zauber der Anonymität dort schon verhältnismäßig früh auf. Nicht, daß uns die Erforschung der Urkunden, zeitgenössischer mittel- und unmittelbarer Quellen erst nachträglichen und herbeigezwungenen Einblick in die Künstler- und Stilgeschichte gibt, sondern entscheidend ist vielmehr, daß sich durch die Anfänge der Künstlerbiographik die Gestalt des Künstlers von selbst dem Blicke darbietet. Aber zunächst ist der Name »Künstlerbiographik« doch nur in einem sehr eingeschränkten Sinne zu verstehen, insofern, als der Künstler sozusagen zufällig das Objekt der biographischen Neugier ist, wie etwa ein Staatsmann oder Feldherr, und nicht »das Rätsel des Künstlers« in soziologischer und psychologischer Hinsicht. Die biographischen Nachrichten beginnen im Zeitalter Dantes, durch Dante selbst über Cimabue, Giotto, Oderisi da Gubbio usw., zu fließen, und dieser Quell wird im 14. Jahrhundert in Italien immer stärker, hauptsächlich durch die Arbeit der Dantekommentatoren, bis um die Jahrhundertwende bei Fillippo Villani in »De origine civitatis Florentiae et de eiusdem famosis civibus« eine Reihe biographischer Skizzen, und zwar unter anderem auch schon verstorbener Florentiner Künstler erscheinen. Sofort muß hier auch eine bestimmte Pragmatik festgestellt werden, die von Dante her übernommen, noch bis in unsere Tage fortwirkt, daß nämlich Cimabue als dem ältesten Meister wohl die erste Lebensskizze gewidmet ist, bei Giotto aber betont wird, daß erst durch ihn die neuere Kunst wiedererweckt und geschaffen worden sei, und weiterhin, daß vor Cimabue die Künste in den Fesseln völligen Unvermögens lagen und erst die Florentiner die »erschöpfte und fast schon verloschene Kunst zu neuem Leben führten«. Diese von der Warte einer umfassenden Kunsthistoriographie aus aufgestellte These setzte auch den Ausgangspunkt einer nun weit umfangreicheren, neu und ganz selbständig durchgearbeiteten Sammlung biographischer Skizzen fest, die Lorenzo Ghiberti im zweiten Teile seiner »Commentarien« um die Mitte des Quattrocento schrieb. Eine Reihe ganz neuer Gesichtspunkte gesellt sich hinzu, unter anderen diese: Ghiberti beschließt die Notizen mit einer Selbstbiographie und legt so für sich selbst idealiter eine weitläufige Genealogie an; er schreibt über toskanische Künstler und gibt so echte Kunsthistoriographie in einem bereits als einheitlich gesehenen Landschaftsraume. Die erste und in strengem Sinne den Anforderungen einer Biographie gerecht werdende Lebens- und Werkdarstellung, verknüpft mit einer bisher noch nicht in dieser Schärfe herausgearbeiteten Pragmatik, daß nämlich die neue Baukunst durch Brunellescos Werk unmittelbar mit der Antike verknüpft ist, ist die von einem unbekannten Florentiner um 1480 verfaßte Biographie des Filippo Brunellesco. Wenn auch nur als Fragment erhalten, tritt in ihr die Erhöhung der schöpferischen Persönlichkeit unmittelbar durch die Schilderung seines Lebens und seiner Werke und der Stellung des Helden zu seiner Umwelt vollkommen geklärt hervor. Zugleich ist eine der Biographik im allgemeinen eigene Darstellungsmöglichkeit in Form der Anekdote aufgenommen und in meisterlicher Beherrschung angewandt. Immer, wenn sich die Entstehung einer

großen Erfindung oder eines Kunstwerkes oder was auch immer es sei, im Unfaßlichen verliert, dann sucht die Anekdote in metaphorischem Sinne klärend zu wirken. Teile der Summe aller Eigenschaften und Fähigkeiten oder diese als Ganzes, etwa wo und wann und unter welchen Bedingungen der Antrieb zum künstlerischen Schaffen entspringt, oder wie sich das Wesen des Künstlers zu seiner Umwelt, seinem Lehrer, seinen Vorbildern verhält, muß sich an einer sicher treffenden Umschreibung erhellen. Eine Lösung vom »Rätsel des Künstlers«, die implizite in dieser Biographie angestrebt und erhalten ist, wird von einer Reihe zumeist in der ersten Hälfte des 16. Jahrhunderts entstandenen Sammlungen sogenannter Künstlerbiographien gar nicht mehr gegeben, da jenes selbst nicht einmal gesehen wird. Es handelt sich um eine Gattung schriftlicher Aufzeichnungen, in denen sich der Versuch, eine Verbindung zwischen Werk und Schöpfer herzustellen, größtenteils darin erschöpft, ein Werkverzeichnis in nicht unbedingt getreuer chronologischer Anordnung und Vollständigkeit, verflochten mit spärlichen biographischen Notizen, aufzustellen. Schließlich muß auf die Literaturgattung der Elogie hingewiesen werden, die eingangs am Werke des Paolo Giovio geschildert wurde, in der die Notizen nur locker zusammengefügt und oft auch ohne innere Folgerichtigkeit aufgeführt wurden.
Auf dieses noch weit umfangreichere als hier angedeutet, ja uns bis heute überhaupt bekanntgewordene Quellenmaterial hat Vasari nun selbst kritisch abwägend, gutgläubig vertrauend und gute Texte auch verderbend, zurückgegriffen. Diese Handschriften suchte er in Originalen einzusehen oder sich Abschriften oder Auszüge zu verschaffen; ihren Wert anerkennend oder bestreitend; ihre Kenntnis bekanntgebend oder verschweigend, hat er sie so zu benutzen gewußt, daß sie eine der hauptsächlichsten

Grundlagen für sein Wissen vom Tre- und Quattrocento bilden. Zwei Hauptschwierigkeiten bestanden dabei von vornherein: mit der dort vertretenen Pragmatik fertig zu werden, um aus dem jeweiligen Geschichtsbilde die Beschaffenheit des darin verarbeiteten Materials zu erkennen und die historische Realität klarzustellen. Diesen Forderungen der Quellenkritik ist Vasari jedoch nur sehr bedingt nachgekommen. Sprachlich gleich formulierte Aussagen und Urteile über ein und denselben Gegenstand gewinnen je nach den verschiedenen Beziehungen, in denen sie zu den Grundvorstellungen dieser Autoren stehen, ihre eigene und einmalige Bedeutung; Vasari benutzt aber oft diese Aussagen, sie nicht auf ihren Gravitationskern hin untersuchend, um sie unvermittelt gegen seine eigenen Erfahrungen und Urteile auszuspielen, so daß er oft - ausgesprochen oder nicht ausgesprochen - ungerechte Kritik übt oder auch das ursprünglich Richtige falsch darstellt. Je nach seiner Überzeugung von dem Wert oder Unwert der Quellenaussage behandelt er sie; nur selten kann er den Nachweis über die Richtigkeit bzw. Verfälschung des Tatbestandes an Hand von Inschriften usw. erbringen, und häufig greift er statt dessen auf das ihm eigene Vermögen stilkritischer Entscheidung als letzte Instanz zurück. Er gibt mehrere ausdrücklich von ihm selbst erwähnte Beispiele hiervon; das Bewußtsein von dieser Fähigkeit - etwa einem Laien wie Paolo Giovio gegenüber - scheint uns auch in seinen Unterhaltungen im Kreise des Kardinals Farnese mitzuschwingen, das Bewußtsein nämlich, daß er als Künstler den Vorteil des stilkritischen Urteilsvermögens gegenüber der Kritik der Quellen, der mündlichen Tradition oder anderen Überlieferungen hatte. Außer den Biographiensammlungen zog Vasari noch historische Darstellungen, wie etwa die Geschichte von Florenz des Giovanni und Mattaeo Villani, die Grundlage seiner geschichtlichen Kenntnisse des 13. und 14. Jahrhunderts, sienesische und venezianische Chroniken, Klosterannalen usw. heran. Die Mehrzahl seiner Datierungen geht auf Inschriften zurück, nur selten sind ihm Urkundenauszüge übermittelt worden und noch seltener hat er selbst – wenn überhaupt je – in Archive Einblick genommen. Um recht verstanden zu sein: vor allem mit dem letzten negativen Hinweis soll nicht ein Mangel bezeichnet sein; man braucht sich nur einen Augenblick lang auszudenken, wo die Grenzen bei einer Bearbeitung der Urkunden, an denen die italienischen Archive ja so unerschöpflich reich sind, gezogen werden sollten und welche Konsequenzen dies für seine Arbeitsweise gehabt hätte. Vasari bedurfte vielmehr der Dokumente überhaupt nicht und bedurfte noch weniger ihrer Prüfung und Auslegung auf die Art und den Sinn ihres Inhalts hin, sind doch er wie seine Zeit noch vollkommen unempfindlich für die Verpflichtungen, die uns Heutigen das Studium und die Auswertung der Urkunden auferlegen, und erstrebten sie doch vor allem nicht ein Datengerüst, das wir unter vielen und fortwährenden methodischen Zweifeln zur Rekonstruktion der geschichtlichen Vorgänge aufführen müssen.

Die Klüfte, die Vasari trotz aller seiner Vorarbeiten und auch wegen deren eigentümlichen Charakters häufig von der geschichtlichen Realität trennen, übersprang er mittels der von ihm angewendeten biographischen und doxographischen Methode. Zwar rühmt er sich der Mühe, die er an die Erforschung der persönlichen Verhältnisse der von ihm beschriebenen Künstler gewendet habe, in Wirklichkeit genügt ihm aber oft ein Name, ein Bild, eine Anekdote oder nur eine Assoziation, um seine Phantasiekraft zu wecken. Am sichtbarsten wird das zumeist da, wo er Nachrichten über die Entdeckung des Talentes, den wunderbaren Lehrgang und die Art der künstlerischen Bestrebung bringt und unter Umständen ganz hypothetische Lehrer-Schülerverhältnisse konstruiert. Hier wie da, wo er die besonderen moralischen Eigenschaften, Fleiß, ungeheure Ausdauer, die außerordentliche Schlagfertigkeit, die Lust zu scharfsinniger Rede darstellen will, greift er auf den seit den Anfängen der Biographik vorhandenen und reich differenzierten Formelschatz der Anekdote zurück. Mit Leichtigkeit findet man typische Motive der antiken Biographik und der mittelalterlichen Novellistik; aber Vasaris Verdienst beruht nicht allein in ihrer Anwendung, sondern in der Art der aufschließenden Verwendung zur unmittelbaren Erhellung des Charakters oder der Umstände, die gerade zu schildern sind.

IV.

Ehe die von Vasari vertretene Geschichtsauffassung umrissen werden soll, muß zunächst festgestellt werden, welche Anforderungen an eine Kunst-Geschichtsschreibung in dieser Zeit überhaupt gestellt werden konnten. Und da ist entscheidend, daß eine solche Aufgabe aus den eigentümlichen Bedürfnissen der Künstlerschaft des 16. Jahrhunderts hervorgeht. Die vorvasarianische Künstlerbiographik war – mit Ausnahme des Ghiberti – von Laien geschrieben worden, nun aber sollte der Bildung und den besonderen Interessen des Standes gedient werden. Die Zeiten des Michelangelo und Raffael und Bramante hatten das Gefühl hinterlassen, daß ein Höhepunkt nicht nur der italienischen, sondern der gesamten abendländischen Kunstgeschichte erreicht und überschritten sei; von hier aus ist zunächst die neue retrospektiv gerichtete Stellung in den Künstlerkreisen und das Bedürfnis nach einer Kunst-Geschichtsschreibung und implizite einer Verherrlichung aller bisher hervorgebrachten Leistungen zu verstehen. Die Sammlung der Lebensbeschreibungen hat also als wesentliches Teilziel, eine Ruhmeshalle der italienischen Künstler zu sein, und weiterhin, in der charakteristischen Einstellung des 16. Jahrhunderts, das Selbstgefühl zu erhöhen und dem Stand zu erhöhter sozialer Geltung zu verhelfen. Die Ahnentafel wird zur Ruhmesgalerie, und diese wiederum dient zur Glorifizierung des lebenden Künstlers.

Daß Vasari nicht einfach einen Künstlerkatalog, eine Materialsammlung zur Geschichte der Kunst, im speziellen Künstler und Kunstgeschichte, schreiben wollte, hat er selbst andeutend ausgesprochen und durch die Abfassung seiner Vite zum Ausdruck gebracht. Das Ziel ist, das Entstehen der Kunst seit und durch Giotto und ihre Hochblüte durch Michelangelo zu zeigen. Wenn sich dabei das gesteckte Ziel und das tatsächlich Erreichte durchaus nicht ungezwungen zu einer einheitlichen Anschauung harmonisieren ließen, so liegt es daran, daß Vasari daneben auch versuchte, eine umfassende Theorie der bildenden Künste aufzustellen. Für Vasari gibt es das alte »paragone«-Problem, ob der Malerei, Bildhauerei oder Baukunst der Vorrang gebühre, nicht mehr, und hier ist seine Sonderstellung um so bemerkenswerter, als gerade zu seiner Zeit die Frage von Laien wieder ernsthaft erörtert wurde. Das Erstaunliche von Vasaris Konzeption wird um so offenbarer, als es nach ihm noch niemand wieder gelungen ist, die Geschichte der italienischen Kunst im Zusammenhang und mit solch theoretischer Durchdringung des Stoffes darzustellen. Einem Ghiberti, Filarete u. a. gegenüber charakterisiert sich Vasaris überragende Stellung dadurch, daß sich seine Betrachtung innerhalb der bezeichneten Zeitgrenzen über mehrere Landschaftsräume erstreckt; wenn bei den älteren Schriftstellern noch ein gut Teil Campanilismus die Verbreitung des Künstlerruhmes bestimmt hatte, so gibt Vasari nun zum ersten Male eine wirkliche historische Schau einer nationalitalienischen Kunst. Zwar hatte Ghiberti schon Siena neben Florenz in den Kreis seiner Betrachtung einbezogen, aber erst durch Vasari sind uns die Kunstschulen der Toskana, Umbriens, der Marken, Oberitaliens und Roms usw. bekanntgeworden. Daß die Behandlung der Künstler von Mailand, Verona, Venedig usw. dabei nicht dieselbe Sorgfalt und deren Werk nicht dieselbe Würdigung wie das der Künstler von Florenz und dann der von Rom erfährt, mag noch zu einem Teile daran liegen, daß Vasari ja als Toskaner schrieb, der echte Grund ist jedoch, daß seinem historischen Urteile nach die von ihm flüchtiger behandelten Landschaften in der von ihm aufzuzeigenden Entwicklung nur eine Nebenrolle spielten. Ihm als Historiker stellt sich nach seinen Kenntnissen und Forschungen und ihm als Künstler nach seinem Wissen und seinen Meinungen stellt sich das geschichtliche Thema so dar: den gesetzmäßigen Entwicklungsverlauf der Kunst in Florenz, von Florenz nach Rom und schließlich in Rom selbst aufzuzeigen, d. h. es handelt sich um Giotto und Michelangelo und den zwischen ihnen liegenden Weg. Daß unter solchem Gesichtspunkte z. B. die glänzende Malerschule von Venedig bis zu Tizian hin nur eine untergeordnete oder gar Statistenrolle einnimmt und daß die großen Meister im einzelnen nur summarisch und oft nicht gerecht erfaßt werden, ist leichtverständlich, und trotzdem gelingt es Vasari, auch hier den Lokalcharakter der venezianischen Schule oder lokal noch entferntere Kunstkreise, wie z. B. den von Verona, treffsicher zu skizzieren. Dabei ist Vasaris Darstellungsschema sehr elastisch, so daß es zur Beurteilung seines Werkes immer mehrfacher Maßstäbe bedarf; selbst wo es ihm sozusagen als Historiker klar ist, daß die geschichtliche Mission eines Künstlers innerhalb seines eigenen Themas nicht von Bedeutung ist, interessierte er sich als Künstler unvermittelt für dessen künstlerische Leistung als solche, so daß er voll Liebe und Kritik ein Bild von Mantegna und dessen Schaffen entwirft, das unübertrefflich ist - oder aber - um ein charakteristisches Gegenbeispiel zu geben - Rom und Bramante bzw. Bramante und Rom sind für Vasari ein solch enges Begriffspaar, die Wirkung, die beide aufeinander ausübten, ist so riesengroß, daß das ganze Leben und Schaffen Bramantes vor seiner Ankunft in Rom (als 56jähriger!) in ein paar Sätzen abgetan wird; die Doktrin des Geschichtsbildes läßt eine Gesamtdarstellung Bramantes nicht aufkommen. Die einzelne Biographie, wie abgerundet in sich sie auch sein mag, dient also »zum Beweise«, als »Beispiel« für den allgemeinen historischen Satz. Damit aber wird wiederum nur dargetan, daß es sich in Vasaris Werk nicht um eine lose, zufällige Folge von Viten handelt, sondern daß jede Lebensbeschreibung den Charakter eines Exemplums hat, um die Gesamtentwicklung der italienischen Kunst zu demonstrieren.

Aber hier ist nun noch eine andere Frage von größter Wichtigkeit zu berühren, nämlich die, welche Rolle dem Individuum im Geschichtsverlaufe zukommt. Es steht fest, daß es für Vasari keinen Fortschritt, keine Entwicklung der Kunst für sich gibt, d. h. daß die Entwicklung keine der Kunst eigene Qualität ist; um einen modernen Begriff zu brauchen: es gibt keine Entwicklung durch ein sich selbst modifizierendes »Kunstwollen«. Für Vasari ist der oberste Entwicklungssatz der: ein Meister überwindet seinen Vorgänger deshalb, weil dessen Kunst (-Leistung) noch unvollkommen ist; das Können ist der Maßstab für die Entwicklungsstufe. Mit diesem sozusagen psychologisch begründeten Gedankengang verbindet dann Vasari den anderen, materialistischen, daß es im gleichen Sinne einen Fortschritt in der Technik der Kunst gibt. Die

Verflechtung der beiden Auffassungen tritt besonders klar dann hervor, wenn Vasari das Motiv der Künstlerkonkurrenz einschaltet, um den Mechanismus des Fortschritts dem Leser aufzudecken. Also das Vermögen des einzelnen – die »virtù« –, das Können – das »arteficio« – sind die Triebmomente, und deshalb muß er auf die Erfindungen (»trovate«) und Neuerungen (»novità«) solchen Nachdruck legen. Umgekehrt aber gibt auch der andere Satz: selbst wenn die Kunst noch in ihren Anfängen ist, so ist die vom einzelnen aufgebrachte »virtù« – wie etwa bei Giotto – doch so groß, daß die große Leistung des einzelnen Künstlers gewürdigt wird.
Ein weiteres, äußerst wichtiges Moment seiner Kunsttheorie betrifft die Abgrenzung des von Vasari behandelten Zeitraumes und die Begründung dafür. Ein festes Gerüst seiner Entwicklungstheorie hat Vasari einmal dadurch gegeben, daß der von ihm behandelte Geschichtsabschnitt ein gemeinsames Merkmal – eben die Entwicklung einer zunehmenden Vollendung – hat und daß weiterhin dieses Merkmal in gleichsam verschiedenen Erscheinungsformen auftreten kann. So teilt er die ganze Masse seiner Biographien in drei Abschnitte, welche annähernd den Jahrhunderten entsprechen: Trecento und was ihm vorangeht, Quattrocento und Cinquecento. Die äußersten Grenzen bezeichnen dabei nicht nur zeitliche Fixpunkte, sondern umschließen Vasaris Konzeption vom Begriffe der »rinascità«. Dieser Idee liegt Gedankengut von Vasaris Vorgängern zugrunde, aber erst durch ihn ist sie zum ersten Male voll durchdacht und zu einem kunsttheoretischen System ausgebaut worden: »rinascità«, das ist die Idee von der »Wiedergeburt« oder besser »Neugeburt« der Künste seit ihrem Verfall im Zeitalter Konstantins des Großen und nach dem Zwischenspiel der »Arte barbarica« und »Arte tedesca«, das die Jahrhunderte

vom Ausgange der Antike bis etwa zur Mitte des 13. Jahrhunderts ausfüllte. Es wurde schon angedeutet, daß bei dem unbekannten Verfasser der Brunellesco-Vita und vorher schon bei Ghiberti der Beginn der neueren Kunstentwicklung mit Cimabue und der Überwindung der »Arte greca« (d. h. der byzantinischen Kunst) angesetzt bzw. durch die erste Aufnahme des antiken Formengutes hauptsächlich in der Architektur begründet wurde; bei Vasari jedoch ist der Begriff der »rinascità« nun in einem viel umfassenderen Sinne zu verstehen: wohl ist die Antike als Ferment besonders seit der Wende vom 13. zum 14. Jahrhundert überall zu erkennen und von wechselnder Bedeutung, aber das wirklich Fruchtbare von Vasaris Auffassung besteht darin, daß das Entstehen der neueren Kunst als selbständiger Schöpfungsakt der Künstler begriffen wird, dessen Voraussetzung in der Wendung zur Antike und zur Natur liegt. Sich der Natur und der Antike zu bemächtigen, hat das Trecento gestrebt, allen voran Giotto und die Pisani; innerhalb der gewonnenen Ebene hat die Folgezeit Ordnung geschaffen, indem sie sich um das »rilievo« und das »disegno«, die Komposition und den Kolorismus usf. bemühte. Für die »allerersten Anfänge der neueren Kunst« – wie Vasari die Zeit um 1300 nennt – war das Wieder-finden, d. h. das Wieder-sehen der Antike ein wichtiges Antriebsmoment, es erleichterte, ja ermöglichte erst wieder, nach der »kunstlosen« Zeit des Mittelalters einen Neuansatz und einen Anschluß an die Entwicklung der »Kunst des Altertums«. Die Negation Vasaris, daß zwischen der Spätantike und der Mitte des 13. Jahrhunderts eine vollkommen »kunstlose« Zeit liegt, bietet uns nun eine wichtige Handhabe, seinem »rinascità«-Begriff eine wesentliche Seite abzugewinnen. Wohl war es Vasari durchaus bewußt – denn er gibt ausdrückliches Zeugnis davon –, daß »in jenen dunklen Jahrhunderten«

gebaut, gemalt und skulpiert worden war, aber alle jene Denkmäler boten sich ihm nicht als Brücke zwischen der Antike und der modernen Zeit, da sie nicht die Merkmale haben, durch die sie sich für Vasari als Kunstwerke ausweisen können. Kunstwerke – gemäß Vasaris Auffassung – schuf man nur in der Antike, und der Kunstmittel begannen sich die Menschen der neueren Zeit erst wieder zu bemächtigen, um schließlich durch die Leistung Michelangelos in ihrem unumschränkten Besitz zu sein. »Rinascità« deckt sich somit in keiner Weise mit dem Wort und Begriff »Renaissance«, ist nicht eine Signatur für eine Entwicklungsstufe, sondern der Name für eine Theorie der Kunst der neueren Zeit, deren Fortdauer bis in unsere Zeit sogleich bemerkt wird, wenn man bedenkt, daß Vasari als Wesenszeichen der neueren italienischen Nationalkunst die »grandezza«, »dignità«, »bellezza«, »terribilità«, »disegno« und »rilievo« usf. erkannte.

V.

Wenn Vasari Kunstgeschichte betreibt, entschließt er sich, für die Darstellung die fast unübersehbare Masse des Materials an Hand einzelner Künstlerbiographien vorzuführen und zu gliedern. In den Einleitungen jeder Lebensbeschreibung wird die Summe seiner Urteile über den Künstler, dessen Charakter und Werk vorausgenommen; in schriftstellerisch geschickter und didaktisch höchst wirksamer Weise stellt er den Leser damit zumeist schon in die Position, aus der er seine Betrachtungen verstanden wissen will. Zur Würdigung seiner Urteilskraft ist dabei nur zu bemerken, daß Vasaris einleitende Sätze in den häufigsten Fällen Charakteristiken entwerfen, die für uns heutigentags noch vollauf gültig sind, den Wesenskern so treffen, daß spätere Forschung kaum Neues hinzufügen konnte. Selbst da, wo Vasari nur wenig biographisches

Material zur Verfügung stand, versteht er es, aus dem Werke so zu lesen, oder mittels einer Anekdote auch nur im Vergleich so klärend zu wirken, daß der Mangel nicht fühlbar wird. Über die dem Cinquecento angehörenden Künstler ist Vasaris Urteil unter Umständen dadurch getrübt oder ganz ungerecht, da er sich selbst als leidenschaftlicher Verehrer Michelangelos mit Entschiedenheit gegen die Anhängerschaft Raffaels oder der Sangalli wendet. Ein Bild dieser stadtrömischen Cliquenwirtschaft zeichnet ja Vasari mit harten Strichen in der Michelangelo-Vita. Wenn schon bei Ghiberti etwa der Zusammenhang der Trecentokunst mit seiner eigenen erkannt und beschrieben ist, so besteht das wesentliche geistige Eigentum Vasaris darin, daß er darüber hinaus den Begriff der Vervollkommnung in einem stufenweise gegliederten Entwicklungsgange sah. Weit über alle bisherigen Darstellungen hinausgreifend, charakterisiert Vasari mit unerreichter Meisterschaft die Kontinuität der Entwicklung von drei Jahrhunderten künstlerischen Schaffens. Bei einer großen Anzahl von Viten des Trecento ist bezeichnend, wenn er schildert, wie »jene ersten Menschen, die dem Beginne der göttlichen Erschaffung näher und daher um so vollkommener und von um so höherer Geisteskraft waren, von sich aus jene edlen Künste erfanden«, so daß die Anfänge der Künstler denen der Naturkinder ähneln, die in ungeheurer Anstrengung und ein jeder zunächst immer wieder von neuem auf seinem Gebiete die Schwierigkeiten der künstlerischen Darstellung zu überwinden und eine neue Kunst zu gewinnen trachten. Sie zeichnet zumeist ein lebhafter und naturliebender Geist aus, so daß sie von dessen Lebhaftigkeit getrieben, sich der Natur zu bemächtigen suchen; aber ihr Bemühen steht doch im Vergleich zu dem Erreichten meist in solchem Unverhältnis, daß Vasari – häufig ironisch – nur technische Leistungen oder recht irrelevante Einzelheiten rühmt, die aufgewendete Mühe, den Fleiß und die Ausdauer bisweilen bespöttelt, bisweilen an Stelle anderer Vorzüge lobt. Deutlich gibt sich hier der subjektiv Urteilende zu erkennen; während er als Historiker die Notwendigkeit der Kunstproduktion des Trecento für die weitere Entwicklung bemerkt und anerkennt, verdient sie das Lob deswegen, weil sie die Bahn für das Bessere, was folgte, gebrochen und geebnet hatte. Die zweite Epoche, die Lebensbeschreibungen von Jacopo della Quercia (in der vorliegenden Ausgabe von Paolo Ucello) bis Signorelli umfassend, ist dadurch gekennzeichnet, daß die Erfindung mannigfaltiger, die Zeichnung gründlicher und mehr der lebendigen Natur angemessen ist und daß selbst bei mit weniger Fleiß ausgeführten Werken das Kolorit angenehmer wird. Vor allem aber ist das enge Verhältnis zur Antike auf dem Gebiete der Bildhauerei und Architektur, die Anwendung antiker Proportionsmaßstäbe, und in der Malerei auch noch die Erfindung der Linearperspektive und neuer Maltechniken als Fortschritt über das Trecento hinaus festzustellen; das sich zu immer größerer Vollkommenheit ausbildende Ingenium treibt die Entwicklung so voran, daß sie zum Teil auch im folgenden Jahrhundert nicht übertroffen werden kann. Neben dem großen Künstler wird auch die teilweise Abirrung vom Wege der Kunst an einigen Beispielen aufgewiesen, so daß als Faktor der Entwicklung der Wert moralischer Eigenschaften und die künstlerische Urteilskraft mitentscheidend in die Waagschale fallen. Den dritten Abschnitt läßt Vasari mitLionardo beginnen: zwar suchten die Meister des Quattrocento die vielen Teilziele zu erreichen, die letzte Vollendung blieb ihnen jedoch noch versagt; war das eine an ihren Werken gut, so mangelte es an anderen Stellen, der harmonische Ausgleich aller Bestrebungen und Bemühungen blieb ihnen noch versagt. Durch das Studium dieser Meister lernen nunmehr aber die neuen mit ausgewechselten Zielen. Die Erfindung, neue Darstellungsgattungen und -formen, sinnreiche und gelehrte Bildinhalte usw. beweisen, daß die Grenzen der Kunst erweitert worden sind; erreicht werden sie von einem, nämlich vom »göttlichen« Michelangelo; »nicht nur in einer, sondern in allen drei Künsten nimmt er den ersten Rang ein, besiegt nicht nur alle die, welche die Natur schon fast übertroffen haben, sondern auch die berühmtesten Meister des Altertums, welche jene zweifelsohne übertrafen. Er allein triumphiert über die einen wie über die anderen und über die Natur selbst, welche kaum so Wunderbares und so Schwieriges ersinnen kann, daß er es nicht durch die Kraft seines göttlichen Geistes, durch Fleiß, Zeichnung, Kunst, Urteil und Anmut weit zu übertreffen vermöchte«. Die neuplatonische Anschauung, daß der Künstler »der Griffel Gottes« (il divino artista) ist, jene Vorstellung vom Künstler, daß er mit unbezähmbarer Wildheit, Gewalt und Größe (terribilità), besessen vom göttlichen Wahnsinn und in höchster körperlicher und geistiger Anspannung seine Werke schafft, führt die Biographik bis an ihre Grenzen und über sie hinaus: die Künstlerbiographie ist unter Vasaris Händen zum Künstlermythos geworden. Michelangelos Verherrlichung als Schöpfergott, die bis dahin und seitdem keinem Künstler zuteil gewordene Heroisierung und das Pathos, in dem die Lebensbeschreibung vorgetragen wird, zeigen, daß sinngemäß über Michelangelo hinaus keine Weiterentwicklung mehr möglich ist.

Es wird ohne weiteres zuzugeben sein, daß diese Geschichtskonstruktion hauptsächlich durch das lebendige Gefühl getragen ist, daß die Vergangenheit in die Gegenwart direkt einmündet und daß andererseits die Darstellung zumal der florentinischen Kunstentwicklung gerecht wird. Und wirklich konnten die unvergänglichen Werke der stadtflorentinischen Entwicklung nicht besser aufgehoben sein, als eben durch die erste vasarianische Frage nach dem Wert und der Höhe der künstlerischen Leistung des Künstler-Individuums. Unter diesem Gesichtspunkte ist auch Vasaris Überlegung gerechtfertigt, welchen Titel er seinem Werke geben sollte. Nach verschiedenen Entwürfen entschied er sich für den Titel: »Vite de' più eccellenti architetti, pittori et scultori italiani«.

Überblickt man die Kunstliteratur aller Jahrhunderte seit der Antike, und zwar nicht nur die Italiens, sondern Europas, so hebt sich die Leistung des Giorgio Vasari hoch über alle ähnlichen Untersuchungen heraus. Keine andere Nation kann sich rühmen, so früh eine so umfangreiche und tiefe Kenntnis ihrer Kunst zu haben, und kein Kunstschriftsteller kann sich rühmen, sich mit seinem Werke einen solchen Nachruhm gesichert zu haben. Alle Jahrhunderte durchtönt das Lob, das man Vasari gespendet hat – den Architekten und Maler vergaß man darüber –, seine Autorität galt als unbezweifelbar. Aber nicht nur das Lob, auch die harte Kritik großer Geister und Forscher gehört gleichermaßen seinem Nachruhm an. Vor allem seit dem Ende des 18. Jahrhunderts und durch den Abate Luigi Lanzi hat man den Wahrheitsgehalt seiner Aussagen zu prüfen und zu bezweifeln begonnen, und zu Anfang des jetzigen hatte sich die Kritik zu einer fast ablehnenden Haltung entschlossen. Selbst heute besitzen wir noch keine grundlegende Untersuchung, in der die Streitfrage über die Glaubwürdigkeit und den Quellenwert Vasaris von allen nur möglichen Seiten her durchforscht ist, und ebensowenig ist seine Kunsttheorie – von Einzelfragen abgesehen – zum Gegenstand des Nachdenkens gewonnen worden, ja erst in diesen Tagen ist die italienische Gelehrtenwelt damit beschäftigt, eine kritische

Gesamtausgabe des literarischen Nachlasses von Giorgio Vasari zu besorgen.

*

Der Übersetzung wurde die zweite, 1564–1568 erschienene Ausgabe von Vasaris Künstlerbiographien zugrunde gelegt; bei der Übertragung wurde die von L. Schorn begonnene und E. Foerster fortgesetzte Übersetzung[1] herangezogen. Es stand erst in der Absicht des Verlags, einen Wiederabdruck dieser Ausgabe zu besorgen; bei den Vorarbeiten stellte sich wegen vieler Fehler und Mängel die Notwendigkeit heraus, eine grundlegende stilistische Überarbeitung vorzunehmen.

Die vorliegende Ausgabe umfaßt nur eine Auswahl von Lebensbeschreibungen des umfangreichen Werkes; außerdem mußte von der Wiedergabe der Einleitung und der Proömien zu den drei Zeitabschnitten abgesehen werden. Fernerhin wurden die Lebensbeschreibungen im einzelnen gekürzt; das geschah hauptsächlich auf Kosten der Künstler- und Werkverzeichnisse, die Vasari zur Charakteristik der Werkstatt und engeren Schule des betreffenden Künstlers wie auch zur Komplettierung seines Werkes anfügte. Bei den Kürzungen wurde darauf geachtet, daß die Lebensbeschreibung des betreffenden Künstlers nur da angetastet wurde, wo es dem Inhalte nach erlaubt schien; die Partien, die jedoch in irgendeinem Sinne zur Charakteristik dienen, technische Beobachtungen und Erfahrungen oder das historische Gesamtbild behandeln, blieben ungekürzt.

In den Anmerkungen ist versucht worden, alles uns bekannte und unmittelbar auf die besprochenen Werke bezügliche Dokumentenmaterial zu verarbeiten. Fehlen in den Fußnoten die Daten, so sind uns die Datierungen vorläufig nur auf anderem und indirektem Wege – z. B. mittels der Stilkritik usw. – möglich. Bei beweglichen

[1] Erschienen 1842–1849 in Stuttgart.

Kunstgegenständen wurde, wenn sich das Werk nicht mehr an Ort und Stelle befindet, der jetzige Aufbewahrungsort angegeben. Um den Anmerkungsapparat übersichtlicher zu halten, fallen bei allen von Vasari genannten Werken die Noten dann weg, wenn sie zerstört, verloren, verschollen oder nach dem derzeitigen Forschungsstand nicht mit voller Sicherheit identifizierbar sind.

Florenz, November 1940

LE VITE

DE' PIV ECCELLENTI PITTORI, SCVLTORI, E ARCHITETTORI

scritte

DA M. GIORGIO VASARI PITTORE

ET ARCHITETTO ARETINO,

di nuovo dal medesimo riviste

et ampliate

CON I RITRATTI LORO

et con l'aggiunta delle Vite de' vivi,

et de' morti dall'anno 1550 in sino al 1567

CON LICENZA E PRIVILEGIO DI N. S. PIO V

ET DEL DVCA DI FIORENZA E SIENA

IN FIORENZA, APPRESSO I GIVNTI 1568

DIE LEBENSBESCHREIBUNGEN DER BERÜHMTESTEN MALER, BILDHAUER UND ARCHITEKTEN

geschrieben

VON HERRN GIORGIO VASARI, MALER

UND ARCHITEKT AUS AREZZO

von neuem von ihm durchgesehen

und erweitert,

MIT IHREN BILDNISSEN

und dem Nachtrag der Lebensbeschreibungen

der Lebenden und Toten vom Jahre 1550 bis zum Jahre 1567

MIT ERLAUBNIS UND PRIVILEG UNSERES HERRN

PIUS V. UND DES HERZOGS VON FLORENZ UND SIENA

FLORENZ, BEI DEN GIVNTI 1568

Dem

durchlauchtigsten und glorreichen

Herzog von Florenz

Cosimo de' Medici

meinem hochzuverehrenden Herrn

Den Spuren Eurer hochberühmten Ahnen folgend und von der natürlichen Großmut angespornt und vorwärts getragen und der Großmut des eigenen Herzens angetrieben, begünstigt und ermuntert Eure Durchlaucht ohne Unterlaß jede Art von Tugenden und Fähigkeiten, wo sie sich auch immer finden mögen; Ihr würdigt Eures besonderen Schutzes die Künste der Zeichnung, beglückt die Meister, welche sie ausüben, mit Eurem Wohlwollen und erfreuet Euch als Kenner ihrer schönen und seltenen Werke.

Deshalb scheint es mir, es werde Euch die Mühe wohlgefallen, welche ich angewandt habe, die Lebensereignisse, Arbeiten, Verfahrungsweisen und Verhältnisse aller derer aufzuzeichnen, welche jene einst erloschenen Künste zuerst wieder erweckt, darauf allmählich vervollkommnet und bereichert und endlich zu der Stufe der Schönheit und Hoheit gebracht haben, zu welcher sie in unseren Tagen gelangt sind. Fast alle jene Meister waren Toskaner, die meisten Eurem Florenz angehörig, und viele wurden von Euren erlauchten Ahnen durch Belohnungen und Ehren jeder Art in ihren Unternehmungen unterstützt und ermuntert, so daß man sagen kann: in Eurem Staate, oder vielmehr in Eurem segensvollen Hause seien die Künste wiedergeboren, durch die Großmut Eurer Ahnen habe

die Welt jene schönsten Künste wiedererlangt und sei dadurch veredelt und verschönert worden.
Da nun dieses Jahrhundert, diese Künste und ihre Meister den Euren sowohl, als Eurer Durchlaucht selbst, dem Erben ihrer Tugenden und dem Beschützer dieser Berufe, zum Danke verpflichtet sind, und da solcher gegen Eure Vorfahren mir insbesondere obliegt, weil ich von ihnen lernte, ihnen untertan und sehr ergeben bin, unter dem Kardinal Hippolyt de' Medici und Alessandro, Eurem erhabenen Vorgänger, aufwuchs und das Andenken des hochseligen Ottaviano de' Medici heilig halte, welcher mich zeit seines Lebens unterstützte, liebte und beschirmte, aus allen diesen Gründen, sage ich, und weil die Größe Eures erhabenen Schicksals meinem Werke zu großem Nutzen gereichen wird, da bei Eurer Kenntnis des Gegenstandes Ihr besser als irgend jemand den Nutzen dieses Buches und die Mühen und die Sorgfalt, die ich darauf verwandt habe, anerkennen möget, glaubte ich, es gezieme sich einzig, dasselbe Eurer Durchlaucht zu widmen, und trug Verlangen, daß es unter dem Schutz Eures ruhmvollen Namens in die Hände der Menschen gelangen möchte. Geruhe demnach Eure Durchlaucht, es anzunehmen und zu beschützen, und wenn die Höhe Eurer Gedanken es Euch gestattet, bisweilen darin zu lesen, so beachtet nur den Gegenstand, von dem darin gehandelt ist, und meine redliche Absicht, welche war, mir nicht als Schriftsteller Ruhm zu erwerben, sondern als Künstler den Fleiß zu loben und das Andenken derer lebendig zu erhalten, welche diese edle Tätigkeit erweckt und geschmückt haben und deshalb nicht verdienen, daß ihre Namen und Werke forthin eine Beute des Todes und der Vergessenheit bleiben. Zugleich aber auch glaubte ich, durch das Beispiel der vielen ausgezeichneten Männer und durch die Nachrichten über so vielerlei Dinge, die ich in diesem

Buch gesammelt habe, denen nicht wenig zu nützen, welche diesen Beruf ausüben, und allen anderen Vergnügen zu bereiten, die sich an der Kunst erfreuen und ergötzen. Dies nun mit aller der Treue und Sorgfalt zu tun, welche bei der Wahrheit der Geschichte und aller Dinge, über die man schreibt, gefordert wird, ist mein Bestreben gewesen. Wenn indes meine Schreibart, ungebildet und so natürlich, wie ich zu reden pflege, des Ohres Eurer Durchlaucht und der Verdienste so vieler gelehrter Männer nicht würdig ist, so mag mich bei diesen entschuldigen, daß die Feder eines Zeichners, wer auch immer es war, nicht feinere Linien zu ziehen und zartere Abschattungen zu geben vermag. Ihr aber geruht einzig nur meine Mühe gnädig zu beachten und zu bedenken, daß die Notwendigkeit, mir die Bedürfnisse des Lebens zu erwerben, es nicht gestattet hat, mich in anderem als mit dem Pinsel zu üben. Und auch hierin bin ich nicht zu dem Ziele gelangt, welches ich jetzt erreichen zu können glaube, wo die Gunst des Schicksals mich hoffen läßt, ich werde vielleicht mit mehr Bequemlichkeit, mehr zu meinem Ruhm, und zu größerer Befriedigung anderer mit dem Pinsel als mit der Feder der Welt meine Gedanken, wie sie auch seien, ausdrücken können. Denn außer der Hilfe und dem Schutz, die ich von Eurer Durchlaucht, der Ihr mein Gebieter und zugleich der Beschützer jedes armen Künstlers seid, hoffen darf, hat es der himmlischen Güte gefallen, zu ihrem Vertreter auf Erden den heiligen und glückseligen Papst Julius III. zu erwählen, der jede Art von Vorzügen, und vornehmlich diese trefflichen und schwierigen Künste liebt und anerkennt. Von seiner hohen Freigebigkeit hoffe ich Entschädigung für viele Jahre und Mühen, welche ich bis jetzt, ohne irgendeinen Lohn zu ernten, aufgewandt habe. Und nicht nur ich, der sich für immer dem Dienste Seiner Heiligkeit gewidmet hat, sondern alle gedanken-

reichen Künstler dieses Zeitalters können von ihm Ehre und Belohnung und Gelegenheit, sich in ihrem Beruf zu üben, erhoffen; ja ich freue mich schon, während seiner Herrschaft die Künste zur höchsten Stufe der Vollkommenheit gelangen und Rom mit so vielen und so herrlichen Kunstwerken geschmückt zu sehen, welche samt denen, die Eure Durchlaucht jeden Tag in Florenz ausführen läßt, einem Nachkommen Veranlassung geben werden, den vierten Teil meines Werkes zu schreiben und von anderen Meisterwerken und Meistern zu erzählen, die von mir nicht beschrieben worden sind, unter denen nicht einer der letzten zu werden, mein eifrigstes Bestreben ist.
Bis dahin genügt mir, daß Ihr Gutes von mir erhofft und eine bessere Meinung bekommet, als Ihr vielleicht ohne meine Schuld gefaßt habt. Möge sich Eure Durchlaucht nicht durch verleumderische Berichte anderer eine geringe Meinung von mir beibringen lassen, bis mein Leben und meine Werke das Gegenteil davon zeigen.
Mit dem beständigen Wunsche, Euch zu ehren und Euch zu dienen, widme ich Euch nun dieses schmucklose Werk, gleichwie ich mich selbst, mit allem was ich besitze, Euch gewidmet habe. Ich bitte in Demut, daß Ihr nicht verschmähen möget, es zu beschützen oder mindestens auf die Ergebenheit dessen zu achten, der es darreicht.
Indem ich mich Eurer Gnade empfehle, küsse ich Euch demutsvoll die Hände.

Eurer Durchlaucht

untertänigster Diener

GIORGIO VASARI
Maler aus Arezzo

Dem

durchlauchtigsten und glorreichen

Herrn

Cosimo de' Medici

Herzog von Florenz und Siena

seinem hochzuverehrenden Herrn

Siebzehn Jahre, nachdem ich Eurer Durchlaucht gleichsam nur als Entwurf die Lebensbeschreibungen der berühmtesten Maler, Bildhauer und Baumeister vorlegte, erscheinen sie nun noch einmal vor Euch; zwar nicht ganz vollendet, von dem aber, was sie waren, so verschieden, so viel vollständiger und reicher an unendlich vielen Werken, von denen ich damals keine Kenntnis hatte, daß in allem, was ich zu leisten vermag, nichts mehr hinzugetan werden kann. Von neuem, sage ich, reiche ich sie Euch also dar, durchlauchtigster und wahrhaft ruhmwürdiger Herzog, nachdem ich die Lebensbeschreibungen von noch vielen edeln und berühmten Künstlern hinzugefügt habe, die seit jener Zeit bis auf den heutigen Tag zu einem besseren Leben übergegangen sind, und von anderen, welche noch unter uns leben, in diesem Beruf aber so gewirkt haben, daß sie ein ewiges Gedächtnis verdienen. Für viele ist es fürwahr ein nicht geringes Glück zu nennen, daß ich durch die Gnade dessen, dem alle Dinge leben, lange genug gelebt habe, um dies Buch fast ganz von neuem schreiben zu können, denn nicht nur habe ich eine Menge Dinge, welche ohne mein Wissen und in meiner Abwesenheit, ich kann nicht sagen wie, hineingekommen waren, daraus weggenommen und andere wieder verändert, wie auch viel Nützliches und Notwendiges, was fehlte, hinzugefügt wurde. Und wenn die Bildnisse der vielen vorzüglichen Männer, welche ich in diesem Werke angebracht, und von denen ich einen großen Teil durch Hilfe und Vermittlung Eurer Durchlaucht erhalten habe, nicht immer der Wahrheit getreu sind und nicht alle jene Genauigkeit und Ähnlichkeit haben, welche die Frische der Farben zu geben pflegt, so hat dies nicht seinen Grund darin, daß die Zeichnungen und Gesichtszüge nicht nach der Wirklichkeit genommen wären, und nicht genau und natürlich wären, sondern auch weil viele derselben, die mir von verschiedenen Orten durch Freunde gesandt worden sind, nicht alle von guter Hand gezeichnet waren. Auch ist mir die Entfernung desjenigen, welcher diese Köpfe geschnitten hat, sehr unbequem gewesen; denn wären Holzschneider in meiner Nähe gewesen, so hätte wahrscheinlich weit mehr Sorgfalt dabei angewandt werden können, als geschehen ist. Wie dem aber auch sei, so mögen die Gelehrten und unsere Künstler, zu deren Nutzen und Vorteil ich mich gemüht habe, für alles Gute und Lehrreiche und Nützliche, was sie in diesem Werke finden werden, einzig Eurer Durchlaucht Dank wissen. Denn dadurch, daß ich in Eurem Dienste stand, habe ich mit Muße, welche Ihr mir zu gestatten geruhtet, und der Beihilfe vieler, ja unzähliger Dinge gemächlich alles zusammenstellen und der Welt überliefern können, was die Vervollständigung dieses Werkes zu fordern schien. Deshalb würde es nicht nur Undank, sondern fast Treulosigkeit sein, wenn ich diese Lebensbeschreibungen einem andern widmen wollte, und wenn die Künstler einem andern als Euch den Nutzen und das Vergnügen beizumessen gedächten, welches ihnen dadurch zuteil wird. Unter Eurem Schutz und Beistand traten sie zuerst und treten sie jetzt wiederum ans Licht, und Ihr seid, in Nachahmung Eurer erhabenen Ahnen, der einzige Vater, Gebieter und Beschützer unserer Künste. Daher gebührt es sich auch nicht anders, als daß dieselben in Eurem Dienste und zu Eurem dauernden und ewigen Gedächtnis eine so große Menge Malereien, die edelsten Bildhauerwerke und so bewundernswerte Gebäude jeder Art schaffen. Sind wir nun, wie es der Fall ist, wegen aller dieser und anderer Gründe Euch zu größtem Danke verpflichtet, wieviel mehr bin ich es, der ich – so wünschend und willens, daß der Geist und die Hand entsprochen hätten – durch Eure Gnade so viele ehrenvolle Gelegenheiten fand, mein weniges Wissen zu zeigen, ein Wissen, welches es auch sei, das nicht entfernt die Erhabenheit Eures Geistes und Herzens zu erreichen vermag. – Doch was wage ich zu sagen! Es ist besser, ich verstumme, als daß ich versuche, was für einen größeren und edleren Geist, wieviel mehr also für meinen winzigen ganz unerreichbar wäre. Eure Durchlaucht aber geruhe huldvoll, dieses mein – oder richtiger Euer Werk der Lebensbeschreibungen über die Künstler der Zeichnung anzunehmen, und wie Gottvater mehr auf mein Wollen und meine redliche Absicht als auf mein Vollbringen zu sehen. Nehmt freundlich auf, nicht was ich leisten möchte und sollte, sondern was ich zu leisten vermag.

Florenz, den 9. Januar 1568.

Euer Durchlaucht

dankbarster Diener

GIORGIO VASARI

Giovanni Cimabue

Florentiner Maler

Durch die endlosen Verheerungen, die das unglückliche Italien zugrunde gerichtet und erstickt hatten, waren nicht nur alle Bauwerke, die diesen Namen wahrhaft verdienten, zerstört worden, sondern, was noch schlimmer war, es gab auch gar keine Künstler. Da ward nach dem Willen Gottes im Jahre 1240, in der damalig edlen Familie der Cimabue, Giovanni Cimabue geboren, der das erste Licht in der Kunst der Malerei wieder erwecken sollte[1]. Dieser schien nach dem Urteil des Vaters und anderer einen guten und klaren Verstand zu haben; deshalb sollte er die Wissenschaften erlernen und wurde, als er mehr heranwuchs, nach Santa Maria Novella zu einem Verwandten geschickt, welcher zu der Zeit in jenem Kloster den Novizen die Grammatik lehrte. Indessen, anstatt sich in den Wissenschaften zu üben, brachte Cimabue den Tag damit hin wie jemand, der sich von Natur dazu hingezogen fühlt, auf Bücher und Blätter Menschen, Pferde, Häuser und allerlei Phantasien zu zeichnen; und diese natürliche Neigung begünstigte das Glück. Die damaligen Befehlshaber der Stadt beriefen nämlich einige Maler aus Griechenland zu nichts anderem nach Florenz, die die nicht nur verirrte, sondern sogar verlorene Kunst wiederherstellen sollten, und diese malten unter anderen Arbeiten, die sie in der Stadt übernommen hatten, auch die Kapelle der Gondi, die in Santa Maria Novella neben der Hauptkapelle gelegen ist und deren Gewölbe und

[1] Das Geburtsdatum des Cimabue ist urkundlich nicht überliefert (etwa 1240). Sein Name war Cenni di Peppo, genannt Cimabue.

Wände nun fast ganz von der Zeit zerstört sind[1]. Nachdem Cimabue den ersten Anfang in der Kunst, die ihm so gefiel, gemacht hatte, entlief er oft der Schule und sah den ganzen Tag diesen Malern zu, weshalb sie und sein Vater endlich meinten, er sei zur Malerei geschickt und man könne, wenn er sich ihr widme, auf ihn hoffen. Daher ward er zu seiner nicht geringen Freude zu diesen von seinem Vater in die Lehre gegeben. Dort brachte er es, durch unablässige Übung und sein Talent unterstützt, bald dahin, daß er in Zeichnung und Farbgebung seine Lehrmeister weit übertraf, die nicht nach der schönen antiken griechischen Manier, sondern, wie man dies noch heute an ihren Werken sieht, in der groben und harten, damals modernen Weise malten, ohne daß sie strebten, weiterzuschreiten. Cimabue ahmte zwar jene Griechen nach, vervollkommnete aber die Kunst, indem er ihr einen großen Teil jener rohen Manier nahm, so daß sein Name und seine Werke seiner Vaterstadt Ehre brachten. Hiervon zeugen viele Malereien, die er arbeitete, wie die Altarbekleidung in Santa Cecilia[2] und ein Bild der Muttergottes in Santa Croce, das an einem Pfeiler rechter Hand, nahe bei dem Chore, zu sehen war und noch heute dort ist. Hierauf malte er auf einer kleinen Tafel auf Goldgrund einen heiligen Franziskus und zeichnete ihn nach der Natur – was in jenen Zeiten etwas Neues war – so gut er es konnte; und ringsumher ist die Geschichte seines Lebens in zwanzig Bilderchen voll kleiner Figuren auf Goldgrund[3]. Darauf übernahm er für die Mönche von Vallom-

[1] In der Capp. Gondi in S. Maria Novella sind im Gewölbe noch geringe Freskofragmente »byzantinischer« Maler erhalten. – [2] Die Hochaltartafel aus S. Cecilia, eine thronende Cecilia mit acht Szenen ihrer Legende (vollendet 1304), ist jetzt in den Uffizien; das Bild und einige andere werden jetzt dem sog. Cäcilien-Meister zugeschrieben. – [3] Dieser Altar mit dem heiligen Franziskus und zwanzig Darstellungen seiner Legende ist in der Bardikapelle in S. Croce.

brosa in der Abtei von Santa Trinità zu Florenz eine große Tafel. Er wendete großen Fleiß auf in dem Werke, um dem Rufe zu genügen, den er sich schon erworben hatte, und zeigte noch viel bessere Erfindung und schöne Stellungen. Es war eine Muttergottes, mit dem Kinde auf dem Arm und vielen Engeln umher, welche sie anbeten, auf Goldgrund[1]. Dann malte er am Spitale der Porcellana auf der Seite der Via Nuova, die nach Borgo Ognissanti führt, an der Fassade, links und rechts neben dem Hauptportal, in Fresko auf einer Seite Mariä Verkündigung, auf der anderen Christus mit Cleophas und Lukas in lebensgroßen Figuren. Auch hier befreite er sich von jener alten Manier, indem er Tücher und Gewänder und andere Dinge ein wenig lebendiger, natürlicher und weicher malte als jene Griechen, deren Manier im Mosaik wie in der Malerei voll scharfer Linien und Umrisse war; und diese rauhe, plumpe und gewöhnliche Manier war nicht durch Studium erlangt, sondern hatte sich durch eine solche Gewohnheit gebildet, da sie eine lange Reihe von Jahren bei den Malern jener Zeit der eine dem anderen lehrte, ohne daß je einer trachtete, sie in Zeichnung, in Schönheit des Kolorits oder in einer irgendwie guten Erfindung zu verbessern. – Als er dies Werk vollendet hatte, mußte Cimabue für denselben Guardian, der ihn die Werke in Santa Croce hatte arbeiten lassen, ein großes Kruzifix auf Holz malen, das noch jetzt in der Kirche zu sehen ist[2].
Durch diese Arbeiten wurde der Name des Cimabue überall recht berühmt, und man berief ihn nach Assisi, einer Stadt in Umbrien, wo er in Gesellschaft einiger griechischer Meister in der unteren Kirche des heiligen Franziskus einen Teil des Gewölbes malte und auf den Wänden

[1] Der Altar mit der thronend. Madonna, umgeben von Engeln und am Sockel vier Propheten, ist jetzt in den Uffizien in Florenz. – [2] Dieses Kruzifix ist jetzt in dem Museo dell'Opera von S. Croce in Florenz.

die Geschichte Christi und des heiligen Franziskus, bei welcher Arbeit er jene griechischen Maler weit übertraf[1]. Dadurch stieg ihm der Mut; er fing an, die obere Kirche allein in Fresko auszumalen, und stellte in der Haupttribune über dem Chore in vier Feldern einiges aus der Geschichte der Muttergottes dar: nämlich ihren Tod, dann wie Christus ihre Seele auf einem Thron von Wolken zum Himmel trägt und wie er sie inmitten einer Schar von Engeln krönt, wobei zu ihren Füßen eine Menge von Heiligen stehen, die jetzt von der Zeit und vom Staube fast ganz verdorben sind. Auch in den fünf Kreuzgewölben derselben Kirche malte er viele Geschichten: im ersten über dem Chore die vier Evangelisten überlebensgroß und so vortrefflich, daß man noch jetzt genug des Guten daran erkennt; auch zeigt die Frische der Farben im Fleisch, welch große Vorteile die Freskomalerei durch die Anstrengungen des Cimabue zu gewinnen begann. Das zweite Kreuzgewölbe zierte er mit goldenen Sternen auf ultramarinblauem Grunde. Im dritten stellte er in einigen Rundfeldern den Heiland dar, die Muttergottes, Johannes den Täufer und den heiligen Franziskus, d. h. in jedem Rundfelde eine dieser Figuren, und in je einem Viertel des Gewölbes ein Rundfeld. Zwischen diesem und dem fünften Kreuzgewölbe bemalte er das vierte mit goldenen Sternen wiederum auf ultramarinblauem Grunde, und im fünften malte er die vier Kirchenlehrer, neben jedem einen der vier Hauptorden; gewiß ein mühevolles und mit unendlichem Fleiße ausgeführtes Werk[2]. Als die

[1] Von Cimabue wahrscheinlich ist die Madonna mit Engeln und Franziskus im rechten Kreuzarm der Unterkirche von S. Francesco in Assisi. – [2] In der Oberkirche von S. Francesco sind von Cimabue die vier Evangelisten des Vierungsgewölbes, die Kreuzigung Christi im linken Querarm und Reste der Mariengeschichte in dem Chor, sowie die großen Engelsfiguren im Querschiff. Die Malereien des Langhauses, die hier noch genannt werden, sind von anderen Händen.

Gewölbe vollendet waren, zierte er auf der linken Seite der Kirche den ganzen oberen Teil der Wände in Fresko aus. Gegen den Hauptaltar zu, zwischen den Fenstern und bis zur Wölbung malte er acht Darstellungen aus dem Alten Testament, indem er mit dem Anfang der Genesis begann und die bedeutendsten Begebenheiten folgen ließ; im Raume zwischen den Fenstern aber bis zu dem Gang, der innen rings um die Kirche läuft, stellte er den übrigen Teil des Alten Testaments in acht weiteren Bildern dar. Diesen Gemälden gegenüber malte er in wiederum sechzehn Bildern als Gegenstück das Leben der Muttergottes und des Heilands; auf der Fassade über dem Hauptportale malte er von unten an und um das runde Kirchenfenster herum Mariä Himmelfahrt und die Ausgießung des Heiligen Geistes über die Apostel. Dies wahrhaftig sehr große, reiche und besonders schön ausgeführte Werk muß meines Erachtens die Welt in Erstaunen gesetzt haben zu jener Zeit, in welcher vor allem die Malerei so lange in Blindheit gelegen hatte; mir, der ich es im Jahre 1563 wiedersah, schien es außerordentlich schön, zumal da ich bedachte, was es heißt, daß Cimabue in solcher Finsternis solches Licht sah. Von allen diesen Malereien – und das muß man beachten – haben sich indes die in den Wölbungen am besten erhalten, weil sie dem Staub und sonstigen Zufälligkeiten am wenigsten ausgesetzt sind. Als diese Gemälde vollendet waren, legte Giovanni Hand an, die unteren Wände, d. h. von den Fenstern abwärts zu bemalen, und tat einiges an dieser Arbeit; da ihn jedoch mehrere eigene Angelegenheiten nach Florenz riefen, setzte er sie nicht fort, vielmehr vollendete sie viele Jahre nachher Giotto, wie an seinem Orte gesagt werden wird.

Nach Florenz zurückgekehrt, malte Cimabue im Kloster von Santa Spirito, woselbst von anderen Meistern die ganze Seite nach der Kirche zu auf griechische Weise verziert ist, eigenhändig drei Bogen, Begebenheiten aus der Geschichte Christi, unstreitig mit viel Zeichnung; auch schickte er zu derselben Zeit einiges, was er in Florenz gemalt hatte, nach Empoli, und diese Gemälde werden noch jetzt in der Pfarrkirche jener Feste in großer Verehrung gehalten. Darauf machte Cimabue für die Kirche Santa Maria Novella das Bild der Muttergottes, das zwischen der Kapelle der Rucellai und der des Bardi da Vernio in der Höhe angebracht ist. Dies Werk ist in größerem Maßstabe, als bis zu jener Zeit irgendeine Figur ausgeführt worden war, und einige Engel, welche die Madonna umgeben, zeigen, wie er zwar noch in griechischer Manier arbeitete, sich in Umrissen und Methode jedoch der neueren näherte. Man hatte bis dahin nichts Besseres gesehen, und es erweckte daher dies Werk solche Bewunderung, daß es mit viel Pracht und Trompeten in feierlichster Prozession vom Hause des Cimabue nach der Kirche getragen und er dafür höchlich belohnt und geehrt wurde. Auch erzählt man – und man liest es auch in gewissen Aufzeichnungen von alten Malern –, daß, während Cimabue in einem Garten bei dem Tore San Piero dies Bild malte, König Karl der Ältere von Anjou durch Florenz kam, und die Herren der Stadt, die ihm viel Höflichkeit erzeigten, unter anderen auch ihn das Gemälde des Cimabue in Augenschein nehmen ließen. Niemand hatte es bis dahin gesehen; als es daher dem König gezeigt wurde, eilten alle Männer und Frauen von Florenz in größtem Festjubel und Gedränge dahin, was den Nachbarn so viel Fröhlichkeit verschaffte, daß sie jene Vorstadt Borgo allegri, das heißt »die fröhliche Vorstadt«, nannten, welchen Namen sie auch dann noch behielt, als sie später mit zum Bezirke der Stadt genommen wurde[1].

[1] Dieser große Altar mit der thronenden Madonna ist noch in S. Maria Novella in der Capp. Rucellai; heute wird er allgemein dem sienesischen Maler Duccio zugeschrieben. Karl von Anjou passierte 1267 Florenz.

Da nun alle diese Werke Cimabue zu seinem großen Nutzen einen berühmten Namen gemacht hatten, ward er zugleich mit Arnolfo Lapi, der damals in der Baukunst sehr berühmt war, zum Baumeister von Santa Maria del Fiore in Florenz ernannt[1]. Endlich aber, als er sechzig Jahre alt geworden war, ging er im Jahre 1300 zu einem anderen Leben hinüber, nachdem er die Malerei geradezu vom Tod erweckt hatte[2]. Er hinterließ viele Schüler, unter anderen Giotto, der später ein vortrefflicher Maler wurde und der nach dem Tode des Cimabue in dem Hause seines Meisters in der Via del Cocomero wohnte. Cimabue wurde in Santa Maria del Fiore begraben, und ihm wurde von einem der Nini folgende Grabschrift gesetzt:

Credidit ut Cimabos picturae castra tenere;
Sic tenuit vivens; nunc tenet astra poli.

Nicht unterlassen will ich, zu sagen, daß, wenn die Größe Giottos nicht dem Ruhm des Cimabue entgegengearbeitet hätte, er viel berühmter gewesen sein würde, wie Dante in seiner Commedia zeigt, wo er im elften Gesange des Purgatorio auf die Grabschrift des Cimabue anspielt:

Credette Cimabue nella pittura
Tener lo campo, ed ora ha Giotto il grido;
Si che la fama di colui oscura[3].

Ein Dante-Erklärer, der zu Giottos Lebzeiten schrieb, zehn oder zwölf Jahre nach Dantes Tod, also ungefähr um das Jahr 1334, sagt über Cimabue, Wort für Wort

[1] Über diese Ernennung Cimabues (die übrigens unwahrscheinlich ist) ist urkundlich nichts bekannt. – [2] Cimabue wird am 4. VII. 1302 zum letzten Male urkundlich erwähnt; das Todesdatum ist nicht bekannt. – [3] Dante, Divina Commedia, nach der Übersetzung von L. Schorn:

Als erster Stern im Kunstgebiet zu funkeln,
Wähnt Cimabue; nun strahlt Giottos Sonne,
Den Glanz des Cimabue zu verdunkeln.

wiedergegeben, genau folgendes: »Cimabue aus Florenz war zur Zeit des Autors ein vorzüglicher Maler, ein so edler Mann, als man nur denken kann, dabei aber so stolz und so leicht unwillig, daß, wenn ihm jemand einen Fehler oder Mangel an seiner Arbeit zeigte oder er selbst einen gewahrte (wie dies oftmals vorkommt, daß der Künstler fehlt durch Schuld des Materials, dessen er sich bedient, oder des Instrumentes, mit dem er arbeitet), er ein solches Werk sogleich zerstörte, ob es auch noch so kostbar war. Giotto war und ist unter den Malern von Florenz der berühmteste, dies bezeugen seine Arbeiten in Rom, Neapel, Avignon, Florenz, Padua und vielen anderen Gegenden der Welt usw.«[1] Diesen Kommentar besitzt jetzt der hochw. Don Vincenzio Borghini, Prior der Innocenti, ein Mann, nicht nur seines Edelmutes, seiner Güte und Gelehrsamkeit wegen hoch berühmt, sondern auch ein solcher Verehrer und Kenner der schönen Künste, daß er mit weiser und würdiger Wahl vom Herzog Cosimo zu seinem Stellvertreter an unserer Zeichenakademie ernannt worden ist. Doch wir wollen zu Cimabue zurückkehren, dessen Ruhm Giotto in Wahrheit verminderte, wie ein großes Licht den Glanz eines viel kleineren überstrahlt; wenn man sagen kann, daß Cimabue den ersten Anstoß zur Wiederbelebung der Kunst der Malerei gab, so hat von lobenswertem Ehrgeiz getrieben und vom Himmel und der Natur begünstigt, Giotto, wenn auch sein Zögling, denen – indem er sich in Gedanken mehr erhob – die Pforten der Wahrheit eröffnet, welche sie zu der Vollendung und Größe führten, die sie in unserm Zeitalter erreicht hat.

[1] Diese Stelle ist dem sog. Ottimo-Kommentar entnommen; vgl. auch S. 62 Anm. 2.

Arnolfo di Lapo

Florentiner Baumeister

Dieser Arnolfo, durch dessen Leistungen die Baukunst sich nicht minder verbesserte wie durch Cimabue die Malerei, war 1232 geboren und, als sein Vater starb, dreißig Jahre alt und stand in außerordentlich großem Ansehen[1]. Denn nicht nur hatte er von seinem Vater alles gelernt, was dieser wußte, sondern sich auch bei Cimabue der Zeichenkunst beflissen, um sich ihrer für die Bildnerei zu bedienen, so daß es ihm den Ruf des besten Baumeisters in Toskana erwarb. Die Florentiner gründeten im Jahre 1284 nach seiner Angabe den äußersten Ring ihrer Stadtmauern[2] und errichteten nach seiner Zeichnung aus Backsteinen mit einem einfachen Dache darüber die Halle und die Pfeiler von Or S. Michele, wo das Getreide verkauft wurde; ja sie verordneten auf seinen Rat durch ein öffentliches Dekret, in dem Jahre, in dem der Hügel de' Magnoli auf der Seite von S. Giorgio über Santa Lucia auf der Via de Bardi zusammenstürzte, daß in jener Gegend nicht mehr gemauert werden sollte noch daß je irgendein Bauwerk errichtet würde, weil es durch das Nachlassen der Steine, welche unterhalb Sickerwasser absetzen, stets gefährlich sein würde, dort irgendein Gebäude aufzuführen, was sich denn auch in unseren Tagen durch den Zusammensturz vieler Häuser und prächtiger Gebäude vor-

[1] Arnolfo di Cambio ist in Colle di Val d'Elsa geboren, das Datum ist unbekannt. – [2] Der Plan, die Stadt Florenz mit einem neuen Mauerring (dem dritten) zu umgeben, tauchte 1284 auf, die Errichtung zog sich noch bis ins 14. Jahrhundert hinein hin. Erhalten sind u. a. noch die Reste von vier großen Toranlagen: Porta S. Gallo, Porta alla Croce, Porta al Prato, Porta di Faenza.

nehmer Herren bestätigt hat[1]. Im Jahre 1285 gründete er die Bogenhalle und den Platz der Prioren[2], erbaute in der Badia von Florenz die Hauptkapelle und die beiden, welche sie einschließen; erneuerte die Kirche und den Chor, den der Graf Hugo, der Erbauer jener Abtei, zuerst viel kleiner hatte aufführen lassen, und errichtete für den Kardinal Giovanni degli Orsini, der als Gesandter des Papstes in Toskana war, den Glockenturm jener Kirche, der nach den Werken jener Zeit viel Lob gewann, wenn auch die Steinarbeit daran erst 1330 vollendet wurde[3]. Hierauf gründete man nach seiner Zeichnung im Jahre 1294 die Kirche Santa Croce für die Minoritenmönche; ihr gab Arnolfo ein Mittelschiff und zwei kleinere von solcher Größe, daß wegen der zu großen Weite des Raumes die Gewölbe nicht unter dem Dache angebracht werden konnten und er mit sehr richtigem Urteil von einem Pfeiler zum andern Bogen schlagen ließ und darüber Giebeldächer baute, von denen das Wasser durch steinerne, schräg auf die Bögen gemauerte Rinnen abgeleitet wird, die das Dach vor Fäulnis sichern; ein neuer und sinnreicher Gedanke, der vielen Nutzen brachte und es verdient, in unseren Tagen beachtet zu werden[4]. Hierauf entwarf er den Plan zu den ersten Kreuzgängen des alten Klosters jener Kirche und ließ bald nachher von der Außenseite der Kirche S. Giovanni alle Särge und Grabmäler, die von Marmor und Sandstein dort angebracht waren, wegnehmen und sie zum Teil hinter dem Glockenturm an der Fassade gegen das Kanonikat zu neben dem

[1] Vgl. S. 336. – [2] Über die Anlage der Piazza della Signoria vgl. unten; der Bau der Loggia de' Lanzi (wenn diese überhaupt damit gemeint ist?) begann 1376 nach Entwurf des Simone di Francesco Talenti. – [3] Von 1284–1310 erfolgte der Neubau der Badia in Florenz, im Innern 1627ff. barock umgestaltet. – [4] Der Bau von S. Croce in Florenz begann 1294/95, um 1310 erfolgte die Eindeckung des Querschiffs.

Lokal der Brüderschaft des heiligen Zenobius anbringen; die acht Seiten von G. Giovanni aber ließ er mit schwarzem Marmor aus Prato wieder verkleiden, indem er die Sandsteine herausnehmen ließ, die früher zwischen jenen alten Marmorstücken angebracht waren[1]. In jener Zeit wollten die Florentiner im oberen Arnotale Castel S. Giovanni und Castel Franco zur Bequemlichkeit der Stadt bauen und damit man sich leichter auf Märkten mit Lebensmitteln versehen könne. Hierzu zeichnete Arnolfo den Plan im Jahre 1295 und erwarb sich durch diese wie durch seine anderen Arbeiten so großen Beifall, daß er zum Bürger von Florenz ernannt wurde[2].

Nach diesen Dingen beschlossen, wie Giovanni Villani[3] in seiner Geschichte erzählt, die Florentiner, eine Hauptkirche in ihrer Stadt zu erbauen, die man sich an Größe und Pracht nicht größer und schöner von dem Fleiß und dem Vermögen der Menschen wünschen könne. Arnolfo verfertigte die Zeichnung und das Modell der nie genugsam gerühmten Kirche Santa Maria del Fiore und gab an, daß sie außen ganz mit Marmor verkleidet und mit all den vielen Gesimsen, Pfeilern, Säulen, Laubwerk, Figuren und anderen Dingen verziert werden sollte, die man heutigentags, wenn nicht vollständig, so doch zu einem großen Teile ausgeführt sieht. Das Bewunderungswürdigste bei diesem Werke jedoch ist, daß er bei der Anlage des Grundrisses (der überaus schön ist), obgleich außer Santa Reparata noch andere kleine Kirchen und Häuser, die umher lagen, in den Bauplatz eingeschlossen wurden, er mit so großer Sorgfalt und so vielem Urteil die breiten

[1] Die Beseitigung der Gräber am Baptisterium von Florenz wurde am 7. VI. 1296 beschlossen; damit im Zusammenhang steht wohl auch die Verstärkung der 8 Eckpfeiler. – [2] Von beiden Befestigungen der Flecken S. Giovanni val d'Arno und Castelfranco sind noch Teile der alten Anlage vorhanden. – [3] Giovanni Villani, Nuova Cronica VIII. cap. 7.

und tiefen Fundamente eines so großen Baues legte. Er füllte sie mit gutem Material: mit Kies, Kalk und großen Steinen dermaßen (und zwar dort, wo noch jetzt der Platz »lungo i fondamenti« heißt), daß sie, wie wir heutigentags sehen, stark genug waren, die Last der ungeheuren Kuppel zu tragen, die Filippo di Ser Brunellesco darüberwölbte[1]. Die Grundlegung der Fundamente wie der Kirche wurde im Jahre 1298 am Tage der Geburt Mariä sehr feierlich begangen, und der Kardinal, Gesandter des Papstes, legte den Grundstein in Gegenwart einer Menge Bischöfe, der ganzen Klerisei, des Podestà, der Kapitane, Prioren und anderer Magistratspersonen der Stadt sowie aller Einwohner von Florenz und gab ihr den Namen Santa Maria del Fiore[2]. Weil man glaubte, daß die Kosten dieses Baues sehr groß sein würden, wie sie es später auch waren, wurde bei der Stadtkämmerei ein Ausgangszoll von vier Denaren auf das Pfund und eine Kopfsteuer von jährlich zwei Soldi festgesetzt, und überdies gewährten der Papst und der Legat denen, welche zu diesem frommen Zweck Almosen gaben, reichlichen Ablaß. Ich verschweige auch nicht, daß außer den Fundamenten, welche sehr breit und fünfzehn Ellen tief sind, mit vieler Überlegung an jedem Winkel der acht Seiten Strebepfeiler angebracht wurden, die so stark sind, daß sie Brunellesco den Mut gaben, eine weit größere Last darauf zu legen, als Arnolfo vielleicht willens gewesen war. An den beiden ersten Seitentüren von Santa Maria del Fiore, die in Marmor gearbeitet sind, soll Arnolfo in

[1] Vgl. S. 133. – [2] Die Grundsteinlegung zum Florentiner Dom erfolgte am 8. IX. 1296 durch den Kardinallegaten Pietro Valeriano da Piperno. Die Bauausführung hat sich nach zum Teil grundlegenden Planänderungen bis ins 15. Jahrhundert hingezogen; man vergleiche zum Bau der Kuppel durch Brunelleschi S. 124 bis 143. Die Fassadenskulpturen Arnolfos befinden sich im Museum dell'Opera del Duomo in Florenz.

einem Fries mehrere Feigenblätter anbringen haben lassen, die sein und seines Vaters, Meister Lapos, Wappen waren, weshalb man glauben kann, die edle Familie der Lapi zu Florenz stamme von ihm ab. Andere jedoch sagen, Filippo di Ser Brunellesco stamme von den Nachkommen Arnolfos ab. Aber lassen wir dies alles, um so mehr, als viele wiederum glauben, die Lapi seien von Figaruolo, einem befestigten Flecken an der Mündung des Po, gekommen, und kehren wir zu unserem Arnolfo zurück, der um dieses großen Werkes willen unendliches Lob und einen unsterblichen Namen verdient. Er ließ hauptsächlich diese Kirche außen ganz mit Marmor von verschiedenen Farben und innen mit demselben Stein bis in die kleinsten Ecken verkleiden. Damit aber ein jeder die genaue Größe dieses bewundernswerten Gebäudes kenne, sage ich, daß die Kirche von der vorderen Tür bis zum Ende der Kapelle des heiligen Zenobius 260 Ellen lang ist[1] und hat im Kreuze 166 und in den drei Schiffen 66 Ellen Breite. Das Mittelschiff allein ist 72 und die beiden kleineren sind 48 Ellen hoch. Der äußere Umkreis der Kirche ist 1280 Ellen, die Kuppel mißt von der Erde bis zum Anfang der Laterne 154 Ellen, die Laterne ist ohne die Kugel 36 Ellen hoch, der Knopf hat 4 Ellen Höhe, das Kreuz 8, und die ganze Höhe der Kuppel, von der Erde bis zum Gipfel des Kreuzes, beträgt 202 Ellen.

Um aber zu Arnolfo zurückzukehren, so sage ich, daß er mit Recht für so trefflich galt, als er war, und großes Zutrauen besaß, so daß ohne seinen Rat nichts von Wichtigkeit beschlossen ward. Als demnach in demselben Jahre die Gemeinde von Florenz die letzte Ringmauer ihrer Stadt, die schon früher angefangen worden war, vollends gegründet und sie samt den Türmen der Tore ziemlich weit hoch gezogen hatte, begann er den Palast der Signori,

[1] Eine Florentiner Elle = 0,5836 m.

dessen Entwurf dem ähnlich ist, welchen Lapo sein Vater im Casentino für die Grafen von Poppi[1] gebaut hatte. Wenngleich der Entwurf des Arnolfo groß und prächtig war, so konnte er dem Gebäude dennoch nicht jene Vollendung geben, welche seine Kunst und seine Einsicht verlangten, und dies bloß wegen des törichten Eigensinnes einiger Menschen: man hatte nämlich die Häuser der Uberti, welche das Volk von Florenz zum Aufruhr gereizt hatten und Ghibellinen waren, zerstört und abgerissen und einen Platz daraus gemacht; Arnolfo aber konnte trotz aller Vorstellungen keine Erlaubnis erlangen, den Palast wenigstens rechtwinklig erbauen zu dürfen, weil die damaligen Befehlshaber durchaus nicht zugaben, daß die Fundamente auf den Grund und Boden der aufrührerischen Uberti gelegt werden sollten; ja sie gaben eher zu, daß das Schiff der Kirche von S. Piero Scheraggio, das gegen Norden liegt, niedergerissen wurde, als daß sie ihm erlaubten, in der Mitte des Platzes seinen Bau abzustecken. Außerdem sollte der fünfzig Ellen hohe Turm der Feraboschi, genannt torra della Vacca, für die große Glocke mit benutzt und zugleich mit einigen Häusern, die zu diesem Bau von der Gemeinde gekauft worden waren, in den Bezirk des Palastes genommen werden. Deshalb darf es niemand wundern, daß der Grundriß desselben schief und unregelmäßig ist, um so mehr als es, um den Turm in der Mitte anzubringen und ihn fester zu machen, nötig war, ihn mit den Mauern des Palastes zu umschließen. Diese Mauern untersuchte der Maler und Baumeister Giorgio Vasari im Jahre 1561, als er zur Zeit des Herzogs Cosimo jenes Gebäude wieder instand setzte, und fand sie ganz vorzüglich. Weil nun Arnolfo diesen Turm mit so starkem Material aufgefüllt hatte, war es für die anderen

[1] Der Palast von Poppi im Casentino entstand 1261–65; vielleicht auch von Arnolfo di Cambio (?).

Baumeister dann leicht, den sehr hohen Glockenturm darauf zu bauen, den man jetzt dort sieht; denn er selbst vollendete in zwei Jahren nur den Palast, der erst durch die Verschönerungen, die er nach und nach erhielt, zu seiner nunmehrigen Größe und Pracht gelangt ist[1].

Nach Vollendung aller dieser Arbeiten und noch vieler anderer, die nicht minder nützlich und bequem als schön waren, starb im Jahre 1300 Arnolfo, sechzig Jahre alt, gerade in der Zeit, in welcher Giovanni Villani anfing, die allgemeine Geschichte seiner Zeit zu schreiben[2].

Wir haben das Leben dieses Arnolfo in möglichster Kürze beschrieben, denn wenngleich seine Arbeiten noch fern von der Vollkommenheit sind, die solche Dinge in unseren Tagen erreichen, verdient er dennoch, durch ein dankbares Andenken gefeiert zu werden, weil er in großer Dunkelheit denen, die ihm nachfolgten, den Weg zur Vervollkommnung gezeigt hat. Das Bildnis Arnolfos, von Giotto gemalt, findet sich in der Kirche Santa Croce neben der Hauptkapelle, in dem Gemälde, worin die Ordensbrüder den Tod des heiligen Franziskus beweinen: eine der Gestalten, welche im Vordergrund miteinander sprechen[3].

[1] Am 30. XII. 1298 Beschlußfassung zum Bau des Palazzo dei Signori (oder Palazzo Vecchio) in Florenz. 1302 war der Palast schon bezugsfertig. In den folgenden Jahrhunderten erweitert und mehrfach umgebaut. – [2] Arnolfo starb am 8. III. 1302. – [3] Vgl. S. 43.

Niccola und Giovanni

Bildhauer und Architekten aus Pisa

Wie wir bei der Lebensbeschreibung des Cimabue von der Zeichnung und Malerei und bei Arnolfo Lapi von der Baukunst geredet haben, wollen wir hier bei den Pisanern Niccola und Giovanni einiges von der Bildhauerkunst und von den außerordentlich bedeutenden Gebäuden reden, welche jene beiden errichteten. Denn ihre Skulpturen und Bauwerke verdienen sicher nicht nur als groß und prächtig, sondern auch als sehr wohlgeordnet gerühmt zu werden, da sie bei ihren Marmorarbeiten und Bauten zum großen Teil jene alte, plumpe und nicht im Einklang stehende griechische Manier beseitigten, mehr Erfindung in den Darstellungen zeigten und den Figuren bessere Stellungen gaben.

Der Niccola Pisano[1] arbeitete unter einigen griechischen Bildhauern, welche die Figuren und Ornamente des Domes von Pisa und des Tempels von S. Giovanni verfertigten[2]. Nun waren unter dem umfangreichen Beutegut, welches das Kriegsheer der Pisaner hierhergebracht hatte, einige antike Marmorsärge, die noch jetzt im Campo Santo jener Stadt sind, einer darunter vor allen köstlich, an welchem man die Jagd des Meleager und des kalydonischen Ebers in sehr schöner Weise gemeißelt sah;

[1] Über die Herkunft und das Geburtsdatum des Niccola ist urkundlich nichts Bindendes bekannt. Er ist der Sohn eines Ser Piero und wahrscheinlich in Apulien etwa 1220/25 geboren. »Pisano« ist kein Familienname, sondern bezeichnet die in Pisa erworbene Staatsangehörigkeit. – [2] Der Reliefschmuck des Nord- und Ostportales des Pisaner Baptisteriums (S. Giovanni) ist zu Beginn des 13. Jahrhunderts entstanden.

denn Zeichnung und Ausführung der nackten Gestalten wie der bekleideten waren daran aufs vollkommenste und mit großer Fertigkeit gearbeitet. Dieser Marmorsarg, der seiner Schönheit wegen von den Pisanern an der Fassade des Domes, gegenüber San Rocco, neben der Hauptseitentüre aufgestellt wurde, diente zum Grabmal der Mutter der Gräfin Mathilde[1].

Niccola beachtete die Güte dieses Werkes, und da es ihm vor allem wohlgefiehl, wandte er großes Studium und vielen Fleiß auf, diese und einige andere gute Skulpturen jener antiken Marmorsärge nachzuahmen, wodurch er bald als der beste Bildhauer seiner Zeit gerühmt wurde. Denn seit Arnolfo hatte in Toskana kein anderer Bildhauer in Ansehen gestanden, der Florentinische Baumeister und Bildhauer Fuccio ausgenommen, der im Jahre 1229 die Kirche Santa Maria sopr' Arno in Florenz erbaute, wobei er seinen Namen über einer der Türen anbrachte[2].

Niccola jedoch, der sich als ein viel besserer Meister gezeigt hatte als Fuccio, ward im Jahre 1225 nach Bologna berufen, als der hl. Domenikus von Calagora, der Stifter des Ordens der Predigermönche, gestorben war, um das Grabmal jenes Heiligen in Marmor zu arbeiten. Er kam mit denen überein, die es errichten ließen, brachte viele Figuren dabei an, wie man dies noch heute sieht, und vollendete es im Jahre 1231 zu seinem großen Ruhme, denn es galt für etwas sehr Seltenes und für die beste Bildhauerarbeit, welche bis dahin ausgeführt worden war[3].

[1] Der Sarkophag mit den Gebeinen der Beatrix († 1076), der Mutter der Markgräfin Mathilde von Tuszien – jetzt im Campo Santo in Pisa –, zeigt die Geschichte von Phaedra und Hippolytus. – [2] Die Inschrifttafel »A. MCCXXVIIII Fuccio me fecit« ist jetzt im Bargello in Florenz. – [3] Der hl. Domenikus, geboren in dem kastilischen Ort Calagora, starb 1221 in Bologna; 1233 heiliggesprochen. Das Grabmal, die sog. Arca di S. Domenico, in S. Domenico in

Außerdem verfertigte Niccola das Modell jener Kirche und eines großen Teiles des Klosters[1]. Als er aber nach Toskana zurückkehrte, vernahm er, Fuccio habe Florenz verlassen, sei in den Tagen, in denen Honorius den Kaiser Friedrich zu Rom krönte, nach dieser Stadt gegangen, und endlich mit Friedrich von Rom nach Neapel gezogen[2]. Niccola, der sich während dieser Zeit in Florenz aufhielt, beschäftigte sich nicht nur mit der Bildhauerkunst, sondern auch mit der Baukunst, d. h. mit den Gebäuden, die damals mit nur wenig guter Zeichnung in ganz Italien und vornehmlich in Toskana aufgeführt wurden. So machte er sich nicht wenig nützlich beim Bau der Badia von Settimo, welche von den Testamentsvollstreckern des Grafen Hugo von Luxemburg so wenig zu Ende gebracht wurde wie die sechs andern von ihm begonnenen; und obschon am Glockenturme jener Abtei auf einer Marmorinschrift geschrieben steht: Gugliel. me fecit, erkennt man doch am Stile des Gebäudes, daß es unter der Leitung Niccolas aufgeführt worden ist[3], der zu derselben Zeit in Pisa den alten Palazzo degli Anziani errichtete, welchen in unseren Tagen Herzog Cosimo hat niederreißen lassen, um mit Benutzung eines Teils des alten Gebäudes den prächtigen Palast und das Kloster für den neuen Orden der Ritter des hl. Stephanus zu erbauen,

Bologna ist von Niccola erst 1267 vollendet worden (am 5. VI. 1267 die Translation); der Arbeitsbeginn ist unbestimmt; im 15. und 16. Jahrh. mehrfach bereichert; erhalten vom ursprünglichen noch sechs Reliefs aus dem Leben des Domenikus, getrennt durch Heiligenstatuetten; vgl. auch S. 391.

[1] Die Kirche wurde 1221–1231 erbaut, das frühe Datum schließt Niccolas Urheberschaft aus. Der jetzt bestehende Umbau von 1728 bis 1732. – [2] Friedrich II. wurde am 22. XI. 1220 durch Honorius III. zum Kaiser gekrönt. – [3] Die um 1235 entstandene Badia von Settimo bei Florenz kann nicht als Werk des Niccola angesehen werden. Die von Vasari zitierte Inschrift lautet: Comitis Guielmi tempore fecit; sie besagt also nichts über den Architekten.

nach Zeichnung und Modell des Aretinischen Malers und Baumeisters Giorgio Vasari, der so gut wie möglich die alten Mauern zu verwenden und zum Neuen umzugestalten gesucht hat[1]. Außerdem erbaute Niccola in Pisa eine Menge anderer Paläste und Kirchen, und da die gute Bauweise lange Jahre verloren gewesen war, führte er zuerst in Pisa den Brauch ein, die Gebäude auf Pfeilern zu fundamentieren und über denselben Bogen zu wölben. Diese Pfeiler wurden auf einem Pfahlwerk errichtet, da sonst, wenn man es anders macht, beim Zurückweichen des ersten Fundaments die Mauern sich immer senken, während das Pfahlwerk den Gebäuden die größte Sicherheit gibt, wie die Erfahrung gelehrt hat. Nach einer Zeichnung des Niccola wurde ferner die Kirche S. Michele in Borgo für die Mönche von Camaldoli aufgeführt[2]. Sein schönstes, sinnreichstes und eigentümlichstes Bauwerk, das Niccola je machte, jedoch war der Glockenturm von S. Niccola zu Pisa, wo die Augustiner sind. Er ist außen achteckig, innen aber ist er rund und hat Wendeltreppen, die bis oben hinauf so laufen, daß in der Mitte des Turmes ein leerer Raum gleich einem Brunnen bleibt; auf jeder vierten Stufe sind Säulen, die hinkende Bögen tragen und rundherum laufen; da nun die Steigung des Gewölbes auf jenen Bögen ruht und so bis oben hinauf steigt, können die, welche auf der Erde sind, immer die sehen, welche nach oben gehen, und die Steigenden sehen die, die auf der Erde sind, und die in der Mitte beide, die über ihnen und unter ihnen sind[3]. Diese launige Erfindung ward später in besserer Weise und nach richtigerem Verhältnis und mit mehr Verzierung vom Baumeister Bramante in Rom bei

[1] Der Pal. dei Cavalieri di S. Stefano in Pisa ist von Vasari 1562 bis 1566 um- bzw. neugebaut worden. – [2] Die Fassade von S. Michele in Borgo in Pisa ist etwa 1304–14 entstanden. – [3] Der Campanile von S. Niccola in Pisa ist wohl in der 1. Hälfte des 13. Jahrhunderts entstanden.

dem Belvedere für Papst Julius II. angewandt und von Antonio da Sangallo bei dem Brunnen, den in Orvieto Papst Clemens VII. bauen ließ[1]. Doch wir wollen zu Niccola zurückkehren, der nicht minder ein vorzüglicher Bildhauer als Baumeister war. Er machte an der Fassade der Kirche S. Martino zu Lucca unter der Säulenstellung über der kleinen Türe, linker Hand, wenn man in die Kirche kommt, einen Christus, der vom Kreuz genommen ist, in Relief aus Marmor. An diesem Werke voll Figuren, die mit vieler Sorgfalt gearbeitet sind, durchbrach er den Marmor und vollendete das Ganze in solcher Weise, daß er denen, welche früher diese Kunst mit großer Mühseligkeit getrieben hatten, Hoffnung gab, es werde bald ein Künstler kommen, der bei größerer Fertigkeit ihnen noch mehr Hilfe leisten würde[2]. Im Jahre 1240 entwarf Niccola den Plan zu der Kirche S. Jacopo in Pistoja und ließ dort einige toskanische Meister das Gewölbe der Nische in Mosaik arbeiten[3], das, obschon es damals für etwas sehr Mühsames und Kostbares galt, bei uns heutigentags doch eher Lachen und Mitleid als Bewunderung erweckt, um so mehr, als ein solches Durcheinander, welches vom Mangel an Zeichnung herrührte, nicht nur in Toskana, sondern in ganz Italien gewöhnlich war, wo viele Gebäude und andere Dinge, die ohne Geschick und ohne Zeichnung ausgeführt worden sind, einen Beweis von der Geistesarmut und zugleich von dem ungeheuren, schlecht angewandten Reichtum der Menschen jenes Zeitalters geben, weil kein Meister

[1] Über den Treppenaufgang Bramantes im Belvedere vgl. S. 323. Der Pozzo di S. Patrizio in Orvieto wurde von Antonio da Sangallo 1528 errichtet. – [2] Der Figurenschmuck am linken Westportal von S. Martino in Lucca umfaßt im Bogenfeld: die Kreuzabnahme Christi; auf dem Türsturz: die Verkündigung, Geburt Christi und Anbetung der Könige. Keine Urkunden bekannt. – [3] Die Kirche S. Jacopo gehört dem 12. Jahrh. an und wurde nach Brand 1203 restauriert. Der Mosaikschmuck beim Umbau (1600) zerstört.

lebte, der irgend etwas gut auszuführen verstand, was sie wollten.

Viele, die zur Zeit des Niccola lebten, verwandten, von lobenswertem Ehrgeize getrieben, mehr Studium auf die Bildhauerkunst, als bis dahin geschehen war, vornehmlich in Mailand, wohin zum Bau des Domes[1] eine Menge Lombarden und Deutsche zusammenkamen, die sich später, als die Feindseligkeiten zwischen Kaiser Friedrich und den Mailändern ausbrachen, über ganz Italien verstreuten und in Marmorarbeiten und Bauten miteinander wetteifernd manches Gute zustande brachten. Dasselbe geschah in Florenz, nachdem man die Werke Arnolfos und Niccolas gesehen hatte. Der letztere, während man nach seinem Entwurfe auf dem Platze von S. Giovanni die kleine Kirche della Misericordia baute, verfertigte eine Muttergottes in Marmor, von dem hl. Domenikus und einem anderen Heiligen umgeben, die man noch jetzt außen an der Fassade jener Kirche sehen kann[2].

Zur Zeit Niccolas hatten die Florentiner angefangen, viele Türme niederzureißen, die vordem nach barbarischer Manier in der ganzen Stadt erbaut worden waren, damit das Volk durch sie weniger unter den Streitigkeiten und Händeln leiden möchte, die zwischen Guelfen und Ghibellinen häufig vorkamen, oder auch zur größeren öffentlichen Sicherheit. Es schien ihnen, als müsse es sehr schwer sein, den Turm Guardamorto, der auf dem Platze von S. Giovanni stand, zu zerstören, weil das Mauerwerk zu fest gebunden hatte, als daß man es mit Spitzhauen hätte abbrechen können, und noch dazu, weil er außerordentlich hoch

[1] Gemeint ist natürlich der Vorgänger des heutigen Domes, der erst 1386 begonnen wurde. – [2] Die Oratorium della Misericordia, genannt »il Bigallo«, entstand erst 1352–1358; wohl nach Entwurf des Alberto Arnoldi. Die Figurengruppe: Madonna mit Kind, zwischen Petrus Martyr und der hl. Lucia, von einem unbekannten Meister der zweiten Hälfte des 14. Jahrhunderts.

war. Niccola jedoch ließ den Turm auf seiner Seite am Fuße durchschneiden und mit Pfosten stützen, die eine und eine halbe Elle lang waren, und diese dann anzünden; als das Feuer sie zerstört hatte, stürzte der Turm fast ganz in sich selbst zusammen; das war ein Mittel, das als sehr sinnreich und nützlich erkannt wurde und später so in Gebrauch gekommen ist, daß, wenn es nötig ist, dadurch in kurzer Zeit jedes Gebäude ganz leicht eingerissen wird[1]. Niccola war bei der ersten Gründung des Domes von Siena dabei und zeichnete den Plan zur Kirche S. Giovanni[2]; hierauf ging er wieder nach Florenz, in demselben Jahre, in welchem die Guelfen dahin zurückgekehrt waren, und entwarf die Kirche Santa Trinità[3] und das Kloster der Nonnen von Faenza, das jetzt wegen des Baues der Zitadelle zerstört ist.

Unterdessen beriefen die Volterraner, die den Florentinern untertan geworden waren, im Jahre 1257 den Niccola, um ihren Dom zu vergrößern, der sehr klein war, und trotz der Unregelmäßigkeit dieses Gebäudes gab er ihm doch eine bessere Gestalt und machte ihn prächtiger, als er je zuvor gewesen war[4]. Darauf aber kehrte er endlich nach Pisa zurück und arbeitete dort die Kanzel von S. Giovanni in Marmor, wobei er großen Fleiß aufwandte, um seiner Vaterstadt ein Gedächtnis von sich zu hinterlassen. Unter andern stellte er darauf das Weltgericht dar und brachte

[1] Der Abbruch des Turmes, genannt nach dem Leichenbeschauer, der ihn bewohnte, wurde 1248 von den Ghibellinen erzwungen. Vasari hat die Erzählung dem Giovanni Villani (VI. cap. 34) entnommen und Niccolas Namen hinzugefügt. – [2] Der Baubeginn des Domes von Siena fällt etwa ins 3. Jahrzehnt des 13. Jahrh. 1264 wurde die Kuppel mit dem Bleidach versehen. Eine Beteiligung Niccolas am Bau ist urkundlich nicht gesichert. – [3] S. Trinità in Florenz ist etwa 1258 begonnen, auch da ist für Niccolas Entwurf oder Teilnahme nichts gesichert. – [4] Die Weihe des Domes von Volterra erfolgte 1120; die Außenverkleidung und Fassade gehört dem 13. Jahrh. an. Für Niccola sind keine Dokumente erhalten

dabei eine Menge Figuren an, die, wenn auch in Zeichnung nicht vollkommen, doch, wie man sehen kann, mit unendlicher Sorgfalt und Geduld ausgeführt sind[1]. Und weil ihm mit Recht schien, daß er ein des Lobes würdiges Werk vollbracht habe, grub er unten die folgenden Worte ein:

Anno milleno bis centum bisque trideno
Hoc opus insigne sculpsit Niccola Pisanus[2].

Der Ruhm dieses Werkes, das nicht nur den Pisanern, sondern allen, die es sahen, sehr wohl gefiel, gab Veranlassung, daß die Sieneser zur Zeit, in welcher Guglielmo Mariscotti der Stadthauptmann war, dem Niccola die Anfertigung der Kanzel ihres Domes übertrugen, von der das Evangelium gesungen wird. Niccola stellte darauf viele Geschichten aus dem Leben Christi dar und brachte dabei eine Menge Figuren an, die er mit großer Schwierigkeit ringsum vom Marmor freistehend arbeitete, wodurch er sich vielen Ruhm erwarb[3]. Außerdem verfertigte er die Zeichnung zur Kirche und zum Kloster S. Domenico in Arezzo für die Herren von Pietramala, welche beides erbauen ließen[4]; er setzte auf Bitten des Bischofs Ubertini die Pfarrkirche von Cortona[5] instand und gründete die Kirche Santa Margherita für die Ordensbrüder des hl.

[1] Die Kanzel im Baptisterium zu Pisa, nur durch die Treppe und ein zweites Lesepult verändert, ist nach heutiger Zeitrechnung 1259 datiert. – [2] Die Inschrift lautet: »Im Jahre eintausend zweimal hundert zweimal dreißig [= 1260] hat Niccola der Pisaner dies ausgezeichnete Werk skulptiert«. Bei Vasari fehlt die dritte Zeile: Laudetur digne tam bene docta manus: »würdig werde gelobt so wohl geschulte Hand«. – [3] Die Ausführungsbestimmungen zu der noch im Dom von Siena befindlichen Kanzel wurden Niccola am 29. IX. 1265 gegeben. 1269 ist die Kanzel wohl fertig; urkundlich noch genannt als Gehilfen: Lapo, Donato, Arnolfo di Cambio und Giovanni Pisano. – [4] Der Bau etwa 1270; eine Beteiligung Niccolas nicht überliefert. – [5] Soll 1297 umgebaut worden sein, im Inneren gegen 1500 erneuert.

Franziskus auf dem höchsten Punkte jener Stadt[1]. Durch alle diese Arbeiten stieg der Ruhm Niccolas immer mehr, und er ward im Jahre 1257 vom Papst Clemens IV. nach Viterbo berufen, wo er außer mancherlei anderen Dingen auch die Kirche und das Kloster der Predigermönche wiederherstellte[2]. Von Viterbo ging er nach Neapel zum König Karl I., der, nachdem er Konradin in der Ebene von Tagliacozzo geschlagen und getötet hatte, an jenem Orte eine Kirche und reich begüterte Abtei errichtete und darin die unendliche Zahl von Männern begraben ließ, welche an jenem Tage gefallen waren, und außerdem den Befehl gab, daß viele Mönche Tag und Nacht für ihre Seelen beten sollten. Niccola vollführte dies Werk sehr zur Zufriedenheit des Königs Karl, der ihn reichlich belohnte und ihm viel Ehre erwies[3]. Hierauf kehrte er von Neapel nach der Toskana zurück und hielt sich beim Bau von Santa Maria in Orvieto auf. Er arbeitete dort in Gesellschaft einiger Deutscher und verfertigte für die vordere Fassade jener Kirche einige Rundfiguren in Marmor und vornehmlich zwei Darstellungen des Weltgerichts, das Paradies und die Hölle. Dabei bemühte er sich, in dem Paradies die wiederverkörperten Geister der Seligen so schön darzustellen, als er nur konnte, während er den Teufeln der Hölle, welche die Verdammten peinigen, die sonderbarsten Gestalten gab, die man sich nur denken kann. Diese Arbeit war nicht nur weit besser als alles, was jene Deutschen verfertigten, sondern er übertraf sich selbst zu seiner großen Ehre; und

[1] Kann erst nach 1297, dem Todesjahr der Heiligen, gegründet worden sein. Eine Inschrift am Campanile soll die Namen »Nicolaus et Johannes« getragen haben. – [2] Die Kirche S. Maria in Gradi laut Inschrift 1244 begonnen und 1258 durch Alexander IV. geweiht. Nur noch der Kreuzgang im ursprünglichen Zustand. Keine Urkunde über Niccolas Tätigkeit bekannt. – [3] Die Schlacht bei Tagliacozzo-Scurcola war am 23. VIII. 1268; die Gründung der nur noch in Ruinen erhaltenen Anlage erfolgte erst 1274. Keine Überlieferung für ein Eingreifen des Niccola.

weil er viele Figuren dabei anbrachte und viele Mühe aufwandte, ist er bis in unsere Zeiten von dem immer gerühmt worden, dessen Urteil in der Bildhauerkunst das sicherste ist[1].

Niccola hatte unter anderen Kindern auch einen Sohn, welcher Giovanni hieß. Dieser, da er den Vater immer begleitete und unter ihm die Bildhauer- und Baukunst lernte, ward nach wenigen Jahren nicht nur dem Vater gleich, sondern übertraf ihn noch in manchen Dingen, weshalb Niccola, der schon alt war, sich nach Pisa zurückzog, daselbst ruhig lebte und die Aufsicht über alle Arbeiten dem Sohne überließ[2].

Als damals Papst Urban IV. in Perugia starb[3], sandte man nach Giovanni, der dorthin ging und das Grabmal jenes Papstes in Marmor arbeitete, das später, als die Peruginer den Bischofspalast vergrößerten, zugleich mit dem Grabmal von Papst Martin IV. so zerstört ward, daß man nur noch einige Überreste davon in der Kirche verstreut sieht. Zu derselben Zeit hatten die Peruginer vom Berge Pacciano, der zwei Meilen von der Stadt gelegen ist, in bleiernen Röhren einen sehr starken Wasserlauf herleiten lassen, nach dem Rate und der sinnreichen Angabe eines Sylvestrinerbruders, und übertrugen nun dem Giovanni Pisano, jenen Brunnen mit Marmor- sowohl als mit Bronzeverzierungen auszuschmücken. Er begab sich daran und machte drei Schalen übereinander, zwei von Marmor und eine von Bronze; die erste steht auf zwölf Stufen, die zwölf Seiten haben, die zweite ruht auf einigen Säulen, die auf

[1] Der Dom von Orvieto ist erst 1290 begonnen worden, die Ausschmückung der Fassade kaum vor 1310 begonnen; d. h. nach dem Tode des Niccola. – [2] Das Geburtsdatum des Giovanni Pisano liegt nicht fest (wohl um 1250); ab 1265/66 ist er Gehilfe bei seinem Vater an der Kanzel in Siena (vgl. S. 30, Anm. 3) und mit ihm zusammen auch an dem Brunnen in Perugia tätig; vgl. unten. – [3] Urban IV. starb am 2. X. 1264.

der Ebene der ersten Schale aufgerichtet sind, und zwar in der Mitte, und die dritte, von Bronze, wird von drei Figuren getragen und hat in der Mitte einige Greife, ebenfalls von Erz, welche nach allen Seiten Wasser ausspeien. Giovanni aber, dem es schien, als habe er jene Arbeit wohlgemacht, setzte hier seinen Namen darauf[1]. Giovanni gedachte, als dies Werk vollendet war, nach Pisa zurückzukehren, weil er seinen Vater zu sehen wünschte, der alt und auch noch krank war; als er aber durch Florenz kam, mußte er sich dort aufhalten, um mit anderen beim Bau der Mühlen am Arno zu helfen, die bei S. Gregorio an der Piazza de' Mozzi aufgebaut wurden. Aber schließlich, als er die Nachricht erhielt, sein Vater Niccola sei gestorben, ging er nach Pisa[2]. Dort wurde er, um seiner Vorzüge willen, von der ganzen Stadt ehrenvoll empfangen; ein jeder freute sich, daß Niccola in seinem Sohne Giovanni einen Erben seiner Fähigkeiten und Geschicklichkeit hinterlassen hatte; und als sich bald Gelegenheit fand, diese zu erproben, zeigte es sich, daß man eine richtige Meinung von ihm gefaßt hatte. Denn als ihm in der kleinen, aber sehr in Ehren gehaltenen Kirche Santa Maria della Spina einiges übertragen wurde, legte er Hand an, wobei er einige von seinen Schülern zu Hilfe nahm, und brachte viele Ornamente dieser Kapelle zu der Vollkommenheit, wie man sie jetzt noch sieht; eine Arbeit, die, wie man urteilen kann, damals für wunderbar gehalten werden mußte, um so mehr, als er in einer der Figuren das Bildnis seines Vaters angebracht hatte, so gut er es überhaupt

[1] Der Brunnen vor dem Palazzo Comunale in Perugia: Die Anlage der Wasserleitung durch Bonomo da Orte um 1255–1275. Die Inschrift (von 1278) nennt außer Giovanni auch den Niccola Pisano; ebenso ist ab 1277 Arnolfo di Cambio beteiligt. Vasaris Beschreibung des Aufbaues ist ungenau. – [2] 1284 ist Giovanni in Pisa nachweisbar, wann Niccola starb, ist nicht überliefert (zwischen 1278 und 1287).

auszuführen vermochte[1]. Als dies die Pisaner sahen, die schon lange zuvor sich beredet hatten und willens waren, für alle Bewohner der Stadt, für die Vornehmen sowohl als für die Geringen, einen allgemeinen Begräbnisplatz einzurichten, damit nicht zu viele im Dome beigesetzt werden möchten, oder aus sonst einem Grunde, übertrugen sie Giovanni die Leitung, den Campo Santo zu erbauen, welcher auf dem Domplatz, gegen die Mauer zu steht. Er verfertigte darauf eine gute Zeichnung und führte ihn nach dieser mit vieler Einsicht in der Weise und Größe und mit den Marmorverzierungen aus, wie man es noch heutigentags sieht. Weil man die Kosten gar nicht achtete, ließ er das Dach mit Blei decken; über der Haupttüre aber sieht man folgende in Marmor gegrabene Inschrift: A. D. MCCLXXXVIII, tempore Domini Friderigi Archiepiscopi Pisani et Domini Tarlati potestatis, operario Orlando Sardella, Joanne Magistro aedificante[2].

Nach Vollendung dieser Arbeit ging Giovanni in demselben Jahre 1283 nach Neapel, wo er für König Karl das neue Schloß erbaute; und weil es erweitert und befestigt werden sollte, mußte er viele Häuser und Kirchen einreißen, darunter vornehmlich ein Kloster der Ordensbrüder des hl. Franziskus, welches später, entfernt vom Schlosse, viel größer und prächtiger, als es zuvor gewesen war, wieder aufgebaut wurde und den Namen Santa Maria della Nuova erhielt. Nachdem diese Bauten angefangen und ziemlich weit gediehen waren, kehrte Giovanni von Neapel nach Toskana zurück; als er aber nach Siena kam, ließ man ihn nicht weiterziehen, und er mußte das Modell

[1] Die kleine Kirche von Arno ist erst 1323 ff. zu ihrer heutigen Gestalt erweitert worden. – [2] Der in der Inschrift genannte Giovanni ist nicht Giovanni Pisano, sondern Giovanni di Simone. 1278 bezeichnet den Baubeginn am Campo Santo, die Bauausführung erstreckte sich bis weit ins 14. Jahrhundert.

zur Fassade des Domes jener Stadt arbeiten, welche nach jenem Vorbilde sehr reich und prächtig verziert ward[1]. Im Jahre 1286, als man die Bischofskirche zu Arezzo nach der Angabe des aretinischen Baumeisters Margaritone erbaute, ward Giovanni von Guglielmo Ubertini, dem Bischof jener Stadt, von Siena nach Arezzo berufen, und arbeitete daselbst das Hauptaltarblatt in Marmor, voll von Figuren, Laubwerk und anderen Verzierungen in Relief, wobei er das Ganze durch feines Mosaik und durch Schmelzarbeit auf Silberblättchen, die mit großer Sorgfalt in den Marmor eingelegt sind, aufteilte. In der Mitte ist eine Muttergottes mit dem Kind auf dem Arm, zu ihrer einen Seite steht der Papst Gregor der Heilige (dessen Angesicht das Bildnis Papst Honorius' IV. nach der Natur darstellt), auf der anderen Seite der hl. Donatus, der Bischof und Beschützer jener Stadt, dessen Körper mit dem der hl. Antilla und anderen Heiligen unter jenem Altare ruht. Dieser Altar steht frei, deshalb sind ringsum an den Seiten kleine Flachreliefs angebracht, welche Begebenheiten aus dem Leben des hl. Donatus darstellen. Die Bekrönung des ganzen Werkes aber bilden einige Tabernakel mit vielen runden Figuren, die sehr zart in Marmor gearbeitet sind. Auf der Brust der Madonna ist eine goldene Einfassung, in der, wie man sagt, Edelsteine von großem Werte aufbewahrt wurden, die wahrscheinlich im Kriege von Soldaten, welche oft selbst vor dem heiligen Sakramente keine Achtung haben, geraubt worden sind zusammen mit einigen runden Figuren von der Bekrönung und Seitenverzierung des Werkes, auf das

[1] 1284 war der Grundstein zur Fassade des Domes von Siena gelegt worden. 1296 wird Giovanni zum letzten Male als erster Bauleiter genannt; wahrscheinlich stand 1307 die Hauptmasse in den unteren Teilen der Fassade. Die Ausführung des reichen Skulpturenschmuckes zog sich noch länger hin. 1376ff. wurde das Obergeschoß von Giovanni di Cecco errichtet.

die Aretiner nach einigen Aktenangaben dreißigtausend Goldgulden verwendet hatten. Dies darf nicht in Erstaunen setzen, denn es war zu jener Zeit das Seltenste und Kostbarste, was man nur denken konnte, weshalb es noch viele Jahre nach seiner Vollendung von Friedrich Barbarossa, als er nach seiner Krönung in Rom durch Arezzo kam, sehr gelobt, ja unendlich bewundert wurde. Und dies in Wahrheit mit großem Recht, denn außer allem anderen sind die unendlich vielen Stücke, aus denen das Werk besteht, so gut gefugt und gekittet, daß jeder, der nicht in der Kunst ein sehr geübtes Auge hat, leicht glauben kann, es sei aus einem Stücke gearbeitet[1].

Im Jahre 1300 war der Kardinal Niccola von Prato als Gesandter des Papstes in Florenz, um die Zwistigkeiten der Florentiner auszugleichen. Dieser trug ihm auf, in Prato ein Nonnenkloster zu bauen, welches nach seinem Namen S. Niccola genannt wurde[2], und ließ ihn ebendaselbst das Kloster S. Domenico[3] sowie das Kloster gleichen Namens in Pistoja[4] wiederherstellen, in welchen beiden man noch das Wappen jenes Kardinals sieht. Die Einwohner von Pistoja aber, welche den Namen Niccolas, Giovannis Vater, sehr verehrten, um der vielen schönen Arbeiten willen, die er zur Zierde ihrer Stadt verfertigt hatte, gaben Giovanni den Auftrag, für die Kirche S. Andrea eine Kanzel in Marmor zu arbeiten, der ähnlich, welche jener im Dome von Siena gemacht hatte, und wetteifernd mit einer andern, die kurz zuvor in der Kirche S. Giovanni Evangelista von einem Deutschen gearbeitet worden war und sehr gelobt wurde[5]. Giovanni vollendete in vier Jah-

[1] Der Hochaltar des Domes in Arezzo ist erst 1369–1375 von Giovanni di Francesco d'Arezzo und Benedetto di Francesco aus Florenz gearbeitet worden. – [2] Inschriftlich gestiftet 1322; nur noch das Portal erhalten. – [3] Neubau begonnen 1281 unter der Leitung des Mazzetto. – [4] Soll nach 1280 entstanden sein. – [5] Die Kanzel in S. Giovanni Fuoricivitas ist 1270 entstanden und von

ren sein Werk, bei welchem er in fünf Abteilungen Begebenheiten aus dem Leben Jesu darstellte und ein Weltgericht anbrachte, welches er mit der größten Sorgfalt arbeitete, um es so gut oder wohl noch besser zu machen als jenes damals weit berühmte zu Orvieto[1]. Weil er aber nach dem, was seine Zeit leistete, mit Recht glaubte, er habe etwas Großes und Schönes vollführt, grub er in den Architrav jener Kanzel, den einige Säulen tragen, die folgenden Worte ein:

Hoc opus sculpsit Joannes, qui res non egit inanes
Nicoli natus . . . meliora beatus,
Quem genuit Pisa, doctum super omnia visa[2].

Zur selben Zeit arbeitete Giovanni in der nämlichen Stadt für die Kirche S. Giovanni Evangelista ein Weihwasserbecken in Marmor. Dies wird von drei Figuren, der Mäßigkeit, der Klugheit und der Gerechtigkeit, getragen, und man stellte es als ein einzigartiges Werk in der Mitte jener Kirche auf[3]. Bald nachher, als Papst Benedictus IX. in Perugia gestorben war, ließ man Giovanni dorthin kommen. Jener arbeitete in der alten Kirche S. Domenico, welche den Predigermönchen gehörte, ein Marmorgrabmal für jenen Papst, den er nach der Natur abbildete, im päpstlichen Ornat auf einem Sarge ruhend, ihm zur Seite zwei Engel, die einen Vorhang halten, und darüber eine Muttergottes zwischen zwei Heiligen in Relief gearbeitet; viele andere Ornamente in erhabener Arbeit zieren außerdem noch das Werk[4].

Fra Guglielmo aus Pisa(?) gearbeitet mit den Darstellungen der Lebensgeschichte Jesu und der Maria.

[1] Gemeint ist die Kanzel des Domes zu Orvieto. – [2] Die Inschrift der noch in S. Andrea befindlichen Kanzel des Giovanni Pisano gibt weiterhin als Datum das Jahr 1301 an. – [3] Das Weihwasserbecken, noch daselbst, steht dem Niccola Pisano näher. – [4] Es handelt sich um das Grabmal Papst Benedikts XI., der am 7. VII. 1304 in Perugia starb. Es dürfte dem 3. Jahrzehnt des 14. Jahrh. angehören.

Da Giovanni sich mit den Arbeiten in Perugia beeilte, gedachte er nach Rom zu gehen, um gleich seinem Vater die wenigen Altertümer zu studieren, die dort zu sehen waren. Durch wichtige Gründe jedoch abgehalten, konnte er sich diesen Wunsch nicht erfüllen, zumal er hörte, der Hof sei vor kurzem nach Avignon gegangen[1]. Demzufolge kehrte er nach Pisa zurück, und dort ließ ihn der Bauverweser Nello di Giovanni Falconi im Dome die große Kanzel machen, die, wenn man nach dem Hauptaltar zugeht, rechter Hand am Chore befestigt ist. Er fing dies Werk an, arbeitete viele runde Figuren drei Ellen hoch, welche sie zu tragen bestimmt waren, und gab dem Ganzen nach und nach seine nunmehrige Gestalt, indem er es zum Teil auf jene Figuren, zum Teil auf einige Säulen stützte, welche auf Löwen ruhen. An der Brüstung stellte er einiges aus dem Leben Jesu Christi dar. Es ist fürwahr zu beklagen, daß so viele Kosten, Mühe und Sorgfalt nicht von einer guten Zeichnung begleitet werden, daß weder Vollendung, noch Erfindung, noch Anmut, noch irgendeine gute Manier dies Werk zieren, die in unseren Tagen, bei weit geringerem Aufwand von Geld und Mühe, jede Arbeit erreichen würde. Dessenungeachtet mußte dieses Werk den Menschen jener Zeit, die gewohnt waren, nur ganz grobe Arbeiten zu sehen, als ein nicht geringes Wunder erscheinen. Es wurde im Jahre 1320 vollendet, wie aus einigen ringsherum eingegrabenen Versen erhellt, welche also lauten:

Laudo Deum verum, per quem sunt optima rerum,
Qui dedit has puras homini formare figuras
Hoc opus, his annis Domini sculpsere Johannis
Arte manus sole quondam, natique Nicole,
Cursis Vndenis tercentum milleque plenis etc.

[1] Clemens V. verlegte im November 1305 den Hof nach Avignon.

Außerdem stehen noch dreizehn Verse dort, die wir nicht anführen, weil wir den Leser nicht langweilen wollen, und weil diese hier genügen, nicht nur zu beweisen, daß die genannte Kanzel von Giovanni ist, sondern auch, daß die Menschen jener Zeit in allen Dingen gleich mittelmäßig waren[1].

Über dem Hauptportal des Domes sieht man ferner, von der Hand Giovannis in Marmor gearbeitet, eine Muttergottes zwischen Johannes dem Täufer und einem anderen Heiligen, und die Gestalt, die zu Füßen der Madonna kniet, sagt man, sei der Kirchenvorsteher Pietro Gambacorti. Wie dem aber auch sei, auf der Fußplatte der Muttergottes sind die folgenden Worte eingegraben:

Sub Petri cura haec pia fuit sculpta figura;
Nicoli nato sculptore Joanne vocato[2].

Ebenso steht über der Seitentüre, dem Glockenturme gegenüber eine Madonna, die von Giovanni in Marmor gearbeitet ist; zur einen Seite derselben kniet eine weibliche Gestalt mit zwei Kindern, welche Pisa darstellt, auf der anderen der Kaiser Heinrich[3].

In der alten Pfarrkirche von Prato hatte man eine lange Reihe von Jahren unter dem Altar der Hauptkapelle den

[1] Von der neuerdings wieder im ursprünglichen Zustand aufgestellten Kanzel fehlen von wichtigen Teilen drei Sibyllen (zwei davon im Kais.-Friedr.-Museum, Berlin), zwei Engelgruppen vom Jüngsten Gericht und ein Engel (jetzt im Metropol. Mus. in New York). Die Kanzel wurde 1302 dem Giovanni in Auftrag gegeben und war 1310 vollendet. Die Inschrift lautet: »Ich lobe den wahren Gott, durch den alles Gute kommt, der einem Menschen verliehen hat, diese reinen Gestalten zu formen. Dies Werk haben zu diesen Jahren mit Kunst skulpiert die Hände allein des Herrn Giovanni, des Sohnes des verstorbenen Niccola, als verflossen waren der Jahre des Herrn elf und dreihundert und volle tausend«. – [2] Es ist nur noch die Madonna in dem Bogenfelde erhalten. – [3] Die Reste dieser Gruppe: die sitzende Madonna und die Figur der »Pisa« jetzt im Mus. Civico in Pisa.

Gürtel der Muttergottes verwahrt, den Michele da Prato im Jahre 1141, als er vom Heiligen Lande zurückkehrte, seiner Vaterstadt geschenkt und dem Uberto, Propste jener Pfarrkirche, übergeben hatte, wo man ihn immer sehr in Ehren hielt. Diesen Gürtel wollte im Jahre 1312 ein Prateser, ein nichtswürdiger Mensch, der fast ein zweiter Ser Ciappelletto[1] war, entwenden; er wurde ertappt und von den Gerichten als Kirchenräuber zum Tode verurteilt; die Prateser aber beschlossen darauf, den Gürtel an einem sichereren und geeigneteren Orte besser zu verwahren. Deshalb ließen sie Giovanni kommen, der schon sehr alt war, und erbauten nach seinem Rat in der Hauptkirche eine Kapelle, in welcher nun der genannte Gürtel der Madonna aufgehoben wird. Auch vergrößerten sie nach seiner Angabe die Kirche um vieles und verkleideten sie und den Turm außen mit weißem und schwarzem Marmor, wie man dies noch jetzt sehen kann[2]. Endlich im Jahre 1320 starb Giovanni in hohem Alter, nachdem er außer den schon genannten noch viele andere Skulpturen und Bauwerke ausgeführt hatte[3]. Man verdankt wirklich ihm und seinem Vater Niccola sehr vieles, da sie zu einer Zeit, in der gute Zeichnung nirgends zu finden war, nicht wenig beitrugen, Licht in die Finsternis zu den Sachen der Kunst zu bringen, in der sie nach damaligem Stande der Dinge wirklich ausgezeichnet waren. Giovanni wurde im Campo Santo in derselben Gruft, in der sein Vater beigesetzt war, ehrenvoll begraben.

[1] Über Ser Ciappelletto vgl. Decamerone, erster Tag, 1. Novelle. – [2] Der Erweiterungsbau des Domes zu Prato wurde 1312 beschlossen und 1317 in Angriff genommen. – [3] Das Todesdatum des Giovanni Pisano ist nicht bekannt (etwa 1320).

Giotto

Florentiner Maler, Bildhauer und Architekt

Dieselbe Verpflichtung, welche die Meister der Malerkunst der Natur gegenüber haben, die immer zum Vorbild für diejenigen dient, welche das Gute aus ihren besten und schönsten Teilen auszuwählen wissen und sich unausgesetzt bemühen, sie abzuzeichnen und nachzuahmen, gebührt auch, so scheint es mir, dem Florentiner Maler Giotto; weil, nachdem die gute Malerei und was alles dazu gehört, durch die Verheerungen der Kriege lange Jahre vergraben worden waren, durch die Gnade des Himmels er allein, obwohl unter untauglichen Meistern geboren, die fast erstorbene Kunst wiedererweckte und so erhob, daß sie vorzüglich genannt werden konnte. Wahrhaftig, es war das größte Wunder, wie jene plumpe und ungeschickte Zeit in Giotto so kenntnisreich schaffen konnte, daß die Zeichenkunst, von welcher die Menschen damals wenig oder gar keine Kenntnis hatten, durch ihn wieder voll ins Leben trat. Denn schon im Jahre 1276 wurde dieser berühmte Mann in dem Dorfe Vespignano geboren, welches in der Umgegend von Florenz, vierzehn Meilen von der Stadt entfernt, gelegen ist[1]. Sein Vater hieß Bondone und war ein schlichter und einfacher Landmann, der seinen Sohn, mit Namen Giotto, nach seinem Vermögen in guten Sitten erzog. Von klein auf zeigte dieser in allem, was er tat, eine Lebhaftigkeit und einen ungewöhnlich treffenden Verstand, weshalb er nicht nur seinem Vater, sondern allen, die ihn kannten, im Dorfe sowohl als in der Umgegend,

[1] Das Geburtsjahr Giottos liegt nicht fest; nach einer Quelle der ersten Hälfte des 14. Jahrh. (Pucci, Centiloquio) soll es 1266 sein.

sehr lieb war. Als er zehn Jahre alt wurde, gab ihm Bondone einige Schafe zu hüten, die er auf seinem Grundbesitze da und dort weiden ließ, und weil ihn die Neigung seiner Natur zur Zeichenkunst trieb, zeichnete er dabei auf Steine, in die Erde und den Sand immer etwas nach der Natur oder was ihm sonst in den Sinn kam. Da ging eines Tages Cimabue eines Geschäftes halber von Florenz nach Vespignano und fand Giotto, der, während seine Schafe weideten, auf einer ebenen und geglätteten Steinplatte mit einem etwas zugespitzten Steine ein Schaf nach der Natur zeichnete, was ihn niemand gelehrt, sondern er nur von der Natur gelernt hatte. Cimabue blieb ganz verwundert stehen und fragte ihn, ob er mit ihm kommen und bei ihm bleiben wolle, worauf der Knabe antwortete, wenn sein Vater zustimme, so würde er es gerne tun. Cimabue fragte darauf Bondone, und dieser willigte gern darein, daß er ihn mit sich nach Florenz führe. Dort erlernte der Knabe, von Cimabue unterrichtet und von der Natur unterstützt, nach kurzer Zeit nicht nur die Manier seines Meisters, sondern ahmte auch die Natur so treu nach, daß er die plumpe griechische Methode ganz verbannte und die neue und gute Kunst der Malerei wiedererweckte, indem er die Bahn brach, lebende Personen gut nach der Natur zu zeichnen, was mehr als zweihundert Jahre nicht geübt worden war, oder wenn es auch, wie wir oben sagten[1], zuweilen von einigen versucht wurde, es doch keinem so schnell und glücklich gelang wie Giotto.

Seine ersten Malereien führte Giotto in der Kapelle des Hochaltars der Badia von Florenz aus, in welcher er vieles arbeitete, was für schön galt, besonders eine Verkündigung Mariä, weil er den Schrecken und die Furcht der Jungfrau beim Erscheinen des Engels Gabriel aufs leben-

[1] In der hier nicht zum Abdruck gebrachten Einleitung Vasaris zu seinem Werke.

digste darstellte, indem sie von großer Angst ergriffen, beinahe fliehen zu wollen scheint. Von Giotto gemalt ist auch das Bild auf dem Hochaltar jener Kapelle, welches noch heute dort steht, mehr aus einer bestimmten Ehrfurcht vor dem Werke eines solchen Mannes, als aus sonst einem Grunde[1]. In Santa Croce sind vier Kapellen von seiner Hand gemalt, drei zwischen der Sakristei und der großen (Chor-) Kapelle und eine weitere auf der anderen Seite. In der ersten von jenen dreien, in der die Glockenseile sind und welche Ridolfo de' Bardi gehört, ist das Leben des hl. Franziskus gemalt, bei dessen Tod eine große Zahl von Mönchen ziemlich überzeugend die Wirkung des Weinens zeigen[2]. In der zweiten, welche der Familie Peruzzi gehört, sieht man zwei Begebenheiten aus dem Leben Johannis des Täufers, dem die Kapelle geweiht ist, worin der Tanz der Herodias und die eilige Dienstfertigkeit einiger Aufwärter an der Tafel sehr lebendig dargestellt sind; in derselben Kapelle sind auch zwei wunderbare Geschichten aus dem Leben des Evangelisten Johannes: wie er die Drusiana wiederauferweckt, und wie er gen Himmel fährt[3]. In der dritten, der der Giugni, die den Aposteln geweiht ist, sind von der Hand Giottos die Geschichten der Martyrien von vielen Aposteln dargestellt, und in der vierten, auf der anderen Seite der Kirche, gegen Norden gelegenen, der Kapelle der Tosinghi und Spinelli, die der Himmelfahrt Mariä geweiht ist, stellte Giotto die Geburt dar, die Vermählung, die Verkündigung, die Anbetung

[1] Zu diesem Altar gehören möglicherweise die vier Halbfigurentafeln in Slg. Kress, New York, in Museo Horne in Florenz und Slg. Jacquemart-Andrée. – [2] Die Bardi-Kapelle, die erste rechts neben der Hauptchorkapelle von S. Croce in Florenz, enthält Szenen der Franzlegende, an der Stirnseite über der Kapelle die Stigmatisation des Franziskus. – [3] Die Peruzzi-Kapelle, die zweite rechts neben der Hauptchorkapelle, zeigt Szenen aus dem Leben Johannis d. T. und Johannis des Evangelisten.

der Könige und wie Maria das Christuskind dem Simeon hinreicht, welches letztere eine sehr schöne Szene ist, denn nicht nur spricht sich in dem Greise eine innige Liebe aus, wie er das Kind aufnimmt, sondern auch die Stellung des Kindes, das sich vor ihm fürchtet und die Arme ausstreckt und sich bange nach der Mutter umsieht, könnte nicht liebreicher und schöner sein. Auch sind beim Tode unserer lieben Frau die Apostel und eine Menge Engel, mit Kerzen in der Hand, sehr schön[1]. In der Kapelle der Baroncelli in derselben Kirche ist ein Temperabild von der Hand Giottos, eine Krönung der Muttergottes, wobei er eine große Menge kleiner Figuren und einen Chor von Engeln und Heiligen mit unendlichem Fleiß ausführte. Weil er auf dieses Werk in goldenen Buchstaben seinen Namen und die Jahreszahl setzte, werden die Künstler, die beachten werden, in welchem Zeitalter Giotto, ohne irgendein Licht, das ihn zur guten Methode leitete, den Anfang zu besserer Zeichnung und Farbgebung machte, dasselbe gewiß in hohen Ehren halten müssen[2]. Ferner stellte er in der Kirche del Carmine, in der Kapelle Johannis des Täufers, das ganze Leben jenes Heiligen in mehreren Bildern dar[3], und im Palaste der Parte Guelfa zu Florenz ist von ihm die Geschichte des christlichen Glaubens vortrefflich in Fresko gemalt, wobei er das Bildnis von Papst Clemens IV. anbrachte, welcher diesen Magistrat schuf und ihm sein Wappen gab, das er bis heute behielt und noch hat. Hierauf verließ er Florenz, um in Assisi die von Cimabue begonnenen Arbeiten zu vollenden[4]. Als er durch

[1] Von dem Freskenschmuck ist nur noch an der Stirnseite über der Kapelle die Himmelfahrt Mariä erhalten. – [2] Der Altar mit der Krönung Mariä ist noch in der Baroncelli-Kapelle von S. Croce; die Signatur ist: Opus magistri Joctus. – [3] Fragmente eines solchen Zyklus aus der Kirche del Carmine sind im Camposanto in Pisa, in London, Nat.-Gal., und in Liverpool. Das Werk ist aber vom Ende des 14. Jahrh. (Spinello Aretino). – [4] Vgl. S. 10–12.

Arezzo kam, malte er in der Pieve (=Pfarrkirche) daselbst die Kapelle des hl. Franziskus, die über dem Taufstein ist, und stellte an einer runden Säule, nahe bei einem antiken, sehr schönen korinthischen Kapitell, einen heiligen Franziskus und einen heiligen Domenikus nach der Natur dar; in einer Kapelle des Domes außerhalb von Arezzo aber malte er die Steinigung des Stephanus mit schöner Zusammenstellung der Figuren.

Als diese Arbeiten beendet waren, ging er nach Assisi, einer Stadt in Umbrien, wohin ihn Fra Giovanni di Muro della Marca, damaliger General der Ordensbrüder des hl. Franziskus[1], berufen hatte. Er malte dort in der oberen Kirche unter dem Laufgang, der die Fenster durchkreuzt, auf beiden Seiten der Kirche zweiunddreißig Darstellungen aus dem Leben und Wirken des hl. Franziskus, d. h. sechzehn auf jeder Wand, und zwar mit solcher Vollkommenheit, daß er dadurch den allergrößten Ruhm erlangte. Wirklich ist bei diesem Werke nicht nur eine große Mannigfaltigkeit in den Haltungen und Gesten jeder Figur, sondern auch in der Komposition aller Begebenheiten, während man außerdem sehr schön die Verschiedenheit der Kleidungen jener Zeit und manche Nachahmungen und Beobachtungen von Naturgegenständen sieht. Unter anderen zeichnet sich ein Bild aus, in welchem ein Durstiger, in dem man den Wunsch nach Wasser lebhaft sieht, auf der Erde kniet und mit großem, wirklich bewundernswert deutlichem Verlangen aus einer Quelle trinkt, so daß er fast eine lebende Gestalt scheint, die trinkt. Man findet in diesen Bildern noch eine Menge der Beachtung sehr würdiger Dinge, über welche ich mich nicht verbreite, um nicht allzu weitschweifig zu sein[2]; es

[1] Fra Giovanni del Muro war von 1296–1304 Ordensgeneral. – [2] Es sind achtundzwanzig Szenen der Franzlegende in der Oberkirche von S. Francesco in Assisi; je zwölf an den beiden Lang-

genügt, daß dieses ganze Werk Giotto sehr großen Ruhm einbrachte, wegen der Güte der Figuren, der guten Anordnung und Verhältnisse, der Lebendigkeit und der Leichtigkeit, die er von Natur aus und durch sein Studium noch vergrößert hatte und deutlich in jedem Dinge darzulegen wußte. Denn Giotto war nicht nur von der Natur begabt, sondern auch außerordentlich fleißig, ersann immer Neues und schöpfte aus der Natur, weshalb er mit Recht verdient, ein Schüler der Natur und nicht eines Anderen genannt zu werden.

Als die obengenannten Bilder vollendet waren, malte er an demselben Orte, aber in der unteren Kirche die oberen Wände zu seiten des Hauptaltars und die vier Zwickel des Gewölbes, unter welchem der Leichnam des hl. Franziskus ruht, die er alle mit geistreichen und schönen Erfindungen zierte. Im ersten ist der hl. Franziskus im Himmel verherrlicht und von jenen Tugenden umgeben, die gefordert werden, um der Gnade Gottes teilhaftig zu sein. Auf einer Seite legt der Gehorsam einem Ordensbruder, der vor ihm kniet, ein Joch auf, dessen Zügel von ein paar Händen am Himmel gezogen werden; und indem er zum Zeichen des Stillschweigens einen Finger auf den Mund legt, schaut er nach Jesus Christus, aus dessen Seite Blut fließt. Begleiter dieser Tugend sind die Klugheit und die Demut, um zu zeigen, daß, wo wirklicher Gehorsam ist, auch Demut und Klugheit sind, die alles zu gutem Ende führen. Im zweiten Zwickel ist die Keuschheit, die in einem wohlgesicherten Schloß steht und sich weder durch

hausseiten und vier an der Innenfassade. Die Darstellung der Szenen greift vornehmlich auf die 1261 von Bonaventura verfaßte Lebensgeschichte des Franziskus zurück. Urkundliche Belege zur Entstehungszeit und zur Meisterfrage gibt es nicht. Sowohl die Meisterfrage als auch die Datierung konnte bisher noch nicht gelöst werden. Im allgemeinen wird der berühmte Zyklus einer nach Giotto tätigen Werkstatt zugewiesen.

Reiche, noch Kronen, noch Palmen, die ihr einige anbieten, besiegen läßt; zu ihren Füßen ist die Seelenreinheit, die einige nackte Leute wäscht, und die Stärke, welche andere herzuführt, damit sie sich waschen und reinigen. Neben der Keuschheit ist auf einer Seite die Buße, die mit einer Geißel die Lüge verscheucht und die Unreinheit fliehen macht. Im dritten Felde ist die Armut, die mit bloßen Füßen auf Dornen geht; ihr bellt ein Hund nach, ein Knabe wirft Steine nach ihr, ein anderer drückt mit einem Stab Dornen in ihre Beine. Diese Armut wird hier mit dem hl. Franziskus vermählt, während Christus ihre Hand hält, und nicht ohne Beziehung die Hoffnung und Keuschheit gegenwärtig sind. Im vierten und letzten jener Felder endlich ist der hl. Franziskus verklärt, in einem weißen Diakonengewande und gleichsam im Triumph im Himmel, von der Menge Engel umgeben, die einen Chor um ihn herum bilden mit einer Standarte, auf der ein Kreuz mit sieben Sternen ist, und in der Höhe schwebt der Heilige Geist. In jedem dieser Zwickel stehen einige lateinische Worte, die den Gegenstand erklären[1]. Auch sind außerdem auf den Seitenwänden sehr schöne Malereien, die wirklich hochgehalten zu werden verdienen, sowohl ihrer Vollkommenheit wegen, als weil sie mit solcher Sorgfalt gearbeitet sind, daß sie sich bis heute frisch erhalten haben. In diesen Darstellungen findet sich das Selbstbildnis Giottos, sehr gut ausgeführt; und über der Türe der Sakristei ist von seiner Hand wiederum in Fresko gemalt ein hl. Franziskus, der die Wundmale mit solcher Freudigkeit und Demut empfängt, daß mir dies Bild unter allen Gemälden Giottos in jener Kirche, die

[1] Die Darstellung der Allegorien der Franziskaner-Ordensgelübde sind in dem Vierungsgewölbe der Unterkirche von S. Francesco. Eine urkundliche Bestätigung, daß Giotto ihr Meister war, gibt es nicht. Auch hier nimmt man eine Werkstatt-Ausführung an.

ohne Ausnahme wirklich schön und lobenswert sind, als das vorzüglichste erscheint[1].

Endlich, nachdem er als letztes jenen genannten Franziskus vollendet hatte, kehrte er nach Florenz zurück; dort angekommen, malte er für Pisa einen hl. Franziskus auf dem furchtbaren Felsen von Vernia mit außerordentlicher Sorgfalt; dabei malte er eine Landschaft mit vielen Bäumen und Felsen, was in jenen Zeiten etwas Neues war, und zeigte in der Stellung des hl. Franziskus, der auf die Knie niedergestürzt die Wundenmale empfängt, ein glühendes Verlangen, sie hinzunehmen, und eine unendliche Liebe zu Jesus Christus, der von Seraphinen umgeben in der Luft schwebt, mit so lebendigen Gefühlsausdrücken, daß man es in der Tat nicht besser erfinden könnte. Unter diesem Bilde sind drei sehr schöne Darstellungen aus dem Leben desselben Heiligen. Dies Gemälde, welches jetzt in S. Francesco zu Pisa an einem Pfeiler neben dem Hochaltar hängt[2], wo man es als Andenken eines solchen Mannes sehr in Ehren hält, ward Veranlassung, daß die Pisaner Giotto einen Teil der inneren Wände des Campo Santo malen ließen, kaum daß dessen Bau nach einer Zeichnung des Giovanni di Nicola Pisano, wie oben gesagt wurde[3], vollendet war. Jenes Gebäude war außen ganz mit Marmor verkleidet und mit vielen Kosten durch Bildhauerarbeiten geziert, hatte ein Dach von Blei, innen viele antike Sarkophage und Grabmäler, die von verschiedenen Ge-

[1] Gemeint sind von Vasari die Darstellungen in den Gewölben und an den Stirnseiten der beiden Kreuzarme der Unterkirche von S. Francesco: im südlichen (rechten) Tonnengewölbe die Jugendgeschichte Christi, Kreuzigung und zwei Wunder des Franziskus, in der Frontseite der Tod des Jünglings von Suessa und die Auferweckung desselben. Im nördlichen (linken) Kreuzarm die Passionsgeschichte Christi und Stigmatisation des Franziskus; keine Urkunden über eine Teilnahme Giottos. – [2] Der Altar mit der Stigmatisation des Franziskus, samt Predella, ist jetzt im Louvre zu Paris; sign.: »Opus Jocti Florentini«. – [3] Vgl. S. 34.

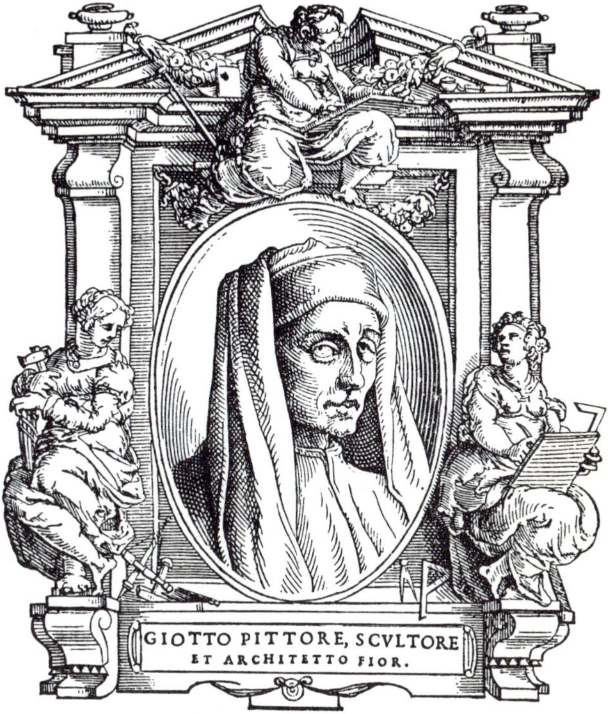
GIOTTO PITTORE, SCVLTORE
ET ARCHITETTO FIOR.

genden der Welt in jene Stadt gebracht waren, und sollte nun auch innen an den Wänden durch herrliche Malereien geschmückt werden. Als daher Giotto nach Pisa kam, malte er zu Anfang der einen Wand dieses Campo Santo in sechs großen Freskobildern die Leiden des Hiob. Und weil er mit richtigem Urteil beachtete, daß auf der Seite des Baues, auf welcher er zu arbeiten hatte, der Marmor gegen das Meer gekehrt war und durch die Südostwinde, um so mehr als es Glanzmarmor war, immer feucht sein mußte und, was bei den Backsteinen zu Pisa meist der Fall ist, eine Art Salzausschlag entwickelt, der die Farben und Bilder blind macht und aufzehrt, da ließ er, damit sein Werk sich so gut als möglich erhalten möchte, überall, wo er in Fresko malen wollte, die Wand mit einer Verkleidung oder einem Bewurf oder Putz, wie wir ihn nennen wollen, von Kalk, Gips und zerstoßenen Backsteinen dazu so mischen, daß die Malereien sich bis auf diesen Tag erhalten haben und noch besser sein würden, wenn nicht die Unachtsamkeit derer, die Sorge dafür tragen mußten, sie von der Nässe hätte beschädigen lassen. Da man hierauf nicht achtgegeben hatte, wie man doch leicht hätte tun können, sind einige Stellen der Malereien durch die Feuchtigkeit verdorben, die Hautfarben sind schwarz geworden und der Bewurf ist abgeblättert, da ja Gips mit Kalk gemischt ohnehin mit der Zeit verwittert und verdirbt, so daß er dann mit Gewalt die Farben verwüstet, wenngleich es anfangs scheint, als ob er sie sehr fest und gut verbinde. In diesen Bildern sieht man außer dem Bildnis des Farinata degli Uberti viele schöne Gestalten, vornehmlich gewisse Landleute, welche dem Hiob die traurige Kunde bringen und die nicht deutlicher und besser den Kummer zeigen könnten, den sie über die verlorenen Herden und andere Unfälle empfinden. Ebenso ist die Figur eines Dieners von wunderbarer Anmut, der mit einem Wedel neben dem wundkranken und von allen verlassenen Hiob steht. Denn gleichwie er in allen Teilen schön ist, so ist auch die Stellung bewundernswert, in der er mit der einen Hand von seinem aussätzigen und übelriechenden Herren die Fliegen wegscheucht und mit der andern sich, von Ekel ergriffen, die Nase zuhält, um den Gestank nicht zu riechen. Auch die andern Gestalten jener Bilder, die männlichen Köpfe sowohl als die weiblichen, sind sehr schön, und die Gewänder sind ungemein zart gemalt[1]. Deshalb darf es nicht wundernehmen, daß dies Werk ihm in jener Stadt und an anderen Orten einen solchen Ruf verschaffte, daß Papst Benedikt IX. von Treviso, der einiges in St. Peter malen lassen wollte, veranlaßt ward, einen seiner Hofleute nach der Toskana zu schicken, um zu sehen, was für ein Mann Giotto sei und wie seine Arbeiten wären. Als dieser Hofmann Giotto kennenlernen und sprechen wollte, welch andere Meister noch in Florenz in der Malerei und im Mosaik vorzüglich wären, sprach er in Siena mit vielen Künstlern darüber und ging, nachdem er Zeichnungen von ihnen erhalten hatte, nach Florenz. Dort trat er eines Morgens in die Werkstatt Giottos, der eben an der Arbeit saß, und eröffnete ihm den Willen des Papstes und sagte, in welcher Weise sich derselbe seiner Kunst bedienen wolle; schließlich bat er um eine kleine Zeichnung, die er Sr. Heiligkeit schicken könne. Giotto, der sehr höflich war, nahm ein Blatt und einen Pinsel mit roter Farbe, legte den Arm fest in die Seite, damit er ihm als Zirkel diene, und zog, indem er nur die Hand bewegte, einen Kreis so scharf und genau, daß es in Erstaunen setzte. Dann sagte er grinsend zu dem Höfling: »Da habt Ihr die Zeichnung.« – Wie einer, der zum besten gehalten wird, fragte dieser: »Soll

[1] Die sechs großen Fresken in der Südwestecke des Campo Santo in Pisa mit den Leiden des Hiob sind wahrscheinlich von Francesco da Volterra und 1371 begonnen.

ich keine andere als diese Zeichnung bekommen?« – »Es ist genug und nur zuviel«, antwortete Giotto, »schickt sie mit den übrigen hin und Ihr sollt sehen, ob sie erkannt wird.« Der Abgesandte, welcher wohl sah, daß er sonst nichts erhalten könne, ging sehr mißvergnügt fort und zweifelte nicht, daß er gefoppt worden sei. Dennoch aber, als er dem Papste die Zeichnungen und die Namen derer sandte, welche sie verfertigt hatten, schickte er auch die von Giotto und erzählte, in welcher Weise er den Kreis gezogen habe, ohne den Arm zu bewegen und ohne Zirkel. Hieran erkannten der Papst und viele sachkundige Hofleute, wie weit Giotto alle die Maler seiner Zeit an Herrlichkeit übertraf. Als diese Sache bekannt wurde, entstand das Sprichwort: »Du bist runder als das ‚O' des Giotto«, welches noch heute auf Menschen von grobem Schrote angewandt wird. Das Sprichwort ist nicht nur der Begebenheit wegen schön, der es seine Entstehung verdankt, sondern noch mehr um seiner Bedeutung willen, die im Doppelsinne des Wortes »tondo« liegt, welches im Toskanischen einen genauen Kreis bezeichnet und zugleich für Langsamkeit und Plumpheit des Geistes gebraucht wird.

Der obengenannte Papst also ließ Giotto nach Rom kommen[1], erwies ihm viel Ehre und ließ ihn, weil er seine Geschicklichkeit anerkannte, in der Tribuna von St. Peter fünf Darstellungen aus dem Leben Christi und das Hauptbild in der Sakristei malen, was Giotto alles mit solcher Sorgfalt ausführte, daß nie eine besser vollendete Temperamalerei aus seinen Händen hervorging; auch gab ihm der Papst, der sich wohl bedient sah, zur Belohnung sechshundert Dukaten und erwies ihm so

[1] Die Berufung nach Rom kann nicht unter Benedikt IX. (1033 bis 1045) erfolgt sein, sondern er meint wohl Benedikt XI. (1303 bis 1304); doch ist Giotto in Wahrheit schon unter der Regierung von Bonifazius VIII. (1294–1303) nach Rom gekommen.

viele Gunstbezeugungen, daß in ganz Italien davon die Rede war[1].
Als der Papst diese Arbeiten sah und ihm die Manier Giottos über alles wohlgefiel, befahl er, daß er rings an den Wänden der Peterskirche Darstellungen aus dem Alten und Neuen Testament malen sollte. Giotto malte zuerst über der Orgel den sieben Ellen hohen Engel in Fresko und dann viele andere Gemälde, die zum Teil in unseren Tagen wiederhergestellt worden sind, zum Teil aber, als man die neuen Mauern gründete, zerstört oder auch aus der alten Peterskirche unter die Orgel versetzt wurden. Unter diesen ist ein Bild der Muttergottes, das man, damit es nicht verlorengehe, ringsum aus der Mauer schnitt, mit Balken und Eisen band und es so hinwegnahm, um es seiner Schönheit wegen an der Stelle einzumauern, an welche es aus Liebe und Ehrfurcht für schöne Kunstwerke der florentinische Doktor Niccolò Acciaiuoli gebracht zu sehen wünschte, der diese Arbeit Giottos reich mit Stukkatur und anderen neuen Malereien geschmückt hat. Von Giotto ist auch das Schiff in Mosaik über den drei Türen der Halle im Vorhofe von St. Peter, welches fürwahr wunderbar ist und mit Recht von allen Kennern der Kunst gerühmt wird, nicht nur um der Zeichnung willen, sondern auch wegen der Gruppierung der Apostel, die auf verschiedene Weise dem Sturme auf dem Meere entgegenarbeiten. Ein Segel, in das die Winde blasen, ist so schwellend, wie ein wirkliches nicht anders sein könnte, obschon es sehr schwer ist, mit solchen Glasstückchen die Übergänge vom weißen Lichte zum dunkeln Schatten in einem so großen Segel hervorzubringen;

[1] Erhalten ist nur noch der Altar der Sakristei; das sog. »Polyptichon Stephaneschi«, in der Pinacoteca Vaticana in Rom, eine doppelseitig bemalte Tafel mit dem thronenden Christus und den Martyrien des Petrus und Paulus und der thronenden Madonna mit Petrus und Paulus. Der Auftrag kam vom Kardinal Stephaneschi.

selbst mit dem Pinsel würde es alle Mühe kosten, es so gut zu malen. Außerdem spricht sich bei einem Fischer, der auf einer Felsklippe sitzt und mit der Schnur angelt, gar schön die unglaubliche Geduld aus, welche diesem Geschäfte eigen ist, während man zugleich in seinem Gesichte den Wunsch und die Hoffnung, etwas zu fangen, erkennt[1]. Unter jenem Werke sind drei kleine Bogen in Fresko gemalt, von denen ich nichts weiter sage, weil sie fast ganz verdorben sind; das Lob aber, das dieser Mosaikarbeit von allen Künstlern gezollt wurde, war wohlverdient. Hierauf malte Giotto in der Minerva, der Kirche der Predigermönche, auf einer Tafel ein großes Kruzifix in Tempera, welches man damals sehr rühmte, und ging alsdann in seine Vaterstadt zurück, nachdem er sechs Jahre weggewesen war.

Aber nicht lange darauf, als Benedikt IX. gestorben und Papst Clemens V. in Perugia gewählt worden war, mußte Giotto mit diesem Papste nach Avignon, wohin jener den Hof verlegte, um dort einige Werke zu schaffen. Er verfertigte nicht nur dort in Avignon, sondern auch an vielen anderen Orten Frankreichs eine Menge schönster Tafeln und Freskomalereien, welche dem Papste und dem ganzen Hofe ausnehmend wohl gefielen. Deshalb ward er sehr gnädig und reichbeschenkt entlassen und kehrte nicht minder wohlhabend als geehrt und berühmt nach Hause zurück, wohin er unter anderen auch das Bildnis jenes Papstes mitbrachte, welches er später seinem Schüler Taddeo Gaddi schenkte[2].

[1] Vasari bespricht das unter dem Namen die »Navicella« bekannte Mosaik in der Vorhalle von St. Peter in Rom. Mehrere Restaurationen haben vom ursprünglichen Bestand nur noch ungefähr die Komposition belassen. Einige Reste (von Giotto?) im Museo Petriano in Rom. – [2] Es muß auch hier Benedikt XI. heißen, der am 7. VII. 1304 starb. Clemens V. wurde am 5. VI. 1305 in Perugia gewählt; er verlegte schon im selben Jahre den päpstlichen Hof nach

Im Jahre 1322 ging er nach Lucca, nachdem im Jahre vorher sein Freund Dante zu seinem großen Kummer gestorben war, und malte auf Verlangen des Lucchesen Castruccio, des damaligen Gebieters jener Stadt, ein Bild in S. Martino, worin er einen schwebenden Christus und vier Schutzheilige von Lucca darstellte: nämlich Petrus, die hl. Regulus, Martinus und Paulinus, die einen Kaiser und einen Papst empfehlen, in welchen man Friedrich von Bayern und den Gegenpapst Nicolaus V. erkennen will; auch glauben einige, Giotto habe in S. Frediano in Lucca den Plan zu dem Schlosse und der unbezwinglichen Festung Giusta gezeichnet.

Giotto war nun nach Florenz zurückgekommen, da schrieb Robert, der König von Neapel, an König Karl von Kalabrien, seinen Erstgeborenen, der sich zu Florenz aufhielt, er solle ihm um jeden Preis Giotto nach Neapel schicken; er habe den Bau des Nonnenklosters und der königlichen Kirche Santa Chiara beendet und wolle nun, daß jener sie mit edlen Malereien verziere. Giotto, der sich von einem so berühmten und gepriesenen Könige berufen sah, begab sich gern in seine Dienste[1], und dort angelangt, malte er in einigen Kapellen jenes Klosters viele Darstellungen aus dem Alten und Neuen Testament. Die Bilder aus der Offenbarung Johannis, die er in einer jener Kapellen ausführte, waren, wie man sagt, Erfindungen von Dante, was auch bei seinen berühmten Malereien in Assisi der Fall war, von denen wir oben genugsam geredet

Avignon. Clemens starb am 20. IV. 1314. Schon der zeitgenössische Dante-Kommentator (der sog. Ottimo-Kommentar, 1334) berichtet, daß Giotto in Avignon war. Urkundliche Nachrichten sind bisher nicht bekanntgeworden.

[1] Karl, der Herzog von Kalabrien, war Anfang 1326 zum Herrn von Florenz gewählt worden und hielt sich dort bis Ende 1327 auf. Giottos Aufenthalt in Neapel ist für die Jahre 1329/30 (mindestens seit dem 20. I. 1330) bis 1332 urkundlich bezeugt.

haben; obschon Dante zu jener Zeit nicht mehr lebte, ist es doch leicht möglich, daß sie davon gesprochen haben, wie dies häufig unter Freunden geschieht. Doch wir wollen nach Neapel zurückkehren, woselbst Giotto im Castello dell' Uovo und vornehmlich in der Kapelle vieles malte[1], was dem Könige sehr wohl gefiel, der ihn sehr liebte und oft, wenn Giotto malte, sich mit ihm unterhielt, da es ihm Freude machte, jenen arbeiten zu sehen und dessen Reden zuzuhören. Giotto, der immer ein Sprichwort oder eine treffende Antwort in Bereitschaft hatte, verschaffte ihm doppelte Unterhaltung, indem er mit der Hand malte und zugleich vergnügliche Gespräche führte. – »Ich will dich zum ersten Manne in Neapel machen,« sagte der König einst zu ihm, worauf Giotto antwortete: »Um der Erste in Neapel zu sein, wohne ich an der Porta reale.« Ein andermal sagte der König: »Giotto, wäre ich du, ich würde jetzt nicht arbeiten, da es so heiß ist.« – »Ich gewiß nicht«, entgegnete jener, »wenn ich Ihr wäre.« – Da nun Giotto dem Könige sehr lieb war, ließ er ihn in einem Saale, den König Alphons I. zerstörte, um das Kastell zu bauen, und in der Incoronata[2] eine große Menge Malereien verfertigen. Unter anderen sah man in dem genannten Saale auch die Bilder vieler berühmter Männer und darunter das Selbstbildnis Giottos. Einst verlangte der König im Scherze, er solle ihm sein Königreich in einem Gemälde darstellen, worauf Giotto, wie man sagt, einen gesattelten Esel malte, dem zu Füßen ein anderer neuer Sattel lag, den er beschnupperte und sich zu wünschen schien; auf dem einen wie auf dem anderen neuen Sattel aber waren Krone und Zepter. »Deute mir dies Bild«, sagte der König. – »So ist

[1] In der Kapelle des Castello Nuovo in Neapel sind neuerdings einige Freskenreste, die der Giotto-Nachfolge angehören, aufgedeckt worden. – [2] Die Kirche S. Maria dell'Incoronata ist erst 1352ff. erbaut worden, demzufolge können die Malereien nicht von Giotto sein.

dein Volk und dein Reich«, antwortete Giotto, »sie wünschen alle Tage einen andern Herrscher.«
Als Giotto Neapel verließ, um nach Rom zu gehen, hielt er sich in Gaeta auf, woselbst er in der Nunziata einige Darstellungen aus dem Neuen Testamente malen mußte, die nunmehr durch das Wetter gelitten haben, doch nicht so, daß man nicht noch deutlich das Selbstbildnis Giottos erkennen könnte, der neben einem großen, sehr schönen Kruzifixe steht. Nachdem er dies Werk vollendet hatte, konnte er es dem Herrn Malatesta nicht verweigern, vorerst einige Tage in seinem Dienste in Rom zu bleiben und dann nach Rimini zu gehen, über welche Stadt Malatesta der Gebieter war. Dort malte er in der Kirche S. Francesco viele Bilder, die von Gismondo, dem Sohne Pandolfo Malatestas, der jene ganze Kirche erneuerte, zerstört und niedergerissen sind. Als Giotto diese Arbeiten beendet hatte, verfertigte er auf Bitten eines Priors aus Florenz, der damals in S. Cataldo bei Rimini war, vor der Türe der Kirche einen hl. Thomas von Aquino, der seinen Ordensbrüdern vorliest. Von dort ging er wieder nach Ravenna, wo er in der Kirche S. Giovanni Evangelista eine Kapelle in Fresko malte, die sehr gerühmt ward. Schließlich kehrte er hochgeehrt und mit einem ziemlich großen Vermögen nach Florenz zurück.
Dort malte er in S. Marco auf Holz einen Kruzifixus mehr als lebensgroß in Tempera auf Goldgrund, welcher rechter Hand in der Kirche aufgestellt ward[1], und verfertigte einen ähnlichen für Santa Maria Novella, bei welchem sein Schüler Puccio Capanna mitarbeitete. Diesen sieht man noch heutigentags über der Haupttüre, wenn man in die Kirche tritt, zur rechten Hand, oberhalb des Grabmales

[1] Ein großer gemalter Kruzifixus aus der Nachfolge des Giotto ist noch in S. Marco in Florenz.

der Gaddi[1]. In der nämlichen Kirche machte er über dem Querbalken einen hl. Ludwig für Paolo di Lotto Ardinghelli, darunter ihn und seine Frau nach der Natur gezeichnet.

Im Jahre 1327 starb Guido Tarlati da Pietramala, der Bischof und Gebieter von Arezzo, in Massa di Maremma bei seiner Rückkehr von Lucca, wohin er sich begeben hatte, den Kaiser zu besuchen. Sein Leichnam ward nach Arezzo gebracht und ihm daselbst die Ehre einer sehr feierlichen Bestattung erwiesen; Piero Saccone aber und Dolfo di Pietramala, der Bruder des Bischofs, beschlossen, es solle ihm ein Marmorgrabmal gesetzt werden, der Größe eines solchen Mannes würdig, der in geistlichen und weltlichen Dingen ausgezeichnet und das Haupt der Ghibellinen in der Toskana gewesen war. Demnach wurde an Giotto geschrieben und ihm der Auftrag gegeben, die Zeichnung zu einem sehr reichen und möglichst prächtigen Grabmale zu verfertigen. Die Maße wurden ihm geschickt, und er wurde zugleich gebeten, ihnen von allen Bildhauern Italiens den zu schicken, welchen er für den besten halte, indem sie sich ganz seinem Urteile überlassen wollten. Giotto, der sehr gefällig war, machte die Zeichnung und schickte sie ihnen, auch wurde jenes Grabmal darnach ausgeführt[2]. Der obengenannte Piero Saccone aber, der die Kunst Giottos hoch verehrte, brachte, als er bald nach Empfang dieser Zeichnung Borgo San Sepolcro einnahm, von dort ein Bild, in welchem Giotto viele kleine Figuren gemalt hatte, mit nach Arezzo, woselbst es später zugrunde gegangen ist. Die Stücke dieses Bildes suchte

[1] Auch dieser Kruzifixus ist noch in der Kirche S. Maria Novella. – [2] Das Grabmal des Bischofs Guido Tarlati ist noch im Dom von Arezzo. Das Werk von zwei sienesischen Bildhauern gearbeitet, die so signierten: Hoc opus fecit magister Augustinus et Magister Angelus de Senis MCCCXXX. Über eine Teilnahme Giottos am Werk ist urkundlich nichts bekannt.

Baccio Gondi, ein Edelmann aus Florenz und ein großer Verehrer der Künste, als er sich als Kommissär in Arezzo aufhielt, mit viel Sorgfalt wieder zusammenzufinden, gelangte auch zu einigen und nahm sie mit nach Florenz, wo er sie sehr in Ehren hält und zugleich mit einigen anderen Arbeiten Giottos aufbewahrt. Überhaupt arbeitete Giotto so vieles, daß es unglaublich scheinen würde, wenn man es aufzählen wollte. Vor wenigen Jahren erst, als ich in der Einsiedelei von Camaldoli war, woselbst ich für jene ehrwürdigen Väter vieles malte, sah ich in einer Zelle ein kleines Kruzifix auf Goldgrund mit dem Namen Giottos, das von ihm gemalt und sehr schön war. Der ehrwürdige Don Antonio aus Pisa, damaliger General der Karthäuser, hatte es dahin gebracht, und dieses Kruzifix wird, wie mir der ehrwürdige Don Silvano Razzi, ein Mönch aus Camaldoli im Kloster degli Angeli zu Florenz, gesagt hat, jetzt zugleich mit einem sehr schönen Bilde von Raffael aus Urbino als etwas sehr Seltenes in der Zelle des Priors aufbewahrt.

Giotto malte für die Humiliantenbrüder von Ognissanti zu Florenz eine Kapelle und vier Bilder. Darunter auf einem die Muttergottes von vielen Engeln umgeben, mit dem Kinde auf dem Arme[1], und einen großen Kruzifixus auf Holz[2], von welchem Puccio Capanna die Zeichnung abnahm und in ganz Italien viele danach arbeitete, da er in der Manier Giottos sehr geübt war. Im Querschiffe jener Kirche befand sich bei der ersten Herausgabe dieser Lebensbeschreibungen der Maler, Bildhauer und Architekten ein kleines Temperabild, das Giotto mit unendlicher Sorgfalt gearbeitet hatte; es stellte den Tod der

[1] Es ist das Bild mit der thronenden Madonna, das ehemalige Hochaltarbild von Ognissanti in Florenz, das jetzt in den Uffizien in Florenz ist. – [2] Gemeint ist vielleicht der jetzt in der Sakristei von Ognissanti aufbewahrte Kruzifixus aus der Nachfolge des Giotto.

Muttergottes dar, die von den Aposteln umgeben ist, und einen Christus, der ihre Seele in seine Arme aufnimmt. Dies Werk wurde von den Malern sehr gerühmt, und vornehmlich von Michelangelo Buonarrotti, der behauptete, wie schon früher gesagt wurde, dies Gemälde sei der Wirklichkeit so nahe wie nur irgend möglich[1]. Und da es noch mehr in Ansehen gekommen war, seitdem ich bei der ersten Herausgabe dieses Werkes seiner Erwähnung getan hatte, ist es später von irgend jemand weggenommen worden, der vielleicht glaubte, es werde wenig geachtet, und aus Liebe zur Kunst und aus Mitgefühl »grausam ward«, wie unser Dichter sagte. Es ist wirklich ein Wunder zu nennen, daß Giotto in jenen Zeiten der Malerei solchen Reiz zu geben vermochte, besonders wenn man bedenkt, daß er in gewissem Sinne die Kunst ohne Lehrer lernte.

Nach Beendigung aller dieser Arbeiten begann Giotto am 9. Juli 1334 den Bau des Glockenturmes von Santa Maria del Fiore, bei dessen Grundlegung zwanzig Ellen tief gegraben und an der Stelle, an welcher man Wasser ausgeschöpft und Kies ausgegraben hatte, ein Fundament von Felsgestein gelegt wurde. Über dieses kam zwölf Ellen hoch ein starkes Gußwerk, und in der restlichen Höhe von acht Ellen ließ er gemauertes Werk aufführen. Als der Anfang zu diesem Fundament gemacht ward, nahm der Bischof mit dem ganzen Klerus und mit dem Magistrate der Stadt teil und legte feierlich den Grundstein[2]. Man setzte den Bau nach dem genannten Modelle fort, das in der damals gebräuchlichen deutschen Manier war, und Giotto zeichnete alle Darstellungen, die zu der Verzierung gehörten, wobei er sorgfältig mit weißer, schwarzer und

[1] Das Bild mit dem Tod Mariä ist wohl mit dem jetzt im Kais.-Friedr.-Museum in Berlin aufbewahrten Bilde identisch. – [2] Am 12. IV. 1334 wurde Giotto als erster Architekt des Glockenturms vom Dome zu Florenz bestellt; am 18. VII. 1334 erfolgte die Grundsteinlegung.

roter Farbe an dem Modelle alle Stellen bezeichnete, wohin Steine und Friese kommen sollten. Der untere Umfang des Turmes beträgt hundert Ellen, das heißt fünfundzwanzig auf jeder Seite, die Höhe beträgt hundertvierundvierzig Ellen. Wenn es wahr ist – ich halte es für vollkommen wahr –, was Lorenzo di Cione Ghiberti schriftlich darüber hinterließ, so verfertigte Giotto nicht nur das Modell zu jenem Turme, sondern auch zu den Bildwerken und Reliefs einen Teil jener Darstellungen in Marmor, die die Anfänge aller Künste darstellen. Der genannte Lorenzo versichert, Modelle von der Hand Giottos zu den Reliefs gesehen zu haben, und namentlich die, welche zu den genannten Werken gehörten, was man leicht glauben kann, da die Zeichenkunst und die Erfindung Vater und Mutter nicht nur von einer, sondern von allen jenen Künsten sind[1].

Nach dem Modelle Giottos sollte dieser Turm noch eine vierzig Ellen hohe Spitze oder Pyramide als Abschluß über dem, wie es jetzt ist, erhalten; weil dies aber nach deutscher Manier und veraltetem Geschmacke war, haben die neueren Baumeister immer geraten, sie wegzulassen; es schien ihnen, der Turm sei ohne dieselbe schöner. Für alle diese Dinge ward Giotto nicht nur zum Bürger von Florenz ernannt, sondern erhielt auch von der Gemeinde Florenz jährlich hundert Goldgulden Besoldung, was für jene Zeit etwas Großes war, und er wurde zum Bauverwalter gemacht. Jener Bau wurde nach ihm von Taddeo Gaddi fortgesetzt, da Giotto nicht lange genug lebte, um

[1] Ghiberti versichert in seinen Commentarii (vgl. S. 105), daß Giotto Entwürfe für die Paßfelder des Sockels am Campanile machte. Die untere Reihe enthält: die Erschaffung der Menschen, die mechanischen Künste und ihre Erfinder; die obere: Planeten, Tugenden, freie Künste und das Sakrament. An anderer Stelle erwähnt er dann, daß die Ausführung der Reliefs, unter Zugrundelegung der Modelle Giottos, dem Andrea Pisano übertragen wurde.

ihn beendet zu sehen[1]. Während dieses Werk vorwärtsschritt, malte er ein Bild für die Nonnen von S. Giorgio[2] und führte in der Badia von Florenz in dem inneren Türbogen der Kirche drei halbe Figuren aus, die man jetzt weiß übertüncht hat, um die Kirche aufzuhellen. Ferner stellte er im großen Saale des Podestà von Florenz auf einem Gemälde die Gemeinde dar, die von vielen beraubt wird, das heißt, er malte sie in der Gestalt eines sitzenden Richters mit dem Zepter in der Hand, über dem Haupte eine gleichwägende Waage, als Zeichen seines gerechten Urteils, und vier Tugenden, die ihm Beistand leisten: die Stärke mit dem Mute, die Klugheit mit den Gesetzen, die Gerechtigkeit mit den Waffen und die Mäßigung mit der Rede; ein schönes Gemälde und eine eigene und der Wahrheit nahekommende Erfindung. Hierauf ging er noch einmal nach Padua und malte dort außer vielen Bildern und Kapellen in der Arena eine Verklärung der Welt, die ihm viele Ehre erwarb und vielen Nutzen brachte[3]. Auch in Mailand verfertigte er noch einige Malereien, die in jener

[1] Giotto hat den Bau bis zu seinem Tode geleitet. Wie hoch er kam, ist nicht mit Sicherheit zu bestimmen, man nimmt allgemein an, daß nur die untere Hälfte des Sockelgeschosses unter Giotto entstand. Daß ihm Taddeo Gaddi folgte, ist urkundlich nicht gesichert, vielmehr setzte Andrea Pisano die Arbeit – nach abgeändertem Plane – fort. – [2] Diese Tafel mit der thronenden Madonna ist noch in S. Giorgio alla Costa in Florenz. – [3] Vasari streift hier nur kurz das Hauptwerk Giottos, das dieser in der Palastkapelle des Enrico Scrovegni arbeitete; der Bau des Palastes wurde auf dem Gelände der römischen Arena angelegt, wonach die Kapelle jetzt genannt wird: Capella dell'Arena. Der Grundstein zur Kapelle soll am Tage der Verkündigung Mariä 1303 gelegt worden sein, am 25. III. 1305 erfolgte ihre Weihe; daß damals die malerische Ausstattung Giottos vollendet war, ist keineswegs gesichert; sie umfaßt folgende Zyklen: Geschichte von Joachim und Anna (dazu Mariä Verkündigung) und die Heimsuchung, Kindheitsgeschichte Jesu, öffentliche Wirksamkeit Jesu, Jesu Abschied und Leiden, Tod und Verklärung; am Sockel die Tugenden und Laster usw. und an der Eingangswand das Jüngste Gericht.

Stadt verstreut sind, wo sie bis auf den heutigen Tag sehr hochgeschätzt werden. Kurze Zeit, nachdem er von dort zurückgekehrt war, nachdem er so viele und so schöne Werke in seinem Leben geschaffen hatte und ein nicht weniger guter Christ als hervorragender Maler gewesen war, empfahl er seine Seele im Jahre 1336 Gott, zum wahren Kummer aller seiner Mitbürger und aller, die ihn sogar nicht einmal gekannt hatten, sondern ihn nur hatten nennen hören. Wie es seine Fähigkeiten und Tugenden verdienten, wurde er in einem feierlichen Leichenbegängnis beigesetzt, da er im Leben von jedermann geliebt gewesen war, vornehmlich von ausgezeichneten Menschen aller Berufe.

Giotto wurde in Santa Maria del Fiore begraben, woselbst auf der linken Seite, wenn man in die Kirche tritt, ein weißer Marmorstein zum Gedächtnisse dieses großen Mannes gesetzt ist[1]. Der in der Lebensbeschreibung Cimabues schon angeführte Kommentator Dantes, der zur Zeit Giottos lebte, sagt: Giotto war und ist der erste unter den Malern der Stadt Florenz, dies bezeugen seine Arbeiten in Rom, Neapel, Avignon, Florenz, Padua und an vielen anderen Orten der Welt[2].

Giotto war, wie wir schon oben sagten, sehr einfallsreich und fröhlich und führte gern witzige und scharfe Reden, die in Florenz noch in lebhaftem Andenken stehen; deshalb schrieb nicht nur Messer Giovanni Boccaccio darüber, sondern auch Franco Sacchetti erzählt in seinen dreihundert Novellen viel Unterhaltendes von ihm, und ich will einiges mit den eigenen Worten Francos hier beifügen, damit man samt dem Inhalt der Novelle auch die Redeweise jener Zeit erkennen möge. Er sagt demnach in einer,

[1] Giotto wurde am 8. 1. 1337 im Florentiner Dom beigesetzt. – [2] Es wird auf den sog. Ottima-Kommentar von 1334 angespielt; vgl. S. 15, Anm. 1.

um auch die Überschrift mit anzuführen: »Giotto, dem großen Maler wird von einem sehr unbedeutenden Manne ein Schild gebracht, um ihn zu malen; er höhnt jenen, malt ihn nach Vorschrift, doch so, daß jener in Verwirrung gerät.«
»Ein jeder weiß wohl, wer Giotto gewesen ist, und was für ein vorzüglicher Maler er vor allen anderen war. Ein ungebildeter Handwerker hörte, wie berühmt er sei, und da er sich einen Schild malen lassen wollte, vielleicht um als Burgvogt zu gelten, begab er sich ohne weiteres in die Werkstatt Giottos; jemand, der ihm den Schild trug, folgte nach, und bei Giotto angelangt, sprach er also: ‚Gott grüße dich, Meister, ich wünsche, daß du mir auf diesen meinen Schild mein Wappen malst.' Giotto betrachtete den Mann und die Art und Weise seines Benehmens und erwiderte nichts weiter als: ‚Bis wann willst du ihn?' – Jener bestimmte die Zeit, und Giotto sagte: ‚Laß mich nur machen;' worauf der andere fortging. Als Giotto allein war, dachte er bei sich: Was mag dies bedeuten, hat mir jemand diesen Mann zum Scherz gesandt? Sei es, wie ihm wolle, niemand hat mir bisher einen Schild zum Malen gegeben, und dieser einfältige Wicht bringt ihn mir und verlangt, ich solle ihm sein Wappen malen, als ob er aus dem Königshaus von Frankreich wäre; sicherlich muß ich ihm ein neues Wappen ersinnen. Also sprach er zu sich selbst, nahm den gedachten Schild vor sich, zeichnete darauf, was ihm gut schien, und trug einem seiner Schüler auf, die Malerei zu vollenden. Das Bild bestand aus einer Sturmhaube von Eisenblech, einem eisernen Ringkragen, einem Paar Armschienen, einem Paar eisernen Handschuhen, einem Küraß, Schenkelharnischen und Beinschienen, einem Schwert, einem Dolch und einer Lanze. Als nun der rechtschaffene Mann kam, von dem er nicht wußte, wer er sei, trat er herzu und sprach: ‚Meister, ist der Schild gemalt?' – ‚Jawohl', antwortete Giotto, ‚lauf,

hole ihn herunter.' Der Schild ward gebracht, der falsche Edelmann betrachtete ihn und sagte zu Giotto: ,Oh, was für eine Schmiererei ist dies, die du mir da gemalt hast?' – ,Ei', entgegnete Giotto, ,dir scheint es wohl eine Sudelei, um des Bezahlens willen?' – ,Nicht vier Kreuzer gebe ich dafür', antwortete der andere. – ,Und was sagtest du mir, das ich malen sollte?' fragte Giotto. – ,Mein Wappen', antwortete jener. – ,Nun wohl', erwiderte Giotto, ,ist es nicht ein Wappen[1], fehlt ein einziges Stück?' – ,Schon gut!' sprach der andere. – ,Im Gegenteil', rief Giotto, ,schlimm ist's; der Himmel stehe dir bei, du mußt ein arger Dummkopf sein; wenn jemand dich fragte, wer du seist, würdest du es kaum zu sagen wissen, und du kommst nun hierher und sprichst: male mir mein Wappen; wenn du von den Bardi stammtest, wäre das genug gewesen. Was für ein Wappen führst du, von wannen stammst du, wer sind deine Ahnen, schämst du dich nicht, kaum daß du auf die Welt gekommen bist, sprichst du von Wappen, als ob du Dusnan von Bayern wärst. Ich habe eine ganze Rüstung auf dein Schild gemalt; wenn noch ein Waffenstück fehlt, so sprich, und ich will es hinzufügen lassen.' – ,Du beleidigst mich', antwortete jener, ,und hast mir einen Schild verdorben!' Er ging fort und begab sich zur »Grascia«[2], um Giotto vorladen zu lassen; der erschien, seinerseits aber den Kläger vorlud und zwei Gulden für die Malerei verlangte, während jener von ihm dasselbe forderte. Als die Beamten die Klage hörten, welche ihnen Giotto um vieles besser vorzutragen wußte, entschieden sie, jener müsse den Schild, wie er gemalt wäre, nehmen und an Giotto sechs Lire bezahlen; denn das Recht sei auf seiner Seite; so mußte der andere den Schild nehmen und

[1] Im Italienischen bedeutet »arma« Wappen und Waffen. – [2] »Grascia« war die Behörde, die in der florentinischen Republik über die Güte und den Preis aller Handelsgegenstände zu wachen hatte.

bezahlen und ward entlassen. So wurde jener, der sich nicht nach seiner Decke strecken wollte, abgeschätzt.«
Man sagt auch, Giotto habe zur Zeit, in welcher er noch als Knabe bei Cimabue war, einer Figur seines Meisters eine Fliege so natürlich auf die Nase gemalt, daß Cimabue, als er sich bei seiner Rückkehr wieder an die Arbeit setzte, sie wie eine wirkliche Fliege mehrmals mit der Hand fortscheuchen wollte, ehe er des Irrtums inneward. In dieser Art könnte ich noch manchen Scherz und manche witzige Antwort Giottos mitteilen, doch mögen hier diese beiden genügen, als solche, die in das Gebiet der Kunst gehören; das übrige lasse ich Franco und andere erzählen.
Giotto blieb nicht nur durch die Werke seiner Hände in lebhaftem Andenken, sondern auch durch die Werke der Schriftsteller jener Zeit, weil er es war, der die wahre Art zu malen wiedergefunden hatte, welche lange Jahre vor ihm verloren gewesen war. Deshalb wurde mittels eines öffentlichen Dekrets und unter Verwendung und besonderer Zuneigung des glorreichen Lorenzo des Älteren de' Medici, der mit besonderer Bewunderung die Kunst dieses großen Mannes verehrte, sein Marmorbild in Santa Maria del Fiore aufgestellt. Dasselbe war von dem vortrefflichen Bildhauer Benedetto da Majano in Marmor gearbeitet und wurde mit einer Inschrift von dem göttlichen Angelo Poliziano versehen, um allen, die sich in irgendeinem Fache auszeichnen, Hoffnung zu geben, daß sie bei andern Anerkennung finden werden, wie sie Giotto von Lorenzos Güte reichlich verdiente und empfing[1].

[1] Die Büste befindet sich im rechten Seitenschiff des Florentiner Domes und wurde 1490 gesetzt.

Andrea Pisano

Bildhauer und Architekt

Zu keiner Zeit hat die Kunst der Malerei geblüht, wo nicht auch die Bildhauer in ihrem Gebiete Treffliches hervorgebracht hätten; einem jeden, der wohl um sich und zurückblickt, bieten sich als Zeugen die Werke aller Zeiten; denn in Wahrheit, diese beiden Künste sind Schwestern, gleichzeitig geboren und von einem und demselben Geiste genährt und geleitet. Einen Beweis dafür gibt der Pisaner Andrea, der zur Zeit Giottos die Bildhauerei übte und in dieser Kunst so viel Verbesserungen machte, daß er sowohl wegen seiner Ausführung als auch wegen seines Studiums in seiner Kunst, und ganz besonders im Erzgusse für den ersten Meister Toskanas galt, den es bis dahin gab[1]. Deshalb wurden seine Werke von jedem, besonders aber von den Florentinern, sehr geehrt und geschätzt; und er hatte nicht nötig, seine Heimat zu ändern oder seine Verwandten, seinen Hausstand und seine Freunde zu verlassen. Vielen Nutzen brachten ihm die Schwierigkeiten, welche die Meister der Bildhauerei vor ihm bestehen mußten, deren Werke so plump und mittelmäßig waren, daß die seinigen jedem im Vergleich mit ihnen als ein Wunder erschienen. Wie schlecht jene früheren Arbeiten gewesen sind, beweisen, wie ich schon anderswo sagte, einige Bildwerke über der Haupttür von S. Paolo zu Florenz und einige aus Sandstein in der Kirche Ognissanti, die bei jedem, der sie beschaut, eher Lachen als Bewunderung und

[1] Andrea wurde als Sohn des Pisaner Notars Ugolino di Nino in Pontedera (zwischen Florenz und Pisa) geboren. Geburtsjahr ist unbekannt (1290?).

Freude erregen. Gewiß aber ist es, daß wenn das Wesen der Statuen verlorenging, die Kunst der Bildhauerei leichter sich wiederfinden kann als die der Malerei, indem ihre Meister das Lebendige und Natürliche, das ganz rund ist, vor sich haben, wie jene Kunst es fordert, während in der Kunst der Malerei weder so schnell noch so leicht schöne Umrisse und eine gute Manier wiedergefunden werden kann, um sie ans Licht zu bringen, welche doch allein ihren Werken Hoheit, Anmut, Schönheit und Schmuck verleihen. Außerdem begünstigte das Glück in anderer Beziehung die Bestrebungen Andreas: durch die vielen Siege, welche die Pisaner zur See erlangten, kamen nämlich, wie wir schon anderwärts sagten, eine Menge Altertümer und Säulen nach Pisa, die noch am Dome und im Campo Santo zu sehen sind, und diese gewährten ihm viel mehr Hilfe und Aufklärung, als Giotto haben konnte, weil die antiken Malereien sich nicht so erhalten hatten wie die Bildwerke. Und wenngleich die Statuen oft durch Verheerungen, durch Feuer und durch die Wut des Krieges zerstört oder in andere Gegenden gebracht wurden, so erkennt der Einsichtige dennoch den Unterschied der Manier aller Länder. So z. B. hat die ägyptische zarte und lange Gestalten, die griechische zeigt Kunst und Kenntnis in der Darstellung nackter Körper, aber ihre Köpfe haben fast den gleichen Ausdruck; die uralte toskanische ist schwerfällig in der Ausarbeitung der Haare und etwas plump. Die Römer (so nenne ich vornehmlich die, welche nach Griechenlands Unterwerfung in Rom lebten, wohin alles gebracht wurde, was in der Welt gut und schön war) haben eine so schöne Manier in den Antlitzen, den nackten Gestalten sowohl wie in den Gewändern, in den Stellungen und Bewegungen, daß man sagen kann, sie haben das Schöne in allen Ländern gesammelt und in einer einzigen Manier vereint, denn diese ist die beste von allen, ja sogar die wahrhaft göttliche sei, die sie ja auch ist. – Alle jene trefflichen Manieren und Künste waren zur Zeit Andreas erloschen, und man kannte nur die, welche die Goten und die ungeschickten neueren Griechen nach Toskana gebracht hatten. Diese unglückliche Manier war es, welche Andrea mit Einsicht verfeinerte, indem er die Zeichnung Giottos und die wenigen Altertümer, die er kannte, sorgfältig beachtete; er fing an besser zu arbeiten und gab allen Dingen ein schöneres Ansehen, als bis dahin gewöhnlich war. Da man sein Talent, seine gute Ausführung und Geschicklichkeit erkannte, kamen viele in seiner Vaterstadt ihm zu Hilfe, wodurch er sehr jung schon den Auftrag erhielt, in Santa Maria a Ponte einige kleine Marmorfiguren zu verfertigen[1]. Diese machten ihm einen großen Namen, und er ward aufs dringendste gebeten, nach Florenz zu kommen und beim Bau von Santa Maria del Fiore zu helfen, woselbst man die Fassade mit den drei Türen angefangen hatte und an Meistern Mangel litt, welche die Darstellungen ausführen konnten, die Giotto beim Beginn dieses Unternehmens gezeichnet hatte. Andrea nahm deshalb Dienste bei diesem Bau, und weil die Florentiner sich dem Papste Bonifacius VIII. angenehm machen wollten, welcher damals Oberhaupt der christlichen Kirche war, verlangten sie, Andrea solle vor allem anderen dessen Bildnisfigur in Marmor arbeiten. Er legte Hand ans Werk und rastete nicht, bis er die Figur des Papstes und einen St. Peter und St. Paul beendet hatte, die ihm zu beiden Seiten stehen; diese drei Figuren aber wurden an der Fassade von Santa Maria del Fiore aufgestellt, woselbst man sie noch heute sieht[2]. Hierauf arbei-

[1] Skulpturen Andreas sind an S. Maria della Spina nicht nachweisbar; etwa 1343–1347/48 hatte er eine Werkstatt in Pisa. – [2] Papst Bonifaz VIII. war 1303 gestorben. Die Statue des Papstes mit denen der zwei Diakone, jetzt im Museo dell'Opera del Duomo in Florenz, werden wohl Arbeiten aus dem Kreise des Arnolfo di Cambio sein.

tete er für die mittlere Tür jener Kirche in einigen Tabernakeln oder Nischen Prophetenfigürchen[1], und man sieht daran, daß er die Kunst sehr vervollkommnete und an Güte und Zeichnung alle übertraf, die bis dahin für jenen Bau gearbeitet hatten; so ward beschlossen, ihm und keinem andern alle bedeutenden Werke zu übertragen. Deshalb mußte er bald nachher vier Statuen der Hauptlehrer der Kirche verfertigen: St. Hieronymus, St. Ambrosius, St. Augustin und St. Gregor[2], und als er diese beendet hatte, welche ihm vielen Dank und Ruhm bei den Bauverwesern, ja bei der ganzen Stadt erwarben, ward ihm aufgetragen, zwei weitere Marmorfiguren in der nämlichen Größe zu arbeiten, die Heiligen Stephanus und Laurentius, die man an der Fassade von Santa Maria del Fiore an den äußersten Ecken sieht[3]. Von Andrea verfertigt ist auch die Madonna aus Marmor mit dem Kind auf dem Arme, welche auf dem Altar der kleinen Kirche und Brüderschaft der Misericordia, am Platze S. Giovanni zu Florenz, steht. Jene Madonna hat dreieinhalb Ellen Höhe und ward in jener Zeit sehr gerühmt, vornehmlich wegen zweier Engel, die ihr zu beiden Seiten stehen und zweieinhalb Ellen hoch sind. Rings um dieses Werk hat in unsern Tagen Meister Antonio, genannt Carota, eine sehr schöne Verkleidung von Holz verfertigt und darunter eine Staffel mit vielen herrlichen Figuren angebracht, die Ridolfo, Sohn des Domenico Grillandai, in Öl gemalt

[1] Die Figuren, im selben Museum wie oben, sind entweder mit denen identisch, die 1363–67 und 1376–77 von Francesco di Neri, gen. il Sellaio, gearbeitet wurden, oder mit denen, die 1387–90 Piero di Giovanni Tedesco schuf. – [2] Die Heiligen Hieronymus und Ambrosius entstanden 1396–98 durch Piero di Giovanni Tedesco (?), Augustin und Gregor 1396 bis 1401 durch Niccolo di Pietro Lamberti (?); alle im obengenannten Museum; die Köpfe teilweise überarbeitet oder nicht zugehörig. – [3] Die beiden Statuen entstanden 1391–96 bzw. 1394 durch Piero di Giovanni Tedesco; vielleicht mit den zwei Figuren im Louvre in Paris identisch.

hat[1]. Ebenso ist die halbe Figur der Madonna über der Seitentür der Misericordia auf der Wand der Cialdonai von Andrea gearbeitet[2]; dies war ein sehr gerühmtes Werk, indem er darin gegen seine Gewohnheit die gute antike Manier nachahmte, von der er sonst immer fern blieb, wie einige Zeichnungen von seiner Hand beweisen, die sich in unserem Zeichenbuch finden und worin er die Begebenheiten aus der Offenbarung Johannis dargestellt hat.

Andrea hatte sich in seiner Jugend mit Werken der Baukunst beschäftigt, und es fand sich Gelegenheit, daß die Gemeinde von Florenz sich seiner in diesem Fache bedienen konnte; denn da Arnolfo gestorben und Giotto abwesend waren, trug man ihm auf, die Zeichnung zu dem Kastell von Scarperia zu entwerfen, welches im Mugello, am Fuße des Gebirges, gelegen ist[3]. Einige behaupten (doch kann ich es nicht als wahr versichern), Andrea sei ein Jahr in Venedig gewesen und habe dort einige Marmorfiguren gearbeitet, die an der Fassade von San Marco zu sehen sind, und daß er zur Zeit von Peter Gradenigo, Dogen jener Republik, die Zeichnung zum Arsenal verfertigt habe[4]; weil ich aber hierüber nichts weiß, als was einige ganz kurz davon geschrieben haben, überlasse ich jedem, darüber zu glauben, was ihm gut scheinen mag. Als Andrea von Venedig nach Florenz zurückkehrte, ließ die Stadt, die den Anzug des Kaisers befürchtete, mit Hilfe Andreas in großer Eile einen Teil der Mauern um acht Ellen erhöhen. Dies war in der Gegend, welche zwischen

[1] Die drei Marmorstatuen sind von Alberto Arnoldi (1359–64), noch im Bigallo; die Umrahmung von 1515 ist von Noferi d'Antonio di Noferi. – [2] Die Halbfigur der Madonna an der Nordseite des Bigallo ist von Alb. Arnoldi (1361). – [3] Die Gründung der befestigten Ortsanlage erfolgte am 8. IX. 1306, vollendet wahrscheinlich schon 1308. Keine Urkunden, die Andreas Teilnahme bestätigen. – [4] Über einen Aufenthalt Andreas in Venedig ist urkundlich nichts bekannt.

S. Gallo und dem Tore von Prato liegt; an anderen Stellen aber ließ er Bollwerke mit Verpfählungen und sonstigen sehr festen Schutzwehren von Erde und Holz errichten[1]. Drei Jahre vordem hatte er sehr zu seinem Ruhme gezeigt, daß er im Erzgießen vorzüglich geübt sei, indem er durch seinen sehr nahen Freund Giotto, welcher damals am päpstlichen Hofe in Avignon lebte, Sr. Heiligkeit ein sehr schönes gegossenes Kreuz schickte. Dies war Veranlassung, daß man ihm jetzt auftrug, eine der Türen der Kirche S. Giovanni von Bronze zu verfertigen, zu welcher Giotto schon eine vortreffliche Zeichnung gemacht hatte, die Andrea nun ausführen sollte, als der geschickteste, geübteste und verständigste von allen Meistern, welche bis dahin nicht nur in Toskana, sondern in ganz Italien gearbeitet hatten. Er begann das Unternehmen, entschlossen, weder Zeit noch Mühe noch Sorgfalt bei Vollführung eines so wichtigen Werkes zu sparen, und das Glück war ihm so günstig beim Guß, daß, obschon man in jener Zeit die Geheimnisse noch nicht kannte, die wir jetzt wissen, er dennoch im Verlaufe von zweiundzwanzig Jahren diese Arbeit in der Vollkommenheit zu Ende führte, in welcher wir sie nunmehr sehen[2]. Ja, was noch mehr ist, er verfertigte in jener nämlichen Zeit nicht nur das Tabernakel des Hauptaltars von S. Giovanni, zu dessen beiden Seiten zwei Engel stehen, die für etwas sehr Seltenes gehalten wurden[3], sondern führte nach der Zeichnung Giottos die kleinen Figuren von Marmor aus, welche der Tür des

[1] 1310 wurden die Mauern von Porta San Gallo bis Porta S. Ambrogio und von Porta S. Gallo bis Prato d'Ognissanti errichtet, die die Stadt 1312 vor der Eroberung durch Kaiser Heinrich VII. gerettet haben sollen. – [2] Die Tür, jetzt an der Südseite des Baptisteriums. Andrea begann die Arbeit am 22. I. 1330, Ende 1336 erfolgte die Feuervergoldung, am 6. II. 1338 wurden die Flügel aufgestellt. Signiert und datiert: Andreas Ugolini Nini de Pisis me fecit a. d. 1330. – [3] Konsolreste des 1732 zerstörten Retabels im Museum Bardini in Fiesole.

Glockenturms von Santa Maria del Fiore zur Bekrönung dienen, und arbeitete rings um jenen Turm in einigen Ovalen die sieben Planeten, die sieben Tugenden und die sieben Werke der Barmherzigkeit in kleinen Figuren in Flachrelief aus, welche damals sehr gerühmt wurden[1]. Auch verfertigte er in derselben Zeit die drei Statuen, jede vier Ellen hoch, die in den Nischen jenes Glockenturmes unter den Fenstern aufgestellt wurden, welche nach der Seite liegen, wo heutigentags das Pflegeamt der Waisenkinder ist, d. h. gegen Mittag, und diese Figuren galten in jener Zeit für mehr als zweckentsprechend[2]. Um indes dahin zurückzukehren, wo ich anfing, habe ich noch zu sagen, daß an jener Bronzetür in Flachrelief Begebenheiten aus dem Leben Johannis des Täufers zu sehen sind, von seiner Geburt an bis zum Tode, die Andrea sehr glücklich und mit großer Sorgfalt vollendete. Viele meinen zwar, man finde bei diesen Darstellungen weder die schöne Zeichnung noch die große Kunst, welche sonst in der Figurenbildung angewandt zu werden pflegt; dennoch aber verdient Andrea nur das größte Lob, als der erste, der es unternahm, ein Werk vollkommen zur Ausführung zu bringen, das für seine Nachfolger Veranlassung wurde, bei den zwei anderen Türen und den äußeren Verzierungen so Schönes, Schwieriges und Gutes zu leisten, als man nunmehr dort sieht. Dieses Werk wurde an der mittleren Pforte der Kirche angebracht und blieb daselbst, bis Lorenzo Ghiberti die Türflügel arbeitete, welche gegenwärtig dort zu sehen sind; damals nahm man

[1] In den sechseckigen Reliefs sind in der unteren Zone die Schöpfungsgeschichte und die mechanischen Künste und ihre Erfinder (dabei die letzten 5 Reliefs der Nordseite von Luca della Robbia 1437–39), in der oberen Reihe die Planeten, Tugenden, freien Künste und Sakramente. Über die Entwürfe Giottos vgl. S. 60. – [2] Die Figuren der Südseite stellen Propheten oder andere Vorläufer Christi dar.

jene hinweg und brachte sie der Misericordia gegenüber an, wo sie sich noch befindet[1]. Andrea ließ sich bei dieser Arbeit von seinem Sohne Nino helfen, der später ein weit besserer Meister ward als sein Vater. Dies Werk wurde im Jahre 1339 beendet, das heißt nicht nur völlig geputzt und poliert, sondern auch im Feuer vergoldet; und man glaubt, der Guß sei von einigen venezianischen Meistern ausgeführt worden, welche im Schmelzen der Metalle sehr erfahren waren. Hierüber finden sich Nachrichten in den Büchern der Zunft der Kaufleute von Calimara, welche Vorsteher von S. Giovanni waren.

Auch Gualtieri, Herzog von Athen und Tyrann der Florentiner, bediente sich bei einigen Bauwerken der Hilfe Andreas; er ließ ihn den Platz vergrößern und zur Befestigung seines Palastes alle Fenster unten im ersten Stock, wo jetzt der Saal der Zweihundert ist, mit sehr starken Eisengittern versehen; ließ zur Erweiterung des Palastes neben demselben, S. Piero Scheraggio gegenüber, eine Mauer aus unbehauenen Quadern neben dem Palast aufführen, um ihn zu erweitern, und in der Dicke der Mauer eine geheime Treppe anlegen, damit er heimlich herauf- und hinuntersteigen könne; ließ in jener Steinmauer unten eine große Pforte, welche heutigentags als Zollamt dient, und über dieser sein Wappen anbringen – alles nach Zeichnung und Angabe Andreas. Obgleich nachher der Magistrat der Zwölf, welcher jedes Andenken an diesen Herzog vertilgen wollte, dieses Wappen abmeißeln ließ, so blieb doch im viereckigen Schild die Gestalt des stehenden Löwen mit doppeltem Schweife kenntlich, wie jeder, der es aufmerksam betrachtet, sehen kann[2]. Andrea erbaute außerdem für denselben Herzog

[1] Vgl. S. 97. – [2] Die Herrschaft Walters IV. von Brienne, Herzogs von Athen, dauerte vom 8. IX. 1342 bis 6. VIII. 1343. Es entstand ein Erweiterungsbau am Palazzo della Signoria nach Osten zu; der

viele Türme rings an den Mauern der Stadt und begann nicht nur den großartigen Bau des Tores S. Friano, das er so zu Ende führte, wie man es noch sieht, sondern errichtete auch die Mauern der Vortore und die kleinen Pforten, welche zur Bequemlichkeit der Bewohner dienen[1]. Der Herzog war willens, auf der Seite von S. Giorgio eine Festung zu erbauen, und Andrea verfertigte hierzu das Modell, welches jedoch unbenutzt blieb, da man den Bau gar nicht anfing, weil schon im Jahre 1343 der Herzog vertrieben wurde. Besser erfüllte sich sein Wunsch, den Palast in ein festes Kastell umgewandelt zu sehen; denn er ließ zu dem, was von Anfang erbaut war, noch vieles hinzufügen, wodurch es seine nunmehrige Gestalt erhielt, indem er die Häuser der Filiberti, den Turm und die Häuser der Amidei und Mancini, wie auch die der Bellalberti mit in den Bezirk des Palastes aufnehmen ließ. Da das Material zu diesem großen Werke, diesen dicken Mauern und Verstärkungen nicht schnell genug herbeigeschafft werden konnte, verzögerte er den Bau des Ponte Vecchio, einer Brücke, die man als sehr nötig in großer Eile verfertigte, und bediente sich ohne alle Rücksicht der dafür bestimmten zugehauenen Steine und des dazu bereiteten Holzwerkes[2]. Bei allen diesen Unternehmungen wollte der Herzog keinen Rat von Taddeo Gaddi, als von einem Florentiner, obschon derselbe zufällig in Bauwerken nicht weniger erfahren war als der Pisaner Andrea, dessen Hilfe er hingegen immer begehrte. Derselbe Gualtieri wollte auch, damit er vom Palaste aus die Strada Romana und den Neuen Markt sehen könne, Santa Cecilia niederreißen und

von ihm geplante neue Seitenflügel, zu dem er das Gelände schon aufkaufte (vgl. unten), kam nicht zur Ausführung.

[1] Die Porta S. Frediano entstand kurz vor 1320 oder 1332. – [2] 1333 war der Ponte Vecchio infolge der großen Überschwemmung eingestürzt. 1345 war der Wiederaufbau vollendet.

ebenso S. Piero Scheraggio zerstören, erhielt aber dazu vom Papste keine Erlaubnis. Unterdessen wurde er, wie schon oben gesagt ist, durch einen Aufstand des Volkes verjagt.

Andrea, der sich lange Jahre redlich bemüht hatte, erwarb sich nicht nur große Belohnungen, sondern auch das Bürgerrecht, welches ihm die Signoria von Florenz erteilte, und man übertrug ihm Dienste und Ämter in der Stadt. Seine Arbeiten wurden während seines Lebens und nach seinem Tode sehr geschätzt, da keiner sich fand, der ihn an Geschicklichkeit übertraf, bis der Aretiner Niccolo, der Sienese Jacopo della Quercia, Donatello, Filippo di Ser Brunellesco und Lorenzo Ghiberti kamen, welche Bildwerke und andere Arbeiten so ausführten, daß man erkannte, in welchem Irrtume man bis dahin gestanden hatte; denn diese fanden durch ihr Arbeiten die Kunst wieder, welche lange Jahre verborgen gewesen und von den Menschen gar nicht recht gekannt war. Andrea arbeitete um das Jahr des Heils 1340. Er starb im Alter von fünfundsiebzig Jahren, im Jahre 1345, und wurde von Nino in Santa Maria del Fiore begraben[1].

[1] Andrea starb wahrscheinlich 1348/49; noch 1348 war er Dombaumeister in Orvieto.

Paolo Uccello

Florentiner Maler

Paolo Uccello würde der anmutigste und phantasievollste Geist unter allen gewesen sein, die es von Giotto an in der Kunst der Malerei gab, wenn er so viel Fleiß aufgewendet hätte, Menschen und Tiere darzustellen, als er mit den Problemen der Perspektive Zeit und Mühe verlor; denn diese Dinge sind zwar schön und sinnreich, wer sich ihnen aber allzusehr ergibt, der wirft seine Zeit weg und ermüdet seine Phantasie, indem er den Verstand mit Schwierigkeiten anfüllt, durch die häufig ein frischer und fruchtbarer Geist unfruchtbar und schwerfällig wird. Ja, wer sich hiermit mehr als mit Zeichnen von Figuren beschäftigt und alles zu peinlich ausführen will, nimmt oft eine schroffe und harte Manier voll scharfer Umrißlinien an und wird außerdem leicht einsiedlerisch, wunderlich, schwermütig und arm, wie Paolo Uccello, der von der Natur einen grübelnden und scharfsinnigen Geist empfangen hatte und keine andere Freude kannte, als einigen schweren und unausführbaren Problemen der Perspektive nachzusinnen, die zwar wunderbar und schön waren, ihn aber in Ausführung menschlicher Gestalten so hinderten, daß er diese, je älter er wurde, desto schlechter zeichnete. Sicher ist, daß wer mit zu großem Studium der Natur Gewalt antut, den Geist zwar schärft, allem aber, was er ausführt, jene Leichtigkeit und Anmut nimmt, die denen eigen ist, die mäßig, mit Einsicht und Urteil den rechten Punkt zu treffen vermögen, und gewisse Feinheiten vermeiden, die leicht den Werken etwas Kümmerliches, Trocknes, Schwerfälliges und Unliebenswürdiges geben, wodurch der, welcher sie betrachtet, eher zu Mitleid als zu Bewunderung hingerissen wird. Nur wenn der Verstand arbeiten will und die Begeisterung erwacht ist, darf das Talent abgemüht werden, denn dann gehen aus ihm große und göttliche Dinge und bewundernswerte Gedanken hervor.

Paolo beschäftigte sich ohne Unterlaß mit den schwierigsten Aufgaben der Kunst und brachte die Methode zur Vollkommenheit, nach der man den Grundriß und Aufriß der Gebäude bis zur Höhe der Gesimse und Dächer in Perspektive setzt, indem er die Linien durchschnitt und sie gegen den Mittelpunkt kürzer werden und zusammenlaufen ließ, wenn er zuvor, hoch oder niedrig, wo es ihm gut schien, den Augenpunkt bestimmt hatte; kurz, er wandte solchen Fleiß auf diese mühseligen Dinge, daß er Mittel fand und Regeln bestimmte, wie man es zu machen habe, daß die Gestalten wirklich auf der Ebene zu stehen scheinen, wo ihre Füße stehen, und daß sie sich allmählich je nach ihrer Lage in der Bildtiefe im rechten Verhältnis verkürzten, was vordem nur willkürlich geschehen war. Auch fand er, wie man die Kreuzgewölbe und Bogen der Wölbungen zu zeichnen habe, wie die Decken mit den untergezogenen Balken zu verkürzen wären und wie man es machen müsse, daß Reihen runder Säulen auf der scharfen Kante von Gebäuden umbiegen, und in Perspektive gezogen die Ecke brechen und ausgleichen. Um allem dem nachzusinnen, blieb Paolo bei wenigem Umgang einsam und fast einsiedlerisch Wochen und Monate in seinem Hause, ohne sich vor jemandem sehen zu lassen; und so schwierig und schön diese Untersuchungen waren, würde er doch besser getan haben, wenn er die Zeit, in welcher er sich damit beschäftigte, auf das Studium der Figuren verwandt hätte. Denn obgleich er sie mit ziemlich guter Zeichnung auszuführen verstand, fehlte ihm doch noch vieles zu ihrer Vollkommenheit. So aber brachte er die Zeit mit jenen Grillen hin und verblieb zeit seines Lebens mehr in der Armut, als daß er Ruhm erlangt hätte. Wenn er daher dem Bildhauer Donatello, seinem sehr nahen Freunde, zeigte, wie er »mazzocchi[1]« mit Spitzen und Quadraten nach verschiedenen Ansichten perspektivisch zeichnete, und Kugeln mit zweiundsiebzig Flächen wie Diamantenspitzen, dabei auf jeder Fläche Stäbe und Raupen, die von unten auf gewunden sind, nebst anderen Seltsamkeiten, mit denen er sich mühte und die Zeit nur so verbrauchte, sagte dieser oft zu ihm: »Paolo, mit deiner Perspektive versäumst du das Sichere um des Unsichern willen; dies sind Dinge, welche nur denen nützen, die eingelegte Holzarbeiten machen und bei ihren Zieraten gewundene Stäbe, runde und viereckige Wendeltreppen und andere ähnliche Dinge anbringen.«

In Santa Maria Maggiore arbeitete er in einer Kapelle neben der Seitentüre, die nach S. Giovanni führt, und in der man das Bild und die Altarstaffel von Masaccio sieht, eine Verkündigung in Fresko, wobei er ein Haus anbrachte, welches der Beachtung wert ist. Dies galt in jener Zeit für eine neue und sehr schwierige Sache, denn es war das erste, das nach schöner Manier mit Anmut und im richtigen Verhältnis ausgeführt den Künstlern zeigte, auf welche Art und Weise man die Linien in den Hintergrund zurückgehen lassen müßte und man es machte, daß ein Raum, der an sich klein und gering ist, scheinbar Weite und Ferne gewinnt. Wer überdem noch Schatten, Licht und Farben mit Urteil und Geschmack an ihre Stellen zu verteilen weiß, täuscht in Wahrheit das Auge so, daß die Malerei erhaben zu sein scheint, und man glaubt die Gegenstände in der Wirklichkeit zu sehen. – Paolo, dem

[1] Der »mazzocchio« ist eine barettartige Kopfbedeckung, die aus einem kunstvoll vielteiligen Drahtgestell und Stoffüberzug bestand.

dies nicht genügte, wollte eine noch größere Schwierigkeit lösen, er zeichnete einige Säulen perspektivisch verkürzt, die um die Ecke stehen und die scharfe Kante des Gewölbes brechen, in dem die vier Evangelisten dargestellt sind, eine Sache, die für schön und schwierig galt, wie denn Paolo fürwahr in seinem Beruf sehr sinnreich und vorzüglich gewesen ist.

Im Kloster von S. Miniato, außerhalb Florenz, malte er mit grüner Erde, und zum Teil auch mit Farben, das Leben der heiligen Väter, wobei er nicht viel auf Einheit achtete, wie doch geschehen muß, wenn man die Bilder mit einer Farbe ausführt; denn er malte die Gründe blau, die Städte rot und die Gebäude verschieden, wie es ihm einfiel, was ein Fehler war, denn Gegenstände, die man sich von Stein denkt, können und dürfen nicht verschieden gefärbt sein[1]. Man sagt, während Paolo dies Werk vollführte, habe der Abt, welcher damals an jenem Orte war, ihm fast immerdar nur Käse zu essen gegeben, und Paolo, dem dies zum Überdruß wurde, beschloß, schüchtern wie er war, nicht mehr zur Arbeit dahin zu gehen. Wenn daher der Abt nach ihm schickte und er hörte, die Mönche wären da, um seiner zu begehren, wollte er nie zu Hause sein, und traf es sich, daß er irgendein paar Mitgliedern jenes Ordens in Florenz begegnete, so riß er vor ihnen aus und lief aus allen Kräften davon. Zwei indes, die sehr neugierig und jünger waren als er, holten ihn eines Tages ein und fragten ihn, weshalb er nicht komme, seine angefangene Arbeit zu vollenden, und warum er davonlaufe, wenn er einen der Brüder sehe. – »Ihr habt mich«, antwortete Paolo, »so zugrunde gerichtet, daß ich nicht nur euch fliehe,

[1] Die monochromen, mit farbigen Einzelheiten durchsetzten Fresken im Oberstock des Kreuzganges von S. Miniato al Monte sind erst zu einem Teile wieder aufgedeckt und zeigen Szenen der Benediktslegende und anderer Heiliger.

sondern ich wage auch nicht einmal, mich bei einem Tischler aufzuhalten oder vorüberzugehen; hieran ist einzig der Unverstand eures Abtes schuld, der mir in Vorgerichten und Suppen solch eine Menge Käse gegeben hat, daß mir der ganze Körper damit angefüllt ist und ich fürchte, da ich schon lange ganz Käse bin, man könnte mich zu Tischlerleim verbrauchen; ja, wenn das noch länger dauerte, würde ich bald vielleicht nicht mehr Paolo, sondern Käse sein.« Die Mönche gingen mit großem Gelächter von ihm und erzählten alles dem Abte, der ihn wiederum zur Arbeit berief und ihm andere Speisen geben ließ als Käse. Im Hause der Medici führte er auf Leinwand in Tempera einige Tierstücke aus, woran er stets viel Freude fand, so daß er großes Studium aufwandte, um sie wohl darzustellen. Immer hatte er gemalte Vögel, Katzen, Hunde und alle Arten fremder Tiere im Hause, von denen er Zeichnungen bekommen konnte, weil er zu arm war, sich diese Tiere lebendig zu halten. Und da er hauptsächlich Vergnügen an Vögeln fand, ward er Paolo Uccelli genannt[1]. – Unter andern malte er im Hause der Medici einige Löwen, die mit solchem Ungestüm und solcher Wildheit miteinander kämpfen, daß sie lebend zu sein schienen. Und nicht minder merkwürdig war ein anderes Bild: eine Schlange, die mit einem Löwen kämpft. Sie zeigt durch heftige Bewegungen die Kraft ihres Körpers und spritzt Gift aus Mund und Augen; nahe dabei gewahrt man eine Bäuerin, die einen Ochsen hütet, welcher in schöner Verkürzung ausgeführt ist. Von diesem sowohl als von der Bäuerin, die voll Furcht jenen Tieren im Laufe zu entfliehen sucht, findet sich die Zeichnung von Paolos Hand in meiner Sammlung. In demselben Bilde sind einige

[1] Paolo Uccelli = Paul Vogel. Sein eigentlicher Name war: Paolo di Dono di Paolo; die Erklärung des Beinamens nach Vasari ist nicht ganz schlüssig.

Hirten mit vieler Wahrheit gemalt, und eine Landschaft, die zu ihrer Zeit für sehr schön galt. Auf anderen Leinwänden dagegen sieht man mehrere Darstellungen von Kriegsleuten zu Pferd, nach Art jener Zeit gekleidet, und darunter ziemlich viele Personen nach der Natur abgebildet[1].

Paolo erhielt sodann Auftrag, einige Darstellungen im Kloster von Santa Maria Novella zu malen. In dem ersten, gleich beim Eintritt aus der Kirche in den Kreuzgang, stellte er die Erschaffung der Tiere dar, von denen er eine unendliche Zahl abbildete; verschiedene Gattungen, die im Wasser, auf dem Lande und in der Luft leben. Und weil er wunderlich war, und es ihm, wie ich schon sagte, Freude machte, die Tiere wohl auszuführen, zeigte er bei ein paar Löwen, die sich mit aufgerissenem Rachen anfallen wollten, den mächtigen Stolz dieser Bestien; bei einigen Hirschen und Dambböcken die Schnelle und Furchtsamkeit, und wußte Fische und Vögel mit Federn und Schuppen sehr natürlich abzubilden. Man findet daselbst die Erschaffung von Adam und Eva und den Sündenfall nach schöner Manier fleißig und gut dargestellt; auch vergnügte sich Paolo bei diesem Werke, die Bäume bunt zu malen, welche damals noch nicht sehr gut ausgeführt wurden. Kurz, er war der erste unter den alten Malern, der sich den Ruf erwarb, Landschaften wohl darzustellen und sie zu größerer Vollendung zu bringen, als die Meister vor ihm getan hatten. Kamen auch nach ihm andere, die es wiederum besser verstanden als er, der bei allem Fleiß

[1] Vasari erwähnt hier nur kurz die ehedem in der Garderobe des Lorenzo il Magnifico befindlichen Schlachtenbilder, die Szenen der Schlacht von S. Romano (1432) darstellen. Der Zyklus ist verstreut 1. in der Nat.-Gall. in London: Niccolo da Tolentino greift die Sienesen an; 2. in den Uffizien, Florenz: Rückzug der Sienesen; 3. im Louvre, Paris: Michelotto da Cotignola vor dem Florentiner Heere.

ihnen niemals jene Weichheit und Übereinstimmung geben konnte, welche sie jetzt in den Ölgemälden haben, so war es immerhin genug, daß Paolo sie nach den Regeln der Perspektive abnehmen ließ und sie zeichnete, wie man sie sieht. Er brachte alles darin an, was er erblickte: Felder, Ackerfurchen, Gräben und andere Einzelheiten der Natur, die er in seiner trockenen und scharfen Manier abbildete, und hätte er das Gute und nur solche Gegenstände ausgewählt, die sich für ein Gemälde eignen, so würden sie vollkommen geworden sein. Nachdem Paolo alle diese Dinge vollendet hatte, arbeitete er einiges in demselben Kreuzgang unter zwei Bildern von anderer Hand[1], und malte weiter unten die Sintflut und die Arche Noah, wobei er mit so viel Fleiß und Kunst und Sorgfalt die Toten und die Stürme darstellte, das Wüten des Windes, das Leuchten des Blitzes, das Zusammenstürzen der Bäume und die Furcht der Menschen, daß man es nicht genug rühmen kann. Im Hintergrunde zeichnete er verkürzt einen Toten, dem ein Rabe die Augen aushackt, und ein ertrunkenes Kind, dessen Leib mit Wasser angefüllt und dadurch hoch geschwollen ist. In anderen Gestalten erkennt man die Wirkung der verschiedenen menschlichen Leidenschaften: zwei Reiter kämpfen miteinander, ohne die Flut zu fürchten; große Bangigkeit vor dem Tode hingegen gewahrt man bei einer Frau und einem Manne, die auf einer Büffelkuh reiten, die sich allmählich von hinten mit Wasser anfüllt, so daß ihnen alle Hoffnung der Errettung genommen wird; kurz, dies Werk ist von solcher Vorzüglichkeit, daß es ihm großen Ruhm erwarb, um so mehr, als er darin die Gestalten nach perspektivischem Verhält-

[1] Die hier besprochenen Fresken im ersten Klosterhof von S. Maria Novella zeigen die Darstellung der Vertreibung aus dem Paradies, Adam und Eva an der Arbeit, das Opfer Kains und Abels, Kain tötet Abel, der Tod Kains, Noah befiehlt den Bau der Arche und der Einzug in die Arche.

nis kleiner werden ließ und »mazzocchi« und andere Dinge fürwahr sehr schön zeichnete. Hierunter malte er, wie Noah berauscht, von seinem Sohn Ham verspottet wird, Sem und Japhet, seine anderen Söhne, ihn aber verhüllen, da er ihnen seine Schamteile zeigte; wobei er in der Figur des Ham den florentinischen Bildhauer und Maler Dello abbildete, der sein sehr naher Freund war. In demselben Bilde zeichnete Paolo ein kreisrundes Faß, was für eine schöne Sache galt, und eine Laube mit einer Menge Weintrauben, bei der er die Latten des Holzwerkes, nach dem Winkelmaß gemessen, gegen den Augenpunkt zu abnehmen ließ, jedoch einen Irrtum beging, denn der Boden, auf dem die Figuren stehen, verkürzt sich nach den Linien der Laube, das Faß aber ist nicht nach diesen Fluchtlinien gezeichnet, und ich verwundere mich sehr, daß ein Künstler, der so genau und fleißig war, diesen merklichen Fehler machen konnte. In dem Bilde mit dem Dankopfer Noahs zeichnete er in Perspektive die geöffnete Arche mit den Reihen von Querhölzern, die in bestimmter Höhe angebracht waren, und wo die Vögel bequem sich aufhielten. Von diesen sieht man verschiedene Gattungen, die in Schwärmen herauskommen und sich verkürzt zeigen, und in der Luft erscheint Gottvater über dem Opfer, welches Noah mit den Söhnen ihm darbringt. Von allen Gestalten, die Paolo in jenem Werk anbrachte, ist diese die schwierigste, indem sie mit dem Kopf in verkürzter Stellung gegen die Mauer fliegt und solch eine Kraft hat, daß ihre Rundung sie zu durchstoßen scheint. Um Noah her sind überdies sehr mannigfaltige Tiergattungen schön ausgeführt; kurz, er gab dem ganzen Werke Zartheit und eine große Anmut, wodurch es unbestreitbar die vorzüglichste seiner Arbeiten ist, und ihm nicht nur damals, sondern auch heute noch großes Lob erwirbt[1]. In Santa

[1] Die Fresken befinden sich – mit Ausnahme der von der Wand ab-

Maria del Fiore malte er zum Andenken an Giovanni Acuto, einen Engländer und Feldhauptmann der Florentiner, der im Jahre 1393 starb, ein Pferd von ungewöhnlicher Größe, sehr schön in grüner Erde, und auf diesem den Feldhauptmann in Hell und Dunkel mit grüner Erde. Dies Gemälde ist zehn Ellen hoch und wurde von ihm mitten auf einer Wand der Kirche ausgeführt; auf einem Sarkophag, perspektivisch gezeichnet, als ob der Leichnam darin ruhe, steht er als Feldhauptmann gewappnet und zu Roß; ein Werk, das man damals als etwas sehr Schönes in dieser Art der Malerei rühmte und noch jetzt rühmt. Fürwahr auch würde jene Arbeit sehr vollkommen sein, wenn Paolo nicht die Füße des Pferdes sich nur auf einer Flanke hätte bewegen lassen, was diese Tiere in der Natur nicht tun, weil sie sonst fallen würden; ihm begegnete dies vielleicht, weil er nicht ritt und sich nicht mit Pferden abgab wie mit anderen Tieren. Wegen der perspektivischen Zeichnung des Riesenpferdes ist das Werk aber trotzdem schön, und auf dem Postament liest man: Paoli Uccelli Opus[1].

Zu der nämlichen Zeit malte er innen über der Haupttüre derselben Kirche das Zifferblatt in bunten Farben und brachte in den Ecken vier Köpfe an, die in Fresko gearbeitet sind[2].

Donato, der in Padua arbeitete, veranlaßte Paolo, nach jener Stadt zu kommen, und daselbst malte er im Eingange vom Hause der Vitali einige Riesen in grüner Erde so

genommenen Darstellungen der Sintflut, des Opfers und der Trunkenheit Noahs (jetzt im Refektorium) im ersten Klosterhof, der wegen seiner Malereien in grüner Erde »Chiostro verde« genannt wird.

[1] Das Wandbild an der Innenfassade des Domes von Florenz stellt John Hawkwood (ital. = Giovanni Acuto; * 1320, † 1394) dar, der seit 1371 in florent. Diensten war. Das Bild entstand 1436 und wurde 1524 durch Lorenzo di Credi restauriert. – [2] Die vier Köpfe entstanden vielmehr erst 1443.

schön, daß Andrea Mantegna sie sehr hochhielt, wie ich in einem lateinischen Briefe gelesen habe, den Girolamo Campagnola an den Philosophen Leonico Tomeo schrieb[1]. Paolo war zwar von wunderlicher Natur, dennoch aber ein großer Verehrer der Tüchtigkeit seiner Mitarbeiter in der Kunst; damit der Nachwelt ein Gedächtnis von ihnen bleiben möchte, malte er mit eigener Hand fünf berühmte Männer in einem langen Bilde, das er zu ihrem Andenken in seinem Hause aufbewahrte. Der erste war Giotto, wegen seiner Bemühung um die Erleuchtung und Wiederbelebung der Kunst, der zweite Filippo di Ser Brunellesco wegen der Baukunst, der dritte Donatello wegen der Bildhauerkunst, dann kam er selbst wegen der Perspektive und Tiere, und endlich noch wegen der Mathematik Giovanni Manetti, sein Freund, mit dem er häufig sich beriet und über die Lehren des Euklid sprach[2].

Er wurde sehr alt, hatte aber in seinen hohen Jahren wenig Freude, und als er 1432 in seinem dreiundachtzigsten Jahre starb, begrub man ihn in der Kirche Santa Maria Novella[3].

Er hinterließ eine Tochter, die zeichnen konnte, und eine Frau, welche erzählte, Paolo habe die ganzen Nächte in der Studierstube verbracht, um die Grenzen der Perspektive zu finden, und wenn sie ihm zugeredet, er möchte sich schlafen legen, habe er geantwortet: »O, welch ein anmutig Ding ist diese Perspektive!«

[1] Der Aufenthalt Uccellos in Padua währte nur kurze Zeit (1445); daß er von Donatello gerufen wurde, ist urkundlich nicht gesichert.
[2] Das »Fünfmännerbildnis« ist jetzt im Louvre in Paris. – [3] Uccello starb am 10. XII. 1475; geboren war er in Florenz etwa 1396/97.

Lorenzo Ghiberti

Florentiner Bildhauer

Wer um irgendeines seltenen Vorzuges willen Ruhm unter den Menschen erlangt, trägt nicht nur für sich Ehre und Lohn davon, sondern ist meist auch für viele ein heiliges leuchtendes Vorbild, die nach ihm geboren werden und gleichzeitig mit ihm leben. Denn nichts erweckt die Geister der Menschen mehr und läßt ihnen die Mühseligkeiten des Studiums minder anstrengend erscheinen als die Ehre und der Nutzen, die nach saurer Arbeit durch Kunst und Geschicklichkeit gewonnen werden; sie machen einem jeden sein schwieriges Unternehmen leicht, und die Entwicklung seines Talents geht mit größerem Ungestüm vor sich, wenn sie durch das Lob der Welt gesteigert wird. Ja, Unzählige, die dies gewahr werden, wenden allen Fleiß auf, sich den Lohn zu verdienen, den sie von einem ihrer Mitbürger errungen sehen. Vor alters wurden deshalb ausgezeichnete Menschen mit Reichtümern belohnt oder durch Triumphzüge und Denkmäler geehrt. Weil es indessen nur selten ist, daß Talent nicht vom Neide verfolgt wird, muß man sich anstrengen, soviel als nur möglich, denselben durch größte Vortrefflichkeit zu besiegen oder mindestens tapfer und stark genug zu werden, daß man seine Stürme ertragen kann. Dies vermochte durch Glück und Verdienst Lorenzo di Cione Ghiberti, auch di Bartoluccio genannt, der von den trefflichen Meistern Donato und Filippo di Ser Brunellescho für würdig erachtet wurde, an ihre Stelle gesetzt zu werden, indem sie erkannten, er sei ein besserer Meister in Gußarbeiten als sie selbst, obwohl ihr Sinn vielleicht gern das Gegenteil gesagt hätte. Solche Würdigung gereicht fürwahr jenen zum Ruhm und vielen zur Beschämung, die sich voller Voreingenommenheit an die Aufträge herandrängen und den Platz einnehmen, welcher der Begabung anderer zukommt, auf dem sie zudem keine Früchte ernten, sondern sich lange Jahre quälen, etwas zustande zu bringen, während sie dem Können und den Kenntnissen anderer hinderlich sind, die sie aus Neid und bösem Willen unterdrücken.

Lorenzo war ein Sohn von Bartoluccio Ghiberti[1], einem vortrefflichen Goldschmied, und lernte bei ihm von frühester Jugend an jene Kunst, die er so übte, daß er viel besser arbeitete als sein Vater. Mehr Freude jedoch machte ihm die Bildhauer- und Zeichenkunst; deshalb bediente er sich bisweilen der Farben, und manches andere Mal goß er kleine Bronzefiguren und vollendete sie mit Anmut. Auch vergnügte er sich, die Stempel der alten Münzen nachzuahmen, und bildete viele seiner Freunde nach dem Leben ab. – Während er zu Florenz mit Bartoluccio durch Goldarbeiten Geld zu erwerben suchte, kam im Jahre 1400 die Pest heran, wie Lorenzo selbst in seinem Buche erzählt, das er über die Kunst geschrieben hat, und welches jetzt dem Herrn Cosimo Bartoli, einem florentinischen Edelmann, gehört[2]. Und da außer der Pest noch einige Bürgerhändel und sonstige Not in der Stadt herrschten, sah er sich gezwungen, in Gesellschaft eines andern Malers nach der Romagna zu gehen. Dort malten sie in Rimini für den Herrn Pandolfo Malatesti ein Zimmer und

[1] Lorenzo ist 1378 in Florenz als Sohn des Cione di Ser Buonaccorso und der Madonna di Fiore geboren. Bis 1443 nannte er sich nach seinem Lehrer und Freund Bartoluccio di Michele, der 1406 sein Stiefvater wurde: Lorenzo di Bartoluccio. Nachdem Ghiberti 1444 den Prozeß über die angezweifelte Legitimität seiner Geburt gewonnen hatte, nannte er sich Lorenzo di Cione di Ser Buonaccorso. – [2] Vgl. unten S. 104/105.

sonst noch mancherlei mit vielem Fleiß und zur Zufriedenheit jenes Herrn, der noch jung war und an den Werken der Zeichenkunst ein großes Gefallen fand.

Lorenzo war nicht lange von seiner Vaterstadt fern, als die Pest aufhörte, worauf die Signoria von Florenz und die Zunft der Handelsleute beschlossen, da es zu jener Zeit viele vorzügliche Meister der Bildhauerei gab, Fremde wie Florentinische, es sollten die beiden noch fehlenden Türen von S. Giovanni, der ältesten und vornehmsten Kirche der Stadt, verfertigt werden. Von diesem Unternehmen war früher schon die Rede gewesen, und man kam nunmehr überein, es solle den besten Meistern Italiens zu wissen getan werden, sie möchten nach Florenz kommen und eine Probearbeit ausführen, eine Bildtafel von Bronze, denen ähnlich, welche Andrea bei der ersten Türe verfertigt hatte.

Bartoluccio gab von diesem Beschluß dem Lorenzo Nachricht, der in Pesaro arbeitete, ermunterte ihn, nach Florenz zurückzukommen und einen Beweis seines Könnens zu geben; dies sei eine Gelegenheit, sich bekanntzumachen und seine Einsicht zu zeigen, auch könne er solch großen Vorteil daraus ziehen, daß sie beide nicht mehr nötig haben würden, Birnen[1] zu arbeiten.

Diese Worte Bartoluccios erregten das Gemüt Lorenzos sehr, und wie viele Liebenswürdigkeiten ihm auch von Pandolfo und dem Maler, ja vom ganzen Hofe erzeigt wurden, er verlangte dennoch seine Entlassung; ungern und schwer wurde diese ihm zugestanden, da weder Versprechungen noch vermehrte Besoldung ihn zu halten vermochten; Lorenzo aber, dem jede Stunde eine Ewigkeit deuchte, ehe er Florenz erreicht hatte, zog glücklich von dannen und kehrte in seine Heimat zurück. Eine Menge fremder Künstler waren zu jener Zeit schon in

[1] Die »pere« (= Birnen) waren modische Ohrgehänge.

Florenz angelangt und hatten sich bei den Obermeistern der Zunft vorgestellt, die von diesen allen sieben Meister auswählten, drei Florentiner, die anderen Toskaner; man wies ihnen ein Gehalt an, und jeder sollte im Verlauf eines Jahres als Probestück ein Bronzebild in der Größe von denen an der ersten Türe vollendet haben. Und sie entschieden, daß darin dargestellt würde, wie Abraham seinen Sohn Isaak opfert, weil sie daran dachten, jene Meister könnten hierin sehr wohl die Schwierigkeiten der Kunst zeigen, könnten dabei Tiere und Landschaftliches, Gestalten mit und ohne Gewänder anbringen, die vordersten Figuren erhaben, die zweiten halb erhaben und die letzten flach arbeiten. Bewerber bei diesem Werk waren die Florentiner Filippo di Ser Brunellesco, Donato und Lorenzo di Bartoluccio; der Sienese Jacopo della Quercia, dessen Zögling Niccolo d' Arezzo, Francesco di Valdambrina und Simone da Colle, de' Bronzi genannt[1]. Diese alle versprachen den Obermeistern in der bestimmten Zeit die Darstellung zu vollenden; ein jeder begann das seinige mit großem Fleiß und Studium und wandte alle Kraft und Kenntnisse auf, den andern zu übertreffen. Sie hielten dabei ihre Arbeiten ganz geheim, um nicht auf gleiche Gedanken zu geraten. – Nur Lorenzo, welcher Bartoluccio hatte, der ihn leitete, ihn keine Mühe scheuen und viele Modelle arbeiten ließ, ehe sie sich entschlossen, eines auszuführen, veranlaßte immerdar die Bürger, zu ihm zu kommen, um ihre Mei-

[1] Vasari ist über die Teilnehmer nicht genau unterrichtet; unsere Kenntnis beruht auf der Selbstbiographie des Ghiberti (vgl. unten S. 105). Darnach nahm Donatello an der Konkurrenz bestimmt nicht teil. Weiterhin vergißt Vasari den Niccolò di Piero Lamberti zu erwähnen. Der von ihm genannte Niccolo d'Arezzo ist der Goldschmied Niccolo di Luca Spinelli aus Arezzo. In der Lebensbeschreibung des Brunelleschi wird der Wettbewerb nochmals ausführlich erwähnt und in Einzelheiten ergänzt; vgl. S. 121/122.

nung zu hören, bisweilen auch Fremde, welche durchreisten, im Fall sie etwas von seinem Gewerbe verstanden; und mit Hilfe dieser Urteile brachte er ein sehr gelungenes, ganz fehlerloses Modell zustande. Hierauf machte er die Form, goß sie in Bronze aus, was vortrefflich glückte, und ging daran, den Guß unter Beihilfe seines Vaters Bartoluccio mit großer Liebe und Geduld auszuputzen, so daß man es nicht besser hätte vollenden können. Unterdes war die Zeit gekommen, daß die Arbeiten in Vergleich gestellt werden sollten, und so wurde sein Werk mit denen aller übrigen Meister der Zunft der Handelsleute zur Beurteilung übergeben. Da nun die Obermeister und viele andere Bürger dieselben in Augenschein genommen hatten, zeigten sich alsbald verschiedene Meinungen. Eine Menge Fremder, teils Maler, teils Bildhauer und einige Goldarbeiter waren in Florenz zusammengeströmt, und diese wurden von den Obermeistern berufen, samt anderen des gleichen Gewerbes, die in Florenz lebten, über jene Arbeiten ihr Urteil zu sprechen. Es war dies ein Gericht von vierunddreißig Personen, alle in ihrer Kunst wohlerfahren. Aber obwohl sie ungleiche Ansichten hatten, dem einen diese Manier, dem anderen jene gefiel, so kamen doch alle darin überein, daß Filippo di Ser Brunellesco und Lorenzo di Bartoluccio ihre Szenen besser komponiert, schönere Figuren in reicherer Fülle gegeben hätten als Donato, obwohl auch bei diesem die Zeichnung sehr vorzüglich war. In dem Werke von Jacopo della Quercia fehlte den Figuren Zartheit, obgleich sie auch sonst gut, in guter Zeichnung und mit Fleiß gearbeitet waren. Bei Francesco di Valdambrina waren die Köpfe lobenswert, und es war wohlziseliert, in der Zusammenstellung aber verworren. Simon da Colle zeichnete sich durch den schönen Guß seines Probestückes aus, was seine eigentliche Kunst war, in der Zeichnung jedoch erschien es mangelhaft, und jenes von Niccolo d' Arezzo war zwar mit Übung gearbeitet, hatte indes kurze Gestalten und war schlecht ausgeputzt. Nur das Bild von Lorenzo, welches man noch im Audienzsaale der Zunft der Handelsleute sieht[1], war in allen Teilen vollkommen, denn dies ganze Werk hatte Zeichnung und war sehr wohl komponiert; die Figuren waren schlank, hatten Anmut und schöne Stellungen, und das Ganze war mit solcher Sorgfalt ausgeführt, daß es nicht gegossen und mit dem Eisen geputzt, sondern geblasen zu sein schien.

Als Donato und Filippo sahen, mit welcher Sorgfalt Lorenzo sein Werk vollendet hatte, traten sie beiseite, besprachen sich und kamen überein, Lorenzo müsse der Auftrag übertragen werden; es schien ihnen, der öffentliche und Privatvorteil sei so am besten bedacht, und Lorenzo, der noch sehr jung, noch nicht zwanzig Jahre[2] alt war, werde bei Übung dieses Berufes die herrlichen Früchte ernten, die sein schönes Bild hoffen lasse, welches er nach ihrem Urteil vollkommener als die anderen ausgeführt hatte; ja sie sagten, es würde mehr eine Handlung des Neides sein, wenn sie es ihm nehmen wollten, als rühmlich, es ihm zu überlassen.

Lorenzo demnach begann das Werk für die Tür, nämlich für diejenige gegenüber der Kirchenverwaltung von S. Giovanni[3], und verfertigte für einen Flügel derselben einen großen hölzernen Blendrahmen, genau wie es nachmals in Metall werden sollte, mit den Einfassungen und den Verzierungen der Köpfe und den Vierungen um die

[1] Das Probestück des Ghiberti befindet sich jetzt im Mus. Naz. (Bargello) in Florenz. – [2] Am 23. XI. 1403 wurde dem Ghiberti der Auftrag gegeben, demnach war er fünfundzwanzigjährig. – [3] Über den ersten Standort der Türflügel s. unten S. 97. Heute befindet sich die Tür an der von Vasari oben bezeichneten Stelle – an der Nordseite des Baptisteriums.

mit Figuren ausgefüllten Bilder, zusammen mit den Friesen, welche ringsumher laufen. Hierauf arbeitete er mit allem Fleiß die Form, ließ sie trocknen und mietete zu seinem Zweck eine Werkstätte Santa Maria Nuova gegenüber, wo heutzutage das Spital der Weber ist und welche damals die Tenne genannt wurde[1]. Dort baute er einen sehr großen Schmelzofen, den ich mich erinnere noch gesehen zu haben, und goß besagten Blendrahmen in Metall. Das Schicksal wollte, daß es nicht wohl gelang. Lorenzo erkannte den Fehler und verfertigte, ohne zu erschrecken oder den Mut zu verlieren, eilig und ohne daß jemand davon wußte, eine neue Form, wiederholte den Guß und sah ihn trefflich gelingen. In dieser Weise setzte er die Arbeit fort, indem er jede Szene für sich allein goß und sie dann geputzt und gereinigt an ihrer Stelle einfügte; die Verteilung der Darstellungen war der ähnlich, welche der Andrea Pisano bei der ersten Türe nach einer von Giotto verfertigten Zeichnung beobachtet hatte. Hier stellte Lorenzo zwanzig Begebenheiten aus dem Neuen Testament dar und in acht ähnlichen Füllungen Gegenstände, welche mit jenen in Verbindung standen. Zu unterst sieht man die vier Evangelisten, zwei auf jedem Türflügel, und darüber die vier Kirchenlehrer, welche in Stellungen und Gewändern verschieden sind; einer schreibt, einer liest, einer sinnt, und indem jeder auf andere Weise sich zeigt, sind sie in ihrer Bewegtheit sehr wohl dargestellt. In den Friesen, welche die Bildfelder umgeben, brachte er Zierat von Efeublättern und anderem Laubwerk an, dazwischen Simsglieder und auf jeder Ecke einen männlichen oder weiblichen Kopf, ganz erhaben gearbeitet; sie stellen Propheten und Sibyllen dar und geben durch ihre Schönheit und Mannigfaltigkeit den seltenen Geist Lorenzos kund. Dies ganze Werk ward mit dem größten Aufwande von

[1] Diese Werkstätte wurde 1498 an Perugino vermietet.

Zeit und Kräften zu einer Vollendung geführt, wie sie einem Metallwerke nur irgend gegeben werden kann; die Glieder der nackten Gestalten sind in allen Teilen schön, und obwohl die Gewänder ein wenig nach der alten Methode des Giotto neigen, ist doch überall etwas darin, was sich der Manier der Neueren nähert und den Figuren in dieser Größe eine gewisse zierliche Anmut gibt. Ja alle diese Bilder sind so wohl komponiert und verteilt, daß Lorenzo das Lob, das Filippo zu Anfang über ihn ausgesprochen hatte, oder ein größeres, wohl verdiente. – Von seinen Landsleuten deshalb ehrenvoll anerkannt, sah er sich von einheimischen und fremden Künstlern gleich sehr gerühmt. Dies ganze Werk, zusammen mit den Türbekleidungen, die wiederum von Metall und mit erhobenen Fruchtgehängen und Tieren verschönt sind[1], kostete zweiundzwanzigtausend Gulden, die Metalltüren aber wogen vierunddreißigtausend Pfund.

Als sie vollendet waren, hielten die Obermeister sich für sehr wohl bedient und beschlossen, Lorenzo, dem jedermann Lob zollte, den Auftrag zu geben, daß er an einem Pfeiler an der Außenseite von Or San Michele für eine der Nischen, die den Tuchscherern gegenüber ist, eine Bronzestatue, vier und eine halbe Elle hoch, zu Ehren Johannes des Täufers arbeiten solle. Er fing dies Werk sogleich an, ging nicht davon, bis er es vollendet hatte, und brachte eine sehr gerühmte Arbeit zustande. In den Mantel, der diese Figur umgibt, schnitt er seinen Namen ein. Mit dieser Statue, welche 1414 aufgestellt wurde, begann die gute neuere Manier; dies erkennt man an dem Haupte, an dem Arme, der von Fleisch zu sein scheint, an den Händen wie an

[1] Die Ausführung der Tür zog sich sehr lange hin, sie begann wahrscheinlich nicht vor 1407. Am 20. IV. 1424 (Ostern) wurde sie enthüllt. Das Werk ist signiert: Opus Laurentii Florentini. Auf der Rückseite der 28 Felder befinden sich ebenso viele Löwenköpfe

allen Bewegungen der Gestalt[1]. Lorenzo war somit der erste, welcher anfing, die Werke der alten Römer nachzuahmen, die er eifrig studierte, wie ein jeder es muß, der Gutes zu vollbringen wünscht. Auf dem Giebel eines Tabernakels versuchte er auch in Mosaik zu arbeiten und stellte daselbst in halber Figur einen Propheten dar. – Schon war der Ruf des kunstreichen Meisters in Gußarbeiten durch ganz Italien verbreitet, und die Signoria in Siena, welche Jacopo della Fonte und den Sienesen Vecchietto und Donato einige Tafeln und Figuren aus Erz für den Taufbrunnen von S. Giovanni daselbst hatte arbeiten lassen, gab nunmehr Lorenzo, dessen Werke sie in Florenz gesehen hatte, den Auftrag, zwei Begebenheiten aus dem Leben des heiligen Johannes des Täufers darzustellen. In dem einen sieht man die Taufe Christi, wobei eine Menge Gestalten angebracht sind, nackt sowohl als in Gewändern; im anderen wird der heilige Johannes gefangengenommen und vor Herodes gebracht[2]. Lorenzo aber, der die Meister um vieles übertraf, die die anderen Bilder gearbeitet hatten, wurde von den Sienesen und allen, die sie sahen, sehr gerühmt. Überdies wollten die Aufseher der Münze zu Florenz in eine der Nischen an Or San Michele, dem Zunftgebäude der Leineweber gegenüber, eine Statue arbeiten lassen, einen heiligen Matthäus von der Größe des obengenannten Johannes, und übertru-

[1] Die Figur steht an dem südlichen Pfeiler der Ostfassade von Or San Michele. Die Marmornische wurde 1412–1414 von Albizzo di Pietro, Giuliano d'Arrigo und dem Mosaizisten Bernardo di Stefano hergestellt. Die Statue ist signiert und datiert 1414. Das Giebelmosaik ist zerstört. – [2] Ghiberti erhielt den Auftrag am 20. V. 1417, nahm die Arbeit aber erst 1424 auf, die am 30. X. 1427 vollendet war. Von Jacopo della Quercia (= Jac. della Fonte) war der Gesamtentwurf und eine Reliefdarstellung, eine von dem Sienesen Turino di Sano, eine weitere von dessen Sohn Giovanni und eine von Donatello; Lorenzo di Pietro Vecchietta war an der Ausführung des Taufbrunnens überhaupt nicht beteiligt.

gen dies Lorenzo, der diese Statue sehr schön und weit mehr nach neuer Manier vollführte als den Johannes[1]; deshalb ward sie höher noch als jene gepriesen und gab Veranlassung, daß die Obermeister der Zunft der Leineweber beschlossen, er solle an demselben Orte, in der nächstfolgenden Nische, wiederum eine Metallfigur in demselben Größenmaße wie die beiden anderen ausführen: einen heiligen Stephanus, der nämlich ihr Schutzpatron war. Diese Statue vollendete Lorenzo ebenfalls und gab dem Erz einen sehr schönen Firnis, so daß sie nicht minder allgemeine Zufriedenheit erregte als die früher gearbeiteten[2].

Den Werkmeistern von Santa Maria del Fiore kam das Verlangen, für den Leichnam des heiligen Zenobius, des Bischofs von Florenz, einen Sarg und Grabmal von Metall verfertigen zu lassen. Dieser wurde drei und eine halbe Elle lang und zwei Ellen hoch, und Lorenzo brachte außer mancherlei Zieraten und Ausschmückungen vorn am Sarge ein Reliefbild an, worin der heilige Zenobius ein Kind vom Tode erweckt, welches die Mutter seinem Schutze anvertraut hatte und das gestorben war, während sie sich auf der Wallfahrt befand. In einem anderen Relief ist wiederum ein Kind, das von einem Wagen überfahren ist, und dann sieht man, wie der Heilige einen von dem heiligen Ambrosius gesandten Diener wieder auferweckt, der in den Alpen umgekommen war; der Gefährte steht vor dem heiligen Zenobius und klagt über sein Unglück, worauf dieser, vom Mitleid gerührt, ihm sagt: Geh hin, er schläft, du wirst ihn lebend wiedersehen. Auf

[1] Am nördlichen Pfeiler der Westseite von Or San Michele. Auftrag von der Zunft der Wechsler (Arte del Cambio) am 26. VIII. 1419, Vollendung 1422. Inschrift am Gewandsaum: Opus universitatis censorum Florentie anni Domini MCCCCXX. Die Marmornische entstand 1419/20. – [2] Am Mittelpfeiler der Westseite von Or San Michele. Die Statue entstand 1427–28, die Marmornische ca. 1337–40.

der Rückseite sind sechs kleine Engel, die ein Gewinde von Ulmenblättern halten, wo Buchstaben zum Gedächtnis und Lob des Heiligen eingegraben sind. Lorenzo vollendete dies Werk mit aller Mühe, Anstrengung und Kunst, so daß es als eine ungewöhnlich schöne Sache sehr gerühmt ward[1].

Im Jahre 1439 kam Papst Eugen nach Florenz, wo wegen Vereinigung der griechischen und römischen Kirche ein Konzil gehalten wurde; er sah dort die Werke Lorenzos, und weil diese ihm nicht minder wohlgefielen, als ihm die Nähe jenes Künstlers angenehm war, ließ er ihn eine Mitra von Gold verfertigen, fünfzehn Pfund schwer und dazu fünfeinhalb Pfund Perlen, die zusammen mit den Edelsteinen, welche ringsum angebracht waren, auf dreißigtausend Goldgulden geschätzt wurden. Man sagt, unter diesen Perlen hätten sechs die Größe von Haselnüssen gehabt, und wie aus einer vorgefundenen Zeichnung des ganzen Werkes zu ersehen ist, kamen Lorenzo die seltsamsten und schönsten Gedanken beim Fassen der Edelsteine und bei Verteilung der vielerlei Kinder und anderen Figuren, welche zu mannigfaltigem und anmutigem Zierat dienen. Deshalb erhielt er vom Papst reichliche Belohnung seiner Mühen und viele Gnadenbezeugungen für sich und seine Freunde.

Durch die trefflichen Werke jenes hervorragenden Künstlers wurde der Stadt Florenz viel Lob zuteil, und die Obermeister der Zunft der Handelsleute beschlossen, die dritte Tür von S. Giovanni wiederum von Lorenzo in Metall arbeiten zu lassen. Bei der ersten war er ihrer Vorschrift gefolgt und hatte sie samt der Verzierung, welche

[1] Der Zenobiusschrein ist unter dem Altartisch der mittleren Kapelle der östlichen Tribuna im Dom zu Florenz. Der erste Auftrag wurde an Ghiberti am 18. III. 1432 gegeben, am 18. IV. 1439 folgte ein Zusatzvertrag für die drei Relieffelder. 1442 vollendet.

die Figuren einschließt, und dem Rahmen, welcher diese Türen umgibt, ähnlich der des Andrea Pisano ausgeführt. Nun aber, da die Obermeister sahen, wie weit er jenen Künstler übertroffen hatte, beschlossen sie, es solle die von Andrea gearbeitete Tür, welche bisher als Mitteltür gedient hatte, weggenommen und der Misericordia gegenüber angebracht werden, und die neue des Lorenzo solle nun als Mitteltür gesetzt werden[1]; indem sie voraussetzten, er werde dabei keine Anstrengungen scheuen, deren er nur irgend in seiner Kunst fähig sei. Deshalb legten sie auch die Arbeit ganz in seine Hände und sagten, sie gäben ihm Freiheit sie auszuführen, wie er wolle oder wie er glaube, sie so prächtig, reich und vollkommen ausführen zu können, als nur zu denken möglich sei; er möge weder Zeit noch Kosten sparen, und wie von ihm alle Bildhauer übertroffen worden wären, die bis dahin gelebt hätten, so möge er in diesem Werk alle seine früheren Arbeiten zu übertreffen suchen.

Lorenzo begann das genannte Werk, indem er all sein Wissen anstrengte, es wohl auszuführen. Er teilte die Tür in zehn Felder, jeden Flügel in fünf, so daß jeder dieser Räume eine und ein drittel Ellen groß ist; ringsumher zur Verzierung des Rahmens, der die Bilder umschließt, sieht man senkrecht angeordnete Nischen, zwanzig in allem, und in jeder derselben eine fast ganz rundgearbeitete Figur, alle sehr schön; unter anderen die nackte Gestalt des Simson, der, eine Kinnlade in der Hand, eine Säule umfaßt und so vollkommen ausgeführt ist, als nur die Alten ihre Gestalten des Herkules in Bronze oder Marmor

[1] Alle drei Bronzetüren des Baptisteriums haben nacheinander den Ehrenplatz gegenüber der Fassade des Domes innegehabt. Die des Andrea Pisano wich der ersten Tür des Ghiberti und kam an die Südseite (»der Misericordia gegenüber«), jene wich der zweiten des Ghiberti und kam an die Nordseite (»der Kirchenverwaltung von S. Giovanni gegenüber«).

vollenden mochten. Dasselbe Zeugnis der Vollkommenheit gibt Josua, der in der Stellung eines Redners zum Heere zu sprechen scheint, und außerdem sind dort eine Menge Propheten und Sibyllen, alle in verschiedener Weise mit Gewändern, Kopfputz, Haarschmuck und anderen Zierden verschönt. Zwölf Figuren in liegender Stellung brachte er in den Nischen an, welche sich in den Querleisten befinden, an den Ecken in kreisförmigen Vertiefungen vierunddreißig verschiedene Köpfe[1] von Frauen, von jungen und alten Männern, darunter in der Mitte der Tür, nahe bei der Stelle, wo er seinen Namen eingeschnitten hat, einen alten Kopf, welcher Bartoluccio, seinen Vater, nach dem Leben darstellt, und einen jüngeren, welches Lorenzo selbst ist, der Meister des Werkes. Zwischen allen diesen Dingen wußte er eine unendliche Menge Laubwerk, Gesimse und sonstigen Schmuck zu verteilen, die er meisterhaft ausführte. Die Felder dieser Türe enthalten Begebenheiten aus dem Alten Testament. In dem ersten ist die Erschaffung Adams und Evas aufs vollkommenste dargestellt, denn Lorenzo wandte unendlichen Fleiß auf, sie mit den schönsten Gliedern zu schmücken; indem er zeigen wollte, daß sie von der Hand Gottes gebildet, die herrlichsten von allen Geschöpfen waren, die jemals lebten, auch er sie vollkommener darstellen müsse als irgendeine seiner früheren Gestalten, und gewiß war dies wohlbedacht. In demselben Bilde sieht man, wie sie den Apfel essen und aus dem Paradiese verjagt werden; in welchen Gestalten man die Wirkung der ersten Sünde wahrnimmt, indem sie ihre Schande erkennen und sie mit ihren Händen bedecken möchten, während die Strafe dem Vergehen folgt und der Engel des Herrn sie aus dem Paradiese verjagt. – Im zweiten Bilde stellte er Adam und

[1] Es sind nur 4 Liegefiguren und 24 Köpfe zwischen den Relieffeldern.

Eva mit ihren noch kleinen Kindern Kain und Abel dar; dann sieht man, wie Abel die Erstlinge zum Opfer bringt, Kain aber minder gute, wobei in Kain der Neid gegen seinen Bruder, in Abel aber die Liebe zu Gott erkennbar ist. Bewundernswert vor allem ist, wie Kain mit ein paar Ochsen das Feld pflügt, die also täuschend und lebendig unter dem Joche mit Anstrengung den Pflug ziehen. Hierauf folgt, wie Abel die Herden hütet und vom Bruder getötet wird; Kains Bewegungen sind ungestüm und wild, und er schlägt ihn mit einem Stock, was so wohl ausgeführt ist, daß man an der schönen Gestalt Abels in der Bronze selbst die Kraftlosigkeit der toten Glieder erkennt. Endlich ist noch in der Ferne in flachem Relief gearbeitet Gottvater, der Kain fragt, was er mit Abel getan habe, denn in jeder dieser Abteilungen sind viererlei Gegenstände. – Im dritten Bilde stellte Lorenzo dar, wie Noah mit seinem Weib, mit Söhnen, Töchtern, Schwiegertöchtern und Vögeln und Landtieren aus der Arche steigt, die mit aller der Vollkommenheit ausgeführt sind, welche bei Nachahmung der Natur gefunden werden kann. Die geöffnete Arche und die Verwüstungen der Flut sieht man vermöge eines sehr flachen Reliefs ganz in der Ferne perspektivisch dargestellt, wobei man ihre Feinheit nicht genügend ausdrücken kann. Die Gestalten Noahs und der Seinen sind voll Leben und Bewegung; sie bringen Gott Opfer dar, und man sieht am Himmel den Regenbogen das Zeichen des Friedens zwischen Gott und Noah. Schöner als alles andere ist indes, wie er den Rebenstock pflanzt und durch den Wein berauscht vor Ham, seinem Sohne, die Scham entblößt und dieser ihn verspottet. In Wahrheit könnte ein Schlafender nicht besser nachgeahmt werden, wie er trunken mit schlaffen Gliedern daliegt; in den beiden anderen Söhnen aber, die ihn mit schönsten Bewegungen verhüllen, erkennt man Achtung und Liebe.

Auch sieht man das Faß, Weinlaub und allerlei Gerätschaften zur Weinlese mit Geschick ausgeführt und an Stellen verteilt, wo sie im Bilde nicht stören, sondern vielmehr zu schönem Zierat dienen.

Im vierten Bildfeld stellte Lorenzo das Erscheinen der Engel im Tale Mamre dar, drei Gestalten, die einander ähnlich sind. Der heilige Erzvater, der mit gefalteten Händen sie anbetet, hat einen passenden und sprechenden Ausdruck, und nicht minder kunstvoll sind die Knechte abgebildet, die mit einem Esel am Fuß des Berges auf Abraham warten, der gegangen ist, den Sohn zu opfern. Isaak steht entkleidet auf dem Altar, und vor ihm der Vater, der den Arm erhoben hat, um das Gebot des Herrn zu erfüllen; der Engel aber verhütet es, indem er mit einer Hand ihn zurückhält, mit der anderen ihm den Widder zeigt, den er opfern soll; und der Knabe ist vom Tode erlöst. In diesem fürwahr schönen Bilde erkennt man unter anderem einen großen Unterschied zwischen den zarten Gliedern Isaaks und den derben der Knechte, ja es scheint, als sei keine Linie ohne größte Kunst gezogen. Lorenzo übertraf ferner bei diesem Werke sich selbst in schwieriger Darstellung der Gebäude und zeigte viel Kunst in der Geschichte, wo Isaaks Söhne, Esau und Jakob, geboren werden; wo Esau jagt, dem Willen des Vaters gemäß, und Jakob, von Rebekka angeleitet, dem Vater das gekochte Zicklein reicht, dessen Fell er umhängen hat, während Isaak nach ihm die Hand ausstreckt und ihm den Segen gibt. In diesem Bilde sind schöne und lebenswahre Hunde und die Gestalten so wohl ausgeführt, daß die Lebenden, Isaak, Jakob und Rebekka, bei diesem Ereignis ebenso anzusehen gewesen sein mögen.

Erhoben durch das Studium der Kunst, welches ihm das Schaffen immer leichter werden ließ, versuchte Lorenzo seine Begabung an schwierigeren und kunstreicheren Sachen und stellte im sechsten Bilde dar, wie Joseph von seinen Brüdern in den Brunnen geworfen wird, wie sie ihn an die Handelsleute verkaufen, wie diese ihn dem Pharao schenken, dem er den Traum von der Hungersnot deutet und ihm rät, Vorräte zu sammeln, und Pharao Joseph ehrt und ihm gnädig ist. Dem folgt, wie Jakob die Söhne nach Ägypten schickt, Getreide zu kaufen, Joseph aber sie erkennt und zu dem Vater zurücksendet. Hier brachte Lorenzo einen in sehr kunstvoller Perspektive gezeichneten runden Tempel an; verschiedene Figuren sind drinnen zu sehen, die Getreide und Mehl aufladen, und dabei einige ausgezeichnet gemachte Esel. Zuletzt ist dargestellt, wie Joseph seinen Brüdern ein Gastmahl gibt, wie er den goldenen Becher in den Sack Benjamins verbergen läßt, dessen Wiederfinden und wie Joseph sie als seine Brüder erkennt und umarmt. Dies Bild wird wegen der verschiedenen Leidenschaften und wegen seiner großen Mannigfaltigkeit für das Schönste, Schwierigste und Vorzüglichste in jenem ganzen Werke gehalten. Fürwahr aber auch ist es nicht zu verwundern, daß Lorenzo immerdar die schönsten Gestalten bildete, wenn ihm schöne Gedanken und Kompositionen in den Sinn kamen, denn er besaß einen so schönen Geist und wußte dieser Art von Figuren besondere Anmut zu geben. – Dies war auch beim siebenten Bilde wiederum der Fall, worin er den Berg Sinai darstellte, auf dessen Gipfel Moses kniend und demutsvoll von Gott die Gesetze empfängt. In der Mitte des Berges ist Josua, der seiner wartet; unten sieht man das ganze Volk erschreckt durch Donner und Blitze und Erdbeben in verschiedenen Stellungen aufs trefflichste dargestellt.

Viel Fleiß und Sorgfalt tat Lorenzo beim achten Bilde kund, worin Josua gegen Jericho zieht, den Jordan aufhält und die Zelte für die zwölf verschiedenen Stämme aufschlägt, lauter Figuren voll Natur und Leben; schöner noch sind einige in Flachrelief, wo Josua mit der Bundeslade um Jericho zieht, bei Trompetengeschmetter die Mauern fallen und die Hebräer Jericho erobern. In diesem Bilde ist die Landschaft nach der Tiefe zu allmählich flacher und kleiner gearbeitet; von den vordersten Gestalten bis zu den Bergen, von den Bergen zur Stadt, von der Stadt zur Landschaft im Hintergrunde, die nur ganz leicht erhaben ist, und dies alles aufs vollkommenste ausgeführt. – Von Tag zu Tag wurde er erfahrener in der Kunst und stellte im neunten Bilde sehr schön den Tod des Riesen Goliath dar, wie David mit knabenhafter und stolzer Gebärde das Haupt Goliaths abhaut und die Philister vom Heere Gottes besiegt werden; wobei Pferde, Wagen und anderes Kriegsgerät ringsumher verteilt sind. Weiterhin sieht man, wie David mit dem Haupte Goliaths in der Hand heimkehrt. Das Volk empfängt ihn mit Sang und Spiel, und alles ist eigentlich mit vieler Natur und Leben dargestellt. – Im zehnten und letzten Bilde endlich blieb Lorenzo noch zu leisten, was er überhaupt vermochte, und man sieht darin, wie die Königin von Saba mit großem Hofstaat zu Salomo kommt, und hier ist ein Gebäude sehr schön in der Perspektive gezeichnet. – Alle übrigen Figuren sind denen der genannten Darstellungen ähnlich, und nicht minder herrlich sind die mit größter Sorgfalt vollendeten Früchte und Laubgewinde, die als Verzierungen der Hauptgesimse rings um die Türen herlaufen.

Dies Werk läßt im einzelnen wie im ganzen erkennen, wieviel ein Bildhauer bei Begabung und Anstrengung mit fast vollrunden, halbrunden, flachen und ganz flachen Figuren vermag und seine Figurenkompositionen mit Erfindungsgabe gestalten kann; welche Phantasie er in den Stellungen der männlichen und weiblichen Gestalten zu entwickeln vermöge, welche Abwechslung in den Gebäuden und Perspektiven; wie es ihm möglich sei, den Angesichtern der Figuren jedes Geschlechtes einen angenehmen Ausdruck zu verleihen, überall Würde zu behaupten, den alten Leuten Ernst und den jungen Zierlichkeit und Anmut zu geben. Wahrhaftig, diese Arbeit ist in allen Dingen vollkommen und ist das schönste Kunstwerk dieser Erde, das man bei den Alten und Neuern gesehen hat. Ja wie sehr Lorenzo gerühmt zu werden verdient, geht aus dem Urteil Michelangelos hervor, der eines Tages, vor diesem Werke stehend, gefragt ward, was er davon halte und ob diese Türen schön wären, und zur Antwort gab: »Sie sind so schön, daß sie wohl an den Pforten des Paradieses stehen könnten«; ein sicherlich treffendes Lob und von jemand ausgesprochen, der das Werk wohl zu beurteilen verstand. Lorenzo aber vermochte sie so schön zu vollenden, weil er von seinem zwanzigsten Jahre an, wo er sie begann, bis zu seinem vierzigsten Jahre mit der größten Anstrengung daran arbeitete[1].

Lorenzo arbeitete nach diesem großartigen Werke die Bronzeverzierung um diejenige Pforte derselben Kirche, welche der Misericordia gegenübersteht, mit jenem wunderschönen Laubwerk, welches er nicht vollenden konnte, weil er unvermutet starb[2], als er eben Anordnungen traf, die Türe umzuarbeiten, welche vordem von Andrea Pisano verfertigt worden war. Er hatte das Modell zu dieser Arbeit fast schon vollendet, und dies habe ich (sehr jung noch) in Borgo Allegri gesehen, ehe es in unseren Tagen

[1] Den Auftrag zur zweiten Tür erhielt Ghiberti am 2. I. 1425, die am 16. VI. 1452 fertig vergoldet ist und aufgestellt wird. 1436 wurde der Guß der Hauptteile durchgeführt; bis 1447 Ziselierung und Ausführung der Nebenteile, 1447–52 Ausführung der Köpfe und Umrahmung. Ghiberti war 74 Jahre alt, als das Werk vollendet war. – [2] Das Girlandenwerk an den Türwangen und dem -sturz wurde 1454 dem Lorenzo und Vittorio Ghiberti in Auftrag gegeben. Letzterer übernahm die Ausführung, die erst 1464 vollendet war.

durch Schuld der Nachkommen Lorenzos zugrunde ging.

Lorenzo beschäftigte sich während seines Lebens mit mancherlei Dingen; es machte ihm Vergnügen, zu malen und in Glas zu arbeiten, und von ihm sind die Rundfenster in der Kuppel von Santa Maria del Fiore, eines ausgenommen, welches Donato ausführte und worin Christus die Madonna krönt[1]. Von Lorenzo sind ebenfalls die drei Fenster über der Haupttür von Santa Maria del Fiore, alle jene in den Kapellen und Tribunen[2] und das Fenster an der Fassade von Santa Croce[3].

Lorenzo wurde dem Brunellesco zum Mitarbeiter gegeben, als dieser den Auftrag erhielt, die Kuppel von Santa Maria del Fiore auszuführen; dies Geschäft wurde ihm jedoch wieder abgenommen, wie in der Lebensbeschreibung Filippos erzählt werden wird[4].

Derselbe Lorenzo schrieb ein Werk in der Volkssprache, worin er von den verschiedensten Dingen handelt, doch so, daß man wenig Vorteil daraus ziehen kann. Einzig gut daran ist, wie mir scheint, daß, nachdem er von vielen alten Malern geredet hat, vornehmlich von denen, die Plinius nennt, er ganz kurz des Cimabue, Giotto und noch anderer Meister jener Zeiten Erwähnung tut, jedoch in viel größerer Kürze, als er gesollt hätte, und dies aus

[1] Von Ghiberti sind nur drei Entwürfe zwischen 1443 und 1445 geliefert für 1. die Darstellung im Tempel, 2. Gebet am Ölberg, 3. Himmelfahrt Christi. Die anderen Entwürfe machten Paolo Uccello für die Auferstehung Christi (1443) und die Geburt Christi (1443); Andrea del Castagno für die Beweinung Christi (1444) und Donatello für die Krönung Mariä (1434–38). – [2] Viele der Fenster des Chores sind nach dem Entwurfe Ghibertis zwischen 1439 und 1443 ausgeführt worden; die Fassadenfenster entstanden: 1405 die Himmelfahrt Maria (Mittelschiff); 1412–15 Thronender Stephanus zwischen vier Engeln (südliches Seitenschiff); 1415 ff. Thronender Laurentius zwischen vier Engeln (nördliches Seitenschiff). – [3] Dargestellt ist eine Kreuzabnahme. Keine Urkunden für Ghibertis Entwurf bekannt. – [4] Vgl. dazu S. 134—139.

keinem anderen Grunde, als um mit guter Art auf sich selbst zu kommen und aufs genaueste alle seine Arbeiten aufzuzählen. Auch will ich nicht verschweigen, daß er glauben macht, das Buch sei von einem andern geschrieben, und dennoch, indem er fortfährt, von sich selbst zu erzählen, spricht er, gleich einem, der besser zeichnen, in Erz gießen und mit dem Meißel arbeiten als schreiben konnte, in der ersten Person als: Ich tat, ich sagte, ich habe getan, habe gesagt[1].

Endlich, als er vierundsechzig Jahre alt geworden, starb er an einem langwierigen heftigen Fieber[2] und hinterließ ein ewiges Gedächtnis von sich in seinen Werken und in den Werken der Schriftsteller. Er ward in Santa Croce ehrenvoll begraben.

[1] Vasari erwähnt hier die von Ghiberti nach 1447 verfaßten »Denkwürdigkeiten« (nach antikem Sprachgebrauch »Commentarii« genannt), wo dieser im ersten Buche, teilweise unter wörtlich getreuer Anlehnung an antike Schriftsteller, teilweise aus eigenem schöpfend, programmatisch über Kunst und Künstler handelt. Das zweite Buch enthält die für uns ungemein wichtigen Biographien über die Künstler des 14. Jahrhunderts und vor allem seine Selbstbiographie (die auch Vasari ausschrieb!), das dritte ein Kunstprogramm (Theorie der Künste; besonders ausführlich über deren wissenschaftliche Grundlagen, wie z. B. über die Optik, Proportionslehre usw.). Das von Vasari eingesehene Exemplar (eine Abschrift des verlorenen Originals) ist jetzt in der Bibl. Naz. in Florenz. Eine vollständige Ausgabe mit Erklärungen besorgte Julius von Schlosser (Die Denkwürdigkeiten des Lorenzo Ghiberti, Berlin 1912, 2 Bde.). – [2] Lorenzo Ghiberti starb am 1.XII. 1455 in Florenz.

Masaccio

Maler aus San Giovanni di Valdarno

Es ist eine Gewohnheit der Natur, wenn sie einen vorzüglichen Geist in irgendeinem Beruf hervorbringt, daß sie ihn nicht einsam läßt, vielmehr bringt sie gleichzeitig und in seiner Nähe einen zweiten hervor, damit sie sich gegenseitig fördern und durch Wetteifer Nutzen schaffen. Abgesehen von den einzigartigen Vorteilen, die dies solchen bereitet, die vereint vorwärts streben, werden dadurch auch die Gemüter der Nachgeborenen in hohem Maße zu Studium und Fleiß angefeuert, so daß sie trachten, unter Aufbieten allen Fleißes und Eifers den Ruhm und die Ehre zu erlangen, die sie an denen, die ihnen vorhergegangen sind, jeden Tag preisen hören. Zeugnis hiervon gibt, daß Florenz den Filippo, Donato, Paolo Uccello und Masaccio zu einer und derselben Zeit erweckte, wobei jeder in seiner Art gleich trefflich war. Nicht nur die plumpe und harte Manier wurde verbannt, welche sich bis dahin erhalten hatte, sondern auch diejenigen, welche nach ihnen kamen, wurden zu Begeisterung entflammt und durch die herrlichen Leistungen jener getrieben, welche wir in unseren Tagen schauen. Wir sind demnach jenen Meistern zu großem Dank verpflichtet, die uns durch ihre Anstrengungen den rechten Weg gezeigt haben, zum höchsten Gipfel zu gelangen, und was die gute Methode der Malerei betrifft, ganz vornehmlich dem Masaccio, denn er ist es, der voll Verlangen, Ruhm zu erwerben, die klare Einsicht gewann, die Malerei bestünde in nichts anderem, als die Gegenstände der Natur lebendig nachzuahmen einfach mittels der Zeichnung und der Farben, wie sie von dieser hervorgebracht werden, und wer dies am vollständigsten befolge, sei am höchsten zu preisen. Weil er dies erkannte, brachte er es durch unausgesetztes Studium dahin, daß man ihn unter die ersten zählen kann, die zum größten Teil die Härten und Unvollkommenheiten und Mühseligkeiten der Kunst zu verbannen wußten, und daß er den Anfang machte, den Gestalten schöne Stellungen, Beweglichkeit, Kraft und Leben und den Gegenständen ihre eigentümliche und natürliche Rundung zu geben, was bis auf ihn kein Maler getan hatte. Zudem ließ ihn sein ausgezeichnetes Urteilsvermögen erkennen, alle Figuren, deren Füße auf den Spitzen zu stehen scheinen und sich nicht so verkürzen, daß sie auf dem Boden aufruhen, seien im wesentlichen schlecht; wer dergleichen zeichne, gebe kund, daß er nichts von Verkürzung wisse. Hierin hatte zwar schon Paolo Uccello den Anfang gemacht[1] und manches geleistet, was diese Schwierigkeit erleichterte, Masaccio aber, der in vielen Dingen von ihm abwich, zeichnete Verkürzungen, sogar in den verschiedensten Ansichten und besser, als irgendeiner vor ihm getan hatte. Er gab seinen Malereien schöne Einheit und Zartheit; brachte die Hautfarben der Köpfe und nackten Körperteile mit den Farben der Gewänder in Übereinstimmung, die er mit wenigen Falten und leicht wie im Leben und in der Wirklichkeit malte. Dies war den Künstlern von großem Nutzen, und er verdiente als der Erfinder hiervon genannt zu werden, so daß man tatsächlich die Werke, welche vor seiner Zeit ausgeführt sind, Malereien, die seinigen im Vergleich gegen jene Leben, Wahrheit und Natur nennen kann.

Dieser Künstler war zu Castello S. Giovanni im Valdarno geboren[2], und man sagt, es wären dort noch einige Fi-

[1] Werke Uccellos, die die Aussage Vasaris sichern, sind bisher nicht bekanntgeworden. – [2] Masaccio ist am 21. XII. 1401 in S. Giovanni

guren zu sehen, die er in frühester Kindheit ausgeführt habe. Er war sehr achtlosen und in sich selbst versunkenen Gemüts, gleich jemand, dessen Sinn und Streben einzig der Kunst zugewendet ist und der sich deshalb wenig um eigenes, minder noch um die Angelegenheiten anderer bekümmert. Weil er demnach in keiner Weise der Sorgen und Dinge dieser Welt gedenken wollte, selbst nicht auf seine Kleidung achthatte, auch nicht Geld bei seinen Schuldnern einzutreiben pflegte, außer wenn höchste Not ihn drängte, ward er von allen anstatt Tommaso, welches sein Name war, Masaccio[1] genannt, nicht etwa, daß er lasterhaft gewesen wäre, denn er besaß große Herzensgüte, sondern nur wegen seiner Saumseligkeit, die zudem nicht hinderte, daß er so verlangend war, anderen Dienste und Vergnügen zu bereiten, als man nur immer wünschen kann.

Zu der Zeit, als Masolino von Panicale die Kapelle der Brancacci in der Carmine zu Florenz malte, übte Masaccio sich zuerst in seinem Beruf und suchte soviel als nur möglich den Spuren des Filippo und Donato zu folgen, wenngleich ihre Kunst von der seinigen verschieden war. Unausgesetzt mühte er sich, seine Figuren so lebendig als möglich, in schöner Bewegtheit und der Natur treu darzustellen. Zeichnung und Umrisse wie Ausbildung der Farben sind bei ihm so neuartig gegenüber dem, was andere leisteten, daß seine Arbeiten sicherlich im Vergleich zu jedem neueren Malerwerk bestehen können. Er war sehr sorgsam bei der Arbeit und künstlich und bewundernswert bei den Aufgaben der Perspektive, wie an einem seiner Bilder mit kleinen Figuren zu erkennen ist, welches

im Arnotal als Sohn des Notars Ser Giovanni di Simone Guidi geboren worden, er starb 1428(?) in Rom.

[1] Die Endung »accio« bedeutet groß, stark, plump, mithin Masaccio = der »unbehilfliche Tommaso«.

sich heutigentags im Besitz des Ridolfo del Ghirlandajo befindet und worin Christus den Besessenen heilt[1]; darauf sind eine Menge Gebäude sehr schön perspektivisch gezeichnet, und zwar so, daß man zu gleicher Zeit das Äußere und Innere derselben gewahr wird, weil er zu größerer Schwierigkeit die Ansicht nicht von vorne, sondern über Eck genommen hatte. Mehr als andere Meister suchte er nackte Gestalten und Verkürzungen nach einer vordem ungewöhnlichen Manier auszuführen. Er hatte eine leichte Hand und bewies, wie gesagt, überall große Einfachheit in der Anlage der Gewänder. Von ihm ist eine Tafel in Tempera, die Madonna, die mit dem Sohn auf dem Arm im Schoße der heiligen Anna ruht, ein Bild, das nunmehr in S. Ambrogio zu Florenz in der Kapelle aufbewahrt wird, die neben der Tür gelegen ist, welche nach dem Sprechzimmer der Nonnen führt[2].

In der Kirche S. Niccolo, jenseits des Arno, findet sich im Querschiff ein Temperabild von Masaccio, eine Verkündigung Mariä, dabei ein Haus mit einer Menge perspektivisch gemalter Säulen; sehr schön, denn nicht nur ist die Zeichnung der Linien vollkommen, sondern er ließ auch die Farben so duftig werden, daß jenes Gebäude sich sehr täuschend dem Auge allmählich verliert. Dadurch zeigte er, wie gut er die Perspektive verstehe. In der Badia von Florenz malte er in Fresko an einen Pfeiler, gegenüber von denen, die den Bogen des Hauptaltars tragen, den heiligen Ivo aus der Bretagne, den er in einer Nische darstellte, damit die Füße, von unten auf gesehen, sich dem Auge verkürzten; eine Sache, die andere nicht so wohl ausgeführt hatten und die ihm daher nicht geringes Lob erwarb; unter dem Heiligen, auf einem anderen Gesims,

[1] Eine ähnliche, möglicherweise mit der oben beschriebenen identische Komposition ist jetzt in Sammlung Johnson in Philadelphia. – [2] Die Tafel mit der Annaselbdritt ist jetzt in den Uffizien in Florenz.

stehen um ihn her eine Menge Witwen, Waisen und Bettler, denen er in ihrer Not Hilfe leistet. In Santa Maria Novella im Querschiff der Kirche malte Masaccio für den Altar des heiligen Ignatius in Fresko eine Dreieinigkeit und auf einer Seite die Madonna, auf der anderen den heiligen Johannes, welche den gekreuzigten Christus betrachten; zu Seiten sind zwei Figuren; sie sollen, soviel man beurteilen kann, diejenigen darstellen, welche dies Bild malen ließen; man kann sie jedoch nicht recht sehen, weil sie durch aufgelegte goldene Zierate verdeckt werden. Am schönsten aber ist in diesem Bilde außer den Figuren ein Tonnengewölbe perspektivisch gezeichnet und in Felder mit Rosetten abgeteilt, die so gut abnehmen und sich verkürzen, daß es in die Mauer zurückzuweichen scheint[1]. In Santa Maria Maggiore in einer Kapelle neben der Seitentür, die nach S. Giovanni führt, malte er als Altartafel die Madonna und die Heiligen Katharina und Julianus; auf der Staffel sind in kleinen Figuren einige Begebenheiten aus dem Leben der heiligen Katharina und des heiligen Julian dargestellt, welcher Vater und Mutter umbrachte, und in der Mitte ist die Geburt Jesu Christi mit jener Einfachheit und Lebendigkeit ausgeführt, die Masaccio eigen war[2]. Zu Pisa in einer Kapelle vom Querschiff der Kirche del Carmine malte er eine Tafel, die Madonna mit dem Sohne, ihr zu Füßen einige musizierende Engelchen, darunter einen, der Laute spielt und aufmerksam auf die Harmonie der Töne horcht; der Madonna zur Seite St. Peter, St. Johannes der Täufer, St. Julian und

[1] Das Fresko wurde 1861 übertragen und befindet sich jetzt, in z. T. stark beschädigtem Zustand, an der inneren Fassadenwand. – [2] Der Carnesecchi-Altar von Masaccio: 1924 tauchte die Madonnentafel auf, ist aber kurz darauf verschollen; der heilige Julianus heute im Depot der Uffizien in Florenz. Ein Predellenstück mit der Legende des heiligen Julianus im Museum von Montauban ist vielleicht zu diesem Altar gehörig.

St. Nicolaus, lauter Gestalten voll Leben und Bewegung. Auf der Staffel darunter sieht man in kleinen Figuren Begebenheiten aus dem Leben jener Heiligen und in der Mitte die Anbetung der Könige, wobei, so schön als nur gewünscht werden kann, einige Pferde nach dem Leben abgebildet sind; das Gefolge der Könige trägt verschiedenartige Gewänder nach der Mode jener Zeiten. Und endlich sind, um dies Werk vollständig zu machen, oben darüber in mehreren Bildern eine Menge Heiliger um einen Kruzifixus geordnet[1]. Von demselben Künstler, glaubt man, sei die Gestalt eines Heiligen in bischöflicher Tracht, die, in Fresko gemalt, neben der Tür zu sehen ist, die nach dem Kloster führt; ich jedoch halte sie unbestreitbar für eine Arbeit seines Schülers Fra Filippo. Von Pisa nach Florenz zurückgekehrt, malte Masaccio dort auf einer Tafel zwei nackte Gestalten, eine männliche und eine weibliche, ganz wie lebend, welches Bild heutigentags im Hause des Palla Rucellai aufbewahrt wird. Es war ihm jedoch in Florenz nicht recht zu Sinn, und von Liebe und Leidenschaft zur Kunst getrieben, beschloß er, nach Rom zu gehen, damit er dort lerne, wie er die anderen Meister übertreffen könne, und so tat er. In Rom gelangte er zu großem Ruhm und malte in Fresko für den Kardinal von S. Clemente in einer Kapelle der Kirche S. Clemente die Passion Christi, dabei die Schächer am Kreuz, und Begebenheiten aus dem Leben der heiligen Märtyrin Katharina[2].

[1] Auftrag für den Altar am 19. II. 1426 durch Giuliano di Colino degli Scarsi; vollendet im Januar 1427. Die Mitteltafel, Maria mit dem Kind und musizierenden Engeln, jetzt in London, Nat. Gall. (die Seitentafeln mit den vier Heiligen verschollen); die Bekrönung der Mitte, Kreuzigung Christi, wahrscheinlich identisch mit der im Mus. Naz Neapel, ferner dazugehörig: Heiliger Andreas in Sammlung Lanskoronski in Wien und Paulus im Mus. Civ. in Pisa. Drei Tafeln der Altarstaffel und vier weitere Tafeln mit Heiligen im Kais.-Friedr.-Mus. in Berlin. – [2] Vasari ist unvollständig in seiner Aufzählung: in dem Gewölbe sind die vier Evangelisten, an den

Masaccio arbeitete auch viele Temperabilder, welche in den Wirren Roms alle zugrunde oder verlorengegangen sind. Eines in der Kirche Santa Maria Maggiore, in einer kleinen Kapelle nahe bei der Sakristei; in diesem sind vier Heilige so wohl ausgeführt, daß sie erhaben gearbeitet zu sein scheinen, in der Mitte sieht man Santa Maria della Neve, und von demselben Meister ist das Bildnis vom Papst Martin, den er nach der Natur darstellte, wie er mit einer Haue das Fundament jener Kirche zeichnet; neben dem Papst steht Kaiser Sigismund II. Als ich dieses Werk einstmals mit Michelangelo betrachtete, lobte er es sehr und sagte, jene beiden hätten zur Zeit Masaccios gelebt[1]. Dieser Künstler sollte einen Teil der Arbeiten in S. Giovanni (in Laterano) zu Rom übernehmen, woselbst Pisanello und Gentile da Fabriano für Papst Martin die Wände mit Malereien verzierten; er erhielt jedoch Nachricht, Cosimo de' Medici, der ihn sehr beschützte und ihm viele Hilfe leistete, sei aus dem Exil zurückberufen, und begab sich deshalb wiederum nach Florenz. Dort war Masolino von Panicale gestorben[2], und Masaccio mußte

Wänden sind außer der großen Kreuzigung Christi und den Szenen der Katharinenlegende solche der Ambrosiusgeschichte, an der Front des Eingangsbogens die Verkündigung Mariä und am linken Eingangs-Pilaster der heilige Christophorus dargestellt. Alle Wandbilder sind durch Übermalung größtenteils verdorben; die Zuschreibung an Masaccio sehr umstritten.

[1] Die doppelseitig bemalte Mitteltafel des Schneewunder-Altars ist heute im Mus. Naz. in Neapel. (Vorderseite das Schneewunder; Rückseite Himmelfahrt Mariä.) Zwei Seitentafeln mit den Heiligen Petrus, Johannes Ev., Ambrosius und Martin in Sammlung Johnson in Philadelphia. Das Hauptbild stellt die legendäre Gründung von S. Maria Maggiore in Rom durch Papst Liberius am 5. VIII. 352 dar. Die Zuschreibung an Masaccio ist noch strittig. – [2] Gentile da Fabriano ist von Ende Januar 1427 bis Ende Juni in Rom als päpstlicher Hofmaler mit der Freskendekoration in S. Giovanni in Laterano beschäftigt, 1431/32 vollendet Pisanello den Zyklus. Am 20. II. 1431 starb Martin V., am 1. X. 1434 kehrte Cosimo de' Medici aus der Verbannung zurück; Masaccio starb 1428 (?), Masolino starb 1447 (?).

die Malereien in der Kapelle der Brancacci in der Carmine weiterführen, die jener unvollendet gelassen hatte. Ehe er dies jedoch unternahm, malte er gleichsam zur Probe, um zu zeigen, wie er sich in der Kunst vervollkommnet habe, den heiligen Paulus, nahe bei der Stelle, wo die Seile der Glocken sind. Hierbei gab er fürwahr viele Vorzüge kund; denn der Kopf des Heiligen, worin er den Bartolo di Angiolino Angiolini nach der Natur darstellte, hat etwas so Gewaltiges und Lebendiges, daß dieser Gestalt einzig die Sprache zu fehlen scheint; und wer von dem heiligen Paulus keine Kenntnis hat, wird in ihr jene Rechtschaffenheit der römischen Bildung und zugleich die unbesiegbare Kraft jenes gottesfürchtigen Geistes erkennen, dessen Sorge allein auf den Glauben gerichtet war. In demselben Bilde bewies er seine Fertigkeit, Gegenstände so zu zeichnen, daß sie sich, von unten her gesehen, dem Auge verkürzen, eine fürwahr bewundernswerte Sache, wie noch heute die Füße des Apostels zeigen, bei welchen man diese Aufgabe mit Leichtigkeit von ihm gelöst sieht. Die häßliche alte Manier, nach der, wie ich schon oben sagte, alle Figuren auf den Fußspitzen standen, hatte bis auf ihn gedauert, ohne daß sie jemand verbesserte; er allein und eher als irgendein anderer brachte diesen Teil der Kunst zu der Vollkommenheit, in der er jetzt ausgeübt wird. Zur Zeit, als er jenes Werk arbeitete, ward die genannte Kirche del Carmine eingeweiht[1], und Masaccio malte zum Gedächtnis dieser Begebenheit in Hell-Dunkel mit grüner Erde, innen im Kreuzgang über der Tür, die nach dem Kloster führt, jene ganze Feierlichkeit der Einweihung der Wahrheit getreu; dabei stellte er eine große Anzahl Bürger nach dem Leben dar, die in Mänteln und Kapuzen der Prozession folgen, darunter Filippo di Ser

[1] Die Weihe der Kirche wurde am 19. IV. 1422 durch den Erzbischof Amerigo Corsini vollzogen.

Brunellesco in Holzschuhen, Donatello, Masolino von Panicale, der sein Lehrer gewesen war, Antonio Brancacci, für den er die Kapelle malte, Niccolo da Uzzano, Giovanni di Bicci de' Medici und Bartolommeo Valori, welche alle wiederum von demselben Meister im Hause von Simon Corsi, einem florentinischen Edelmanne, gemalt sind. Außerdem bildete er daselbst noch Lorenzo Ridolfi ab, der in jenen Zeiten als Gesandter der florentinischen Republik in Venedig war. Endlich sind nicht nur die obengenannten Männer dort nach dem Leben gemalt, sondern auch die Tür des Klosters und der Pförtner mit den Schlüsseln in der Hand. Dieses Werk ist tatsächlich in sich ganz vollkommen, denn Masaccio wußte auf der Fläche der Piazza die Figuren so gut zu fünft oder sechst in einer Reihe zu zeichnen, daß sie allmählich abnehmen, wie es sich in der Wirklichkeit dem Auge darstellt; und ganz vornehmlich zu verwundern ist die Einsicht, mit welcher, wie bei lebenden Gestalten, nicht alle nach einerlei Verhältnis gezeichnet sind, sondern der Unterschied zwischen kleinen und dicken und großen und schlanken Leuten beachtet ist; die Füße aller stehen auf dem Boden auf und verkürzen sich der Reihe nach so gut, daß es in der Natur nicht anders ist. Masaccio kehrte nunmehr zur Arbeit in der Kapelle der Brancacci zurück, woselbst er die von Masolino angefangenen Geschichten des heiligen Petrus weiter ausführte[1] und zum Teil beendete, nämlich St. Petri

[1] Die Kapelle ist von Felice (nicht Antonio, wie Vasari schreibt) Brancacci wahrscheinlich als Votivstiftung einer 1423 glücklich vollendeten Reise nach Kairo in Auftrag gegeben worden. Vom ursprünglichen Bestand fehlen das Gewölbe (mit den vier Evangelisten) und die drei Schildwände mit den Darstellungen: Berufung des Petrus und Andreas, Verleugnung Petri und seine Reue, Petrus wandelt auf dem Meer. Durch den Einbau des Altars (1748) wurde an der Rückwand noch mindestens ein Wandbild zerstört. Vasaris Angaben sind hier unvollständig, da er an anderer Stelle (Lebensbeschreibung des Masolino) nochmals auf die Ausstattung der

Stuhlfeier, die Heilung der Kranken, die Erweckung der Toten und wie St. Petrus, der mit St. Johannes zur Kirche geht, durch seinen Schatten Lahme gesund macht. Vor anderen bemerkenswert ist jene Geschichte, wie St. Petrus, um den Zoll zu zahlen, auf Jesu Gebot Geld aus dem Bauche eines Fisches nimmt. Denn außerdem, daß Masaccio dort in einem der letzten Apostel sich selbst nach dem Spiegel so gut zeichnete, daß er zu leben scheint, erkennt man auch viel Mut in Petrus, der Jesum fragt, und große Achtsamkeit bei den Aposteln, die in mannigfaltiger Stellung um Christus stehen und mit entsprechenden Gesten seinen Ausspruch vernehmen, ja man wähnt fast, diese Gestalten in der Wirklichkeit zu schauen. Vornehmlich St. Petrus, der sich anstrengt, das Geld aus dem Bauch des Fisches zu nehmen, steht gebückt, daß ihm das Blut nach dem Kopfe strömt. Weit vorzüglicher noch ist, wie er den Zoll zahlt und mit Sorgsamkeit die Münzen zählt, während der, welcher ihn einfordert, große Begierde danach zeigt und mit Freude das Geld in seiner Hand betrachtet. Zuletzt ist dargestellt, wie St. Peter und Paul den Königssohn ins Leben zurückrufen. Dies Werk blieb indes durch den Tod Masaccios unbeendet und ward von Filippino zu Ende geführt[1]. In dem Bilde, worin St. Petrus tauft, wird eine nackende Gestalt sehr gerühmt, welche, vor Kälte zitternd, zwischen den anderen Täuflingen steht. Diese Figur, in schönster Rundung und in zarter Manier ausgeführt, ist von alten und neueren Künstlern stets mit Ehrfurcht und Bewunderung betrachtet worden; wie denn bis auf den heutigen Tag unzählige Meister jene Kapelle besuchen und betrachten, in der einige Köpfe fürwahr

Kapelle zu sprechen kommt. Wahrscheinlich anläßlich der Verbannung Felice Brancaccis (1434) wurden die Fresken zum Teil zerstört (Bildnisköpfe der Stifterfamilie herausgeschlagen usw.).

[1] Über die Wiederherstellungsarbeiten des Filippino Lippi vgl. S. 261.

so schön und lebendig gemalt sind, daß man wohl sagen kann, kein Künstler jener Zeit habe sich so sehr als er den neueren genähert. Seine Bemühungen verdienen das allergrößte Lob, um so mehr, als er durch seine Meisterschaft den Weg zu der schönen Methode unserer Tage eröffnete. Hiervon gibt ein gültig Zeugnis, daß alle berühmten Bildhauer und Maler, welche von ihm an lebten, in jener Kapelle sich übten und ihre Studien machten, dadurch ausgezeichnet und berühmt geworden sind. Wie sehr nun zu allen Zeiten die Arbeiten Masaccios in hohem Rufe gestanden haben, so ist es doch die Ansicht oder richtiger, der feste Glaube vieler, daß er noch weit Größeres in der Kunst erreicht haben würde, wenn er nicht schon in seinem sechsundzwanzigsten Jahre uns vorzeitig durch den Tod geraubt worden wäre. Geschah es durch Neid und Verfolgung, oder geschah es, weil vorzügliche Dinge meist nicht lange dauern, er ward in seiner schönsten Blüte hingerafft und so schnell, daß es nicht an solchen fehlte, welche meinten, er sei eher an Gift als an sonst einem anderen Zufall gestorben.

Filippo di Ser Brunellesco soll gesagt haben, als er seinen Tod vernahm: wir haben in Masaccio einen überaus großen Verlust erlitten; und es tat ihm über alles leid, daß jener starb, denn er hatte sich lange gemüht, ihm die Regeln der Perspektive und der Baukunst zu lehren. Masaccio wurde 1443 in der Kirche del Carmine begraben.

Filippo Brunellesco

Florentiner Bildhauer und Architekt

Es gibt viele Menschen, denen die Natur eine kleine Gestalt, aber einen großen Geist verliehen hat, und eine so ungemessene Größe und Gewalt im Herzen, daß, wenn sie nicht schwierige, ja fast unmögliche Dinge beginnen und zur Bewunderung anderer vollenden, ihre Seele keine Ruhe hat; ja vieles, was der Zufall in ihre Hände spielt, wie gering und unbedeutend es auch sein mag, wird durch sie groß und rühmenswert. Deshalb sollte man nie ein schiefes Gesicht ziehen, wenn man jemandem begegnet, dessen Gestalt nicht mit jener Schönheit und Anmut geziert ist, welche die Natur denen bei der Geburt verleihen sollte, die irgend etwas Herrliches üben; denn es leidet keinen Zweifel, daß unter Erdschollen die Goldadern verborgen liegen. Oft erwächst in dem, der ganz unansehnlich gestaltet ist, so viele Seelengröße und Wahrhaftigkeit des Herzens, daß, wenn edler Sinn sich hiermit verbindet, von solchen Menschen nur Wunderbares zu erwarten steht, indem sie sich anstrengen, den häßlichen Körper durch das Vermögen des Verstandes zu verschönen. Dies erkennt man ganz augenscheinlich bei Filippo di Sel Brunellesco, der ein nicht minder unscheinbares Äußere hatte wie Herr Forese da Rabatta und Giotto, dagegen aber solch einen erhabenen Geist besaß, daß man in Wahrheit sagen kann, er sei uns vom Himmel geschenkt worden, der Baukunst, die schon seit Jahrhunderten erloschen war, eine neue Form zu geben. Denn zu jener Zeit wurden von den Menschen viele Reichtümer schlecht verwendet, und Bauten ohne Regel, nach schlechter Manier und armseliger Zeichnung, mit seltsamen Erfindungen, mit gesuchter Zierlichkeit und noch schlechteren Verzierungen errichtet.

Zu Florenz lebte, wie man erzählt, ein Mann von sehr gutem Rufe, rühmenswerten Sitten und tätig in seinen Geschäften, der Ser Brunellesco di Lippo Lapi hieß. Während er mit Fleiß seinem Berufe nachging und vergnügt lebte, ward ihm im Jahre 1377 ein Sohn geboren, dem er den Namen Filippo gab. Als der Knabe heranwuchs, unterrichtete er ihn mit aller Sorgfalt in den ersten Anfängen der Wissenschaften, wobei Filippo so viel Einsicht und seltenen Verstand kundgab, daß er oft seine Gedanken schweifen ließ, als ob er nicht trachtete, darin ganz vollkommen zu werden; vielmehr schien er seine Gedanken auf Dinge von höherem Nutzen zu richten. Ser Brunellesco, der wünschte, er hätte gleich ihm den Beruf eines Notars gewählt, war hierüber sehr mißvergnügt; weil er indessen sah, daß jener stets den sinnreichen Gegenständen der Kunst und Mechanik nachjagte, ließ er ihn Rechnen und Schreiben lernen und übergab ihn sodann der Goldschmiedezunft, damit er von einem seiner Freunde im Zeichnen unterrichtet werde[1]. Dies geschah zur großen Befriedigung Filippos, der wenige Jahre, nachdem er angefangen hatte, in jener Kunst zu arbeiten, schon besser als viele alte Meister edle Steine zu fassen verstand. Er führte Niello- und Grosserie-Arbeiten aus, darunter zwei sehr schöne Propheten von Silber in halber Figur für den Altar S. Jacopo zu Pistoja im Auftrag der dortigen Kirchenvorsteher[2]. Es erwachte in seinem Sinn ein großes Verlangen nach der Bildhauerkunst, wodurch es geschah, daß er mit

[1] Der Lehrer Brunelleschis ist unbekannt; am 18. XII. 1398 tritt er in die Zunft der Goldschmiede ein, in der er am 2. VII. 1404 zum Meister erklärt wird. – [2] Die genannten Arbeiten sind an dem Silberaltar in S. Jacopo in Pistoja nicht mit Sicherheit zu identifizieren. Brunelleschis Tätigkeit fällt in die Jahre 1399–1400.

Donatello in nahe Freundschaft trat, der zwar noch, jung, in dieser Kunst aber schon ganz vorzüglich war und zu vielen Erwartungen berechtigte. Beide Künstler faßten wegen der Vorzüge, die ein jeder besaß, solche große Liebe zueinander, daß es schien, als könne keiner ohne den andern leben. Filippo aber, der für viele Dinge außerordentlich befähigt war, beschäftigte sich immer mit mehrerlei Gewerben, und es dauerte gar nicht lange, so galt er auch bei sachverständigen Leuten als ein guter Baumeister.

Filippo beschäftigte sich viel mit Perspektive, worin man damals gar keine Übung hatte und eine Menge Dinge falsch ausführte. Auf dies Studium verwendete er einen großen Teil seiner Zeit, bis er von sich aus eine vollkommen richtige Methode fand: nämlich ihre Ableitung aus dem Grundriß, dem Aufriß und dem Durchschnitt durch die Sehpyramide; eine fürwahr äußerst sinnreiche und der Zeichenkunst sehr nützliche Sache. Filippo fand ein solches Vergnügen daran, daß er den Platz von S. Giovanni mit allen den Abteilungen der schwarzen und weißen Marmorfelder an der Kirche abzeichnete, wobei sie sich auf eine sehr eigenartige Weise verkürzten. In derselben Weise stellte er das Gebäude der Misericordia samt den Läden der Waffelbäcker und der Volta de' Pecori dar, und auf der andern Seite die Säule des heiligen Zenobius. Von Künstlern und von Sachverständigen in dieser Kunst sehr gelobt, gab ihm diese Arbeit Mut, bald nachher eine Ansicht des Palazzo (della Signoria), dem Platze, der Loggia de' Signori (= Loggia dei Lanzi) und dem Dach der Pisaner, samt allem, was man sonst dort umher gebaut sieht, abzuzeichnen, und diese Werke erweckten den Geist anderer Künstler, welche sofort großes Studium hierauf verwandten. Vornehmlich lehrte er diese Kunst dem Maler Masaccio, seinem Freunde, der damals noch sehr jung war und ihm viel Ehre machte durch das, was er darin leistete, wie die Gebäude in seinen Gemälden bezeugen. Ebenso stand Filippo nicht ab, diejenigen zu unterrichten, die sich mit Einlege-Arbeit, d. h. der Kunst, buntes Holz zusammenzusetzen, beschäftigten. Nie waren seine Gedanken mit anderem als mit dem Aussinnen und Erfinden von schwierigen und sinnreichen Dingen beschäftigt, und nie gab der Umgang eines Menschen seinem Geiste größere Befriedigung als sein Verhältnis mit Donato; mit ihm unterhielt er sich vertraut, sie berieten sich über die Schwierigkeiten der Kunst und fanden beide hieran gleiches Vergnügen. Donato hatte einen Kruzifixus von Holz gearbeitet, welcher in Santa Croce unter dem Bilde von Taddeo Gaddi aufgestellt wurde, in dem der heilige Franziskus ein Kind vom Tode erweckt; er wollte hören, was Filippo von seinem Werke meine, bereute es aber, gefragt zu haben, denn jener antwortete, er habe einen Bauern ans Kreuz geheftet, und hierdurch entstand, wie in Donatos Leben ausführlicher gesagt ist, das Sprichwort: »So nimm Holz und arbeite selbst eines.« Filippo, der niemals zornig wurde, wenn man ihn auch durch Reden reizte, schwieg viele Monate, bis er einen Kruzifixus von Holz in derselben Größe, in solcher Güte nach guter Zeichnung, mit Fleiß und Kunst so ausgearbeitet hatte, daß Donato, als er eines Tages auf Veranlassung Filippos allein in dessen Werkstatt trat, vor Erstaunen und Überraschung (da er nicht wußte, daß Filippo das Werk verfertigt hatte) sein Schurzleder voll Eier und Eßwaren fallen ließ und vor Verwunderung außer sich über die herrliche und kunstvolle Manier war, mit welcher die Beine, der Körper und die Arme der Figur ausgeführt und schön angeordnet und übereinstimmend verbunden waren; worauf er sich nicht nur als besiegt bekannte, sondern auch dies schöne Werk als ein Wunder pries. Dieser Kruzifixus ist heutigentags in der Kirche Santa

Maria Novella, zwischen der Kapelle der Strozzi und der Bardi da Vernio aufgestellt, und wird noch von den Neueren sehr gerühmt[1].

Als man sah, zu welcher Höhe die Bildhauerkunst gelangt war, wurde im Jahre 1401 beschlossen, die beiden noch fehlenden Bronzetüren der Taufkirche von S. Giovanni arbeiten zu lassen, ein Werk, dessen Ausführung seit dem Tode des Andrea Pisano keinem Meister hatte anvertraut werden können. Diese Absicht ward den Künstlern kundgetan, die sich damals in Toskana aufhielten; es wurde nach ihnen gesandt, ihnen Gehalt gezahlt und ein Jahr Frist gegeben, damit jeder in dieser Zeit eine Darstellung zur Probe verfertigte. Unter diesen waren Filippo und Donato mit der Verpflichtung, daß jeder für sich eine Szene in Wettbewerb mit Lorenzo Ghiberti, Jacopo della Fonte, Simone da Colle, Francesco di Valdambrina und Niccolo d'Arezzo machte[2]. Als die Arbeiten dieser Meister im nämlichen Jahre vollendet und zum Vergleich aufgestellt waren, fand man alle schön und untereinander verschieden. Das von Donato war gut gezeichnet, aber schlecht gearbeitet, jenes von Jacopo della Quercia außerordentlich schön gezeichnet und sorgfältig gearbeitet, war aber in der Komposition und Figurenperspektive nicht gut aufeinander abgestimmt. Bei Francesco di Valdambrina waren die Erfindung und die Figuren dürftig, und die schlechtesten von allen waren die von Niccolo d'Arezzo und Simone da Colle; das beste aber jenes von Lorenzo di Cione Ghiberti, denn bei diesem erkannte man Zeichnung, Fleiß, Erfindung, Kunst und schön gearbeitete Gestalten. Nur die Geschichte von Filippo, worin Abra-

[1] Der Kruzifixus Brunelleschis befindet sich jetzt in der Kapelle der Familie Gondi daselbst. Zu dem Künstler-Wettstreit mit Donatello vgl. S. 156–158. – [2] Zu dem Wettbewerb um die 2. Baptisteriumstür vgl. S. 88–91.

ham und Isaak dargestellt sind, war um nicht vieles geringer an Vorzügen; und rühmenswert ist darin unter andern der Knecht, der auf Abraham wartet und sich, während der Esel neben ihm weidet, einen Dorn aus dem Fuße zieht. Filippo und Donato erkannten bei Aufstellung der Probearbeiten, nur die Lorenzos sei vollkommen; sie urteilten, daß er besser geeignet sei, dies Werk auszuführen als sie selbst und die andern Künstler; sie überredeten die Obermeister, es ihm zu übertragen, und zeigten durch gute Gründe, der öffentliche und Privatvorteil werde so am besten bedacht sein. Tatsächlich ein Beweis von redlicher Freundesgüte, von Können ohne Neid und von gesunder Selbsterkenntnis, die ihnen größeres Lob erwirbt, als wenn sie jene Arbeit vollkommen zu Ende geführt hätten. Glückliche Seelen, die einander halfen und Freude daran fanden, den Fleiß anderer zu rühmen! Wie unglücklich sind dagegen unsere jetzigen Künstler, die Schaden stiften und ihren Haß doch nicht kühlen, und vor Neid umkommen, während sie anderen Übels tun. Filippo wurde von den Obermeistern gebeten, jene Arbeit mit Lorenzo zusammen zu übernehmen; er wollte jedoch nicht, weil ihm mehr daran lag, der erste in einer einzigen Kunst, als gleichstehend, oder der zweite bei diesem Werk zu sein. Daher gab er das Bronzebild, welches er ausgeführt hatte, dem Cosimo de' Medici, der es später in der alten Sakristei von S. Lorenzo an dem Altaraufsatz anbringen ließ, woselbst es sich noch befindet; das von Donato hingegen wurde in dem Zunfthaus der Wechsler aufgestellt[1]. Nachdem nun der Auftrag, jene Tür zu arbeiten, dem Lorenzo Ghiberti gegeben war, beschlossen Filippo und Donato, auf ein paar Jahre nach Rom zu gehen: Filippo, um sich der

[1] Das Konkurrenzrelief Brunelleschis ist jetzt im Mus. Naz. (Bargello) in Florenz; alle anderen mit Ausnahme der Arbeit des Ghiberti (vgl. S. 91) sind verloren.

Baukunst, Donato, um sich der Bildhauerkunst zu widmen, was Filippo tat, damit er Lorenzo und Donato um so viel mehr übertreffe, als die Baukunst den Menschen mehr Nutzen bringt, gegenüber der Bildhauerkunst und Malerei. Er verkaufte ein Gütchen in Settignano, welches ihm gehörte, verließ zugleich mit Donato Florenz und begab sich nach Rom, woselbst er bei der Betrachtung der mächtigen Gebäude und der Vollkommenheit der Baumassen der Tempel so verloren stand, daß er außer sich zu sein schien. Er ließ die Gesimse messen und nahm die Grundrisse der Gebäude auf, und er sowohl wie Donato waren darin unermüdlich und scheuten weder Zeit noch Kosten. Keinen Ort in und außerhalb Rom ließen sie unbesehen, nichts unvermessen, was gut und erreichbar war. Und Filippo, der keine häuslichen Sorgen hatte, ergab sich ganz dem Studium und kümmerte sich nicht um Essen und Schlafen, sondern richtete sein Augenmerk einzig auf die Baukunst, die schon so lange erloschen war. Ich sage ausdrücklich: die gute Bauweise der Alten und meine nicht die barbarische deutsche, welche zu seiner Zeit sehr geübt wurde. Zwei große Gedanken waren es, die er verfolgte: der eine, die gute Baumethode wieder ans Licht zu bringen, indem er hoffte, wenn dies ihm gelinge, ein nicht minder rühmliches Gedächtnis von sich zu hinterlassen als Cimabue und Giotto; der zweite, ein Mittel zu finden, wie er die Kuppel von Santa Maria del Fiore wölben könne. Die Schwierigkeiten waren so groß, daß nach dem Tode von Arnolfo Lapi kein Baumeister Mut besessen hatte, sie anders als mit einem großen Gerüst von Holzwerk wölben zu wollen. Diesen seinen Gedanken teilte er weder Donato noch sonst einer Seele mit, ließ aber nicht nach, alle Schwierigkeiten zu erwägen, unter denen die Rotonda in Rom gewölbt worden war[1]. Er hatte alle Ge-

[1] Mit der Rotonda (= »Rundbau«) ist das Pantheon gemeint.

wölbe und Kuppeln des Altertums betrachtet und gezeichnet und wandte hierauf dauerndes Studium. Wenn etwa die beiden Künstler zufällig in der Erde verschüttete Überreste von Kapitellen, Säulen, Gesimsen und Postamenten von Gebäuden fanden, so ließen sie nachgraben, um das Fundament zu finden. Sie gingen auf solchen Wanderungen nachlässig gekleidet durch die Straßen Roms; deshalb wurden sie die Schatzgräber genannt; die Leute glaubten, sie trieben die Punktierkunst[1] und wollten verborgene Reichtümer suchen, woran vornehmlich schuld war, daß sie eines Tages einen antiken irdenen Krug mit Münzen gefunden hatten. Brunellesco war es, der die dorische, korinthische und jonische Bauart sonderte und dies Studium so eifrig betrieb, daß sein Geist ihn fähig machte, Rom vor sich zu sehen, wie es vor seiner Zerstörung gestanden hatte.

Der Anblick dieser Stadt bot 1407 Filippo wenig Neues, und als seine Freunde ihm rieten, den Ort zu verändern, begab er sich nach Florenz, woselbst in seiner Abwesenheit viele Bauwerke gelitten hatten, für die er bei seiner Zurückkunft eine Menge Zeichnungen machte und mancherlei Rat gab.

In demselben Jahre wurden zu Florenz eine große Menge Baumeister und Ingenieure von den Bauverwesern von Santa Maria del Fiore und den Konsuln der Wollweberzunft einberufen, um zu überlegen, wie man die Kuppel dieser Kirche zu wölben habe. Unter diesen war Filippo, und er erteilte den Rat, man müsse den Bau über das Dach hinausführen, nicht nach der Zeichnung Arnolfos verfahren, sondern einen Fries von fünfzehn Ellen Höhe errichten und in der Mitte jeder Wand ein großes Fenster

[1] Die Sandwahrsagerei, vermöge deren man durch ein System von Punkten und Linien, die in den Sand gezeichnet wurden, die Zukunft und überhaupt alles Ungewisse zu erraten suchte.

anbringen, weil dadurch nicht nur das Gewicht von den Pfeilern der Tribünen genommen werden würde, sondern auch die Kuppel sich leichter wölben ließe; er arbeitete hierzu Modelle und gab sich an die Ausführung[1].
Als er eines Tages hörte, es sei die Rede davon, Ingenieure kommen zu lassen, welche die Kuppel wölben sollten, erweckte dies in ihm den Einfall, nach Rom zurückzugehen; er glaubte, man werde ihn mit besserer Meinung von anderem Orte berufen, als wenn er in Florenz bleibe. Während er demnach in Rom verweilte, gedachte man seines Werkes und durchdringenden Verstandes, der ihn bei den Beratungen eine Sicherheit und einen Mut zeigen ließ, wie in den anderen Meistern nicht zu finden war. Denn diese traten bestürzt mit den Maurern zusammen und hatten alle Kraft verloren, in der Überzeugung, sie würden kein Mittel, die Kuppel zu wölben, noch ein Holz zum Gerüste finden, welches stark genug wäre, das Hängewerk und die Last eines so mächtigen Baues zu tragen. Um daher ein Ende der Sache zu sehen, beschloß man, daß nach Rom an Filippo geschrieben und er gebeten werden solle, sich nach Florenz zu begeben. Filippo, der kein ander Verlangen trug, kam sehr freudig, und es versammelten sich bei seiner Ankunft sogleich die Bauverwalter von Santa Maria del Fiore samt den Konsuln der Wollarbeiter, um ihm alle Schwierigkeiten, von der größten bis zur geringsten, mitzuteilen, welche die Meister, die in der Versammlung gegenwärtig waren, bei dieser Sache vorbrachten. Filippo erwiderte hierauf: »Meine Herren Bauverweser, es leidet keinen Zweifel, daß die Vollführung großer Unternehmungen immer Schwierigkeiten hat, und war dies je-

[1] Daß die Einführung des »Tambur«geschosses am Florentiner Dom auf den Rat Brunelleschis zurückgeht, scheint ausgeschlossen; vielmehr dürfte dieses schon in dem 1367/68 entstandenen Modell der Baumeister und Maler enthalten gewesen sein.

mals bei einer, so ist es, mehr vielleicht als ihr denkt, hier bei der euern der Fall; denn ich weiß nicht, daß selbst die Alten jemals ein so ungeheures und gewaltiges Gewölbe aufgeführt hätten, wie dies hier werden wird; ich, der oft daran dachte, welche Schalung man innen und außen anbringen könnte, und wie man es machen müsse, um sicher daran zu arbeiten, habe nie einen Entschluß fassen können; und es schreckt mich nicht minder die Breite als die Höhe des Bauwerks. Könnte die Kuppel rund gewölbt werden, so möchte man sie errichten, wie die Römer das Pantheon, die Rotonda zu Rom, wölbten, doch hier muß man den acht Wänden folgen und Ketten und Steinverzahnungen anbringen, was eine sehr schwierige Sache sein wird. Nur wenn ich daran denke, daß diese Kirche Gott und der Jungfrau geweiht ist, so vertraue ich, daß bei einem Werk sie zu ihrer Ehre es nicht unterlassen werden, das Wissen dazuzutun, wo es fehlt, und Geist, Kraft und Kenntnisse dessen zu stärken, der eine solche Sache unternimmt. Was jedoch kann ich euch hierbei helfen, da es nicht mein Werk ist? Ich sage euch frei, käm' es mir zu, so würde ich sicherlich, aufs äußerste entschlossen, Mut genug besitzen, um Mittel zu finden, daß man jene Kuppel ohne solche große Schwierigkeiten wölben könnte. Noch habe ich mir nichts überlegt, aber ihr wollt nun, ich soll sagen, wie man es machen müsse! – Wenn ihr, meine Herren, auch beschließt, daß dieser Bau vollführt werden soll, werdet ihr nicht nur gezwungen sein, mich zu prüfen, der ich nicht glaube, bei solchem großen Werk genügend raten zu können, sondern auch Geld anwenden müssen, und bestimmen, daß in Jahresfrist an einem festgesetzten Tag außer den toskanischen und italienischen Baumeistern auch solche aus Deutschland, Frankreich und von anderen Nationen in Florenz zusammenkommen; ihr werdet ihnen dieses Werk vorlegen müssen, damit nach Beratung und

Beschluß so vieler Meister die Arbeit dem gegeben werde, welcher bei der Probe am richtigsten zu Werke gehen oder die beste Beurteilung und Möglichkeit der Ausführung zeigen wird. Einen andern und bessern Rat weiß ich nicht zu geben.« Dieser Vorschlag gefiel den Konsuln und Bauverwaltern, nur wäre ihnen lieb gewesen, Filippo hätte unterdes schon ein Modell gearbeitet und darüber nachgedacht.

Den Rat, noch mehr Baumeister kommen zu lassen, hatte er nur gegeben, damit sie die Größe seines Geistes bewundern möchten, nicht aber, weil er glaubte, sie würden den Auftrag erhalten, diese Kuppel zu wölben und eine Bürde zu übernehmen, welche allzu schwer war. Es verstrich viel Zeit, bevor aus ihren Ländern die Künstler kamen, die man von weit her durch florentinische Kaufleute hatte berufen lassen, die in Frankreich, Deutschland, England und Spanien wohnten und Anweisung hatten, kein Geld zu sparen, um von den Fürsten jener Länder die erfahrensten und fähigsten Meister zu erhalten und diese zu schicken. Im Jahre 1420 endlich waren alle fremden und toskanischen Meister und alle erfindungsreichen Künstler der Zeichenkunst von Florenz in dieser Stadt versammelt, und auch Filippo kehrte von Rom dahin zurück[1].

Im Hause der Domvorsteher kamen sie im Beisein der Konsuln, der Bauverweser und einer Auswahl der einsichtigsten

[1] Die Vorgeschichte zur Errichtung der Domkuppel hat Vasari einseitig zugunsten Brunelleschis dramatisiert. Die eigentliche Konkurrenz beginnt am 20. VIII. 1418 mit der Bekanntgabe der Wettbewerbsbestimmungen. Die verschiedenen Phasen des Wettbewerbs zeigen, wie sich aus einer Vielfalt von Vorschlägen allmählich das Projekt Brunelleschis und das des Ghiberti herausheben, so daß am 16. II. 1420 beide den Auftrag zu einem Gemeinschaftsmodell bekommen, zu dem sie mit einem Dritten ein Bauprogramm ausarbeiten. Daß an dem Wettbewerb außertoskanische und -italienische Architekten teilnahmen, ist auf Grund der Wettbewerbsordnung unwahrscheinlich; auch ist urkundlich nichts bekannt.

Bürger zusammen, damit man die Meinung eines jeden vernehmen und beschließen könne, wie jene Kuppel gewölbt werden solle.

Dort, im Audienzsaal, rief man einen nach dem andern vor und vernahm von einem jeden Baumeister, was er über die Führung des Baues ersonnen hätte, wobei es ein hübsches Schauspiel war, die seltsamen und verschiedenen Ansichten zu vernehmen: denn einer meinte, man müsse gemauerte Pfeiler vom Boden auf errichten, um darauf die Gerüste zu stellen, die die Last (der Kuppel) auffingen, und um die Bögen zu schlagen. Andere sagten, es werde gut sein, mit Schwammstein zu bauen, um dadurch die Last zu vermindern; viele kamen überein, in der Mitte einen Pfeiler zu errichten und die Kuppel ähnlich der von S. Giovanni zu Florenz gleich einem Zeltdach zu bauen, und endlich noch fehlte es nicht an einem, der meinte, man solle sie mit Erde ausfüllen und Kupfermünzen darunter mischen, wenn sie aber gewölbt sei, Erlaubnis geben, daß von dort Erdreich holen könne, wer nur wolle, wodurch in kurzem das Volk ohne Kosten jenen Schutt wegbringen werde. Filippo allein sagte, man könne sie ohne solch eine Menge Holzwerk, ohne Pfeiler und Erdreich, mit weit weniger Aufwand, als Bogen fordern würden, und sehr leicht ohne Einschalung einwölben.

Die Konsuln blieben in der Versammlung zurück, verwirrt durch die schwierigen Vorschläge, welche die Meister vorerst kundgegeben, und durch den letzten Rat Filippos, der ihnen albern vorkam. Denn sie meinten, er mache dies Werk durch zwei Dinge unausführbar, erstlich, weil er es doppelt (als zweischaliges Gewölbe) bauen wolle, wodurch es ein übermäßig großes Gewicht bekommen werde, und zweitens, weil er es ohne Einschalung auszuführen gedenke. Filippo dagegen, der so viele Jahre mit Studien aufgewandt hatte, damit er diesen Bau vollführen

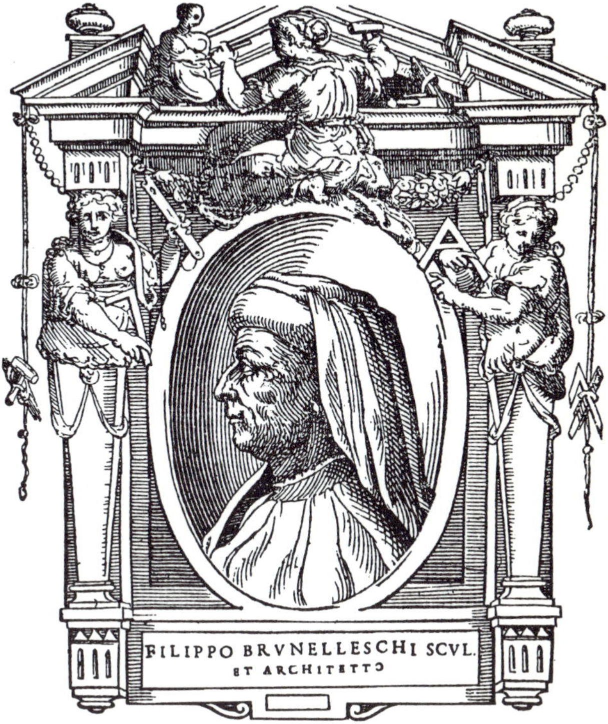
FILIPPO BRVNELLESCHI SCVL.
ET ARCHITETTO

könne, wußte nicht, was er tun solle, und trug öfters Verlangen, von Florenz fortzugehen; einzig der Wunsch, den Sieg davonzutragen, überzeugte ihn, sich mit Geduld zu wappnen, und hatte er doch genug gesehen, um zu wissen, daß die Einwohner jener Stadt nicht lange auf einem Dinge fest bleiben. Ein kleines Modell hätte er zeigen können, wollte es aber nicht, weil er die geringe Einsicht der Bauverweser, den Neid der Künstler und den Wankelmut der Bürger kannte, von denen einer diesen, ein anderer jenen begünstigte, wie ihnen gefiel. Ich wundere mich nicht darüber, da in Florenz ein jeder Profession daraus macht, in diesen Dingen Kenner zu sein, gleich geübten Meistern, obgleich nur wenige etwas davon verstehen, deren unbeschadet dies gesagt sei.

Was Filippo im Magistrat nicht vermocht hatte, suchte er unter der Hand zu betreiben, indem er bald mit einem der Konsuln oder Bauverwalter, bald mit einzelnen Bürgern redete, einen Teil seiner Entwürfe vorwies und sie endlich dahin brachte, daß sie beschlossen, dies Werk entweder ihm oder einem jener fremden Künstler zu übertragen.

Hierdurch mutig geworden, versammelten sich die Konsuln, Bauverweser und Bürger, und die Architekten disputierten über diesen Gegenstand, wurden aber fast alle durch die Darlegungen des Filippo besiegt, wobei man sagt, daß der Streit mit dem Ei entstand, wie hier folgt: Jene Meister trugen Verlangen, Filippo möchte seine Meinung aufs genaueste sagen und sein Modell zeigen, wie sie es mit dem ihrigen getan hatten; er aber wollte nicht, sondern schlug den fremden und einheimischen Meistern vor, es solle der die Kuppel bauen, wer auf eine Marmortafel ein Ei aufzustellen vermöge; hieran könnte man seinen Verstand wahrnehmen. Ein Ei ward geholt, und alle versuchten es aufrechtzustellen, keiner aber erfand das Wie. Als daher Filippo gesagt ward, so möge er es tun, nahm er es zierlich in die Hand, gab auf der Marmortafel der Spitze einen Druck und stellte es aufrecht hin. Die Künstler lärmten und riefen, so hätten sie es auch gekonnt; doch Filippo erwiderte lachend: Ihr würdet auch wissen, wie die Kuppel zu wölben sei, wenn ihr die Zeichnung oder das Modell gesehen hättet[1]. So ward beschlossen, Filippo solle dies Werk in Auftrag nehmen; es wurde ihm aufgetragen, die Konsuln und Bauverweser genauer zu unterrichten. Und er ging nach Hause und schrieb so offen, als er nur immer konnte, seine Meinung auf ein Blatt, um es dem Magistrat in folgender Form zu übergeben:

»Da ich, geehrte Herren Bauverwalter, die Schwierigkeit dieses Baues beachtet habe, finde ich, daß man die Kuppel durchaus nicht kreisrund wölben kann. Die obere Fläche, wo die Laterne ist, würde dadurch so groß werden, daß sie bald einstürzen müßte, wenn man diese Last darauf legen wollte, und es scheint mir, daß jene Meister, die nicht an die Dauer des Baues denken, weder Liebe zum dauernden Gedächtnis zeigen, noch wissen, was sie tun. Ich nun habe mich entschlossen, diese Wölbung innen in (spitz zulaufenden) Wandabschnitten nach der Stellung der Wände zu bauen[2] und sie nach dem Maße des sesto di quarto acuto[3] zu errichten, denn dieses ist ein Bogen, der immer nach oben treibt; setzt man nun hierauf die Last der Laterne, so wird eines dem andern Dauer verleihen. Die

[1] Die unter dem Namen »das Ei des Kolumbus« bekannte Anekdote wird mit Brunelleschi schon etwa 1480 verknüpft, während sie mit dem Entdecker Amerikas erst 1565 in Benzonis Historia del mondo nuovo in Verbindung gebracht wird. – [2] Eine schwerfällige Umschreibung für die Form des »Klostergewölbes«. – [3] »Sesto di quarto acuto« ist der Bogenschlag für die innere Wölbefläche, der als Radius $^3/_4$ vom Durchmesser des dem Kuppelgrundriß umschriebenen Kreises hat. Vasari macht aber hier eine falsche Angabe: Brunelleschi gab in seinem Bauprogramm als Maß den »sesto di quinto acuto«, d. h. $^4/_5$ vom Durchmesser des umschriebenen Kreises, als Gewölberadius für jede der acht Seiten an.

Dicke des Gewölbes muß am Kuppelfuß drei und drei viertel Ellen betragen, dann muß es außen abnehmend sich allmählich bis dahin verjüngen, wo es sich schließt und wo die Laterne hinkommt, und hier muß die Dicke eine und ein viertel Elle betragen. Von der äußeren Seite wird nunmehr noch ein anderes Gewölbe (darüber) gebaut, das innere vor dem Regen zu schützen. Es wird unten zwei und eine halbe Elle dick und muß wiederum allmählich nach Verhältnis abnehmen, so daß es sich beim Anfang der Laterne schließt wie das andere und in der höchsten Höhe die Stärke von zwei Dritteln (einer Elle) hat. In jeder Ecke errichte man einen Strebepfeiler, was in allem acht macht, in der Mitte jeder Wand zwei, was sechzehn sind, und zwar müssen diese sechzehn Streben auf der inneren und äußeren Seite, jeder unten vier Ellen stark sein. Die beiden Wölbungen lasse man pyramidenartig (verjüngt) gemauert in gleichem Verhältnis längs einander hinlaufen bis zur Höhe des runden Fensters, das durch die Laterne geschlossen ist. Man führe vierundzwanzig Strebepfeiler auf, die besagten Wölbungen drumherum und sechs Bogen von festen und langen Sandsteinen[1], wohl mit verzinntem Eisenwerk befestigt, und bringe über jenen Sandsteinen eiserne Klammern an, welche die Kuppelschalen mit den Streben verbinden. Man muß, ohne einen Zwischenraum zu lassen, im vollen mauern bis in die Höhe von fünf und einer viertel Elle, dann die Strebepfeiler weiterführen und die Wölbungen trennen. Der erste und der zweite Kreis (von den Steinkränzen) von unten auf müssen beide überall durch lange, der Quere nach gelegte Sandsteine Festigkeit bekommen, so daß beide Wölbun-

[1] Nach dem Bauprogramm heißt es »6 cerchi« (bei Vasari »archi«), d. h. 6 horizontal gelagerte Steinkränze, die zur Verklammerung der Gewölbeflächen mit dem verborgenen Rippensystem (den »Streben« oder »Strebepfeilern«) dienen sollten.

gen der Kuppel auf den letzteren ruhen. Und in der Höhe von neun Ellen zu neun Ellen zwischen den Schalen bringe man zwischen jedem Pfeiler kleine Gewölbchen an, mit Verkettungen von starkem Eichenholz, welche die Strebepfeiler verbinden, die das innere Gewölbe tragen, und man überdecke diese Eichenholzverkettungen mit Eisenplatten, was wegen der Treppen geschehen muß. Die Strebepfeiler baue man alle von Sandstein oder Mergelstein und ebenso von Mergelstein die Wände der Kuppel, die bis in die Höhe von vierundzwanzig Ellen mit den Streben in Verband gemauert werden. Von da an weiter hinauf aber muß mit Backsteinen oder Schwammsteinen gemauert werden, welche von beiden der Meister, der das Werk zu vollenden hat, am leichtesten erachtet. Außen umher über den Rundfenstern (des Kuppeltamburs) lasse man einen Gang laufen, welcher unten eine Galerie mit durchbrochener Brustwehr, zwei Ellen hoch nach Verhältnis von denen der unteren Tribünen (d. h. der drei seitlichen Nebenkuppeln), oder vielmehr zwei Gänge bildet, einer über dem andern, über einem wohlverzierten Gesims, wobei der obere Gang unbedeckt bleibt. Das Regenwasser von der Kuppel aufzufangen, baue man eine Marmorrinne, die ein drittel Elle Breite hat und das Wasser auf eine Stelle ausspeit, die unter der Rinne mit Mergelstein gemauert ist. Außen auf der Oberfläche der Kuppel bringe man an den Ecken acht Marmorrippen von gehöriger Dicke an, die eine Elle hoch über die Kuppel emporstehen, dachartig zugehauen und zwei Ellen breit sind, so daß von allen Seiten First und Dachrinne ist, und diese müssen von dem Kuppelfuße bis zum Ende pyramidenartig (verjüngt) laufen. Die Kuppeln baue man nach der Art, wie oben gesagt ist, und ohne Einschalung dreißig Ellen hoch, von da an nach oben aber in der Weise, welche von den Meistern geraten werden wird, die sie aufzuführen haben, weil erst die Übung lehrt, was man zu tun hat[1].« – Als Filippo dies geschrieben hatte, begab er sich des Morgens zu dem Magistrat und übergab sein Blatt den Vorstehern, die das Ganze in Überlegung nahmen. Zwar vermochten sie nicht alles zu verstehen, weil sie aber den kühnen Mut Filippos erkannten und sahen, wie keiner der anderen Architekten auf festeren Füßen stand, er hingegen Sicherheit in seinen Reden zeigte und immer dasselbe so wiederholte, daß es schien, als habe er sicherlich schon zehn Kuppeln gewölbt, traten sie zusammen und beschlossen, ihm das Werk zu übergeben[2].

Sie ernannten ihn durch Wahlstimmen zum obersten Bauaufseher, gestatteten ihm jedoch nur zwölf Ellen hoch zu mauern, indem sie sagten, sie wollten erst sehen, wie das Werk gelinge; glücke es, wie er behaupte, so würden sie nicht unterlassen, ihm dessen Vollendung zu übertragen. – Filippo erschien es seltsam, soviel Hartnäckigkeit und solchen Unglauben bei den Konsuln und Bauverwesern zu finden, und hätte er nicht gewußt, daß er allein dies durchzuführen vermöge, würde er nicht Hand angelegt haben. Voll Verlangen indes, solchen Ruhm zu gewinnen, übernahm er das angebotene Werk und verpflichtete sich, es vollkommen zu Ende zu bringen.

Als die Künstler und Bürger hörten, Filippo sei das Werk übertragen, schien es dem einen gut, dem andern schlimm, wie dies zu allen Zeiten mit den Meinungen des Volkes, der Schwätzer und Neidischen gewesen ist. Während man daher die Materialbeschaffung erledigte, um das Mauer-

[1] Das Bauprogramm wurde von Brunelleschi, Ghiberti und Battista d'Antonio verfaßt und im April 1420 der Dombaubehörde vorgelegt. Vasaris Text ist nicht, wie es den Anschein hat, eine getreue Kopie nach dem Original, sondern eine verhältnismäßig freie (und auch fehlerhafte) Redaktion der eingereichten Denkschrift. – [2] Am 16. IV. 1420 wurden Brunelleschi, Ghiberti und Battista d'Antonio zu Bauleitern bestimmt.

werk anzufangen, erhob sich unter den Kunsttreibenden und Bürgern eine Partei, die den Konsuln und Bauverwaltern entgegentrat. Sie sagten, dies sei ein unüberlegter Schritt und eine solche Arbeit dürfe nicht nach dem Gutdünken eines einzigen unternommen werden; hätten sie nicht vorzügliche Männer, wie deren in Menge da wären, so möchte es ihnen zu vergeben sein; so aber könne es nicht zur Ehre der Stadt ausschlagen, denn wenn irgendein Unglück geschehe, wie es bei Bauten bisweilen vorzukommen pflege, so könne man sie tadeln, als Leute, die eine zu große Verantwortung einem Einzigen auferlegt hätten, ohne den Schaden zu beachten und die Schande, welche für die Gesamtheit daraus hervorgehen könne; es sei gut, Filippo einen Amtsgenossen zu geben, und dadurch seinem Ungestüm Schranken zu setzen. In jener Zeit stand Lorenzo Ghiberti sehr in Ruf, da er schon bei den Türen von S. Giovanni seine Geschicklichkeit und Einsicht bewiesen hatte; und es zeigte sich nunmehr deutlich genug, wie sehr er bei einigen von denen, die die Gewalt in den Händen hatten, beliebt war. Denn als sie sahen, wie der Ruf Filippos wachse, brachten sie es unter dem Schein, als empfänden sie große Liebe und Teilnahme für jenen Bau, bei den Konsuln und Bauverwaltern dahin, daß Lorenzo ihm bei diesem Unternehmen an die Seite gegeben wurde[1]. Welchen Verdruß Filippo empfand, und wie er in Verzweiflung geriet, als er hörte, was die Bauverweser getan hatten, geht daraus hervor, daß er nahe daran war, aus Florenz zu entfliehen, und wären nicht Donato und Luca della Robbia gewesen, die ihm Trost zusprachen, so würde er außer sich geraten sein. Eine fürwahr unmenschliche und grausame Wut ist in denen, welche, vom Neide blind gemacht, auf Grund des Ehrgeizes Ruhm und herrliche Werke in Gefahr bringen, und sicherlich waren

[1] Vgl. vorige Anmerkung.

nicht sie es, welche es verhinderten, daß Filippo nicht seine Modelle zerschlug, seine Zeichnungen verbrannte und in weniger als einer halben Stunde alles verdarb, was er in einer Reihe von Jahren mit Fleiß ausgeführt hatte. Unterdes erwachte in Filippo der Gedanke, ein Modell auszuführen, was bis dahin noch gar nicht geschehen war; er legte Hand daran und ließ es von einem Tischler arbeiten, der Bartolommeo hieß und der Dombaubehörde gegenüber wohnte. In diesem Modell, das nach Verhältnis seiner Größe genau nach dem Gebäude selbst gemessen war, brachte er alle schwierigen Dinge an: beleuchtete und dunkle Treppen, alle Arten von Lichtöffnungen, Türen, Strebepfeilern und Ketten und auch ein Stück der Galerie[1]. Lorenzo, der solches hörte, verlangte es zu sehen, und als Filippo es ihm verweigerte, ward er zornig und gab Anordnungen, auch ein Modell auszuführen, damit es nicht scheinen möchte, als werde ihm sein Gehalt umsonst gezahlt, sondern vielmehr, als sei auch er zu etwas nütze[2]. Filippo erhielt für sein Modell fünfzig Lire und fünfzehn Soldi, wie sich in einer Zahlungsausgabe im Buche des Migliore di Tommaso, vom dritten Oktober des Jahres 1419 findet; Lorenzo Ghiberti dagegen gab man dreihundert Lire für Mühen und Kosten, die er bei seinem Modell aufgewandt hatte; und dies geschah mehr durch die Freundschaft und Gunst, die er genoß, als daß er für jenen Bau nützlich und nötig gewesen wäre. Diese Quälerei mußte Filippo bis zum Jahre 1426 ausstehen, indem Lorenzo sowohl wie er als Erfinder genannt wurden[3]. Der

[1] Von Brunelleschi waren natürlich Modelle vor seiner Berufung als Dombaumeister angefertigt worden, die er in den verschiedenen Phasen der Konkurrenz einreichte. So wurde er u. a. mit Donatello und Nanni di Banco für ein Gemeinschaftsmodell am 12. VIII. 1419 abgefunden. – [2] Ghiberti erhielt am 11. VIII. 1419 dreihundert Gulden für mehrere zum Wettbewerb eingereichte Modelle. – [3] Am 1. III. 1426 wird Brunelleschis Gehalt von sechsunddreißig Gulden

Verdruß darüber war in Filippo so mächtig, daß er in größtem Kummer lebte. Da er aber verschiedene neue Gedanken gehabt hatte, beschloß er, sich jenen ganz vom Halse zu schaffen, wohl wissend, wie wenig jener zu diesem Werke tauge.

Filippo hatte schon die Kuppel in beiden Gewölbeschalen zwölf Ellen hoch mauern lassen; dort mußten nun die Ketten von Holz und Steinen (die waagerechten Verklammerungen) gelegt werden, worüber er, als über eine schwierige Sache, mit Lorenzo reden wollte, um zu prüfen, ob er an diese Schwierigkeit schon gedacht habe. Lorenzo war aber so wenig in die Sache eingedrungen, daß er sagte, er überlasse dies ihm als dem Erfinder. Eine solche Antwort war Filippo sehr willkommen, weil ihm schien, dies sei der Weg, Lorenzo von der Arbeit zu entfernen, und offenbar zu machen, daß er nicht jene Einsicht besitze, die ihm durch seine Freunde und durch die Gunst derer beigemessen war, welche ihm zu dieser Stelle verholfen hatten. Alle Maurer waren mit der Arbeit fertig und warteten auf Anweisung, wie sie den Bau oberhalb der zwölf Ellen fortsetzen und die Wölbungen befestigen sollten; die Kuppel fing schon an, nach oben zusammenzudrängen, und es mußten die Arbeitsgerüste erbaut werden, auf welchen Maurer und Handwerker ohne Gefahr würden arbeiten können, da die mächtige Höhe beim bloßen Herunterschauen jedes sichere Herz erschrecken und schwindeln machte. Wie diese Gerüste aufgeführt und die Ketten gelegt werden sollten, erwarteten die Maurer und anderen Meister zu vernehmen; weil aber weder von Lorenzo noch von Filippo etwas beschlossen war, ent-

jährlich unter ausdrücklicher Anerkennung seiner Verdienste auf hundert Gulden erhöht, während das des Ghiberti bleibt, – obschon er zu diesem Zeitpunkt, wenn auch nicht nominell, als Dombaumeister ausscheidet.

stand ein Murren unter den Handwerkern, daß die Sache nicht so eifrig wie vordem betrieben werde. Und da es arme Leute waren, die von ihrer Hände Arbeit lebten und glaubten, es habe weder der eine noch der andere Mut genug, dies Werk höher zu führen, so schien ihnen das beste, wenn sie sich beim Bau weiter zu tun machten und alles, was bis jetzt gearbeitet war, noch einmal bewarfen und überputzten. Eines Morgens aber kam Filippo nicht zur Arbeit, legte sich den Kopf umwickelt ins Bett, schrie beständig und ließ sich in aller Eile Holzteller und Tücher wärmen, indem er sich stellte, als habe er Leibschmerzen. Die Meister, die dies hörten und in Erwartung standen, Arbeitsanweisungen zu erhalten, fragten Lorenzo, was sie tun sollten, doch dieser antwortete: Filippo sei es, der anzuordnen habe, und man müsse auf ihn warten. »Wie«, sprach einer, »weißt du seine Meinung nicht?« – »Ja«, sagte er, »aber ich werde nichts ohne ihn tun.« Dies redete er zu seiner Entschuldigung, weil er nie das Modell Filippos gesehen und nie gefragt hatte, welche Anordnung jener treffen wolle, damit er nicht als unwissend erscheine. Als er daher von dieser Sache redete, war er auf sich allein gestellt und brachte lauter unsichere Worte vor, um so mehr als er wußte, daß es wider den Willen Filippos geschah. Das Übelsein des letztern dauerte nun schon über zwei Tage, und der Bauinspektor und eine Menge von Maurermeistern, die ihn besuchten, fragten ihn ohne Unterlaß, was sie zu tun hätten. Er aber sprach: »Ihr habt Lorenzo, mag er einmal etwas schaffen.« Anderes konnten sie aus ihm nicht herausbringen. Als dies bekannt wurde, entstanden viele nachteilige Reden und Urteile über diesen Bau; einige meinten, Filippo habe sich aus Kummer ins Bett gelegt, daß er nicht Mut genug besitze, die Kuppel zu wölben, und es ihn reue, sich dieser Aufgabe unterzogen zu haben. Seine Freunde dagegen verteidigten ihn und sagten – wie es sich ja verhielt –, sein Verdruß komme von der Schurkerei, daß Lorenzo neben ihn gestellt worden wäre, seine Leibschmerzen aber von der großen Anstrengung bei der Arbeit. Während so hin und her geredet wurde, stockte das Werk, und fast alle Arbeiten der Maurer und der Steinmetzen blieben liegen; diese murrten nun über Lorenzo und sagten: den Lohn zu nehmen ist er gut, den Bau zu leiten aber nicht; wäre nicht Filippo, oder läge er lange krank, was würde er anfangen? was kann jener dafür, da ihm schlimm zumute ist? – Die Bauverweser, die sahen, wie ihnen dieser Handel Schande brachte, beschlossen, zu Filippo zu gehen, trösteten ihn erst wegen seines Krankseins und berichteten dann, in welch einer Verwirrung der Bau sei, und in welche Not sein Übel sie gebracht habe. Da rief Filippo voll Leidenschaft, sowohl weil er krank zu sein heuchelte, als aus Liebe zu seinem Werk: »Was? ist nicht Lorenzo da? warum tut er nichts?, fürwahr, ich muß mich über euch verwundern.« – »Er will«, antworteten die Bauverweser, »ohne dich nichts unternehmen.« – »Ich aber wohl ohne ihn!« sprach Filippo mit Heftigkeit. Diese scharfe und doppelsinnige Antwort genügte ihnen; sie erkannten, daß er krank war, weil er allein arbeiten wollte, schickten seine Freunde, ihn aus dem Bett zu holen, und gedachten Lorenzo nicht länger bei dem Unternehmen zu lassen, und bestimmten, damit ihr Fehler gutgemacht werde und man sehe, daß sie wohl wüßten, was vorzüglich sei, Filippo solle lebenslänglich Aufseher und Haupt des Baues sein, und nichts solle dabei geschehen, außer nach seinem Willen; endlich noch gaben sie ihm als Zeichen ihrer Anerkennung hundert Gulden, was am 13. August des Jahre 1423, nach Bestimmung der Konsuln und Bauverwalter, eingetragen wurde[1]. Nachdem

[1] Brunelleschi erhielt am 5. VII. 1423 die Auslagen für sein Modell

nunmehr Anordnung getroffen war, den Bau wieder in Gang zu bringen, führte man ihn mit solcher Genauigkeit und Pünktlichkeit fort, daß kein Stein gemauert war, den er nicht angesehen haben wollte.

Die Gerüchte, welche über diesen Künstler im Umlauf gewesen waren, hatten sich verloren; man sah, wie der Bau ohne Schwierigkeiten gewölbt ward, und sein seltener Geist wurde anerkannt, so daß jeder, wer nicht durch Leidenschaft befangen war, dafür hielt, er habe einen Mut bewiesen, wie vielleicht kein Baumeister vor ihm in alten und neuen Zeiten; dies geschah, weil er sein Modell zum Vorschein brachte, woran ein jeder sehen konnte, welche überaus große Einsicht und Erfindung er bei den Treppen gezeigt habe und bei den Fenstern innen und außen, damit man nicht im Dunkeln Schaden leide; welche verschiedenen Eisenstangen er an steilen Stellen zum Aufsteigen angebracht, und wie er sogar an die Eisen gedacht hatte, die Gerüste im Innern zu befestigen, wenn jemals daselbst Mosaik oder Malereien ausgeführt werden sollten. Bei den weniger gefährlichen Stellen hatte er die Verteilung der Wasserrinnen bezeichnet, wo sie bedeckt und wo unbedeckt laufen sollten, hatte bestimmt, wo man Luftlöcher und Öffnungen anbringen müsse, damit die Luft durchstreichen und weder Dünste noch Erdbeben dem Werke Schaden bringen könnten; kurz, er zeigte, wie sehr seine langjährigen Studien in Rom ihm von Nutzen gewesen waren. Wenn man zudem überlegte, was er beim Schneiden, Verputzen, Binden und Verklammern der Steine getan hatte, so sah man fast mit Beben und Furcht, wie ein einziger Geist so viel vermöge, als hier Filippos Geist umfaßt hatte. Seine Fähigkeit wuchs immer mehr, und es gab keinen Gegenstand, wenn er auch noch so schlimm und

zum hölzernen Ankerring bezahlt und wurde dafür am 24. VIII. 1423 mit einer Sondervergütung ausgezeichnet.

schwierig war, den er nicht leicht und einfach zu machen gewußt hätte; unter anderen zeigte er dies beim Aufziehen der Lasten, die er durch Gegengewichte und Räder emporwinden ließ, welche ein einziger Ochse zog, während sonst kaum sechs Paar dazu genügt haben würden. Der Bau war nunmehr schon so emporgewachsen, daß es große Unbequemlichkeit machte, wieder herunterzukommen, wenn man einmal hinaufgestiegen war, und die Bauleute verloren nicht nur viel Zeit, wenn sie zum Essen und Trinken gingen, sondern litten auch sehr unter der Tageshitze. Deshalb fand Filippo eine Möglichkeit, daß in der Kuppel Weinschenken und Küchen eingerichtet wurden, und keiner früher als am Abend den Arbeitsplatz zu verlassen brauchte, was für jene große Bequemlichkeit hatte und für die Arbeit von vielem Vorteil war.

Filippo, der das Werk schnell wachsen und wohlgelingen sah, wurde immer eifriger und war in rastloser Tätigkeit, ging selbst nach der Brennerei, wo die Backsteine gestrichen wurden, wollte die Erden sehen, wie sie gemischt und gebrannt waren, und suchte sie mit allem Fleiße selbst aus. Was die Steine anbetraf, so ging er zu den Steinmetzen und sah selbst nach, ob sie ohne Risse und hart wären, und gab ihnen Modelle von Holz oder Wachs, oder nur aus Rüben geschnittene, die Durchschnitte und Fugen darnach zu arbeiten. Dasselbe tat er mit dem Eisenwerk bei den Schmieden; er erfand die Haspen mit Widerhaken und die Wandhaken und verschaffte der Baukunst großen Vorteil, indem er sie zu einer Vollkommenheit brachte, die vielleicht bei den Toskanern noch nicht erreicht worden war.

Im Jahre 1423, als in Florenz die größte Freude und Fröhlichkeit herrschte, wurde Filippo unter die Signoren vom Mai bis Juni für das Quartier S. Giovanni erwählt, während Lapo Niccolini Gonfaloniere di giustitia (oberster Beamter der Republik = »Bannerträger der Gerechtigkeit«) vom Quartier Santa Croce war[1].

Man sah nunmehr schon die beiden Wölbungen gegen das runde Fenster zu, wo die Laterne anfangen sollte, sich schließen, und Filippo, der in Rom und Florenz mehrere Modelle von Erde und Holz zu dem einen wie dem andern gearbeitet hatte, ohne sie jemand zu zeigen, mußte sich endlich entscheiden, welches er zur Ausführung bringen wolle[2]. Er beschloß, die Galerie zu beenden, und entwarf dazu verschiedene Zeichnungen, welche nach seinem Tode den Vorstehern blieben, durch die Nachlässigkeit jener Verwalter aber jetzt nicht mehr vorhanden sind. In unsern Tagen erst wurde, um sie zu vollenden, auf einer der acht Wände ein Stück der Galerie erbaut, blieb aber, weil sie nicht mit jener Anordnung übereinstimmte, auf den Rat des Michelangelo Buonarroti eingestellt[3]. Filippo arbeitete außerdem mit eigener Hand ein Modell zur Laterne, achtseitig und ganz im Verhältnis zur Kuppel, welches fürwahr in Erfindung, Mannigfaltigkeit und seiner Ausschmückung sehr wohl gelang. Darin brachte er die Treppe an, die nach der Kugel hinaufführt, eine göttliche Sache; weil er aber mit einem Stückchen Holz unten die Stelle verdeckt hatte, wo man hineinging, kannte diese Treppe niemand als er selbst.

Aber obgleich er sehr gerühmt wurde und den Neid und

[1] Brunelleschi war im Mai und Juni 1425 in diesem Amt; es war eine Auszeichnung, die den Künstlern nur in den seltensten Fällen zuteil wurde. – [2] Am 12. VIII. 1432 wurde das in natürlicher Größe aufgebaute Modell des Schlußringes der Kuppel angenommen und zur Ausführung bestimmt. – [3] 1506–67 hatte ein Wettbewerb für ein neues Modell zum äußeren Kuppel-Umgang stattgefunden, wobei das Modell des Baccio d'Agnolo, Cronaca und Giuliano da Sangallo angenommen wurde. Die Ausführung (1508 bis 1515) unterblieb auf Michelangelos hartes Urteil, der die Galerie einen »Grillenkäfig« (gabbia dei grilli) nannte.

Dünkel vieler niedergeschlagen hatte, vermochte er, als sein Modell gesehen worden war, dennoch nicht zu verhindern, daß alle Meister in Florenz nach verschiedener Weise auch welche ausführten; ja sogar eine Dame aus dem Hause Gaddi wagte es, mit Filippo in Wettkampf zu treten. Dieser lachte des Eigendünkels der anderen, und als viele seiner Freunde ihm den Rat gaben, keinem Künstler sein Modell zu zeigen, damit sie nicht daran lernen möchten, antwortete er: »Eines nur ist das richtige Modell, die andern sind zu nichts nütze«; ja, als er sah, daß einige Meister bei ihren Modellen seines zum Teil nachgeahmt hatten, sagte er: »Das veränderte Modell, was dieser auszuführen verspricht, wird mein eigenes sein[1].«

Vollendet sah er vor seinem Tode den Bau der Laterne nicht, doch aber führte er sie selbst mehrere Ellen in die Höhe[2].

Wie schön dieses Bauwerk ist, davon gibt es selbst ein gültiges Zeugnis; seine Höhe ist vom Erdboden bis zum Anfang der Laterne einhundertvierundfünfzig Ellen, die ganze Laterne mißt sechsunddreißig Ellen, die kupferne Kugel vier, das Kreuz acht, was in allem zweihundertundzwei Ellen sind[3]. Man kann zuversichtlich sagen, daß die Alten niemals ihre Bauten so hoch geführt, noch sich der Gefahr ausgesetzt haben, mit dem Himmel wetteifern zu

[1] Die Konkurrenz zum Laternen-Bau fand 1436 statt. Sechs Modelle und eine Zeichnung liefen ein (die Teilnahme einer Frau aus dem Hause Gaddi ist urkundlich nicht bestätigt); Brunelleschis Modell wurde angenommen. – [2] Erst 1444 wird mit den vorbereitenden Arbeiten begonnen, am 23. IV. 1467 konnte die Vollendungsweihe vollzogen werden. – [3] Dem Berichte Vasaris seien einige Daten nachgetragen: im August 1434 ist der Schlußring fast vollendet, und am 30. VIII. 1436 findet die feierliche Einsegnung der Kuppel statt; sechzehn Jahre also dauerte ihre Errichtung. 1436 rühmte L. B. Alberti in der Widmung seines Traktates über die Malerei (vgl. S. 187) Brunelleschi als den eigentlichen Schöpfer und Bauleiter des Kuppelbaues von S. Maria del Fiore.

wollen, wie es dieses Bauwerk tatsächlich zu tun scheint. Es ragt so weit empor, daß man wähnt, es sei den Bergen um Florenz gleich, und fast ist es, als ob der Himmel deshalb eifersüchtig wäre, denn seine Blitze fallen tagtäglich auf dasselbe nieder.

Während die Kuppel von Santa Maria del Fiore errichtet wurde, führte Filippo noch viele andere Bauten aus, von denen ich nun hier der Reihe nach erzählen werde. – Vorerst arbeitete er mit eigener Hand im Auftrag der Familie Pazzi das Modell zum Kapitelsaal von Santa Croce zu Florenz: eine vielgestaltige und sehr schöne Sache[1]; dann das Modell zum Hause der Businі, ein Zweifamilienhaus[2], und das Modell für die Gebäude und Vorhalle des Findelhauses (Ospedale degli Innocenti), deren Wölbung ohne Ausschalung gebaut wurde, ein Verfahren, welches heutigentags von jedermann beobachtet wird. Man sagt, Filippo sei nach Mailand berufen worden, für den Herzog Filippo Maria das Modell zu einer Festung auszuführen[3], und habe deshalb seinem sehr nahen Freunde Francesco della Luna die Sorge für den Bau des Findelhauses übertragen. Jener Francesco brachte als Einfassung einen Architrav an, der von unten nach oben verläuft, was gegen die Regel der Baukunst verstößt, und als daher Filippo bei seiner Rückkehr ihn schalt, sagte jener: »Ich habe es vom Tempel S. Giovanni entnommen, der antik ist.« – »Ein einziger

[1] Daß Vasari entgegen seiner ausdrücklichen Behauptung nicht chronologisch in der Aufzählung verfährt, geht aus den folgenden Anmerkungen hervor. Der Stifter des am ersten Klosterhof von S. Croce gelegenen Kapitelsaales (allgemein Pazzi-Kapelle genannt) ist wahrscheinlich Andrea de' Pazzi, der 1429 die Errichtung des Baues übernahm. Der Baubeginn ist dokumentarisch nicht gesichert, etwa 1443 ist die Anlage im Rohen fertig, während sich die Ausstattung und Vollendung noch über zwei Jahrzehnte hinzog. – [2] Es ist dies der heutige Palast der Bardi in Via de' Benci Nr. 3 (in Florenz). – [3] Dokumentarisch ist über einen Aufenthalt Brunelleschis in Mailand nichts bekannt, jedoch versichern das gleiche auch die vorvasarianischen Quellen.

Fehler«, rief Filippo, »ist an jenem Gebäude, und den hast du nachgeahmt!« Das Modell, welches Filippo zu diesem Gebäude verfertigt hatte, wurde viele Jahre in dem Zunfthaus von Por Santa Maria aufbewahrt und als ein Überrest des Baues, welcher noch beendet werden sollte, sehr in Ehren gehalten; nunmehr aber ist es verlorengegangen[1]. In derselben Zeit war zu Florenz die Kirche S. Lorenzo angefangen worden, welche die Einwohner bauen ließen, die bei diesem Werk den Prior zum Obermeister ernannten, weil er angab, sachverständig zu sein und sich zum Zeitvertreib mit der Baukunst beschäftigte. Schon hatte man begonnen, einige Pfeiler von Backsteinen aufzuführen, als Giovanni di Bicci, aus dem Hause der Medici, der den Einwohnern und dem Prior versprochen hatte, auf seine Kosten die Sakristei und eine Kapelle zu erbauen, Filippo eines Tages zum Essen bei sich sah. Nach mancherlei Gesprächen fragte er ihn, was er zu dem Bau der Kirche S. Lorenzo meine. Filippo, durch die Bitten Giovannis gezwungen, seine Gedanken kundzugeben, mußte, um der Wahrheit getreu zu sein, dies Werk in vielen Stücken tadeln, als von jemand entworfen, der in derlei Dingen vielleicht mehr Gelehrsamkeit als Erfahrung besitze. Giovanni fragte Filippo, ob man etwas Besseres und Schöneres ausführen könne, worauf jener erwiderte: »Sicherlich kann man dies, und ich wundere mich, daß Ihr, der Ihr das Haupt dieses Unternehmens seid, nicht einige tausend Taler aufwendet und ein Kirchenschiff samt den entsprechenden Einzelheiten errichten laßt, des Ortes und der vielen ehrenvollen Grabmäler würdig. Bedenket, daß, wenn Ihr in dieser Weise anfangt, die andern bei ihren

[1] Der Baubeginn am Findelhaus ist im Frühjahr 1419; Brunelleschi war in der Bauleitung bis September 1424, die dann für mehrere Jahre Francesco della Luna innehatte. Im Januar 1445 wurde die Anstalt eröffnet, ohne je ihren Bauabschluß erreicht zu haben.

Kapellen Euch nach besten Kräften werden nachzukommen suchen, und vornehmlich, daß keine Erinnerung an uns bleibt als die Mauern, welche nach Jahrhunderten und Jahrtausenden noch von dem, der ihr Urheber war, Zeugnis geben«. Durch die Worte Filippos angefeuert, beschloß Giovanni, die Sakristei, die Hauptchorkapelle und das ganze Schiff der Kirche aufzubauen, wenngleich nur sieben Familien dem beitraten, da die andern nicht die Mittel dazu hatten. Jene sieben Familien waren die Rondinelli, Ginori, della Scufa, Neroni, Ciai, Marignolli, Martelli und Marco di Luca, deren Kapellen alle am Kreuz der Kirche (im Querschiff) angebracht werden sollten[1]. Die Sakristei war das erste, was im Bau vorwärts ging, hierauf allmählich auch die Kirche, und weil sie sehr lang war, wurden nach und nach auch anderen Bürgern des Kirchsprengels Kapellen zugestanden[2]. Noch war die Sakristei nicht ganz eingedeckt, als Giovanni de' Medici in ein anderes Leben überging; sein Sohn Cosimo jedoch, welchen er hinterließ, besaß noch größeren Eifer als der Vater und fand Vergnügen an Denkmälern, deshalb wurde jenes Werk von ihm fortgesetzt: das erste, was er baute; dies brachte ihm so viel Freude, daß er fortan bis zu seinem

[1] Der Erweiterungs- und Umbau einer romanischen, weit kleineren Anlage wurde 1419–20 durch den Prior von S. Lorenzo, Matteo di Bartolommeo Dolfini, vorgenommen. Sichtbares Mauerwerk seines Baues ist nicht mehr vorhanden. Urkundlich ist nichts bekannt, wann Giovanni di Bicci de' Medici die Erstellung der Sakristei und der danebenliegenden Kapelle am linken Querhausarm von S. Lorenzo übernahm; für beide wurden 1428/29 die Altäre geweiht, woraus sich der Abschluß des Rohbaues folgern läßt. – [2] Nicht Giovanni di Bicci de' Medici, sondern sein Sohn, Cosimo d. Ält., übernahm – erst am 13. VIII. 1442 – die Kosten zur Aufführung der Chorhauptkapelle und des Langhauses und soll dafür vierzigtausend Goldgulden verwendet haben. Erst 1445 wurde es den ersten Bürgern des Sprengels gestattet, die Seitenkapellen am Langhaus zu errichten. 1469 war die Gesamtanlage vollendet.

Tode immer wieder mauern und bauen ließ[1]. Cosimo betrieb den Bau mit mehr Nachdruck, ließ Neues beginnen, während man das Alte beendigte, und war, weil er Lust an der Sache fand, fast immer selbst dabei. Durch seinen Eifer angeregt, besorgten Filippo den Ausbau der Sakristei und Donato die Stukkaturverzierungen, die Steinzierate der kleinen Türen und die bronzenen Türflügel[2]. Inmitten der Sakristei, in welcher die Geistlichen ihre Meßgewänder anlegen, ließ er das Grabmal von seinem Vater Giovanni unter einem Marmortisch errichten, den vier kleine Pfeiler tragen[3], und an demselben Ort ließ er sein Familienbegräbnis bauen, das der Frauen von dem der Männer gesondert. In einer der kleinen Kammern, welche in der Sakristei zu beiden Seiten des Altars liegen, brachte er in einer Ecke einen Brunnen und ein Becken zum Handwaschen an[4]; kurz, alles ist bei diesem Werke mit vieler Einsicht geordnet. Giovanni und die anderen Mitbürger hatten bestimmt, der Chor solle in der Mitte unter die Kuppel kommen, Cosimo aber ließ dies verändern und mit Zustimmung Filippos die Hauptkapelle, welche erst eine kleine Nische werden sollte, größer ausführen, damit der Chor gebaut werden könne, wie man ihn nunmehr sieht. Als dies beendet war, blieb noch die Kuppel in der Mitte und das übrige der Kirche zu beenden, beides jedoch ward erst nach dem Tode Filippos ausgeführt. Diese

[1] Cosimo d. Ält. hatte schon seit 1437 den Umbau bzw. Neubau der Kirche und des Klosters von S. Marco übernommen und in der Umgebung von Florenz die Kirche S. Francesco al bosco bei Caffagiuolo im Mugello u. a. bauen lassen. – [2] Über die Ausstattung der Sakristei durch Donatello spricht Vasari ausführlich in dessen Lebensbeschreibung. Vgl. S. 165/166. – [3] Der Sarkophag enthält nicht nur die sterblichen Überreste von Giovanni di Bicci († 1429), sondern auch die seiner Frau († 1433). Er wurde nach einem Entwurfe Brunelleschis durch Andrea di Lazzaro Cavalcanti hergestellt. – [4] Das Marmorbecken im linken Nebenraum neben dem Chörlein der Sakristei dürfte in der Werkstatt des Verrocchio entstanden sein.

Kirche, welche hundertvierundvierzig Ellen lang ist, hat mancherlei Fehler, unter andern den, daß die Säulen auf dem Boden aufstehen und nicht auf einem Würfel ruhen, welcher so hoch hätte sein sollen, als die Untersätze der Pilaster sind, die auf den Stufen aufstehen; denn dadurch, daß der Pilaster kürzer ist als die Säule, scheint der ganze Bau zu hinken. An alledem waren die Vorschläge derer schuld, welche nach ihm kamen, sie neideten ihm seinen Ruhm und waren schon zu seinen Lebzeiten mit Modellen gegen ihn aufgetreten[1]. Filippo hatte sie deshalb durch Sonette beschämt, und sie suchten nun nach seinem Tode nicht nur bei diesem Gebäude, sondern bei allen, welche durch sie beendet werden mußten, in solcher Weise Rache an ihm zu nehmen. Filippo hinterließ das Modell zum Chorstift der Priester von S. Lorenzo und hatte einen Teil dieses Gebäudes selbst beendet, wobei er dem Klostergang hundertvierundvierzig Ellen Länge gab. – Während jener Bau ausgeführt wurde, wollte Cosimo de' Medici einen Palast für sich errichten lassen; er teilte Filippo seine Absicht mit, und dieser setzte alles andere hintan und arbeitete ein wunderbar schönes und großes Modell, nach welchem jener Palast ringsum freistehend an dem Platze gegenüber von San Lorenzo erbaut werden sollte. Sein Talent tat sich so herrlich hierbei kund, daß es Cosimo ein zu prächtiges und großes Gebäude schien, und er es nicht ausführen ließ, mehr um nicht Neid zu erwecken, als daß er die Kosten gescheut hätte. Während Filippo sein Modell arbeitete, pflegte er zu sagen: er wisse dem Schicksal für diese Gelegenheit Dank, denn er solle nun ein Haus bauen, wie er es sich schon seit vielen Jahren gewünscht hätte, und er habe

[1] Bauleiter nach dem Tode Brunelleschis wurde Antonio Manetti Ciaccheri, der nach dem Berichte von Augenzeugen bei der Ausführung den Kuppelbau von S. Lorenzo eigenmächtig veränderte. Ob die anderen Verfehlungen auch von ihm herrühren, ja, ob die Vorwürfe Vasaris überhaupt zu Recht bestehen, bedarf der Prüfung.

jemand gefunden, der es ausführen lassen wolle und könne. Als er indessen den Entschluß Cosimos vernahm, daß es nicht geschehen werde, zerriß er voll Zorn seine Zeichnung in tausend Stücke. Cosimo bereute es, als er seinen Palast nach anderem Plan erbaut hatte[1], nicht lieber dem Entwurfe Filippos gefolgt zu sein; von dem pflegte er zu sagen: er habe nie mit einem Manne von größerer Einsicht und mehr Mut geredet.

Filippo arbeitete für die edle Familie der Scolari das Modell des sehr seltsamen Tempels der Angeli, welcher unvollendet blieb, wie man ihn noch sieht. Dies geschah, weil das Geld, das zu diesem Zweck auf dem Leihhause (einer Bank) stand, von den Florentinern für einige Ausgaben der Stadt, oder wie andere sagen, in dem Kriege verwendet wurde, den sie mit den Lucchesen führten. Wäre wirklich jene Kirche der Angeli nach dem Modell Brunelleschis beendet worden, so würde sie eines der ungewöhnlichsten und auserlesensten Bauwerke Italiens sein, denn was man davon sieht, ist nicht genug zu rühmen[2].

Nach Anordnung Filippos wurde der reiche und herrliche Palast von Herrn Luca Pitti außerhalb des Tores S. Niccolo von Florenz an einem Orte erbaut, der Ruciano heißt[3]; noch viel schöner jedoch ist ein anderer, den er in der Stadt für denselben Herrn anfing und in solcher Größe und Pracht bis zum zweiten Stockwerk führte, daß man in toskanischer Bauart nichts gesehen hat, was auserlesener und prächtiger wäre. Die Türen dieses Palastes

[1] Über die Entstehungszeit von Brunelleschis Palastmodell ist nichts bekannt. Es kann als sicher gelten, daß sie nach 1434 – der Rückkehr Cosimos d. Ält. aus dem Exil – liegt. Der Bauherr ließ seinen Palast an der Via Larga (heute Via Cavour) wahrscheinlich von 1444 an nach einem Entwurfe des Michelozzo aufführen. – [2] Das Oratorium von S. Maria degli Angeli, innen ein Oktogon und außen ein Sechzehneck, entstand 1436ff. – [3] Im heutigen Baubestand der Villa in Ruciano sind nur noch geringe Teile aus ihrer ersten Erbauungszeit – 1450 etwa – erhalten.

sind doppelt so hoch, im Lichten sechzehn Ellen, als breit, und die Fenster des ersten und zweiten Stockwerks den Türen gleich. Er ist in beiden Stockwerken gewölbt und das ganze Werk höchst kunstreich, daß man sich kein schöneres und prachtvolleres Gebäude denken kann. Dieser Palast wurde in der genannten Weise von Luca Fancelli, einem florentinischen Baumeister, aufgeführt, der viele Gebäude für Filippo errichtete[1].

Herr Luca ließ jenen Palast wegen der Sorge, die er für den Staat tragen mußte, unbeendet; die Erben, denen es an Mitteln fehlte, das Werk zu vollenden, waren zufrieden, ihn der Herzogin zu überlassen, damit er nicht verfiele[2]. Diese gab zu jeder Zeit Geld dafür aus, doch nicht genug, als daß sie hätte hoffen können, ihn bald völlig aufgebaut zu sehen. Anders wäre es gekommen, wenn sie länger gelebt hätte, denn ihre Absicht war, wie ich vernommen habe, in einem einzigen Jahre vierzigtausend Dukaten darauf zu verwenden, um ihn, wenn auch nicht fertig, so doch zu einem gewissen Ziel gebracht zu sehen. Das Modell von Filippo war verlorengegangen, und Se. Durchlaucht ließ deshalb ein anderes von Bartolommeo Ammanati, einem vortrefflichen Bildhauer und Baumeister, ausführen, nach welchem nun gearbeitet wird; schon ist ein großer Teil des Hofes, dem Äußern ähnlich, in bossiertem Mauer-

[1] Der Bau des Palastes wurde im Auftrag des Luca Pitti 1458 – also zwölf Jahre nach dem Tode Brunelleschis – begonnen und 1466 eingestellt, da der Bauherr sich an einer Verschwörung gegen die Medici beteiligt hatte. Die ursprüngliche Anlage umfaßte nur die Breite der heutigen sieben mittleren Fensterachsen bei einer Höhe von drei Stockwerken. Die Anbauten von 1620ff., 1640ff., 1764ff. und 1783–1819 haben der Palastfront die heutige Gestalt gegeben. Daß der 1430 geborene Luca Fancelli Bauleiter am Palast war, ist wegen seines seit 1450 fast ununterbrochen dauernden Aufenthalts in Mantua wenig wahrscheinlich. Ebenso ist der entwerfende Architekt bisher unbekannt geblieben. – [2] Die Herzogin Eleonora von Toledo, die Frau des Herzogs Cosimo I. de' Medici, erwarb 1549 den Palast.

werk, vollendet[1]. Tatsächlich muß es jeden, der dies mächtige Werk betrachtet, in Erstaunen setzen, daß in Filippos Geist der Gedanke erwachen konnte, ein Gebäude aufzuführen, welches nicht nur von außen, sondern auch der Verteilung der Zimmer nach so herrlich und wahrhaft großartig ist. Der wunderbar schönen Aussicht gedenke ich gar nicht und der lieblichen Hügel, welche fast amphitheatralisch um den Palast umher sich gegen die Stadtmauern hin erstrecken. Denn, wie ich schon sagte, es würde allzulange dauern, wenn ich alles erzählen wollte; und wer es nicht mit eigenen Augen schaut, würde nimmer sich vorzustellen vermögen, wie weit dieser Bau jeden anderen Herrschersitz an Herrlichkeit übertrifft.

In Florenz lieferte Filippo die Zeichnung zu dem Hause der Barbadori, neben dem Turme der Rossi in der Straße Borgo S. Jacopo, die jedoch nicht zur Ausführung gebracht wurde, und so ist auch von ihm der Entwurf zu dem Hause der Giuntini auf Piazza Ognissanti am Arno[2]. Die Vorsteher von der Parte Guelfa, welche in Florenz ein Gebäude errichten und in demselben einen Saal und eine Audienzstube für ihren Magistrat bauen wollten, übertrugen die Sorge dafür dem Francesco della Luna. Er begann das Werk und hatte es mit vielen Fehlern schon zehn Ellen hoch geführt, als es Filippo übergeben wurde, der diesen Palast in der Form und Pracht errichtete, wie man ihn nunmehr sieht[3]. Hierbei mußte er mit Francesco della

[1] 1558–70 wurde der Hof von Ammanati, einem florentinischen Bildhauer und Architekten – dem »Gegenspieler« Michelangelos in Florenz –, errichtet, der auch die Seitenportale der alten Palastfront in Fenster umarbeitete. – [2] Wie man glaubt, wurde dieser Palast später in den jetzigen Pal. Martellini einbezogen. – [3] Trotz einer Anzahl von Bauurkunden von 1418–1438 und von 1442–1458 ist über den Baubeginn und -fortgang nichts Sicheres ermittelt worden. Für Brunelleschi kann nicht der ganze Palast, sondern nur der große (unvollendet gebliebene) Saal im Innen- und Außenbau und anliegende Bauteile in Anspruch genommen werden.

Luna, der von vielen sehr begünstigt wurde, im Wettstreit stehen, was, solange er lebte, bald mit diesem, bald mit jenem der Fall war; denn viele hatten Fehde mit ihm und peinigten ihn fortwährend; ja, oft suchten sie sich mittels seiner Zeichnungen Ehre zu erwerben, so daß er am Ende dahin gelangte, keinem etwas mehr zu zeigen und niemand zu trauen. Der Saal des genannten Palastes wird jetzt nicht mehr von jenen Vorstehern benutzt, denn da die Überschwemmung vom Jahre 1557 den Akten des Bankhauses vielen Schaden gebracht hatte, ließ Herzog Cosimo die wichtigen Schriftstücke zu größerer Sicherheit nach dem genannten Saale bringen und den Magistrat dahin verlegen.

Der Prediger Francesco Zoppo, zu jener Zeit sehr berühmt im Sprengel von Santo Spirito zu Florenz, hatte in den Fasten gepredigt und sein Kloster samt der Schule, vornehmlich aber die Kirche, sehr empfohlen, die in jenen Tagen abgebrannt war. Hierdurch erlangten die Häupter jenes Stadtviertels, Lorenzo Ridolfi, Bartolommeo Corbinelli, Neri di Cino Capponi und Goro di Stagio Dati, mit vielen anderen Bürgern von der Signoria die Erlaubnis, die Kirche Santo Spirito wieder zu erbauen. Sie ernannten dabei Stoldo Frescobaldi zum Bauverweser, der viele Mühe dafür aufwandte, aus Liebe zu der vormaligen Kirche, in welcher der Hauptaltar und die Kapelle seiner Familie gehört hatten. Ja zu Anfang, ehe die Grabmäler und Kapellen, welche ein jeder dort besaß, geschätzt und demgemäß die Gelder eingetrieben waren, wandte er bei diesem Bau viele tausend Taler von seinem Vermögen auf, die ihm später zurückgezahlt wurden. Als demnach der Beschluß gefaßt war, diesen Bau herzustellen, sandte man nach Filippo, damit er ein Modell arbeite, welches in allen Teilen, die zu Nutzen und Schmuck dienen, einer christlichen Kirche würdig sei. Filippo gab sich viele Mühe, daß der Grundriß des Baues durch und durch anders würde, indem er sehr wünschte, daß der Platz davor sich bis an den Arno erstrecken möchte, damit wer von Genua komme, von der Riviera oder Lunigiana, aus dem Pisanischen und Lucchesischen, und dort vorübergehe, die Pracht jenes Baues bewundern könne. Weil indes einige es nicht wollten, um ihre Häuser nicht einreißen zu müssen, ward dem Verlangen Filippos nicht entsprochen; er vollführte das Modell zur Kirche und zum Wohnbau der Mönche in der Weise, wie es jetzt steht[1]. Die Länge der Kirche betrug hunderteinundsechzig Ellen, die Breite vierundfünfzig, und das Ganze ist so schön, daß man kein Werk sehen kann, welches in Anordnung der Säulen und andern Zieraten reicher, anmutiger, heiterer und luftiger genannt werden könnte. Ja, wäre nicht einiges daran verändert, durch Schuld und Vergehen solcher, welche die schönen Grundsätze aller Dinge verderben, um glauben zu machen, auch sie verständen etwas, so würde es der vollkommenste der Christenheit sein, gleich wie er jetzt anmutiger und schöner geordnet ist als irgendein anderer. Daß er nicht nach dem Modell Filippos vollendet wurde, sieht man bei mehreren Anfängen an der äußeren Seite, die nicht dem Innern gemäß angelegt und in der Weise ausgeführt wurden, wie es scheint, daß nach dem Modell die Türen und die Einfassungen der Fenster werden sollten; einige andere Fehler, die ich verschweige und die Filippo beigemessen werden, glaubt man, würde er nicht geduldet haben, wenn der Bau von ihm selbst fortgesetzt worden wäre, denn er wußte alle Dinge mit soviel Urteil, Klugheit und Kunst zur Vollendung zu führen. Und dies Werk selbst

[1] Baubeginn von S. Spirito ungewiß (wohl 1433). Sehr langsame Ausführung, vollendet erst 1487. Der von Vasari erwähnte Brand der alten Kirche war erst 1471, stand also in keinem Zusammenhang mit den Neubauprojekten.

gibt ihn fürwahr als einen göttlichen Geist kund[1]. Endlich, nachdem Filippo neunundsechzig Jahre alt geworden war, ging im Jahre 1446, den 16. April, sein Geist zu einem besseren Leben über, nachdem er sich gemüht hatte, die Arbeiten zu vollbringen, welche ihm auf Erden Ruhm erwarben und den Frieden des Himmels verdienten. Sein Tod versetzte seine Vaterstadt in große Trauer, die ihn nach seinem Sterben weit mehr ehrte, als sie es während seines Lebens getan hatte; und er wurde mit feierlichem und ehrenvollem Leichengepränge in Santa Maria del Fiore beigesetzt.

Filippo wurde von einer großen Anzahl von Künstlern beweint, die seine Freunde waren, vornehmlich von den ärmsten, denen er immerdar Gutes erwiesen hatte; weil er so ein christliches Leben führte, blieb der Welt das Gedächtnis seiner Güte und seiner seltenen Fähigkeiten. Mir scheint, daß man sagen könne, es habe seit den Tagen der alten Griechen und Römer keinen selteneren und herrlicheren Geist gegeben als ihn, und er verdient um so größeres Lob, als zu seinen Lebzeiten in ganz Italien die deutsche Manier allgemein verehrt und von allen alten Künstlern geübt wurde, wie noch jetzt an unzähligen Gebäuden zu sehen ist. Er aber fand die antiken Gesimse wieder und führte die toskanische, korinthische, dorische und jonische Säulenordnung zu ihrer ursprünglichen Form zurück.

Filippo hatte einen Schüler aus Borgo a Buggiano, der Buggiano genannt wurde[2]. Dieser arbeitete das Wasser-

[1] Die Abänderungen gegenüber dem Modell Brunelleschis betrafen in der Hauptsache 1. die »Einebnung« der Außenwände der Kirche, die vordem die halbrund vortretenden Kapellennischen zeigen sollten, und 2. die Fassade, die vier Portale, statt der traditionellen drei erhalten sollte. Der Streit um die Fassade war 1482 ff. Parteiführer der »Vier-Portal-Anlage« war Giuliano da Sangallo, der der »Drei-Portal-Anlage« Giuliano da Maiano; letztere trug den Sieg davon. – [2] 1417 hatte Brunelleschi den erst fünfjährigen Knaben Andrea di Lazzaro Cavalcanti aus Borgo a Buggiano aufgenommen. Er wurde später sein Schüler.

becken der Sakristei von Santa Reparata, bei dem er einige Kinder anbrachte, die Wasser ausschütten[1], und verfertigte in Marmor nach der Natur das Bildnis seines Meisters, welches nach dessen Tod in Santa Maria del Fiore neben der Türe rechter Hand, wenn man in die Kirche tritt, aufgestellt wurde[2], und worunter man noch heutigentags die folgende Grabschrift liest, die ihm von der Gemeinde gesetzt war, um ihn im Tode zu preisen, wie er lebend seiner Vaterstadt Ehre gebracht hatte:

D. S.

Quantum Philippus Architectus arte daedalea valuerit, cum huius celeberrimi templi mira testudo, tum plures machinae divino ingenio ab eo adinventae documento esse possunt. Quapropter ob eximias sui animi dotes singularesque virtutes eius b. m. corpus XV Kalend. Maias anno MCCCCXLVI hac humo supposita grata patria sepeliri iussit[3].

[1] Diesem wurde 1442 der Wandbrunnen in der rechten Sakristei des Domes von Florenz in Auftrag gegeben. – [2] 1447 fertigte er die Marmorbüste nach der Totenmaske Brunelleschis an. – [3] Die Grabinschrift verfaßte 1447 der florentinische Staatsmann Carlo Marsuppini.

Donato

Florentiner Bildhauer

Donato, der von den Seinigen Donatello genannt wurde und sich auch bei einigen seiner Arbeiten so unterschrieb, ward im Jahre 1383 in Florenz geboren[1]. Er widmete sich dem Studium der Zeichenkunst und wurde nicht nur ein außerordentlicher und bewundernswerter Bildhauer, sondern zeigte auch in Stukkaturarbeit viel Übung, war in der Perspektive sehr befähigt und in der Baukunst sehr geschätzt[2]; seine Arbeiten hatten zudem so schöne Zeichnung und so viel Anmut, daß man sie den trefflichen Werken der alten Griechen und Römer ähnlicher fand als die irgendeines anderen Meisters. So wird er mit vollem Recht als der erste gerühmt, der die Darstellungsart des Flachreliefs als erster erfand und vorzüglich anwendete; die Leichtigkeit und Meisterschaft, mit welcher seine Reliefs gearbeitet sind, läßt genugsam erkennen, wie er nach richtigem Verständnis dabei verfuhr und ihnen mehr als gewöhnliche Schönheit zu geben wußte, so daß bis auf unsere Zeiten kein Künstler ihn hierin übertroffen, ja nicht einmal erreicht hat. Donatello wurde von klein auf im Hause des Ruberto Martelli erzogen[3] und erwarb sich durch seine guten Charaktereigenschaften und durch sein Streben nach Tüchtigkeit die Liebe aller, welcher

[1] Sein voller Name ist Donato di Niccolo di Betto Bardi, nunmehr allgemein Donatello genannt; nach seinen eigenen (Steuer-) Angaben ist er 1382, 1386 oder 1387 geboren. – [2] In Gemeinschaft mit Brunelleschi und Nanni di Banco hatte er 1418 ein Modell der Domkuppel von Florenz gearbeitet. – [3] Ruberto Martelli wurde erst 1408 geboren, wohl aber kann dieser später Donatellos Gönner gewesen sein.

jener edlen Familie angehörten. Er arbeitete in seiner Jugend viele Dinge, die man, weil deren viele waren, eben nicht sehr beachtete; Ruhm und Namen aber verdiente er sich durch eine Verkündigung von Sandstein, welche in Santa Croce zu Florenz auf dem Altar der Kapelle der Cavalcanti aufgestellt wurde. Rings um diese brachte er eine Verzierung aus pflanzlichem Beiwerk an, mit einem vielgestaltigen, geschwungenen Sockel, die oben im Viertelbogen endigt, wo sechs Kindlein einige Laubgewinde tragen und sich paarweise umfassen, als ob sie schwindelnd vor der Tiefe einander zu halten strebten. Ganz besondere Begabung und Kunst offenbarte er bei der Gestalt der Jungfrau, welche, erschreckt durch das plötzliche Erscheinen des Engels, sich schüchtern und sehr ehrerbietig mit größter Anmut dem Engel zubeugt, der sie grüßt, so daß man in ihrem Antlitz jene Demut und Dankbarkeit erkennt, welche dem Spender einer unerwarteten Gabe zukommt, und die um so stärker sich ausspricht, je größer die Gabe ist. Die Gewänder der Madonna und des Engels wußte darüber hinaus Donato schön zu ordnen und gab ihnen einen meisterhaften Faltenwurf; indem er sich bemühte, die menschliche Gestalt hindurch erkennen zu lassen, machte er den Versuch, die Schönheit der Alten zu enthüllen, welche viele Jahre verborgen gelegen hatte. Kurz, er zeigte so viel Leichtigkeit und Kunst bei diesem Werk, daß man weder von der Zeichnung und der Meißelarbeit, noch von Einsicht und Übung mehr wünschen kann[1]. In derselben Kirche arbeitete er unter dem Querschiff, neben dem Werke von Taddeo Gaddi, mit ungewöhnlicher Mühe einen Kruzifixus von Holz. Als er ihn beendet hatte und ihm schien, er

[1] Der Altar lag ehedem am Mönchschor und wurde 1567 an seine jetzige Stelle – im rechten Seitenschiff – übertragen. Die drei Gruppen spielender Putten sind aus gebrannter Erde.

habe etwas ganz Außerordentliches vollführt, zeigte er ihn dem Filippo Brunellesco, seinem vertrauten Freund, um dessen Meinung zu hören. Filippo, der nach den Reden Donatos etwas viel Besseres erwartet hatte, als vor ihm stand, lächelte ein wenig, und Donato, der dies sah, bat ihn bei ihrer Freundschaft, er solle ihm sagen, was er davon halte. – »Mir scheint«, erwiderte Filippo freimütig, »du habest einen Bauern ans Kreuz geheftet und nicht die Gestalt eines Christus, der zart gebaut und der schönste Mann gewesen ist, der jemals geboren wurde.« Donato, der auf Lob gehofft hatte, fühlte sich innerlich verletzt, mehr noch als er selbst glaubte, und antwortete: »Wenn es so leicht wäre, etwas zu machen, als es zu beurteilen, so würde mein Christus dir wohl Christus scheinen und nicht ein Bauer; jedoch nimm ein Stück Holz und versuche selbst einen zu formen.« Filippo sagte kein Wort mehr, ging nach Hause und fing an, ohne daß jemand es wußte, einen Kruzifixus zu arbeiten, mit dem er Donato zu übertreffen suchte, damit er nicht sein eigenes Urteil Lügen strafe, und führte das Werk nach vielen Monaten zu höchster Vollendung. Eines Morgens hierauf bat er Donato zum Frühstück zu sich, und Donato nahm seine Einladung an; als sie daher zusammen nach dem Hause Filippos gingen, kaufte dieser einiges auf dem Alten Markt und sagte, indem er es Donato gab: »Gehe mit diesen Dingen in mein Haus und warte auf mich, ich komme gleich nach.« Donato trat in die Wohnung, die zu ebener Erde lag, und sah den Kruzifixus Filippos in guter Beleuchtung, blieb stehen, um ihn zu betrachten, und fand ihn so vollkommen, daß er überwunden und voll von Staunen wie ganz außer sich die Hände öffnete und die Schürze fallen ließ, wo denn alles, was darin war, Eier, Käse und andere Ware zur Erde fiel und in viele Stücke zerbrach. Dies hinderte ihn nicht, zu bewundern und wie einer, der den Verstand verloren hat, stehenzubleiben. Da trat Filippo hinzu und sagte lachend: »Donato, was hast du vor, was wollen wir frühstücken, da du alles zur Erde geworfen hast?« – »Ich für mich«, antwortete Donato, »habe für heute mein Teil, willst du das deinige, so nimm dir's. – Doch genug, dir ist vergönnt, den Heiland darzustellen, mir aber Bauern.«[1]

Sehr jung noch, arbeitete er für die Fassade von Santa Maria del Fiore den Propheten Daniel in Marmor[2] und die sehr gerühmte Statue von S. Johannes dem Evangelisten in sitzender Stellung, vier Ellen hoch und in schlichte Gewänder gekleidet[3]. An demselben Gebäude an der Ecke, welche gegen die Straße del Cocomero gekehrt ist, sieht man zwischen zwei Säulen die Statue eines Greises, ähnlicher der Manier der Alten ausgeführt als irgend sonst ein Werk Donatos, denn man liest in den Gesichtszügen jener Gestalt die Sorgen, die das Alter denen verursacht, die von Jahren und Mühen erschöpft sind[4]. Innerhalb der Kirche über der Tür der alten Sakristei verfertigte er die Brüstung der Orgel mit jenen rasch gearbeiteten Figuren, die sich zu bewegen und zu leben scheinen, wenn man hinsieht[5]. Wie überhaupt bei den Werken Do-

[1] Donatellos Kruzifixus entstand für die Kapelle der Familie Barbigia und befindet sich heute in der der Bardi am linken Querschiff von S. Croce in Florenz. Vgl. auch die Darstellung des Wettstreites in der Biographie des Brunelleschi S. 156. – [2] Die Figur stellt vielmehr den Propheten Josua dar und ist von Nanni di Banco (1408) geschaffen; jetzt im rechten Seitenschiff des Domes zu Florenz. – [3] Die Statue – 1408 bis 1415 entstanden – ist jetzt im linken Seitenschiff des Domes. – [4] Die Statue, unter dem apokryphen Namen des Poggio Bracciolini bekannt, steht nun im linken Seitenschiff des Domes. Sie stellt den Propheten Daniel dar und ist 1415–21 von den Bildhauern Ciuffagni, Donatello (der den Kopf machte) und Rosso Fiorentino gearbeitet. Ehedem stand sie am Campanile, wurde aber dann an die Fassade des Domes versetzt, wo sie Vasari sah. – [5] Die Sängerkanzel Donatellos – ehedem über der südlichen Sakristei (sagrestia nuova) – ist jetzt im Mus. del Opera des Domes von Florenz. Sie entstand zwischen 1433 und 1439; in den mitt-

natos Verstand und Einsicht ebensoviel taten wie seine Hand. Es werden viele Dinge ausgeführt, die in Werkstätten, wo sie gearbeitet sind, schön aussehen, von dort aber weggenommen und am anderen Ort, in anderes Licht oder höher aufgestellt, ein von dem vorigen ganz verschiedenes Ansehen gewinnen, während Donato seine Figuren so behandelte, daß sie nicht halb so schön erschienen, wo er sie arbeitete, als an dem Platz, wo sie hingehörten.

In S. Michele in Orto zu Florenz arbeitete er für die Zunft der Schlächter die Marmorstatue St. Peters, eine sehr geistvolle und bewundernswerte Gestalt[1], und für die Zunft der Leinenhändler St. Marcus den Evangelisten, den er mit Filippo Brunellesco übernommen hatte, nachher jedoch allein vollendete, weil Filippo es zufrieden war. Diese Figur hatte Donatello mit vieler Einsicht in einer Weise ausgeführt, daß, wenn sie auf dem Boden stand, ihre Vorzüglichkeit von solchen nicht erkannt wurde, die kein Urteil in der Sache besaßen. Als deshalb die Vorsteher der Zunft sie nicht aufstellen lassen wollten, bat Donato, sie möchten erlauben, daß er sie an ihren Platz bringe, er werde noch daran herumarbeiten, und es sollte eine andere als jene erste Figur zum Vorschein kommen. Dies geschah, er verhüllte sie vierzehn Tage, enthüllte sie sodann, ohne irgend etwas daran getan zu haben, und sie erfüllte jeden mit Bewunderung[2].

Für die Zunft der Harnischmacher arbeitete er die sehr

leren Feldern zwischen den Konsolen befanden sich zwei – heute verschollene – Bronzeköpfe.

[1] Die Statue ist am östlichen Pfeiler der Nordfassade von Or San Michele in Florenz. – [2] An dem westlichen Pfeiler der Südfassade von Or San Michele. Auftrag am 3. IV. 1411 mit dem Bemerken, daß sie bis zum November 1412 zu vollenden sei, aber erst nach dem 29. IV. 1413 fertig. Das Marmortabernakel von Perfetto di Giovanni und Albizzi di Piero (1411–13).

lebendige Statue des heiligen Georg im Waffenschmuck; sein Antlitz zieren jugendliche Schönheit, Mut und Tapferkeit, und seine Stellung zeigt feurige Kühnheit und eine wunderbare Regung in dem Felsenblock. Gewiß ist bei neueren Figuren nicht so viel Lebendigkeit noch Lebenskraft im Marmor gefunden worden, als hier Natur und Kunst durch die Hand Donatos. Auf dem Sockel, der das Tabernakel dieser Statue trägt, sieht man in einem marmornen Flachrelief, wie St. Georg den Lindwurm tötet, wobei die Gestalt des Pferdes sehr gerühmt wird, und in dem Giebel ist in Flachrelief ein Gottvater in halber Figur[1]. Der Kirche jenes Oratoriums gegenüber arbeitete er in antiker, korinthischer Ordnung, ganz ohne jene deutsche Manier, das Marmortabernakel der Kaufmannschaft, in das zwei Statuen kommen sollten, die er jedoch nicht auszuführen vermochte, weil man wegen des Preises nicht übereinkam. Diese Figuren wurden, wie an seinem Ort gesagt werden wird, nach dem Tode Donatos von Andrea del Verrocchio in Bronze gearbeitet[2].

Donato verfertigte an der Fassade des Glockenturms von Santa Maria del Fiore vier Figuren, jede fünf Ellen hoch, und stellte in den beiden mittleren den Francesco Soderini in jugendlichen Jahren und den Giovanni di Barduccio Cherichini, dessen Statue jetzt der »Kahlkopf« genannt wird, nach dem Leben dar. Die letztere galt für das schönste und großartigste Werk, das dieser Künstler jemals vollführte; wenn er etwas beteuern wollte, pflegte er deshalb zu sagen: »beim Glauben an meinen Kahlkopf«,

[1] Das Tabernakel mit dem Sockelrelief ist am westlichen Pfeiler der Nordfassade von Or San Michele, die Georgs-Statue jetzt im Mus. Naz. (Bargello) in Florenz. Entstehungszeit wohl um 1416. – [2] Am Mittelpfeiler der Ostfassade von Or San Michele, jedoch nicht für die Kaufmannschaft, sondern die Parte Guelfa gearbeitet; jene erwarb erst 1463 das Tabernakel und ließ die Gruppe von Verrocchio hineinarbeiten; vgl. S. 243/244.

und während er arbeitete, rief er oft: »Sprich, sprich doch – daß du die rote Ruhr bekämest!«[1] Über der Tür des Glockenturms, auf der Seite nach der Domherrnwohnung zu, sieht man Abraham, welcher den Isaak opfern will, und einen anderen Propheten (von Donato gearbeitet), Figuren, welche zwischen zwei anderen Statuen aufgestellt wurden[2].

Für die Signoria jener Stadt vollführte er einen Metallguß, der auf dem Markte unter einem Bogen ihrer Pfeilerhalle aufgestellt wurde; er stellte die Judith dar, die dem Holofernes den Kopf abschlägt, ein Werk von großer Vollkommenheit und Meisterschaft. Denn so einfach das Gewand und das äußere Aussehen der Judith auch ist, so erkennt man doch in ihr den kühnen Mut jener Frau und die Kraft, die ihr durch den Beistand des Himmels kam; im Gesicht des Holofernes dagegen zeigt sich die Wirkung von Wein und Schlaf, sowie der Tod in den Gliedern, welche die Spannkraft verloren haben und kalt und schlaff herabhängen. Donato verfuhr bei diesem Werke so, daß der Guß zart und sehr schön ausfiel, er ward hernach mit Sorgfalt ausgeputzt und ist fürwahr das größte Wunder, es anzuschauen. Das Postament, eine gedrehte Säule von Granit, in einfacher Ordnung, hat nicht minder ein schönes, dem Auge gefälliges Ansehen. Donato war mit diesem Werke selbst zufrieden und setzte darunter, was er

[1] Die Statuen an der Westseite des Glockenturms des Florentiner Domes, wo sie Vasari schon sah, waren ursprünglich an der Nordflanke. Von links nach rechts sind es: 1. Johannes der Täufer, von Rosso Fiorentino (1419–20); 2. Proph. Habakuk (sog. Zuccone = Kahlkopf), von Donatello (1427–36); 3. Proph. Jeremias, von Donatello (1423 bis 1426); 4. Proph. Obadja, signiert von Rosso Fiorentino (1422). – [2] Die Statuen der Ostseite des Campanile zeigen (von links nach rechts): 1. Greiser Prophet, von Donatello (1416–1418); 2. Prophet, von Giuliano da Poggibonsi (begonnen 1422); 3. Abraham und Isaak, Zusammenarbeit von Donatello und Rosso (1421); 4. Prophet (sog. Moses), von Donatello (1418–22).

früher nicht getan hatte, seinen Namen so: Donatelli opus[1]. Im Hofe vom Palast der Signoria ist von ihm lebensgroß in Bronze gearbeitet die Gestalt eines nackten David, der dem Goliath den Kopf abgeschlagen hat; einen Fuß setzte er auf denselben, in der Rechten hält er das Schwert; und diese Gestalt hat so viel Natur, Leben und Wahrheit, daß es Künstlern scheint, als müsse sie über einem lebenden Körper geformt sein. Sie stand vordem im Hofe der Medici, bei der Verbannung Cosimos brachte man sie nach der Signoria, und da heutigentags der Herzog Cosimo an der Stelle, wo sie stand, einen Brunnen hat mauern lassen, ist sie weggenommen und wird für einen andern Hof bewahrt, der in größtem Maßstab an der Rückseite des Palastes, dort wo früher die Löwen gehalten wurden, erstehen soll[2]. Auch in dem Saal, wo die Uhr von Lorenzo della Volpaja steht, sieht man zur linken Hand einen sehr schönen David von Marmor. Das Haupt Goliaths liegt unter seinen Füßen, und er hält die Schleuder in der Hand, mit der er ihn umgebracht hat[3]. In den Häusern der Martelli sind viele Marmor- und Bronzebilder. In Prato verfertigte er die Marmorkanzel, von der der Gürtel der Jungfrau gezeigt wird; er meißelte darauf in den einzelnen Feldern einen bewundernswert schönen Kindertanz, der nicht minder als andere Dinge Beweis

[1] Die Gruppe kam erst am 15. X. 1495 nach der (vorübergehenden) Vertreibung der Medici aus deren Palast auf die Piazza della Signoria, mußte aber 1504 der Davidstatue des Michelangelo weichen und wurde unter der Loggia dei Lanzi aufgestellt. Im 19. Jahrhundert wieder auf die Piazza übertragen. – [2] Die Figur wurde nicht schon 1433 – dem Jahre der Verbannung Cosimos d. Ält. – sondern erst am 15. X. 1495 übertragen (vgl. vorige Anmerkung). Die von Vasari genannte Brunnenanlage ist der Neptunsbrunnen des Bartolommeo Ammanati auf der Piazza della Signoria (1563 bis 1575). Die Statue ist jetzt im Mus. Naz. (Bargello) in Florenz. – [3] Der Marmor-David – im Mus. Naz. (Bargello) in Florenz – entstand 1408/09 für einen Strebepfeiler der nördlichen Nebenkuppel des Florentiner Domes; am 2. VII. 1416 an die Signoria verkauft.

von Donatos Vollkommenheit in der Kunst gibt. Als Träger dieses Werkes verfertigte er zwei Bronzekapitelle, von denen das eine noch vorhanden ist, das andere als Beute von den Spaniern entführt wurde, als sie das Land plünderten[1]. Die Signoria von Venedig, die Donato hatte rühmen hören, sandte in jener Zeit nach ihm, damit er in der Stadt Padua das Denkmal des Gattamelata verfertigte. Er ging sehr gern dahin und arbeitete das Reiterdenkmal von Bronze, das auf dem Platz von S. Antonio steht, wobei er das Schnauben und Brausen des Pferdes und den großen Mut und das stolze Wesen des Reiters mit Kunst aufs lebendigste darstellte. Bewundernswert zeigte Donato sich bei der Größe des Gusses in den Proportionen und der Güte der Ausführung, weshalb sein Werk sich in Bewegung, Zeichnung, Kunst, Größenverhältnissen und Fleiß mit dem jedes antiken Künstlers vergleichen läßt, und nicht nur damals wurde es mit Bewunderung betrachtet, sondern noch heute versetzt es jedermann in Staunen[2]. – Die Paduaner, die ihn durch die freundlichsten Liebesdienste festzuhalten strebten und auf alle Weise zu erlangen suchten, daß er ihr Mitbürger wurde, übertrugen ihm, um ihn festzuhalten, an der Staffel des Hauptaltars in der Kirche der Minderbrüder das Leben

[1] Der Auftrag für die Außenkanzel des Domes zu Prato erfolgte am 14. VI. 1428 an Donatello und Michelozzo gemeinsam. Erst August bis Dezember 1433 Guß des Bronzekapitells durch Michelozzo. Am 27. V. 1434 neuer Vertragsabschluß, nach dem bis zum 17. IX. 1438 die sieben Reliefs mit dem Puttentanz entstehen. Die Plünderung der Spanier vom 29. VIII. bis 19. IX. 1512. – [2] Das Reiterdenkmal des Erasmo da Narni, gen. Gattamelata (geb. 1370, gest. am 16. I. 1443), wurde nicht durch die Signoria von Venedig, sondern durch den Sohn des berühmten Feldhauptmanns bestellt. 1447 wird der Sockel errichtet (Auftragstermin unbekannt; Donatello war seit dem Frühjahr 1447 in Padua anwesend), am 29. VI. und 21. X. 1453 wird das vollendete Denkmal abgeschätzt. Das Reiterstandbild steht neben der Kirche S. Antonio in Padua, die Sockelreliefs sind im Kreuzgang daselbst.

des heiligen Antonius von Padua darzustellen, lauter Flachreliefs, welche Donato mit so vieler Einsicht vollendete, daß die trefflichen Meister dieser Kunst sich sehr verwundern und staunen, wenn sie die herrlichen, mannigfaltigen Kompositionen, die Menge phantastischer Figuren und die perspektivischen Verkürzungen betrachten. Auf der Rückwand des Altars sind sehr schön die Marien abgebildet, die um den toten Christus weinen[1]. Man findet in Padua noch eine unendliche Menge Arbeiten von Donato, und weil er um ihretwillen für ein Wunder gehalten und von jedem Einsichtigen gerühmt wurde, beschloß er nach Florenz zurückzukehren, indem er sagte: verbliebe er länger in Padua, so würde das viele Lob, was man ihm zollte, Ursache sein, ihn alles vergessen zu machen, was er wisse; er wolle gern wieder in seine Vaterstadt gehen, um sich dort überall tadeln zu lassen, dieser Tadel sei Veranlassung zum Studium und daher zu größerem Ruhm.

In Florenz in der Sakristei von S. Lorenzo ist von ihm ein Waschbecken aus Marmor, an welchem auch Andrea Verrocchio arbeitete[2]; und im Hause von Lorenzo della Stufa finden sich Köpfe und Figuren von Donato von ausdrucksvoller Lebendigkeit. Von Florenz begab er sich nach Rom, damit er die Werke der Alten soviel nachahme wie nur möglich, und arbeitete in der Zeit, wo er sie

[1] Vasaris Beschreibung ist sehr mangelhaft. Der Hochaltar – in seinem alten Bestand 1579 zerstört – trug die lebensgroßen Bronzefiguren der Madonna mit dem Kinde und vier Heiligenfiguren und war außer den erwähnten Reliefdarstellungen mit denen der vier Evangelisten und musizierenden und tanzenden Engeln (davon heute zwei im Musée Jacquemart Andrée in Paris). Der Hochaltar wurde am 13. VI. 1450 geweiht. Mitarbeiter waren: Franc. Pizzolo, Giovanni da Pisa, Antonio di Chellino da Pisa u. a. Der heute auf dem Altar befindliche Kruzifixus, ebenfalls von Donatello, war für den Kreuzaltar der Kirche gearbeitet worden. – [2] Noch in einem Nebenraum der Sakristei vorhanden (Kreis des Verrocchio).

studierte, ein steinernes Tabernakel für das Sakrament, das sich heutigentags in S. Peter befindet[1]. Auf seinem Rückwege nach Florenz kam er durch Siena und übernahm es, eine Bronzetür zu der Taufkirche S. Giovanni zu verfertigen. Schon hatte er das Holzmodell gearbeitet, die Wachsformen fast vollendet und sie schon mit dem Mantel umgeben, damit er den Guß vornehmen könne, als der florentinische Goldschmied Bernadetto di Mona Papera, der sein vertrauter Freund war, auf der Rückreise von Rom war und entweder um seiner selbst oder um anderer Ursache willen es durch Wort und Reden dahin zu bringen wußte, daß Donato mit ihm nach Florenz ging. Hierdurch blieb dies Werk unbeendet oder vielmehr unbegonnen[2]. Im Bau der Dombauverwaltung jener Stadt ist von seiner Hand nur die Bronzestatue St. Johannis des Täufers, welcher der rechte Arm vom Ellbogen an fehlt; dies tat Donato, wie man sagt, weil er nicht völlig bezahlt wurde[3]. Nach Florenz zurückgekehrt, verzierte er für Cosimo de' Medici die Sakristei von S. Lorenzo mit Stuckarbeiten, brachte in den Zwickeln der Wölbung vier Runde mit perspektivisch verkürzten Gründen an, halb gemalt, halb in Flachrelief, Begebenheiten aus dem Leben der Evangelisten. An jenem Ort verfertigte er in halberhabener Arbeit zwei sehr schöne kleine Bronzetüren, darauf die Apostel, die Märtyrer und Bekenner, und über diesen ein paar flache Nischen; in der einen sind der heilige Laurentius und heilige Stephanus und in der anderen die

[1] Das Sakramentstabernakel ist jetzt in einem Nebenraum der Sakristei von St. Peter in Rom. – [2] Donatello erhielt am 4. XI. und 10. XII. 1457 Wachs für die Modelle zu den Bronzetüren des Domes von Siena (nicht von S. Giovanni!). Noch 1459 arbeitete er daran; die Gründe und Zeit des Abbruchs der Arbeit sind unbekannt. – [3] Die Johannes-Figur (jetzt im Dom zu Siena) wurde in Florenz gegossen und in 3 Teilstücken am 22. bis 24. X. 1457 abgeliefert (schon damals fehlte der eine Arm).

Heiligen Cosmas und Damian[1]. Im Querschiff der Kirche sind von ihm vier Heilige in Stuck mit vieler Praktik gearbeitet, jeder fünf Ellen hoch. Die Bronzekanzeln wurden nach seiner Anordnung ausgeführt. Man sieht darauf die Passion Christi, in deren Figurenfülle und Gebäuden viel Zeichnung, Kraft, Erfindungsreichtum zu erkennen ist. Donato konnte dies Werk wegen seines Alters nicht vollenden, und es wurde deshalb von seinem Zögling Bertoldo zu letzter Vollendung gebracht[2]. Für Santa Maria del Fiore verfertigte er zwei Kolosse aus Backsteinen und Stuck, die außerhalb der Kirche an den Ecken über den Kapellen als Verzierung aufgestellt sind. Über der Tür von Santa Croce sieht man von ihm gearbeitet noch heute eine Bronzestatue des heiligen Ludwig, fünf Ellen hoch. Als man ihn beschuldigte, diese Figur stelle einen Tölpel dar und sei am wenigsten gut von allem, was er je gemacht habe, antwortete er: Dies habe er mit Bedacht getan, denn es sei von dem heiligen Ludwig mehr als ungeschickt gewesen, das Königreich abzugeben und Mönch zu werden[3]. Im Hause von Giovan-Battista d'Agnolo Doni, einem florentinischen Edelmann, ist ein Merkur von Donato, seltsam gekleidet, eineinhalbe Elle hoch, ganz rund und sehr schön in Metall gearbeitet;

[1] Außer den von Vasari erwähnten Arbeiten in der Alten Sakristei von S. Lorenzo sind zum selben Zyklus gehörig und von Donatello gearbeitet an den vier Schildwänden in Rundreliefs die vier Evangelisten. – [2] Die beiden Kanzeln – jetzt seitlich des Mittelschiffs von S. Lorenzo – wurden 1515 an den vorderen Vierungspfeilern aufgestellt. Die eine (rechte) Kanzel ist der Passion Christi, die andere seiner Verherrlichung gewidmet. Wahrscheinlich von Donatello unvollendet zurückgelassen und von seinen Mitarbeitern, in je einem Relief (rechte Kanzel: Verspottung Christi, linke: Geißelung Christi) wohl erst um 1600 vollendet. – [3] Die Statue, einst ganz feuervergoldet, befindet sich im Klostermuseum von S. Croce. Sie stellt nicht den heiligen Ludwig, den Sohn König Karls II. von Neapel (so Vasari!) dar, sondern den heiligen Ludwig, den Bischof von Toulouse.

diese außerordentlich schöne Statue kann man fürwahr nicht minder herrlich nennen als die anderen Kunstwerke, welche jenes schöne Haus schmücken[1]. Dieser Künstler leistete so Vieles und Großes, daß, wenn ich sein Leben ganz mitteilen und alle seine Werke nennen wollte, es eine viel längere Erzählung werden würde, als es bei Aufzeichnung der Lebensbeschreibungen unserer Künstler meine Absicht ist. Denn nicht nur unternahm er die großen Arbeiten, von denen genugsam die Rede war, sondern legte auch bei den geringsten Kunstgegenständen Hand an; er übernahm es sogar, Familienwappen über Kamine und für die Fassaden der Bürgerhäuser zu verfertigen.

Donato war in allen Unternehmungen so wunderbar, daß man sagen kann, er sei in handwerklicher Tüchtigkeit, Urteil und Wissen einer der ersten gewesen, der die Bildhauerkunst und gute Zeichenmethode der Neueren zu Ehren gebracht, und er verdient um so größere Anerkennung, da zu seiner Zeit die Altertümer, Säulen, Pfeiler und Triumphbögen noch nicht aufgefunden waren, welche wir nunmehr kennen. Ja er ist hauptsächlich Veranlassung gewesen, daß in Cosimo de' Medici das Verlangen erwachte, die Werke der Alten nach Florenz zu bringen, welche im Hause der Medici noch jetzt aufbewahrt und alle von Donato restauriert worden sind[2]. Er war äußerst freigebig, liebevoll und freundlich und mehr für seine Freunde als für sich bedacht; Geld schätzte er niemals, er hatte es in einem Korbe liegen, der mit einem Strick an der Decke befestigt war, und seine Ge-

[1] Die Statue stellt nicht den Merkur, sondern vielleicht die phrygische Gottheit Attis dar; jetzt im Mus. Naz. (Bargello) in Florenz; die beiden Arme sind barocke Anstückungen. – [2] So berichtet Vasari auch, daß von Donatello eine antike Statue, den geschundenen Marsyas darstellend (meist mit einem Stück in weißem Marmor der Antikensammlung in den Uffizien zu Florenz identifiziert), restauriert worden sei; vgl. S. 245/246.

hilfen und Freunde nahmen dort, was sie brauchten, ohne ihm etwas davon zu sagen. Er verlebte ein sehr frohes Alter, und als er anfing, schwächer zu werden und nicht mehr arbeiten konnte, ward er von Cosimo wie von anderen seiner Freunde unterstützt.

Man sagt, Cosimo habe, als er starb[1], seinem Sohn Piero empfohlen, Sorge für Donato zu tragen, und dieser gab ihm als treuer Vollstrecker der Gebote seines Vaters zu Cafaggiuolo ein Gut von solchem Einkommen, daß er bequem davon leben konnte. Donato empfand hierüber die größte Freude, denn ihm schien, er sei dadurch mehr als gesichert, nicht vor Hunger sterben zu müssen. Kaum aber besaß er es ein Jahr, als er zu Piero zurückkehrte und auf das Gut förmlich und gerichtlich Verzicht leistete; er versicherte, daß er nicht seiner Ruhe verlustig gehen wollte, um sich mit den häuslichen Sorgen und der Last des Bauern zu beschäftigen, der ihn alle drei Tage überlaufe, jetzt, weil der Wind ihm den Taubenschlag abgedeckt habe, dann, weil ihm als Abgabe für die Gemeinde das Vieh weggenommen worden, und dann wegen des Sturmes, der Wein und Früchte abgerissen hätte; alle diese Dinge seien ihm so überdrüssig und lästig, daß er lieber vor Hunger sterben, als sich um so vieles kümmern wollte. Piero lachte über die Einfalt Donatos; er nahm, um ihn von dieser Plage zu erlösen, auf sein dringendes Bitten das Gut zurück und wies ihm auf seiner Bank ein Gehalt an, durch welches er so viel oder mehr noch in barer Münze erhielt. Hiervon ließ er ihm jede Woche den Anteil auszahlen, der ihm zukam, und Donato, mit dieser Anordnung sehr zufrieden, verlebte als Diener und Freund der Medici froh und sorglos den Überrest seiner Tage. Endlich im dreiundachtzigsten Jahre wurde er so gelähmt, daß er gar nichts mehr arbeiten

[1] Cosimo d. Ält. starb 1464.

konnte, und lag beständig zu Bett in seinem kleinen Haus in der Via del Cocomero, nahe bei den Nonnen von S. Niccolo. Von Tag zu Tag wurde es schlimmer mit ihm, und er nahm allmählich an Kräften ab, bis er endlich am 13. Dezember 1466 starb. Seinem Verlangen gemäß wurde er in der Kirche S. Lorenzo, nahe bei Cosimo, begraben, damit der Körper nach dem Tode dem nahe sei, bei dem der Geist im Leben stets verweilt hatte.

Der Tod Donatos tat seinen Mitbürgern und Kunstgenossen wie allen, die ihn gekannt hatten, unendlich leid, und es wurde, ihn im Tode mehr zu ehren, als im Leben geschehen war, ein feierliches Leichenbegängnis in jener Kirche gehalten, wobei alle Maler, Baumeister, Bildhauer, Goldschmiede, ja fast alle Bewohner der Stadt der Leiche folgten.

Sein Bildnis malte Paolo Uccello, wie in dessen Leben gesagt ist[1].

[1] Donatello ist auf dem Fünfmännerbildnis im Louvre zu Paris dargestellt, vgl. S. 85.

Piero della Francesca

Maler aus Borgo San Sepolcro

Unglücklich in Wahrheit ist, wer bei eifrigem Studium, durch das er trachtet, andern zu nützen und sich selbst Ruhm zu erwerben, durch Krankheit oder Tod verhindert wird, die begonnenen Werke zu letzter Vollkommenheit zu führen; ja oftmals geschieht es, daß, wenn sie fast beendet sind, oder doch ein gewisses Ziel erreicht haben, der Hochmut unrechtlicher Menschen sie als ihr Eigentum sich anmaßt und ihre Eselshaut mit dem glänzenden Felle des Löwen zu bedecken sucht. Die Zeit zwar, welche, wie man zu sagen pflegt, die Mutter der Wahrheit ist, offenbart früher oder später das Wahre, dennoch aber wird für kürzere oder längere Frist der des Ruhmes beraubt, wer ihn durch seinen Fleiß und seine Bemühungen verdient hat; so geschah es Piero della Francesca aus Borgo S. Sepolcro. Er galt für einen vorzüglichen Meister in der schwierigen Darstellung regelmäßiger Körper und in der Arithmetik und Geometrie, ward aber im Alter durch Blindheit und endlich durch den Tod verhindert, seine großartigen Arbeiten und die zahlreichen von ihm verfaßten Bücher herauszugeben, welche noch in Borgo, seiner Vaterstadt, aufbewahrt werden. Der hingegen, der aus allen Kräften hätte trachten sollen, seinen Ruhm und Namen zu verbreiten, weil er von ihm alles gelernt hatte, was er wußte, suchte als ein treuloser und böser Mensch den Namen Pieros, seines Lehrers, zu vernichten und sich selbst die Ehre anzumaßen, die jenem allein zukam. Denn der Mönch Luca dal Borgo gab unter seinem eigenen Namen die mühevollen Werke jenes redlichen Greises heraus, der außer in den Wissenschaften auch in der Malerei ganz ausgezeichnet war[1]. Piero wurde in Borgo S. Sepolcro geboren, jetzt eine Stadt, welche es damals noch nicht war. Man nannte ihn nach dem Namen seiner Mutter Della Francesca, weil, noch ehe er die Welt erblickte, sein Vater, ihr Ehemann, starb und sie ihn deshalb allein erzog und ihm weiterhalf, das Ziel zu erreichen, das ihm vom Schicksal bestimmt war[2]. Piero beschäftigte sich in seiner Jugend mit Mathematik, und obwohl er in seinem fünfzehnten Jahre veranlaßt wurde, Maler zu werden, gab er doch jene Wissenschaft niemals auf, vielmehr erntete er hierin wie in der Malerei herrliche Früchte und erhielt von Guidobaldo Feltre, dem alten Herzog von Urbino, Bestellungen, gemäß denen er für ihn eine Menge sehr schöner Bilder mit kleinen Figuren verfertigte. Diese sind zum größten Teil in den Kriegen zugrunde gegangen, die verschiedene Male jenen Staat verheert haben[3]; einige seiner Schriften über Geometrie und Perspektive indes werden noch jetzt dort aufbewahrt, in welchen Wissenschaften er keinem seiner Zeitgenossen, ja vielleicht auch keinem Meister anderer Zeiten nachsteht[4]. Alle seine Werke sind von per-

[1] Die schweren Beschuldigungen des Plagiats, die von Vasari mit mehr oder weniger Recht erhoben werden, richten sich gegen den ca. 1445 in Borgo San Lorenzo geborenen Fra Luca Pacioli, einen der berühmtesten Mathematiker und Lehrer seiner Zeit († 1509). 1496/97 schuf dieser eines seiner Hauptwerke: »De Divina Proportione« (veröff. 1509 in Venedig), an das er den von Piero zum Teil abgeschriebenen »Libellus corporum regularium« anhängte. Aber schon in der 1494 veröffentlichten »Summa de Arithmetica, geometria, proportioni et proportionalita" spricht Pacioli mit höchstem Lob über Piero und dessen Schriften. – [2] Pieros Geburtsjahr ist urkundlich nicht bekannt, etwa 1416–20. Sein Vater, Benedetto dei Franceschi, soll kurz vor 1465 noch am Leben gewesen sein. – [3] Vasari unterliegt hier Verwechslungen in der Genealogie des Hauses Montefeltro: Guidobaldo wurde als Sohn des Federigo da Montefeltro erst am 24. I. 1472 geboren. Vorgänger des Federigo war dessen Bruder Odd'Antonio († 1444). – [4] In der in den Vatikan übertragenen Bibliothek aus Urbino ist Pieros

spektivischen Verkürzungen voll, und ganz vornehmlich eine Vase zeigt das, deren Felder und Seiten so gezogen sind, daß man sie von vorne und hinten und von den Seiten, von oben und unten sieht; eine sicherlich überraschende Sache, zumal er jede Kleinigkeit daran mit größter Genauigkeit gezeichnet und jeden Ring zierlich verkürzt hat. Durch alle diese Dinge erlangte er an jenem Hofe Ruhm und Namen.

Er begab sich nach Borgo zurück, weil seine Mutter gestorben war, und malte daselbst in der Pieve, über der inneren Seite der Mitteltür in Fresko zwei Heilige, welche für etwas sehr Schönes gelten. Im Kloster der Augustinermönche malte er die sehr gerühmte Tafel des Hauptaltars; für eine Gesellschaft oder vielmehr Brüderschaft schuf er eine Schutzmantelmadonna in Fresko[1], und im Palast der Konservatoren eine Auferstehung Christi, welche für die beste seiner Arbeiten in jener Stadt, ja überhaupt aller seiner Werke gilt[2]. In Santa Maria zu Loreto fing er an, in Gemeinschaft mit Domenico Veneziano das Gewölbe der Sakristei zu malen; aus Furcht vor der Pest jedoch ließen sie das Werk unbeendet, und es ward, wie ich an seinem Orte sagen werde, später erst von Luca von Cortona, einem Schüler Pieros, zu Ende geführt[3]. Von Loreto ging Piero nach Arezzo und malte in S. Francesco für Luigi

Traktat »De cinque corporibus regularibus« (die Autorschaft ist noch umstritten!). Der andere Traktat, dessen Original in der R. Bibl. in Parma liegt, handelt: »De prospectiva pingendi« (herausgegeben von C. Winterberg mit deutscher Übersetzung, Straßburg 1899).

[1] Der vielteilige Altar (kein Fresko!) ist jetzt im Pal. Comunale in Borgo Sansepolcro; Auftrag an Piero am 11. 1. 1445 mit dem Bemerken, ihn in drei Jahren zu vollenden. – [2] Das Auferstehungsfresko ist noch an Ort und Stelle im heutigen Pal. Comunale in Borgo Sansepolcro. – [3] Die Tätigkeit Pieros in Loreto ist in hohem Maße unwahrscheinlich; über die malerische Ausstattung der Sakristei durch Luca Signorelli vergleiche man S. 287.

Bacci, einen Bürger jener Stadt, die Kapelle des Hauptaltars, die jener Familie gehörte, und deren Wölbung Lorenzo di Bicci vordem schon auszumalen angefangen hatte. Man sieht dort die Legende vom Kreuze Christi dargestellt, von da an, wo Adam von seinen Söhnen begraben wird, die ihm das Samenkorn des Baumes unter die Zunge legen, aus dem nachher der Stamm, der zum Kreuze diente, erwuchs, bis zur Erhöhung des heiligen Kreuzes durch Kaiser Heraclius, der barfuß, die Last auf den Schultern tragend, in Jerusalem einzieht. In diesen Darstellungen findet man viele schöne Beobachtungen und schöne Stellungen, die alles Lobes würdig sind; darunter gehören zum Beispiel die Gewänder von den Frauen der Königin von Saba, die Piero in zarter und neuer Manier ausführte, eine Menge Bildnisse von Alten und mit vielem Leben nach der Natur gemalt, eine Reihe korinthischer Säulen von göttlichem Verhältnis, und ein Landmann, der, die Hände auf sein Grabscheit gestützt, mit einer Aufmerksamkeit, welche nicht schöner dargestellt werden könnte, auf die Rede der hl. Helena horcht, während man die Kreuze ausgräbt. Sehr wohl gelungen ist der Tote, der durch die Berührung des Kreuzes ins Leben zurückkehrt, und die Freude der hl. Helena und das Erstaunen der Umstehenden gleichermaßen, die niederknien, um zu beten. Mehr Beobachtung, Talent und Kunst jedoch, als in irgendeinem anderen, zeigte Piero in dem Bilde, in welchem ringsumher Nacht herrscht, ein Engel aber in verkürzter Stellung, das Haupt niederwärts, herabkommt und dem Konstantin das Zeichen des Sieges bringt. Dieser schläft im Zeit, bewacht von einem Diener und mehreren Lanzknechten, welche die Dunkelheit der Nacht umhüllt. Das Licht, das von dem Engel ausströmt, erleuchtet mäßig das Zelt, die Waffenknechte und die Umgebung. Piero zeigte bei diesem Dunkel, wie wichtig es sei, die

Wirklichkeit nachzuahmen, und wie man zu verfahren habe, wenn man aus ihr schöpfte. Denn da er dies auf treffliche Weise tat, veranlaßte er die Neueren, ihm nachzufolgen und zu der höchsten Stufe zu gelangen, welche in unsern Tagen erreicht ist. Unter diesen Darstellungen findet man auch eine Schlacht, in welcher Furcht, Tapferkeit, Gewandtheit, Kraft und alle Leidenschaften, die in Kämpfenden erwachen, sehr wirkungsvoll ausgedrückt sind, und ebenso die Begebnisse des Krieges und ein fast unglaubliches Blutbad von Verwundeten, Gestürzten und Toten. Dort hat Piero in der Freskomalerei das Blitzen der Waffen nachzuahmen gewußt und verdient das größte Lob sowohl dessenthalben als auch darum, weil er auf der andern Seite, wo man die Flucht und das Versinken des Maxentius sieht, einen Trupp Pferde so bewundernswert in Verkürzung zeichnete und ausführte, daß, wenn man jene Zeit bedenkt, man sie fast zu schön und herrlich nennen könnte. Eine Gestalt, halb nackt, halb in sarazenischer Kleidung, auf einem mageren Pferde, zeigt, wie viele Kenntnis der Anatomie er wiedergewonnen hatte, die zu seiner Zeit nicht sehr verbreitet war. In einem andern dieser Gemälde, worin die Enthauptung eines Königs dargestellt ist, sind unter den Personen, die diesen umgeben, einige Figuren nach dem Leben abgebildet: Luigi Bacci nämlich, der Piero jenes ganze Werk arbeiten ließ, Carlo, dessen Bruder, seine andern Brüder und sonst noch viele Aretiner, die damals durch ihre Gelehrsamkeit berühmt waren. Piero aber erwarb sich durch das, was er hierbei leistete, von Herrn Luigi große Belohnung und in jener ganzen Stadt, die er durch seine Arbeiten so verherrlicht hatte, Verehrung und Liebe[1]. Im Dom desselben Ortes malte er

[1] Das Gewölbe der Chorkapelle mit den vier Evangelisten und der Eingangsbogen von Bicci di Lorenzo (nicht dessen Vater, Lorenzo di Bicci, wie Vasari sagt), der die Arbeit bei seinem Tode

in Fresko neben der Türe der Sakristei eine Maria Magdalena[1] und arbeitete für die Brüderschaft der Nunziata die Fahne, welche sie bei Prozessionen umhertragen. An der Vorderseite eines Kreuzganges in Santa Maria delle Grazie außerhalb der Stadt malte er auf einem perspektivisch gezeichneten Stuhl den hl. Donatus in Bischofskleidung und neben ihm einige Engel. Viele seiner Arbeiten sind in Perugia; so sieht man in der Kirche der Nonnen von S. Antonio da Padova eine Temperatafel von ihm: die Madonna mit dem Kinde auf dem Schoße, St. Franziskus, die hl. Elisabeth, St. Johannes den Täufer und St. Antonius von Padua. Darüber ist eine sehr schöne Verkündigung, worin Piero den Engel so anmutig malte, daß er fürwahr vom Himmel zu kommen scheint, und er eine Säulenreihe anbrachte, die sich perspektivisch sehr schön verkürzt. Auf der Staffel ist in kleinen Figuren dargestellt, wie St. Antonius ein Kind vom Tode erweckt, die hl. Elisabeth ein anderes rettet, das in einen Brunnen gestürzt ist, und St. Franziskus die Wundenmale empfängt[2]. Endlich noch findet sich in S. Ciriaco zu Ancona, auf dem Altar des hl. Joseph, ein sehr schönes Bild desselben Meisters: eine Vermählung unserer Lieben Frau.

Piero war, wie ich schon sagte, sehr eifrig im Studium der Kunst, beschäftigte sich viel mit Perspektive und war wohl bewandert im Euklid, so daß er die wichtigsten Kreislinien regelmäßiger Körper besser als irgend sonst ein Geometer zu zeichnen verstand, ja die meisten Aufklärungen über diese Gegenstände haben wir von ihm. Piero pflegte oft Modelle von Ton zu formen und mit weichen falten-

(† 6. V. 1452) zurückließ. Zu Pieros Hauptwerk besitzen wir kein direktes urkundliches Zeugnis. Am 20. XII. 1466 werden die Fresken als vollendet erwähnt.

[1] Noch an Ort und Stelle im linken Seitenschiff des Domes. – [2] Das Triptychon ist jetzt in der Pinakothek zu Perugia.

reichen Gewändern zu bekleiden, die er abzeichnete und als Vorlagen benutzte.
Piero aus Borgo, dessen Malereien um 1458 entstanden, bekam mit sechzig Jahren einen Katarrh, durch den er erblindete, und lebte nachdem noch bis zu seinem sechsundachtzigsten Jahre[1]. Er hinterließ ein ziemliches Vermögen und in Borgo einige Häuser, die er sich selbst erbaut hatte, von denen jedoch 1536 ein Teil abbrannte und zerstört wurde. Seine Mitbürger bestatteten ihn ehrenvoll in der Hauptkirche, die vordem zum Orden der Kartäuser gehörte, jetzt aber ein Bischofssitz ist. Seine Bücher, die sich zum größten Teil in der Bibliothek Herzog Federigo II. von Urbino befinden, haben ihm mit Recht den Namen des ersten Geometers seiner Zeit erworben.

[1] Piero wurde am 12. X. 1492 in dem heutigen Dom von Borgo San Sepolcro beigesetzt. Die Angabe Vasaris, daß er erblindete, ist mit großer Vorsicht aufzunehmen; noch 1478 war Piero als Maler tätig und bezeichnet sich in seinem Testament vom 5. VII. 1487 als »sanus mente intellectu et corpore«.

Frate Giovanni da Fiesole

aus dem Orden der Predigermönche

Maler

Der Ordensbruder Giovanni Angelico aus Fiesole, mit seinem weltlichen Namen Guido genannt, ist ein nicht minder trefflicher Maler und Miniaturmaler als ein vorzüglicher Geistlicher gewesen und verdient um des einen wie um des anderen willen ein ehrenvolles Gedächtnis[1]. Er hätte äußerst bequem im Laienstande leben und durch seine Kunst, in der er jung schon erfahren war, sich zu dem, was er besaß, noch so viel verdienen können, wie er nur wollte; als ein Mann von gutem und stillem Gemüt jedoch beschloß er zu seiner Befriedigung und Ruhe und hauptsächlich um seine Seele zu retten, in den Orden der Predigermönche zu treten[2]. Obwohl man in jedem Beruf Gott dienen kann, meinen doch einige, sie vermöchten im geistlichen Stande besser als im weltlichen für ihr Seelenheil zu sorgen. Den Guten gelingt dies leicht, wer aber aus anderen Ursachen Geistlicher wird, bei dem ist es fürwahr ein elendes und unglückliches Ding. Dieser Pater wurde wegen seiner Verdienste von Cosimo de' Medici sehr geliebt, und als daher das Kirchen- und Klostergebäude von S. Marco durch diesen errichtet war, ließ er ihn auf eine Wand des Kapitelsaales die ganze Passion Christi malen, zu einer Seite am Fuße des Kreuzes trauernd und klagend alle Heiligen, die Häupter und Gründer geistlicher Orden waren, auf der anderen den Evangelisten Markus neben der Muttergottes, die ohnmächtig niedergesunken ist,

[1] Giovanni, der mit seinem weltlichen Namen Guido da Pietro hieß, wurde (um 1387?) bei Castello Vicchio im Mugello geboren. – [2] 1407 trat er in den Dominikanerorden ein und nannte sich Fra Giovanni.

weil sie den Heiland der Welt gekreuzigt sieht. Bei ihr sind die Marien, die sie wehklagend halten, und die Heiligen Cosmas und Damian. In der Gestalt des heiligen Cosmas, sagt man, habe Fra Giovanni seinen Freund, den Bildhauer Nanni d'Antonio di Banco, abgebildet[1]; unten in einem Fries über den Lehnen der Bänke ist ein Baum, an dessen Fuß der heilige Domenikus steht, und in den Rundfeldern von den Zweigen umschlossen sind alle Päpste, Kardinäle, Bischöfe, Heilige und Lehrer der Theologie abgebildet, die bis dahin zum Orden der Predigermönche gehört hatten. Im ersten Klosterhof malte er in Fresko in einigen Halbkreisen eine Menge herrlicher Figuren und einen Kruzifix, an dessen Fuß der heilige Domenikus steht; ein sehr gerühmtes Bild. Außer einer Menge von Gegenständen, die sich in den Zellen und auf den Wänden der Mauern finden, ist im Schlafsaal eine Begebenheit aus dem Neuen Testament so schön von ihm dargestellt, daß man es nicht genug sagen kann[2]. Bewunderungswert schön aber vor allen ist die Tafel auf dem Hauptaltar jener Kirche, denn die Madonna in diesem Bilde erweckt durch ihre schlichte Einfalt bei jedem, der sie betrachtet, Verehrung und Andacht; nicht minder vorzüglich sind die Heiligen um sie her; auf der Staffel sind die Martern der Heiligen Cosmas und Damian und anderer so schön dargestellt, daß es nicht möglich ist, sich jemals etwas fleißiger und zarter Gemaltes vorzustellen, noch Figuren, die besser geordnet wären[3]. In S. Domenico zu

[1] Nanni d'Antonio di Banco ist am 12. II. 1421 als verstorben bezeichnet. – [2] Der Bau der Klosteranlage durch Michelozzo begann 1436. Bald darauf wird man mit den Malereien begonnen haben. Das Fresko im Kapitelsaal ist noch vorhanden. Zu der umfangreichen Freskenausstattung durch Fra Angelico und seine Werkstattgenossen sind Dokumente nicht bekannt. – [3] Die Tafel, Madonna mit Heiligen, darunter Cosmas und Damian, als Schutzpatrone von Cosimo de' Medici, ist im Museo S. Marco in Florenz. Von der Staffel befinden sich Stücke in München, Ält. Pinakothek (3),

Fiesole malte er ebenso die Tafel für den Hauptaltar, welche, vielleicht weil sie zugrunde zu gehen schien, von anderen Meistern übermalt und dadurch verschlechtert worden ist. Besser erhalten sind die Staffel und das Sakramentstabernakel; eine Menge Figuren in einer Himmelsglorie, welche man daselbst sieht, sind so schön, daß sie in Wahrheit aus dem Paradiese zu kommen scheinen, und wer sie einmal betrachtet, kann nicht satt werden, sie anzuschauen[1]. In einer Kapelle derselben Kirche ist von seiner Hand eine Tafel, worin der Engel Gabriel der Madonna den Heiland verkündet, deren Angesicht einen so frommen Ausdruck und solche Zartheit hat und so gut gemalt ist, daß es nicht von menschlicher Hand, sondern im Paradies gebildet zu sein scheint. In der Landschaft sieht man Adam und Eva, welche verschuldeten, daß der Erlöser der Welt von der Jungfrau geboren werden mußte; auch an der Staffel sind einige sehr schöne Bildchen[2]. Sich selbst jedoch übertraf er und bewies am meisten Tüchtigkeit und künstlerischen Verstand bei einer Tafel in derselben Kirche, neben der Tür linker Hand, wenn man eintritt. In dieser sieht man Christus, der die Madonna inmitten eines Chors von Engeln und einer unendlichen Menge von heiligen Männern und Frauen krönt; diese sind aufs herrlichste gemalt, haben die mannigfaltigsten Stellungen und einen ganz verschiedenartigen Gesichtsausdruck, so daß man eine unendliche Freude und Annehmlichkeit fühlt, sie zu betrachten, ja es scheint, als könnten jene himmlischen Geister im Himmel nicht anders sein oder besser nicht sein könnten, wenn sie körperlich

im Museo S. Marco, Florenz (2), im Louvre in Paris (1) und je eines in Dublin und in New York.

[1] Das Hauptbild, noch in S. Domenico erhalten, wurde 1501 von Lorenzo di Credi vergrößert und bis auf die Figuren übermalt. Die Staffel in der Nat. Gall. zu London. – [2] Der Verkündigungsaltar ist im Prado zu Madrid.

wären. Denn alle jene Heiligen, Männer und Frauen, haben nicht nur Leben und einen zarten und lieblichen Ausdruck, sondern auch die Farbgebung des ganzen Werkes ist, als ob es von der Hand eines Heiligen oder eines Engels, wie sie selbst sind, ausgeführt wäre. Deshalb auch wurde dieser wahrhaft gottesfürchtige Geistliche mit vollem Recht Frate Giovanni Angelico (das heißt der engelgleiche Bruder Giovanni) genannt. An der Staffel sind Begebenheiten aus dem Leben der Muttergottes und des heiligen Domenikus auf jene göttliche Weise gemalt. Was mich anbelangt, so kann ich aufrichtig versichern, daß dies Werk, sooft ich es betrachte, mir immer wieder wie neu erscheint und ich mich nie daran satt sehen kann[1]. In der Kapelle der Nunziata zu Florenz, die im Auftrag des Piero di Cosimo de' Medici gebaut wurde, verzierte er die Türflügel des Silbergeräteschrankes mit kleinen Figuren, die sehr fleißig gearbeitet sind[2]; außerdem malte er eine solche Menge von Dingen, welche sich in den Häusern florentinischer Bürger verstreut finden, daß ich bisweilen erstaune, wie ein einziger Mensch, wenn auch in vielen Jahren, so viel und gut und alles zu Ende führen konnte. Auch ist von demselben Meister eine Tafel mit der Kreuzabnahme in der Sakristei von Santa Trinità, bei welcher er so großen Fleiß aufwandte, so daß man sie unter seine besten Arbeiten zählen kann[3]. In S. Francesco, außerhalb des Tores von S. Miniato, malte er eine Verkündigung[4], und in Santa Maria Novella sind von ihm, außer den anderen Dingen, die kleinen Bilder für das Osterlicht und einiger Reliquienkästchen, die an den höchsten Feier-

[1] Die Krönung Mariä samt der Staffel ist jetzt im Louvre zu Paris. – [2] Die Türflügel mit 35 Darstellungen aus dem Neuen Testament und Allegorien sind im Museo S. Marco. – [3] Der Altar mit der Kreuzabnahme Christi jetzt im Museo S. Marco. – [4] Dieser Altar ist vielleicht mit dem in Montecarlo im Val d'Arno oder jenem der Nat. Gallery in London zu identifizieren.

tagen auf den Altar gestellt werden[1]. In der Badia derselben Stadt stellte er über der Tür des Kreuzganges den heiligen Benedikt dar, welcher Stillschweigen gebietet[2]; für die Tischler malte er eine Bildtafel, die sich in ihrem Zunftamte befindet[3]; in Cortona malte er die Bogen über der Tür zur Kirche seines Ordens und die Tafel auf dem Hauptaltar[4]. Im Dom von Orvieto fing er am Gewölbe der Kapelle der Madonna einige Propheten an, die nachmals Luca da Cortona beendete[5]. Für die Tempelbrüder von Florenz malte er eine Tafel mit dem toten Christus[6], und in der Kirche der Mönche S. Maria degli Angeli das Paradies und die Hölle mit lauter kleinen Figuren, bei denen er mit schöner Beobachtung die Seligen sehr schön und jubilierend, die Verdammten aber, welche für die Qualen der Hölle bestimmt sind, mit traurigsten Gebärden darstellte, so daß sich in ihren Gesichtern das Bewußtsein des Unrechtes und der Schuld ausspricht. Die Seligen sieht man in himmlischen Tänzen zu den Pforten des Paradieses eingehen, die Verdammten werden von Teufeln zur ewigen Strafe fortgerissen[7].

Durch alle diese Arbeiten strahlte der Ruf des Fra Giovanni über ganz Italien; daher sandte Papst Nikolaus V.

[1] Drei Reliquienkästchen: 1. sog. Madonna della Stella; 2. Verkündigung und Anbetung der Heiligen Drei Könige; 3. Krönung Mariä, heute im Museo S. Marco in Florenz; ein viertes: Mariä Tod und Himmelfahrt, in Slg. Gardener in Boston. – [2] Sehr zerstört noch an Ort und Stelle. – [3] Auftrag an Fra Angelico am 11. VII. 1433; der Altar samt dem von Ghiberti entworfenen Steinrahmen ist im Museo S. Marco. – [4] Fra Angelico malte nicht den Hochaltar von S. Domenico, sondern den der rechten Nebenkapelle, wo er sich noch befindet (die Staffel in der Kirche Il Gesù in Cortona). – [5] Vom 14. VI. bis 28. IX. 1447 malte Fra Angelico zwei Gewölbefelder: 1. Christus als Weltenrichter; 2. Chor der Propheten. 1449 löste er den Vertrag. Die Dekoration wurde von Luca Signorelli fortgesetzt; vgl. S. 286. – [6] Der Altar mit der Beweinung Christi jetzt im Museo S. Marco. – [7] Die Tafel mit dem Jüngsten Gericht jetzt im Museo S. Marco.

nach ihm und ließ ihn nach Rom kommen, woselbst er in der Kapelle des Palastes, in der der Papst Messe hört, eine Kreuzabnahme samt einigen schönen Darstellungen aus der Legende des heiligen Laurentius ausführte und ein paar Bücher sehr wohlgelungen mit Miniaturen verzierte[1]. In der Minerva ist von ihm die Tafel am Hauptaltar und eine Verkündigung, die jetzt an der Wand neben der Hauptchorkapelle aufgehängt ist. Für denselben Papst verzierte er im Palast die Kapelle des Sakraments, die Paul III. zerstörte, um die Treppe anzulegen, und hatte bei diesem in seiner Art herrlichen Werk in Fresko einige Begebenheiten aus dem Leben Jesu gemalt, wo er viele bemerkenswerte Personen jener Zeit porträtierte. Diese Bildnisse würden heutigentages verloren sein, wenn sie nicht Paulo Giovio für sein Museum hätte abzeichnen lassen. Ein so hohes und seltenes Vermögen in der Kunst aber, als Giovanni besaß, konnte sich in Wahrheit nur bei einem Menschen von frommem Lebenswandel entfalten, denn wer geistliche und heilige Gegenstände darstellen will, muß geistlich und fromm gesinnt sein; werden dagegen solche Dinge, wie man beobachten kann, von Menschen ausgeführt, welche wenig Glauben und Liebe zur Religion haben, so erwecken sie oft unziemliche Begierden und unzüchtige Gelüste. Daraus entsteht der Tadel über Werke wegen ihrer Unziemlichkeit und das Lob wegen ihrer Kunst und ihrer Tüchtigkeit. Hierdurch will ich nicht veranlassen, daß jemand sich täuscht und für heilig halten möge, was plump und ungeschickt ist, das Schöne und Gute aber für verderbt, wie einige tun, die, sobald sie Figuren von reifen oder jugendlichen Frauen

[1] Frá Angelico wurde durch Eugen IV. nach Rom berufen (1445), für den er die unten genannte Sakramentskapelle begann. Unter Nikolaus V. führte er 1447–49 und 1453–55 die Fresken mit Szenen der Laurentius- und Stephanuslegende und in dem Gewölbe die Evangelisten und Kirchenväter aus.

sehen, die ein bißchen anmutiger und schöner und besser gebaut sind als gewöhnlich, solche gleich für schlüpfrig erklären und nicht bemerken, mit wie großem Unrecht sie das gute Urteil des Malers verdammen, welches die Engel und Heiligen, die dem Himmel angehören, um so viel schöner als die menschliche Natur wiedergibt, gleichwie die irdische Schönheit und alle unsere Werke von der Herrlichkeit des Himmels überstrahlt werden. Ja, was schlimmer ist, solche Menschen geben die Verderbtheit ihres eigenen Herzens kund, da sie in Dingen Übles finden und zu bösen Begierden gereizt werden, welche, wenn die Sittsamkeit in der Tat so von ihnen geehrt würde, wie sie in ihrem törichten Eifer gerne zeigen möchten, in ihrem Herzen nur Verlangen nach dem Himmel erwecken könnten und den Wunsch, sich in allen Dingen dem Schöpfer angenehm zu machen, der als das größte und vollkommenste Wesen alles in Vollkommenheit und Schönheit erschaffen hat. Wenn solche Leute schon durch das bloße Abbild oder gleichsam den Schatten der Schönheit sich also bewegt fühlen, was würden sie tun oder was muß man glauben, daß sie tun würden, wenn sie lebendigen Schönheiten begegnen oder begegnen würden, die durch leichtfertige Sitten, süße Schmeichelworte, anmutige Bewegungen und Blicke nicht ganz feste Herzen hinzureißen vermögen. Doch möchte ich nicht, daß man glaubte, ich billige es, daß man in Kirchen fast ganz nackte Gestalten male; in solchem zeigt der Maler, daß er keine Ehrfurcht vor dem Orte hat, für den er arbeitet. Sosehr es für jeden nötig ist, an den Tag zu legen, was er vermag, so muß doch überall auf Umstände und Personen, auf Zeit und Raum Rücksicht genommen werden.

Fra Giovanni war ein Mann von so schlichtem Wesen und frommen Sitten, daß eines Tages, als Papst Nikolaus V. ihm zu essen geben wollte, er sich ein Gewissen daraus machte, Fleisch ohne Erlaubnis seines Priors zu genießen, der Autorität des Papstes gar nicht gedenkend. Er verachtete alle weltlichen Dinge, lebte rein und fromm und war den Armen ein treuer Freund, weshalb ich gewiß bin, daß nun seine Seele ganz dem Himmel angehört. Unausgesetzt beschäftigte er sich mit der Malerei und wollte nie andere als heilige Gegenstände darstellen. Er hätte reich sein können, kümmerte sich aber nicht darum, sondern behauptete vielmehr, wahrhaft reich sei nur, wer sich mit wenigem begnüge. Er hätte viele beherrschen können, wollte es aber nicht, indem er sagte: Andern gehorchen sei mit weniger Mühe und Irrtum verbunden. Er war menschenfreundlich und anspruchslos, lebte keusch und fern den Lockungen der Welt, indem er oft sagte, es solle, wer die Kunst ausübe, ruhig und ohne grüblerische Gedanken bleiben; wer die Werke Christi darstellen wolle, müsse immer bei Christo sein. Kurz, dieser niemals genug gerühmte Ordensbruder war demütig und bescheiden in allem seinem Tun und Reden, in seinen Malereien gewandt und andächtig, und die Heiligen, die er malte, haben mehr das Ansehen und die Ähnlichkeit von Heiligen als die irgendeines anderen Meisters. Seine Gewohnheit war, das, was er gemalt hatte, nie zu verbessern oder zu überarbeiten, sondern es stets zu lassen, wie es aufs erstemal geworden war, weil er meinte und das auch aussprach, so habe es Gott gewollt. Einige sagen, Fra Giovanni habe nie den Pinsel in die Hand genommen, ohne vorher gebetet zu haben, und nie einen Kruzifix gemalt, ohne daß ihm die Tränen über die Wangen strömten. Er starb 1455 in seinem achtundsechzigsten Jahre[1].

[1] Er starb am 18. III. 1455 in Rom und wurde in S. Maria sopra Minerva beigesetzt.

Leone Battista Alberti

Florentiner Architekt

Das Studium der Wissenschaften gewährt den Künstlern, die sich damit in ihren Mußestunden beschäftigen, außerordentlich großen Nutzen, und ganz vornehmlich den Bildhauern, Malern und Baumeistern, denn es eröffnet ihnen die Bahn zur Erfindung aller ihrer Werke. Auch läßt sich überhaupt nicht annehmen, daß ein Mensch, mag seine Natur sein wie sie wolle, ganz vollkommenes Urteil besitzen könne, wenn ihm als Ergänzung die Kenntnis nützlicher Wissenschaften fehlt. Wer weiß nicht, daß man bei Anlage von Gebäuden sehr überlegt verfahren muß, um sie gegen krankheitsbringende Winde zu schützen, ungesunde Luft, Dünste und üblen Geruch des Wassers zu vermeiden. Wer muß nicht zugeben, daß bei allem, was ins Werk gesetzt werden soll, jeder nach reiflicher Überlegung von sich aus imstande sein muß, zu entscheiden, was er zu tun und zu meiden habe, damit er nicht genötigt sei, sich auf die Gnade der Theorien anderer zu verlassen, die ohne eigene Erfahrung meist nur sehr wenig nützen. Sind daher Theorie und Praxis zufällig vereint, so gibt es nichts, was unserem Leben nützlicher sein könnte, teils weil die Kunst mittels der Wissenschaft viel vollkommener und reicher wird, teils auch, weil der Rat und die Schriften gelehrter Künstler größere Wirksamkeit und mehr Ruf haben als Wort und Werke solcher, die sich nur auf die Ausübung beschränken und ihre Sachen so gut oder schlecht machen, als es ihnen eben gelingt. Die Wahrheit aller dieser Dinge geht deutlich aus dem Leben des Leone Battista Alberti hervor, der, weil er sich mit dem Studium der lateinischen

Sprache beschäftigt hatte und sich in der Baukunst, Perspektive und Malerei übte, Bücher hinterließ, die so vorzüglich sind, daß keiner der modernen Künstler in schriftlicher Darstellung sich so auszulassen vermochte, obwohl in der Ausübung Unzählige weit vortrefflicher gewesen sind als er; und seine Schriften haben durch Feder und Wort der Gelehrten so großen Einfluß erhalten, daß man überall glaubt, er sei ein größerer Meister gewesen als alle, die ihn durch ihre Arbeiten übertroffen haben. So lehrt die Erfahrung, daß unter den Dingen, die Ruf und Namen erwerben, die Schrift am meisten Kraft und Dauer hat; denn Bücher verbreiten sich leicht überallhin und finden überall Glauben, wenn sie freimütig und wahrhaftig geschrieben sind. Deshalb ist nicht zu verwundern, daß der berühmte Leone Battista mehr durch seine Schriften als durch seiner Hände Werke bekannt ist.

Er war zu Florenz in der edlen Familie der Alberti geboren[1] und strebte, nicht nur die Welt zu sehen und Maß und Verhältnis der alten Bauwerke zu erkennen, sondern sein Sinn trieb ihn mehr noch zur Schriftstellerei als zur Kunsttätigkeit. Er war ein guter Mathematiker und schrieb über die Baukunst zehn Bücher in lateinischer Sprache, die von ihm im Jahre 1481 herausgegeben und jetzt von Herrn Cosimo Bartoli, Propst von S. Giovanni zu Florenz, ins Florentinische übersetzt sind[2]. Von der Malerei handelte er in drei Büchern, die nunmehr vom Herrn

[1] Leone Battista wurde als natürlicher Sohn des Lorenzo Alberti in Genua am 18. II. 1404 geboren; die Familie war 1402 aus Florenz verbannt worden. – [2] Das schriftstellerische Hauptwerk Albertis, die zehn Bücher »De re aedificatoria« – entstanden um 1450 in Rom – erschien zuerst 1485 (nach Albertis Tode!) in Florenz; die italienische Übersetzung des Cosimo Bartoli kam 1550 in Florenz heraus. Die erste Übertragung ins Deutsche besorgte Max Theuer, L. B. Alberti, Zehn Bücher über die Baukunst, Wien 1912.

Lodovico Domenichi ins Toskanische übertragen sind[1]. – Zur Zeit von Nicolaus V., der durch seine Baulust in Rom das Unterste zuoberst gekehrt hatte, kam Leone Battista nach jener Stadt und wurde durch Biondo da Forli, seinen vertrauten Freund, dem Papste bekannt[2]. Dieser bediente sich vordem bei seinen Bauwerken des Rates von Bernardo Rossellino, eines Bildhauers und Baumeisters aus Florenz, und man hatte angefangen, unter dessen Leitung sowohl den Palast des Papstes instand zu setzen, als einiges in Santa Maria Maggiore zu bauen. Von der Zeit an jedoch, da Leone Battista nach Rom kam, beriet sich Rossellino, wie der Papst es verlangte, mit Leone Battista über alles, was geschehen sollte[3]. Von dort begab sich Leone Battista zu Sigismondo Malatesta von Rimini und verfertigte ihm das Modell zur Kirche von S. Francesco, vornehmlich das zu der Fassade, welche ganz mit Marmor verkleidet wurde, wie auch die gegen Süden gelegene Seite, die sehr große Bogen hat, und die Grabmäler für berühmte Männer jener Stadt; kurz, er führte diesen Bau in einer Weise aus, daß er, was seine Festigkeit anbetrifft, sicherlich eine der berühmtesten Kirchen Italiens ist. Innerhalb derselben sind sechs schöne Kapellen, von denen eine dem hl. Hieronymus geweiht und sehr reich verziert ist, weil darin viele Reliquien aus Jerusalem aufbewahrt

[1] Der Traktat über die Malerei (zunächst lateinisch verfaßt, dann aber von Alberti selbst ins Italienische übertragen und Brunelleschi gewidmet) entstand 1436. Die Übersetzung des Domenichi erschien 1547 in Venedig; die ins Deutsche brachte Hub. Janitschek, in Quellenschriften für Kunstgeschichte, Bd. XI, Wien 1877. – [2] Das Pontifikat Nikolaus' V. dauerte vom 6. III. 1447 bis zum 24. III. 1455, Alberti ist jedoch schon seit dem 7. X. 1432 als päpstl. Sekretär Eugens IV. in Rom nachweisbar; daß er auch unter Nikolaus V. in Rom beschäftigt wurde, ist durch zeitgenössische Quellen gesichert. Damals versuchte Alberti u. a. auch die Hebung der Schiffe aus dem Nemi-See. – [3] Bernardo Rossellino ist in Diensten von Nikolaus V. in Rom von Dez. 1451 bis Mai (oder Dez.) 1453 anwesend.

werden; in dieser Kapelle ist das Grabmal des genannten Sigismondo und das seiner Gemahlin, im Jahre 1450 gearbeitet, mit einer Menge Marmorzierate. Auf dem einen sieht man das Bildnis Herrn Sigismondos, an einer andern Stelle des Werkes Leone Battista[1]. Im Jahre 1457, als Johann Gutenberg, ein Deutscher, die Buchdruckerkunst erfand, wurde von Leone Battista etwas Ähnliches entdeckt, wie man nämlich vermittelst eines Instruments Naturausschnitte durchpausen und sie verkleinern, ebenso auch kleine Gegenstände vergrößern und nochmals vergrößern könne, lauter seltsame, der Kunst nützliche und schöne Dinge[2].

Zur Zeit jenes Künstlers wollte Giovanni di Paolo Rucellai auf seine Kosten die Fassade von Santa Maria Novella ganz mit Marmor bekleiden lassen; er redete deshalb mit Leone Battista, seinem sehr nahen Freunde, und dieser beriet ihn nicht nur, sondern verfertigte auch eine Zeichnung dazu, nach der Rucellai beschloß, dies Werk auf jeden Fall ausführen zu lassen, um damit seines Namens Gedächtnis zu stiften. Die Arbeit wurde begonnen und im Jahre 1477 zu allgemeiner Zufriedenheit beendet, wobei das ganze Werk, vornehmlich aber das Portal, bei dem Leone Battista mehr als gewöhnlichen Fleiß aufgewandt hatte, sehr wohl gefiel[3]. Für Cosimo Rucellai verfertigte

[1] 1447 erfolgt an S. Francesco zunächst der Anbau der Kapelle für Sigismondo Malatesta an die bestehende gotische Kirche; die Leitung hat der Bildhauer-Architekt Matteo dei Pasti. Alberti liefert 1450 Zeichnungen zur Ummantelung der gotischen Kirche (Fassade und beide Flanken) und zur Kuppel-bekrönten Choranlage; letztere kam wegen der 1460 eingestellten Bauarbeiten nicht mehr zur Ausführung. Der Entwurf Albertis in einer 1450 geprägten Medaille des Matteo dei Pasti erhalten. – [2] Die Erfindung der Buchdruckerkunst setzt man in die Jahre 1439/40; schon 1455 war die zweiundvierzigzeilige Bibel Gutenbergs erschienen. Das Instrument und Verfahren Albertis ist so, wie es Vasari beschreibt, ganz unklar. Er bringt vielleicht eine »camera obscura« mit dem »Storchschnabel«-Verfahren zusammen. – [3] Die Fassade von S. Maria

er die Zeichnung zu dem Palaste, den dieser in der Via della Vigna erbaute, und die Zeichnung zu der Familienloggia gegenüber. Bei dieser hatte er die Bogen an der vorderen Seite und an den Schmalseiten über schlanken Säulen gewölbt, und weil er sie fortsetzen und nicht nur einen einzigen Bogen bauen wollte, blieb ihm auf jeder Seite Raum übrig; daher fand er sich gezwungen, an den Ecken nach innen einige Vorsprünge anzubringen. Als er aber den Bogen der inneren Wölbung aufführen wollte, sah er, daß er ihn nicht im Halbkreise bauen könne, weil er gedrückt und plump werden würde, und so entschloß er sich, auf den Seiten von einem Vorsprung zum andern kleine Bogen zu errichten, wodurch er kundgab, daß ihm jedes Urteil und Zeichnung fehle; daraus geht deutlich hervor, daß man außer der Wissenschaft auch die Praxis nötig hat, denn das Urteil kann nie vollkommen sein, wenn sich die Wissenschaft nicht mit der Praxis verbindet[1]. Man sagt, von demselben Meister sei die Zeichnung zu dem Haus und Garten derselben Rucellai in der Via della Scala, welch ersteres mit vieler Einsicht sehr angenehm eingerichtet ist, denn außer einer Menge anderer Bequemlichkeiten hat es zwei Loggien, die eine gegen Mittag, die andere gegen Abend, beide sehr schön und ohne Bogen über den Säulen, was die wahre und eigentliche Art ist, die von den Alten beobachtet wurde. Denn die Architrave, die auf den Kapitellen der Säulen ruhen, liegen flach auf, während ein vierkantiges Ding wie

Novella ist inschriftlich 1470 datiert. Die Ausführung oblag dem Giovanni Bettini (nach zeitgenössischer Quelle).

[1] Der Palast in Via della Vigna Nuova in Florenz soll für Giovanni Rucellai von 1446–1455 entstanden sein; er blieb unvollendet. Eine vorvasarianische Quelle nennt als Baumeister Bernardo Rossellino (der wahrscheinlich nach einem Entwurf Albertis den Bau leitete). Die Loggia (entstanden 1464 bis 1468?) soll nach derselben Quelle von Antonio di Migliorino Guidotti errichtet worden sein.

ein Bogen nicht auf einer Säule ruhen kann, ohne daß die Kanten falsch stehen; die gute Bauweise fordert, daß auf die Säulen Architrave gelegt werden; will man aber Bogen wölben, so muß man Pfeiler und nicht Säulen darunter setzen[1]. In derselben Weise baute Leone Battista für jene Familie Rucellai in S. Pancrazio eine Kapelle, bei der die großen Architrave auf der Seite, wo die Mauer der Kirche durchbrochen ist, von zwei Pfeilern und zwei Säulen getragen werden; ein schwieriges, aber sicheres Verfahren, wodurch dies Werk zu den besten Arbeiten jenes Meisters gehört; inmitten der Kapelle sieht man ein Marmorgrabmal, in länglichem Oval, ähnlich wie das Grab Christi in Jerusalem geschildert wird[2]. Zu derselben Zeit wollte Lodovico Gonzaga, der Markgraf von Mantua, in der Nunziata, der Servitenkirche zu Florenz, nach Zeichnung und Modell Leone Battistas die Kuppel und die Hauptchorkapelle bauen. Es wurde daher am äußersten Ende der Kirche eine viereckige, alte, nicht sehr große, nach altertümlicher Weise bemalte Kapelle eingerissen, und er führte jenen Chor in seltsamer und schwieriger Weise nach Art eines runden Tempels auf, von neun Kapellen umgeben, welche alle rundbogig geschlossen sind, nach innen aber Nischen bilden[3]. Der genannte Markgraf Lodovico nahm Leone

[1] Erst 1483–1490 wurde das Baugelände für den Palast durch Bernardo Rucellai erworben. Die theoretische Abhandlung über die Verbindung von Säule und geradem Gebälk bzw. von Pfeiler und Bogen hat Vasari Albertis zehn Büchern über die Baukunst entnommen, was wohl auch der Anlaß der fälschlichen Zuschreibung des (umgebauten) Palastes an Alberti war. – [2] Die Kapelle entstand von 1459 ab; 1809 wurde die von Vasari beschriebene Wandgliederung an die Fassade der Kirche übertragen. Die Heilige-Grab-Kapelle (inschriftlich 1467 datiert) wurde auf Grund einer eigens nach Jerusalem geschickten »Expedition« als Kopie nach der dortigen Grabkapelle gebaut. – [3] Der Entwurf der Choranlage von Ssa. Annunziata – nach dem Vorbild der sog. Minerva Medica, einem römischen Rundbau der Kaiserzeit – stammt von Michelozzo (1444). Dieser leitete den Bau bis 1453. Alberti leitete den

Battista mit sich nach Mantua; dort verfertigte er ihm das Modell zur Kirche St. Andrea wie zu mehreren anderen Gebäuden, und man findet auf dem Wege von Mantua nach Padua einige Kirchen, die in seiner Manier erbaut sind[1].

In der Malerei lieferte Leone Battista keine bedeutenden und keine sehr schönen Werke; denn was man von seiner Hand findet, und dessen ist sehr wenig, zeigt keine große Vollkommenheit; auch ist dies eben nicht zu verwundern, da er sich mehr in den Wissenschaften als im Zeichnen übte; doch verstand er es, seine Gedanken sehr gut durch Zeichnung kundzugeben. Eine Malerei von Leone Battista war die Altarstaffel in einer kleinen Kapelle der Muttergottes am Eingang der Brücke alla Carraia zu Florenz; er malte darauf drei Bilder, wobei einige perspektivische Verkürzungen angebracht sind, die er weit besser mit der Feder zu beschreiben, als mit dem Pinsel zu malen verstand[2]. Zu Florenz im Hause des Palla Rucellai findet sich sein Bildnis, von ihm selbst mit Hilfe eines Spiegels gezeichnet, und ein Gemälde mit ziemlich großen Figuren in Helldunkel ausgeführt. Eine Ansicht von Venedig und der Markuskirche stellte er perspektivisch dar, die Figuren in diesem Bilde aber, welches übrigens zu seinen besten Malwerken gehört, sind von anderen Meistern gemalt.

Bau in den 70er Jahren und machte dafür Zeichnungen; 1477 Vollendung. Die Anteile der beiden Architekten lassen sich – vor allem wegen der 1685–1703 vorgenommenen inneren Verkleidung – nicht scharf voneinander trennen.

[1] Der Entwurf zu der Kirche S. Andrea in Mantua entstand 1470; Baubeginn 1472; 1494 sind die Fassade und das Langhaus fertig; Vollendung der Kirche in drei Phasen: 1597–1600 und 1697–1710 und 1732–1782 (da die Kuppel nach neuem Entwurf von Filippo Juvara). In Mantua von Alberti weiterhin die nach seinen Zeichnungen begonnene (und unvollendet gebliebene, zum Teil auch zu seinen Lebzeiten schon wieder eingestürzte [Kuppel]) Kirche S. Sebastiano (1460ff.). – [2] Über die Perspektive hatte Alberti systematisch in seinem Traktat über die Malerei gehandelt.

Leone Battista besaß sehr feine und lobenswerte Sitten und war ein Freund vorzüglicher Menschen; freigebig und freundlich gegen jedermann, lebte er immerdar geehrt als Edelmann, der er war. Endlich zu ziemlich hohem Alter gelangt, ging er zufrieden und ruhig in ein besseres Leben über und hinterließ von sich ein ruhmvolles Gedächtnis[1].

[1] Leone Battista Alberti starb 1472 in Rom.

Fra Filippo Lippi

Florentiner Maler

Der Karmelitermönch Fra Filippo di Tommaso Lippi, zu Florenz geboren in einem Stadtteil, den man Ardiglione (die Nadel) nennt und der unterhalb der Ecke alla Cuculia (»zum Vogelnetz«), hinter dem Kloster der Karmelitermönche gelegen ist, blieb nach dem Tode seines Vaters Tommaso im Alter von zwei Jahren als eine arme schutzlose Waise in der Welt zurück, denn auch seine Mutter war bald nach seiner Geburt gestorben[1]. Mona Lapaccia, die Schwester seines Vaters, nahm ihn in Obhut und zog ihn bis zu seinem achten Jahr unter größten Beschwerden auf, von da an aber vermochte sie ihn nicht mehr zu erhalten und gab ihn, damit er Mönch werde, in das obengenannte Kloster del Carmine. Dort zeigte er zu allen mechanischen Beschäftigungen viel Geschick und Erfindungsgeist, in Erlernung der Wissenschaften dagegen Unbeholfenheit und Ungeschick, wollte seinen Geist nie dabei anstrengen und sich nie mit ihnen befreunden. Der Knabe ward mit seinem weltlichen Namen Filippo genannt und stand im Noviziat gleich allen übrigen unter Aufsicht des Lehrers der Grammatik, damit man sehe, was er zu leisten vermöge; anstatt jedoch zu studieren, ließ er nicht ab, auf seine und der anderen Bücher Fratzen zu schmieren, weshalb der Prior endlich beschloß, ihm auf alle Weise behilflich zu sein, daß er das Malen erlerne. Zu jener Zeit hatte Masaccio die Kapelle in der Carmine neu gemalt, und diese gefiel, weil sie überaus schön war, dem

[1] Filippo war der Sohn des Metzgers Tommaso di Lippo; sein Geburtsjahr ist unbekannt (1406?).

Filippo sehr wohl[1]. Jeden Tag ging er zu seinem Vergnügen dahin, sich in Gesellschaft von vielen Knaben im Zeichnen zu üben, und übertraf alle weit an Geschick und Kenntnis, so daß man sicher glaubte, er werde mit der Zeit Wunderbares leisten. Doch nicht erst in reifen, sondern in frühen Jahren schon vollführte er so herrliche Werke, daß es als ein Wunder erschien. Sehr jung noch malte er im Klostergang, nahe bei dem Gemälde der Kircheneinweihung von Masaccio, mit grüner Erde einen Papst, der die Ordensregel der Karmeliter bestätigt[2]; und auf den Wänden der Kirche sind andere Freskobilder von ihm ausgeführt, vornehmlich ein Johannes der Täufer, samt einigen Begebenheiten aus dessen Leben. Indem er so jeden Tag weiterschritt, eignete er sich die Weise des Masaccio dergestalt an, daß seine Arbeiten denen jenes Künstlers immer ähnlicher wurden, und viele sagten, der Geist Masaccios habe in Fra Filippo seinen Wohnsitz genommen. Er begab sich nach der Mark von Ancona, und als er dort eines Tages mit mehreren seiner Freunde eine Lustfahrt auf dem Meere machte, wurden sie alle miteinander von einem umherkreuzenden maurischen Kaperschiff aufgegriffen und nach der Berberei gebracht; man legte sie in Ketten und hielt sie achtzehn Monate als Sklaven. Eines Tages kam Filippo der Gedanke, seinen Herrn, den er oft gesehen hatte, zu porträtieren; er nahm eine ausgebrannte Kohle und stellte ihn damit auf einer weißen Wand in seiner maurischen Kleidung ganz getreu dar. Die übrigen Sklaven berichteten es dem Herrn, weil in jenen Gegenden, wo weder Zeichenkunst noch Malerei üblich waren, die Sache als ein Wunder erschien. Dies wurde für ihn Ver-

[1] Das Jahr seines Eintritts in das Noviziat ist unbekannt; am 8. VI. 1421 legte Filippo das Mönchsgelübde ab. – Über die Fresken Masaccios in der Brancaccikapelle vgl. S. 113. – [2] Das Fresko mit der Bestätigung der Ordensregel durch Eugen IV. entstand ca. 1431/32; eine Hälfte wurde 1595 zerstört.

anlassung, daß man ihn von den Ketten befreite, die er so lange getragen hatte. Fürwahr gereicht es dieser herrlichen Kunst sehr zum Ruhm, daß sie da, wo Macht war zu strafen und zu verdammen, das Gegenteil wirkte, und anstatt zu Verfolgung und Tod, zu Liebkosungen und dem Geschenk der Freiheit bewog. Dann, nachdem Filippo seinem Herrn einige Bilder mit Farben gemalt hatte, ward er sicher nach Neapel zurückgeleitet[1]. In jener Stadt verfertigte er im Auftrag des Königs Alfons, des damaligen Herzogs von Kalabrien, ein Temperagemälde auf Holz für die Kapelle des Schlosses, wo heutigentags die Wache ist[2]. Bald nachher jedoch kam ihm das Verlangen, nach Florenz zurückzugehen; er blieb einige Monate daselbst und malte für die Nonnen von S. Ambrogio eine schöne Tafel für den Hochaltar[3], wodurch er dem Cosimo de' Medici bekannt wurde, der ihn sehr lieb gewann. Für den Kapitelsaal von Santa Croce verfertigte er eine Tafel[4], und eine andere, eine Geburt Christi, für die Kapelle im Hause der Medici[5]. Eine Tafel mit der Geburt Christi und St. Johannes dem Täufer malte er für die Gemahlin Cosimos, welche sie nach der Einsiedelei von Camaldoli bringen ließ, damit sie in einer der Zellen der Einsiedler aufgestellt würde, die sie aus Frömmigkeit erbaut und St. Johannes dem Täufer geweiht hatte[6].

[1] Diese Anekdote hat Vasari nach Bandello, le Novelle (der vorletzten des ersten Teiles), die 1554 in Lucca erschienen waren, wiedergegeben. – [2] Der Altar entstand, wie Briefen Filippos an Giovanni de' Medici vom 20. VII. 1457 bis zum 10. V. 1458 zu entnehmen ist, für Alfons I. von Neapel. Das Mittelstück des Altars ist verschollen, die zwei Flügel mit den Hl. Michael und Bernhard in Slg. Cook in Richmond. – [3] Der Altar mit der Krönung Mariä samt Engeln und Heiligen und einem Selbstbildnis des Malers ist jetzt in den Uffizien in Florenz (Staffel verschollen). 1441 schon in Arbeit; am 9. VI. 1447 Abschlußzahlung. – [4] Nicht für den Kapitelsaal, sondern für die von Cosimo errichtete Kapelle des Noviziats entstanden. Dargestellt ist die Madonna zwischen vier Heiligen; jetzt Uffizien, Florenz. – [5] Jetzt im Kais.-Friedr.-Museum in Berlin. – [6] Jetzt in

Man sagt, Filippo sei so sehr zur Zärtlichkeit geneigt gewesen, daß, wenn er Frauen sah, die ihm wohlgefielen, er all sein Vermögen hingegeben hätte, sie zu besitzen; und konnte er dies durch keinerlei Mittel, so suchte er sie in Gemälden darzustellen und durch Reden die Glut seiner Liebe zu kühlen. In solcher Stimmung pflegte er an seinen begonnenen Werken wenig oder gar nichts zu arbeiten. Als daher Cosimo einstmals ein Werk von ihm ausführen ließ, schloß er ihn in seinem Haus ein, damit er nicht außerhalb die Zeit verliere; dies hatte zwei Tage gedauert, als Filippo, von Liebeswut, ja von tierischer Begierde getrieben, sich eines Abends an einem Seil von zerschnittenen Bettüchern aus dem Fenster herabließ und mehrere Tage seinen Vergnügen lebte. Cosimo, der ihn nicht fand, befahl ihn zu suchen, und als er ihn endlich zur Arbeit zurückbrachte, bereute er es, ihn eingeschlossen zu haben, in Anbetracht der Tollheit, von der jener besessen war, und der Gefahr, in die er hätte geraten können; so suchte er ihn auch nur durch Freundlichkeit bei der Arbeit festzuhalten und sah sich von da an stets schnell von ihm bedient. Dabei pflegte er zu sagen, ausgezeichnete und seltene Geister seien himmlische Gebilde und keine Lastesel.

Im Palast der Signoria malte er oberhalb einer Türe eine Tafel mit der Verkündigung, über einer anderen desselben Palastes einen hl. Bernhard[1], und in der Sakristei von Santa Spirito zu Florenz auf einer Tafel die Madonna von Engeln und Heiligen umgeben, ein seltenes Werk, das von den Meistern unseres Berufes immer sehr in Ehren gehalten worden ist[2].

den Uffizien in Florenz; wahrscheinlich für Lucrezia Tornabuoni – die Frau des Piero di Cosimo de' Medici – gemalt.

[1] Das Bild mit der Verkündigung Mariä vielleicht identisch mit dem in Slg. Frick, New York; das mit der Vision des hl. Bernhard jetzt in der Nat. Gallery, London. Für beide Zahlung am 16. V. 1447 an Filippo. – [2] Das Hauptbild, Madonna mit zwei Heiligen, jetzt

Für die Kapelle der Bauverweser von S. Lorenzo malte er auf Holz eine Verkündigung[1], und für die Kapelle della Stufa eine Tafel, die jedoch nicht beendet ist. In einer der Kapellen von St. Apostolo in derselben Stadt ist von ihm eine Tafel, die die Madonna von mehreren Figuren umgeben zeigt[2], und zu Arezzo, in der Kapelle des hl. Bernhard bei den Mönchen von Monte Oliveto, verfertigte er im Auftrag des Herrn Carlo Marsuppini die Altartafel mit der Krönung Mariä und vielen Heiligen umher, die sich so frisch erhalten hat, als habe Fra Filippo sie jetzt erst beendet. Hierbei ward er von Herrn Carlo erinnert, auf die Hände zu achten, die er male, denn an seinen Arbeiten werde vieles sehr getadelt; Fra Filippo, der solchen Tadel meiden wollte, suchte von jener Zeit an seine Gestalten meist durch Gewänder oder sonst durch andere Erfindungen zu verhüllen. In jenem Bilde aber stellte er Herrn Carlo nach dem Leben dar[3].

In Prato, nahe bei Florenz, woselbst Filippo einige Verwandte hatte, verweilte er mehrere Monate in Gesellschaft des Karmeliters Fra Diamante, der sein Gefährte im Noviziat gewesen war, und schuf im Ort und in der ganzen Umgegend eine Menge Arbeiten. Dort erhielt er von den Nonnen von Santa Margherita den Auftrag, die Tafel für den Hauptaltar zu malen; während er hiermit beschäftigt war, erblickte er eines Tages die Tochter des Florentiners Francesco Buti, die dort entweder erzogen oder Nonne werden sollte. Fra Filippo betrachtete Lucre-

im Louvre in Paris, die Staffel in den Uffizien, Florenz. Der Auftrag wurde am 8. III. 1437 von den Vorstehern von Orsanmichele erteilt.

[1] Der Altar ist noch in einer Kapelle am linken Querhausarm in S. Lorenzo; er wurde von Niccolò Martelli gestiftet. Die Staffel enthält Szenen der Legende des hl. Nikolaus von Bari. – [2] Vielleicht identisch mit dem Bilde, Madonna mit Heiligen und Engeln, im Mus. Castello in Mailand. – [3] Die Krönung Mariä mit Engeln und Heiligen und dem Stifter ist jetzt in der Pinac. Vaticana, Rom.

zia – dies war der Name des Mädchens – und da sie schön und äußerst anmutig war, wußte er die Nonnen dahin zu bewegen, daß er die Mutter Gottes in dem Altarbilde nach ihr malen dürfe. Bei dieser Gelegenheit verliebte er sich noch mehr und fand endlich Mittel und Wege, die Lucrezia jenen Nonnen gerade an dem Tag zu entführen, wo sie ausging, den Gürtel der Jungfrau zu sehen – eine heilige Reliquie, die man zu Prato aufbewahrt. Die Nonnen waren durch dies Ereignis sehr beschämt, und der Vater Lucrezias wurde niemals wieder froh; er wandte alle Mittel an, sie wiederzubekommen, doch wollte sie nicht zurückkehren, entweder aus Furcht oder aus einem anderen Grunde, sondern blieb bei Filippo, dem sie einen Sohn gebar, der nach dem Vater Filippo genannt und später gleich ihm ein ausgezeichneter und berühmter Maler wurde[1].
Über dem Brunnen in dem Hofe des Ceppo (einem Hospital) von Francesco di Marco ist eine kleine Tafel desselben Meisters, worin er Francesco di Marco, den Stifter und Gründer dieser mildtätigen Anstalt, porträtierte[2], und in der Pfarrkirche desselben Ortes malte er über der Seitentür, wenn man die Treppe hinaufsteigt, eine kleine Tafel vom Tod des hl. Bernhard. Viele Krüppel berühren seinen Sarg und werden dadurch gesund; um den Heiligen her sind Mönche, die den Tod ihres Meisters beweinen; Gestalten, bei denen der schöne Ausdruck der Köpfe be-

[1] Fra Filippo war an S. Margherita in Prato von 1456–1461 Kaplan. Das Altarbild, jetzt im Pal. Comunale in Prato, zeigt die Gürtelspende der Maria an den hl. Thomas. Die Entführung der etwa zwanzigjährigen Nonne Lucrezia war am 1. V. 1456 (über die Geburt des Sohnes vgl. S. 260), ihr Vater war schon 1450 gestorben. Am 23. XII. 1459 legte Lucrezia vor dem Hochaltar wieder das Gelübde ab, entfloh aber mit Fra Filippo von neuem, gegen den deshalb am 8. V. 1461 Anklage erhoben wurde. – [2] Der Stifter ist Francesco di Marco Datini, der der Madonna und zwei Heiligen vier Insassen des Hospitals empfiehlt; das Bild ist jetzt im Pal. Comunale, Prato. Filippo erhielt eine Zahlung für dieses Bild am 28. V. 1453.

wundernswert ist und Trauer und Weinen mit Kunst und der Natur getreu nachgeahmt sind; einige der Mönchskutten haben außerordentlich schönen Faltenwurf, und die gute Zeichnung, Farbgebung, Komposition, Anmut und Größenverhältnisse des ganzen Werkes, von der zarten Hand Filippos vollendet, verdient unendliches Lob[1]. – Die Bauverwalter der Pfarrkirche, die wünschten, ein Andenken von Filippo zu besitzen, gaben ihm den Auftrag, die Kapelle ihres Hauptaltars zu malen. Er tat hierbei alle seine Güte und Kunst kund, wußte Gewänder und Köpfe aufs schönste auszuführen und gab den Figuren mehr als Lebensgröße, wodurch er den modernen Künstlern die Weise bezeichnete, nach der man in neuer Manier große Gestalten darstellen müsse. Einige dieser Figuren haben zudem für die damalige Zeit ungewöhnliche Kleidungen, und dies erweckte die Geister, von jener Einfachheit abzustehen, welche man eher alt als antik nennen kann. Auf der Wand zur Rechten verteilte er Begebenheiten aus dem Leben des hl. Stephanus, des Namensheiligen jener Pfarrkirche: die Disputation, die Steinigung und den Tod dieses ersten Märtyrers. Bei der Disputation mit den Juden gibt das Angesicht des hl. Stephanus solchen Eifer und so viel Feuer zu erkennen, daß es schwer hält, sich Ähnliches vorzustellen, und noch schwerer, es zu schildern; die Züge und Stellungen der Juden dagegen zeigen Haß, Zorn und Erbitterung, sich von ihm besiegt zu sehen, und deutlicher noch gibt sich die Roheit und Wut in denen kund, welche die Zähne bleckend und wütend große und kleine Steine aufgerafft haben, den Heiligen zu steinigen. St. Stephanus bleibt nichtsdestotrotz bei so furchtbarem Angriff ganz ruhig, das Angesicht zum Him-

[1] Die Tafel ist noch im Dom zu Prato, gemalt ist der Tod des hl. Hieronymus; Auftrag von dem Propst Geminiano Inghirami, der als Stifter dargestellt ist.

mel gewandt, und scheint mit voller Inbrunst und Liebe für die zu Gottvater zu beten, die ihn morden. Diese außerordentlich guten Beobachtungen machen sicher anderen begreiflich, was in der Malerei die Erfindung und das Vermögen wert sind, verschiedene Leidenschaften auszudrücken. Fra Filippo, der hierauf achtete, gab denen, die den hl. Stephanus zu Grabe tragen, so trauernde Stellungen und einigen Köpfen einen so wehmutsvollen Ausdruck, daß man sie fast nicht betrachten kann, ohne betrübt zu werden. Auf der anderen Seite stellte er die Geschichte St. Johannis des Täufers, nämlich seine Geburt, Predigt und Taufe, das Mahl des Herodes und endlich die Enthauptung des Heiligen dar. In dem Bilde, wo er predigt, erkennt man in seinem Antlitz den göttlichen Geist, und in der umgebenden Menge, in Männern und Frauen, die versunken und zweifelnd auf seine Lehre horchen, die verschiedenen Bewegungen der Freude und Gemütsbewegung. Bei der Taufe gewahrt man Schönheit und Güte, und beim Gastmahl des Herodes die Pracht des Gelages, die Verschlagenheit der Herodias, das Staunen der Gäste und ihre tiefe Betrübnis, als das Haupt des hl. Johannes in einer Schüssel gebracht wird. Bei dem Gastmahl sind unzählige Figuren in sehr schönen Stellungen, Gewänder und Angesichter wohl ausgeführt, und unter den Gestalten, die den hl. Stephanus betrauern, malte er sich selbst nach dem Spiegelbilde, in einem schwarzen Prälatenkleide, und seinen Schüler Fra Diamante. Dies Werk ist in Wahrheit die trefflichste von allen seinen Arbeiten zu nennen, sowohl wegen der oben angeführten Beobachtungen, als weil er den Figuren mehr als Lebensgröße gab und dadurch denen, die nach ihm kamen, Mut machte, die Manier etwas zu vergrößern. Man schätzte diesen Meister um seiner Vorzüge willen so sehr, daß viele Dinge aus seinem Leben, welche tadelnswert waren, durch sein ausgezeich-

netes Kunstgeschick verdeckt wurden. In diesem Werke stellte er Herrn Carlo, natürlichen Sohn des Cosimo de' Medici und damaligen Propst jener Kirche, die von ihm und seinem Hause sehr beschenkt war, nach dem Leben dar[1].
Im Jahre 1463, als Fra Filippo dies Werk beendet hatte, malte er eine Tafel in Tempera, eine sehr schöne Verkündigung, für die Kirche S. Jacopo in Pistoja, im Auftrag des Herrn Jacopo Bellucci, den er darin mit vieler Lebendigkeit darstellte[2]. War Filippo in allen seinen Gemälden ausgezeichnet, so übertraf er in den kleinen sich selbst; diese führte er so anmutig und schön aus, daß es nicht besser möglich ist, wie die Malereien auf den Staffeln seiner Altarbilder alle bezeugen; kurz, er war so ungewöhnlich, daß zu seiner Zeit keiner, und in unseren Tagen nur wenige ihn übertroffen haben. Deshalb wurde er von Michelangelo nicht nur immerdar durch Lob gefeiert, sondern auch in vielen Dingen nachgeahmt.
Die Gemeinde von Spoleto ließ, durch Verwendung des Cosimo de' Medici, den Filippo berufen, damit er die Kapelle in der Hauptkirche Unserer-Lieben-Frau male, die er mit Fra Diamante ziemlich weit führte, vom Tod überrascht, jedoch nicht zu Ende bringen konnte[3]; – man sagt, seine allzu große Neigung zu Liebesabenteuern sei Ursache gewesen, daß die Verwandten seiner Geliebten ihn vergiften ließen.

[1] Vasari vergißt die vier Evangelisten an dem Gewölbe zu nennen. Am 6. IV. 1464 waren die Fresken in der Hauptchorkapelle des Domes von Prato noch nicht vollendet, und Fra Filippo wurde angehalten, sie zu Ende zu bringen. – [2] Jetzt in Corsham Cort (Wilts), Slg. Methuen. – [3] 1466 übernahm Fra Filippo die Ausschmückung der Apsis in der Hauptchorkapelle des Domes zu Spoleto, aber erst im Sept. 1467 wurde die Arbeit aufgenommen; am 12. XI. Vollendung der Krönung Mariä. Abschluß der Arbeit am 23. XII. 1469, nach Filippos Tode von Fra Diamante und seinem Sohn – Filippino Lippi (vgl. S. 260) – vollendet, die auch vorher schon beteiligt waren. Dargestellt sind Szenen des Marienlebens.

Fra Filippo starb 1438 in seinem siebenundfünfzigsten Lebensjahre und übertrug in seinem Testament dem Fra Diamante die Sorge für Filippo, seinen Sohn[1]. Der alte Filippo aber wurde in einem Grabmal von rotem und weißem Marmor beigesetzt, das die Spoletaner in der Kirche errichten ließen, die er mit Gemälden geschmückt hatte. Sein Tod ging vielen seiner Freunde nahe, vornehmlich dem Cosimo de' Medici und Papst Eugen, der ihm hatte Dispens geben wollen, damit er die Lucrezia di Francesco Buti zu seiner rechtmäßigen Frau machen könne. Filippo aber lag nichts daran, dies zu erlangen, weil er nach seiner Lust und Neigung leben wollte[2].

[1] Filippo starb am 9. X. 1469 in Spoleto. – [2] 1461 erhielt er von Papst Pius II. Lizenz, Lucrezia als seine Frau anzunehmen.

Jacopo, Giovanni und Gentile Bellini

Venezianische Maler

Was auf natürlichen Gaben beruht, mag sein Beginn auch klein und unbedeutend scheinen, steigt allmählich mehr und mehr und läßt nicht nach und ruht nicht, bis der höchste Gipfel des Ruhmes erreicht ist, wie man deutlich an dem unbedeutenden Anfang der Familie Bellini erkennen kann und an der Höhe, zu der sie nachmals in der Malerei gelangte.

Jacopo Bellini, Maler zu Venedig und ein Schüler des Gentile da Fabriano, wetteiferte mit Domenico, und obwohl er sich sehr mühte, in der Kunst vorzüglich zu werden, gelangte er doch nicht eher zu Namen und Ruf, als bis Domenico Venedig verlassen hatte[1]. Von jener Zeit an hatte er in jener Stadt keinen Nebenbuhler mehr, der ihm gleich gewesen wäre; sein Ruf stieg, wie seine Werke sich vervollkommneten, und nicht nur galt er als der gerühmteste und größte Meister seines Berufes, sondern die Ehre des Namens, den er sich in der Malerei erworben hatte, sollte in seiner Familie durch seine Nachkommen noch gesteigert werden, da ihm zwei Söhne geboren wurden, beide mit klarem und richtigem Verstande begabt und beide von der lebhaftesten Neigung zur Kunst getrieben. Der eine hieß Giovanni, der andere Gentile, ein Name, den Jacopo ihm gab, weil er das Andenken seines Lehrers Gentile da Fabriano, der freundlich

[1] Das Geburtsjahr des Jacopo Bellini ist unbekannt. Wahrscheinlich ist er es, der mit dem Jacopo Petri, dem Schüler und Gehilfen des Gentile da Fabriano, bei einem Kontrakt in Florenz (am 3. IV. 1425; und schon in einer Urteilsschrift vom 2. IX. 1423) identisch ist. Wann Domenico Veneziano Venedig verließ, ist nicht bekannt.

wie ein Vater zu ihm gewesen war, mit großer Liebe bewahrte[1]. Kaum daß die beiden Knaben heranwuchsen, unterrichtete Jacopo sie selbst mit allem Fleiß in den Anfängen der Zeichenkunst. Bald übertrafen sie beide den Vater weit, und dieser hatte hierüber eine große Freude, ermunterte sie immer und sagte, er wünsche, sie möchten sich untereinander auszeichnen – wie es die Toskaner tun: sich so anzustrengen, daß einer den anderen besiegte –, wodurch sie allmählich in die Kunst hineinwuchsen.
Die ersten Arbeiten, die dem Jacopo Ruhm erwarben, waren die Bildnisse des Giorgio Cornaro und der Katharina, Königin von Cypern[2]; eine Tafel, die er nach Verona schickte, die Passion Christi mit vielen Figuren darstellend, unter welchen er sich selbst nach der Natur abbildete, und weiterhin ein Gemälde von dem Wunder des heiligen Kreuzes, das, wie man sagt, in der Scuola di San Giovanni Evangelista aufbewahrt wird[3]. Alle diese und viele andere Werke unternahm er mit Hilfe seiner Söhne und führte das letztere Bild auf Leinwand aus, ein Verfahren, das fast immer in jener Stadt gebräuchlich ist, wo man nur wenig auf Tafeln von Ahorn- oder Pappelholz zu malen pflegte, wie es andernorts üblich ist. Dies Holz wächst meist längs Flüssen oder sonst an Wassern, ist zart

[1] Die Geburtsdaten der beiden Söhne sind dokumentarisch nicht bekannt; Gentile ist 1429/30 als der ältere von beiden geboren. – [2] Die Katharina Cornaro kann Jacopo nicht als Königin von Cypern gemalt haben, da sie erst 1472 Regentin wurde. Vielleicht verwechselte Vasari Jacopo mit seinem Sohn Gentile, von dem ein Bildnis der 1454 Geborenen im Museum von Budapest existiert. Ein Bildnis des Giorgio Cornaro ist nicht bekannt. – [3] Vasari verbindet hier die Künstlernamen mit zwei verschiedenen Bilderzyklen falsch: am 31.1.1465 erhielt Jacopo Bellini Restzahlungen für eine (verlorene) Serie von Szenen aus dem Leben der Maria und Christi. Die Darstellungen der Wunder der Kreuzreliquie, die für den Vorsaal des »Albergo di S. Giovanni Evangelista« gemalt wurden, waren Gentile Bellini und anderen Meistern übertragen worden (vgl. nächste Anmerkung).

und zum Malen vortrefflich geeignet, weil es, mit Harzkitt aneinandergefugt, sehr fest hält. In Venedig richtet man solche Tafeln nicht her; geschieht es aber doch einmal, so nehmen sie dazu nur Tannenholz, woran dies Land durch den Etsch-Fluß großen Reichtum hat, der es in Menge aus Deutschland zuführt, ungerechnet, daß aus Slawonien auch ziemlich viel dahin kommt; sei es nun, daß es in jener Stadt üblich ist, auf Leinwand zu malen, weil sie nicht Risse bekommt, noch wurmstichig wird, oder weil man den Bildern beliebige Größe geben und sie leicht ohne viele Kosten und Mühe nach andern Orten versenden kann. Welcher Grund es auch immer sei: die ersten Arbeiten von Jacopo und Gentile wurden auf Leinwand ausgeführt und G e n t i l e malte nachher für sich allein zu dem obengenannten Gemälde vom heiligen Kreuze sieben oder eigentlich acht Bilder hinzu. Er stellte darin das Wunder vom Kreuz Christi, einer heiligen Reliquie jener Bruderschaft dar, das sich in folgender Weise begab: Das Kreuz war – ich weiß nicht durch welchen Zufall – von der Brücke della Paglia in den Kanal gefallen, und da viele das Holz vom Kreuz Christi daran verehrten, stürzten sie sich ins Wasser, um es wieder aufzufischen; Gott aber wollte, daß kein anderer dessen würdig war als der Vorsteher der Bruderschaft. Gentile, der diese Begebenheit darstellte, zeichnete perspektivisch viele Häuser am Canale Grande, die Brücke alla Paglia, den St.-Marcus-Platz und eine lange Prozession von Männern und Frauen, die der Geistlichkeit nachfolgen. Viele sind ins Wasser gesprungen, andere sind im Begriff, es zu tun, viele halb untergetaucht, andere in verschiedenen, überaus schönen Stellungen abgebildet, und endlich sieht man noch den Vorsteher, der die Reliquie wiederbringt. Auf dies Werk verwandte Gentile wahrhaftig unendlichen Fleiß und große Sorgfalt, dies bezeugen die große Menge Figuren, das Kleinerwerden der Gestalten im Hintergrund und besonders die vielen Bildnisse nach der Natur, worunter fast alle damaligen Mitglieder jener Kongregation oder Brüderschaft zu erkennen sind. Mit viel Beobachtungsgabe ist dargestellt, wie das Kreuz wieder errichtet wird. Alle diese Bilder, auf Leinwand gemalt, erwarben Gentile den größten Ruhm[1]. Jacopo zog sich im Laufe der Jahre ganz zurück, und seine Söhne übten jeder für sich ihre Kunst; ich werde jedoch von Jacopo sonst nichts mehr erwähnen; denn da seine Arbeiten im Vergleich mit denen der Söhne eben nicht ausgezeichnet sind, und er, bald nachdem sie sich von ihm getrennt hatten, starb, so scheint mir besser, ausführlich nur von Giovanni und Gentile zu erzählen[2]. Verschweigen aber will ich nicht, daß, obschon jeder der Brüder für sich wohnte, sie dennoch die größte Achtung füreinander und beide für den Vater hegten; sie feierten einander gegenseitig durch Lob, jeder ordnete sein Verdienst dem des andern unter; so suchten sie beide bescheiden nicht minder in Güte und Freundlichkeit als in der Herrlichkeit der Kunst einander zu übertreffen.

Die ersten Arbeiten Giovannis waren einige Bildnisse, die sehr wohlgefielen, vornehmlich das des Dogen Loredano, das nach anderer Meinung den Giovanni Mozzenigo, Bruder jenes Piero, der lange vor Loredano Doge war, darstellt[3]. Giovanni malte darauf in der Kirche

[1] In seiner Beschreibung wirft Vasari zwei verschiedene Darstellungen, die von Gentile Bellini gemalt wurden, durcheinander: 1. die Kreuzreliquie wird durch den Dogen Andrea Vendramin aus dem Canal Grande gefischt (sign. und datiert 1500); 2. die Prozession auf der Piazza S. Marco (sign. und datiert 1496); beide in der Accademia in Venedig. Zu dem Zyklus gehören weiterhin: von Gentile Bellini die wunderbare Heilung des Pietro de Ludovici (signiert), von Giovanni Mansueti zwei Bilder, von Lazzaro Sebastiani und Benedetto Diana und Vittore Carpaccio (1494) je eines; alle in der Accad., Venedig. – [2] Der Todestag des Jacopo Bellini ist nicht bekannt (1470/71). – [3] Giovanni Mocenigo war von 1477–85 Doge; Leonardo Loredano war Doge von 1501–21, dessen Bildnis von

S. Giovanni für den Altar der heiligen Katharina von Siena ein ziemlich großes Bild: die Madonna in sitzender Stellung mit dem Sohne auf dem Arm, umgeben von den Heiligen Domenikus, Hieronymus, Katharina, Ursula und zwei anderen Jungfrauen. Zu Füßen der Madonna stehen drei sehr schöne Kinder, die aus einem Buche singen, und über ihr sieht man die Wölbung eines Gebäudes in ihrer Vertiefung dargestellt. Dies Werk gehört zu den besten, die bis auf jene Zeit in Venedig ausgeführt worden waren. In der Kirche S. Giobbe ist auf dem Altar ihres Namensheiligen eine Tafel von demselben Meister nach guter Zeichnung und in schönster Farbgebung ausgeführt. In der Mitte des Gemäldes sieht man ziemlich hoch die Madonna in sitzender Stellung, den Sohn auf dem Arm, und die Heiligen Hiob und Sebastian, Domenikus, Franziskus, Johannes und Augustin, und unten drei Kinder, die mit vieler Anmut musizieren. Dieses Gemälde wurde nicht nur damals, wo es neu war, sondern auch später immer als etwas ganz Vorzügliches gerühmt[1]. Jene lobenswerten Arbeiten waren Ursache, daß einige Edelleute übereinkamen, es werde wohlgetan sein, mit Hilfe so vorzüglicher Meister im Saale des Großen Rates eine Verzierung von Gemälden auszuführen und darin alle Herrlichkeiten ihrer bewundernswerten Stadt, alles Große, alle Kriegstaten und Unternehmungen samt andern ähnlichen Dingen darzustellen, die würdig wären, für die Nachgeborenen im Bilde dem Gedächtnis bewahrt zu werden, so daß bei dem Nutzen und Vergnügen, welches das Lesen geschichtlicher Begebenheiten bringt, auch dem Auge und Verstand ein Zeitvertreib bereitet werde, indem man von gründlichst gebildeter Hand gemalt die Bildnisse so vieler berühmter

Giovanni Bellini (sign.) befindet sich in der Nat. Gallery, London; das des Mocenigo im Mus. Civico in Venedig.

[1] Der Altar aus S. Giobbe ist jetzt in der Accademia in Venedig.

Männer und die hervorragenden Taten so vieler Edelleute vor sich sehe, die eines ewigen Gedächtnisses wert sind. Giovanni und Gentile, deren Ruf immer höher stieg, erhielten von der Regierung den Auftrag, dies Werk zu übernehmen und sogleich zu beginnen.

Eine Tafel von Giovanni steht heutigentags in Pesaro auf dem Hauptaltar von S. Domenico[1], und eine andere, mit großer Sorgfalt gemalt, ist in der Kirche S. Zaccheria zu Venedig, in der Kapelle des heiligen Hieronymus. Man sieht darin die Madonna von einer Menge Heiligen umgeben, und ein Gebäude mit vieler Einsicht dargestellt[2]. Zu Venedig in der Sakristei der Minoriten, la Ca grande genannt, ist von demselben Meister eine Tafel in schöner Zeichnung und guter Manier ausgeführt[3]. Eine weitere findet sich in S. Michele zu Murano, einem Kamaldulenserkloster[4], und in S. Francesco della Vigna, wo die Barfüßermönche wohnen, sah man in der alten Kirche einen toten Christus aufs herrlichste von ihm gemalt. Dies schöne Bild wurde vor Ludwig XI. von Frankreich sehr gerühmt, und er begehrte es so dringend von den Herren jenes Klosters, daß sie gezwungen waren, es ihm zu überlassen, so ungern sie es auch taten. An seiner Stelle bekamen sie ein anderes, der Signatur nach von demselben Meister, doch lange nicht so wohl ausgeführt als das frühere und, wie viele meinen, zum größten Teil von Girolamo Mocetto, einem Schüler Giovannis, gearbeitet[5].

[1] Der Altar des Giovanni Bellini mit der Krönung Mariä und vier Heiligen samt Staffel ist jetzt im Pal. Ducale in Pesaro. – [2] Noch am Ort, 1505 datiert. – [3] In der Sakristei von S. Maria Gloriosa dei Frari; dargestellt sind die thronende Madonna mit Heiligen (sign. und dat. 1488). – [4] Eine Tafel aus dieser Kirche mit der Auferstehung Christi jetzt im Kais.-Friedr.-Museum, Berlin; eine andere: thronende Madonna mit vier Heiligen und Stifter (Piero Priuli) in Düsseldorf, Kunstakademie. – [5] Das erste Bild, die Beweinung Christi darstellend, wurde 1517 dem franz. Feldhauptmann Lautrech geschenkt (verschollen). Das jetzige Altarbild, Madonna mit vier

Um dieselbe Zeit wurden durch einen Gesandten mehrere Bildnisse zu dem Sultan nach der Türkei gebracht und erregten bei diesem viel Staunen und Bewunderung; er nahm sie gerne an, obschon den Mohammedanern nach ihrem Gesetze Bilder verboten sind, und rühmte ohne Ende die Meisterschaft und Kunst daran; ja was mehr sagt, er verlangte, man solle ihm ihren Meister schicken. Der Senat hielt dafür, Giovanni sei in einem Alter, wo er schwer Mühseligkeiten ertragen könne, und wollte die Stadt Venedig nicht gerne seiner berauben, um so weniger, als er gerade die Malereien im Saale des Großen Rates unter den Händen hatte. Deshalb wurde der Beschluß gefaßt, seinen Bruder Gentile hinzusenden, der dasselbe leisten werde wie Giovanni. Gentile rüstete sich zur Reise und wurde auf einem venezianischen Segelschiffe wohlbehalten nach Konstantinopel geführt, wo er vom Sachwalter der Signoria dem Mohammed vorgestellt wurde. Dieser nahm ihn mit Freuden auf und erwies ihm, als einer seltenen Erscheinung, viele Liebesdienste. Vornehmlich war dies der Fall, nachdem Gentile ein höchst anmutiges Gemälde überreicht hatte, welches der Sultan sehr bewunderte; er konnte fast nicht begreifen, wie ein Sterblicher solche Göttlichkeit in sich trage, daß er die Natur mit dieser Treue nachzuahmen vermöge. Gentile war noch nicht lange in Konstantinopel, als er den Sultan Mohammed so gut porträtierte, daß es dort als ein Wunder erschien[1]. Der Sultan, der viele Proben seiner Kunst gesehen hatte, fragte ihn einstmals, ob er Mut habe, sich selbst zu malen. »Gewiß kann ich das«, entgegnete Gentile und malte sich im Verlauf von wenig Tagen mit Hilfe

Heiligen und Stifter (Jacomo Dolfini), war am 7. II. 1506 bei Giovanni Bellini in Arbeit.

[1] Das Bildnis Mohammeds II. jetzt in der Nat. Gall., London; sign. und dat. vom 25. XI. 1480.

eines Spiegels so ähnlich, daß er wie lebend erschien. Er brachte es dem Sultan, der sich darüber so sehr verwunderte und nicht anders glaubte, als jener habe einen göttlichen Geist im Geleit; ja wäre nicht, wie ich schon sagte, den Türken diese Kunst durch das Gesetz verboten gewesen, so würde der Sultan Gentile niemals entlassen haben. So aber gebot er eines Tages entweder aus Furcht, daß man darüber murren möchte, oder aus sonst einem Grunde, er solle zu ihm kommen, ließ ihm vorerst für alle gehabten Freundlichkeiten danken, lobte ihn als einen überaus trefflichen Meister und sagte endlich, er möge sich eine Gnade ausbitten, welche er nur immer wolle, sie werde sicherlich Gewährung finden. Gentile, der bescheiden und rechtschaffen war, verlangte nichts als einen Gnadenbrief, worin er ihn dem erlauchten Senat und der erlauchten Signorie seiner Vaterstadt Venedig empfehlen möchte. Dies geschah mit so viel Wärme als nur möglich war, und er wurde entlassen, reich beschenkt und mit der Ritterwürde bekleidet. Unter den Geschenken, die er vom Sultan beim Abschied erhielt, war außer vielen Vorzugsrechten eine Kette, nach türkischer Weise gearbeitet, soviel wie zweihundertfünfzig Taler in Gold wiegend, die ihm um den Hals gelegt wurde und die noch jetzt bei seinen Erben in Venedig aufbewahrt wird.

Gentile verließ Konstantinopel und kehrte nach einer glücklichen Fahrt nach Venedig zurück; dort wurde er nicht nur von seinem Bruder Giovanni, sondern fast von der ganzen Stadt mit Jubel empfangen, denn alle freuten sich der Ehre, die Mohammed seinem Talent erwiesen hatte. Er stellte sich dem Dogen und den Senatoren vor, die ihn freundlich aufnahmen und sehr rühmten, weil er ihrem Wunsche gemäß den Sultan höchlich zufriedengestellt hatte; damit er zudem sehe, welch großes Gewicht sie auf den Brief jenes Fürsten legten, der ihn aufs dringendste empfohlen hatte, bestimmten sie ihm ein Jahrgehalt von zweihundert Talern, und dieses wurde ihm bis zum Ende seines Lebens ausgezahlt[1].

Gentile führte nach seiner Rückkehr nur noch wenig Arbeiten aus; endlich dem achtzigsten Jahre nahe, ging er zu einem besseren Leben über und wurde 1501 von Giovanni, seinem Bruder, in S. Giovanni e Paolo ehrenvoll begraben[2].

Dieser blieb nach dem Tode Gentiles, den er immer zärtlich geliebt hatte, verwaist und einsam in der Welt zurück, und obschon hoch in Jahren, arbeitete er doch noch einiges zum Zeitvertreib. Vornehmlich beschäftigte er sich, Bildnisse nach dem Leben zu malen, und führte dadurch in jener Stadt den Brauch ein, daß, wer irgendeinen Rang einnahm, sich von ihm oder einem anderen malen ließ. Daher sind in allen venezianischen Häusern eine Menge Bildnisse, und man findet bei vielen adligen Familien ihre Voreltern bis ins vierte Glied, bei manchen noch weiter zurück abgebildet – eine Sitte, die immer lobenswert und auch bei den Alten üblich war. Wem sollte es nicht ein unendliches Vergnügen bereiten, der Pracht und Zierde gar nicht zu gedenken, wenn er die Bilder seiner Ahnen sieht? Besonders wenn sie sich in den obersten Staatsämtern auszeichneten, durch herrliche Taten im Krieg und Frieden, durch Gelehrsamkeit oder andere besondere und seltene Vorzüge berühmt waren. Und zu welch anderem Zwecke stellten die Alten die Bildnisse großer Männer mit

[1] Am 1. VIII. 1479 war der türkische Gesandte angekommen; am 3. IX. 1479 erfolgte die Abreise von Gentile im Staatsauftrag. Am Hofe des Sultans porträtierte Gentile die Höflinge Mohammeds II. und mußte viele Bilder malen, die im Serail aufgehängt wurden, nach der Thronbesteigung durch Sultan Bajazid aber im Basar an venezianische Kaufleute abgegeben wurden. Ende 1480 kehrte Gentile als »bey« (= Ritter) wieder nach Venedig zurück. – [2] Gentile Bellini starb am 20. II. 1507.

ehrenvollen Unterschriften an öffentlichen Plätzen auf, als um die Nachgeborenen für Tugend und Ruhm zu begeistern?

Doch kehren wir zu Giovannis Werken zurück: zu den vorzüglichsten nämlich, denn es gibt von ihm eine so große Zahl Gemälde und Bildnisse, die in den Häusern der venezianischen Edelleute und an anderen Orten jenes Staates verstreut sind, und welche alle zu nennen allzu weitläufig sein würde. In Rimini malte er für Sigismondo Malatesta eine Beweinung Christi mit zwei Kindlein, ein großes Bild, das sich heutigentags in S. Francesco jener Stadt befindet[1]. Zu den Bildnissen, die er gearbeitet hat, gehört eines von Bartolommeo da Liviano, dem Feldhauptmann der Venezianer.

Giovanni erreichte das neunzigste Jahr und starb endlich an Altersschwäche[2]. Durch die schönen Werke, die er in Venedig, seiner Vaterstadt, und an anderen Orten vollführt hatte, hinterließ er ein unsterbliches Gedächtnis seines Namens; er wurde in derselben Kirche und derselben Gruft ehrenvoll beigesetzt, in welcher er seinen Bruder Gentile begraben hatte.

[1] Der tote Christus mit vier Engeln, jetzt in der Pinac. in Rimini.

[2] Er starb am 29. XI. 1516; das Familiengrab ist nicht mehr erhalten.

Domenico Ghirlandajo

Florentiner Maler

Domenico di Tommaso del Ghirlandajo, den man wegen der Vortrefflichkeit, Würde und Menge seiner Werke einen der ersten und trefflichsten Meister seiner Zeit nennen kann, war von der Natur zum Maler bestimmt, obwohl diejenigen, unter deren Obhut er stand, anderes mit ihm vorhatten[1]. Wie oft hindert man das fruchtbare Gedeihen unserer großen Geister, beschäftigt sie mit Dingen, für die sie keine Eignung haben, und lenkt sie von denen ab, die ihnen naturgemäß sind. Domenico jedoch folgte seiner angeborenen Neigung, erwarb sich und den Seinen dadurch viel Ehre, brachte der Kunst großen Gewinn und war das Wohlgefallen seines Zeitalters.

Sein Vater bestimmte ihn für seine eigene, nämlich die Goldschmiedekunst, in der er ein mehr als vorzüglicher Meister war. Tommaso hatte den Kopfputz der florentinischen Mädchen erfunden und gearbeitet, den man »ghirlande« nennt, und erhielt deshalb den Namen »Ghirlandajo«, nicht nur als ihr Erfinder, sondern auch, weil er deren eine unendliche Menge von so großer Schönheit verfertigt hatte, daß es schien, als wollten nur die gefallen, welche aus seiner Werkstatt kamen. Domenico, der also in der Werkstatt arbeiten mußte, fand aber keinen Gefallen an der Goldschmiedekunst und beschäftigte sich vielmehr fortwährend mit Zeichnen. Die Natur hatte ihn mit einem klaren Verstand und wunderbarem Geschmack und

[1] Domenico wurde als Sohn des Tommaso Bigordi 1449 in Florenz geboren.

Urteil für die Malerei begabt; daher erwarb er sich bald eine große Fertigkeit, Schnelle und Leichtigkeit im Zeichnen und brachte es, wie man sagt, schon in frühester Jugend, als er noch Goldarbeiter war, so weit, daß er die Leute, die an seiner Werkstätte vorübergingen, sofort und ganz ähnlich nachzeichnete. Von dieser Fähigkeit geben noch jetzt in seinen Werken unzählige Bildnisse von äußerst lebendiger Ähnlichkeit ein Zeugnis. Seine ersten Malereien verfertigte er in der Kapelle der Vespucci in Ognissanti; dort stellte er einen toten Christus mit mehreren Heiligen dar und oberhalb eines Bogens eine Beweinung Christi, bei der er das Bildnis von Amerigo Vespucci anbrachte, der die Entdeckungsfahrt nach Indien machte[1]. Im Refektorium jenes Klosters sieht man auch, in Fresko von ihm gemalt, ein Abendmahl[2], und in Santa Croce, rechter Hand beim Eingang der Kirche, die Geschichte des heiligen Paulinus. Hierdurch gewann er großen Namen und Ruf und erhielt den Auftrag, für Francesco Sassetti eine Kapelle in Santa Trinità mit Begebenheiten aus dem Leben des heiligen Franziskus zu verzieren – ein Werk, das er bewundernswert, mit viel Anmut, Sorgfalt und Liebe ausführte. Auf der ersten Wand, wo er das Wunder des heiligen Franziskus malte, stellte er die Brücke von Santa Trinità und den Palast der Spini dar. Der Heilige erscheint in der Luft und erweckt ein Kind vom Tode; und in den Frauen, die das Kindlein wieder lebend schauen, das sie zu Grabe tragen mußten, ist noch der Schmerz über seinen Tod, zugleich mit der Freude und dem Erstaunen über sein Erwachen zu erkennen. Mit großer Ähnlichkeit sind die Mönche und

[1] Das Fresko mit der Beweinung Christi und der Schutzmantelmadonna ist an der rechten Langhauswand der Kirche Ognissanti. Amerigo, geb. 1454, ist nicht mit Sicherheit zu identifizieren. – [2] Laut Inschrift 1480 entstanden; noch an Ort und Stelle.

Totengräber gezeichnet, die, dem Kreuze folgend, zum Begräbnis ausziehen; weiterhin sind andere Gestalten, die sich über ein Ereignis freuen, das allen nicht geringes Vergnügen macht. Man sieht darunter Maso degli Albizzi und die Herren Agnolo Acciajuoli und Palla Strozzi abgebildet, drei ehrenwerte, in der Geschichte jener Stadt ziemlich bekannte Bürger. Ein anderes Bild stellt den heiligen Franziskus dar, wie er in Gegenwart des Vikars die Erbschaft von Pietro Bernardone, seinem Vater, zurückweist, ein Bußkleid anzieht und sich mit einem Strick umgürtet. Auf der mittleren Wand ist abgebildet, wie er nach Rom zum Papst Honorius kommt, um seine Ordensregeln bestätigen zu lassen, und Sr. Heiligkeit mitten im Januar Rosen darreicht. In diesem Bilde sieht man den Saal des Konsistoriums mit den Kardinälen, die ringsumher sitzen, einige Stufen, die nach dem Saal hinaufführen, und auf ihnen mehrere Halbfiguren, nach der Natur gezeichnet, an den Geländern angelehnt, welche für die Treppe angebracht sind. Unter diesen ist der alte Lorenzo il Magnifico de' Medici abgebildet. Außerdem malte Domenico, wie der heilige Franziskus die Wundmale empfängt, und im letzten Bilde, wie er tot ist und von den Ordensbrüdern betrauert wird. Einer der Mönche küßt die Hände des Heiligen, was nicht besser in der Malerei ausgedrückt werden könnte, und ein Bischof im Ornat, mit der Brille auf der Nase, singt ihm den Totenpsalm. Diese Figur ist so gut, daß man sie nur deshalb als gemalt erkennt, weil man ihren Gesang nicht hört. Zu beiden Seiten der Altartafel sieht man einerseits Francesco Sassetti in kniender Stellung und andererseits Madonna Nera, seine Gemahlin, mit ihren Kindern abgebildet, diese letzteren jedoch in dem oberen Gemälde, wo das Kind vom Tode erweckt wird, nebst einigen schönen Mädchen aus derselben Familie, von denen ich die Namen nicht erfahren konnte. Diese alle tragen Gewänder nach Art jener Zeit, was sehr vergnüglich anzusehen ist. In der Wölbung malte Domenico vier Sibyllen und über dem Bogen der vorderen Wand, außerhalb der Kapelle, das Bild von der tiburtinischen Sibylle, die den Kaiser Octavian das Christuskind anbeten läßt – eine Arbeit, die technisch sehr gut und mit viel Frische und Reiz der Farben ausgeführt ist. Dieser Malerei fügte er eine Tafel in Tempera bei, eine Geburt Christi, die jeden Einsichtigen in Staunen versetzt; er zeichnete darin sich selbst nach der Natur und einige Hirten, die für eine göttliche Sache gelten[1]. Für die Brüderschaft der Ingesuati malte er eine Tafel für den Hauptaltar, mit einigen Heiligen in kniender Stellung: den heiligen Justus, Bischof von Volterra und Namenspatron der Kirche, den heiligen Zenobius, Bischof von Florenz, den Engel Raphael, einen heiligen Michael in schönem Waffenschmuck und noch andere Heilige[2]. Domenico verdient wegen der Ausführung dieses Werkes sehr gerühmt zu werden, denn er war der erste, der anfing, goldene Einfassungen und Verzierungen durch Farben nachzuahmen, was bis dahin noch nicht gebräuchlich war, und er verbannte zum großen Teil jene Schnörkeleien, die man mit Gold auf Beize oder Bolus aufsetzte, ein Verfahren, das sich besser für Wandbehänge als für Bilder guter Meister eignete.

In der Kirche di Cestello malte Domenico eine Tafel, die David und Benedetto, seine Brüder, vollendeten, eine Heimsuchung Mariä, worin man einige sehr anmutige und schöne weibliche Köpfe findet[3]. Für die Kirche der

[1] Die Fresken sind dat. 15. XII. 1485 (Vollendungsdatum); bei der Aufzählung hat Vasari die Feuerprobe des hl. Franziskus vergessen. Auch der Altar mit der Anbetung der Hirten ist dat. 1485. – [2] Der Altar aus S. Giusto, Madonna mit Heiligen, ist jetzt in den Uffizien, Florenz. – [3] Die Tafel aus S. Maria Maddalena de' Pazzi ist jetzt im Louvre; sie ist entstanden im Auftrage des Giovanni Tornabuoni,

Innocenti arbeitete er in Tempera eine Tafel mit der Anbetung der Könige, ein sehr gerühmtes Werk, in dem sich viele jüngere und ältere Gesichter von mannigfaltiger Schönheit des Ausdrucks und der Mienen finden. Vornehmlich erkennt man im Haupt der Madonna jene züchtige Schönheit und Anmut, welche die Kunst der Mutter des Gottgeborenen verleihen kann[1]. Zu Florenz, in der Kirche von Ognissanti, arbeitete er in Fresko, im Wettbewerb mit Sandro Botticello, einen heiligen Hieronymus, der jetzt neben der Tür zu sehen ist, die nach dem Chore führt, und darin zeigte er eine große Menge Instrumente und Bücher gelehrter Leute. Eben jetzt, wo diese Lebensbeschreibungen zum zweitenmal in Druck erscheinen, ist diese Malerei samt der des Sandro Botticelli, weil die Mönche den Chor verlegen mußten, von ihrem Orte weggenommen und mit Eisen gebunden, ohne Beschädigung nach der Mitte der Kirche gebracht worden[2]. Papst Sixtus IV. berief ihn nach Rom, in Gesellschaft anderer Meister seine Kapelle auszumalen. Dort stellte er den Heiland dar, wie er den Petrus und Andreas von den Fischernetzen abruft, und die Auferstehung des Herrn; letztere ist jetzt zum größten Teil zugrunde gegangen, weil sie oberhalb einer Tür angebracht war, bei der nachmals der Tragbalken Schaden litt, so daß ein neuer dafür eingesetzt werden mußte[3].

Zur Zeit, als Domenico in Rom war, lebte in jener Stadt Francesco Tornabuoni, ein geehrter und reicher Kauf-

dat. 1491. David (1452–1525) und Benedetto (1454–1497), die Brüder Domenicos, standen zunächst immer in dessen Werkstatt.

[1] Das Altarblatt ist jetzt in dem dem Ospedale degli Innocenti in Florenz angeschlossenen Museum; dat. 1488. – [2] Das Fresko des Dom. Ghirlandaio ist jetzt an der linken Wand des Langhauses; dat. 1480. Zum Fresko des Botticelli vgl. S. 231. – [3] Der Auftrag für die Fresken in der Sixtinischen Kapelle des Vatikanischen Palastes erfolgte an Ghirlandaio am 27. X. 1481. Die Himmelfahrt Christi wurde zur Zeit Gregors XIII. von Arrigo Fiammingho übermalt.

mann und vertrauter Freund Domenicos. Diesem war seine Frau im Wochenbett gestorben, und er hatte seinem edlen Stande gemäß ein Grabmal in der Minerva setzen lassen, wovon in der Lebensbeschreibung von Andrea del Verrocchio weiter die Rede sein wird. Die Wand, an der dies Denkmal stand, sollte Domenico verzieren und dazu ein kleines Temperabild malen. Er stellte auf jener Fläche vier Begebenheiten dar, zwei von Johannes dem Täufer und zwei von der Madonna, welche damals tatsächlich sehr gerühmt wurden; auch fand Francesco ein großes Vergnügen daran, daß, als dieser Künstler voll von Ehren und mit vielem Geld nach Florenz zurückkehrte, er ihn brieflich seinem Verwandten Giovanni empfahl, dem er schrieb, wie er sich bei jenem Werke von Ghirlandajo wohl bedient gesehen habe, und wie sehr der Papst durch seine Malereien zufriedengestellt sei.
Giovanni, der dies vernahm, faßte den Gedanken, ihn bei irgendeinem großartigen Werke zu beschäftigen, zu seines eigenen Namens ehrenvollem Gedächtnis und zu Domenicos Ruhm und Gewinn. In Begünstigung dieses Vorhabens wollte der Zufall, daß in Santa Maria Novella, dem Kloster der Predigermönche, die Hauptkapelle, die vordem von Andrea Orcagna ausgemalt worden war, sehr durch Nässe gelitten hatte, weil das Dach der Wölbung schlecht gedeckt gewesen war. Viele Bürger erboten sich, die Kapelle ausbessern oder vielmehr neu machen zu lassen; sie gehörte jedoch der Familie Ricci und diese wollte es nie zugeben; sie selbst konnte nicht soviel Kosten aufwenden und sich ebensowenig entschließen, ihre Ausschmückung einem anderen zu überlassen, um nicht des Patronatsrechtes und ihres Wappens verlustig zu gehen, denn die Kapelle stammte schon von ihren Voreltern her. Giovanni, der ein großes Verlangen trug, Domenico möge ihm dort das Erinnerungsmal schaffen, suchte

jenen Handel auf verschiedenen Wegen auszugleichen und versprach endlich der Familie Ricci, er für sich allein wolle alle Kosten tragen, sie auf irgendeine Weise entschädigen und ihr Wappen am sichtbarsten und ehrenvollsten Platz in jener Kapelle anbringen zu lassen. So kamen sie überein, und nachdem ein feierlicher Kontrakt geschlossen war, seinem Inhalt nach genau, wie ich oben erzählt habe, übertrug Giovanni dieses Werk dem Domenico. Dieser sollte dieselben Geschichten malen, die Orcagna dargestellt hatte; hierfür versprach er dem Künstler zwölfhundert Dukaten in Gold zu zahlen, und im Fall, daß das Werk ihm wohlgefiele, zweihundert hinzuzufügen.

Domenico legte Hand an und ließ nicht nach, bis er es im Verlauf von vier Jahren vollendet hatte. Dies geschah im Jahre 1485 zur größten Befriedigung Giovannis, der sich für sehr wohl bedient erklärte und freimütig gestand, Domenico habe die Mehrzahlung der zweihundert Dukaten verdient; lieb jedoch würde ihm sein, wenn er sich mit dem ersten Preis begnügen wolle. Domenico, der Ruhm und Ehre viel höher als Reichtümer achtete, erließ ihm sogleich alles übrige und versicherte, ihm sei es viel lieber, seinem Wunsche genügt zu haben, als jene Bezahlung zu erlangen.

In jener Kapelle sind zunächst in dem Gewölbe die vier Evangelisten, überlebensgroß, und auf der Fensterwand Begebenheiten aus dem Leben der Heiligen Domenikus und Petrus Martyr, ferner der heilige Johannes, wie er in die Wüste zieht, und die Madonna, welcher der Engel den Heiland verkündet. Über den Fenstern sind in kniender Stellung viele heilige Schutzpatrone der Stadt Florenz, unten sieht man zur rechten Hand Giovanni Tornabuoni, zur Linken seine Frau porträtiert, beide, wie man sagt, der Wirklichkeit sehr getreu. Auf der rechten Wand brachte Domenico sieben Bilder an, unten sechs, so groß als die Wand es zuließ, oben eines, so breit wie zwei Bilder und vom Bogen der Wölbung umschlossen[1]; auf der linken Seite sind ebensoviele aus dem Leben Johannis des Täufers.

Das erste auf der rechten Wand stellt dar, wie Joachim aus dem Tempel verjagt wird; man erkennt in seinem Antlitz viel Geduld und bei denen Verachtung und Haß, den die Juden gegen diejenigen bezeigten, die ohne Kinder zu haben nach dem Tempel kamen. In diesem Bilde sind gegen das Fenster zu vier männliche Bildnisse; der eine, alt schon, mit geschorenem Bart und einer roten Kapuze, ist Alesso Baldovinetti, von dem Domenico Unterricht in der Malerei und im Mosaik empfing, der zweite mit unbedecktem Haupt, eine Hand in die Seite gestützt, einen roten Mantel und ein blaues Untergewand tragend, ist Domenico, der Meister des Werkes selbst, der sich nach dem Spiegel porträtierte. Der dritte, mit langem, schwarzem Haupthaar und dicken Lippen, stellt Bastiano da S. Gimignano dar, Domenicos Schüler und Schwager; der letzte, der den Rücken zugewendet und ein Barett auf dem Haupt hat, ist der Maler David Ghirlandajo, Domenicos Bruder, und diese alle werden von jedem, der sie gekannt hat, als sehr ähnlich gerühmt. Das zweite Bild, die Geburt der Madonna darstellend, ist von Domenico mit großer Sorgfalt ausgeführt. Unter anderen bemerkenswerten Dingen brachte er in perspektivischer Verkürzung ein Fenster an, durch welches Licht in das Zimmer fällt, und zeichnete dies so gut, daß es jeden täuscht, der es ansieht. Die heilige Anna liegt im Bett, und einige Frauen kommen sie zu besuchen; andere baden mit vieler Sorgfalt die Madonna, tragen Wasser zu und wickeln die Windeln, eine in dieser, die andere in jener

[1] Es sind Szenen aus dem Leben der Maria.

Weise geschäftig, während das Kindlein auf den Armen einer Frau liegt, die es durch ihr Lächeln zum Lachen reizt und dabei überaus viel weibliche Anmut zeigt, die solch einem Gegenstand aber auch wahrhaft angemessen ist; in ähnlicher Weise sind viele andere Empfindungen in jeder Figur ausgedrückt. Im dritten Bild, dem ersten in der oberen Abteilung, sieht man die Jungfrau die Stufen des Tempels hinaufsteigen; ein Gebäude ist da, es verkürzt sich sehr täuschend für das Auge, und eine nackte Gestalt, welche damals, wo man dies nicht oft sah, sehr gerühmt wurde, obgleich sie nicht so vollkommen ist als die, welche in unserer Zeit gemalt werden, da sie ja noch nicht so fähig waren. Neben dieser Darstellung ist die Vermählung der Madonna; hierin zeigte er den Zorn einiger Freier, die sich Luft machen, indem sie die Stäbe zerbrechen, die nicht gleich denen des Joseph grün geworden sind. Das Bild ist voll von Figuren in einem ordentlichen Hause. Im fünften sieht man die Könige nach Bethlehem kommen, von einer großen Anzahl Menschen, Pferde, Dromedare und andern Dingen begleitet; ein sicher geordnetes Gemälde, und daneben, im sechsten, ist des Herodes grausamer Kindermord; ein wunderschönes Handgemenge von Frauen, Soldaten und Pferden, die gegen diese andrängen und stoßen – sicherlich das beste von allen seinen Bildern hier, da es mit Urteil, Geist und großer Kunst ausgeführt ist. Man erkennt den boshaften Willen derer, die Herodes gesandt hat; ohne nach den Müttern zu schauen, töten sie die unschuldigen Kindlein, und darunter ist eines, das noch an der Mutter Brust hängend, an einer Wunde im Hals stirbt; es saugt nicht minder Blut als die Milch der Brust, ein fürwahr eigentümlicher Gedanke, der durch die Art, wie er ausgeführt ist, längst erstorbenes Mitleid ins Leben zurückruft. Einer der Kriegsknechte hat mit Gewalt ein Kind geraubt, er eilt im Laufe davon und drückt es gegen seine Brust, um es zu töten; die Mutter aber, in furchtbarer Wut, hat ihn an den Haaren gefaßt und zwingt ihn, sich nach rückwärts zu beugen, so daß man drei verschiedene Wirkungen in dieser Gruppe erkennt: das Hinscheiden des sterbenden Kindes, die Ruchlosigkeit des Kriegers, der für die Gewalt, mit der er sich gehalten fühlt, an dem Kinde Rache zu nehmen strebt, und endlich die Mutter, die, das Söhnlein tot erblickend, voll Wut, Schmerz und Erbitterung den Verräter nicht ohne Strafe davonkommen lassen will; eine Zusammenstellung, die in der Tat mehr einen tiefdenkenden Philosophen als einen Maler verrät. Außerdem sind viele andere Leidenschaften in diesem Werke dargestellt, und wer es betrachtet, wird sonder Zweifel die Überzeugung gewinnen, daß dieser Meister in seiner Zeit vortrefflich war. Im siebenten Bilde, welches die Breite von zweien hat und von der Wölbung der Decke eingeschlossen wird, ist der Tod der Madonna und ihre Himmelfahrt mit einem großen Reichtum von Engeln, Gestalten, Landschaften und anderen Ausschmückungen dargestellt, die Domenico nach seiner leichten und praktischen Methode im Überfluß anzubringen wußte.

Auf der Wand gegenüber sind die Geschichten von Johannes. Im ersten Bilde sieht man Zacharias im Tempel opfern, der Engel erscheint, er aber glaubt ihm nicht und wird stumm. Und weil beim Opfer im Tempel immer die ausgezeichnetsten Personen zusammenkommen, so bildete Domenico hier zum ehrenvolleren Gedächtnis viele der florentinischen Bürger, die damals jene Stadt regierten, ab; unter ihnen vornehmlich alle Mitglieder der Familie Tornabuoni, die jüngeren wie die älteren. Und weil er zudem kundgeben wollte, daß jenes Zeitalter an allen Vorzügen, besonders an Gelehrsamkeit, reich war, malte er am unteren Bildrande vier im Kreis zusammenstehende

Halbfiguren, die miteinander reden. Dies waren die vier gelehrtesten Männer, die damals in Florenz lebten. Der erste, im Gewand eines Domherrn, ist Marsilius Ficinus; der zweite, im roten Mantel mit einem schwarzen Band am Hals, ist Christofano Landino; der, welcher sich zu ihm wendet, ist der Grieche Demetrius; und zwischen ihnen, die Hand ein wenig nach oben hebend, steht Angelo Poliziano; alle aber haben viel Leben und Natur. In der zweiten Abteilung folgt die Begegnung der Madonna mit der heiligen Elisabeth; sie sind begleitet von vielen Frauen, in Gewändern nach der Art jener Zeit; man sieht unter ihnen die Ginevra de' Benci, damals ein sehr schönes Mädchen. Im dritten Bild über dem ersten sieht man die Geburt Johannis, und darin ist ein sehr hübscher Zug angebracht. Während nämlich die heilige Elisabeth im Bett liegt und die Nachbarinnen kommen, sie zu besuchen, tritt ein Weib voll Freude zu der Amme, die das Kind an der Brust hat, und verlangt das Knäblein von ihr, um den Frauen zu zeigen, welch ein Geschenk der Herrin des Hauses in ihrem Alter zuteil geworden ist; daneben sieht man ein Mädchen, das nach florentinischem Brauch Früchte und Flaschen vom Lande hereinbringt, eine sehr schöne Figur. Im vierten Bilde, neben diesem, stellte er Zacharias dar, der noch stumm, doch unverzagt, voll Erstaunen ist, daß ihm dies Kind geboren worden ist. Eine Frau hält es auf dem Arm, sie kniet ehrfurchtsvoll vor ihm, und da man ihn fragt, wie er es nennen wolle, schaut er den Knaben fest an und schreibt auf ein Blatt über seinem Knie: Johannes wird sein Name sein. Viele Gestalten stehen voll Verwunderung umher, es scheint, als zweifelten sie, ob das, was sie sehen, wahr sei oder nicht. Als fünftes Bild folgt, wie Johannes der Menge predigt, in der man jene Aufmerksamkeit erkennt, mit der das Volk Neues vernimmt, besonders in den Mienen der Schriftgelehrten, die mit einem bestimmten Gesichtsausdruck jene Gesetze zu verspotten oder vielmehr mit Gehässigkeit aufzunehmen scheinen; ringsumher sieht man eine große Zahl Männer und Frauen in verschiedener Weise stehen und lagern. Im sechsten ist die Taufe Jesu, aus dessen Ehrfurcht vollkommen der Glaube spricht, der jener heiligen Handlung ziemt. Als Zeichen, welch gesegnete Früchte dies Ereignis trug, sind umher eine Menge Gestalten, die schon nackend und barfuß warten, die Taufe zu empfangen, wobei in ihren Mienen Glauben und Verlangen eingemeißelt sind. Unter ihnen ist eine Figur, die sich den Schuh auszieht und das deutliche Gepräge großer Behendigkeit an sich trägt. Das letzte Bild, im Bogen zunächst der Wölbung, stellt das überaus üppige Gastmahl des Herodes und den Tanz der Herodias dar. Eine große Menge von Dienern sind in verschiedener Weise beschäftigt, und ein mächtiges Gebäude, in Perspektive gezeichnet, läßt zugleich mit allen den übrigen Malereien die Tüchtigkeit Domenicos erkennen[1]. Er führte auch die einzeln stehende Altartafel und die Figuren in den sechs andern Feldern in Temperatechnik aus: die Madonna auf Wolken thronend, mit dem Sohne auf dem Arm, nebst anderen Heiligen um sie her; die Heiligen Laurentius und Stephanus sind ganz wie lebend, und den heiligen Vinzentius und Petrus Martyr scheint nur die Sprache zu fehlen. Dies Bild war bei dem Tode Domenicos noch nicht ganz vollendet, er hatte es jedoch schon so weit gebracht, daß nur noch auf der Rückseite des Gemäldes, wo die Auferstehung des Heilandes dargestellt ist, einige Figuren auszuführen waren, nebst drei Gestalten in den obengenannten Nebenfeldern, die

[1] Der Auftrag zu der Hauptchorkapelle von S. Maria Novella wurde an Domenico und David Ghirlandaio von Giovanni Tornabuoni am 1. IX. 1485 erteilt, Eröffnung der Kapelle am 22. XII. 1490 (1490 sind auch die Fresken datiert). Das Glasfenster ist von Domenico entworfen und von Alessandro Fiorentino ausgeführt (1491).

alle Benedetto und David Ghirlandajo, seine Brüder, vollendeten[1]. Diese Kapelle galt für etwas außerordentlich Schönes, Großartiges und Reizendes, wegen der Frische und Lebendigkeit der Farben, und weil die Malerei, bei der Domenico nur wenig trocken nachbesserte, mit Übung und Sauberkeit auf der Mauer ausgeführt ist; Erfindungen und Kompositionen sind aufs beste gelungen, und Domenico verdient sicherlich wegen dieses ganzen Werkes in jeder Hinsicht das größte Lob, zumeist jedoch wegen der Lebendigkeit der Köpfe, die, da sie nach der Natur gezeichnet sind, viele der erwähnten Personen in lebenswahren Bildnissen zeigen.

Domenico fand ein solch Gefallen daran, zu arbeiten und jedermann zu befriedigen, daß er seinen Lehrjungen befahl, jede Arbeit anzunehmen, die in seiner Werkstatt bestellt werde, wenn es auch Ringe zu Damenkörbchen wären; wollten sie sie nicht malen, so wollte er es tun, damit keiner unzufrieden aus seiner Werkstatt gehe. Wenn ihm dagegen häusliche Geschäfte oblagen, so bekümmerte es ihn sehr, und er übertrug deshalb seinem Bruder David die Besorgung der Ausgaben, indem er sagte: »Überlasse mir die Arbeit und mache du die Besorgungen; jetzt, da ich anfange, mit Art und Wesen dieser Kunst bekannt zu werden, tut es mir leid, daß man mir nicht aufträgt, den ganzen Umkreis der Stadtmauern von Florenz mit Bildern zu bemalen.« So zeigte er einen entschlossenen und unverzagten Geist in allem, was er unternahm.

Man sagt, Domenico habe solch eine Sicherheit in der Zeichnung gehabt, daß, als er die Altertümer zu Rom

[1] Von dem Altar sind die Tafeln der Vorderseite in der Ält. Pinak., München; Mitte: Maria mit dem Kinde und Heiligen; die Flügel: die Hl. Laurentius und Katharina. Die Tafeln der Rückseite jetzt im Kais.-Friedr.-Mus., Berlin; Mitte: Auferstehung Christi, die Flügel: die Hl. Antonius und Vincenz Ferrer. Zwei weitere Tafeln in französischem Privatbesitz.

nachzeichnete – Triumphbogen, Thermenanlagen, Säulen, Kolosseen, Obelisken, Amphitheater und Wasserleitungen – er weder Lineal noch Zirkel und Vermessungen zu Hilfe nahm, sondern bloß nach dem Augenmaß arbeitete, und wenn man später die Gebäude maß, waren sie, als ob er alles vermessen hätte. Das Kolosseum zu Rom zeichnete er in dieser Weise nach dem Augenmaß und brachte unten eine stehende Figur an, nach der man im Verhältnis das ganze Gebäude messen kann; hierüber stellten nach seinem Tod einige Meister eine Untersuchung an und fanden, daß alles völlig zutreffe[1]. Über einer Tür des Kirchhofes von Santa Maria Nuova sieht man in Fresko von ihm gemalt einen heiligen Michael in schönem Waffenschmuck, mit Reflexlichtern auf dem Harnisch, wie es vor ihm wenig üblich gewesen war. Für die Badia von Passignano, eine Niederlassung der Mönche von Vallombrosa, arbeitete er einiges in Gemeinschaft mit seinem Bruder David und mit Bastiano da S. Gimignano. Diese beiden wurden, ehe Domenico kam, in jenem Kloster sehr schlecht gehalten und beschwerten sich deshalb beim Abte, den sie baten, ihnen bessere Kost geben zu lassen; es sei nicht recht, daß er sie wie Handlanger halte. Der Abt versprach dem nachzukommen und entschuldigte sich, es geschehe mehr aus Unwissenheit des mit der Bewirtung beauftragten Mönches als aus üblem Willen. Domenico kam, es blieb jedoch beim alten, und David, der den Abt zum anderen Male traf, entschuldigte sich und sagte ihm, er führe nicht um seinetwillen Beschwerde, sondern wegen der Verdienste und Vorzüge seines Bruders. Der Abt, ein unwissender Mensch, gab dieselbe Antwort wie das erstemal. Sie setzten sich am Abend zum Essen, und nach gewohnter Art kam der

Vielleicht meint hier Vasari das Skizzenbuch in der Bibliothek des Escorial, das aus dem Werkstattkreis des Ghirlandaio stammt.

Mönch mit einem Brett, worauf Suppen und Essen für Scharfrichter standen. Voll heftigen Zornes goß David dem Mönch die Suppe über, warf das Brot vom Tisch nach ihm und behandelte ihn so schlimm, daß er halbtot nach der Zelle gebracht wurde. Dadurch entstand ein arger Lärm; der Abt, der schon zu Bette lag, glaubte, das Kloster stürze ein, sprang auf und fand den Mönch sehr übel zugerichtet. Er fing an, mit David zu zanken, doch jener rief in Wut: »Gehe mir aus den Augen, Domenicos Tüchtigkeit ist mehr wert wie alle Schweine von Äbten deiner Art, die je in diesem Kloster gewesen sind!« – Der Abt fühlte sich erkannt und trachtete von Stund an, sie als ehrenvolle Männer zu behandeln, die sie waren[1]. Nachdem Domenico dies Werk vollendet hatte, kehrte er nach Florenz zurück. Dort malte er eine Tafel für Herrn Carpi, und eine andere schickte er nach Rimini an Carlo Malatesta, der sie in seiner Kapelle in S. Domenico aufstellen ließ. Diese Tafel war in Tempera gearbeitet; man sah darin drei äußerst schöne Figuren, unten einige kleine Bilder, und auf der Rückseite Gestalten, die mit schönster Zeichnung und Kunst als fingierte Bronzen gemalt sind[2].

Durch Vermittlung des Lorenzo de' Medici, der bei der Domverwaltung von Siena eine Bürgschaft von zwanzigtausend Dukaten geleistet hatte, wurde Domenico dahin berufen und fing an, an der Fassade des Domes in Mosaik zu arbeiten. Er begann das Unternehmen mit gutem Mut und noch besserer Methode; vom Tod jedoch überrascht, mußte er es unvollendet liegenlassen. Ebenso blieb durch das Hinscheiden des erlauchten Lorenzo

[1] Im Refektorium von S. Michele in Passignano ist ein Abendmahl, das 1476/77 im Auftrage des Abtes Don Isidoro del Sera entstand. – [2] Das Bild, jetzt in dem Museum in Rimini, mit den drei Heiligen Vincenz Ferrer, Sebastian und Rochus und im oberen Halbrund Gottvater blieb unvollendet; der Stifter (?) Pandolfo Carlo Malatesta mit seiner Familie wurde von anderer Hand später hineingemalt.

de' Medici die Kapelle des heiligen Zenobius zu Florenz unvollendet, die Domenico zusammen mit dem Miniaturmaler Gherardo angefangen hatte in Mosaik zu verzieren[1]. Über der Seitentür von Santa Maria del Fiore, die nach den Serviten führt, sieht man eine Verkündigung, von Domenico so schön in Mosaik gearbeitet, daß von neueren Meistern nichts Besseres in dieser Art gemacht worden ist[2]. Domenico pflegte zu sagen: Malerei sei Zeichnung, Mosaik aber die wahre Malerei für die Ewigkeit. Mit ihm trat, um die Kunst zu erlernen, Bastiano Mainardi von S. Gimignano in Gemeinschaft, der ein sehr geübter Freskomaler wurde. Beide Meister gingen zusammen nach S. Gimignano; dort malten sie die Kapelle der heiligen Fina, ein wohlgelungenes Werk[3]. Domenico, durch die Hilfeleistungen und das freundliche Betragen Bastianos zufriedengestellt und erfreut, achtete ihn so wert, daß er ihm eine seiner Schwestern zur Frau gab. So belohnte ein liebender Lehrer freigebig die Vorzüge seines Schülers, die mit Fleiß und Anstrengungen in der Kunst errungen waren, und Freundschaft verwandelte sich in Verwandtschaft. Domenico ließ den Bastiano ein Bild in Sta. Croce in der Kapelle der Baroncelli und Bandini malen, wozu er jedoch den Karton zeichnete, eine Madonna, die gen Himmel fährt, und unten den heiligen Thomas, der den Gürtel empfängt; es wurde von Bastiano sehr schön in Fresko ausgeführt. Aber eben als sie

[1] Am 18. V. 1491 hatten Domenico und David den Auftrag für den Mosaikschmuck der Zenobiuskapelle im Dom zu Florenz bekommen, aber offenbar nichts ausgeführt. Die heute noch erhaltenen Reste von Mosaiken im Gewölbe sind von Monte di Giovanni (zwischen 1505 und 1529). – [2] Auftrag am 10. VII. 1489; das Mosaik der Verkündigung Mariä ist an der sog. Porta della Mandorla an der Nordflanke des Domes. – [3] Die Kapelle ist in der Collegiata zu S. Gimignano; die Fresken mit den Darstellungen des Todes und Begräbnisses der hl. Fina und im Gewölbe und den Schildbögen Propheten und Heilige.

in Pisa und Siena mehrere große Werke beginnen wollten, erkrankte Domenico an einem schweren pestartigen Fieber, das ihn nach fünf Tagen des Lebens beraubte. In der Zeit, da er krank wurde, schickten ihm die Tornabuoni ein Geschenk von hundert Dukaten, zum Beweis der Freundschaft und ihrer Verbundenheit und zum Dank für die Dienste, die jener Künstler dem Giovanni wie seinem ganzen Hause erwiesen hatte.
Domenico lebte vierundvierzig Jahre und wurde unter vielen Tränen und Klagen von David und Benedetto, seinen Brüdern, und Ridolfo, seinem Sohne, unter feierlichem Leichengepränge in Santa Maria Novella beigesetzt. Er starb 1493[1].
Domenico bereicherte die Kunst der Malerei in Mosaik durch seine modernere Arbeitsweise, wie es sonst kein Toskaner tat, so unzählige sich darin auch erprobten. Dies beweisen seine Arbeiten, wie wenige es auch sein mögen, und ihm gebührt wegen seiner Vielseitigkeit und seiner Aufzeichnungen in der Kunst Ehre und noch ganz außerordentliches Lob und Ruhm nach dem Tode.

[1] Domenico starb am 11. I. 1494.

Sandro Botticello

Florentiner Maler

Zur Zeit des alten Lorenzo de' Medici, il Magnifico, die fürwahr für Menschen von Geist ein goldenes Zeitalter gewesen ist, lebte auch Allessandro, nach unserer Sprechweise Sandro und di Botticello genannt, wozu wir den Anlaß weiter unten sehen werden. Sein Vater, Mariano Filipepi, ein florentinischer Bürger, erzog ihn mit Sorgfalt und ließ ihn in allen Dingen unterrichten, die man Kinder lernen läßt, ehe sie einem Berufe bestimmt werden. Obwohl nun der Knabe alles, was er wollte, leicht begriff, war er doch stets unruhig und fand an keinem Unterrichte Gefallen, weder am Lesen noch Schreiben noch Rechnen, so daß der Vater, unwillig über diesen absonderlichen Sinn, ihn aus Verzweiflung für das Goldarbeitergewerbe bestimmte und ihn zu seinem Paten Botticello, einem ziemlich guten Meister dieser Zunft, gab[1].

Zu jener Zeit herrschte fast beständiger Verkehr und die größte Vertraulichkeit zwischen Goldschmieden und Malern. Sandro, der viel Geschick besaß und sich ausschließlich mit Zeichnen beschäftigte, wurde – durch jenen Umgang – von Liebe zur Malerei ergriffen und faßte den Entschluß, sich ganz ihr zu widmen. Er bekannte dies Begehren freimütig seinem Vater, der ihn, die Neigung dieses Geistes begreifend, zu dem damals trefflichen Meister, dem Karmelitermönch Fra Filippo, in die Lehre gab,

[1] Der volle Name war: Sandro di Mariano di Vanni Filipepi; geb. ca. 1444/45, das genaue Datum unbekannt. Den Beinamen erhielt er wahrscheinlich, weil sein Bruder Giovanni »botticello« (= das Fäßchen) genannt wurde; von dem Paten ist nichts bekannt.

wie Sandro selbst gewünscht hatte[1]. Von jener Zeit an ergab er sich ganz jenem Beruf und ahmte seinen Meister so sehr getreu nach, daß dieser deshalb eine große Liebe zu ihm faßte, ihn mit aller Sorgfalt unterrichtete und ihn bald dahin brachte, daß er eine Stufe in der Kunst erreichte, die ihm niemand zugetraut hatte.

Im Handelsgericht von Florenz, zwischen den Tafeln, auf denen Antonio und Piero Pollajuolo einige Tugenden dargestellt hatten, malte Sandro in früher Jugend eine Figur der Stärke[2], und in Santo Spirito zu Florenz eine Tafel für die Kapelle der Bardi; er führte sie mit Fleiß und gut zu Ende und brachte dabei einige Ölbäume und Palmen an, die mit größter Liebe gearbeitet sind[3]. Eine andere Tafel verfertigte er für die Nonnen der Konvertiten[4] und eine für die Nonnen von S. Barnaba[5]. Im Querschiff der Kirche von Ognissanti neben der Türe, die nach dem Chor führt, wurde im Auftrag der Vespucci ein heiliger Augustin in Fresko von ihm gemalt; hierbei strengte er sich nach Kräften an, alle Meister seiner Zeit, vornehmlich den Domenico Ghirlandajo, zu übertreffen, der auf der gegenüberliegenden Seite den heiligen Hieronymus dargestellt hatte. Seine Arbeit erwarb ihm großes Lob; man erkennt in dem Antlitz des heiligen Augustin das tiefe Nachdenken und den feinen Scharfsinn, welcher Menschen eigen ist, die immer der Erkenntnis hoher und sehr schwieriger Dinge nachforschen und ganz darauf konzentriert sind[6].

[1] Der Eintritt in die Werkstatt des Fra Filippo Lippi ist dokumentarisch nicht bestimmt. – [2] Die Tafel, 1470 entstanden, jetzt in den Uffizien, Florenz. – [3] Die thronende Madonna mit Kind und zwei Heiligen jetzt im Kais.-Friedr.-Mus., Berlin; ausgeführt zwischen dem 7. II. 1485 und dem 3. VIII. 1485 für Giovanni d'Agnolo de' Bardi. – [4] Vielleicht identisch mit der Hl. Dreieinigkeit bei Viscount Lee of Farcham, Richmond. – [5] Thronende Madonna mit sechs Heiligen und Engeln, samt Staffel jetzt in den Uffizien, Florenz. – [6] Das Fresko des Botticelli ist jetzt an der rechten Wand des Langhauses; zum Fresko des Ghirlandaio vgl. S. 217.

Sandro kam dadurch in Ruf und erhielt Auftrag von der Zunft Porta Santa Maria, eine Tafel in S. Marco zu malen, eine Krönung der Madonna und einen Engelchor, alles sehr gut gezeichnet und ausgeführt[1]. Im Hause der Medici übernahm er viele Arbeiten für den alten Lorenzo, darunter besonders eine Pallas in Lebensgröße, auf einem Schilde von Baumästen, die in Flammen stehen, und einen heiligen Sebastian[2]. In Santa Maria Maggiore zu Florenz, neben der Kapelle der Panciatichi, sieht man von seiner Hand eine sehr schöne Beweinung Christi in kleinen Figuren ausgeführt[3]. In den Häusern der Stadt malte er verschiedene Rundbilder[4] und eine ziemliche Anzahl nackter weiblicher Gestalten, wie davon noch heute zu Castello, der Villa des Herzogs Cosimo, zwei Bilder sich befinden: das eine, die Geburt der Venus und die Lüfte und Winde, die sie im Geleite der Liebesgötter der Erde zuführen; das andere, Venus von den Grazien mit Blumen bekränzt, die den Frühling verkünden, alles sehr anmutig dargestellt[5]. In der Via de' Servi, im Hause des Giovanni Vespucci, heutigentags dem Piero Salviati zugehörig, wurden, in einem Zimmer in einer Wandverkleidung von Nußholz-

[1] Der sog. Eligiusaltar, weil er von den Goldschmieden gestiftet war, samt Staffel jetzt in den Uffizien, Florenz. – [2] In der ersten Ausgabe berichtet Vasari besser, daß der hl. Sebastian für die Kirche S. Maria Maggiore gemalt worden war. 1473 entstanden, jetzt im Kais.-Friedr.-Mus., Berlin. – [3] Jetzt im Mus. Poldi Pezzoli in Mailand. – [4] Unter den zahlreichen Rundbildern, deren Herkunft zumeist unbekannt ist, seien nur erwähnt: 1. Madonna mit sechs Engeln, sog. Mad. mit dem Granatapfel, 2. Madonna mit Engeln, sog. Magnificat; beide Uffizien, Florenz. – [5] Beide Bilder jetzt in den Uffizien. Der Auftraggeber, aus einer Nebenlinie der Medici, ist unbekannt. Der sog. »Frühling«, besser »das Reich der Venus« zu nennen, ist eine Liebesallegorese auf Giuliano de' Medici und seine Geliebte Simonetta Vespucci unter Anlehnung von Polizians Gedicht der »Giostra« (1476). Die Arbeit an der »Geburt der Venus« war Anlaß zu einer Reihe von Venusdarstellungen, auf die Vasari wohl anspielt, z. B. das Bild im Kais.-Friedr.-Mus., Berlin.

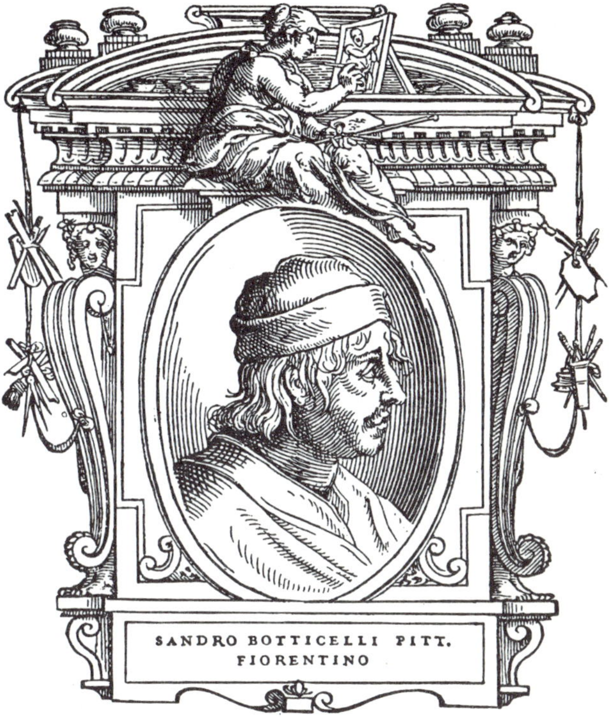
SANDRO BOTTICELLI PITT.
FIORENTINO

rahmen eingeschlossen, viele Tafeln mit einer Menge schöner und sehr lebendiger Gestalten von ihm gemalt, und im Hause der Pucci stellte er in kleinen Figuren Boccaccios Novelle von Nastagio degli Onesti in vier sehr anmutigen und schönen Bildern dar[1], und in einem Rundbilde die Anbetung der Könige[2]. Bei den Mönchen von Cestello malte er für eine der Kapellen eine Tafel mit der Verkündigung[3], und in S. Pier Maggiore neben der Seitentüre eine andere mit einer unendlichen Zahl von Figuren.

Diese ward im Auftrag von Matteo Palmieri gearbeitet und stellt die Himmelfahrt der Madonna mit den verschiedenen Himmelszonen dar, worauf die Patriarchen, Propheten, Apostel, Evangelisten, Märtyrer, Bekenner und Kirchenlehrer, die heiligen Jungfrauen und Hierarchien sind; alles nach dem Entwurf des Matteo, der ein sehr gelehrter und einsichtsvoller Mann war. Alessandro malte dies Werk mit Meisterschaft und höchstem Fleiß und zeichnete unten kniend den Matteo und seine Frau nach dem Leben. Diese Arbeit, so schön, daß sie jede Mißgunst hätte besiegen sollen, gab aber einigen Neidischen und Verleumdern Anlaß zu Kritteleien, und da sie sonst nichts daran finden konnten, behaupteten sie, Matteo und Sandro hätten sich dabei arger Ketzerei schuldig gemacht. Ob dies wahr sei oder nicht, darüber erwarte von mir niemand ein Urteil, es genügt, daß Sandro wirklich Lob verdient wegen der Figuren, die er darin darstellte, und wegen des Fleißes, den er aufwandte, als er die Himmelsbogen zog, Gestalten und Engel dazwischen verteilte, verschiedene Verkürzungen und Ansichten mannigfaltig unterschied und alles nach

[1] Der Inhalt ist der 8. Novelle des fünften Tages aus dem Decamerone entnommen. Die vier Tafeln jetzt in Slg. Vernon Watney, London. – [2] Vielleicht die Tafel in der Nat.-Gall., London. – [3] Aus S. Maria Maddalena dei Pazzi in Florenz, jetzt in den Uffizien; 1488–90.

guter Zeichnung ausführte[1]. Sandro erhielt zu jener Zeit den Auftrag, eine kleine Tafel zu malen, mit Figuren in der Größe von dreiviertel Ellen; sie wurde zwischen den zwei Türen an der Vorderseite von Santa Maria Novella aufgestellt, linker Hand, wenn man durch die Mitteltür in die Kirche tritt, und enthält die Anbetung der Weisen. Man sieht darin so viel Gemütsbewegung in dem ältesten König, wie er verschmachtend vor zärtlicher Liebe den Fuß des Heilands küßt und sehr gut ausdrückt, wie froh er ist, das Ziel seiner langen Reise gefunden zu haben. In dieser Gestalt ist Cosimo de' Medici der Ältere dargestellt, von allen Bildnissen, die es in unseren Tagen von ihm gibt, das treueste und lebendigste. Der zweite König erweist in Demut dem heiligen Kinde Verehrung und reicht ihm seine Gaben dar. Dies ist Juliano de' Medici, der Vater von Papst Clemens VII. In dem dritten ist Cosimos Sohn Giovanni abgebildet; auch er kniet vor dem Kinde, scheint ihm anbetend Dank zu zollen und es als den wahren Messias zu begrüßen. Es läßt sich nicht schildern, welche Schönheit Sandro den Köpfen in diesem Bilde verlieh; die einen sind von vorne, andere von der Seite, die einen halb abgewandt, andere niedergebeugt oder sonst in verschiedener Weise zu sehen, dabei mannigfaltige junge und alte Gesichter, mit allen Eigentümlichkeiten dargestellt, welche die Meisterschaft des Künstlers erkennen lassen; denn er unterschied den Hofstaat der drei Könige so, daß man gewahr wird, welche dem einen und welche dem anderen zugehören; kurz, dies Werk ist bewundernswert in der Farbgebung, in Zeichnung und Komposition so schön, daß es heute noch jeden Künstler in Staunen versetzt und seinem Verfertiger damals in Florenz wie an anderen Orten einen großen Namen er-

[1] Das Werk, jetzt in der Nat. Gall., London, war tatsächlich der Inquisition verfallen, wurde aber dann doch freigegeben.

warb[1]. Als daher Papst Sixtus die Kapelle in seinem Palast zu Rom erbaut hatte und sie mit Malereien verziert sehen wollte, ernannte er Sandro zum obersten Aufseher über jenes Werk. Dieser malte dort mehrere Darstellungen: eine, wie Christus vom Teufel versucht wird, eine andere, wie Moses den Ägypter tötet und von den Töchtern Jethro in Midian zu trinken bekommt, endlich, wie Feuer vom Himmel fällt, als die Söhne Aarons opfern wollen; in den Nischen oberhalb dieser Bilder stellte er einige heilige Päpste dar. Durch dieses Bild erlangte Sandro großen Namen und Ruf vor vielen Florentinern und anderen Meistern, die mit ihm dabei konkurrierten, und Papst Sixtus belohnte ihn durch eine bedeutende Summe Geldes, die aber Sandro ganz und gar während des Aufenthaltes in Rom verbrauchte, wo er seiner Gewohnheit gemäß nach Laune lebte. Sobald er vollendet hatte, was ihm übertragen worden war, und die Enthüllung stattgefunden hatte, kehrte er schnell nach Florenz zurück[2]. Dort beschäftigte er sich als ein Mann von grübelndem Verstande, einen Teil von Dantes Dichtung zu erklären, stellte die Hölle dar und ließ es im Druck erscheinen; es war eine Beschäftigung, mit der ihm viel Zeit verlorenging, denn da er andere Arbeiten nicht vornahm, brachte sie große Unordnung in sein Leben[3]. Er mühte sich noch sonst,

[1] Das Bild, jetzt in den Uffizien, Florenz, wurde von dem Wucherer Guaspero di Zanobi del Lama bestellt, der sich die Ehre erbeten hatte, die Familienmitglieder der Medici im Porträt darstellen lassen zu dürfen. Auch der Stifter selbst erscheint mit seiner Sippe. – [2] Die Fresken Botticellis in der nach ihrem Bauherrn Papst Sixtus IV. genannten Cappella Sistina im vatikanischen Palast sind: 1. das Reinigungsopfer der Leprakranken, 2. die Jugendgeschichte Mosis, 3. Aaron straft die Unbotmäßigen; alle drei sind 1481/82 entstanden; der Auftrag an Botticelli erfolgte am 27. X. 1481. – [3] Gemeint ist offenbar die 1481 in Florenz erschienene Ausgabe der Divina Commedia mit dem Kommentar des Christoforo Landini, wo das »Inferno« (Hölle) mit neunzehn Kupferstichen illustriert ist. Da das Unternehmen nicht zu Ende geführt wurde, begann Botti-

einige seiner Zeichnungen zu drucken, nach schlechter Manier jedoch, denn der Stich war schlecht gemacht, und das Beste, was man von seiner Hand sieht, ist der Triumph des Glaubens des Fra Girolamo Savonarola aus Ferrara, dessen Sekte er dermaßen anhing, daß er das Malen ganz vernachlässigte und, weil er dadurch alles Einkommen verlor, sich in die größte Verlegenheit stürzte[1]. Ja, indem er sich hartnäckig jener Partei anschloß und, wie man sie zu nennen pflegte, ein »piagnone« wurde[2], entfremdete er sich aller Arbeit und sah sich im Alter so völlig verarmt, daß er fast Hungers gestorben sein würde, hätte nicht Lorenzo de' Medici, für den er außer vielen anderen Dingen auch einiges im Spedaletto von Volterra arbeitete, ihm solange er lebte Unterstützung zukommen lassen, was nachmals von seinen Freunden und vielen wohlhabenden Leuten, die seine Kunst verehrten, fortgesetzt wurde[3].

Sandro hatte in S. Francesco außerhalb des Tores von S. Miniato ein schönes Rundbild gemalt: die Madonna, umgeben von mehreren Engeln in Lebensgröße[4]. Diesem Werke sehr ähnlich verfertigte Biagio, einer seiner Zöglinge, ein rundes Bild und wollte es gern verkaufen. Sandro, der dieses wußte, verkaufte es an einen Bürger um den Preis von sechs Goldgulden, und da er von Natur fröhlich war und mit seinen Schülern und Freunden gerne

celli für Lorenzo di Pier Francesco de' Medici eine Illustrations-Serie in Silberstiftzeichnungen, die ebenfalls, infolge politischer Unruhen, unvollendet blieb. Achtundachtzig dieser Blätter sind im Kupferstichkabinett Berlin, sieben im Vatikan; acht sind noch immer verschollen.

[1] Savonarola (1452 bis 23. V. 1498) predigte 1482–87 in Florenz in Orsanmichele und S. Lorenzo, von 1490 ab hielt er seine berühmten Predigten in S. Marco, auf Grund deren er im Mai 1495 verbannt wurde. – [2] »Piagnone« = Klagebrüder; diese Sekte war zugleich die Partei der heftigsten Gegner der Medici. – [3] Lorenzo de' Medici, il Magnifico, war schon 1492 gestorben, und die Ausstattung seines Landhauses bei Volterra war 1483 im Gange. – [4] Vielleicht identisch mit dem Rundbild im Kais.-Friedr.-Mus., Berlin.

Scherz trieb, sagte er zu Biagio: »Endlich habe ich doch dein Bild verkauft, wir müssen es diesen Abend jedoch hoch aufhängen, weil es dadurch ein besseres Aussehen gewinnt; morgen früh gehe nach dem Hause des Bürgers und hole ihn hierher, damit er dein Bild an günstigem Ort betrachte und du das Geld bekommst.« – »O Meister«, rief Biagio, »wie wohl habt Ihr getan!« – lief nach der Werkstatt, befestigte sein Bild an einem ziemlich hohen Platz und ging von dannen. Unterdes verfertigte Sandro mit Jacopo, einem anderen seiner Schüler, acht Mützen aus Papier in der Form, wie sie die florentinischen Bürger zu tragen pflegten, und befestigte sie mit weißem Wachs auf den Häuptern der acht Engel, die in jenem runden Bilde die Madonna umgeben. Der Morgen kam, mit ihm Biagio in Begleitung des Bürgers, der das Gemälde gekauft hatte und um den Scherz wußte; sie traten in die Werkstatt, Biagio wendete seine Augen nach oben und erblickte seine Madonna nicht mehr im Kreis der Engel thronend, sondern inmitten florentinischer Senatoren mit jenen seltsamen Kapuzen. Schon wollte er anfangen zu schelten und sich bei dem Käufer entschuldigen; er merkte jedoch, daß jener nichts erwähnte, ja das Bild sehr lobte, und schwieg deshalb still, ging mit dem Bürger nach dessen Wohnung zurück, erhielt die Bezahlung der sechs Gulden, wie mit seinem Meister ausgemacht war, und kehrte nach der Werkstatt zurück. Unterdes hatten Sandro und Jacopo die Papiermützen gerade weggenommen; nun erschienen ihm seine Engel wieder als Engel und nicht als bemützte Bürger; vollkommen verwirrt, wußte er nicht, was er vorbringen sollte, und sprach endlich zu Sandro: »Meister, ich weiß nicht, ob ich träume oder wache; als ich vorhin kam, hatten diese Engel rote Mützen auf, und jetzt ist nichts davon zu sehen; wie geht das zu?« – »Du bist nicht recht bei Troste, Biagio«, antwortete Sandro, »das Geld hat dich verrückt gemacht, glaubst du, wenn dem so wäre, würde der Bürger dein Werk noch gekauft haben?« – »Daß er nichts darüber sagte«, entgegnete Biagio, »ist freilich wahr, trotzdem scheint es mir ein seltsam Ding.« – Bald standen alle die anderen Malerjungen um ihn herum und redeten so lange, bis er endlich selbst glaubte, es sei eine Einbildung gewesen.

Sandro, sagt man, hatte eine ganz ungewöhnlich große Liebe zu allen, die sich im Studium der Kunst eifrig zeigten, auch sagt man, daß er ziemlich viel Geld verdiente; weil er jedoch schlecht wirtschaftete, ging durch seine Unachtsamkeit alles zugrunde. Endlich alt, zur Arbeit untauglich und so krumm geworden, daß er mit zwei Stöcken gehen mußte, starb er im achtundsiebzigsten Jahre, nachdem er länger schon krank und elend gewesen war, und wurde 1515 in Ognissanti zu Florenz begraben[1].

In der Garderobe des Herzogs Cosimo sind von diesem Künstler zwei sehr schöne Bilder, weibliche Profilköpfe; das eine, wie man sagt, stellt die Geliebte des Giuliano de' Medici, Bruders von Lorenzo, dar, das andere Madonna Lucrezia de' Tornabuoni, Lorenzos Gemahlin[2]. An demselben Ort ist ein Bacchus von Sandro gemalt; er hebt mit beiden Händen ein großes Weinfaß hoch und führt es an seine Lippen, eine höchst anmutige Gestalt. – Sandro gehört zu den ersten, die das Verfahren erfanden, Fahnen und andere Draperien so zu arbeiten, daß die Farben nicht verlöschen und auf jeder Seite die Farbe des Tuches bleibt; man nennt diese Technik »di commesso«[3].

[1] Sandro starb am 17. V. 1510 in Florenz. – [2] Die Geliebte des Giuliano de' Medici war Simonetta Vespucci, ihr von Vasari bezeichnetes Bildnis dürfte das im Kais.-Friedr.-Mus. in Berlin sein; das andere verschollen. Die Frau des Lorenzo il Magnifico war Clarice Orsini; Francesca Tornabuoni, die Frau des Piero di Cosimo de' Medici, war dessen Mutter. – [3] »Di commesso« nannte man eine der Intarsia verwandte Einlegetechnik.

In dieser Weise sind von seiner Hand auf dem Baldachin von Or San Michele verschiedene schöne Madonnen; man erkennt daran, wieviel besser diese Art Arbeit den Stoff bewahrt als die Beizen, die ihn zerfressen und ihm kurze Dauer verleihen, wenn auch heutigentags der geringen Kosten wegen die Beizen mehr verwendet werden. Herr Fabio Segni, ein florentinischer Edelmann, besitzt von Sandro eine Tafel in derselben Größe wie die Anbetung der Könige (aus S. Maria Novella)[1]; man sieht darauf die Verleumdung des Apelles so schön dargestellt, als sie überhaupt nur sein kann. Der Künstler selbst schenkte sie dem Antonio Segni, der sein Freund war.

[1] Jetzt in den Uffizien, Florenz.

Andrea del Verrocchio

Florentiner Maler, Goldschmied und Bildhauer

Der Florentiner Andrea del Verrocchio war seinerzeit Goldarbeiter, Perspektivzeichner, Bildhauer, Holzschnitzer, Maler und Musikus, hatte jedoch in der Bildhauer- und Malerkunst eine etwas harte und schroffe Manier, gleich jemand, der sie mehr durch unendliches Studium sich aneignet, denn als Gabe der Natur hat oder durch Gewandtheit erreicht[1]. Hätte ihm von dieser Gabe nicht mehr gefehlt, als er durch außergewöhnlichen Fleiß und seltenes Studium ersetzte, so würde er in diesen Künsten vortrefflich geworden sein; zu größter Vollendung aber fordern sie Studium und Naturanlage vereint; wo eines von beiden fehlt, wird selten ihr höchster Grad erreicht, wenn auch Studium und Fleiß zu höherer Stufe führen. Diese waren bei Andrea größer als bei irgendeinem andern, und er wird deshalb unter die hervorragenden und ausgezeichneten Meister unserer Kunst gezählt. In seiner Jugend beschäftigte er sich mit den Wissenschaften, und vornehmlich mit Geometrie. Zur Zeit, als er die Goldschmiedekunst übte, verfertigte er außer vielen anderen Dingen einige Knöpfe zu Pluvialen, die sich in Santa Maria del Fiore befinden. An Grosseriearbeiten hat man von ihm eine Schale, ringsum mit Laubwerk, Tieren und mancherlei Seltsamkeiten geziert, welche so schön ist, daß alle Künstler davon wissen, und von demselben Meister ist ein anderes Becken, worauf man einen sehr an-

[1] Er wurde 1435 in Florenz geboren; sein Name war Andrea di Michele di Francesco de' Cioni, den Beinamen Verrocchio nahm er von seinem ersten Lehrer, dem Goldschmied Giuliano Verrocchio, an.

mutigen Kindertanz sieht. Durch diese Dinge gab er einen Beweis seiner Geschicklichkeit, und die Zunft der Kaufleute verlangte, er solle für die Stirnseiten an dem Altar von S. Giovanni zwei Reliefkompositionen in Silber arbeiten, die ihm, als sie vollendet waren, großes Lob erwarben[1]. Während seines Aufenthaltes in Rom erfuhr Andrea, wie die vielen antiken Statuen und anderen Altertümer jener Stadt in hohem Wert standen; er sah, daß der Papst das Bronzepferd bei S. Giovanni Laterano aufstellen ließ[2], und daß man nicht nur vollständige Werke, sondern auch Bruchstücke, wie sie jeden Tag gefunden wurden, in Ehren hielt; so beschloß er, sich der Bildhauerei zuzuwenden, gab die Goldschmiedekunst völlig auf und versuchte, einige kleine Figuren in Bronze zu gießen, die sehr gerühmt wurden. Nun stieg ihm der Mut, und bald fing er an, auch in Marmor zu arbeiten. Zu jener Zeit war die Gattin des Francesco Tornabuoni im Wochenbett gestorben; ihr Gemahl, der sie sehr geliebt hatte, wollte ihr im Tode jede mögliche Ehre erweisen und gab Andrea den Auftrag, ihr Grabmal zu verfertigen. Dieser stellte auf der Platte des Marmorsarges die Verstorbene dar, dann Geburt und Tod, dabei drei Gestalten, welche drei Tugenden versinnbildlichen; und dies Werk – als seine erste Marmorarbeit als rühmenswert anerkannt – wurde in der Minerva errichtet[3].

Mit viel Geld, Ruhm und Ehren kehrte er nach Florenz zurück und erhielt dort den Auftrag, einen David in Bronze,

[1] Andrea del Verrocchio arbeitete an dem Silberaltar, jetzt in der Opera del Duomo, Florenz, nur eine Szene: die Enthauptung Johannes des Täufers; der Auftrag dazu wurde am 13. I. 1479 erteilt. – [2] Gemeint ist die Aufstellung des antiken Reiterdenkmals des Marc Aurel, das später auf das Kapitol übertragen wurde; vgl. S. 477. – [3] Der Tod der Francesca di Luca Pitti, der Frau des Giov. Tornabuoni, erfolgte in Rom am 23. IX. 1477; das Sarkophagrelief jetzt im Mus. Naz. (Bargello), Florenz.

zwei und eine halbe Elle hoch, zu arbeiten, den man nach seiner Vollendung unter großem Lobe des Meisters oben an der Treppe des Palastes aufstellte, wo sich die Kette befand[1]. In der Zeit, als er jene Statue unter den Händen hatte, verfertigte Andrea das Marmorbild der Madonna, das über dem Grabmal des Aretiners Lionardo Bruni in Santa Croce steht, eine Arbeit, die er in seinen Jugendjahren für den Bildhauer und Baumeister Bernardo Rossellino übernahm, der das ganze Werk in Marmor verfertigte[2]. Durch alles dies erlangte Andrea den Namen eines trefflichen Meisters, vornehmlich durch die Ausführung zahlreicher Metallwerke, an denen er viel Gefallen fand; und man gab ihm den Auftrag, in S. Lorenzo das Grabmal von Giovanni und Piero, den Söhnen des Cosimo de' Medici, als Freimonument aus Erz zu arbeiten. Der Porphyrsarkophag dieses Grabmals wird von vier bronzenen Eckverzierungen getragen, deren Laubwerk sehr schön und mit großem Fleiße gearbeitet ist, gleichwie man von dem ganzen Werke sagen kann, daß weder in Ziselier- noch in Gußarbeit Besseres zu leisten wäre. Es wurde zwischen der Kapelle des Sakraments und der Sakristei errichtet, und Andrea zeigte bei dieser Veranlassung seine Einsicht in der Baukunst, denn er stellte das Grabmal in eine fensterartige Öffnung von fünf Ellen Breite und etwa zehn Ellen Höhe auf ein Postament, das die Kapelle des Sakraments von der alten Sakristei trennt. Zur Ausfüllung des Raumes über dem Sarkophag bis zum Fensterbogen brachte er ein rautenförmiges Gitter aus Bronzestricken an, die ein sehr natür-

[1] Die Statue, jetzt im Mus. Naz. (Bargello), Florenz, wurde wahrscheinlich für Piero de' Medici, für die Villa in Careggi, gearbeitet. 1476 erwarben sie die Bauverweser des Pal. della Signoria von Lorenzo und Giuliano de' Medici. – [2] Leonardo Bruni starb 1444, die Ausführung des Grabmals hatte Bern. Rossellino; man hält Vasaris Zuschreibung jetzt für einen Irrtum.

liches Ansehen haben und an einigen Stellen mit Gewinden und anderen schönen Phantasien geziert sind; lauter bemerkenswerte Dinge, mit viel Übung, Urteil und Erfindung ausgeführt[1].

Der Bildhauer Donatello hatte, wie früher schon erzählt ist, für den Magistrat der Sechse von der Kaufmannschaft das Marmortabernakel gearbeitet, welches heutigentags am Oratorium von Or San Michele, der Kirche des heiligen Michael gegenüber, aufgestellt ist; hierbei sollte ein heiliger Thomas von Bronze angebracht werden, der die Wunde Christi prüft; diese Figuren jedoch wurden damals nicht ausgeführt, weil unter denen Streit entstand, welchen die Sorge dafür zukam. Die einen waren der Meinung, die Ausführung solle dem Donatello übertragen werden, die andern, dem Lorenzo Ghiberti; solange diese beiden lebten, war die Angelegenheit auf demselben Punkt geblieben; nun endlich wurde dem Andrea die Ausführung jener beiden Statuen übergeben. Er arbeitete Modelle und Formen, führte den Guß durch, und sie kamen so wohlbehalten, vollständig und sauber zum Vorschein, daß es sehr zu rühmen ist; als er daher Hand anlegte, sein Werk zu ziselieren und zu beenden, brachte er es zu jener Vollkommenheit, in der es nunmehr vor uns steht und die nichts zu wünschen übrigläßt. Im Thomas offenbart sich sein Unglauben, das zu große Verlangen, sich der Tatsache zu vergewissern, und zugleich die Liebe, die ihn mit schöner Gebärde die Hand in Jesu Seite legen läßt; die Gestalt Jesu dagegen, der in ungezwungener Stellung einen Arm in die Höhe hebt und sein Gewand auseinanderschlägt, um den Zweifel des ungläubigen Jüngers zu vernichten, zeigt alle jene liebreiche Gnade und

[1] Das Grabmal, noch an Ort und Stelle, wurde von Giuliano und Lorenzo il Magnifico de' Medici gestiftet. Die Inschrift nennt das Datum 1472, wahrscheinlich als Vollendung, da Piero 1469 starb.

Göttlichkeit, welche sozusagen die Kunst einer Gestalt zu leihen vermag. Andrea hatte diese beiden Figuren mit schönen wohlgeordneten Gewändern umkleidet; dadurch zeigte er, daß er dieser Kunst nicht minder mächtig sei als Donato, Lorenzo und die übrigen Meister, die vor ihm gelebt hatten; er verdiente, daß sein Werk in ein Tabernakel von Donato gefaßt und nachmals immer in hohem Wert gehalten wurde[1].

Der Ruf Andreas vermochte nunmehr in dieser Kunst nicht weiter zu steigen, und da er zu den Menschen gehörte, denen es nicht genügt, in einem Ding vollkommen zu sein, sondern auch in anderen der erste zu sein wünschte, wendete er sich mittels des Studiums der Malerei zu. Er zeichnete den Karton zu einer Schlacht von lauter nackten Gestalten sehr gut mit der Feder, um ihn in Farben auf der Mauer auszuführen, und entwarf noch einige andere Kartons zu historischen Bildern, die er zu malen anfing, aus irgendeinem Grunde aber liegenließ. Im Auftrag Lorenzos de' Medici arbeitete er für den Brunnen der Villa Careggi ein Kind in Bronze, das einen Fisch würgt; dies wahrhaft bewundernswerte Werk hat Herzog Cosimo auf den Brunnen im Hofe seines Palastes setzen lassen[2].

Andrea, der niemals rastete und immer Maler- oder Bildhauerwerke ausführte, unterbrach bisweilen das eine durch das andere; er meinte, dadurch zu verhindern, daß ihm nicht eine einzelne Sache zum Überdruß werde, wie dies vielen geschieht; und obschon er die obengenannten Kar-

[1] Von Donatello war für die Parte Guelfa eine Bronzestatue des hl. Ludwig gearbeitet worden. Als das Tabernakel 1459 (oder 1463) an das Kollegium des Handelsgerichts überging, wurde die Nische überarbeitet und die Figur versetzt (seitdem verschollen! Vgl. S. 160). Die Gruppe des Verrocchio wurde am 21. VI. 1483 in das Tabernakel des Mittelpfeilers der Ostfassade von Orsanmichele versetzt. – [2] Jetzt im ersten Hof des Pal. della Signoria in Florenz.

tons nicht zur Ausführung brachte, übernahm er doch einige andere Malereien; darunter eine Tafel für die Nonnen von S. Domenico zu Florenz, wobei er ziemlich Gutes geleistet zu haben meinte[1], bald nachher in S. Salvi für die Mönche von Vallombrosa eine andere, die darstellt, wie Christus von Johannes die Taufe empfängt. Hierbei half ihm Leonardo da Vinci, der damals noch sehr jung und sein Schüler war; von ihm ist in jenem Gemälde ein Engel, welcher viel besser ist als die übrigen Dinge. Andrea, der dies erkannte, beschloß daraufhin, keinen Pinsel mehr anzurühren, da Leonardo so jung noch in dieser Kunst Besseres als er geleistet hatte[2]. Cosimo de' Medici hatte in Rom viele Altertümer an sich gebracht und ließ innerhalb seines Gartens oder Hofes, nach der Via Ginori zu, einen schönen Marsyas von weißem Marmor aufstellen, der an einen Baumstamm angebunden ist, um geschunden zu werden. Als passendes Gegenstück hierzu kam dem Lorenzo, Cosimos Neffen, ein Torso samt dem Haupt eines anderen antiken Marsyas zu Händen, weit schöner als jener erstere und aus rotem Marmor gearbeitet. Unvollständig wie er war, konnte er ihn dem ersten nicht zugesellen, deshalb gab er Andrea den Auftrag, ihn auszubessern und zu ergänzen. Dieser setzte mit vielem Geschick die Beine, Schenkel und Arme, die ganz fehlten, aus rotem Marmor an, und Lorenzo, sehr damit zufrieden, ließ die Statue der früheren gegenüber auf der anderen Seite der Tür aufstellen. Der antike Rumpf dieses geschundenen Marsyas war mit so viel Bedacht und Meisterschaft gearbeitet, daß der Künstler einige zarte, weiße Adern im roten Stein gerade an der Stelle ausgehauen hatte, wo an einem menschlichen Körper,

[1] Madonna mit Heiligen, jetzt in der Nat. Gal., Budapest. – [2] Die Tafel jetzt in den Uffizien, Florenz; Vasari spricht nochmals ausführlich in der Biographie des Leonardo davon, vgl. S. 294.

wenn ihm die Haut abgezogen ist, kleine Nerven hervorscheinen; dadurch gewann das Werk, dem man seine frühere Politur wiedergab, ein sehr lebendiges Aussehen[1].

Unterdes wollten die Venezianer die großen Verdienste des Bartolommeo aus Bergamo, der ihnen viele Siege errungen hatte, durch ein Denkmal ehren; sie glaubten dadurch den Mut anderer zu stärken; und da der Ruf Andreas zu ihnen gedrungen war, beriefen sie ihn und trugen ihm auf, die Reiterstatue jenes Feldhauptmanns in Bronze zu verfertigen, die auf dem Platze von S. Giovanni e Paolo errichtet werden sollte. Schon hatte Andrea das Modell zum Pferde vollendet und angefangen, es einzurüsten, um es in Bronze zu gießen, als durch die Begünstigung einiger Edelleute der Entschluß gefaßt wurde, Vellano aus Padua solle die Figur, Andrea aber nur das Pferd arbeiten. Kaum war dieser hiervon unterrichtet, so zerbrach er Kopf und Beine seines Modells und kehrte ganz erbittert und ohne ein Wort zu sagen nach Florenz zurück. Hierauf ließ ihn die Signoria von Venedig wissen, er solle nie mehr wagen, nach ihrer Stadt zu kommen, wenn er nicht seines Kopfes verlustig gehen wolle. Auf diese Drohung entgegnete Andrea in einem Briefe, er werde sich wohl davor hüten, denn es stehe nicht in ihrer Macht, den Menschen für abgeschnittene Köpfe neue aufzusetzen, noch auch jemals seinem Pferd einen zu verschaffen, der so schön wäre wie der, den er ihm anstatt des zerbrochenen hätte wiedergeben können. – Diese Antwort war den Herren nicht mißfällig; sie beriefen Andrea mit verdoppeltem Gehalt nach Venedig zurück; er kam, stellte sein Modell wieder her und goß es in Bronze, konnte es jedoch nicht ganz zu Ende bringen, denn er er-

[1] Der sog. »rote Marsyas« ist jetzt in der Antikensammlung der Uffizien, Florenz. (Zu dem »weißen Marsyas« vgl. S. 167).

kältete sich sehr heftig bei der Arbeit des Gießens und starb nach wenigen Tagen in jener Stadt. Bei diesem Werke war nur noch wenig auszuputzen und es kam an seinen bezeichneten Platz[1]; außerdem blieb durch den Tod Andreas auch zu Pistoja eine seiner Arbeiten unvollendet: das Grabmal des Kardinals Forteguerra, mit den drei theologischen Tugenden und einem Gottvater darüber, welches der florentinische Bildhauer Lorenzetto vollendete[2].

Andrea war, als er starb, sechsundfünfzig Jahre alt, und sein Tod tat seinen Freunden und Schülern, deren sehr viele waren, sehr leid[3].

Andrea fand viel Vergnügen daran, Gipsabgüsse zu machen. Man pflegt diesen Gips aus einem sehr weichen Stein zu bereiten, den man in Volterra, Siena und vielen anderen Gegenden Italiens gräbt; am Feuer gebrannt, fein gestoßen und mit lauem Wasser geknetet, wird er so weich, daß man damit abformen kann, was man will, verhärtet und verdichtet sich dann aber so, daß man ganze Figuren darin ausgießen kann. Mit solchen Formen pflegte Andrea Gegenstände der Natur abzuformen, um sie mit größerer Bequemlichkeit vor Augen zu haben und nachzuahmen:

[1] Der Feldhauptmann Bartolommeo Colleoni (1400–1476) hatte selbst das Geld für die Errichtung seines Denkmales hinterlassen und die Signoria von Venedig zum Erblasser bestimmt. Aber erst 1479 wurde von ihr der Beschluß gefaßt und die Konkurrenz ausgeschrieben. Verrocchio hatte das Modell eines Pferdes in Florenz angefertigt. In seinem Testament (am 25. VI. 1488) hatte er bestimmt, daß Lorenzo di Credi die Vollendung seiner Arbeit übertragen wurde, der Senat gab aber dem Alessandro Leopardi die Arbeit, der sich auch am Pferde signierte; am 26. III. 1496 Enthüllung. – [2] Dem Auftrag ging ein Wettbewerb voraus, in dem am 11. III. 1477 Lorenzo il Magnifico de' Medici entscheiden sollte. Unter mehrmaligem Planwechsel entstand das Grabmal, in dem Seitenschiff von S. Jacopo in Pistoia. Lorenzo Lotti, gen. Lorenzetti, arbeitete erst nach 1514 nach dem Entwurf des Andrea Ferrucci. – [3] Er starb 1488 in Venedig.

Hände, Füße, Knie, Beine, Arme und Rümpfe. Nachher fing man zu seiner Zeit auch an, mit wenig Kostenaufwand in dieser Art die Angesichter von Verstorbenen abzuformen, und es sind deshalb in allen Häusern zu Florenz über Kaminen, Türen, Fenstergesimsen und anderen Vorsprüngen eine unendliche Menge solcher Bildnisse zu sehen, so gut ausgeführt, daß sie wie lebend erscheinen. Dieser Brauch, der von da an stets fortdauerte, ist mir von großem Nutzen gewesen, indem ich dadurch viele Bildnisse erhielt, die ich bei den Gemälden im Palast des Herzogs Cosimo anbrachte[1], und sicherlich müssen wir der Geschicklichkeit Andreas großen Dank zollen, der dies Verfahren zuerst in Anwendung brachte[2]. Von da an wurden besser gearbeitete Bildnisse nicht nur in Florenz, sondern an allen Andachts- und Pilgerorten verfertigt, um für irgendeine empfangene Gnade Votivbilder oder, wie man sagt, Wunderbilder zu spenden. Vordem hatte man dazu kleine Silberfiguren oder bloß unscheinbare Malereien oder auch sehr ungeschickt gearbeitete Wachsbildchen gebraucht; nun aber fing man an, sie nach besserer Manier zu arbeiten, und da Andrea in naher Freundschaft mit dem Wachsarbeiter Orsino stand, der in seiner Kunst ein geschickter Meister war, fing er an, ihn zu unterrichten, wie er darin ausgezeichnet werden könne. Veranlassung zu einem Werke der Art fand sich, als in Santa Maria del Fiore Giuliano de' Medici ermordet und Lorenzo, sein Bruder, verwundet worden war[3]; denn die

[1] Vasari spielt auf den Freskenzyklus mit der Verherrlichung der Medici im Pal. della Signoria an. – [2] Das Verfahren, Totenmasken abzunehmen, ist von Verrocchio nicht erfunden; man beachte die 1446 von Brunelleschi genommene (heute in der Opera del Duomo, Florenz) und die noch vorher liegenden, literarisch beglaubigten Totenmasken. – [3] Das Attentat war am 26. IV. 1478; daß Orsino Benintendi, »magister imaginarum«, schon 1474 Wachsfiguren des Lorenzo il Magn. machte, ist urkundlich gesichert.

Freunde und Verwandten Lorenzos bestimmten, aus Dankbarkeit für seine Errettung solle sein Bildnis an viele Orte gestiftet werden. Die eine Figur steht in der Kirche der Nonnen von Chiarito in der Via S. Gallo vor dem Kruzifixus, der Wunder tut; sie ist in das Gewand gekleidet, welches Lorenzo trug, als er in der Kehle verwundet wurde und sich verbunden am Fenster seines Hauses dem Volke zeigte, welches herbeigeströmt war, um zu wissen, ob er lebe oder tot sei, ob es sich freuen oder Rache nehmen solle. Die zweite Figur, mit dem »lucco«, dem gewöhnlichen florentinischen Bürgerkleid, angetan, steht in der Kirche der Annunziata bei den Serviten über der kleinen Türe neben dem Tisch, wo die Wachskerzen verkauft werden. Diese Kunst hat sich bis auf unsere Tage erhalten, ist jedoch eher im Abnehmen als im Zunehmen, entweder weil weniger Frömmigkeit herrscht oder aus sonst irgendeinem Grunde.

Andrea Mantegna

Mantuaner Maler

Wie förderlich Anerkennung dem Talente sei, weiß jeder, der aus angeborener Gabe etwas schafft und dabei einige Belohnung erntet; denn wer Ehre und Vergeltung zu erhoffen hat, empfindet weder Last noch Beschwerden und Entbehrungen, vielmehr tritt sein Vermögen jeden Tag strahlender und leuchtender hervor. Gewiß indes ist, daß Verdienste selten nur in dem Maße erkannt, gewürdigt und belohnt werden, wie es bei Andrea Mantegna geschah. Von niederem Stande in der Umgegend von Mantua geboren, hütete er als Knabe die Herden und wurde später vom Schicksal und seinem Talent so hoch erhoben, daß ihm der Adel zuteil ward, wie ich an seinem Ort erzählen will[1]. Er kam schon ziemlich herangewachsen nach der Stadt und lernte die Malerei unter dem paduanischen Maler Jacopo Squarcione. Hiervon erzählt Herr Girolamo Campagnuola in einer lateinischen Epistel an den griechischen Philosophen Leonico Timeo; er berichtet darin von einigen alten Malern, die zu Padua den Herren von Carrara dienstbar waren, und sagt, jener Jacopo hätte nicht nur den Mantegna in sein Haus genommen, sondern ihn auch bald nachher, aus Freude über seine seltenen Geistesgaben, als Sohn adoptiert[2].

Squarcione wußte, daß er nicht der allerfähigste Maler der Welt sei, und da er wünschte, Andrea möchte mehr lernen,

[1] Andrea wurde als Sohn des Biagio 1431 in Isola di Carturo, einem Ort, der zum Territorium von Padua gehörte, geboren. – [2] 1441 ist Mantegna als Sohn des Malers Francesco Squarcione schon in der Zunftmatrikel zu Padua eingetragen.

als er selbst konnte, so übte er ihn fleißig an Gipsabgüssen, die nach Antiken gemacht waren und nach Gemälden, die er von verschiedenen Orten, vornehmlich aus Toskana und Rom, kommen ließ[1]. Durch diese und andere gute Anweisungen lernte Andrea in seiner Jugend ziemlich viel. Andrea, noch nicht älter als siebzehn Jahre, hatte die Tafel für den Hauptaltar von Santa Sofia zu Padua gemalt; sie scheint von einem alten geübten Meister, nicht aber von einem Jünglinge herzurühren. Squarcione, welcher den Auftrag für die Kapelle des heiligen Christophorus in der Kirche der Einsiedlermönche von S. Agostino in Padua erhielt, übergab diese Arbeit seinen beiden Schülern Andrea Mantegna und Niccolo Pizzolo[2]. Dieser letztere stellte dort einen Gottvater dar, zwischen den Kirchenlehrern thronend, ein Werk, welches nachmals für nicht minder gut galt als die Bilder Andreas in derselben Kapelle. Niccolo, der nur wenig, aber lauter gute Arbeiten vollführte, würde sicher trefflich geworden sein, wenn er an der Malerei so viel Gefallen gefunden hätte wie an Waffenübungen, und würde vielleicht auch länger gelebt haben; so aber hatte er stets das Schwert in Händen, machte sich viele Feinde und wurde einstmals, als er von der Arbeit ging, angefallen und meuchlings getötet[3].

[1] Urkundlich gesichert ist, daß er (schon zur Zeit von Mantegnas Lehre?) zwei Häuser mit Gipsabgüssen nach römischen Antiken und mit Gemälden toskanischer Maler hatte. – [2] Der Stifter der Kapelle war Antonio Orvetari († 1448). Den Auftrag übernahmen am 16. V. 1448 Mantegna und Niccolo Pizzolo für die eine Hälfte und Giovanni d'Alemagna, Antonio und Bartol. Vivarini für die andere. Letztere verließen 1450 wegen des Todes von Giovanni die Arbeit; von ihnen ist der Eingangsbogen und das Kreuzgewölbe. Zur Ausführung des Darstellungsprogramms – sehr selten und eigenartig: Jakobus und Christophorus – Legende und Leben Christi, mußten außer den erwähnten noch andere Meister herangezogen werden: Ansuino da Forli und Bono da Ferrara. – [3] Auch der Terrakotta-Altar der Kapelle ist von Pizzolo, der 1453 in Padua starb.

Andrea, der nun allein blieb, malte in der genannten Kapelle die vier Evangelisten, die für sehr schön galten[1], und hierdurch und durch andere Arbeiten fing er an, große Erwartungen zu erregen, und in der Hoffnung, er werde das Ziel erreichen, zu dem er nachmals gelangte, schloß er sich dem Venezianer Bellino, dem Vater von Giovanni und Gentile und Nebenbuhler Squarciones, an, indem er eine seiner Töchter, eine Schwester Gentiles, zur Frau nahm. Squarcione, als er dies hörte, war über Andrea so sehr aufgebracht, daß sie von nun an stets Feinde waren[2], und in demselben Maße, wie Squarcione vordem die Arbeiten Andreas gerühmt hatte, tadelte er sie nunmehr öffentlich. Vor allem schalt er ganz rücksichtslos die Malereien in der obengenannten Kapelle des heiligen Christophorus; er sagte, dies Werk tauge gar nichts, denn Andrea habe dabei die antiken Marmorarbeiten nachgeahmt, an denen man die Malerei nicht vollkommen erlernen könne; der Stein habe immer seine eigene Härte und nicht die zarte Weichheit des Fleisches und der Gegenstände der Natur, die sich biegen und verschieden bewegen; viel besser würde Andrea getan haben und jene Figuren würden weit vollkommener geworden sein, wenn er ihnen die Farbe des Marmors anstatt jener Buntfarbigkeit gegeben hätte, so daß sie nicht lebenden Gestalten, sondern antiken Marmorstatuen oder ähnlichen Dingen glichen. Solcher Tadel verwundete den Andrea, anderenteils aber war er ihm von nicht geringem Nutzen; er sah, daß Squarcione in vielem die Wahrheit redete, und fing

[1] Die vier Evangelisten sind von Giovanni d'Alemagna und Antonio Vivarini. – [2] Mantegnas Ehe mit Niccolosa di Jacopo Bellini ist am 25. II. 1454 erwähnt; aber schon vom 28. I. 1448 hatte er seine bürgerliche Freiheit, d. h. schon damals dürfte er die Trennung von Squarcione vollzogen haben. Aber noch im Januar 1456 kam es zwischen beiden zu einer gerichtlichen Auseinandersetzung.

nun an, lebende Personen abzuzeichnen: dies verschaffte ihm viele Belehrung, und bei einem Bilde, das er noch in jener Kapelle zu malen hatte, gab er deutlich kund, er verstehe das Gute nicht minder aus der Natur als aus den Werken der Kunst zu schöpfen. Bei alledem blieb er stets der Meinung, die guten antiken Statuen wären vollkommener und in ihren Teilen schöner als die Natur. Er meinte, an jenen Statuen zu erkennen, ihre trefflichen Meister hätten aus vielen lebenden Gestalten alle Vollkommenheiten der Natur, die selten einer einzigen die ganze Schönheit verleihe, zusammengenommen; deshalb hielt er es für nötig, einen Teil dieser, den andern jener Person nachzubilden; davon aber abgesehen, schienen ihm auch die Statuen bestimmter und deutlicher in den Muskeln, Adern, Nerven und anderen Einzelheiten, welche die Natur bisweilen mit der zarten Weichheit des Fleisches so überdeckt, daß sie gewisse Härten weniger zeigt, außer an alten und sehr mageren Körpern, die aus gewissen Rücksichten von Künstlern vermieden werden. Daß Andrea dieser Meinung sehr fest anhing, erkennt man an seinen Werken, die fürwahr nach etwas scharfer Manier gearbeitet und zuweilen mehr einem Steinbild als einem lebenden Körper ähnlich sind. Doch wie dem auch sei, in jenem letzteren Bilde, welches ausnehmend wohl gefiel, ist von Andrea der Maler Squarcione porträtiert, eine wohlbeleibte Gestalt mit einem Schwert und einer Lanze in Händen, und endlich brachte er auch sein eigenes Bildnis an. Kurz, dieses Werk erwarb ihm durch seine Güte großen Ruf. Zur Zeit, als Andrea diese Kapelle ausschmückte, verfertigte er eine Tafel für den Altar des heiligen Lukas in Santa Justina[1] und malte in Fresko das Bogenfeld über der Tür von St. Antonio; darunter setzte

[1] Der vielteilige Altar ist jetzt in der Galerie der Brera in Mailand; Auftrag am 10. VIII. 1453, Abschlußzahlung im Nov. 1454.

er seinen Namen[1]. In Verona arbeitete er eine Tafel für den Altar des heiligen Christophorus und Antonius, und an der Ecke des Platzes della Paglia sind einige Gestalten von ihm ausgeführt. In Santa Maria in Organo, für die Mönche von Monte Oliveto, malte er die sehr schöne Tafel für den Hauptaltar[2], und ebenso malte er eine Altartafel für die Kirche S. Zeno[3]; andere seiner Werke, die er in Verona arbeitete, wurden nach verschiedenen Orten gesandt; darunter gehört das Bild für einen Abt der Badia von Fiesole, der sein naher Freund und Verwandter war: eine Madonna in halber Figur mit dem Sohne auf dem Arm und einige singende Engelsköpfe mit bewundernswerter Anmut gemalt. Dies Werk wird heutigentags in der dortigen Bibliothek aufbewahrt und galt damals, wie noch immer, für eine seltene Sache. Andrea hatte in der Zeit, in der er in Mantua war[4], in großer Dienstbarkeit zu dem Markgraf Lodovico Gonzaga gestanden; dieser begünstigte und verehrte die Tüchtigkeit Andreas sehr und ließ ihn im Schloß von Mantua eine kleine Tafel für die Kapelle malen mit Darstellungen in nicht sehr großen, aber äußerst schönen Figuren[5]. An demselben Ort malte er viele Figuren, die sich, von unten hinauf gesehen, verkürzen und sehr gerühmt werden, denn obwohl er im Wurf der Gewänder ein wenig hart und kleinlich

[1] Die Hlgn. Antonius und Bernhardin das Monogramm Christi haltend; sign. und dat. 1452. – [2] Madonna mit Kind in Wolken und vier Heiligen, sign. und dat. (15. VIII. 1497), jetzt im Museo del Castello, Mailand. – [3] Auftrag von dem Abte von S. Zeno, Gregorio Correr: thronende Madonna mit Engeln und acht Heiligen; als Hauptbild noch auf dem Altar; Staffel verstreut: Kreuzigung Christi, Louvre, Paris; Ölberg und Auferstehung Christi, Museum von Tours. – [4] Am 5. I. 1457 wurde er aufgefordert, nach Mantua zu kommen; am 30. I. 1459 wird er als »Familiaris« der Gonzaga genannt. – [5] Der Altar wird in einem Brief Mantegnas vom 26. IV. 1464 erwähnt. Sehr fraglich ist es, ob mit ihm jener in den Uffizien in Florenz, mit drei Darstellungen aus dem Leben Christi, identifiziert werden kann.

war und seine Manier etwas Trockenes hatte, ist doch jeder Gegenstand mit viel Kunst und Fleiß vollendet[1]. Im Auftrag desselben Markgrafen wurde zu Mantua in einem Saale des Palastes S. Sebastiano der Triumphzug Cäsars von Andrea gemalt, das beste Werk, das er je zur Ausführung brachte. Hier sieht man in schönster Komposition den herrlich verzierten Wagen, den Verspotter des Triumphators, Verwandte, Weihrauch, Wohlgerüche und Opfer, Priester und zum Opfer bekränzte Stiere, Gefangene, von den Soldaten gemachte Beute, den geordneten Heereszug, Elefanten, eroberte Feldzeichen, Beutestücke und auf verschiedenen Wagen nachgebildete Städte und Festungen; unzählige Trophäen auf Spießen und Stangen und auch mancherlei Schutzwaffen für Haupt und Rumpf, Geräte, Schmuckgegenstände und unendlich viele Gefäße. Unter der Masse der Zuschauer bemerkt man ein Weib, das einen Knaben an der Hand führt, der sich einen Dorn in den Fuß getreten hat und ihn weinend mit anmutiger und sehr natürlicher Gebärde der Mutter zeigt[2].

Andrea hat bei dieser Darstellung mit vielem Urteil eine Sache beachtet, deren ich früher schon hätte gedenken können: den Boden, auf dem die Figuren stehen, hatte er höher als den Augenpunkt angenommen und stellte daher die vordersten Füße auf die erste Linie der Fläche,

[1] Die Perspektivmalereien sind die der Decke in der sog. Camera degli Sposi, sonderbarerweise erwähnt Vasari die großen Wandfresken gar nicht, die 1474 datiert sind; am 25. 11. 1484 arbeitete aber Mantegna noch in dem Zimmer. – [2] Die neun Temperagemälde, auf Leinwand, jetzt in der Orangerie zu Hampton Court, wurden für den Theaterraum des Castello Corte geschaffen und erst 1506 in den Hauptsaal des neuerbauten Palastes bei S. Sebastiano übertragen. Schon 1484 sind einige Stücke vollendet; die Arbeitsunterbrechung durch Mantegnas Romreise bewirkt, daß die Bilderfolge erst 1492 fertig ist. (Heute durch Übermalungen ziemlich zerstört.)

die folgenden allmählich tiefer nach innen und ließ Füße und Beine dem Auge verschwinden, wie es der Standpunkt erfordert, von dem man sie erblickt. Bei der Beute, den Vasen, Instrumenten und Schmuckstücken ist deshalb nur der untere Teil sichtbar und der obere verschwindet, wie es nach den Regeln der Perspektive geschehen muß. Dasselbe Verfahren wurde auch von Andrea degl' Impiccati bei dem Abendmahl im Refektorium von Santa Maria Nuova sorgfältig beobachtet, und man erkennt hieran, wie jene trefflichen Meister allmählich die wahre Eigentümlichkeit der Naturgegenstände erforschten, die sie mit großem Studium nachahmten. Das Werk Mantegnas könnte, um es mit einem Worte zu sagen, nicht schöner, noch nach besserer Weise ausgeführt sein, und wenn daher der Markgraf ihn vorher schon liebte, so liebte und ehrte er ihn von da an noch weit mehr. Ja, Andreas Ruf vergrößerte sich in solchem Maße, daß, als Papst Innocenz VIII. seine Trefflichkeit in der Malerei gleich den anderen vorzüglichen Eigenschaften, mit denen er wunderbar begabt war, rühmen hörte, er nach ihm sandte, damit Andrea gleich vielen anderen Meistern durch seine Malereien die Wände des Belvedere zieren möchte, dessen Bau eben vollendet war. Angelegentlich vom Markgrafen empfohlen, der ihn zu größerer Ehre in den Ritterstand erhob, begab sich Mantegna nach Rom[1] und wurde vom Papst aufs huldvollste empfangen; dieser befahl ihm alsbald, eine kleine Kapelle des genannten Palastes auszuschmücken, und Andrea malte diese mit Fleiß und Liebe so, daß Wölbung und Wände eher mit Minia-

[1] Schon seit Anfang 1488 hatte Papst Innocenz VIII. um Mantegna gebeten, dem der Markgraf am 10. VI. 1488 endlich ein Empfehlungsschreiben für die Romreise gab. Gleichzeitig wurde er in den Adelsstand erhoben: »eques mantuanus«. Der Aufenthalt in Rom dauerte bis Sept. 1490; am 6. Sept. erhielt er das Anerkennungsschreiben des Papstes.

turen als mit Freskomalereien geziert zu sein scheinen. Die größten Figuren, gleich allem übrigen in Fresko ausgeführt, sind über dem Altar und stellen den heiligen Johannes dar, der Christus tauft; umher sieht man eine Menge Volkes sich entkleiden, um die Taufe zu empfangen; darunter ist ein Mann, welcher sich den Strumpf ausziehen will, der aber durch den Schweiß am Beine klebt; er legt ein Bein über das andere mit solcher Anstrengung und Beschwerde und zieht den Strumpf umgekehrt herunter, daß eines wie das andere deutlich in seinem Gesichte zu lesen ist; ein launiger Einfall, der zu jener Zeit bei allen, die ihn sahen, Bewunderung erweckte. Man erzählt, der Papst habe, von seinen vielen Geschäften gehindert, Mantegna nicht so oft Geld gegeben, wie er dessen bedurft hätte[1]; als er daher in jenem Werke einige Tugenden in Grundierungsfarbe malte, brachte er dabei die Bescheidenheit an. Wenige Tage nachher kam Innocenz, die Arbeit zu betrachten, und fragte, was diese Figur vorstelle: »Es ist die Bescheidenheit«, sagte Mantegna. – »Willst du«, entgegnete der Papst, »ihr eine gute Begleiterin geben, so male ihr die Geduld zur Seite.« – Der Maler verstand, was der Heilige Vater damit sagen wollte, und gedachte der Sache nie mehr; als er aber sein Werk vollendet hatte, schickte ihn der Papst reich beschenkt und mit Ehren dem Herzog zurück. Während der Zeit, als Andrea zu Rom arbeitete, malte er außer der genannten Kapelle ein kleines Bild: die Madonna, welche das schlafende Christuskind auf dem Arme hält; im Hintergrund ein Gebirge und darin in einigen Grotten Steinmetzen, die zu verschiedenen Zwecken Felsen brechen, so fein und mit solcher Geduld ausgeführt, daß es nur möglich scheint, mit der Spitze des Pinsels solches zu leisten. Dies Bild ist heute beim

[1] Zwei Briefe Mantegnas vom 31. I. 1489 und 15. VI. 1489 bestätigen die Wahrheit dieser Nachrichten.

durchlauchtigen Don Francesco Medici, Fürsten von Florenz, der es zu seinen wertvollsten Schätzen zählt[1].
Dieser Künstler fand, gleich Pollajuolo, Vergnügen daran, Kupferstiche zu arbeiten, und unter anderen stach er seine Triumphzüge, wovon damals Großes gehalten wurde, weil man Besseres nicht kannte[2]. Zu seinen letzten Werken gehörte eine Tafel für Santa Maria della Vittoria, eine Kirche, die Markgraf Francesco nach Angabe und Zeichnung Andreas zum Andenken des Sieges baute, den er als Generalfeldhauptmann der Venezianer bei dem Fluß Taro gegen die Franzosen erkämpft hatte. Diese Tafel ist in Tempera gemalt und wurde auf dem Hauptaltar aufgestellt: auf einem Sockel sitzt die Madonna mit dem Kinde, zu ihren Füßen sieht man den heiligen Michael, die heilige Anna und den heiligen Joachim, die den Markgrafen empfehlen, der dabei wie lebendig dargestellt ist, und ihm reicht die Madonna die Hand hin. Dies Bild wurde damals und wird noch jetzt von jedem mit Wohlgefallen betrachtet und stellte den Markgrafen über die Maßen zufrieden; deshalb belohnte er die Tüchtigkeit und Bemühungen Andreas aufs freigebigste[3].
Andrea baute sich in Mantua ein schönes Haus, das er nach seinem Geschmack mit Malereien verzierte und bis an sein Ende bewohnte[4]. Im Jahre 1517 in seinem sechsundsechzigsten Jahre starb er und wurde in St. Andrea mit einem prunkvollen Leichenbegängnis beigesetzt. Sein Bildnis,

[1] Der Altar befindet sich jetzt in den Uffizien, Florenz. – [2] Schon zu Lebzeiten ist Mantegna neben Antonio Pollaiuolo als Stecher sehr gefeiert worden. – [3] Die Schlacht von Fornovo gegen das Heer Karls VIII. von Frankreich war am 6. VII. 1495. Der Anlaß zu der Stiftung gab dem Bilde auch den Namen: Madonna della Vittoria, jetzt im Louvre. Am 30. VIII. 1495 war das Bild schon begonnen, am 6. VI. 1496 im Triumph von Mantegnas Werkstatt weggetragen. – [4] Das Baugelände erhielt Mantegna von Lodovico Gonzaga und errichtete das Haus 1476ff. Noch Teile des alten Bestandes erhalten (in der Nähe der Kirche S. Sebastiano).

in Bronze gearbeitet, ist auf seinem Grabmale angebracht[1], auf dem folgende Grabinschrift ist:

> Esse parem hunc novis, si non praeponis, Apelli,
> Aenea Mantineae, qui simulacra vides.

Andrea zeigte, wie man nach besserer Methode Figuren bei ihrer Untersicht verkürzen könne; das war eine sicherlich schwere und phantasievolle Erfindung. Daß es ihm Vergnügen machte, in Kupfer zu stechen, habe ich schon erwähnt, und dies ist in Wahrheit eine große Annehmlichkeit, mittels deren die Welt nicht nur viele Werke Mantegnas, wie sein Bacchanal, die Schlacht der Meeresungeheuer, die Kreuzabnahme, die Grablegung, die Auferstehung Christi mit den Heiligen Longinus und Andreas, zu Gesicht bekam[2], sondern auch die Manier aller anderen Künstler, welche gelebt haben, kennenlernte.

[1] Mantegna starb am 13. IX. 1506. Seine Grabkapelle in S. Andrea hat er selbst entworfen und zum Teil auch ausgestattet (das »Familienbild«), wurde jedoch erst 1516 vollendet. – [2] Als eigenhändige Stiche Mantegnas werden anerkannt: zwei Fassungen des Bacchanals, der Kampf der Tritonen, Christus mit Longinus und Andreas und die Madonna mit Kind. Weitere sechs Stiche sind nach Zeichnungen Mantegnas von seiner Werkstatt ausgeführt worden.

Filippo Lippi

Florentiner Maler

Zu derselben Zeit lebte in Florenz ein Maler von seltenem Geist und von einer außergewöhnlich schweifenden Erfindungskraft: Filippo, der Sohn des Fra Filippo aus der Carmine[1]. Er folgte in der Kunst den Spuren seines hingeschiedenen Vaters und wurde in seiner Jugend von Sandro Botticello unterrichtet und erzogen, obwohl der Vater ihn bei seinem Sterben seinem Freunde, ja beinahe Bruder, Fra Diamante empfohlen hatte[2]. Filippo war so voll Anlagen, so reich an Erfindung in der Malerei und so phantasievoll und neu in den Dekorationen, daß er der erste genannt werden muß, der den modernen Malern die neue Methode zeigte, den Kleidungen Mannigfaltigkeit zu geben und die Gestalten durch antik geschürzte Gewänder gefällig zu verschönen. Zudem war er der erste, welcher die den antiken ähnlichen Grotesken aufbrachte und der sie in Friesen, in Grundierungsfarbe und bunt, nach besserer Zeichnung und mit mehr Anmut, als vordem geschehen war, ausführte. Hierbei war es bewundernswert zu sehen, welch seltsame Einfälle er in der Malerei hatte, und was noch mehr ist, bei jedem seiner Werke bediente er sich mit vielem Studium der römischen Altertümer, um Vasen, Fußbekleidungen, Trophäen, Fahnen, Helmzieren, Ornamente von

[1] Filippo wurde 1457 in Prato als Sohn des Fra Filippo Lippi und der Nonne Lucrezia Buti geboren (vgl. S. 198). Zum Unterschiede von seinem Vater wird er Filippino (so unterzeichnete er auch manchmal) Lippi genannt. – [2] 1467/69 ist Filippino mit seinem Vater und Fra Diamante in Spoleto an dem Freskenschmuck der Domapsis nachweisbar. 1472 ist er in der Werkstatt des Botticelli in Florenz.

Tempeln, Hauptschmuck, seltsame Harnische, Kürasse, Dolche, Schwerter, Togen, Mäntel und andere mannigfaltige und schöne Dinge darzustellen; es gebührt ihm großer und dauernder Dank, daß er hierin der Kunst neuen Reiz verliehen hat.

Dieser Künstler vollendete in seiner frühesten Jugend die Kapelle der Brancacci in der Kirche del Carmine zu Florenz, welche vordem von Masolino angefangen und sodann von Masaccio wegen dessen Tod nicht ganz beendigt worden war[1]. Filippo nun legte die letzte Hand an ihre Vollendung und fertigte den Überrest eines unbeendigten Bildes, worin die Heiligen Petrus und Paulus den Neffen des Kaisers vom Tod erwecken. In der Figur des nackten Knaben ist der Maler Francesco Granacci porträtiert, der damals noch sehr jung war, und in demselben Bilde zeichnete er den Ritter Tommaso Soderini, den Piero Guicciardini, Vater des Geschichtschreibers Francesco, den Piero Pugliese und den Dichter Luigi Pulci; ebenso den Antonio Pollajuolo und endlich sich selbst, jung wie er damals war, was er in seinem weiteren Leben nie mehr tat, weshalb kein Bildnis aus reiferem Alter von ihm zu erlangen gewesen ist. In dem darauffolgenden Bilde stellte er seinen Lehrer Sandro Botticello, viele seiner Freunde und mehrere andere berühmte und bekannte Männer nach dem Leben dar[2]. In der Kapelle des Francesco del Pugliese in dem Kirchlein alle Campora,

[1] Zur Ausstattung der Brancaccikapelle vgl. S. 113. – [2] Filippino ergänzte zum Teil die offenbar bei der Verbannung der Brancacci (1434) teilweise zerstörten Fresken, indem er hauptsächlich Bildnisse von Zeitgenossen hineinmalte; wie z. B. bei der Auferweckung des Königssohnes (Pietro Soderini [1452–1522], Luigi Pulci [1432 bis 1484], u. a.); zum Teil erneuerte er oder machte überhaupt nach eignen neuen Entwürfen folgende Darstellungen: Paulus besucht Petrus im Gefängnis von Antiochia, Petrus' Befreiung aus dem Gefängnis, Petrus und Paulus vor dem Richter (Nero?, Herodes?) und die Kreuzigung Petri.

einem Anwesen, das außerhalb von Florenz den Mönchen der Badia gehört, malte Filippo auf eine Temperatafel einen heiligen Bernhard, der in einem Walde schreibt und dem die Madonna erscheint, umgeben von einigen Engeln. Dies Werk galt in mehreren Dingen für bewundernswert, namentlich in Gestein, Büchern und Kräutern und anderen ähnlichen Gegenständen, die er darin anbrachte. Auch ist der heilige Franziskus darin so gut nach dem Leben dargestellt, daß ihm nur die Sprache zu fehlen scheint. Bei der Belagerung der Stadt wurde das Bild von dem Ort, an dem es stand, weggenommen, und zur größeren Sicherheit nach der Badia von Florenz gebracht, woselbst man es in der Sakristei aufbewahrte[1]. In derselben Stadt arbeitete dieser Künstler für Tanai Nerli eine Tafel mit einer Madonna und den Heiligen Nikolaus, Martinus und Katharina – sie kam nach Santo Spirito[2]; in S. Brancaccio eine Tafel für die Kapelle der Rucellai[3], und eine Tafel dieses Meisters ist zu Palco, einer Niederlassung der Barfüßer, außerhalb von Prato[4]. Im Orte selbst, im Audienzsaale der Prioren, stellte er auf einer kleinen Tafel, die sehr gerühmt wird, die Madonna dar samt den Heiligen Stephanus und Johannes dem Täufer[5], und malte in Fresko ein schönes Tabernakel an der Ecke am Marktplatz zu Prato, den Nonnen von Santa Margherita gegenüber, nahe bei einigen Häusern, die ihnen gehörten. Auf leuchtendem Grunde sieht man die Madonna von einem Seraphimchor

[1] Das Altarbild ist noch in der Badia in Florenz. Stifter war Piero di Francesco del Pugliese; das Bild war 1486 vollendet. – [2] Das Dreiheiligen-Bild ist noch in der fünften Kapelle des rechten Querschiffes von S. Spirito. – [3] Der Altar aus S. Pancrazio ist jetzt in der Nat. Gall., London; Madonna mit Kind und zwei Heiligen, dazu eine Staffel; 1485 ff. – [4] Das Bild mit der Fürbitte Mariä und Christi, jetzt in der Ält. Pinak., München. Der Altar war schon am 25. VI. 1491 dem Domenico Ghirlandaio aufgetragen worden, der ihn aber nicht ausführte. – [5] Jetzt in der Gal. Comunale in Prato; sign. und dat. 1503.

umgeben, und Filippo zeigte hier unter anderen viel Kunst und Bedacht bei einem Drachen, der sich unter den Füßen der heiligen Margareta krümmt, so seltsam und schrecklich, daß man deutlich erkennt, wo sein Körper Gift, Feuer und Tod beherbergt. Alles übrige ist mit Frische und lebhaft gemalt, und der Künstler verdient wegen dieses Bildes höchstes Lob[1].

Einige seiner Arbeiten schickte er nach Genua[2] und malte für die Kirche S. Domenico in Bologna, linker Hand neben der Kapelle des Hauptaltars, eine Tafel mit dem heiligen Sebastian, die allen Lobes wert ist[3]. Nach Vollendung der genannten Werke unternahm er, auf Begehren Lorenzos des Ält. de' Medici, in Rom ein großes Werk für dessen vertrauten Freund Olivieri Caraffa, den Kardinal von Neapel. Auf dem Wege nach jener Stadt ging er, wie Lorenzo gewünscht hatte, über Spoleto und traf Anordnung, auf Kosten dieses Herrn ein Marmorgrabmal für Fra Filippo, seinen Vater, zu errichten, dessen Leichnam Lorenzo von den Spoletinern nicht hatte erlangen können, um ihn nach Florenz bringen zu lassen. Filippo machte einen sehr gefälligen Entwurf für dieses Grabmal, und Lorenzo ließ es nach dieser Zeichnung reich und prächtig ausführen[4].

In Rom angelangt[5], verzierte Filippo für den genannten

[1] Das Tabernakel, noch in Strada S. Margherita in Prato, zeigt außer der Madonna noch vier Heilige und ist 1498 datiert. – [2] Aus S. Teodoro stammt die Tafel mit den Hl. Johannes d. T., Sebastian und Franziskus, darüber die Madonna mit zwei Engeln, jetzt im Pal. Bianco in Genua; sign. und dat. 1503. – [3] Dargestellt ist vielmehr die Verlobung der hl. Katharina, und vier Heilige, noch in der Cappella Isolani; sign. und dat. 1501. – [4] Das Grabmal des Fra Filippo Lippi ist noch an Ort und Stelle im rechten Querschiff des Domes; auf welcher der Romfahrten des Filippino der Entwurf entstand, ist unbekannt; wohl 1488. – [5] Filippino war am 27. VIII. 1488 in Rom angekommen, kehrte vorübergehend nochmals nach Florenz zurück, ist aber Ende 1488 wiederum in Rom. Die Dauer des römischen Aufenthaltes ist unbestimmt.

Kardinal Caraffa eine Kapelle in der Kirche der Minerva; er stellte darin Begebenheiten aus dem Leben des heiligen Thomas von Aquin dar und einige sehr schöne poetische Gegenstände, sinnreich von ihm erfunden, denn hierin hatte er immer eine glückliche Naturanlage. Man sieht, wie der Glaube den Unglauben und alle Ketzer und Ungläubigen gefangennimmt, wie die Verzweiflung von der Hoffnung besiegt wird, und wie viele andere Tugenden das Laster unterjochen, das ihnen entgegensteht. In einem der Bilder ist der heilige Thomas auf dem Katheder und verteidigt die Kirche gegen eine Schule von Ketzern; Sabellius, Arius, Averroes und andere liegen, alle in schöne Gewänder gekleidet, besiegt unter seinen Füßen. In einer anderen Darstellung betet der heilige Thomas zu dem Kruzifix, der zu ihm spricht: »Bene scripsisti de me Thoma«. Dies vernimmt ein Gefährte des Heiligen und erschrickt, ja gerät fast außer sich darüber. Auf dem Altarbild sieht man die Jungfrau, welcher der Engel Gabriel den Heiland verkündet; auf der Hauptwand sind die Himmelfahrt der Madonna und die zwölf Apostel rings um ihr Grab. Dies ganze Werk galt damals und gilt noch heute für vortrefflich und für eine vollkommene Freskoarbeit. Filippo brachte darin das Bildnis des Kardinals Olivieri Caraffa, Bischofs von Ostia, an, den man 1511 in jener Kapelle beisetzte, nachmals aber in den bischöflichen Palast zu Neapel überführte[1].

Nach Florenz zurückgekehrt, übernahm und begann Filippo mit Gemächlichkeit die Kapelle des alten Filippo

[1] Die Cappella Caraffa in S. Maria sopra Minerva in Rom erhielt am 19. V. 1493 ihre Indulgenzerklärung, die Fresken des Filippino sind 1493 datiert. Im Gewölbe sind vier Sibyllen; die linke Seitenwand mit den Tugenden und Lastern bei der Errichtung des Grabmals für Paul IV. ca. 1560 zerstört; die rechte Seitenwand zeigt noch die Szenen aus dem Leben des Thomas von Aquin; auf der Altarwand ist die Himmelfahrt Mariä. Olivieri Caraffa wurde erst 1551 hier beigesetzt.

Strozzi in Santa Maria Novella. Kaum jedoch hatte er das Gewölbe vollendet, so mußte er zum anderen Mal nach Rom gehen, um in derselben Kirche der Minerva, in einer Kapelle neben der vorigen, ein Grabmal aus Stuck und noch drei andere Figuren aus Gips für den genannten Kardinal zu arbeiten, von denen sein Schüler Raffaelino del Garbo einige verfertigte. Die obengenannte Kapelle wurde von zwei der besten damaligen Meister in Rom, von Meister Lanzilago aus Padua und Antonio, den man Antoniasso Romano nannte, auf zweitausend Dukaten geschätzt, ungerechnet die Kosten für Ultramarin und Hilfe seiner Malerjungen. Filippo nahm diese Summe in Empfang, kehrte damit nach Florenz zurück und beendete die Kapelle der Strozzi mit so viel Kunst und nach so guter Zeichnung, daß, wer sie sah, in Staunen geriet über die Neuheit, Vielfältigkeit der sonderbaren hier dargestellten Dinge: Krieger, Tempel, Vasen, Helmzierden, Waffen, Trophäen, Lanzen, Fahnen, Gewänder, Fußbekleidungen, Hauptschmuck, priesterliche Ornate und andere Gegenstände, so daß Filippo deshalb die größte Empfehlung verdient. Unter anderen sieht man hier die Auferweckung der Drusiana durch den Evangelisten Johannes. Bewundernswert ist hierbei das Staunen der Umgebenden ausgedrückt, da sie sehen, wie durch das einfache Zeichen des Kreuzes einer Gestorbenen das Leben wiedergegeben wird, und mehr als alle anderen verwundert sich ein Priester oder vielleicht Philosoph, auf antike Weise gekleidet, mit einer Vase in den Händen. Zwischen mehreren verschieden gekleideten Frauen sieht man ein spanisches rotgeflecktes Hündchen, das mit den Zähnen an dem Röckchen eines Kindes zerrt; erschrocken und voll Angst, verbirgt sich das Kind in den Kleidern der Mutter, und es scheint, daß es nicht weniger fürchtet, von dem Hunde gebissen zu werden, wie auch die Mutter beim

Erwachen der Drusiana von Furcht und einem gewissen Schrecken ergriffen ist. In dem Bilde, worin dargestellt ist, wie Johannes im Öl gesotten wird, erkennt man die Wut des Richters, der befiehlt, das Feuer heller zu schüren; man sieht den Widerschein der Flammen auf dem Angesichte dessen, der sie anfacht, und alle Figuren sind in schönen und in verschiedenen Stellungen geordnet. Auf der anderen Seite ist der heilige Philippus, wie er unter dem Altar im Tempel des Mars die Schlange hervorkommen läßt, die durch ihren Gestank den Sohn des Königs tötet. Hier fingierte der Maler an einer Treppe das Loch, aus welchem die Schlange unterhalb des Altars hervorkam; und hier malte er den Spalt einer Stufe so täuschend, daß eines Abends einer seiner Lehrjungen in Eile darauf zulief, um irgend etwas darin zu verbergen, was jemand nicht sehen sollte, der gerade an der Tür pochte, damit aber genarrt wurde. Gleichviel Kunst zeigte Filippo bei der Schlange; Gift, Hauch und Feuer scheinen eher natürlich als gemalt zu sein. Sehr gerühmt wird auch die Erfindung des Bildes, auf welchem der heilige Philippus gekreuzigt wird. Wie man erkennt, malte Filippo, wie der Heilige auf dem noch am Boden liegenden Kreuz ausgestreckt und sodann mit Tauen, Stricken und Stützen emporgerichtet wurde; diese Stricke und Seile sind um verfallene Mauern, Pfeilerreste und Postamente geschlungen und werden von einigen Arbeitern gezogen; auf der entgegengesetzten Seite wird die Last des Kreuzes und des Heiligen, den man nackend darauf geheftet hat, gestützt; einer hat das eine Ende des Kreuzes mit einer Leiter aufgegabelt, der zweite stemmt am anderen Ende eine Stütze dagegen, bis zwei weitere mit Hilfe eines Hebebaumes, den sie am unteren Ende und Fußbrett des Kreuzes angesetzt haben, die Last immer im Gleichgewicht haltend, in das Erdloch führen, in welchem das Kreuz stehen soll. Es ist ganz unmöglich, weder in Erfindung, noch in Zeichnung, noch irgend durch Fleiß oder Kunstfertigkeit Besseres in dieser Art zu leisten. Zudem sind in dem ganzen Werke viele Grotesken und andere ähnliche Dinge in Hell und Dunkel, dem Marmor ähnlich und eigentümlich gearbeitet, in schönster Erfindung und vortrefflicher Zeichnung ausgeführt[1]. In San Donato, außerhalb von Florenz, »Scopeto« genannt[2], jetzt aber zusammengestürzt, malte Filippo für die Frati Scopetini mit vielem Fleiß auf eine Tafel die Könige, die da kommen, den Heiland anzubeten. Man sieht darin einen Astrologen mit dem Quadranten in den Händen, in welcher Figur der alte Pier Francesco de' Medici, Sohn des Lorenzo di Bicci, porträtiert ist. In demselben Bilde hat Filippo den Giovanni, Vater des Herrn Giovanni de' Medici, und einen andern Pier Francesco, Bruder desselben Herrn Giovanni, und sonst noch einige berühmte Personen gemalt; auch brachte er darin Mohren an, Indier, seltsame geschmückte Kleidungen und eine höchst wunderbare Hütte[3]. In einer Bogenhalle zu Poggio a Cajano übernahm er für Lorenzo de' Medici ein Opfer zu malen, das unvollendet blieb[4].

Für die Kirche der Badia von Florenz malte Filippo einen

[1] Der Auftrag für die Strozzi-Kapelle in S. Maria Novella war dem Filippino Lippi am 21. IV. 1487 erteilt worden. Die Ausführung hat sich offenbar wegen der römischen Arbeiten sehr hingezögert. 1502 sind die Fresken datiert. Im Gewölbe die vier Erzväter, auf der linken Seitenwand: Szenen aus dem Leben des hl. Philippus, auf der rechten: Szenen aus dem Leben Johannes d. Ev., an der Fensterwand Musen und Tugenden in einer Scheinarchitektur; ebenso ist das Glasfenster nach einem Entwurf Filippinos entstanden. – [2] »Scopeto« = Gebüsch von Besenkraut. – [3] Die Tafel mit der Anbetung der Drei Könige wurde zunächst (1481) bei Lionardo da Vinci bestellt (vgl. S. 297). Filippinos Gemälde, jetzt in den Uffizien, Florenz, wurde von Simone d'Antonio di Piero bestellt, sign. und dat. 29. III. 1496. – [4] Dargestellt werden sollte der Tod des Laokoon, die Figurengruppe kam jedoch nicht zur Ausführung.

sehr schönen heiligen Hieronymus[1], und für den Hauptaltar bei den Mönchen der Nunziata eine Kreuzabnahme; er vollendete bei diesem letzteren Bilde jedoch nur die Figuren von der Mitte an aufwärts[2], denn, von einem heftigen Fieber ergriffen und von dem Halsübel befallen, das man »Bräune« nennt, starb er nach wenigen Tagen im fünfundvierzigsten Jahre seines Lebens.

Filippo wurde am 13. April des Jahres 1505 von seinen Söhnen in S. Michele Bisdomini begraben[3], und während man ihn zur Gruft trug, waren alle Werkstätten und Läden in der Via de' Servi geschlossen, was nur bei Leichenbegängnissen von Fürsten manchmal zu geschehen pflegt.

[1] Jetzt in den Uffizien, Florenz. – [2] Der Hochaltar aus SS. Annunziata, jetzt Uffizien, wurde 1503 dem Filippino Lippi aufgetragen. Er lieferte vor seinem Tode offenbar noch den ganzen Entwurf für die Kreuzabnahme und nahm die Untermalung noch selbst vor. Über das weitere Schicksal des Altares vgl. S. 279. – [3] Filippino starb am 18. IV. 1504 in Florenz.

Pietro Perugino

Maler

Daß es Menschen gibt, denen Armut Gewinn schafft und eine mächtige Triebfeder ist und sie, in welchem Beruf auch immer, vollkommen und hervorragend werden läßt, kann man deutlich genug an dem Schicksale des Pietro Perugino sehen. Er entfloh dem äußersten Elend, das ihn in Perugia umgab, und ging nach Florenz, voll Verlangen, durch Tüchtigkeit ein ehrenvolles Ziel zu erreichen. Dort war er viele Monate, ohne nur ein Bett zu haben, schlief in einem Kasten, verwandelte Nacht in Tag und lag unausgesetzt den Studien seines Berufes ob. Dies ward ihm zur Gewohnheit, er kannte kein anderes Vergnügen mehr, als sich immer in seiner Kunst zu mühen und immer zu malen. Weil zudem die Schrecknisse der Armut ihm stets vorschwebten, trug er kein Bedenken, um des Verdienstes willen sich Arbeiten zu unterziehen, die er wohl nicht beachtet haben würde, wenn er seinen Unterhalt gehabt hätte. Vielleicht würde der Reichtum ihm die Bahn zur Trefflichkeit in der Kunst ebensosehr verschlossen haben, als die Armut sie ihm eröffnete und die Not ihn antrieb, da er wünschte, von niederem und armseligem Stande, wenn nicht zum höchsten, mindestens doch zum gemächlichen Auskommen zu gelangen. Er achtete nicht Kälte, Hunger, Beschwerden, Mühen und Unbequemlichkeiten; und wie er sich keiner Arbeit schämte, um eines Tages gemächlich und ruhig leben zu können, so pflegte er oft sprichwörtlich zu sagen: nach bösem Wetter muß gutes kommen, und wenn gutes Wetter ist, baut man Häuser, um, wenn es nötig ist, unter Dach zu sein.

Damit man der Entwicklung dieses Künstlers besser folgen kann, will ich bei seiner Jugend beginnen. Der allgemeinen Meinung nach wurde dem Christofano, einem sehr armen Manne aus Castello della Pieve, in der Stadt Perugia ein Sohn geboren, den er bei der Taufe Pietro nannte[1]. Der Knabe wuchs auf, umgeben von Not und Elend, und wurde von seinem Vater als Lehrling zu einem Maler nach Perugia gegeben, der in diesem Gewerbe nicht gerade hervorragend war, die Kunst aber und ihre trefflichen Meister hoch verehrte[2]. Von ihm vernahm Pietro stets, wieviel Ehre und Gewinn die Malerei denen bringe, die sie wohl auszuüben verständen, und welche Belohnungen die alten und neuen Meister erhalten hätten. Dies stärkte in Pietro den Mut zur Malerei, und er entflammte sich so sehr, daß er den übermütigen Gedanken faßte, er wolle, wenn das Glück ihm beistehe, dereinst ein solcher Meister werden. Oftmals fragte er deshalb Leute, von denen er wußte, daß sie die Welt gesehen hatten, und besonders seinen Lehrer, an welchem Ort die Männer seines Berufes gebildet würden, und erhielt immer dieselbe Antwort, nämlich, mehr als irgendwo sonst erlangten die Menschen in Florenz Vollkommenheit in allen Künsten, besonders in der Malerei. Denn in dieser Stadt werden sie von dreien Dingen angespornt und getrieben: zuerst vom Tadel, der in vielfacher Weise von einer großen Zahl Menschen vorgebracht wird, weil die Luft hier freie Geister von Natur aus erzeugt, die sich im allgemeinen nicht an mittelmäßigen Werken begnügen und sie mehr zu Ehren des Guten und Schönen, als mit Rücksicht auf den betrachten, der sie schafft. Das zweite ist, daß man, um hier zu leben, fleißig sein muß; aber das heißt nichts anderes, als seinen Verstand und sein Urteil immer-

[1] Sein voller Name war Pietro di Christoforo Vannucci; das Geburtsdatum ist unbekannt (um 1450?); geboren in Castel della Pieve. – [2] Dokumente über die Lehre Peruginos fehlen gänzlich.

dar anzuwenden, in seinem Tun schlau und schnell zu sein und endlich zu wissen, wie man Geld gewinne; denn diese Stadt hat kein weites und reiches Gebiet, daher kann sie denen, welche dort leben, nicht für geringen Preis ihren Unterhalt bieten, wie es überall der Fall ist, wo viel Reichtum sich vorfindet. Das dritte, was vielleicht nicht geringere Macht ausübt als die beiden andern, ist die Begierde nach Ruhm und Ehre, die jene Luft in höchstem Maße bei allen Berufen erzeugt; sie erlaubt keinem Menschen von Geist, daß die Menschen mit ihnen auf gleicher Linie, sondern zurückbleiben, und daß sie die Männer nur als ihresgleichen betrachten, wenngleich sie sie als Meister anerkennen müssen; ja oftmals pflegt dies eine solche Begier nach eigener Größe zu erwecken, daß, wer nicht von Natur gut und verständig ist, dadurch verleumderisch, undankbar wird und sich für empfangene Wohltaten nicht erkenntlich zeigt. Wahr ist es aber, wer in Florenz genugsam gelernt hat und nicht Tag für Tag wie ein Tier leben will, sondern reich zu werden verlangt, der muß von dort fortgehen und für die Güte seiner Werke und den Ruhm, den jene Stadt verleiht, an anderen Orten Käufer finden, wie es die Gelehrten mit ihrer Wissenschaft machen. Denn die Stadt Florenz handelt an ihren Künstlern wie die Zeit mit dem, was ihr angehört; was sie bildet, zerstört sie wieder oder verbraucht es allmählich.

Durch solche Nachrichten und noch durch anderer Zureden bewogen, kam Pietro nach Florenz, mit dem Vorsatze, hervorragend zu werden, und dies gelang ihm wohl, da die Werke seiner Manier zu jener Zeit in außerordentlich hohem Werte standen[1].

Er lernte unter der Zucht des Andrea Verrocchio und malte seine ersten Figuren für die Nonnen von S. Martino

[1] 1472 ist er in Florenz schon als Meister aufgenommen. Der Zeitpunkt der Übersiedlung nach Florenz ist unbekannt.

außerhalb der Porta al Prato, welches Kloster nunmehr durch den Krieg zerstört ist. In Camaldoli malte er in Fresko einen heiligen Hieronymus, der von den Florentinern sehr wert gehalten und durch Lob gefeiert wurde, weil Pietro diesen greisen Heiligen mager und abgezehrt dargestellt hatte, die Augen fest auf das Kruzifix gerichtet und so hingeschwunden, daß er einem Skelette gleicht; dies ist an einer Kopie jenes Bildes zu sehen, die der früher schon genannte Bartolommeo Gondi besitzt. Pietro gelangte nach Verlauf von wenig Jahren zu solchem Ruf, daß seine Werke nicht nur in Florenz und Italien sich verbreiteten, sondern auch nach Spanien, Frankreich und vielen anderen Ländern gesandt wurden; sie standen in sehr hohem Wert und Preis, deshalb suchten die Kaufleute sie aufzukaufen und schickten sie mit großem Gewinn und Vorteil nach den verschiedensten Gegenden.
Für die Nonnen von Santa Chiara malte Pietro auf eine Tafel den toten Christus mit einer so schönen und neuartigen Farbgebung, daß er in den Künstlern den Glauben erweckte, er werde ein ausgezeichnetes und wunderbares Wesen haben. Man sieht darin einige schöne, alte Köpfe; die Marien haben aufgehört zu weinen und betrachten den Toten mit Bewunderung und seltener Liebe; ringsumher ist eine Landschaft, welche zu jener Zeit als sehr schön gerühmt ward, da man noch nicht die richtige Weise, sie auszuführen, kannte, die man später gefunden hat. Man sagt, Francesco del Pugliese habe jenen Nonnen dreimal soviel dafür geboten, als sie dem Pietro gezahlt hatten, und ihnen ein ähnliches Bild von demselben Meister malen lassen wollen; die Nonnen jedoch hätten nicht darein gewilligt, weil Pietro sagte, er glaube nicht, daß er ein gleiches wieder malen könnte[1].

[1] Die Beweinung Christi ist jetzt in Pal. Pitti in Florenz; signiert und datiert 1495.

Im Konvent der Giesuaten, vor der Porta a' Pinti, sind viele Dinge von der Hand Pietros. Zwei davon hatte er für das Querhaus der Kirche gemalt: auf der einen hatte er den Heiland am Ölberg mit den schlafenden Aposteln dargestellt und darin gezeigt, welche Wohltat der Schlaf in Leid und Kummer sei, denn die Jünger Jesu sind in sehr bequemen Stellungen abgebildet. Auf der anderen Tafel sieht man eine Beweinung Christi: Christus nämlich, der im Schoß der Madonna ruht, und umher vier Gestalten, nicht minder gut als alle, welche Pietro nach seiner Manier ausführte. Den Heiland malte er erstarrt, als sei er so lange ans Kreuz geheftet gewesen, daß Zeit und Kälte ihn so zugerichtet hätten; ihn tragen weinend und trauernd Johannes und Magdalena. Auf einer anderen Tafel sieht man, mit unendlichem Fleiß ausgeführt, den Heiland am Kreuze, zu seinen Füßen Magdalena und die Heiligen Hieronymus und Johannes den Täufer und den seligen Giovanni Colombini, den Gründer jenes Ordens[1]. Diese drei Bilder haben sehr gelitten: in den Schatten und an allen dunklen Stellen sind Risse entstanden. Solches geschieht, wenn die erste Farbe, die auf die Grundierung kommt, nicht vor dem Auftrag der zweiten (denn die Farben werden dreimal übereinander aufgetragen) ganz gut ausgetrocknet ist; wenn nun die Farben allmählich trocknen, spannt sich die ganze Dicke des Auftrags, und es kommt so weit, daß sich Risse bilden; das war eine Sache, die Pietro nicht wissen konnte, weil man gerade zu seiner Zeit erst anfing, gut mit Öl zu malen.

Durch diese und andere Arbeiten gelangte Pietro zu so großem Ruhm, daß er sich gleichsam gezwungen sah, nach Siena zu gehen. Dort malte er in S. Francesco eine große, als sehr schön anerkannte Tafel und machte in S. Agostino eine andere, einen Kruzifixus mit einigen Heiligen darstellend[2].

[1] Alle drei Bilder sind jetzt in den Uffizien, Florenz. – [2] Noch 1475

Bald darauf verfertigte er zu Florenz in der Kirche S. Gallo ein Bild des heiligen Hieronymus, der Buße tut; welches Werk heutigentags in S. Jacopo tra' Fossi an dem canto de' Alberti aufbewahrt wird, wo jene Mönche nun ihren Wohnsitz haben. Pietro erhielt den Auftrag, über der Treppe zur Seitentüre von San Pier Maggiore einen toten Christus, Johannes und die Madonna zu malen, und diese arbeitete er in solcher Weise, daß sie, obgleich Wind und Regen ausgesetzt, sich doch so frisch erhalten haben, als wären sie erst jetzt vollendet[1]. Tatsächlich wurden die Farben durch die Erfahrung und den Verstand Pietros unterschieden und in ihren Eigenschaften erkannt wie beim Fresko oder beim Öl, und alle erfahrenen Künstler sind ihm Dank schuldig, da sie durch ihn die Aufklärungen erhalten haben, die man in seinen Gemälden findet. In Santa Croce in derselben Stadt malte er eine trauernde Maria mit dem toten Christus im Schoß, und zwei Figuren, die man mit Bewunderung betrachtet, nicht sowohl um ihrer Vorzüglichkeit willen, als wegen der Frische und Lebendigkeit, in der die Freskofarben sich erhalten haben. Bernardino de' Rossi, ein florentinischer Bürger, gab ihm den Auftrag, einen heiligen Sebastian zu malen, den er nach Frankreich schicken wollte, und sie kamen überein, daß Pietro als Preis hundert Goldtaler erhalten solle; von dem Könige von Frankreich dagegen ließ Rossi sich vierhundert Dukaten dafür zahlen[2]. – In Vallombrosa malte er eine Tafel für den Hauptaltar[3], eine andere in die Cer-

ist Perugino in Florenz nachweisbar; sein Weggang von hier ist nicht bekannt. Die Kreuzigung für S. Agostino entstand für die Familienkapelle der Chigi, wo sie noch ist; am 4. VIII. 1502 erfolgte der Auftrag, erst am 13. VI. 1506 die letzte Zahlung.

[1] Das jetzt recht zerstörte Fresko war bis 1932 in der Sammlung Oriola, Amsterdam, dann versteigert. – [2] Der Sebastian ist vielleicht mit dem Bilde im Louvre zu Paris identisch. – [3] Der Altar, die Madonna in der Glorie mit vier Heiligen, ist jetzt in den Uffizien, Florenz; signiert und datiert 1500.

tosa von Pavia für dieselben Mönche[1]. – Der Kardinal Caraffa von Neapel ließ ihn für den Hauptaltar der bischöflichen Kirche daselbst eine Himmelfahrt der Madonna und die Apostel anbetend rings um ihr Grab malen[2]. Für den Abt Simone de Graziani zu Borgo S. Sepolcro arbeitete er in Florenz eine große Tafel, die mit vielem Kostenaufwand von Lastträgern auf den Schultern nach S. Gilio zu Borgo getragen wurde[3]. Nach S. Giovanni in Monte zu Bologna sandte er eine Tafel mit einigen aufrecht stehenden Figuren und einer schwebenden Madonna[4].

Weil sich der Ruf Pietros in Italien sowohl als in anderen Gegenden verbreitete, berief Papst Sixtus IV. ihn ehrenvoll nach Rom, damit er in Gesellschaft anderer trefflicher Künstler die Kapelle ausschmücke. Dort malte er mit Bartolommeo della Gatta, dem Abte von S. Clemente aus Arezzo, das Bild, wo Christus dem Petrus die Schlüssel übergibt, weiterhin die Geburt und die Taufe Jesu, dann die Geburt Mosis, wie er von der Tochter Pharaos in dem Körbchen aufgefischt wird. Auf derselben Wand, wo der Altar ist, malte er das Altarbild auf die Mauer: die Himmelfahrt der Madonna und unten Papst Sixtus in kniender Stellung. Dieses Gemälde aber wurde zur Zeit Pauls III. abgehackt, damit dort der göttliche Michelangelo das Weltgericht malen könne[5]. In der Torre

[1] Von dem Altar, der etwa 1496 bestellt und um dessen Fertigstellung noch im Mai 1499 gemahnt werden mußte, ist nur der obere Abschluß mit dem segnenden Gottvater in der Certosa zu Pavia, während die Anbetung des Kindes zwischen den Erzengeln Michael und Raphael in der Nat.-Gall. zu London ist. – [2] Die Altartafel befindet sich noch im Dom zu Neapel. – [3] Das Bild ist noch im Dom von Borgo S. Sepolcro. – [4] Der Altar, Madonna in der Glorie mit Heiligen, jetzt in der Pinakothek, Bologna. – [5] Wann die Berufung Peruginos nach Rom erfolgte, ist noch ungeklärt (1478/79?); jedenfalls wird er am 27. X. 1481 (zur Fortführung seiner da begonnenen Arbeiten?) für die Ausstattung der Sixtinischen Kapelle des Vatikans verpflichtet. Von Perugino sind erhalten 1. die Schlüsselverleihung an Petrus; 2. die Reise Mosis;

Borgia in dem Palast des Papstes arbeitete er an einem Gewölbe mehrere Geschichten von Christus, mit Laubwerk in Hell-Dunkel umgeben, die zu jener Zeit als vortrefflich anerkannt und berühmt waren[1]. In S. Marco zu Rom, zu seiten des Sakraments, malte er eine Geschichte von zwei Märtyrern, welche man unter seine guten Arbeiten in dieser Stadt rechnet. Im Palast von S. Apostolo verzierte er für Sciarra Colonna einen Bogengang nebst anderen Zimmern, welche Arbeiten ihm alle eine große Menge Geldes einbrachten.

Darauf beschloß er, nicht länger in Rom zu bleiben, schied von dort unter Gunstbezeigungen des ganzen Hofes und kehrte nach Perugia, seiner Vaterstadt, zurück. Dort schuf er an vielen Orten Bilder und Freskomalereien, vornehmlich in der Kapelle des Palastes der Signori eine Tafel in Öl, worauf er die Muttergottes und andere Heilige darstellte[2]. In S. Francesco del Monte malte er zwei Kapellen in Fresko: in der ersten, wie die Könige kommen, den Heiland anzubeten, in der anderen die Marter einiger Franziskanermönche, die zum Sultan von Babylon gingen und dort getötet wurden[3]. In S. Lorenzo, dem Dome jener Stadt, sieht man von Pietro in der Kapelle del Crocifisso ein Gemälde, welches die Madonna, Johannes, die anderen Marien, Laurentius und Jakobus

die Taufe Christi ist größtenteils von Pinturricchio, der für seine Tätigkeit ein Drittel des Gehaltes empfing. Über die Zerstörung der Fresken an der Altarwand vgl. S. 437–441.

[1] Die Deckendekoration in der »Stanza dell'Incendio« im Vatikan erfolgte nach einer neuen Berufung durch Julius II. Die Rundbilder stellen dar: 1. Christus zwischen zwei Heiligen und Engeln; 2. Verherrlichung Christi; 3. der segnende Gottvater; 4. Christus, umgeben von knienden Aposteln. – [2] Das Hauptbild, Madonna mit vier Heiligen, ist jetzt in der Pinac. Vaticana, Rom; das Bogenfeld mit dem Rahmen jetzt in der Pinakothek, Perugia. Vertrag am 28. XI. 1483, Arbeitsbeginn am 13. VIII. 1495. – [3] Die Anbetung des Kindes durch die Hirten jetzt in der Pinakothek, Perugia.

mit noch einigen Heiligen enthält[1]. Für den Altar des Sakraments, wo der Ehering der Madonna aufbewahrt wird, ist ein Bild von der Vermählung der Madonna von ihm[2]. Hierauf malte er den ganzen Versammlungssaal des Wechselhauses in Fresko aus. Hier stellte er in den Feldern der Wölbung die sieben Planeten dar, von verschiedenen Tieren auf Wagen gezogen, wie man sie nach alter Weise darzustellen pflegte; auf der Wand, der Tür gegenüber, die Geburt und die Auferstehung Christi, und auf einer Tafel Johannes den Täufer zwischen mehreren Heiligen. Auf den Seitenwänden sind einzelne Figuren nach seiner gewöhnlichen Manier ausgeführt; auf der einen Fabius Maximus, Sokrates, Numa Pompilius, Fulvius Camillus, Pythagoras, Trajanus, L. Sicinius, der Spartaner Leonidas, Horatius Cocles, Fabius, Sempronius, der Athener Perikles und Cincinnatus; auf der anderen Seite die Propheten und Sibyllen: Jesaias, Moses, Daniel, David, Jeremias, Salomo, die erythräische, libysche, tiburtinische, delphische und die anderen Sibyllen; unter jeder dieser Gestalten liest man als Motto einige Worte aus ihren Schriften oder Reden, für den Ort passend, an dem sie dargestellt sind. Außerdem brachte er dort in einem Ornament sein eigenes Bildnis an, das sehr lebendig erscheint, und setzte seinen Namen in folgender Weise darunter:

Petrus Perusinus egregius pictor,
Perdita si fuerat, pingendo hic retulit artem:
Si nunquam inventa esset hactenus, ipse dedit.
Anno D. M. D.

[1] Wohl identisch mit der thronenden Madonna zwischen Heiligen in der Pinakothek, Perugia. – [2] Das Bild mit der Vermählung der Maria mit Joseph ist jetzt im Museum zu Caen. Nach dem 11. IV. 1499 Auftrag an Perugino, am 3. XI. 1500 noch nicht begonnen, am 26. XII. 1503 noch nicht vollendet.

Dies Werk, schöner und gerühmter als irgend sonst eine der Arbeiten Pietros in Perugia, wird heutigentags von den Bewohnern jener Stadt als Andenken eines so anerkannten Künstlers sehr wert gehalten[1].

Pietro malte für die Hauptkapelle der Kirche S. Agostino eine große, freistehende Tafel, ringsum mit reichen Verzierungen umgeben. Auf der vorderen Seite ist Johannes, der Christus tauft, auf der Rückseite nach dem Chore zu die Geburt Christi; in den Giebeln sind einige Heilige und auf der Staffel viele Bilder in kleinen Figuren, sehr sorgfältig ausgeführt[2]. In derselben Kirche arbeitete Pietro im Auftrag des Benedetto Calera eine Tafel für die Kapelle S. Niccolo[3] und kehrte sodann nach Florenz zurück[4].

Dort malte er für die Mönche von Cestello auf einer Tafel den heiligen Bernhard[5], im Kapitelsaal einen Kruzifixus, die Madonna, die Heiligen Benedikt, Bernhard und Johannes[6], und in S. Domenico zu Fiesole in der zweiten Kapelle rechter Hand eine Tafel, die Madonna mit drei Figuren,

[1] Beginn dieses Hauptwerkes von Perugino ist ungewiß (frühester Zahlungsvermerk vom 25. I. 1499). 1500 sind die Fresken inschriftlich datiert, 1502 sind schon zwei Drittel der Gesamtsumme bezahlt, letzter Zahlungsvermerk erst am 15. VI. 1507. – An der dem Eingang gegenüberliegenden Wand ist die Transfiguration Christi (und nicht die Geburt, wie Vasari sagt). Der Altar mit der Taufe Christi in der Kapelle neben dem Saal ist von Giannicola Manni. – [2] Der Altar, für den es 1502 zum Vertragsabschluß und am 18. VI. 1512 zu einer -erneuerung kam, war bei Peruginos Tode noch nicht vollendet. In der Pinakothek zu Perugia sind von dem Riesenaltar: 1. Taufe Christi, 2. Anbetung des Kindes, 3. Gottvater, 4. Heiligenfiguren und 5. die Staffel. Weitere Stücke: Beweinung Christi in S. Pietro, Perugia; Heiligenfiguren in Toulouse, Grenoble, Lyon und im Louvre, Paris. – [3] Die Tafel, Madonna in der Glorie mit vier Heiligen, ist in der Pinakothek, Perugia; die Staffel im Kais.-Friedr.-Mus., Berlin; datiert 1500. – [4] Von 1491–1506 ist Perugino jedes Jahr zu längeren oder kürzeren Aufenthalten in Florenz. – [5] Die Tafel ist jetzt in der Ält. Pinakothek in München. – [6] Für das noch erhaltene Fresko in S. Maria Maddalena de' Pazzi in Florenz erhielt Perugino den Auftrag am 20. XI. 1492; enthüllt wurde es am 20. IV. 1496.

unter denen ein heiliger Sebastian sehr zu rühmen ist[1]. Pietro hatte so viel gearbeitet und erhielt so vielfache Aufforderungen dazu, daß er ein und dieselben Dinge zu wiederholten Malen in seinen Werken anbrachte. Dadurch sank die Lehrmeinung seiner Kunst so zur Manier herab, daß alle seine Gestalten dieselben Züge erhielten. Als daher Michelangelo Buonarroti mit seinen Werken rechtzeitig hervortrat, wünschte Pietro sehr, seine Leistungen zu sehen, welche von den Künstlern außerordentlich gerühmt wurden. Da er durch sie die Würde seines Namens verdunkelt sah, den er sich in jeder Beziehung durch einen so hohen Grundsatz erworben hatte, suchte er durch beißende Reden die Werke derer, welche nun arbeiteten, herunterzusetzen. So verdiente er es, daß ihm einige Grobheiten von Künstlern widerfuhren und Michelangelo ihm öffentlich sagte: er sei ein Tölpel in der Kunst. Pietro konnte einen so großen Schimpf nicht ertragen, und beide standen vor dem Magistrat der Achte, doch kam Pietro mit wenig Ehren davon. Unterdes trugen die Servitenmönche zu Florenz Verlangen, das Bild für ihren Hauptaltar von einem berühmten Meister malen zu lassen, und da Leonardo da Vinci nach Frankreich gegangen war, hatten sie dem Filippino den Auftrag dazu gegeben. Dieser hatte aber nur die Hälfte von dem einen der beiden Bilder, die dazu gehörten, vollendet, als er in ein anderes Leben überging, und die Mönche, die zu Pietro viel Zutrauen hegten, trugen nun diesem das ganze Werk auf. Filippino hatte die ganze Kreuzabnahme angefangen und den oberen Teil vollendet, wo Nikodemus den Heiland herunternehmen läßt. Pietro malte unten die Madonna, welche ohnmächtig niedersinkt, und dabei einige andere Gestalten. Dies Werk bestand aus zwei Bildern:

[1] Das Bild, die Madonna zwischen Johannes d. T. und Sebastian, jetzt in den Uffizien, Florenz; signiert und datiert 1493.

eines gegen den Chor der Mönche, das andere gegen das Schiff der Kirche zu; nach dem Chore zu sollte die Kreuzabnahme kommen, nach vorn eine Himmelfahrt der Madonna; Pietro aber malte diese so gewöhnlich, daß man die Kreuzabnahme nach vorn und die Himmelfahrt gegen den Chor zu setzte. Beide Bilder sind jetzt nicht mehr an jenem Platze, weil das Tabernakel des Sakraments dorthin kam; sie wurden nach anderen Altären in derselben Kirche gebracht, und dadurch haben sich am Hauptaltar von diesem Werke nur sechs Bilder erhalten, worin Pietro in einigen Nischen mehrere Heilige dargestellt hat[1]. Man erzählt, daß diese Arbeit, als sie aufgedeckt wurde, von allen neuen Künstlern Tadel genug erfuhr, vornehmlich, weil Pietro darin Figuren angebracht hatte, die man schon aus seinen früheren Werken kannte. Seine Freunde suchten ihn auf und sprachen, er habe sich nicht sehr angestrengt und sei, entweder aus Gewinnsucht oder um schnell zu arbeiten, von der guten Art zu arbeiten abgewichen. – »Ich habe dieselben Figuren dargestellt«, entgegnete Pietro, »die sonst Lob und großes Gefallen bei euch erweckten; was kann ich dafür, wenn ihr sie jetzt nicht mögt und rühmt.« – Dies hinderte nicht, daß jene ihn mit beißenden Sonetten und öffentlichen Schmähungen verfolgten. Pietro, der schon alt war, schied deshalb von Florenz und ging nach Perugia zurück.

Dort fertigte er einige Freskoarbeiten in der Kirche S. Severo, dem Kamaldulenserkloster, wo schon Raffael von Urbino in seiner Jugend als Schüler Pietros einige Figuren gemalt hatte, wie in seiner Lebensbeschreibung erzählt werden wird[2].

[1] Über die Vorgeschichte des Altars vgl. S. 268. Der Auftrag an Perugino erfolgte am 5. VIII. 1505; am 9. I. 1506 war die Kreuzabnahme schon vollendet. Die beiden Haupttafeln sind jetzt in den Uffizien, Florenz; je zwei Seitentafeln mit Heiligen in Altenburg und Meiningen. – [2] Unter der heiligen Dreieinigkeit Raffaels

In der Kirche von S. Piero, der Abtei der Schwarzen Brüder in Perugia, malte er auf einer großen Tafel für den Hauptaltar die Himmelfahrt Christi und die Apostel, welche nach oben schauen; auf der Staffel des Bildes sind drei Begebenheiten in kleinen Figuren mit vieler Sorgfalt ausgeführt: die Anbetung der Könige, die Taufe und die Auferstehung Christi. Dies ganze Werk, von Pietro mit großem und lobenswürdigem Fleiße gearbeitet, ist seine beste Ölmalerei in der Stadt Perugia[1]. Außerdem fing er zu Castello della Pieve ein nicht unbedeutendes Freskogemälde an, beendete es jedoch nicht[2].

Pietro gehörte zu den Menschen, die anderen nicht trauen, und wenn er von Perugia nach Castello ging, pflegte er alles Geld, das er besaß, mitzunehmen; dies war Ursache, daß er einstmals von einigen Leuten an einem Übergang angefallen wurde; er bat sehr um Schonung und sie ließen ihm das Leben. Durch Vermittlung und Freunde, deren er bei alledem viele hatte, erhielt er einen großen Teil des entwendeten Geldes zurück, wäre jedoch aus Kummer über dies Mißgeschick fast gestorben.

Pietro besaß wenig Religion und konnte nie zu dem Glauben an die Unsterblichkeit der Seele gebracht werden, ja er wies mit Worten, so hart wie seine felsige Stirne selbst war, jede gute Weisung aufs hartnäckigste zurück. Er setzte alle seine Hoffnung auf die Güter des Glücks und würde um Geld jeden schlimmen Vertrag geschlossen

(vgl. S. 337) malte Perugino sechs Heilige. Signiert und datiert 1521.

[1] Den Auftrag übernahm Perugino am 8. III. 1495; am 28. V. 1498 ist das Hauptbild – die Himmelfahrt Christi, jetzt in Lyon – schon vollendet; am 23. IV. 1499 ist der ganze Altar fertig. Erhalten sind außer dem genannten: Gottvater in der Glorie, Paris, St. Gervais; zwei Rundbilder mit David und Jesaias in Nantes, drei einzelne Heilige in der Pinac. Vaticana, Rom; fünf weitere Heilige in S. Pietro, Perugia; die Staffel ist in Rouen. – [2] In der Kirche S. Maria dei Servi sind von Perugino die Kreuzabnahme und die Beweinung Christi, beide 1517 datiert.

haben. Er gewann große Reichtümer, baute und kaufte in Florenz Häuser und erwarb sich zu Perugia und Castello della Pieve viele Liegenschaften. Er nahm sich ein sehr schönes Mädchen zur Frau, von der er Kinder hatte, und es machte ihm ein solches Vergnügen, wenn sie in und außer dem Hause zierlichen Kopfputz trug, daß man sagt, er habe sie bisweilen selbst geschmückt. Endlich, als er das Alter von achtundsiebzig Jahren erreicht hatte, starb er zu Castello della Pieve, woselbst er im Jahre 1524 ehrenvoll begraben wurde[1].

[1] Perugino starb im Februar oder März 1523 in Castello di Fontignano in der Nähe von Perugia.

Luca Signorelli

Maler aus Cortona

Luca Signorelli, ein trefflicher Maler, von dem wir der Zeitordnung gemäß nunmehr reden müssen, war zu seiner Zeit in Italien so sehr berühmt, und seine Arbeiten waren so hoch bewertet, wie dies bei keinem andern Meister in irgendeiner Periode der Fall gewesen ist[1]. Denn er zeigte in seinen Malerwerken, wie man nackte Gestalten darstellen müsse, und wie man es, besonders mit Kunst und Schwierigkeit, dahin bringen könne, daß sie gleich Lebenden erscheinen. Als ein Zögling und Schüler von Pietro aus Borgo S. Sepolcro[2] strengte er sich in seiner Jugend sehr an, diesen Meister nachzuahmen und sogar zu übertreffen. Er arbeitete mit demselben in Arezzo, wo er in das Haus seines Oheims Lazzaro Vasari aufgenommen war, und ahmte Pietros Manier so nach, daß man ihre Werke fast nicht unterscheiden konnte. Luca machte seine ersten Arbeiten in S. Lorenzo in Arezzo, woselbst er im Jahre 1472 die Kapelle der hl. Barbara mit Freskobildern verzierte. Für die Brüderschaft der hl. Katharina malte er auf Leinwand in Öl die Fahne, die bei Prozessionen umhergetragen wird, und von ihm ist auch die Prozessionsfahne in Santa Trinità, wenn sie auch nicht von Luca, sondern von Pietro dal Borgo gemalt zu sein scheint. In der Kirche S. Francesco verfertigte er im Auftrag des Francesco Accolti, Doktor der Rechte, eine Tafel für die Kapelle der Accolti, und porträtierte ihn mit einigen seiner Verwandten. In

[1] Der volle Name war Luca d'Egidio di maestro Ventura de' Signorelli; das genaue Geburtsdatum ist unbekannt (1441?). – [2] Es ist Piero della Francesca.

diesem Werk ist ein bewundernswert schöner St. Michael, der die Seelen der Toten wägt; in ihm erkennt man das Verständnis und Wissen Lucas bei dem strahlenden Glanze der Rüstung, bei den Reflexlichtern und überhaupt im ganzen Werk. Dem Heiligen gab er eine Waage in die Hand, darin liegen nackte Gestalten, von denen die einen nach oben steigen, die andern niedersinken, alle in schöner Verkürzung gezeichnet. In Perugia sind viele Arbeiten von ihm, unter andern im Dome jener Stadt ein Bild, welches er im Auftrag des Bischofs Jacopo Vannucci von Cortona fertigte; er stellte darin die Madonna dar, die Heiligen Onofrius, Herculanus, Johannes den Täufer, Stephanus und einen sehr schönen Engel, der eine Laute stimmt[1]. Zu Volterra in der Kirche S. Francesco über dem Altar einer Brüderschaft malte er in Fresko die Beschneidung des Herrn, ein Bild, das für schön und bewundernswert gilt, obwohl das Christuskind – es hatte durch die Feuchtigkeit der Mauer gelitten – von Sodoma weit weniger schön übermalt worden ist[2]. Wahrhaftig, es wäre bisweilen besser, die Werke trefflicher Meister, wenn auch beschädigt, doch unverändert zu lassen, als ihre Herstellung Unverständigen zu übergeben. In S. Agostino derselben Stadt arbeitete er ein Temperabild und stellte auf der Staffel in kleinen Figuren Begebenheiten aus der Passion Christi dar, und diese gilt für ungewöhnlich schön[3]. Zu Monte Santa Maria malte er für jene Herrn eine Tafel mit dem toten Heiland, in S. Francesco zu Città di Castello eine Geburt Christi[4], und auf einer andern Tafel

[1] Das Bild ist jetzt in der Opera del Duomo, Perugia; nach einer (verlorenen) Inschrift 1484 datiert. – [2] Das Tafelbild (!) ist jetzt in der Nat. Gall., London. – [3] Vielleicht ist es der Altar, den Signorelli für das unmittelbar bei S. Agostino gelegene Oratorio di S. Antonio alla Ripa malte: Thronende Madonna mit Engeln und sechs Heiligen, jetzt im Palazzo de' Priori, Volterra; sign. und dat. 1491. – [4] Wahrscheinlich die Anbetung der Hirten; jetzt Nat. Gall., London (1496?).

in S. Domenico den heiligen Sebastian[1]. In Santa Margherita zu Cortona, seiner Vaterstadt, schuf er für die Barfüßermönche einen toten Christus – eines seiner besten Werke[2]. Drei Tafeln verfertigte er in derselben Stadt für die Gesellschaft Jesu, von denen das Gemälde für den Hauptaltar bewundernswert ist: Christus reicht den Jüngern das Abendmahl, und Judas steckt die Hostie in den Geldbeutel[3]. In der Pfarrkirche, die heutigentags die bischöfliche Kirche ist, malte er in Fresko in der Kapelle des Sakraments mehrere Propheten in natürlicher Größe; um das Tabernakel sind einige Engel, die ein Zelt öffnen, zu Seiten der Heiligen Hieronymus und Thomas von Aquin. Für den Hauptaltar jener Kirche stellte er auf einer Tafel eine sehr schöne Mariä Himmelfahrt dar und zeichnete die Kartons zu den Malereien im Hauptrundfenster der Kirche, die nachmals von Stagio Sassoli aus Arezzo zur Ausführung gebracht wurden. In Castiglione Aretino malte er über der Kapelle des Sakraments einen toten Christus mit den Marien[4]; in S. Francesco zu Lucignano verzierte er die Flügeltüren eines Schrankes, in dem ein Korallenbaum verwahrt wird, auf dessen Spitze sich ein Kreuz befindet, und in S. Agostino zu Siena verfertigte er für die Kapelle des hl. Christophorus ein Bild mit einigen Heiligen, in deren Mitte St. Christophorus in Relief gearbeitet ist[5]. Von Siena ging Luca nach Florenz,

[1] Das Martyrium des hl. Sebastian; jetzt in der Pinakothek in Città di Castello (1498). – [2] Die Beweinung Christi, jetzt im Museum von Cortona; sign. und dat. 1502. – [3] Die Einsetzung des Abendmahles, jetzt im Museum Cortona, sign. und dat. 1512; drei weitere Tafeln noch in der Kirche del Gesù: 1. Madonna mit vier Heiligen; 2. Anbetung der Hirten; 3. Empfängnis Mariä (1521/22). – [4] Die Beweinung Christi, in der Sakramentskapelle der Collegiata in Castiglione Fiorentino. – [5] Von dem Altar, der 1498 von Abt Bicchi in Auftrag gegeben wurde, sind zwei Flügel mit Heiligen im Kais.-Friedr.-Mus., Berlin, zwei weitere in Slg. Cook, Richmond; die Staffel ist verstreut.

um die Werke längst verstorbener wie auch lebender Meister zu sehen[1]. Dort malte er auf Leinwand für Lorenzo de' Medici einige nackte Göttergestalten, die man sehr rühmte[2], und ein Bild der Madonna mit zwei kleinen Propheten, in Grundierungsfarbe ausgeführt, das sich jetzt in Castello, der Villa des Herzogs Cosimo, befindet[3]. Beide Werke schenkte er dem Lorenzo, der sich nie von jemand an Freigebigkeit und Großmut übertreffen ließ. In der Kirche der Madonna von Orvieto, der Hauptkirche jener Stadt, vollendete er eine Kapelle, die vordem von Fra Giovanni da Fiesole angefangen worden war. Er malte dort das Weltgericht mit seltsamer und wunderlicher Erfindung: Engel und Teufelgestalten, Zerstörung, Erdbeben, Feuer, Wunder des Antichrists und viele andere ähnliche Dinge; dabei nackte Gestalten, Verkürzungen und eine Menge schöner Figuren, indem er sich die Schrecknisse dachte, die an diesem letzten angstvollen Tage herrschen werden. Hierdurch schürte er den Mut aller, die nach ihm kamen, so daß die Schwierigkeiten dieser Darstellungsweise ihnen leicht wurden. Deshalb verwundere ich micht nicht, daß Michelangelo die Werke von Luca immerdar aufs höchste pries, noch daß er bei seinem göttlichen Weltgericht in der Sixtinischen Kapelle die Erfindungen dieses Meisters zum Teil fleißig benutzte: bei den Engeln und Dämonen, der Einteilung der Himmel und anderen ähnlichen Dingen, wie jeder sehr wohl sehen kann. Luca stellte in dem obengenannten Werke viele seiner Freunde und sich selbst dar: den Niccolo, Paolo und Vitellozzo Vitelli, den Giovan Paolo und Orazio Baglioni und andere, von denen man die Namen nicht kennt[4].

[1] Signorelli ist 1491/92 in Florenz nachweisbar. – [2] Wahrscheinlich ist es das Bild »Pan als Gott des Naturlebens und als Meister der Musik mit seinen Begleitern«, jetzt im Kais.-Friedr.-Mus., Berlin. – [3] Wahrscheinlich ist es das Rundbild: Madonna mit Kind und Hirten in der Landschaft, jetzt Uffizien, Florenz. – [4] Am 5. IV. 1499 wurde

In der Sakristei von Santa Maria zu Loreto malte er in Fresko die sehr schönen vier Evangelisten, die vier Kirchenväter und andere Heilige, im Auftrag von Papst Sixtus, der ihn freigebig dafür belohnte[1].

Man erzählt, daß Luca, als ihm zu Cortona ein Sohn getötet wurde, der schönen Angesichts und Körpers war und den er sehr liebte, in seiner tiefen Betrübnis ihn entkleiden ließ und mit größter Seelenstärke, ohne eine Träne zu vergießen, abmalte, damit er, sooft er wolle, durch seiner eigenen Hände Arbeit das schauen könne, was die Natur ihm gegeben, ein feindliches Schicksal aber geraubt hatte.

Luca wurde von dem obengenannten Papst Sixtus nach Rom berufen, um im Wettbewerb mit so vielen anderen Malern in der Kapelle des Palastes zu arbeiten. Er führte dort zwei Bilder aus, die unter so vielen als die besten anerkannt sind. Das eine ist das Testament Mosis an die Hebräer, da er das Land der Verheißung gesehen hat; das zweite sein Tod[2].

Nachdem Luca fast für alle Fürsten Italiens Werke geschaffen hatte und schon sehr alt war, kehrte er nach Cortona zurück; dort arbeitete er in seinen letzten Jahren mehr

der Kontrakt zur Vollendung der von Fra Angelico begonnenen (vgl. S. 181) Deckenfelder mit den Patriarchen, Aposteln, Kirchenlehrern, Märtyrern usw. gemacht. Erst am 27. IV. 1500 folgt der Vertrag zur Ausstattung der Kapellenwände mit den Taten des Antichrist, dem Weltende, der Auferweckung der Toten, den Verdammten und den Auserwählten; die Zahlungen gehen bis zum 5. XII. 1504, aber wahrscheinlich waren damals die Arbeiten noch nicht ganz abgeschlossen.

[1] Es ist die Dekoration in der Sagrestia della Cura der Basilika von Loreto. An der Decke: Engel, Evangelisten und Kirchenväter, an den Wänden: Apostel, Christus und Thomas und Bekehrung des Paulus; unter Mitarbeit des Bartolommeo della Gatta entstanden. – [2] In der Cappella Sistina im Vatikan vollendete Signorelli das von Perugino unvollendet gelassene Fresko mit der Schlüsselübergabe und führte das »Testament Mosis« und »Michaels Kampf mit dem Satan um die Leiche des Moses« (letzteres zerstört) aus.

um des Vergnügens willen, als aus sonst einem Grunde, wie einer, der an Mühen gewöhnt, nicht untätig bleiben konnte noch wollte. In jener Zeit malte er eine Tafel für die Nonnen von Santa Margherita zu Arezzo[1] und eine für die Brüderschaft des hl. Hieronymus; an dieser letzteren bezahlte einen Teil Niccolo Gamurrini, Doktor der Rechte und Beisitzer der »Ruota«[2], der in jenem Bilde dargestellt ist. Er kniet vor der Madonna, deren Schutz ihn der hl. Nikolaus empfiehlt. Außerdem sieht man den hl. Donatus und Stephanus; weiter unten die nackte Gestalt des hl. Hieronymus, den König David mit der Harfe und zwei Propheten, die, wie an den Schriften in ihren Händen zu erkennen ist, über Mariä Empfängnis reden. Dies Werk trugen die Mitglieder jener Brüderschaft auf den Schultern von Cortona nach Arezzo, und Luca, obgleich hoch in Jahren, wollte noch selbst nach jener Stadt gehen, damit er es an seinem Platz aufstelle, teils wohl auch, damit er seine Freunde und Verwandten wiedersehe[3]. Er wohnte in Arezzo im Hause der Vasari, woselbst ich als ein Kind von acht Jahren war, und ich entsinne mich sehr wohl des guten Alten; der Lehrer, der mich im ersten Anfang der Wissenschaften unterrichtete, sagte zu jenem liebenswüdigen und ehrlichen Alten, ich täte in der Schule nichts als Figuren zeichnen; ich gestehe, ich erinnere mich gut, wie sich darauf Luca an meinen Vater Antonio wandte und sprach: »Antonio, laß den kleinen Giorgio auf jeden Fall zeichnen lernen, damit er nicht aus der Art schlage, denn wenn er sich auch den Wissenschaften widmen sollte, kann ihm, wie allen wohlgebildeten Menschen, Zeichnen nur zu Nutz und Ehre und Vorteil gereichen.« Hierauf gegen mich ge-

[1] Madonna mit Engeln und vier Heiligen, jetzt Pinakothek Arezzo; Auftrag am 24. III. 1518, bezahlt am 24. VIII. 1519. – [2] »Ruota« wurde der Gerichtshof zweiter Instanz im Kirchenstaate genannt. – [3] Die Tafel ist jetzt in der Pinakothek Arezzo; der Auftrag wurde am 19. IX. 1519 vergeben.

kehrt, der ich unmittelbar vor ihm stand, sagte er: »Lerne brav, mein kleiner Anverwandter«, und redete noch viele Dinge, die ich verschweige, weil ich wohl weiß, daß ich die Erwartungen bei weitem nicht erfüllt habe, die der gute Alte von mir hegte. Als er hörte, daß ich in jenem Alter sehr stark an Nasenbluten litt und bisweilen dadurch ohnmächtig wurde, band er mir höchst liebevoll mit eigener Hand einen Jaspis um den Hals. Alle diese Erinnerungen an Luca werden mir ewig fest in der Seele bleiben. Nachdem das genannte Bild an seinem Ort aufgestellt war, kehrte Luca nach Cortona zurück und wurde ein großes Stück Weges von vielen Bürgern, Freunden und Verwandten geleitet – eine Ehre, die den Vorzügen dieses Meisters sehr wohl zukam, der immer mehr das Leben eines ausgezeichneten Edelmanns als eines Künstlers führte.

Er starb im Alter von zweiundachtzig Jahren. Luca war von trefflichen Sitten, offen und liebevoll gegen seine Freunde, mild und freundlich in der Unterhaltung mit jedermann, vor allem aber willfährig gegen solche, die Werke von ihm begehrten, und geschickt, seine Schüler wohl zu unterrichten. Er führte ein glänzendes Leben, fand Vergnügen daran, sich gut zu kleiden, und war wegen seiner guten Eigenschaften in der Heimat wie in der Fremde immerdar hochverehrt.

Im Jahre 1521 ging er zu einem anderen Dasein über[1], und mit dem Schlusse seiner Lebensbeschreibung wollen wir auch den zweiten Teil enden lassen, um bei dem Meister aufzuhören, der mittels der Grundlage der Zeichnung und namentlich der nackten Gestalten und durch die Anmut der Erfindung und durch die Komposition der Bilder der Mehrzahl der Künstler den Weg zur größten Vollkommenheit der Kunst eröffnete, die diejenigen zu krönen vermochten, von denen wir nunmehr erzählen werden.

[1] Er starb am 16. X. 1523 in Cortona.

Lionardo da Vinci

Florentiner Maler und Bildhauer

Die reichsten und manchmal übernatürlichsten Gaben sehen wir häufig auf natürliche Weise mit Hilfe der himmlischen Einflüsse über menschliche Geschöpfe ausgegossen; wir sehen in ungeheuerlicher Weise in einem einzigen Körper Schönheit, Liebenswürdigkeit und Tugend sich so vereinigen, daß, wohin auch jener sich wendet, jede seiner Handlungen so göttlich ist, daß alle anderen Menschen hinter ihm zurückbleiben und es sich deutlich offenbart: was er leistet, ist von Gott gespendet, nicht aber durch menschliches Können errungen. Dies erkannte man bei Lionardo da Vinci, in dem außer der nie genug gerühmten körperlichen Schönheit eine mehr als unendliche Anmut in jeder seiner Handlungen war; auch besaß er eine so vollkommene Fähigkeit, daß, wohin sein Geist sich wandte, er das Schwierigste mit Leichtigkeit löste. Große Kraft verband sich in ihm mit Gewandtheit; sein Mut und seine Tapferkeit waren erhaben und großartig, und der Ruf seines Namens verbreitete sich so weit, daß er nicht nur von der Mitwelt, sondern noch viel mehr von der Nachwelt gepriesen wurde.

Tatsächlich wunderbar und himmlisch war Lionardo, der Sohn des Ser Piero da Vinci[1]. Er würde während der ersten Erziehung in den Wissenschaften großen Gewinn gehabt haben, wenn er minder unbeständig und wandelbar gewesen wäre, denn er machte sich daran, viele

[1] Lionardo war der natürliche Sohn des in Vinci (in der Nähe von Empoli bei Florenz) ansässigen Notars Piero und des Landmädchens Catarina und wurde am 15. IV. 1452 geboren.

Dinge zu lernen, und begonnen, ließ er sie wieder liegen. So machte er zum Beispiel in der Rechenkunst in wenigen Monaten glänzende Fortschritte und trug seinem Meister dauernd Zweifel und Einwendungen vor, daß er ihn oft in Verwirrung setzte. Auch die Musik begann er etwas zu studieren, entschloß sich aber bald, das Lautenspiel zu lernen, und da sein Sinn erhaben und voll von Liebreiz war, sang er dazu unvorbereitet ganz göttlich. Wiewohl er so vielerlei Dinge trieb, unterließ er es dennoch nicht, zu zeichnen und in Relief zu arbeiten, Beschäftigungen, die mehr als jede andere nach seinem Sinn waren. Ser Piero, der dies sah und die Herrlichkeit dieses Geistes erkannte, nahm eines Tages mehrere seiner Zeichnungen und brachte sie seinem innigen Freunde Andrea del Verrocchio, mit der dringenden Bitte, ihm zu sagen, ob Lionardo, wenn er sich der Zeichenkunst widme, es darin zu etwas bringen könne. Andrea erstaunte über die außerordentlichen Anfänge Lionardos und ermunterte Ser Piero, ihn sich diesem Beruf widmen zu lassen, worauf jener bestimmte, daß Lionardo in die Werkstatt des Andrea ginge[1]. Lionardo tat nichts lieber als das und übte nicht nur einen Beruf, sondern alle, an denen die Zeichenkunst teilhat. Er hatte einen so göttlichen und wunderbaren Verstand, daß er, ein trefflicher Geometer, nicht nur in der Bildhauerei arbeitete, indem er in seiner Jugend einige lachende weibliche Köpfe aus Erde, die in Gips vervielfältigt wurden, und gleichfalls Kinderköpfe formte, die von Meisterhand gebildet zu sein schienen, sondern daß er auch in der Baukunst viele Zeichnungen zu Grundrissen und Gebäuden entwarf, und obwohl noch jung, doch der erste war, der seine Meinung auseinandersetzte, den Arnofluß in

[1] Der Eintritt in die Werkstatt Verrocchios war wahrscheinlich 1466; 1472 in die Malergilde aufgenommen, ist Lionardo noch 1476 Hausgenosse Verrocchios.

einem Kanal von Florenz bis Pisa zu fassen. Von ihm sind Zeichnungen zu Mühlen, Walkmühlen und anderen Maschinen, welche durch Wasserkraft getrieben werden. Und da er die Malerei zu seinem eigentlichen Beruf wählte, übte er sich viel im Zeichnen nach der Natur. Bisweilen formte er Figurenmodelle in Erde, legte darüber weiche Lappen in Gips getaucht und bemühte sich mit äußerster Geduld, sie auf ganz feine oder schon gebrauchte Leinwand nachzuzeichnen, indem er sie schwarz und weiß mit der Spitze des Pinsels bewunderungswürdig schön ausführte. Gott hatte über diesen Geist eine solche Anmut ausgegossen, hatte ihm eine so gewaltige Darstellungsgabe, einen klaren Verstand und ein Gedächtnis zugesellt, das ihm dienlich war, und mittels Zeichnungen vermochte er seine Gedanken so deutlich kundzutun, daß er imstande war, jeden noch so kühnen Geist durch seine Reden zu besiegen und durch seine Gründe zu widerlegen. Täglich verfertigte er Modelle und Zeichnungen, wie man mit Leichtigkeit Berge abtragen und durchbohren könne, um von einer Ebene zur anderen zu gelangen; wie mit Hebebäumen, Haspen und Schrauben große Lasten zu heben und zu ziehen wären, in welcher Weise man Seehäfen ausräumen und durch Pumpen Wasser aus den Tiefen heraufholen könne. Solchen schwierigen Dingen grübelte sein Hirn ohne Unterlaß nach, und es finden sich von diesen Gedanken und Bemühungen eine Menge Zeichnungen verstreut, deren ich viele gesehen habe[1]. Außerdem verlor er manche Zeit, indem er sogar regel-

[1] Die von Lionardo betriebenen und sich fast über sein ganzes Leben hin erstreckenden Studien über Architektur, Bildhauerei und Malerei, über Statik, Mechanik, menschliche und tierische Anatomie, über Optik usw. sind uns größtenteils noch in seinen Handschriften (zum Teil noch unpubliziert) erhalten, von denen sich heute siebzehn Stück in Frankreich, acht in England und einige in Italien befinden. In Mailand die berühmteste: der Codex Atlanticus.

mäßige Schnurgeflechte zeichnete, worin man den Faden von einem Ende bis zum anderen verfolgen konnte, bis er eine völlig kreisförmige Figur beschrieb; eine sehr schwierige und schöne Zeichnung dieser Art ist in Kupfer gestochen, in deren Mitte man die Worte liest: Leonardus Vinci Academia. In der Unterhaltung war Lionardo so angenehm, daß die Menschen sich zu ihm hingezogen fühlten, und obgleich er sozusagen fast nichts besaß und wenig arbeitete, hielt er sich doch immer Diener und Pferde, an welch letzteren er großes Ergötzen fand; mehr noch vergnügte er sich an anderen Tieren und behandelte sie mit großer Liebe und Geduld. Oft, wenn er an Plätzen vorbeiging, wo Vögel verkauft wurden, nahm er sie eigenhändig aus ihrem Käfig, zahlte dem Händler den geforderten Preis und ließ sie davonfliegen, um ihnen die verlorene Freiheit wiederzugeben. Deshalb war die Natur ihm so günstig, daß sich, wohin er Gedanken, Sinn und Verstand auch wendete, eine solche Vollkommenheit in seinen Unternehmungen zeigte; und nie kam ein anderer ihm in dem Vermögen gleich, diese Vollendung an Bestimmtheit, Lebendigkeit, Güte, Lieblichkeit und Grazie zu geben.

Lionardo unternahm vielerlei aus Verständnis der Kunst, beendete aber niemals etwas; es schien ihm, die Hand könne der Vollkommenheit der Kunst in den Dingen, die er mit dem Gedanken erfaßte, nichts mehr hinzufügen; weil er sich in der Idee einige feine und so wunderbare Schwierigkeiten zu schaffen pflegte, welche selbst die geschicktesten Hände nicht auszuführen vermocht hätten. Seine Einfälle waren so vielfältig, daß, als er auch über Naturgegenstände nachdachte, er sich daran gab, die Beschaffenheit der Kräuter kennenzulernen, und die Bewegung des Himmels, den Lauf des Mondes und der Sonne beobachtete.

Er kam, wie ich schon sagte, in seiner Kindheit durch Ser

Piero zu Andrea del Verrocchio in die Lehre. Dieser arbeitete an einer Tafel, wie Johannes den Christus tauft, und Lionardo malte darin einen Engel, der einige Gewänder hält; obwohl sehr jung noch, führte er doch diese Gestalt so vollkommen aus, daß sie ein besseres Ansehen gewann als die Figuren von Andrea; und Andrea, unwillig, daß ein Kind mehr wisse als er, mochte deshalb von der Zeit an nicht mehr mit Farben umgehen[1].

Man erzählt sich: Als Ser Piero auf dem Lande war, wurde er von einem seiner Bauern vertraulich gebeten, wobei er einen runden, von ihm selbst aus einem Feigenbaum des Gütchens gearbeiteten Schild brachte, in Florenz irgend etwas darauf malen zu lassen; jener tat es gerne, weil der Bauer im Vogel- und Fischfang viel Übung besaß und Ser Piero sich oftmals bei diesen Dingen seiner Hilfe bediente. Er ließ den Schild nach Florenz bringen, gab ihn Lionardo, ohne zu sagen, wem er gehöre, und bat ihn, er möge etwas darauf malen. Dieser nahm den Schild eines Tages vor, sah, daß er krumm, schlecht und plump gearbeitet war, bog ihn am Feuer zurecht und ließ endlich durch einen Drechsler aus diesem ungeschickten Werk ein feines und gleichmäßiges formen. Darauf grundierte er ihn, bereitete ihn nach seiner Weise zu und fing an nachzusinnen, was er wohl darauf malen könne, um den, der sich ihm entgegenstellte, zu erschrecken, und um dieselbe Wirkung hervorzubringen, wie ehedem das Haupt der Medusa. Zu diesem Zweck brachte er nach einem Zimmer, welches er allein betrat, Eidechsen, Grillen, Schlangen, Schmetterlinge, Heuschrecken, Fledermäuse und andere seltsame Tiere dieser Art; aus diesem wunder-

[1] Das Bild mit der Taufe Christi – aus dem Kloster San Salvi in Florenz – ist jetzt in den Uffizien zu Florenz. Von Lionardo außer dem linken Engel mindestens noch der linke Teil der Landschaft; vgl. auch S. 245.

lichen Haufen gewann er durch verschiedenartige Zusammenstellung ein gräßliches und schreckliches Untier, gab ihm einen vergifteten Atem und einen feurigen Dunstkreis, und ließ es aus einem dunklen zerschmetterten Felsen hervorkommen, Gift aus dem offenen Rachen, Feuer aus den Augen und Rauch aus den Nüstern sprühen, so sonderbar, daß es fürwahr ungeheuerlich und furchtbar erschien; auch wandte er bei der Arbeit so viel Mühe auf, daß Lionardo aus übergroßem Eifer für die Kunst gar nicht merkte, daß ein unerträglicher Gestank von dem gestorbenen Getier im Zimmer war. Als das Werk vollendet war, dem weder der Bauer noch der Vater mehr nachfragten, forderte Lionardo diesen auf, den Schild bei Gelegenheit holen zu lassen; was ihn anlange, so sei er damit fertig. Ser Piero begab sich danach eines Morgens wegen des Schildes nach der Wohnung; er pochte an der Türe, Lionardo öffnete und bat ihn, ein wenig zu warten; nach dem Zimmer zurückgeeilt, stellte er den Schild im rechten Lichte auf die Staffelei, ließ durch das Fenster nur mattes Licht hereinfallen und rief den Vater zur Besichtigung herein. Ser Piero versah sich im ersten Augenblick der Sache nicht, und nicht wissend, ob er einen Schild oder ein gemaltes Untier vor Augen habe, fuhr er zurück; Lionardo aber hielt ihn im Zurücktreten und sprach: Dies Werk ist brauchbar für den Zweck, für welchen es gearbeitet wurde, nehmt es denn und tragt es fort, dies ist der Zweck, den man vom Kunstwerk erwartet. Ser Piero schien die Sache mehr als wunderbar, er lobte die einfallsreiche Rede Lionardos, kaufte ohne etwas zu sagen einen anderen Schild, worauf ein von einem Pfeil durchschossenes Herz gemalt war, und gab ihn dem Bauern, der sich ihm dafür zeitlebens verpflichtet hielt; den Schild Lionardos dagegen verhandelte er heimlich für hundert Dukaten an Kaufleute in Florenz, durch die derselbe bald in

Besitz des Herzogs von Mailand gelangte, der dreihundert Dukaten dafür zahlte.

Auch kam Lionardo der Gedanke, in einem Ölbilde das Haupt der Medusa mit einem Haarschmuck von ineinander geflochtenen Schlangen zu malen: die wunderbarste und phantastischste Erfindung, die man sich nur denken kann; da dies Werk aber Zeit forderte, ließ er es unvollendet liegen, wie es meist mit seinen Arbeiten geschah. Es gehört zu den herrlichen Schätzen im Palast des Herzogs Cosimo, zusammen mit einem Engelskopf, mit erhobenem Arm, der von der Schulter bis zum Ellbogen verkürzt gezeichnet ist, so daß er nach vorn kommt, während die Hand des anderen Armes auf der Brust liegt. Bewundernswert ist, wie dieser Geist, aus Verlangen, den Gegenständen die größte Rundung zu geben, so in die dunklen Schatten ging, um den Grundton der noch dunkleren aufzufinden, wie er nach einem Schwarz suchte, welches schwärzer als die übrigen zu deren Schattierung geeignet wäre und durch welches die Lichter noch glänzender erschienen. Endlich entdeckte er jene ganz dunklen Tinten, in denen gar kein Licht mehr ist, besser geeignet, die Nacht als den schwächsten Schein des Tageslichtes nachzubilden; dies alles aber geschah, um den Gegenständen mehr Rundung zu geben und die Kunst zur Grenze und Vollendung zu führen.

Es machte ihm besonderes Vergnügen, wenn er Menschen mit ungewöhnlichen Köpfen, Bärten oder Haarschmuck begegnete, daß er ihnen einen ganzen Tag hätte nachgehen können; und deren Gestalt prägte sich ihm so ein, daß er, zu Hause angelangt, sie zeichnete, als ob sie vor ihm stünden. In dieser Weise sieht man viele männliche und weibliche Köpfe ausgeführt[1]. Eine Tafel mit der An-

[1] Von den sog. Karikaturen Lionardos finden sich Beispiele in mehreren seiner Handschriften.

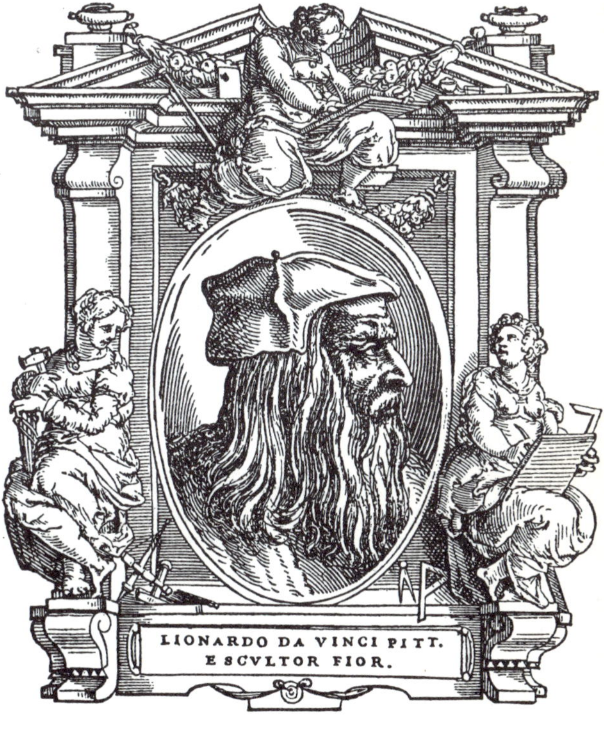
LIONARDO DA VINCI PITT.
E SCVLTOR FIOR.

betung der Könige wurde von ihm angefangen; es ist viel Schönes darin, besonders an Köpfen; sie stand im Hause des Amerigo Benci, der Loggia der Peruzzi gegenüber, und blieb auch unvollendet, wie seine anderen Arbeiten[1]. Im Jahre 1494 war Giovan Galeazzo, der Herzog von Mailand, gestorben und Lodovico Sforza als Nachfolger erwählt. Dieser fand großes Vergnügen am Lautenspiel, deshalb wurde Lionardo ehrenvoll zum Herzog nach Mailand berufen[2]. Er nahm das Instrument mit, das er selbst großenteils aus Silber in Form eines Pferdeschädels verfertigt hatte, eine seltsame und neue Gestalt, berechnet, dem Klang mehr Stärke und Wohllaut zu geben. Dadurch übertraf er alle Musiker, die nach Mailand gekommen waren, sich hören zu lassen. Außerdem war er zu seiner Zeit der Beste unter denen, die in Reimen improvisierten. Der Herzog, durch die bewundernswerten Reden Lionardos erfreut, verliebte sich in seine Talente so sehr, daß es fast unglaublich war; er bewog ihn durch Bitten, eine Altartafel zu malen, eine Geburt Christi, die von dem Herzog an den Kaiser gesandt wurde[3].

Für die Dominikanermönche in Santa Maria delle Grazie zu Mailand malte er ein Abendmahl von seltener und wun-

[1] Die Tafel mit der Anbetung der Könige war für den Hochaltar der Kirche S. Donato a Scopeto von Florenz bestimmt, jetzt in den Uffizien zu Florenz. Der Vertrag wurde im März 1480 geschlossen; letzte Nachricht am 28. IX. 1481; Lionardo brachte das Bild über die braune Untermalung nicht hinaus, vgl. auch S. 267. – [2] Giovan Galeazzo starb tatsächlich 1494, aber Lionardo ist schon seit dem Frühjahr 1483 in Mailand urkundlich nachweisbar. – [3] Das in Rede stehende Bild ist die sog. Madonna in der Felsgrotte. Das Exemplar im Louvre zu Paris heute allgemein als das Original anerkannt. Vielleicht zwischen 1490–1494 an Kaiser Maximilian geschenkt, dann auf unbekanntem Wege nach Frankreich gekommen. Das zweite Exemplar, jetzt Nat.-Gal., London, wurde am 25. IV. 1483 von der Confraternità della Concezione della Beata Vergine in S. Francesco in Mailand bestellt. Erst 1508 von Lionardo und Ambrogio di Predi quittiert; letzterem wird hierbei die Ausführung zugeschrieben.

derbarer Trefflichkeit. Den Köpfen der Apostel gab er so viel Majestät und Schönheit, daß er das Haupt des Heilands unausgeführt ließ, überzeugt, er vermöge ihm nicht jene Göttlichkeit zu verleihen, die für ein Bild Christi erforderlich ist. Das Werk verblieb so, gleich als ob es vollendet wäre, und ist immerdar von den Mailändern wie von Fremden hochverehrt worden, in Erwägung, daß es Lionardo darin aufs beste gelungen war, die bange Sorge auszudrücken, die die Gemüter der Apostel erfaßt hat und sie verlangen macht, zu wissen, wer ihren Meister verraten habe. Aus den Angesichtern aller spricht Liebe, Furcht und Zorn oder auch der Schmerz, daß sie den Mut Christi nicht verstehen können, und dies setzt nicht minder in Verwunderung als der Trotz, Haß und Verrat, den man in Judas erkennt. Zu dem allen sind die geringsten Einzelheiten des ganzen Werkes mit unglaublicher Sorgfalt gearbeitet, sogar das Gewebe des Tischtuches ist in einer Weise dargestellt, wie es das feinste Leinenzeug als solches nicht besser zeigen könnte.

Man sagt, der Prior des Klosters habe Lionardo sehr ungestüm angetrieben, das Werk zu vollenden: ihm schien es seltsam, Lionardo bisweilen einen halben Tag in Nachdenken verloren zu sehen; es wäre ihm lieb gewesen, wenn er gleich Arbeitern, die den Garten umhacken, den Pinsel niemals aus der Hand gelegt hätte. Da ihm nicht Genüge geleistet wurde, beschwerte er sich vor dem Herzog und drängte ihn so lange, bis dieser sich gezwungen sah, Lionardo rufen zu lassen, und ihn freundlich zur Arbeit bewegte, wobei er versicherte, er tue dies nur auf die Zudringlichkeit des Priors hin. Lionardo kannte den klaren Verstand und den Takt des Fürsten, und deshalb entschloß er sich, mit ihm über die Sache ausführlich zu reden, was er mit dem Prior nie getan hatte. Er äußerte sich weitläufig über die Kunst und machte anschaulich, daß erhabene

Geister bisweilen am meisten schaffen, wenn sie am wenigsten arbeiten, nämlich wenn sie erfinden und vollkommene Ideen ausbilden, die die Hände ausdrücken und darstellen nach jenen, die schon im Geiste konzipiert sind.

Zwei Köpfe, so fügte er hinzu, wären es, die ihm noch fehlten, der von Christus, nach welchem er nicht auf Erden suchen wolle, und von dem er nicht glaube, daß seiner Einbildungskraft jene Schönheit und himmlische Anmut vorschweben könne, die der menschgewordenen Gottheit gezieme; der andere sei der des Judas, über den er nachdenke. Ihm scheine es unmöglich, passende Gesichtszüge für jenen zu erfinden, dessen trotziger Geist nach so vielfach empfangenen Wohltaten des Entschlusses fähig gewesen wäre, seinen Meister, den Erretter der Welt, zu verraten; nach diesem letzteren indes wolle er suchen, und finde er nichts Besseres, so bleibe ihm der des lästigen und taktlosen Priors gewiß.

Dies brachte den Herzog sehr zum Lachen und er gab Lionardo tausendmal recht. Der arme Prior, in Verwirrung geraten, befleißigte sich, die Arbeiten im Garten zu betreiben, Lionardo aber ließ er in Frieden; dieser führte den Kopf des Judas so trefflich zu Ende, daß er das wahre Bild des Verrates und der Unmenschlichkeit ist; das Haupt Christi dagegen blieb unvollendet, wie ich schon sagte. Die Herrlichkeit dieses Gemäldes, in Komposition wie in unvergleichlich fleißiger Ausführung, erweckte dem Könige von Frankreich das Verlangen, es nach seinem Reiche bringen zu lassen; er suchte auf alle Weise nach Baumeistern, die es mit Holzbalken und Eisen fest genug zu binden vermöchten, damit man es unbeschädigt fortbringen könne. Der möglichen Kosten achtete er nicht, so groß war sein Verlangen danach; weil es jedoch auf die Mauer gemalt war, verging Sr. Majestät die Lust dazu, und es blieb den Mailändern erhalten[1].

Dem Herzog machte er den Vorschlag, ein Pferd in Bronze von staunenerregender Größe verfertigen und darauf den Herzog zum Gedächtnis darstellen zu lassen. Er begann es, und es glückte, aber in einer solchen Größe, daß es niemals ausgeführt werden konnte; und man hat gemeint – so verschieden und oftmals aus Neid boshaft sind die Urteile der Menschen –, Lionardo habe es gleich anderen seiner Arbeiten begonnen, damit es nicht vollendet werde. Seine Größe war Ursache, daß sich unglaubliche Schwierigkeiten zeigten, als es in einem Stück gegossen werden sollte, und man könnte wohl auch glauben, der Ausgang habe einigen Menschen jenen Gedanken eingegeben, da sehr viele seiner Arbeiten nicht zum Schluß kamen. Doch der Wahrheit gemäß ist anzunehmen, daß sein erhabener und herrlicher Geist durch allzu großes Streben gehindert wurde, daß sein Trachten, Trefflichkeit über Trefflichkeit und Vollkommenheit über Vollkommenheit zu erringen, die Schuld davon trug und, wie Petrarca sagt: Verlangen das Werk hemmte[2]. Wer das von Lionardo in Ton ausgeführte große Modell tatsächlich betrachtete, der gestand, nie etwas Schöneres und Stolzeres gesehen zu haben; es erhielt sich, bis die Franzosen mit ihrem König Ludwig nach Mailand kamen und es zugrunde richteten[3]. Auch ein kleines für vollkommen gehaltenes Wachsmodell ist verlorengegangen, zugleich mit einem Buch über die Anatomie der Pferde, welches Lio-

[1] Das Abendmahl zu vollenden wird Lionardo am 29. VI. 1497 angehalten. Es ist in einer sonst nicht bekannten Öltempera auf trockenen Putz gemalt; schon 1517 als schadhaft erwähnt, seitdem oftmalige Versuche, seinen Bestand zu sichern. Offenbar ist von Franz I., der am 16. X. 1515 in Mailand einzog, der Versuch gemacht worden, das Fresko abzulösen. – [2] Vgl. Trionfo d'Amore cap. 3. – [3] Das Denkmal sollte den Markgrafen Francesco Sforza darstellen.

nardo zu eigenem Studium gearbeitet hatte[1]. Mit noch größerer Sorgfalt beschäftigte er sich mit der Anatomie des menschlichen Körpers, ein Studium, bei dem er und Marcantonio della Torre[2] sich gegenseitig Hilfe leisteten. Dieser Marcantonio, ein hervorragender Philosoph, hielt in jener Zeit zu Pavia Vorlesungen und schrieb darüber. Hierbei bediente er sich aufs beste des Geistes, des Werkes und der Hand Lionardos, und dieser füllte ein ganzes Buch mit Zeichnungen an, die er selbst nach den von ihm anatomierten Körpern mit größtem Fleiß in Rötel und mit Feder ausgeführt hatte. Jedem Teil schrieb er eine Erklärung bei in schlechter Schrift, die verkehrt mit der linken Hand geschrieben ist, so daß sie nur im Spiegel gelesen werden kann, und wer darin keine Übung hat, sie nicht herausbringt. Einen großen Teil dieser anatomischen Schriften des menschlichen Körpers besitzt Herr Francesco da Melzo, ein mailändischer Edelmann; er war zur Zeit Lionardos ein Kind von seltener Schönheit und von ihm sehr geliebt; jetzt ist er ein schöner liebenswürdiger Greis[3]; diese Blätter bewahrte er wie teure Reliquien, zugleich mit dem Bildnis Lionardos glückseligen Andenkens. Wer jene Schriften liest, dem scheint es unglaublich, daß dieser göttliche Geist so trefflich zugleich von der Kunst und von den Muskeln, Nerven, Adern und allen Dingen mit solcher Sachkenntnis reden konnte.

Einige andere Schriften Lionardos, wiederum mit der linken Hand verkehrt geschrieben, besitzt ..., ein mailändischer Maler; sie handeln von der Malerei, der Zeichenkunst und den Farben. Vor einiger Zeit, als jener mich in Florenz besuchte, hatte er die Absicht, das genannte

[1] Die Anatomie der Pferde soll 1499 vollendet und das Originalmanuskript in den Mailänder Wirren verbrannt sein. – [2] Marcantonio della Torre, berühmter Anatom (1482–1512). – [3] Francesco Melzi (1493 bis etwa 1570) war der Lieblingsschüler und Haupterbe Lionardos, dem er auch nach Frankreich gefolgt war.

Buch drucken zu lassen, er nahm es mit nach Rom, um es dort herauszugeben; ich weiß nicht, was nachmals daraus geworden ist[1].

Doch wir wollen auf die Arbeiten Lionardos zurückkommen. Er kehrte nach Florenz zurück[2]; dort vernahm er, die Servitenbrüder hätten dem Filippino das Bild für den Hochaltar der Nunziata übertragen, und Lionardo äußerte: etwas Ähnliches würde auch er gerne übernommen haben. Als Filippino dies hörte, zog er sich, liebenswürdig wie er war, von der Sache zurück, und die Mönche übertrugen dem Lionardo das Bild. Sie nahmen ihn ins Haus, gaben ihm den Unterhalt für sich und alle seine Angehörigen, was er lange Zeit geschehen ließ, ohne je etwas anzufangen; endlich aber verfertigte er einen Karton, worauf die Madonna, die heilige Anna und das Christuskind so schön dargestellt waren, daß nicht nur die Künstler sich zu Bewunderung bewogen fühlten, sondern man sah, als er fertig war, zwei Tage lang Männer und Frauen, jung und alt wie zu einem glänzenden Feste nach dem Zimmer wallfahrten, um das Wunderwerk Lionardos zu betrachten, das das ganze Volk in Erstaunen versetzte. Denn in dem Gesicht der Madonna erkannte man alle jene Einfalt und Lieblichkeit, welche der Muttergottes Anmut verleihen kann; wollte er doch in ihr die Bescheidenheit und Demut der Jungfrau darstellen, welche voll Freuden die Schönheit des Sohnes gewahrt; sie hält ihn zärtlich auf dem Schoß, die Augen sittsam niedergeschlagen, und

[1] Einen Traktat über die Malerei hatte Lionardo schon 1498 vollendet. Wer der von Vasari genannte Maler war, ist unbekannt. Die erste Ausgabe erschien erst 1651 in Paris und war von Raffael Du Fresne besorgt. Eine deutsche Übersetzung der Originalhandschriften stammt von Heinrich Ludwig, wieder abgedruckt von Marie Herzfeld, Das Malerbuch Lionardos da Vinci, Jena 1909. – [2] Lionardo verließ im Dezember 1499 Mailand wegen des Sturzes von Lodovico il Moro und des Einfalls der Franzosen. Nach Aufenthalten in Mantua und Venedig kam er im April 1500 nach Florenz zurück.

blickt nach dem heiligen Johannes, der mit einem Lämmchen spielt, und die heilige Anna lächelt, von Fröhlichkeit erfüllt, daß ihr irdisch Geschlecht ein himmlisches geworden; lauter Überlegungen, dem Verstand und Geiste Lionardos entsprechend. Dieser Karton kam später nach Frankreich, wie unten erzählt werden wird[1]. Lionardo porträtierte die Ginevra d'Amerigo Benci, ein sehr schönes Werk[2]; dann gab er den Mönchen ihre Bestellung zurück, die nun die Arbeit noch einmal dem Filippino übertrugen, der jedoch, vom Tod überrascht, sie nicht vollenden konnte[3].

Auch übernahm Lionardo für Francesco del Giocondo das Bildnis der Mona Lisa, seiner Frau, zu malen. Vier Jahre bemühte er sich darum, sodann ließ er es unvollendet; es ist heutigentags zu Fontainebleau, im Besitz des Königs Franz von Frankreich. Wer sehen wollte, wieweit es der Kunst möglich sei, die Natur nachzuahmen, der erkannte es ohne Schwierigkeiten an diesem Kopfe. Denn alle kleinsten Einzelheiten waren darin dargestellt, die man mit aller Feinheit nur malen kann. Denn auch die Augen hatten jenen Glanz und jene Feuchtigkeit, wie wir es fortwährend im Leben sehen; rings um sie bemerkte man die rötlichblauen Kreise und das Geäder, welche man nur mit der größten Zartheit ausführen kann. Die Brauen, wo sie am vollsten, wo am spärlichsten sind, wie sie aus den Poren der Haut hervorkommen und sich wölben, konnten nicht natürlicher sein. Die Nase, mit allen jenen schönen

[1] Urkundlich ist nicht gesichert, daß zunächst Filippino Lippi den Auftrag bekam, ebensowenig, daß Lionardos Entwurf für den Hochaltar bestimmt war. Der 1501 von Lionardo in Florenz ausgestellte Karton mit der Anna Selbdritt ist verloren; eine Replik dieser Fassung (?) in der Royal Acad. in London. Die im Louvre zu Paris befindliche untermalte Altartafel ist erst später entstanden; vgl. S. 308, Anm. 2. – [2] Das Bild der Ginevra de' Benci wohl identisch mit dem Frauen-Bildnis in der Liechtenstein-Gal. in Wien. – [3] Über den Altar von Ssa. Annunziata in Florenz vgl. S. 268 und S. 279/280.

Öffnungen rötlich und zart, sah wie lebend aus. Der Mund schien in seinen Winkeln und Rändern, wo das Rot der Lippen mit der Farbe des Gesichtes sich vereint, nicht wie gemalt, sondern in Wahrheit wie Fleisch und Blut; wer die Halsgrube aufmerksam betrachtete, sah das Schlagen der Pulse. Wahrhaftig, man kann sagen, dies war nach einer Weise gemalt, die jeden starken Künstler und überhaupt jeden erbeben und Ehrfurcht empfinden ließ. Obwohl Mona Lisa sehr schön war, brauchte Lionardo noch die Kunst, daß, während er sie abmalte, immer jemand zugegen sein mußte, der sang, spielte und Scherz trieb, damit sie fröhlich bleiben möchte, um das traurige Ansehen zu beheben, das häufig die Malerei den Bildnissen gibt. Über diesem Lionardos dagegen schwebte ein so liebliches Lächeln, daß es eher von himmlischer als von menschlicher Hand zu sein schien; und es galt für bewundernswert, weil es dem Leben völlig gleich war[1].

Durch die Herrlichkeit der Werke dieses göttlichen Künstlers war sein Ruhm so gewachsen, daß jeder, der an der Kunst Vergnügen fand, ja ganz Florenz Verlangen trug, er möchte irgend etwas zu seinem Gedächtnis hinterlassen, und man sprach überall davon, ihm ein großes, bedeutendes Werk zu übertragen, damit der Geist und die Anmut und das Urteil, welche alle seine Arbeiten kundgaben, der Stadt zur Zierde gereichen möchten. Die Gonfalonieri und ersten Bürger verhandelten untereinander, da in jener Zeit der große Rats-Saal nach Angabe das Giuliano da San Gallo, Simone Pollaiuoli, genannt

[1] Das Bildnis jetzt im Louvre zu Paris; die Tafel ist, nach einer Zeichnung Raffaels zu urteilen, seitlich beschnitten. Die Dargestellte ist die 1479 geborene Mona Lisa, die Tochter des in Florenz, im Quartier von S. Spirito ansässigen Antonio Maria di Noldo Gherardini. 1495 heiratete sie den Francesco di Bartolommeo del Giocondo (1460–1528), einen angesehenen Florentiner Bürger,

Cronaca, Michelangelo Buonarroti und Baccio d'Agnolo erbaut worden war. Man hatte ihn mit großer Schnelligkeit vollendet und bestimmte nunmehr durch ein öffentliches Dekret, Lionardo solle daselbst ein schönes Bild malen. Piero Soderini, der damalige Gonfaloniere della Giustizia, übergab ihm den genannten Saal; Lionardo wollte es ausführen und begann in Santa Maria Novella, im Saal des Papstes, einen Karton, worin er die Geschichte von Niccolo Piccinino, dem Feldhauptmann des Herzogs Filippo von Mailand, darstellte. Er zeichnete darin einen Trupp Reiter, die um eine Fahne kämpfen; und dies Werk wurde als ganz hervorragend und meisterhaft anerkannt wegen der bewunderungswürdigen Überlegungen, mit denen Lionardo dieses vielstimmige Thema ordnete. Denn Wut, Zorn und Rachsucht erkennt man in den Menschen nicht minder wie in den Pferden; zwei dieser Tiere sind mit den Vorderfüßen ineinander gehakt und fallen sich mit dem Gebiß an, wütend wie ihre kämpfenden Reiter, die um die Fahne streiten. Einer der Soldaten hat mit beiden Händen zugefaßt; während er das Pferd zur Flucht treibt, wendet er durch Kraft der Schultern den Körper zurück, umklammert den Schaft der Fahne und sucht so, sie gewaltsam den Händen von vier Kriegern zu entreißen. Zwei suchen sie mit je einer Hand zu verteidigen, in der anderen schwingen sie die Schwerter, um den Schaft abzuhauen! Ihnen entgegen ist ein alter Krieger, ein rotes Barett auf dem Haupt; mit einer Hand hat auch er den Schaft ergriffen, mit der anderen hebt er einen Krummsäbel in die Höhe und führt schreiend voll Wut den Streich, um die Hände denen abzuhauen, die zähnebleckend in wilder Stellung ihre Fahne zu verteidigen streben. Obendrein sind auf der Erde zwischen den Füßen der Pferde noch zwei miteinander kämpfende Krieger verkürzt gezeichnet. Der eine liegt auf dem Boden, der andere hat sich über ihn geworfen; er hebt den Arm, so hoch er kann, empor und stößt ihm mit äußerster Kraft den Dolch in die Kehle, um ihm das Leben auszulöschen; jener dagegen, mit Beinen und Armen niedergehalten, tut alles, damit er den Tod nicht empfange. Kaum sagen läßt sich, wie schön Lionardo die ganz verschiedenen Kleidungen der Soldaten, den Helmschmuck und andere Zieraten gezeichnet und welche unglaubliche Meisterschaft er bei den Umrissen und der Gestaltung der Pferde gezeigt hat, denn besser als irgend sonst ein Meister wußte Lionardi diesen Tieren Wildheit, Muskelspiel und Schönheit zu verleihen.

Zur Ausführung seines Kartons hatte sich Lionardo, wie man sagt, ein ungemein künstliches Gerüst verfertigen lassen, welches sich hob, wenn man es zusammenzog, und niedriger wurde, wenn man es auseinanderzog. Da er das Bild in Öl auf die Mauer malen wollte, machte er eine so dicke Mischung, um die Mauer damit zu leimen, daß diese im weiteren Verlauf beim Malen in diesem Saal derartig durchzuschlagen begann, so daß er die Arbeit nach kurzer Zeit aufgab, weil er sah, daß sie zugrunde gehen würde[1].

Er ging mit Herzog Giuliano de' Medici nach Rom, zur Zeit der Wahl von Papst Leo, der sich viel mit Philosophie und mehr noch mit Alchimie beschäftigte[2]. Dort verfertigte er einen Teig von Wachs und formte daraus,

[1] Der Kampf um die Fahne ist eine Szene aus der 1440 bei Anghiari zwischen den Florentinern und Niccolo Piccinino gelieferten Schlacht. Am 24. X. 1503 die erste urkundliche Erwähnung, wo Lionardo den Schlüssel zu dem Atelier, dem Papstsaal, erhält. 4. V. 1504 Zusatzvertrag, den Karton bis zum 1. III. 1505 zu vollenden. Im Februar 1505 Vorbereitungen zur Ausführung des Freskos. Letzte Urkunde vom 31. X. 1505. Die Komposition nur noch in Beschreibungen und Kopien erhalten. – [2] Leo X. bestieg am 11. III. 1513 den päpstlichen Stuhl. Lionardo traf am 28. IX. 1513 von Mailand kommend in Rom ein, wo er noch im August 1516 nachweisbar ist.

wenn er fließend war, sehr zarte Tiere, mit Luft gefüllt; blies man hinein, so flogen sie durch die Luft, war die Luft heraus, so fielen sie zur Erde. Einer seltsamen Eidechse, welche der Winzer vom Belvedere fand, machte er Flügel aus der abgezogenen Haut anderer Eidechsen mit Quecksilber fest, so daß sie sich bewegten und zitterten, wenn sie lief; sodann machte er ihr Augen, Bart und Hörner, zähmte sie, tat sie in eine Schachtel und jagte alle seine Freunde damit in Furcht und in die Flucht. Oftmals ließ er die Därme eines Hammels so fein ausputzen, daß man sie in der hohlen Hand hätte halten können; in eine anstoßende Stube hatte er ein paar Schmiedeblasebälge gebracht, befestigte daran die Därme und blies sie auf, bis sie das ganze, sehr große Zimmer einnahmen und man in eine Ecke flüchten mußte; daran zeigte er, wie sie allmählich durchsichtig und von Luft erfüllt wurden und, anfangs auf einen kleinen Platz beschränkt, sich mehr und mehr ausbreiteten, und verglich sie dem Genie. Dergleichen Torheiten trieb er unzählige, beschäftigte sich mit Spiegeln und wandte die sonderbarsten Weisen an, um Öle zum Malen und Firnissen, die vollendeten Werke zu erhalten, zu finden. Man erzählte sich, als er von dem Papste den Auftrag erhalten hatte, ein Werk zu verfertigen, habe er sogleich angefangen, Öle und Kräuter zu einem Firnis zu destillieren; als der Papst Leo dies hörte, rief er aus: »O weh! dieser wird nichts zustande bringen, da er an das Ende denkt, ehe die Arbeit begonnen ist.« Zwischen Lionardo und Michelangelo herrschte der größte Widerwille, und die Konkurrenz zwischen beiden war schuld, daß Michelangelo Florenz mit dem Vorwand des Herzogs Giuliano verließ, da er vom Papst wegen der Fassade von S. Lorenzo berufen war. Als Lionardo solches hörte, ging er auch von dannen und begab sich nach Frankreich, wo der König, da er mehrere Werke von ihm besaß, ihm sehr gewogen war[1]. Der König wünschte, Lionardo möchte den Karton von der heiligen Anna malen; seiner Gewohnheit gemäß hielt er ihn jedoch lange Zeit mit Worten hin[2]. Endlich alt geworden, lag er viele Monate krank, und da der Tod ihm nahte, wollte er sich mit allem Fleiß in dem katholischen Ritus und in unserer guten, heiligen christlichen Religion unterweisen; er beichtete reuevoll unter vielen Tränen, und obwohl er nicht mehr auf den Füßen stehen konnte, ließ er sich doch, von den Armen seiner Freunde und Diener unterstützt, das heilige Sakrament demütig außerhalb des Bettes reichen. Der König, der ihn oft und liebevoll besuchte, kam bald nachher zu ihm. Lionardo richtete sich ehrfurchtsvoll empor, um im Bette zu sitzen, schilderte ihm sein Übel mit allen seinen Umständen und sagte, wie er gegen Gott und die Menschen gefehlt habe, daß er in der Kunst nicht getan hätte, was ihm Pflicht gewesen wäre. Diese Anstrengung veranlaßte einen stärkeren Anfall, welcher der Vorbote des Todes war; der König erhob sich deswegen und hielt ihm das Haupt, um ihm eine Hilfe und Gunst zur Erleichterung seines Übels zu erweisen; da erkannte sein göttlicher Geist, es könne ihm größere Ehre nicht widerfahren, und er verschied in den Armen des Königs im fünfundsiebzigsten Jahre seines Lebens[3].

Der Verlust Lionardos verursachte allen, die ihn gekannt hatten, größte Betrübnis; nie war der Malerei von einem

[1] Schon als Anfang des Jahres 1506 Lionardo nach Mailand zurückkehrte, war er als Hofmaler des Königs von Frankreich in dessen Dienste getreten. 1516/1517 wurde Lionardo dann durch Franz I. nach Frankreich berufen, wo er im Schlößchen Cloux bei Amboise bis zu seinem Ende wohnte. – [2] Offenbar meint hier Vasari die jetzt im Louvre zu Paris aufbewahrte Altartafel mit der Anna Selbdritt, die von Lionardo persönlich mit nach Frankreich genommen worden war. Von Melzi wieder nach Italien zurückgebracht, wurde sie von Richelieu nach Frankreich verschleppt. – [3] Lionardo starb am 2. V. 1519 im Schloß Cloux bei Amboise, siebenundsechzigjährig.

Künstler mehr Ehre erwiesen worden. Der Glanz seines schönen Angesichts erheiterte jedes traurige Gemüt, und seine Rede vermochte die hartnäckigste Meinung zu Ja und Nein zu bewegen. Jeden heftigen Ungestüm wußte er durch seine Kraft zurückzuhalten, und mit seiner Rechten bog er Mauerringe und Pferdehufe, als ob sie Blei wären. Mit Freigebigkeit bot er seinen Freunden Aufnahme und Bewirtung, gleichviel, ob sie arm oder reich waren, wenn nur Geist und Tugend sie zierten. Das unbedeutendste, schmuckloseste Zimmer schmückte und verherrlichte er durch jede seiner Handlungen; deshalb hat die Stadt Florenz durch die Geburt Lionardos das größte Geschenk empfangen und durch seinen Tod einen mehr als herben Verlust erlitten. In der Kunst der Ölmalerei wurde von ihm eine gewisse Schattierung erfunden, durch welche die neueren Künstler ihren Gestalten viel Kraft und Rundung geben. Was er in der Bildhauerei vermochte, bewies er an den drei Bronzefiguren über der nördlichen Tür von San Giovanni; sie wurden von Giovan Francesco Rustici gegossen, aber mit dem Rat Lionardos entworfen; sie sind in Zeichnung und Ausführung das schönste Gußwerk, das in neuerer Zeit gesehen worden ist[1].

[1] Über dem Nordportal des Baptisteriums zu Florenz ist die Figur Johannes d. T. zwischen einem Pharisäer und einem Leviten. Auftrag am 3. XII. 1506 an Giov. Franc. Rustici (1474–1554); am 14. VI. 1511 aufgestellt. Zur Zeit der Konzeption, 1506/1507, wohnte Lionardo in Florenz bei Rustici.

Giorgione da Castel Franco

Venezianischer Maler

In der Zeit, da die Werke Lionardos der Stadt Florenz so großen Ruhm erwarben, wurde Venedig durch die Tüchtigkeit und Vortrefflichkeit eines seiner Mitbürger verherrlicht, der die dort so hochgepriesenen Bellini sowie alle anderen Meister, die bis dahin in jener Stadt gearbeitet hatten, weit übertraf. Dies war Giorgio, der im Jahre 1478 zu Castelfranco im Trevisaner Gebiet geboren ward, in der Zeit gerade, als das Amt des Dogen von Giovan Mozenigo, dem Bruder des Dogen Piero, bekleidet wurde[1]. Man nannte ihn damals Giorgione, seiner körperlichen Gestalt wie seines großen Geistes wegen; obwohl er von niedriger Abkunft war, zeigte er sich doch immerdar höflich und von edlen Sitten.

In Venedig erzogen, fand er immer Gefallen an Liebesabenteuern, vergnügte sich gerne auf der Laute und spielte und sang so wunderbar, daß er von vornehmen Leuten oft zu Musikfesten und Vergnügungen gebeten wurde. Er widmete sich mit vieler Liebe der Zeichenkunst, und die Natur war ihm hierin sehr günstig, so daß er, von Liebe zu ihren Schönheiten ergriffen, nichts beginnen wollte, was er nicht nach ihr abgebildet hatte; er unterwarf sich ihr so und ahmte sie so eifrig nach, daß er nicht nur in den Ruf kam, er habe Giovanni und Gentile Bellini übertroffen, sondern er wetteifere selbst mit den Meistern, die in der Toskana Schöpfer der neuen Methode waren.

Giorgione hatte einige Arbeiten Lionardos gesehen, die sehr tonig gemalt und, wie erzählt worden, aus dem

[1] Das Geburtsdatum Giorgiones ist nicht bekannt; etwa 1475/1478.

Dunklen gewaltsam und großartig herausgearbeitet waren. Diese Manier gefiel ihm ausnehmend wohl, deshalb strebte er ihr nach, solange er lebte, ganz besonders auch in der Ölmalerei. Da er gerne gut arbeiten mochte, wählte er zu seinen Darstellungen immer das Schönste und Mannigfaltigste, was er finden konnte. Die Natur gab ihm einen so sanften Geist, daß er die Farbgebung der Öl- wie der Freskomalerei durch Lebhaftigkeit, Weichheit, Einheit und zarte Übergänge der Schatten bereicherte. Dies war die Ursache, daß viele treffliche Meister jener Zeit bekannten: er sei geboren, den Gestalten Geist einzuhauchen und die Frische des lebendigen Fleisches treuer nachzuahmen, nicht nur als die venezianischen Maler, sondern von überall.

In seinen Anfängen verfertigte er in Venedig viele schöne Madonnenbilder und Bildnisse, sehr lebendig und schön. Drei Köpfe, sehr gut in Öl gemalt, sieht man noch heutigentags im Studierzimmer des hochwürdigsten Grimani, Patriarchen von Aquileja. Der eine stellt David dar (wie man sagt, das eigene Bildnis); sein Haupthaar ist nach damaligem Brauch bis zu den Schultern herabfallend, er hat Frische und ist gemalt, daß er von Fleisch und Blut zu sein scheint, die Brust und auch der Arm, mit welchem er das abgehauene Haupt Goliaths hält, sind gepanzert. In dem zweiten Gemälde ist der Kopf größer, nach der Natur gezeichnet; in der Hand hält der Dargestellte ein rotes Feldherrnbarett, er trägt einen Pelzumhang und darunter ein grobes Wams nach altem Schnitt. Man glaubt, es sei für einen Heerführer gemalt worden. Das dritte Bild ist ein Kind mit dichtem, lockigem Haar, so schön, als man irgend etwas denken kann; und gleichwie diese drei Werke die Trefflichkeit Giorgiones kundgeben, ist die Liebe, mit welcher der große Patriarch sie immer aufbewahrte, ein Beweis seiner Verehrung für dessen Kunst.

Viele andere herrliche Bildnisse Giorgiones sind an verschiedenen Orten Italiens verstreut. Darunter gehört eines von Lionardo Loredano, in der Zeit gemalt, als er Doge war; dies sah ich an einem Himmelfahrtstage ausgestellt und glaubte wahrhaft, jenen erlauchten Fürsten lebend vor mir zu schauen. Ein anderes ist zu Faenza im Hause des vortrefflichen Stein- und Kristallschneiders Giovanni da Castel Bolognese; es ist für dessen Schwiegervater gemalt und wahrhaft göttlich, denn die Farben sind so duftig ineinander verarbeitet, daß man eher glaubt, es sei ein Relief, als gemalt.

Im Jahre 1504 brach zu Venedig im Lagerhaus der Deutschen am Ponte del Rialto ein furchtbares Feuer aus, das jenes und alle Waren zum großen Schaden der Kaufleute zerstörte. Die Signoria von Venedig gab den Befehl, daß man es neu erbaue; es wurde mit bequemeren Wohnungen, mit größerer Würde und Pracht und schöner schleunigst erbaut[1]. Giorgione, da dessen Ruf immer mehr gestiegen war, wurde dabei zu Rate gezogen und erhielt von dem Bauverweser den Auftrag, es in bunten Farben in Fresko zu bemalen, ganz nach eigenem Gefallen, wenn er nur sein Talent dabei kundgebe und an diesem schönsten und am meisten gesehenen Ort der Stadt ein hervorragendes Werk ausführe. Er legte Hand daran und malte, als Beweis seiner Kunst, lauter Phantasiegestalten; und tatsächlich findet man weder eine Folgerichtigkeit von Bildern, noch einzelne Begebenheiten aus dem Leben berühmter Personen des Altertums oder der neueren Zeit; ich für meinen Teil habe es nie verstehen können und auch auf meine Frage nach der Darstellung niemand gefunden,

[1] Der Brand des Fondaco dei Tedeschi war am 27./28. I. 1505. Der Neubau ab 16. V. 1507 nach Entwurf des Gerolamo Tedesco, im Mai 1508 vollendet. Die Fassade gegen den Kanal dem Giorgione aufgetragen, der am 11. XII. 1508 die Abschlußzahlung dafür erhält. Nur noch geringe Freskenreste erhalten; vgl. auch S. 504.

der es verstanden hätte. Denn hier ist ein Mann, dort eine Frau in verschiedenartigen Stellungen; neben dem einen sieht man ein Löwenhaupt, neben dem anderen einen Engel, dem Cupido ähnlich, aber man weiß nicht, was es sein soll. Über dem Hauptportal nach der Merzeria zu ist eine Frau sitzend abgebildet, zu ihren Füßen ein Riesenhaupt, fast nach Art einer Judith; sie hebt den Kopf mit dem Schwerte empor und spricht zu einem Deutschen, der weiter nach unten steht. Weshalb diese Figur hier dargestellt ist, konnte ich nicht deuten, wenn er nicht eine Germania machen wollte. Im ganzen erkennt man sehr wohl, daß die Figuren gut beisammen sind und daß Giorgione immer besser wurde. Köpfe und einzelne Teile der Gestalten sind gut gezeichnet und sehr lebendig koloriert, auch mühte er sich überall, die lebendigen Dinge gut aufs Korn zu nehmen ohne irgendwelche Nachahmung einer Manier. Dieses Werk ist in Venedig berühmt, nicht minder wegen der Malereien Giorgiones, als wegen der Bequemlichkeit des Warenlagers und seines öffentlichen Nutzens.

Giorgione stellte in einem Bilde Christus dar, der sein Kreuz trägt und von einem Juden fortgezogen wird. Es kam seinerzeit in die Kirche S. Rocco, wo es jetzt wegen der Verehrung, die ihm von vielen erwiesen wird, wie man sieht, Wunder tut[1]. Er arbeitete an verschiedenen Orten, unter anderen in Castelfranco[2] und im Gebiet von Treviso, und verfertigte eine Menge Bildnisse für verschiedene Fürsten Italiens. Viele seiner Gemälde wurden außerhalb Italiens verschickt als wahrhaft würdige Dinge, um Zeugnis zu geben, daß, wenn auch die Toskana zu

[1] Das Bild ist noch in S. Rocco in Venedig. An anderer Stelle hat es Vasari als eine Arbeit Tizians beschrieben; vgl. S. 509. – [2] In der Kirche S. Liberale in Castelfranco ist noch der Altar, die thronende Madonna mit den Hl. Franziskus und Liberale darstellend; ein Hauptwerk Giorgiones.

allen Zeiten übergroßen Reichtum an Künstlern hatte, die Gegend jenseits des Apennin nahe der Berge auch nicht verlassen und nicht immer vom Himmel vergessen war. Man erzählt sich, daß, als Andrea Verrocchio in Venedig das Bronzepferd arbeitete[1], sich Giorgione mit einigen Bildhauern unterhalten habe, welche meinten, ihre Kunst übertreffe die Malerei deshalb, weil die Bildhauerei bei einer einzigen Figur, wenn man sie rings umgehe, verschiedene Stellungen und Ansichten zeige, während jene an einer Figur nur eine Seite zeige. Dieser Meinung entgegen behauptete Giorgione, in einem Bilde könnten sich, ohne daß man nötig habe, den Standpunkt zu ändern, auf einen einzigen Blick alle die Ansichten zeigen, die ein Mensch an Gesten überhaupt ausdrücken kann; dies vermöge die Bildhauerei nicht, ohne den Standpunkt und die Ansicht wechseln zu lassen, um nicht nur eine, sondern mehrere Ansichten zu haben. Ja mehr noch, er machte sich anheischig, daß er eine einzige Figur malen wolle, bei der man die Vorder- und Rückseite und beide Seitenansichten sehen solle; das war ein Vorschlag, der jene wieder zur Vernunft bringen sollte. Er verfuhr in folgender Weise: er malte einen Nackten mit dem Rücken dem Beschauer zugewendet, ihm zu Füßen einen ganz klaren Quell, in dessen Wasser sich die vordere Seite abspiegelte; ein goldener Brustharnisch, den er abgelegt hatte, stand an einer Seite, auf dem man die linke Seitenansicht sah, denn in dem Glanz dieses Rüstungsstückes kam alles zum Vorschein; auf der anderen Seite war ein Spiegel, auf dem die andere Seite des Nackten war. Durch diesen seltsamen, launigen und überaus schönen Einfall wollte er mit der Tat beweisen: die Malerei sei kunstvoller und schwieriger und lasse auf einen Blick mehr von der Natur überschauen als die Bildhauerei; sein Werk wurde sehr gerühmt und als sinnreich und schön bewundert.

[1] Gemeint ist das Reiterdenkmal des Colleoni in Vendig. Vgl. S. 246.

Während Giorgione dahin trachtete, sich und seinem Vaterlande Ehre zu erwerben, war er viel in Gesellschaft und suchte seine Freunde durch Musik zu vergnügen; hierbei verliebte er sich in eine Frau, und beide genossen reichlich ihre Liebesfreuden. Im Jahre 1511 wurde sie von der Pest ergriffen, und Giorgione, der es nicht wußte und wie gewöhnlich zu ihr ging, bekam die Pest in so heftigem Grade, daß er nach kurzer Zeit im Alter von vierunddreißig Jahren zu einem anderen Leben überging, zum unendlichen Kummer seiner Freunde, die ihn um seiner trefflichen Eigenschaften willen liebten, und der Welt, die ihn verlor, zu großem Schaden[1].

1 Das genaue Todesdatum Giorgiones ist unbekannt.

Bramante da Urbino

Architekt

Wahrhaftig allergrößten Nutzen brachte der Baukunst die neue Arbeitsweise des Filippo Brunelleschi, der nach langem Zeitraum die vortrefflichen Werke der gelehrtesten und wunderbarsten Meister der Antike wiederum ans Licht brachte und nachahmte. Doch nicht geringeren Vorteil erlangte unser Jahrhundert durch Bramante, denn dieser schritt auf der Bahn Filippos vorwärts, voll Mut, Kraft, Geist und Wissenschaft in jener Kunst, und dabei nicht nur als Theoretiker, sondern als Praktiker mit der besten Erfahrung, wodurch er denen, die nach ihm kamen, den richtigen Weg in der Baukunst zeigte. Einen entschlosseneren Geist hätte die Natur nicht bilden können, der ein Kunstwerk mit reicherer Erfindung, richtigerem Maß und auf so guter Basis als er hätte betreiben und ausführen können. Aber nicht minder als dieses war nötig, daß in jener Zeit Julius II. zum Papst gewählt wurde, ein Fürst voll kühnen Mutes und äußerst begierig, Denkmale zu hinterlassen. Daß Bramante einen solchen Fürsten fand, war für uns wie für ihn ein Glück, das nur selten großen Geistern begegnet, denn auf dessen Kosten ward es Bramante möglich, die Macht seines Verstandes und jene kunstvollen Schwierigkeiten der Baukunst zu zeigen. Sowohl auf die ganze Anlage seiner Gebäude als auf das Einzelne erstreckte sich seine seltene Geschicklichkeit: auf die Abmessungen der Gesimse, die Säulenschäfte, die Anmut der Kapitelle und Basen, der Tragsteine, Winkel, Wölbungen, Treppen und Vorsprünge, sowie auf jede bauliche Anordnung, welche nach seinem Rat oder seinem Modell gemacht wurde; und es gelang ihm immer wunderbar, wie es jedermann sehen kann. Deshalb dünkt mich, der dauernde Dank, welchen die Meister, die die mühevollen Leistungen der Alten studieren, diesen schuldig sind, gebühre in demselben Maße den Bemühungen Bramantes. Waren die Griechen Erfinder der Baukunst und die Römer ihre Nachahmer, so folgte Bramante nicht nur ihrem Vorbild und lehrte uns sie mit neuer Erfindung, sondern vermehrte auch die Schönheit und Schwierigkeiten aufs größte in der Kunst, die wir heute durch ihn verherrlicht sehen.

Bramante war zu Castel Durante im Gebiet von Urbino geboren und hatte arme Eltern aus gutem Stande[1]. In seiner Kindheit lernte er Lesen und Schreiben und übte sich sehr im Rechnen; weil aber dem Vater not tat, daß der Sohn Geld verdiente, und er viel Neigung zum Zeichnen in ihm erkannte, bestimmte er ihn schon als Knäblein zur Malerei. Er studierte eifrig die Werke Fra Bartolomeos, sonst auch Fra Carnavale da Urbino genannt, der in letztgenannter Stadt das Bild in Santa Maria della Bella malte[2]. Das meiste Vergnügen jedoch fand Bramante an der Baukunst und Perspektive, und so verließ er Castel Durante, um sich nach der Lombardei zu begeben, wo er bald in dieser, bald in jener Stadt arbeitete, so gut er es konnte. Es waren indes keine sehr kostspieligen und ehrenvollen Werke, denn er hatte damals weder Namen noch Ruf, und damit er wenigstens etwas Bemerkenswertes sehe, beschloß er nach Mailand zu gehen und den Dom zu betrachten[3]. Dort lebte damals ein guter Geometer und

[1] Donato Bramante wurde 1444 in Monte Asdruvaldo, auf urbinatischem Gebiete, geboren. – [2] Fra Bartolomeo, genannt Fra Carnovale, war der Sohn des Giovanni di Bartolo Corradini; 1451 die erste urkundliche Erwähnung, gest. am 1. VII. 1484. Gesicherte Werke seiner Hand sind uns nicht bekannt. – [3] Wann die Übersiedlung Bramantes nach der Lombardei stattfand, ist nicht genau

Baumeister, ein gewisser Cesare Cesariano, der zum Vitruv einen Kommentar machte und in solche Verzweiflung geriet, als er den sich versprochenen Lohn dafür nicht empfing, daß er sehr wunderlich wurde, nicht mehr arbeiten mochte und völlig verwildert, mehr wie ein Tier als wie ein Mensch, starb[1]. Gleichzeitig war in derselben Stadt der Mailänder Bernardino da Trevio, Ingenieur und Baumeister des Domes; er war ein sehr guter Zeichner, und Lionardo da Vinci rühmte ihn als einen seltenen Meister, wenngleich seine Manier in der Malerei etwas hart und trocken war[2].

Bramante, der den Bau des Domes betrachtete und die beiden Ingenieure kennenlernte, geriet in solche Begeisterung, daß er beschloß, sich ganz der Baukunst zu widmen. Er verließ hierauf Mailand und ging nach Rom noch vor Beginn des Heiligen Jahres 1500 und erhielt durch einige Freunde, Landsleute und Lombarden den Auftrag, über der Heiligen Türe von S. Giovanni Laterano, die beim Jubelfest geöffnet wird, das Wappen von Papst Alexander VI. in Fresko zu malen, mit Engeln und anderen Figuren, die es rundum halten[3]. Hierdurch und durch

bestimmbar; 1477 malte er in Bergamo; am 4. XII. 1482 ist er in Mailand nachweisbar, und 1488–1490 nimmt er an der Konkurrenz und Gutachterversammlung zur Errichtung der Kuppel des Mailänder Domes teil. Vasari läßt sich im übrigen über die vorrömische Tätigkeit Bramantes so gut wie überhaupt nicht aus, wo jener als Maler und auch schon als Architekt beschäftigt war.

[1] Der Architekt und Festungsbaumeister Cesare Cesariano (1483 bis 1543) verfaßte die erste zum Druck gekommene (1521) italienische Übersetzung mit Kommentar und Illustrationen des größten antiken Architekturtheoretikers Vitruv. – [2] Der Genannte ist der Maler und Architekt Bernardo Zenale aus Treviso (1436–1526). – [3] Am 20. XII. 1498 ist Bramante das letztemal in Mailand urkundlich erwähnt. Vielleicht verließ er die Stadt im Zusammenhang mit der Vertreibung des Ludovico Sforza (durch die französischen Heere im September 1499), dessen Hofarchitekt er gewesen war. Seine Ankunft in Rom fiel in die Regierungszeit Papst Alexanders IV. (11. VIII. 1492 bis 18. VIII. 1503).

andere Arbeiten in der Lombardei wie in Rom hatte Bramante sich etwas Geld verdient und gab es sehr sparsam aus, weil er wünschte, von dem Seinigen leben und, ohne durch neue Bestellungen gestört zu werden, mit Gemächlichkeit die Bauwerke des Altertums in Rom vermessen zu können. Einsam und in Nachdenken verloren begann er diese Beschäftigung und hatte nach nicht sehr langer Zeit alle Gebäude der Stadt und der Umgegend vermessen; ebenso ging er bis Neapel und wo sonst nach seiner Kenntnis noch Altertümer aufzufinden waren. Auch was in Tivoli und in der Villa des Hadrian vorhanden ist, wurde von ihm vermessen, und er wußte diese Bemühungen sehr gut zu nutzen, wie an seinem Ort gesagt werden wird. Hieran erkannte der Kardinal von Neapel die Geistesrichtung Bramantes und fing an, ihn zu begünstigen. Während nun Bramante seine Studien fortsetzte, wollte der genannte Kardinal für die Mönche des Klosters della Pace einen Kreuzgang aus Travertin wiederherstellen lassen und übergab dem Bramante diese Arbeit. Voll Verlangen, Geld zu verdienen und sich dem Kardinal erkenntlich zu zeigen, begann er sie mit allem Eifer und aller Sorgfalt und führte in sehr kurzer Zeit und mit vollkommenem Erfolg sein Werk zu Ende. Obgleich es demselben noch an vollendeter Schönheit fehlte, so erwarb es ihm doch einen großen Namen, weil in Rom nur wenige mit soviel Liebe, Studium und Behendigkeit die Baukunst übten wie Bramante[1].

Zu Anfang seiner Laufbahn half er als Unterbaumeister des Papstes Alexander VI. bei der Errichtung des Brunnens in Trastevere und bei einem anderen auf dem St. Petersplatz.

[1] Der Auftraggeber des Klosterhofes von S. Maria della Pace war der Kardinal Oliviero Caraffa. Am 17. VIII. 1500 wird Bramantes Entwurf dazu erwähnt. 1504 nennt die Bauinschrift als Vollendungsdatum.

Sein Ruf stieg, und er wurde mit anderen trefflichen Architekten zu der Beratung hinzugezogen, die man über einen großen Teil des Palastes von S. Giorgio und der Kirche S. Lorenzo in Damaso hielt, die Raffaello Riario, Kardinal von S. Giorgio, nahe bei dem Campo di Fiore erbauen ließ. Ist auch nachmals Besseres gebaut worden, so galt dennoch dies Gebäude - und gilt noch jetzt - um seiner Größe willen als eine bequeme und prächtige Wohnung; es wurde von Antonio Montecavallo ausgeführt[1]. Auch als die Kirche S. Jacopo degli Spagnuoli auf der Piazza Navona vergrößert werden sollte, war Bramante bei den Beratungen zugegen[2], und ebenso bei der Beschlußfassung zum Bau von Santa Maria dell'Anima, dessen Erbauung man nachher einem Deutschen übergab[3]. Von ihm ist die Zeichnung zum Palast des Kardinals Adriano von Corneto im Borgo Nuovo; er wurde langsam erbaut und blieb endlich wegen der Flucht des Kardinals unvollendet[4]. Nach seiner Zeichnung vergrößerte man die Hauptkapelle von Santa Maria del Popolo[5]; und alle diese Arbeiten erwarben ihm in Rom einen solchen Ruf, daß er als der erste Architekt galt. Seine Entschlossenheit, rasche Ausführungsweise und seine ganz ausgezeichnete Erfindungsgabe waren Ursache, daß ihn alle Vornehmen der Stadt zu jeder größeren

[1] Der Palast, den Kardinal Raffaello Riario erbauen ließ, ist der Pal. della Cancelleria in Rom. Der Bau, in den die Kirche S. Lorenzo in Damaso einbezogen ist, wurde spätestens 1489 begonnen, die Arbeit war 1511 noch im Gange. Ein Eingreifen Bramantes ist urkundlich nicht bekannt. – [2] Die Beteiligung Bramantes am Bau von S. Giacomo degli Spagnoli ist urkundlich nicht nachweisbar und auf Grund der Baugeschichte unwahrscheinlich. – [3] Bramantes Eingreifen beim Bau der Nationalkirche der Deutschen in Rom, deren Grundstein am 11. IV. 1500 gelegt wurde, ist urkundlich nicht zu sichern. – [4] Es handelt sich um den jetzigen Pal. Girauld-Torlonia; 1504 schenkte ihn sein Bauherr in noch unvollendetem Zustand an Heinrich VII. von England. Keine Urkunden über Bramantes Tätigkeit bekannt. – [5] Bramante wird in einem Dokument vom 29. VII. 1509, dem Jahr der Vollendung dieses Bauabschnittes, genannt.

Unternehmung heranzogen, und Papst Julius II., der 1503 erwählt wurde, fing an, sich auch seiner Hilfe zu bedienen[1]. Dieser Papst hatte den Gedanken gefaßt, er wolle dem Raum zwischen Belvedere und dem Palast die Form eines viereckigen Theaters geben und damit das kleine Tal umschließen lassen, das zwischen dem alten päpstlichen Palast und dem neuen Gebäude gelegen war, das Innocenz VIII. als Wohnung der Päpste errichtet hatte. In zwei Korridoren zu beiden Seiten dieses kleinen Tales sollte man durch Bogengänge vom Belvedere nach dem Palast und umgekehrt gehen können, und ferner sollten verschiedenartige Treppenanlagen hinauf bis zu der Plattform des Belvedere führen. Bramante, der in solchen Dingen das größte Urteil und einen phantasievollen Geist besaß, teilte den zutiefst gelegenen Raum durch zwei Säulenordnungen ab: zuunterst eine sehr schöne dorische Arkadenreihe, dem Kolosseum der Savelli[2] ähnlich, nur anstatt der Halbsäulen setzte er Pfeiler, die er ganz aus Travertin mauerte; auf dieser stand eine zweite, jonische Ordnung, nicht durch Fenster aufgelockert; damit erreichte er die Ebene der ersten Gemächer des Papstpalastes und die der des Belvedere, um nun darauf noch einen Bogengang von mehr als vierhundert Schritt Länge darüber zu legen, zunächst auf der Seite, die gegen Rom zu liegt, und dann einen gleichen gegen das Wäldchen zu, welche beide das Tal einschlossen, auf dessen geebnete Fläche man das Wasser vom ganzen Belvedere leiten und einen schönen Brunnen errichten wollte. – Nach diesem Entwurf baute Bramante den ersten Korridor, der, gegen Rom zu gelegen, vom Palast nach dem Belvedere führt, die

[1] Die Wahl Julius' II. zum Papst erfolgte am 1. X. 1503. – [2] Gemeint ist das Marcellus-Theater in Rom, das unter Cäsar begonnen und unter Augustus 11 n. Chr. vollendet wurde. Im 16. Jahrhundert wurde es, nachdem es schon seit Jahrhunderten als Festung gedient hatte, als Palast der Familie Savelli verbaut.

letzte obere Loggia ausgenommen. Bei dem entgegengesetzten Teil nach dem Gehölz zu legte er jedoch nur die Fundamente, denn der Tod des Papstes Julius und dann der Tod Bramantes selbst waren Ursache, daß dies Werk damals nicht vollendet wurde[1]. Es galt für eine so herrliche Erfindung, daß man glaubte, seit der Zeit der Alten nichts Besseres in Rom gesehen zu haben. Aber, wie schon gesagt, vom anderen Korridor gab es nur die Fundamente, und man hat Pein bis auf unsere Tage ausgestanden, ihn zu vollenden, aber Pius IV. hat ihn nun fast bis zum Schluß gebracht[2]. Bramante baute die Stirnfront des Belvedere mit einer Nischenordnung für die Sammlung der antiken Statuen aus, wo zu seiner Zeit noch die ganz herrlichen Statuen des Laokoon, des Apoll und der Venus aufgestellt wurden[3].

Doch wir wollen zu Bramante zurückkehren. Wenn diesem Künstler nicht der Geiz seiner Verwalter hinderlich war, so verfuhr er mit großer Schnelligkeit und verstand sich vortrefflich aufs Bauhandwerk; so errichtete er das Mauerwerk des Belvedere sehr geschwind; sein Ungestüm, zu bauen, und der des Papstes, zu planen, waren so groß daß man solche Gebäude nicht mauerte, sondern wachsen

[1] Papst Julius II. starb am 20./21. II. 1513. Der Bau der Sommerresidenz der Päpste, das Belvedere, war unter Innocenz VIII. unternommen worden. Der ursprüngliche Gesamtplan Bramantes ist durch spätere Einbauten fast unkenntlich gemacht worden. – [2] Das Pontificat von Pius IV. dauerte vom 26. XII. 1559 bis 9. XII. 1565. Unter Sixtus V. (24. III. 1585 bis 24. VIII. 1590) wurde quer durch die Anlage ein Bibliotheksbau durch Domenico Fontana (1587–1590) gezogen, wodurch die beiden Höfe, der Cortile del Belvedere und der Cortile della Pigna, entstanden. Ebenso wurden die offenen Bogengänge zugemauert. Weitere Bauveränderungen im 19. Jahrhundert und in jüngster Zeit. – [3] Am 14. I. 1506 war die Laokoongruppe auf dem Esquilin gefunden worden. Der Apoll von Belvedere, so nach seinem Aufstellungsort genannt, und die Statue der Aphrodite hatte man zu Ende des 15. Jahrhunderts gefunden.

ließ; so trugen die Arbeiter, die die Fundamente auszuheben hatten, des Nachts Sand und lehmiges Erdreich nach dem Bauplatz, um es am Morgen in Gegenwart Bramantes auszuschaufeln, damit er dann ohne weiter nachzuforschen die Fundamente legen ließ. Diese Unachtsamkeit war schuld, daß seine Werke geborsten sind und einzustürzen drohen; wie denn ein Stück jenes Korridors achtzig Ellen lang zur Zeit von Clemens VII. zusammenbrach und erst von Paul III. wiederhergestellt wurde, der das Fundamentwerk erneuern und verstärken ließ[1].

Im Belvedere sind nach Angabe Bramantes eine Menge verschiedener Treppenaufgänge zur Verbindung der höher und tiefer liegenden Räumlichkeiten in dorischer, jonischer und korinthischer Ordnung aufs zierlichste ausgeführt. Zu dem allen hatte er ein Modell gearbeitet, das, wie man sagt, eine wunderbare Sache gewesen sein soll, und wie der Anfang des noch unvollendeten Werkes zeigt. Unter anderen findet man dort eine Wendeltreppe auf steigenden Säulen, und zwar so, daß man auch zu Pferde hinaufkommt; das Dorische geht ins Jonische und dieses ins Korinthische über, so daß man von einer Ordnung in die andere gelangt; es ist mit größter Anmut und mit einer gewiß hervorragenden Kunstfertigkeit ausgeführt, daß es ihm nicht weniger Ehre bringt als alles, was seine Hand hier sonst noch vollführt hat. Er entlehnte diese Erfindung aus S. Niccolò in Pisa, wie schon in der Lebensbeschreibung des Giovanni und Niccola Pisano gesagt ist[2].

Bramante hatte den seltsamen Einfall, an einem Fries an der Vorderseite des Belvedere einige Buchstaben nach Art alter Hieroglyphen anzubringen; er wollte hierbei haupt-

[1] Die Regierungszeit von Clemens VII. dauerte vom 19. XI. 1523 bis 25. IX. 1534; die von Paul III. vom 13. X. 1534 bis 10. XI. 1549. – [2] Der Treppenbau Bramantes ist im Belvedere des Vatikanischen Palastes noch erhalten; über das (vermeintliche) Vorbild des Glockenturmes von S. Niccolò in Pisa vgl. S. 26.

sächlich seinen Scharfsinn kundgeben und den Namen des Papstes wie seinen eigenen anbringen; deshalb begann er damit, den Profilkopf von Julius Cäsar darzustellen; dahinter kam eine zweibogige Brücke, was so viel heißen sollte als *Julio II Pont.*, und zuletzt noch stand ein Obelisk des Circus maximus für *Max*[1]. Als der Papst dies sah, machte er sich darüber lustig und ließ Bramante an die Stelle der Hieroglyphen antike Buchstaben setzen, eine Elle hoch, wie man sie noch sieht, und sagte: Diese Albernheit hast du von einem Tor in Viterbo entnommen, an dem ein Baumeister, Francesco genannt, seinen Namen auf ähnliche Weise in einen Türsturz schnitt: erst kam der heilige Franziskus, dann ein Bogen, ein Dach und ein Turm, was er in seiner Weise mit den Worten erklärte: Meister Francesco Architekt[2].

Wegen seiner Geschicklichkeit in der Baukunst und seiner sonstigen Eigenschaften stand Bramante in großem Wohlwollen bei dem Papste; deshalb hielt ihn dieser des Amtes des päpstlichen Siegelbewahrers für würdig, für das er ein Gebäude errichtete, mit einer sehr schönen Schraubenpresse, die päpstlichen Bullen zu zeichnen. Im Auftrag Sr. Heiligkeit begab er sich nach Bologna, als im Jahre 1506 jene Stadt wieder unter die Obhut der Kirche kam, und leistete in dem Kriege gegen Mirandola durch sinnreiche und wichtige Dinge vielfachen Beistand[3]. Er verfertigte eine Menge vortrefflicher Zeichnungen zu Grundrissen und Gebäuden, wie sich deren in unserem Zeichenbuch einige finden, so genau gemessen als kunstreich. Den

[1] Dieser Rebus zeigte den Kopf des *Giulio* Caesar, den *ponte* (=Brücke) und den Obelisken des Circus *Maximus*. – [2] Das Bilderrätsel zeigte zur Berufsbezeichnung »*architettore*« einen »*arco*« (=Bogen) einen »*tetto*« (=Dach) und eine »*torre*« (=Turm). – [3] 1506 wurde Bologna von den Heeren Julius' II. eingenommen. Bramantes Aufenthalt ist durch eine Zahlungsanweisung vom 29. XII. 1506 beglaubigt.

Raffael von Urbino lehrte er viele Regeln der Baukunst und entwarf ihm auch die Gebäude, die er dann perspektivisch im Saal des Parnasses durchzog, woselbst Raffael den Bramante darstellte, wie er mit bestimmten Zirkeln mißt[1].

Der Papst faßte den Entschluß, alle Verwaltungen und Rechtsämter Roms an einem einzigen Ort in der Strada Giulia, die Bramante geradlinig gemacht hatte, zu vereinigen, was den Sekretären, die bis dahin mit großer Beschwerde kämpfen mußten, eine große Erleichterung für ihre Amtsgeschäfte gebracht hätte. So begann Bramante den Palast bei St. Biagio am Tiberstrom und brachte darin einen wunderbar herrlichen korinthischen Tempel an, der unvollendet blieb. Das übrige des dort angefangenen Baues ist in schöner Rustica gearbeitet. Es bleibt sehr zu beklagen, daß ein so ehrenvolles wie nützliches und prächtiges Werk nicht vollendet wurde, das die Baumeister als das Schönste in seiner Art anerkennen[2]. – Im ersten Kreuzgang von S. Pietro a Montorio errichtete er einen runden Tempel von Travertin, den man sich in Anordnung, Verhältnis, Mannigfaltigkeit und Grazie nicht anmutiger und besser erfunden vorstellen kann; und weit herrlicher noch würde er erscheinen, wenn der unvollendet gebliebene Kreuzgang nach seiner noch erhaltenen Zeichnung errichtet worden wäre[3]. Im Borgo führte er einen Palast für Raffael von Urbino auf; er war aus Backsteinen und aus Kastengußstücken gemauert. Die Säulen

[1] Vasari spielt hier auf die Architektur von Raffaels »Schule von Athen« in der Stanza della Segnatura im Vatikanischen Palast an. Daß sie Bramante vorzeichnete, ist urkundlich nicht erweisbar. Vgl. S. 343. – [2] Von dem Gerichtsgebäude sind die Eckturmanlagen usw. noch zwischen der Strada Giulia und dem Tiber erhalten. – [3] Der Auftraggeber war das spanische Königspaar, Ferdinand IV. und Isabella; 1502 ist der Rundtempel vollendet (die Bekrönung ist spätere Zutat). Geplant war eine rings umlaufende Säulenhalle mit Kapellenanlagen in den Ecken und mit zwei Fassaden.

und die unbehauenen Quadersteine sind in dorischem und rustikem Geschmack, kurz, dies Werk ist schön, und die Art der Gußarbeit ist völlig neu. Von ihm ist auch die Zeichnung und der Entwurf zu der Verzierung von S. Maria zu Loreto, welche Andrea Sansovino weiterführte[1], sowie unendlich viele andere Modelle zu Palästen und Tempeln in Rom und im Kirchenstaate.

So gewaltig war der Geist dieses wunderbaren Künstlers, daß er eine große Zeichnung entwarf, um den päpstlichen Palast herzustellen und übersichtlicher zu gliedern[2]. Wie er die Macht des Papstes sah, dessen Wollen mit seinem eigenen Geiste und Verlangen übereinstimmte, stieg sein Mut immer höher, und da er vernahm, Se. Heiligkeit habe den Gedanken gefaßt, die Kirche von St. Peter niederreißen und neu aufbauen zu lassen, da verfertigte er für ihn unendlich viele Zeichnungen, darunter vornehmlich eine von bewundernswerter Schönheit; darin zeigte er die größte überhaupt nur mögliche Erfindungskraft: hier sind zwei Türme zu beiden Seiten der Fassade gestellt, wie man auf den Medaillen sieht, die Julius II. und Leo X. nachmals von Caradosso schlagen ließen, einem vortrefflichen Goldarbeiter, der nicht seinesgleichen im Münzschlagen hatte und auch die Medaille von Bramante selbst auf das herrlichste arbeitete. Der Papst war entschlossen, den riesenhaften und Angst einjagenden Bau von St. Peter zu unternehmen, ließ die alte Kirche zur Hälfte niederreißen und begann das Werk mit dem Vorhaben, es solle an Schönheit, Kunst, Erfindung und Anordnung, wie an Größe,

[1] Bramantes Tätigkeit in Loreto begann 1509, wo er offenbar einen Entwurf zur Fassade der Kirche machte und die Verkleidung der »Casa Santa« entwarf und begann. Am 22. IV. 1513 übernahm Andrea Sansovino die Skulpturarbeiten daran. – [2] In die ziemlich ungeordneten Baulichkeiten des vatikanischen Palastes baute Bramante den Hof di S. Damaso ein; über dessen Vollendung durch Raffael vgl. S. 365.

Reichtum und Schmuck alle Gebäude übertreffen, die der Macht des römischen Staates, der Kunst und dem Geiste so vieler begabter Meister ihre Entstehung dankten. Bramante legte die Fundamente mit gewohnter Schnelligkeit und führte großenteils vor dem Tode des Papstes und bis an sein eigenes Lebensende den Bau bis zu dem Gesims, wo die Bögen der vier Pfeiler sind, und wölbte diese mit größter Schnelligkeit und Kunst. Ebenso ließ er die Hauptkapelle wölben, worin die Nische ist, und förderte die Errichtung der Kapelle, die man die Kapelle des Königs von Frankreich nennt[1].

Hier wurde von ihm die Erfindung gemacht, Wölbungen über Formkästen zu schlagen, die, mit Friesen und Laubwerk verziert, dann mit Kalkgemisch ausgegossen werden. Bei den Bogen lehrte er das Verfahren, sie über Hängegerüsten zu wölben, welcher Methode wir nach ihm Antonio da S. Gallo folgen sahen. Soweit er das Werk vollendete, sieht man das Gesims innen ringsumher mit solcher Herrlichkeit ausgeführt, daß keine Hand in den Erhöhungen und Vertiefungen etwas Besseres zeichnen könnte. Seine Kapitelle sind innen mit Olivenblättern bekleidet, außen ist der ganze Bau in dorischem Stil und von solch eigentümlicher Schönheit und zeigt, von welcher Gewalt und Größe die Anlage Bramantes war; ja wären seine Kräfte seinem Talent gleich gewesen, das seinen Geist schmückte, so würde er ganz gewiß noch viel Unglaublicheres geleistet haben.

[1] Der Entschluß zu einem Ersatzbau der altchristlichen St. Peter-Basilika war schon einmal in der Mitte des 15. Jahrhunderts durch Nikolaus V. (1447–1455) gefaßt und zum Teil in die Tat umgesetzt worden. Der Neubauplan Julius' II. ist für den November 1505 verbürgt. Am 18. IV. 1506 erfolgte die Grundsteinlegung (zum [Andreas-] Kuppelpfeiler). Das Fassadenprojekt Bramantes ist nach den Medaillen Caradossos in verschiedenen Versionen erhalten, desgleichen der Grundriß in verschiedenen Fassungen in Originalzeichnungen Bramantes oder Nachzeichnungen.

Nach seinem Tode wurde das begonnene Werk von den ihm folgenden Baumeistern schwer heimgesucht, so daß man wohl sagen kann, bis auf die vier Bogen, die die Kuppel tragen, sei nichts von dem seinigen geblieben. Raffael von Urbino und Giuliano da S. Gallo sollten nach dem Ableben Julius' II., zusammen mit Fra Giocondo aus Verona als Bauleiter eingesetzt, schon damit beginnen, das Werk zu verändern[1]; als auch diese gestorben waren, leitete Baldassare Peruzzi jenen Bau und wich auch von diesem ab, als er im Kreuzesarm gegen den Campo Santo zu die Kapelle des Königs von Frankreich erbaute[2]. Unter Paul III. änderte Antonio da S. Gallo den Bau ganz um[3], und Michelangelo Buonarroti endlich verwarf alle diese verschiedenen Ansichten und die überflüssigen Kosten und gab dem Gebäude eine Schönheit und Vollkommenheit wieder, wie sie keiner von diesen je erdacht hatte[4]. Nach seiner Zeichnung und Angabe wurde alles erbaut, obwohl er mir zu mehreren Malen sagte, er führe nur die Zeichnungen und Anordnungen Bramantes aus, denn der Schöpfer eines großen Gebäudes sei der, der

[1] Die Hauptveränderung gegenüber Bramantes Entwurf, der zunächst einen Zentralbau geplant hatte, war, eine Zentral-Choranlage mit einem Langhausbau zu verbinden. (Vielleicht wurde dieser Planwechsel durch Bramante selbst schon eingeleitet!) Raffael ist seit dem 1. IV. 1513 zunächst provisorisch – auf Bramantes Anraten, da dieser schwer erkrankt ist – und ab 1. VIII. 1514 fest als Baumeister von St. Peter angestellt. Giuliano da Sangallo wurde am 1. I. 1514 als Bauverwalter und Hilfsbaumeister eingestellt. Fra Giocondo wurde am 1. XI. 1513 berufen und am 1. VIII. 1514 neben Raffael gestellt. Schon am 1. VII. 1514 lagen dem Papst je ein Modell von Raffael und Fra Giocondo – beides Langhausprojekte – vor. – [2] Baldassare Peruzzi wurde als Hilfsarchitekt neben Antonio da Sangallo am 1. VIII. 1520 bestellt und blieb bis 1527; dann wieder 1530/1531 und 1535/1536. – [3] Antonio da Sangallo wurde nach dem Tode Raffaels erster Architekt; als solcher zuerst am 14. III. 1521 erwähnt; er verblieb in dieser Stellung bis zu seinem Tode (3. VIII. 1546). Über sein Modell ausführlich S. 443/44. – [4] Über Michelangelos Tätigkeit an St. Peter vgl. S. 443 ff.

es gründe. Der Plan Bramantes erschien über die Maßen groß: er gab ihm zu Anfang außerordentlich große Abmessungen; hätte er es indes hinsichtlich der Größe des so außerordentlichen und prächtigen Bauwerkes kleiner begonnen, so würden weder San Gallo noch die anderen Meister, noch auch Buonarroti vermocht haben, ihm mehr Größe zu geben, während es ihnen leicht möglich war, es kleiner zu machen, da Bramantes Plan noch weit umfassender gewesen war[1].

Man sagt, sein Verlangen, die Arbeit vorwärts schreiten zu sehen, sei so groß gewesen, daß er in St. Peter viele schöne Dinge niederreißen ließ: Grabmäler von Päpsten, Malereien und Mosaiken, wodurch eine Menge Bildnisse berühmter Personen zugrunde ging, die dort, als in der bedeutendsten Kirche der ganzen Christenheit, verstreut waren. Nur der Altar des hl. Petrus und die alte Tribuna wurden erhalten; diese umschloß er mit einer sehr schönen dorischen Ordnung aus Peperin, die den Papst an den Tagen, wo er Messe liest, samt seinem ganzen Hofstaat und allen Gesandten der fremden Fürsten aufnehmen konnte. Der Tod hinderte ihn, sie zu vollenden, erst der Sienese Baldassare machte sie fertig.

Bramante hatte ein sehr heiteres und fröhliches Gemüt und fand immer Vergnügen daran, seinem Nächsten zu nützen. Er war besonders mit sinnreichen Menschen befreundet und begünstigte sie, wo er nur konnte, wie er bei dem berühmten Maler, dem anmutigen Raffael Sanzio von Urbino, tat, der von ihm nach Rom gezogen wurde. Er führte stets ein glänzendes und ehrenvolles Leben, und auf der Stufe, zu welcher er durch seine Verdienste gelangte, war das, was er besaß, ein Nichts im Vergleich zu

[1] Bramantes Grundidee war ein gleicharmiges (griechisches) Kreuz mit einer Zentralkuppel über der Vierung und vier Nebenkuppeln in den Winkeln der Arme.

dem, was er hätte ausgeben mögen. Viel Vergnügen machte ihm die Poesie; er hörte gerne Musik, improvisierte selbst auf der Laute und dichtete zuweilen ein Sonett, wenn auch nicht so fließend, wie wir es jetzt gewohnt sind, so wenigstens doch ernst und fehlerlos. Von Prälaten und unzähligen Herren war er hochgeehrt und genoß während seines Lebens und mehr noch nach seinem Tode außerordentlichen Ruhm, weshalb auch der Bau von St. Peter viele Jahre liegenblieb. Er starb im Alter von siebzig Jahren und wurde von dem Hofe des Papstes, von allen Bildhauern, Baumeistern und Malern in feierlichem Zuge zu Grabe getragen und in St. Peter beigesetzt, im Jahre 1514[1].

Der Tod Bramantes war ein außerordentlich großer Verlust für die Baukunst, denn er machte viele gute Erfindungen, durch die er sie bereicherte: wie die Gewölbe in Gußmauerwerk zu schlagen und den Stuck zu bereiten; beides war von den Alten gekannt, durch Zerstörung ihrer Werke aber verlorengegangen. Wer deshalb antike Gebäude vermißt, findet in den Werken Bramantes nicht minder Wissenschaft und Zeichnung als in jenen, und man kann ihn unter den erfahrenen Meistern dieses Berufes als einen der seltenen Geister nennen, die unser Zeitalter erleuchtet haben.

[1] Bramante starb am 11. III. 1514; er ist beigesetzt in den Grotten des Vatikans.

Raffaelo da Urbino

Maler und Architekt

Wie freigebig und gütig der Himmel sich bisweilen erweist, indem er auf einen einzigen Menschen den unendlichen Reichtum seiner Schätze, alle Anmut und seltenen Gaben häuft, die er sonst in langem Zeitraum unter viele Einzelne zu verteilen pflegt, sah man deutlich an dem ebenso herrlichen als anmutigen Raffael Sanzio von Urbino. Ihm war von der Natur alle jene Güte und Bescheidenheit verliehen, die bisweilen solche schmückt, die mehr als andere eine gewisse Menschenliebe eines liebenswürdigen Wesens mit dem schönsten Schmuck einer anmutigen Leutseligkeit verbinden, so daß sie sich den verschiedensten Personen gegenüber, wie in allen Dingen, stets liebreich und wohlgefällig erweisen. Solches Geschenk machte die Natur der Welt, als sie von der Kunst durch Michelangelo Buonarroti besiegt worden war, und wollte, daß sie in Raffael von Kunst und guten Sitten überwunden würde. Und in der Tat, da der größte Teil der Künstler, die bis dahin gelebt hatten, von der Natur eine gewisse Torheit und Roheit erhalten hatten, wodurch sie nicht nur in sich selbst versunken und Phantasten geworden waren, sondern auch oft in ihnen mehr der Schatten und das Dunkel der Laster als das Licht und der Glanz jener Tugenden waren, die die Menschen unsterblich machen. So war es wohl billig, daß sie in Raffael die seltensten Vorzüge des Herzens widerstrahlen ließ, von so viel Anmut, Fleiß, Schönheit, Bescheidenheit und den besten Sitten begleitet, daß sie genügt hätten, jedes noch so schlimme Laster, jedes Übel und jeden noch so großen

Fehler zu verdecken. Gewißlich kann man deshalb auch sagen, daß der, den so reiche Gaben schmücken, wie man sie bei Raffael von Urbino sah, nicht nur schlechthin ein Mensch, sondern, wenn der Ausdruck erlaubt ist, ein sterblicher Gott sei. Und wer durch seine Werke hier unten auf Erden einen so ehrenvollen Namen in den Ruhmesblättern hinterläßt, darf auch hoffen, im Himmel eine würdige Belohnung zu genießen, die seinen Anstrengungen und Verdiensten angemessen ist.

Raffael also wurde am Karfreitag des Jahres 1483 nachts um drei Uhr zu Urbino, einer sehr berühmten Stadt Italiens, geboren[1]; sein Vater war Giovanni Santi, als Maler von nicht besonderen Vorzügen, jedoch ein verständiger Mann und geeignet, seine Söhne auf den guten Weg zu leiten, der zu seinem Mißgeschick ihm in der Jugend nicht gezeigt worden war[2]. Giovanni wußte, wie wichtig es sei, die Kinder nicht von Ammen, sondern von ihren Müttern nähren zu lassen, und da wollte er, als ihm Raffael geboren wurde – ihm gab er zu guter Vorbedeutung diesen Namen – die Mutter solle selbst den Knaben stillen, denn er war das erste und einzige Kind[3], und daß er im elterlichen Hause in zartem Alter gute Sitten lerne, und nicht bei den Bauern und einfachen Leuten ein ungefälliges, rohes Betragen annehme. Als er größer wurde, fing Giovanni an, ihn in der Malerei zu unterrichten, da er sah, daß er für diese Kunst sehr begabt und von hervorragendem Verstande sei; daher vergingen nur wenige Jahre, daß Raffael, als er noch ein Kind war, schon Giovanni große Hilfe bei

[1] Das Geburtsdatum Raffaels ist urkundlich nicht gesichert, man errechnet es aus Vasaris Aussage, daß er an einem Karfreitag geboren wurde und starb, und erhält den 26. oder 28. III. 1483. Wahrscheinlicher ist (nach Aussage des Epitaphs), daß Raffael am 6. IV. geboren wurde. – [2] Die Eltern waren Giovanni Santi und Magia di Ciarla. – [3] Die Mutter bekam nach Raffael, ihrem Erstgeborenen, noch einen Sohn, der aber schon 1485 starb.

vielen Arbeiten leistete, die dieser im Staat von Urbino ausführte[1]. Schließlich, als dieser gute und liebevolle Vater erkannte, daß sein Sohn bei ihm nicht viel lernen könne, beschloß er, ihn zu Pietro Perugino in die Lehre zu geben, der ihm als der erste Maler seiner Zeit gerühmt wurde. Er begab sich deshalb nach Perugia, da er jedoch Pietro nicht traf, arbeitete er einiges in S. Francesco, um ihn bequemer erwarten zu können. Als aber Pietro von Rom zurückkehrte, trat Giovanni, der freundlich und wohlerzogen war, mit ihm in freundschaftliche Beziehung[2]. Als es ihm Zeit schien, teilte er ihm auf die passendste Weise, als er nur wußte, seinen Wunsch mit. Und Pietro, der nicht weniger fein an Sitten als voll Anerkennung für vorzügliche Talente war, nahm Raffael als Schüler an. Deshalb kehrte Giovanni ganz froh nach Urbino zurück, nahm den Knaben, nicht ohne viel Tränen der Mutter, die ihn zärtlich liebte, und brachte ihn nach Perugia; als dort Pietro bei Raffael dessen Art zu zeichnen gesehen und seine schönen Sitten erkannt hatte, sprach er über ihn das Urteil aus, das die Zukunft in der Tat als vollkommen wahr bestätigte.

Es ist eine sehr bekannte Sache, daß Raffael, als er die Manier Pietros studierte, ihn in allen Dingen so treu nachahmte, daß man seine Bilder nicht von den Originalen des Meisters, und ihre Arbeiten nicht mit Sicherheit voneinander unterscheiden konnte. Deutlich erkennt man dies an einigen Figuren in S. Francesco zu Perugia, die er für Madonna Maddalena degli Oddi auf einer Tafel in Öl malte. Es sind die Madonna, die in den Himmel aufgenommen ist, Jesus Christus, der sie krönt, und darunter

[1] Giovanni Santi, Raffaels Vater, starb am 1. VIII. 1494; Raffael war also etwa elfeinhalb Jahre alt. – [2] Es ist nicht genau festzustellen, auf welchen römischen Aufenthalt Peruginos hier Vasari anspielt. Wann der Eintritt Raffaels in dessen Werkstatt erfolgte, ist unbestimmt (1496–1499?).

rings um das Grab die zwölf Apostel, zu der ewigen Seligkeit aufschauend. Am Fuß des Bildes auf der Altarstaffel sind kleine Figuren in drei Bildern verteilt; in dem einen sieht man die Verkündigung Mariä, im anderen die Anbetung der Drei Könige, und im dritten Christus, der in der Kirche auf den Armen Simeons liegt. Diese Arbeit ist mit unendlichem Fleiße ausgeführt, und wer nicht genaue Kenntnis der künstlerischen Manier hat, würde fest glauben, sie sei von Pietro, während sie doch zweifellos von Raffael ist[1].

Nach diesem Werk, als Pietro um einiger Angelegenheiten willen nach Florenz ging, verließ Raffael Perugia, um sich mit mehreren Freunden nach Città di Castello zu begeben. Dort verfertigte er in San Agostino ein Bild in derselben Manier[2], und in S. Domenico einen Kruzifix, den jedermann für eine Arbeit Pietros und nicht Raffaels halten würde, wenn nicht sein Name darauf stünde[3]. In S. Francesco, derselben Stadt, malte er auf eine kleine Tafel die Vermählung der Madonna; ein Bild, an dem man deutlich erkennt, wie das Vermögen Raffaels stieg, wie er zu einer Verfeinerung gelangte und die Manier Pietros übertraf. In diesem Bilde ist eine Kirche perspektivisch mit so vieler Sorgfalt gezeichnet, daß es in Erstaunen versetzt, welche schwierige Aufgabe er sich hierin stellte[4].

[1] Der Altar mit der Krönung Mariä ist jetzt in der Pinac. Vaticana in Rom. Ende 1503 wurde die Familie Oddi aus Perugia vertrieben. – [2] Das Bild, die Krönung des hl. Nikolaus von Tolentino, ist nur noch in Fragmenten erhalten: Gottvater in der Glorie, im Mus. Naz. in Neapel; ein Engelskopf in der Pinac. Tosio-Martinengo in Brescia. Auftrag an Raffael und Evangelista di Pian di Meloto für die Kapelle des Andrea Baroncio am 10. XII. 1500; vollendet am 13. IX. 1501. – [3] Christus am Kreuz, jetzt Nat.-Gal. in London; signiert Raphael Urbinas P.; am Altar war die Inschrift: hoc opus fecit Dnicus Tome de Gavaris 1503; Predellenstücke in Slg. Cook, Richmond und Lissabonn. – [4] Das Gemälde mit der Vermählung Mariä ist in der Brera zu Mailand, sign. und dat. 1504. Gestiftet von Filippo degli Albezzini.

Während ihm nun im Verlauf diese Manier den größten Ruhm erwarb, wurde dem Pinturicchio von Papst Pius II. die Bibliothek des Domes von Siena in Auftrag gegeben; er nahm Raffael mit sich nach Siena, da er mit ihm befreundet war und ihn als einen trefflichen Zeichner kannte. Dort entwarf Raffael ihm einige Zeichnungen und Kartons zu jenem Werk[1]; der Grund aber, weswegen er damit nicht fortfuhr, war, daß einige Maler ihm lobpreisend von dem Karton erzählten, den Lionardo da Vinci in dem Papstsaal zu Florenz gemacht hatte, mit einem außerordentlich schönen Reitertrupp für den Saal des Palastes und weiterhin einige Nackte, die in Konkurrenz mit Lionardo von Michelangelo Buonarroti viel besser gemacht worden waren. Raffael demnach, von Liebe zur Herrlichkeit der Kunst ergriffen, ließ die Arbeit liegen, vergaß jedes Nutzens und jeder Bequemlichkeit und begab sich nach Florenz[2].

Dort gefiel ihm die Stadt nicht minder wie jene Werke, die ihm göttlich erschienen, so daß er beschloß, einige Zeit dort zu verweilen, und bald wurde er mit verschiedenen jungen Malern befreundet, unter ihnen mit Ridolfo Ghirlandajo, Aristotele da San Gallo und andern[3]; überall in der Stadt erzeigte man ihm viel Ehre, besonders Taddeo Taddei, der ihn als ein Verehrer ausgezeichneter Talente stets in seinem Hause und an seinem Tische haben wollte. Raffael, der die Liebenswürdigkeit selbst war, wollte nicht

[1] Den Auftrag für die Ausmalung der Dombibliothek hatte Pinturicchio von Kardinal Francesco Piccolomini (später Papst Paul III.) mit den Darstellungen der Taten seines Oheims, des Aenaeas Silvius Piccolomini (später Papst Pius II.), am 29. VI. 1502 erhalten. Über Raffaels Beteiligung ist urkundlich nichts bekannt – [2] Der Termin der Übersiedelung ist nicht genau zu bestimmen (Ende 1504?). Über Lionardos und Michelangelos Kartons vgl. S. 305 und 400. – [3] Ridolfo, der Sohn des Domenico Ghirlandaio (1483–1561); Aristotele, eigentlich Bastiano da San Gallo und Neffe des Giuliano (1481–1551).

an Höflichkeit übertroffen sein und malte ihm zwei Bilder, die sich an die erste Manier Pietros und an die andere, die er später durch Studium erlangte, halten. Diese Bilder werden noch heute im Hause von Taddeos Erben aufbewahrt[1]. Außerdem stand Raffael in naher Freundschaft mit Lorenzo Nasi, und als derselbe sich in jenen Tagen vermählte, arbeitete er für ihn ein Bild, worin er die Madonna darstellte, wie sie das Christuskind zwischen den Beinen hält, dem der kleine Johannes ganz fröhlich und zu großem Vergnügen und Ergötzen beider einen Vogel reicht. Ihre Stellungen zeigen kindliche, liebevolle Einfalt, zudem sind sie so trefflich gemalt und fleißig ausgeführt, daß man eher glauben könnte, sie seien aus Fleisch und Blut, denn Farbe und Zeichnung. Die Madonna hat gleichfalls einen Ausdruck, der wahrhaft voll von Anmut und Göttlichkeit ist, und die Umgebung, die Landschaft, wie alles übrige des ganzen Werkes, ist außerordentlich schön. Lorenzo Nasi hielt während seines Lebens diese Tafel hoch in Ehren, sowohl um seiner Würde und Herrlichkeit willen, als deshalb, weil es ein Andenken Raffaels war, den er sehr geliebt hatte. Am 17. November des Jahres 1548 wurde es jedoch zertrümmert, als durch einen Erdrutsch des Hügels von S. Giorgio das Haus Lorenzos zugleich mit den schönen und prachtvollen Besitzungen der Erben des Marco del Nero und anderen umliegenden Gebäuden zugrunde ging. Die einzelnen Stücke fanden sich unter dem Schutt des zerstörten Hauses, und Battista, Lorenzos Sohn, ein großer Verehrer der Kunst, ließ sie zusammensetzen, so gut es gehen wollte[2].

[1] Das eine Bild ist die sog. Madonna im Grünen, jetzt im Kunsthist. Mus., Wien, dat. 1505; das andere nicht mit Sicherheit zu bestimmen (die hl. Familie unter der Palme, Bridgewater House, London [?]). – [2] Es ist die sog. Madonna mit dem Stieglitz in den Uffizien, Florenz. 1505 vermählte sich Lorenzo Nasi mit Sandra di Matteo Canigiani.

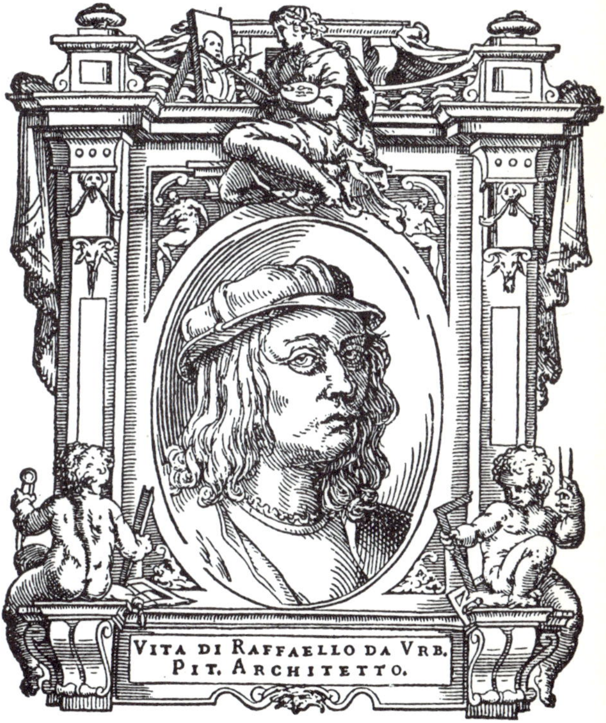
VITA DI RAFFAELLO DA VRB.
PIT. ARCHITETTO.

Nach Vollendung dieser Arbeiten sah Raffael sich gezwungen, Florenz zu verlassen und nach Urbino zu gehen, woselbst, da seine Eltern beide gestorben waren, alle seine Angelegenheiten in Unordnung gekommen waren[1]. Während er in Urbino wohnte, malte er für Guidobaldo da Montefeltro, den derzeitigen Feldhauptmann der Florentiner[2], zwei Madonnenbilder, klein, aber sehr schön, in seiner zweiten Manier.

Nachdem Raffael diese Arbeiten vollendet und seine Angelegenheiten geordnet hatte, ging er noch einmal nach Perugia und malte dort für die Kapelle der Ansidei in der Kirche der Serviten eine Tafel, auf der die Madonna, der hl. Johannes der Täufer und Nikolaus dargestellt sind[3]. In San Severo derselben Stadt, einem kleinen Kloster vom Orden der Kamaldulenser, arbeitete er in der Kapelle der Madonna ein Fresko, den Christus in der Glorie, Gottvater mit einigen Engeln umher, und sechs sitzende Heilige, drei an jeder Seite. Unter dies Werk, das damals als eine sehr gute Freskoarbeit galt, schrieb er seinen Namen mit großen, sehr leserlichen Buchstaben[4]. Auch die Nonnen von San Antonio da Padoa in Perugia ließen von ihm eine Tafel malen: die Madonna hält auf dem Schoße das Christuskind, das ganz bekleidet ist, wie jene einfachen und frommen Frauen es gerne wollten; ihr zu seiten stehen die Hl. Petrus, Paulus, Cäcilia und Katharina; beiden heiligen Jungfrauen gab er die schönsten

[1] Raffaels Mutter starb am 7. X. 1491, sein Vater am 1. VIII. 1494. Ein Aufenthalt Raffaels in Urbino ist am 11. X. 1507 urkundlich gesichert. – [2] Guidobaldo I. war 1495–1498 florentinischer Feldhauptmann. – [3] Die Altartafel, Madonna mit Heiligen, jetzt Nat.-Gal., London, dat. 1505 oder 1506. Die Predella außer einer Tafel (Predigt Johannes d. T., Lansdowne) ist verschollen. Der Altar stammt aus der Kirche S. Fiorenzo dei P. P. Serviti in Perugia. – [4] Die hl. Dreifaltigkeit, das Fresko noch an Ort und Stelle. Die Inschrift mit dem Datum (1505) nicht vor 1521 entstanden: vgl. das Fresko Peruginos. S. 280.

und lieblichsten Gesichtszüge und den mannigfaltigsten Kopfputz (was damals selten war), den man sich nur denken kann. In einem Halbbogenfeld malte er einen herrlichen Gottvater und auf der Altarstaffel drei Darstellungen mit kleinen Figuren; in dem einen betet Christus am Ölberg, in dem andern trägt er sein Kreuz, wobei einige Soldaten, die ihn peinigen, die schönsten Stellungen zeigen; im letzten ruht er tot im Schoß der Mutter – ein wirklich bewundernswürdiges Werk, zur Andacht stimmend, hoch von jenen Nonnen verehrt und von allen Malern sehr gepriesen[1].

Ich darf nicht unterlassen, hier zu erwähnen, daß, nachdem Raffael in Florenz die vielen Arbeiten und von der Hand hervorragender Meister gesehen hatte, er seine Methode veränderte und vervollkommnete, daß sie der früheren in keiner Weise mehr ähnlich war, ja es schien, als rührten sie von verschiedenen, mehr oder minder in der Malerei hervorragenden Leuten her.

Ehe er Perugia verließ, bat ihn Madonna Atalanta Baglioni, für ihre Kapelle in der Kirche von S. Francesco eine Tafel zu malen, da er ihr aber in jener Zeit nicht zu Diensten stehen konnte, versprach er ihren Wunsch zuverlässig zu erfüllen, wenn er von Florenz zurückgekehrt sein würde, wohin seine Angelegenheiten ihn riefen. In Florenz angelangt, lag er nun mit unglaublichem Bemühen dem Studium der Kunst ob und verfertigte den Karton für die genannte Kapelle, mit der Absicht, so bald es ihm möglich wäre, zu gehen und ihn ins Werk umzusetzen. Während er in Florenz[2] verweilte, lebte dort Agnolo Doni, der in anderen Dingen sparsam war, für Werke der Malerei und

[1] Das Hauptbild, Madonna mit vier Heiligen, und die Lünette, mit Gottvater und zwei Engeln, jetzt Metropolitan Mus., New York. Predella verstreut: ibidem, Nat.-Gal., London und Boston. – [2] Am 1. X. 1504 wird Raffael brieflich von Giovanni Felicia Feltria della Rovere an Piero Soderini in Florenz empfohlen.

Bildhauerei aber, die er sehr liebte, gerne Geld ausgab, wenn auch so sparsam, als es eben gehen wollte. Dieser ließ von Raffael sein eigenes Bildnis nebst dem seiner Gemahlin in der Weise ausführen, wie man sie noch jetzt bei seinem Sohne Giovan Battista in dem Hause sieht, das Agnolo im Corso de' Tintori zu Florenz am Canto degli Alberti schön und bequem erbaut hat[1].

Ein anderes Bild malte er für Domenico Canigiani. Man sieht darin die Madonna mit dem Christuskind; es liebkost den kleinen Johannes, den die heilige Elisabeth ihm zuführt. Elisabeth, während sie ihn hinhält, schaut mit sehr lebendigem Ausdruck nach Joseph, der, beide Hände auf einen Stab gestützt, das Haupt gegen die Alte neigt, gleichsam als ob er voll Verwunderung sei und die Größe Gottes preise, daß eine so hochbejahrte Frau ein Söhnlein geboren habe; alle aber scheint es zu verwundern, zu sehen, wie sich in so zartem Alter beide Knaben einander gegenseitig mit soviel Verstand verehren und liebkosen. Jeder Farbenstrich in den Köpfen, Händen und Füßen ist wie von Fleisch gemalt, und nicht wie bloß von einem Meister gefärbt, der diese Kunst ausübt. Dies köstliche Bild ist jetzt im Besitz der Erben des genannten Domenico Canigiani und wird von ihnen geschätzt, wie es ein Werk Raffaels von Urbino verdient[2].

Dieser ganz herrliche Maler studierte in Florenz die alten Arbeiten Masaccios und wurde durch die Leistungen Lionardos und Michelangelos zu noch größerem Fleiß und folglich zu außerordentlicher Verbesserung der Kunst und seiner Manier getrieben. Während seines Aufenthaltes in Florenz stand Raffael außer anderen in naher

[1] Beide Bildnisse im Pal. Pitti, Florenz. Angelo Doni geb. 1476; seine Frau – Maddalena di Giovanni Strozzi – ist 1489 geboren. Ob die Dargestellte die Genannte ist, wird teilweise bezweifelt. – [2] Die sog. Heilige Familie aus dem Hause Canigiani, jetzt Ält. Pinak., München (signiert); im oberen Teil etwas verstümmelt.

Freundschaft mit Fra Bartolommeo von S. Marco, der ihm sehr wohl gefiel und dessen Kolorit er eifrig nachzuahmen suchte[1]; dagegen lehrte er jenem guten Pater die Regeln der Perspektive, von denen derselbe bis dahin keine Kenntnis genommen hatte.

In der Zeit, als dieser Umgang am häufigsten war, wurde Raffael nach Perugia zurückberufen, wo er vorerst in S. Francesco das Werk für die obengenannte Madonna Atalanta Baglioni vollendete, zu dem er in Florenz den Karton entworfen hatte, wie oben gesagt worden ist. In diesem göttlichen Bilde ist ein Christus, der zu Grabe getragen wird, mit solcher Frische und Liebe ausgeführt, daß er dem Anschein nach erst jetzt gemalt zu sein scheint. Raffael stellte sich, als er dieses Werk schuf, den Schmerz vor, welchen die nächsten und treuesten Angehörigen empfinden, die den Leichnam ihres geliebtesten Verwandten, auf dem in Wahrheit das Wohl und die Ehre und der Nutzen für eine ganze Familie beruhte, zu Grabe tragen[2].

Als diese Arbeit zu Ende gebracht und Raffael nach Florenz zurückgekehrt war, gaben ihm die Dei, Florentiner Bürger, den Auftrag, eine Altartafel für ihre Kapelle in Santo Spirito zu malen. Er begann sie und führte die Ausarbeitung im groben zu einem sehr guten Ende[3]; gleichzeitig verfertigte er ein Bild, das nach Siena geschickt wurde; es kam zu Ridolfo Ghirlandajo, damit er ein blaues Gewand vollende, das noch nicht fertig war, als Raffael Florenz verließ[4].

[1] Fra Bartolommeo (1475–1517) war Mönch im Domenikanerkloster von S. Marco. – [2] Die Grablegung Christi, in der Gall. Borghese in Rom, ist sign. und dat. 1507. Die Altarstaffel (mit Glaube, Liebe, Hoffnung) in der Pinac. Vaticana, Rom. Der obere Abschluß des Altares mit Gottvater, umgeben von zehn Engelsköpfen, ist verschollen. – [3] Die sog. Madonna unter dem Baldachin, im Pal. Pitti, Florenz. Das Bild wurde testamentarisch am 20. VII. 1506 von Rinieri di Bernardo Dei gestiftet; oben ein Stück angefügt. – [4] Die

Sein Fortgehen war durch Bramante von Urbino veranlaßt, der damals im Dienste von Papst Julius II. stand. Er war mit Raffael entfernt verwandt, und da er sein Landsmann war, schrieb er ihm: er hätte seinetwegen mit dem Papst unterhandelt, der einige Zimmer habe neu erbauen lassen, in denen er seine Stärke zeigen könne. Dieser Vorschlag gefiel Raffael, er ließ demnach die Arbeiten in Florenz und die Tafel der Dei unvollendet, wie sie nach seinem Tode von Messer Baldassare aus Pescia in der Dechanei seiner Vaterstadt aufgestellt wurde[1], und begab sich nach Rom[2]. Dort angelangt, fand er, daß ein großer Teil der Zimmer im Palast schon gemalt war, andere noch von verschiedenen Meistern verziert wurden.

Raffael, vom Papst Julius aufs huldvollste empfangen, begann in der Camera della Segnatura[3] ein Bild, worin er darstellte, wie die Theologen die Philosophie und Astrologie mit der Theologie zu vereinigen suchen, und worin alle Weltweisen abgebildet sind, die in verschiedener Weise

Madonna mit dem Kind und Johannesknaben, genannt »La belle jardinière« (Die schöne Gärtnerin), jetzt im Louvre zu Paris; sign. und dat. 1507 (oder 1508?). Die Identifizierung ist nicht ganz schlüssig. Raffael ist am 21. IV. 1508 noch in Florenz und am 5. IX. desselben Jahres schon in Rom.

[1] Die Madonna unter dem Baldachin wurde zu Ende des 17. Jahrhunderts von Großherzog Ferdinand tatsächlich in Pescia erworben. – [2] Weder der Grund noch das Datum seiner Berufung nach Rom sind sicherzustellen; am 21. IV. 1508 ist Raffael noch in Florenz. – [3] Der Name »Stanza della Segnatura« war der Name für den Raum, wo die höchsten Urteilssprüche gesiegelt wurden, und war wahrscheinlich auch der Sitzungsraum des päpstlichen Gerichtshofes. Der Arbeitsbeginn an der Stanza ist nicht unbedingt gesichert (wahrscheinlich 1509). Der Endtermin fällt zwischen den 27. VI. und 26. XI. 1511, denn die Inschrift unter dem Parnaß gibt das achte Pontifikatsjahr Julius' II. an, das am 26. XI. schloß. Zu bemerken ist, daß Vasaris Beschreibung nicht immer ohne offensichtliche Fehler ist. Über die Reihenfolge der Fresken haben wir keine urkundlichen Belege; Vasari beginnt mit der Beschreibung der sog. »Schule von Athen«, läßt den »Parnaß« und die sog. »Disputa« folgen und endet mit dem Bilde des »weltlichen und kirchlichen Rechtes«.

untereinander Erörterungen anstellen. An der Seite sieht man einige Astrologen, die allerlei bestimmte Figuren auf Tafeln und Schriftzeichen der Punktierkunst und Astrologie schreiben und sie durch einige schöne Engel den Evangelisten senden, die sie erklären. Diogenes mit seiner Schale liegt auf der Treppe, eine wohl beobachtete, in sich selbst versunkene Gestalt, wegen ihrer Schönheit und wegen des nachlässig übergeworfenen Gewandes zu rühmen sehr würdig. Man sieht den Aristoteles und Plato, den einen mit dem Timäus, den anderen mit der Ethik in der Hand, und um sie her im Halbkreis eine Schule von Philosophen. Nicht zu beschreiben ist die Schönheit der Astrologen und Mathematiker, die mit dem Zirkel eine Menge Figuren und Zeichen auf die Tafeln zeichnen. Unter ihnen ist ein Jüngling von ebenmäßiger Schönheit, er breitet voll Staunen die Arme aus und senkt das Haupt; dies ist Federigo II., Herzog von Mantua, der sich damals in Rom aufhielt. In einer anderen Figur, die, auf den Boden gekniet, mit dem Zirkel auf Tafeln zeichnet, sagt man, sei der Architekt Bramante so treu dargestellt, daß man ihn selbst lebend zu sehen glaube. Neben einer Gestalt, die den Rücken zuwendet und die Himmelskugel in der Hand hält, ist Zoroaster abgebildet; neben ihm steht Raffael, der Meister des ganzen Werkes, der sich nach dem Spiegel gezeichnet hat – ein jugendlicher Kopf mit schwarzem Barett, der Ausdruck der Gesichtszüge sehr bescheiden, gefällig und lieblich. Unendlich schön und gütig sind die Köpfe und Gestalten der Evangelisten; man erkennt in ihrem Antlitz, besonders an denen, die schreiben, eine gewisse Aufmerksamkeit und Sorgfalt auf sehr natürliche Weise dargestellt. Und so einen malte er hinter Matthäus; dieser entnimmt die Zeichen der Tafel, die ein Engel ihm vorhält, und schreibt sie in ein Buch nieder; ein alter Mann, mit einem Blatt Papier auf den Knien, schreibt nach, was Matthäus aufzeichnet; er verharrt aufmerksam in dieser unbequemen Stellung und es scheint, daß er Kinn und Haupt dreht, je nachdem er die Feder aufdrückt oder nicht. Außer sehr zahlreichen Beobachtungen der Einzelheiten ist es eine Gesamtkomposition, die mit solcher Ordnung und solchem Maß aufgeteilt ist, daß Raffael tatsächlich dadurch ein volles Zeugnis von sich gab und erkennen ließ, er wolle unbestreitbar vor allen, die den Pinsel führten, das Feld behaupten. Außerdem schmückte er dies Werk durch eine schöne Perspektive und eine Menge Gestalten, die in so zarter und weicher Manier ausgeführt sind. Das war der Anlaß, daß Papst Julius alle Bilder anderer Meister, der älteren wie der neueren, abschlagen ließ, und daß Raffael allein den Ruhm aller Bemühungen hatte, die in solchen Werken bis zu dieser Stunde geleistet worden waren. Oberhalb des eben geschilderten Bildes war eine Arbeit von Giovan Antonio Sodoma von Vercelli[1]; obgleich sie nach Anordnung des Papstes heruntergeschlagen werden sollte, wollte Raffael doch von der Einteilung des Werkes und von den Grotesken Gebrauch machen und zeichnete in vier runde Felder, die dort waren, je eine Gestalt von der Bedeutung des Bildes, das sich unmittelbar darunter befand, und gegen dieses zugewendet. Dieser ersten Darstellung entsprechend, wo er die Philosophie, Astrologie, Geometrie und Poesie gemalt hatte, die sich mit der Theologie vereinen, ist eine weibliche Figur als Erkenntnis aller Dinge. In dem anderen Rund gegen das Fenster nach dem Belvedere zu ist die Poesie in Gestalt der lorbeergekrönten Polyhymnia ersonnen; auf dieser Seite malte er über dem genannten Fenster später den Parnaß. In dem dritten Rund oberhalb des Bildes, wo die heiligen Doktoren Messe lesen,

[1] Giovanni Antonio Bazzi, gen. il Sodoma, hatte das Deckengewölbe 1508 gemalt.

ist die Theologie von Büchern und anderen Gegenständen umgeben mit denselben Kindern, nicht minder schön als die anderen. Und über dem Fenster nach dem Hofe zu stellte er in dem vierten Rund die Gerechtigkeit mit der Waage und dem emporgehobenen Schwerte dar.

In den Zwickeln des Gewölbes selbst brachte er vier Bilder an, mit höchstem Fleiß gezeichnet und gemalt, die Figuren jedoch nicht sehr groß. In dem einen, zunächst der Theologie, stellte er den Sündenfall Adams dar, wie er den Apfel ißt, und schilderte es auf die reizvollste Weise; in dem zweiten oberhalb der Astrologie sieht man diese selbst, wie sie Planeten und Fixsterne an die ihnen zukommenden Orte setzt. Das dritte gehört zu der Wand des Parnaß, wo der an einen Baum gebundene Marsyas auf Geheiß Apolls geschunden wird; und gegenüber dem Bild, wo die Kirchengesetze gegeben werden, ist das Urteil Salomos, als er das Kind teilen lassen will. Alle diese vier Bilder sind voll Sinn und Wirkung, sehr gut gezeichnet und von duftigem und lieblichem Kolorit. Nachdem nun die Wölbung, d. h. der Himmel dieses Zimmers, vollendet ist, bleibt uns noch zu erzählen, was er Wand für Wand unterhalb der obengenannten Gegenstände darstellte.

Auf der Wand gegen das Belvedere zu, wo der Parnaß und die Quelle des Helikon ist, malte er um den Berg herum einen schattigen Lorbeerhain, in dessen Grün man gleichsam das Zittern der von zarten Winden bewegten Blätter erkennt; eine Menge nackter Liebesgötter mit den lieblichsten Gesichtern schweben in der Luft, pflücken Lorbeerzweige, winden Girlanden und streuen sie über den Berg aus. Dort scheint fürwahr der Hauch der Gottheit in der Schönheit der Figuren und dem Adel der Malerei zu wehen; wer dies Bild aufmerksam betrachtet, muß erstaunen, wie ein sterblicher Geist durch das unvollkommene

Mittel einfacher Farben, mit der Herrlichkeit der Zeichnung, gemalte Gegenstände als lebend erscheinen lassen kann. Für lebend hält man jene Dichter, die man auf dem Berge verteilt sieht: die einen stehend, andere sitzend, schreibend, sprechend, singend und miteinander redend, zu vier, zu sechs, wie ihm gefiel, sie zu gruppieren. Alle berühmten älteren und neueren Dichter bis auf seine Zeit sind porträtiert, zum Teil nach Statuen und Medaillen und viele nach alten Bildern, mehrere auch von ihm selbst noch zu Lebzeiten gezeichnet. Um an einem Ende anzufangen, so sieht man den Ovid, Virgil, Ennius, Tibull, Catull, Properz und Homer, der blind mit erhobenem Haupt seine Gesänge vorträgt; ihm zu Füßen sitzt einer, der sie aufzeichnet. Die neun Musen und Apoll bilden eine gesonderte Gruppe mit so viel Schönheit in den Gesichtern und Göttlichkeit in den Gestalten, daß sie Leben und Lieblichkeit atmen. Dort ist die gelehrte Sappho, der göttliche Dante, der anmutige Petrarca und der zärtliche Boccaccio, alle ganz lebendig. Auch den Tebaldeo[1] sieht man nebst einer unendlichen Menge neuerer Dichter, und das ganze Bild ist höchst anmutig erfunden und fleißig vollendet.

Auf der folgenden Wand ist der Himmel dargestellt. Christus, die Madonna, Johannes der Täufer, die Apostel, Evangelisten und Märtyrer thronen auf Wolken, und Gottvater gießt über alle den Heiligen Geist aus; ganz besonders jedoch über eine unendliche Zahl Heiliger, die unten die Messe feiern und über die Hostie, die auf dem Altar steht, disputieren: man sieht unter ihnen die vier Kirchenväter von unzähligen Heiligen umgeben: dort sind Domenikus, Franziskus, Thomas von Aquino, Bonaventura, Scotus, Nicolaus von Lira, Dante, Fra Girolamo Savonarola aus Ferrara und alle christlichen Theologen,

[1] Antonio Tebaldeo (1463–1537), eleganter Hofpoet in Ferrara, später in Rom.

viele davon in Bildnissen; in der Luft schweben vier Kinder und halten die aufgeschlagenen Evangelien; dies sind Gestalten, die kein Maler anmutiger und vollkommener ausführen könnte. Obgleich die Heiligen in einem Kreise und in der Luft sitzen und durch die Farben wie lebend erscheinen, so verkürzen sie sich doch derartig, daß sie nicht anders als in Relief erscheinen. Obendrein sind die Gewänder ganz verschiedenartig und haben den schönsten Faltenwurf, und der Ausdruck der Köpfe ist mehr göttlich als menschlich. Das sieht man im Antlitz Christi, das alle Milde und Barmherzigkeit ausspricht, welche ein Bild sterblichen Augen an Göttlichkeit zeigen kann, sintemal Raffael die Gabe von der Natur empfangen hatte, den Angesichtern besondere Zartheit und Lieblichkeit zu geben, wie es die Madonna bezeugt, die die Hände über der Brust kreuzt, den Sohn mit einem Blick betrachtet, daß es scheint, er könne seine Gnade nicht versagen. Ohne daß er eine gewiß außerordentlich schöne Würde aufgab, zeigte er in den Zügen der heiligen Patriarchen ihr hohes Alter, in den Aposteln ihre Einfachheit und in den Märtyrern ihren Glauben. Mehr Kunst noch und Geist bewies er bei den heiligen Gelehrten der Kirche; zu sechs, zu drei und zu zwei disputierend, sind sie über das Bild verteilt; ihre Mienen sprechen eine gewisse Neugier aus und eine große Anstrengung, Gewißheit über das zu finden, worüber sie im Zweifel sind; dies zeigen die Redebewegungen der Hände und des Körpers, das gespannte Ohr, das Zusammenziehen der Augenbrauen und das völlig verschiedene, mannigfaltige und eigentümliche Staunen. Ausgenommen hiervon sind die vier Kirchenlehrer; vom Heiligen Geist erleuchtet, lösen und beheben sie vermittels der Heiligen Schrift jede Schwierigkeit der Evangelien, die von Putten, die in der Luft schweben, in den Händen getragen werden.

Auf der Wand endlich, wo das Fenster nach dem Hof ist, malte er an einer Seite Justinian, der den Doktoren die Gesetze gibt, sie zu verbessern, und oberhalb des Fensters die Mäßigkeit, Stärke und Klugheit. Und an der anderen Seite malte er den Papst[1], der die kanonischen Dekretalen verleiht. In der Gestalt dieses Papstes ist Julius II. nach dem Leben dargestellt, neben ihm der Kardinal Giovanni de' Medici, nachmals Papst Leo, der Kardinal di Monte, Antonio, und der Kardinal Alessandro Farnese, nachmals Papst Paul III., nebst anderen Bildnissen.

Raffaels Talent in der Kunst entfaltete sich immer mehr, daß er im Auftrag des Papstes auch das zweite Zimmer zunächst dem großen Saale verzieren sollte. In jener Zeit malte er, der den größten Ruf erworben hatte, das Bildnis Papst Julius' II. in Öl so treu und lebendig, daß man es fast mit Zagen betrachtete, als ob es wirklich der Lebende wäre; dies Bild wird heutigentags in Santa Maria del Popolo aufbewahrt[2], zusammen mit einem sehr schönen Madonnenbild aus derselben Zeit; darauf ist die Geburt Christi. Die Madonna bedeckt mit ihrem Schleier den Sohn, dessen Gestalt von solcher Schönheit ist, daß man im Antlitz und allen Gliedern fürwahr den Sohn Gottes erkennt. Nicht minder vollkommen ist Haupt und Angesicht der Madonna, in dem man außer der größten Schönheit Freude und Frömmigkeit erkennt. Joseph, beide Hände auf einen Stab gestützt, betrachtet nachdenklich und mit Bewunderung eines heiligen Greises den König und die Königin des Himmels. Diese beiden Bilder werden an hohen Festtagen vorgezeigt.

Raffael hatte zu jener Zeit in Rom großen Ruhm erlangt, aber obgleich er eine anmutige Manier besaß, die jeder-

[1] Es war Gregor IX., der die Dekretalien übergab. – [2] Es ist wohl das Bildnis, das jetzt in den Uffizien zu Florenz ist. Julius II. starb am 21. II. 1513.

mann wohlgefiel, und unaufhörlich die vielen Kunstwerke des Altertums, die ihm in jener Stadt vor Augen waren, studierte, so hatte seinen Gestalten doch bis dahin eine gewisse Größe und Majestät gefehlt, die er ihnen von nun an gab. In jener Zeit geschah es nämlich, daß Michelangelo, wie in dessen Lebensbeschreibung erzählt werden wird[1], dem Papste in der Kapelle jenen Auftritt machte und ihm Furcht einflößte, weshalb er nach Florenz fliehen mußte. Unterdessen hatte Bramante die Schlüssel zu der Kapelle und ließ nun Raffael, seinem Freunde, die Arbeiten Michelangelos sehen, damit er dessen Verfahrensart lernen könne. Diese Besichtigung war der Anlaß, daß Raffael in S. Agostino zu Rom den Propheten Jesaias über der heiligen Anna des Andrea Sansovino noch einmal ganz neu schuf, wie man ihn da sieht, obwohl er ihn schon vollendet hatte[2]. Die Kenntnis der Arbeiten Michelangelos bewirkte, daß er sein Werk verbesserte und ihm eine bedeutendere Größe und mehr Würde gab. Michelangelo aber, der nachmals die Arbeit Raffaels sah, dachte, und nicht mit Unrecht, Bramante habe ihm dies Übel zugefügt, um Raffael Ruhm und Nutzen zu verschaffen.

Bald nachher gab ihm Agostino Chigi, ein reicher sienesischer Kaufmann und Verehrer aller hervorragender Menschen, den Auftrag für eine Kapelle, und zwar weil Raffael kurz zuvor in einer Halle seines Palastes, heutigentags die Chigi in Trastevere genannt, in höchst anmutiger Manier eine Galatea, von Delphinen in einem Wagen über das Meer gezogen und von Tritonen und Meergöttern umgeben, gemalt hatte[3]. Nachdem also Raffael den Karton zu

[1] Vgl. S. 408. – [2] Das Fresko befindet sich am dritten Pfeiler des Mittelschiffes von S. Agostino in Rom; gemalt wurde es im Auftrag des Prälaten Johann Goritz aus Luxemburg, der 1512 auch die Marmorgruppe von Andrea Sansovino hatte arbeiten lassen. – [3] »Der Triumph der Galatea« in der Villa Farnesina in Rom schließt sich inhaltlich an eine Strophe der »Giostra« des Angelo Poliziano an.

dieser Kapelle gemacht hatte, die sich rechter Hand vom Haupteingang der Kirche in Santa Maria della Pace befindet, malte er sie in Fresko nach seiner neuen, etwas prächtigeren und größeren Manier, als die frühere gewesen war. In diesem Gemälde stellte Raffael, ehe noch die Kapelle Michelangelos öffentlich aufgedeckt wurde, er sie aber nichts desto trotz schon gesehen hatte, einige Propheten und Sibyllen dar; diese gelten für seine beste Arbeit, für die schönste unter so vielen schönen, denn in den Frauen und Kindern dieses Bildes sieht man die größte Lebendigkeit und ein vollkommenes Kolorit, und dies Werk erwarb ihm im Leben und nach dem Tod hohen Ruhm, weil man es für das seltenste und hervorragendste erkannte, das Raffael in seinem ganzen Leben gemacht hatte[1].

Auf Bitten eines Kämmerers von Papst Julius malte er die Tafel für den Hochaltar von Aracoeli; er stellte darin die Madonna in den Wolken dar, und darunter in einer wunderschönen Landschaft den Johannes, Franziskus und Hieronymus, letzteren als Kardinal. In der Madonna ist eine der Mutter Christi wirklich angemessene Demut und Zurückhaltung; außer dem Kind, das in anmutiger Stellung mit ihrem Mantel spielt, gewahrt man in der Gestalt Johannes des Täufers die Buße des Fastens; aus seinem Angesicht spricht die Reinheit der Seele und die Bereitschaft des Vertrauens, wie solche denen eigen sind, die, fern von der Welt, sie verachten und im Verkehr mit Menschen die Lüge hassen und die Wahrheit verkünden. Der hl. Hieronymus richtet Haupt und Blicke zu der Madonna empor, so in Betrachtung verloren, daß man glaubt, in ihm alle Weisheit und Gelehrsamkeit zu erkennen, die seine Schriften auszeichnen. Mit beiden Händen empfiehlt er

[1] Der Freskenschmuck ist von Vasari an anderer Stelle zu einem Teil (die Propheten) dem Timoteo Viti gegeben worden. Durch Restauration von Dom. Fontana (1628) entstellt.

den Kämmerer dem Schutz der Madonna, der in seinem Bildnis nicht weniger lebendig als gemalt dargestellt ist. Raffael verfehlte nicht, dasselbe bei dem auf der Erde knienden Franziskus zu machen, der, einen Arm nach oben gestreckt, das Haupt nach der Madonna in die Höhe gewendet, in dem gemalten leidenschaftlichen Ausdruck von heiliger Liebe zu glühen scheint; Linien und Farbe zeigen, daß er in Hingabe vergeht und Stärkung und Leben von den sanften schönen Blicken der Mutter und von der Lebhaftigkeit und Schönheit des Sohnes empfängt. In der Mitte des Bildes unterhalb der Madonna malte Raffael ein Kind, das das Haupt zu ihr erhoben, eine Schrifttafel in Händen hält; der Kopf sowohl als die Verhältnisse der Gestalt sind von so wunderbarer Schönheit, daß man es nicht anmutiger und besser machen kann; außerdem ist die Landschaft in höchster Vollkommenheit und einzigartig und schön ausgeführt[1].

Raffael fuhr fort, in den Zimmern des päpstlichen Palastes zu arbeiten[2], und malte dort das Wunder des Sakraments am Meßtuch zu Orvieto oder Bolsena, wie man es nennen mag[3]. In diesem Bilde sieht man den Priester, wie er Messe

[1] Es ist die sog. Madonna von Foligno, jetzt in der Pinac. Vaticana in Rom; gemalt für den Geschichtsschreiber Sigismondo de' Conti (gest. Febr. 1512); 1565 vom Hochaltar von S. Maria in Aracoeli in Rom nach S. Francesco in Foligno übertragen. – [2] In der Beschreibung der Stanzen fährt Vasari mit der »Stanza d'Eliodoro« fort. Arbeitsbeginn nicht gesichert (unmittelbar im Anschluß an die Stanza della Segnatura? – jedenfalls am 12. VII. 1511 in Arbeit). Die Inschrift in der Fensterlaibung unter der Befreiung Petri gibt das Jahr 1514 an; am 1. VIII. 1514 letzte Restzahlung. Die Reihenfolge der Entstehung der Fresken ist wiederum nicht mit Sicherheit festzustellen. (Die Inschrift unter der Messe von Bolsena hat als äußersten Termin den 26. XI. 1512, das Ende des 9. Pontifikatsjahres von Julius II.) – [3] »Die Messe von Bolsena« hat das Wunder zum Gegenstand, das 1263 einem Priester in S. Cristina in Bolsena widerfuhr und die Einsetzung des Fronleichnamsfestes durch Urban IV. zur Folge hatte. Die seither in Orvieto aufbewahrte Reliquie hatte Julius II. am 7. IX. 1506 verehrt.

liest und von Scham erglüht, als um seines Unglaubens willen die Hostie auf dem Leintüchlein blutet, und wie er mit verstörten Augen, durch die Gegenwart seiner Zuhörer der Fassung beraubt, das Ansehen eines schwankenden unsicheren Menschen hat; und man erkennt in der Haltung seiner Hände gleichsam ihr Zittern und den Schrecken, den man in solchem Zustand zu haben pflegt. Umher zeichnete Raffael eine Menge verschiedener Gestalten; einige bedienen die Messe, andere knien auf einer Treppe in mannigfaltig schönen Stellungen; die Neuheit des Ereignisses hat sie erschreckt, und in vielen, in Männern sowohl als in Frauen, drückt sich das Verlangen aus, sich für schuldig zu erklären. Am Fuß des Bildes sitzt eine Frau an der Erde, die ein Kind auf dem Arm hält, die Erzählung vom Begegnis des Priesters, das eine andere ihr zuflüstert, hörend, sich wunderbar windet, mit der einer Frau eigenen und lebhaften Anmut. An der anderen Seite malte er den Papst Julius, der die Messe hört, ein ganz wunderbarer Gedanke; auch porträtierte er dort den Kardinal St. Giorgio und eine Menge anderer Personen. Die Öffnung des Fensters benutzte er für eine stufenförmige Erhöhung, die das Bild zu einem Ganzen macht; ja es scheint, wenn jener Fensterdurchbruch nicht gewesen wäre, daß es nicht so gut gelungen wäre. Deshalb kann er sich in der Tat rühmen, daß kein Maler in Erfindung von Kompositionen aller Arten von Bildern mehr Geschick, Weite und Vermögen als er gehabt hat. Dies zeigte er an demselben Ort in einem anderen, dem eben genannten gegenüberstehenden Gemälde, wo Petrus, von Herodes gefangengesetzt, von Kriegern bewacht wird. Da ist sowohl die Architektur wie die Mäßigung im Bau des Kerkers derart, daß fürwahr im Vergleich dagegen die anderen neben ihm ebensoviel Verwirrung haben als er an Schönheit: da er stets die Begebenheiten so treu darzustellen sucht, wie sie

geschrieben sind, und ausgezeichnete und wohlgefällige Dinge in seinen Werken anzubringen strebt. Hier zeigt er das Grauen des Kerkers; mit eisernen Ketten beschwert sieht man den Greis zwischen zwei Bewaffneten; man gewahrt den abgrundtiefen Schlaf, in dem die Wachen liegen; das strahlende Licht des Engels in dem schweren Dunkel der Nacht läßt alle Einzelheiten des Kerkers unterscheiden und läßt deren Waffen derartig lebhaft aufleuchten, so daß ihr glänzender Schein nicht gemalt, sondern wirklich echt zu sein scheint. Nicht geringere Kunst und Geist bewies er in einer anderen Szene: die Ketten sind von Petrus gefallen, vom Engel geleitet tritt er aus dem Kerker, und er zeigt in seinem Angesicht, daß es eher ein Traum denn Wirklichkeit scheint, ebenso wie man die Furcht und den Schrecken bei anderen Wächtern bemerkt, die bewaffnet außerhalb des Gefängnisses den Lärm der eisernen Pforte hören; eine Schildwache mit einer Fackel in der Hand weckt die anderen, und während sie ihnen leuchtet, glänzt das Licht der Fackel auf den Waffen auf, und wo dies nicht hinfällt, werden die Gegenstände vom Mond erleuchtet. Da Raffael diese Erfindung oberhalb des Fensters anbrachte, kam sie an die dunkelste Wand zu stehen.
Betrachtest du dieses Gemälde, so fällt dir das Tageslicht aufs Gesicht. Das Tageslicht aber stimmt mit jenem gemalten, den verschiedenen nächtlichen Lichtquellen so gut überein, daß du glaubst, den Rauch der Fackel, das Leuchten des Engels und das Dunkel der Nacht so natürlich und wahr zu sehen, daß du nie sagen würdest, es sei gemalt; mit solcher Deutlichkeit wußte er alle diese schwierigen Erfindungen darzustellen. An den Waffen sieht man den Schattenwurf, den Auffall der Lichter, ihren Widerschein und den Qualm mit so abgeblendeten Schatten, daß Raffael fürwahr der Lehrmeister der anderen Künstler genannt

werden kann. Von allen Bildern, die die Nacht darstellen, ähnlicher als es je in der Malerei geschah, gilt dies bei jedermann für das herrlichste und göttlichste.

Auf einer der nicht unterbrochenen Wände stellte er den Gottesdienst der Juden dar, die Bundeslade, den Kandelaber und Papst Julius, der die Habgier aus dem Tempel jagt – ein Werk von nicht minderer Schönheit und Güte als das obengenannte Nachtstück[1]. Einige Sesselträger, die hier dargestellt sind, sind Bildnisse damals lebender Personen, sie tragen auf einem Tragsessel Papst Julius, der wirklich wie lebend erscheint. Männer und Frauen aus dem Volke weichen zurück, um ihn vorüberziehen zu lassen; man sieht die Wut eines Bewaffneten zu Pferd, der von zwei Gestalten zu Fuß begleitet ist; mit wilder Gebärde stößt und durchbohrt er den stolzen Heliodor, der auf Befehl des Antiochus den Tempel der hier niedergelegten Güter der Witwen und Waisen berauben will. Schon sieht man die weggeschleppten Waren und Schätze wiedergebracht, aus Furcht über das Neue, daß Heliodor gestürzt und von den drei Genannten heftig bedrängt ist. Diese sind als eine Vision jedoch nur ihm allein sichtbar. Man sieht sie alle hinsinken und zur Erde stürzen, als jener fällt, der sie in plötzlicher Furcht und Schrecken, der auch in allen Leuten Heliodors entstanden war, führte. Getrennt von ihnen sieht man den Hohenpriester Onias im priesterlichen Gewande, er hebt Augen und Hände gen Himmel und betet inbrünstig, niedergeschlagen über das Leid der Armen, deren Besitztum entwendet wurde, und erfreut über den Beistand des Himmels, der Hilfe bringt. Ein glücklicher Gedanke Raffaels war es, daß er mehrere Gestalten zeichnete, welche die Sockel erstiegen haben, und daß sie, die

[1] Die Darstellung bezieht sich auf das 2. Buch Makkab. 3,14ff.; nach dieser Darstellung hat die Stanza ihren Namen erhalten.

Säulen umfaßt haltend, in dieser unbequemen Stellung zuschauen; das Volk ist auf ganz verschiedenartige Weise ganz betroffen vor Staunen und harrt des Ausganges der wunderbaren Begebenheit.

Raffael malte in der Wölbung, die hier darüber liegt, vier Bilder: in dem ersten Gottvater, der Abraham erscheint und ihm eine große Nachkommenschaft verkündet; im zweiten die Opferung Isaaks, im dritten Jakobs Himmelsleiter und im vierten Moses vor dem brennenden Dornbusch, alle mit ebensoviel Kunst, Erfindung, Zeichnung und Anmut ausgeführt wie seine übrigen Arbeiten.

In der Zeit, als das Glück diesen Künstler so Wunderbares leisten ließ, starb durch Neid des Schicksals Julius II., ein Förderer solcher Tüchtigkeit und Liebhaber alles Guten[1]. Ihm folgte Leo X., der verlangte, das begonnene Werk fortgesetzt zu sehen; dadurch wurde Raffaels Talent bis zum Himmel erhoben und brachte ihm reichen Gewinn, denn er hatte einen mächtigen Fürsten gefunden, dem als Erbgut seines Hauses Liebe und Kunst eigen war.

Raffael ließ es sich daher angelegen sein, das Werk fortzusetzen, und stellte auf der anderen Wand Attilas Ankunft in Rom dar und die Begegnung Papst Leos III. mit ihm am Fuße des Monte Mario, der ihn durch die Kraft seines Segens zurückscheucht[2]. In diesem Bilde zeigte Raffael Petrus und Paulus mit gezückten Schwertern, zur Verteidigung der Kirche in der Luft schwebend. Zwar meldet die Geschichte Leos III. nichts von diesem Ereignis, Raffael jedoch wollte es nach seinem Einfall darstellen, wie häufig die Malerei und Dichtkunst sich solche Frei-

[1] Julius II. starb am 21. II. 1513. – [2] Dargestellt ist das Zusammentreffen Leos I. mit Attila; die legendäre Begegnung fand 452 an der Mündung des Mincio in den Po, unweit Mantua, statt.

heiten erlauben, um ihre Werke zu schmücken, ohne sich jedoch über Gebühr von ihrem ursprünglichen Gedanken zu entfernen. In den beiden Aposteln erkennt man die Kühnheit und den heiligen Eifer, welchen die göttliche Gerechtigkeit zum Schutz ihrer heiligen Religion sehr oft über die Züge ihrer Verteidiger zu verbreiten pflegt. Die Wirkung davon zeigt sich an Attila: er reitet auf einem unübertrefflich schönen Rappen mit weißen Fesseln und einer Blesse; mit schreckhafter Gebärde wendet er das Haupt nach oben und kehrt sich zur Flucht.
Unter den anderen trefflichen Pferden ist ein gefleckter leichter Berber von besonderer Schönheit, ihn reitet eine Gestalt, deren ganzer Körper mit Schuppen wie die Fische bedeckt ist; sie ist der Säule des Trajan entnommen, wo die fremden Völker solchen Waffenschmuck tragen; man glaubt, daß er aus Krokodilhäuten verfertigt wurde. Den Monte Mario sieht man in Flammen, zum Zeichen, daß beim Abzuge der Krieger stets die Wohnungen dem Feuer zur Beute werden. Einige Herolde des Papstes samt ihren Pferden sind äußerst lebendig nach der Natur dargestellt, ebenso das Gefolge der Kardinäle und die Reitknechte, welche den Zelter Leos X. führen; dieser zu Pferde im päpstlichen Ornat ist nicht minder wahr wie die vielen Hofleute nach dem Leben gezeichnet; ein vergnüglicher Anblick, für dies Bild sehr geeignet und nützlich für unsere Kunst, vornehmlich für solche, die an derlei Dingen arm sind.
Raffael hatte die Gnade, für Lorenzo Pucci, als dieser zum Kardinal von Santi quattro, der die päpstlichen Dispense zu erteilen hat, ernannt worden war, für S. Giovanni in Monte zu Bologna ein Bild zu verfertigen, das heutigentags in der Kapelle aufbewahrt wird, worin der Leichnam der seligen Elena dall'Olio ruht. In diesem Werke zeigte sich, was die Anmut vereinigt mit der Kunst durch die

zarte Hand Raffaels hervorzubringen vermögen. Die heilige Cäcilia, durch einen Engelchor im Himmel geblendet, horcht auf den überirdischen Klang, ganz überwältigt von der Harmonie, und man erkennt in ihrem Angesicht jenes Außersichsein, das man im Leben in den Zügen derer bemerkt, die in Verzückung sind. An der Erde verstreut liegen obendrein musikalische Instrumente, so schön, daß man sie in der Wirklichkeit und nicht gemalt zu sehen glaubt, gleichfalls einige Schleier und Gewänder von Gold und Seide gewebt und darunter ein wunderbares Büßerhemd. Und bei Paulus, der die Rechte auf das bloße Schwert gestützt, das Haupt auf der Hand ruhend hat, erkennt man seine abwägende Gelehrsamkeit, die seine Kühnheit in Würde verwandelt; er trägt einen einfachen roten Mantel, darunter ein grünes Untergewand nach Art der Apostel, und seine Füße sind unbekleidet. Maria Magdalena hält in der Hand eine Schale von sehr feinem Stein mit einer überaus reizvollen Gebärde; sie wendet das Haupt und scheint ganz fröhlich über ihre Bekehrung, wie man es nach meinem Dafürhalten nicht besser darstellen könnte. Von gleicher Schönheit sind die Köpfe des heiligen Augustin und des Evangelisten Johannes[1]. Man kann wohl andere Gemälde Gemälde nennen – die Werke Raffaels aber sind das Leben, denn das Fleisch bebt, man sieht das Atmen, Empfindungen leben in seinen Gestalten; und man erkennt in ihnen eine lebendige Lebhaftigkeit. Sein Ruf stieg dadurch über die Lobpreisungen, die er schon genossen hatte, immer höher, und er wurde durch viele Verse in lateinischer und italienischer Sprache verherrlicht, von denen

[1] Das Bild der hl. Cäcilie, jetzt in der Pinacoteca in Bologna, war für die von der bolognesischen Edelfrau Elena Duglioli dall'Olio zwischen 1510–1513 errichteten Kapelle in S. Giovanni in Monte bestimmt und entstand um 1514.

ich nur einen anführen will, um nicht weitläufiger zu werden, als ich es schon bin:

> Pingant sola alii, referantque coloribus ora;
> Caeciliae os Raphael atque animum explicuit.

Nach diesem malte er ein kleines Bild mit kleinen Figuren, das sich heutzutage auch in Bologna im Hause des Grafen Vincenzio Arcolano befindet. Man sieht darin einen Christus, der dem Jupiter ähnlich in Wolken schwebt, um ihn her sind die vier Evangelisten, wie Ezechiel sie schildert: der eine als Mensch, der andere als Löwe, dieser als Adler und jener als Stier; eine kleine Landschaft unten stellt die Erde dar. Dies Bild ist in seiner Kleinheit nicht minder kostbar und schön als andere Arbeiten in ihrer Größe[1]. Nach Verona sandte er den Grafen von Canossa ein großes Bild von der gleichen Güte, eine Geburt Christi; sehr gerühmt wird darin das schöne Morgenrot und die Gestalt der heiligen Anna, sowie das ganze Werk, welches man nicht besser preisen kann, als wenn man sagt, es ist von der Hand Raffaels von Urbino; die Grafen halten es nach Verdienst in hohen Ehren und wollten es nie veräußern, wie große Summen ihnen auch von vielen Fürsten dafür geboten wurden[2]. – Dem Bindo Altoviti, als er noch jung war, verfertigte er sein Bildnis, das für ganz hervorragend gehalten wird, und ebenso ein Gemälde der Madonna, das er nach Florenz schickte; es wird heute im Palast des Herzogs Cosimo aufbewahrt, in der Kapelle der neuen Zimmer, die ich eingerichtet und gemalt habe, wo es als Altarbild dient. Man sieht darin die heilige Anna, in

[1] Das Bild mit der Vision des Ezechiel ist jetzt im Pal. Pitti zu Florenz. – [2] Es ist die unter dem Namen »Die Perle« berühmte Heilige Familie, im Prado zu Madrid. Philipp IV. soll bei Erwerbung dieses Bildes ausgerufen haben: »Das ist die Perle meiner Bilder.« Der Besteller war Conte Lodovico Canossa, Bischof von Bayeux.

hohem Alter, sitzend dargestellt: sie reicht der Madonna den Sohn hin, der von so großer Schönheit im Nackten wie in den Zügen des Angesichts ist, daß sein Lächeln jeden zur Freude bewegt, der ihn anschaut; in der Madonna zeigte Raffael, was man im Ausdruck einer Jungfrau an Schönheit alles zu leisten vermag, deren Augen Bescheidenheit, deren Stirne Ehrbarkeit, deren Nase Anmut und deren Mund Tugend begleitet; und ihr Gewand zeigt Einfachheit und unendliche Züchtigkeit, so daß ich fürwahr glaube, man könne in dieser Art nichts Besseres sehen. Auch den kleinen sitzenden, nackten Johannes sieht man und eine dritte Heilige, die nicht minder schön ist. Den Hintergrund bildet eine Architektur mit einem Leinwandfenster, durch welches Licht in das Zimmer, worin jene Personen sich befinden, fällt[1].

In Rom malte er in einem Bilde von bedeutender Größe den Papst Leo, den Kardinal Giulio de' Medici und den Kardinal de' Rossi, worin die Gestalten nicht wie gemalt, sondern rund wie im Relief erscheinen. Man sieht die Haare des Samts; der Damast, der den Papst umkleidet, rauscht und glänzt; die Haare des Pelzwerks sind weich und natürlich, und Gold und Seide sind so dargestellt, daß sie nicht von Farben, sondern von Gold und Seide zu sein scheinen. Ein Pergamentbuch, mit Miniaturen verziert, ist täuschender als die Wirklichkeit, und eine silberne Glocke ist so schön, daß man keine Worte findet, es auszudrücken. Unter anderen ist am Stuhle eine Kugel von hellpoliertem Golde, worin nach Art eines Spiegels die Fenster, die Schultern des Papstes und die Umgebungen des Zimmers reflektiert werden. Alle diese Dinge sind mit solcher Sorgfalt ausgeführt, daß man bestimmt glaubt, Besseres habe kein Meister voll-

[1] Es ist die »Madonna dell'Impannata« im Pal. Pitti zu Florenz, so genannt nach dem mit dem Leintuch (= panno) bespanntem Fenster.

führt und werde keiner vollbringen. Dies Werk gab dem Papst Veranlassung, Raffael reichlich zu belohnen; es findet sich noch heute in Florenz in der Garderobe des Herzogs[1].

Der Ruhm Raffaels und die Belohnungen, die er empfing, stiegen immer mehr; daher ließ er zu seinem Gedächtnis im Borgo nuovo in Rom einen Palast erbauen, den Bramante mit Werkstücken aus Kastenguß verzieren ließ[2]. Durch diese und durch viele andere Arbeiten war der Ruf seines Namens bis nach Frankreich und Flandern gedrungen; der Deutsche Albrecht Dürer, ein ganz wunderbarer Maler und Stecher der schönsten Kupferstiche, zollte Raffael für seine Werke seine Anerkennung und schickte ihm einen Kopf, sein eigenes Bildnis, in Guaschtechnik auf ganz feiner Leinwand von ihm ausgeführt, so daß es sich auf beiden Seiten zeigte; die Lichter waren durchschimmernd, nicht mit Bleiweiß aufgesetzt, sondern auf der Leinwand ausgespart, alles übrige mit Aquarellfarben gemalt und schattiert. Raffael schien dies eine ganz wunderbare Sache, deshalb sandte er Dürer eine Menge Blätter, von seiner Hand gezeichnet, welche Albrecht ungemein hoch schätzte. Der obengenannte Kopf aber befand sich in Mantua unter den Besitztümern von Giulio Romano, dem Erben Raffaels[3].

Da Raffael dann gesehen hatte, wie Albrecht Dürer bei seinen Kupferstichen zu Werke ging, so wünschte er ebenfalls zu zeigen, was er in dieser Kunst vermöge. Des-

[1] Das Bildnis Leos X. mit den Nepoten jetzt im Pal. Pitti zu Florenz. Ludovico de' Rossi, ein Schwestersohn des Papstes, erhielt am 1. VII. 1517 den Kardinalshut und starb am 25. XII. 1519; dazwischen liegt die Entstehung des Bildes. – [2] Vgl. S. 325. – [3] Dürers Selbstbildnis ist verloren; in der Albertina in Wien ist ein Blatt mit zwei männlichen Akten und Dürers Vermerk, daß es ihm 1515 von Raffael zugeschickt wurde; die Echtheit der Aufschrift wird bezweifelt, die Zeichnungen werden dem Giulio Romano zugeschrieben.

halb ließ er den Marco Antonio aus Bologna vielfache Übungen in dieser Kunst anstellen, und da sie demselben trefflich gelangen, ließ er ihn seine ersten Sachen drucken, nämlich: das Blatt mit dem Kindermord, ein Abendmahl, den Neptun und die heilige Cäcilie, die in Öl gesotten wird[1]. Marc Antonio verfertigte noch eine Anzahl Kupferstiche für Raffael, die dieser nachmals dem Baviera, seinem Gehilfen, gab; dieser sorgte sich um ein Mädchen, das Raffael bis an sein Lebensende liebte. Von ihr malte er ein Bildnis von großer Schönheit und Lebendigkeit, das jetzt der liebenswürdige Mateo Botti in Florenz besitzt, ein Kaufmann jener Stadt, Freund und Liebhaber aller vorzüglichen Menschen, besonders der Maler; er achtet jenes Werk gleich einer Reliquie aus Liebe zur Kunst und vornehmlich zu Raffael[2].

Raffael malte darauf eine Tafel für das den Olivetanermönchen gehörige Kloster Santa Maria dello Spasmo in Palermo und stellte darauf Christus dar, der sein Kreuz trägt; dies Werk wird für wunderbar gehalten: man sieht die Roheit der Henker, die voll Wut den Heiland zum Tode auf den Kalvarienberg führen. Christus, an den Qualen des nahenden Todes leidend und unter der Last des Kreuzes erliegend, ist zur Erde gesunken; mit Schweiß und Blut bedeckt, wendet er sich den Marien zu, die bitterlich weinen. Unter ihnen ist außerdem die heilige Veronika; voll tiefsten Mitleids streckt sie die Arme aus und reicht ihm ein Tuch. Darüber hinaus ist das Bild voll von Kriegsleuten zu Roß und zu Fuß, die sich mit den Standarten der Gerechtigkeit in den Händen in mannigfaltig schönen Stellungen aus dem Tor von Jerusalem drängen.

[1] Der Kupferstecher Marcantonio Raimondi (etwa 1480–1527/1534) lernte als Stecher bei Francia in Bologna. – [2] Die Porträtierte ist vielleicht identisch mit der »Dame mit dem Schleier« (la donna velata) im Pal. Pitti zu Florenz.

Dies schöne Bild lief Gefahr, zugrunde zu gehen, ehe es den Ort seiner Bestimmung erreichte. Es war eingeschifft, wie man sich erzählt, um nach Palermo gebracht zu werden, ein furchtbarer Sturm zerbrach das Schiff an einer Klippe, so daß es sich öffnete und Menschen und Waren untergingen, jenes Bild allein ausgenommen; es trieb in dem Kasten, worin es verpackt war, in den Meerbusen von Genua, wurde dort aufgefischt, ans Land gebracht und sicher aufbewahrt, als man sah, welch göttliches Werk es sei. Völlig unversehrt, war es ganz ohne Makel geblieben, denn selbst die Wut der Stürme und die Wogen des Meeres hatten Achtung vor solcher Schönheit des Bildes. Der Ruf davon verbreitete sich, und die Mönche suchten es wiederzubekommen; kaum daß es ihnen durch Fürsprache des Papstes zurückerstattet war, gaben sie denen, die es gerettet hatten, reiche Belohnung. Aufs neue eingeschifft, gelangte es nach Sizilien und wurde in Palermo aufgestellt, woselbst es berühmter ist als der feuerspeiende Berg[1].

Während Raffael diese Arbeiten ausführte, die er nicht abweisen konnte, weil er von bedeutenden und großen Personen Auftrag dazu hatte, und sie auch besonderen Interesses wegen nicht ausschlagen mochte, unterließ er es dennoch nicht, den Zyklus, den er in den päpstlichen Zimmern und Sälen begonnen hatte, fortzusetzen[2]. Er hielt dort beständig Leute, die nach seinen Zeichnungen das Werk förderten, sah fortwährend jedes einzelne nach und ergänzte mit allen jenen besten Kräften, so gut er es an

[1] Die Kreuztragung jetzt im Prado zu Madrid. – [2] Vasari setzt nun die Beschreibung der Stanzen mit der »Stanza dell'Incendio« (der Name nach dem Fresko mit dem Borgobrand) oder »Stanza di Torre Borgia« fort. – Aufnahme der Arbeit im Mai/Juni 1514, im Juni 1517 vollendet. Die vier Hauptfresken stellen Szenen aus dem Leben Leos III. und Leos IV. dar, die zu Zeitereignissen in Beziehung gesetzt sind.

einer so schweren Aufgabe vermochte. So konnte er nach kurzer Zeit das Zimmer der Torre Borgia aufdecken; er hatte darin auf jeder Wand ein Bild gemalt, zwei über den Fenstern und zwei auf den beiden freien Wänden. Auf der einen ist der Brand des Borgo vecchio in Rom, der nicht zu löschen war, bis Leo IV. sich nach dem Balkon des Palastes begab und durch seinen Segen das Feuer völlig zähmte. Man sieht hier vielfältige Gefahren dargestellt: an einer Seite sind Frauen mit Krügen in Händen und auf dem Haupt, worin sie Wasser zutragen, um das Feuer zu löschen; ihr Haar und ihre Gewänder flattern in wildem Aufruhr, vom Sturm gejagt; andere suchen Wasser ins Feuer zu schütten und vermögen, durch den Rauch erblindet, sich selbst nicht zu erkennen. An der anderen Seite ist eine Gruppe wie die, welche Virgil schildert, als Anchises von Äneas weggetragen wird: ein Greis, durch Krankheit und die Glut der Flammen erschöpft, wird von einem jungen Mann auf dem Rücken getragen, dessen Gestalt Mut und Stärke kundgibt; alle seine Glieder sind unter der Last des Alten gedrückt, der den Körper schlaff hängen läßt; ihnen folgt eine alte Frau barfuß, mit losem Gewande dem Feuer entfliehend, und ihnen voraus ein nackter Knabe. Auf der Höhe eines verfallenen Gebäudes gewahrt man eine Frau, nackt mit zerzausten Haaren; sie hat das Söhnchen in Händen und will es einem der ihrigen reichen, der sich aus den Flammen gerettet hat; er steht auf der Straße auf den Fußspitzen erhoben, die Arme ausgestreckt, damit er das Wickelkind empfange. Man erkennt in der Mutter nicht weniger das Bemühen um die Rettung des Kindes, als wie sie selbst in dem glühenden Feuer leidet, das sie zu versengen droht; und ebenso gewahrt man die Sorge an dem, der das Kind aufnimmt, um das Kind als auch wegen der eigenen Todesfurcht. Nicht schildern läßt sich, welche

Einbildungskraft dieser äußerst sinnreiche und wunderbare Künstler bei einer Mutter kundgab, die barfuß, mit offenen Kleidern, die losen Gewänder zum Teil in der Hand, mit aufgelösten Haaren ihre Kinder scheltend vor sich herjagt, damit sie den einstürzenden Gebäuden und den Flammen entfliehen. Außerdem sieht man noch einige Frauen, die auf den Knien liegen und den Papst anzuflehen scheinen, daß er helfe, die Feuersbrunst zu dämpfen.

Das zweite Bild stellt eine andere Begebenheit aus dem Leben Leos IV. dar; da hat er den Hafen von Ostia gemalt, von einer türkischen Flotte belagert; sie war gekommen, den Papst gefangenzunehmen. Sie wird von den Christen auf dem Meer bekämpft[1]. Schon sind unzählige Gefangene nach dem Hafen gebracht; sie steigen aus einer Barke, von den Soldaten am Bart gerissen; ihre Gesichtszüge sind schön, die Stellungen wild, und mit den mannigfaltigsten Schifferkleidungen angetan, werden sie vor den heiligen Leo gebracht, der als Leo X. dargestellt ist. Im päpstlichen Ornat thront er zwischen dem Kardinal Santa Maria in Portico, d. h. Bernardo Dovizio da Bibbiena und Giulio de' Medici, der nachmals Papst Clemens wurde. Unmöglich lassen sich im Einzelnen die Überlegungen schildern, die dieser erfindungsreiche Künstler für die Züge der Gefangenen anwendete; ohne ein Wort erkennt man Schmerz, Furcht und Tod.

In den beiden anderen Bildern ist dargestellt, wie Leo X. den allerchristlichsten König Franz I. von Frankreich salbt[2]. Mit dem päpstlichen Ornat bekleidet, liest er die Messe, segnet das Öl, um ihn zu salben, und segnet die königliche Krone; eine Menge Kardinäle und Bischöfe in ihren

[1] Der Sieg Leos IV. über die Sarazenen wurde 849 erfochten. – [2] Der Reinigungseid Leos III. Die Unterschrift bezieht sich auf die Bulle unam sanctam vom 19. XII. 1516, wonach die höchste geistliche Gewalt nicht von Menschen gerichtet werden darf.

Festgewändern leisten bei der Messe Dienst; sie sowie viele Gesandte und andere Personen sind porträtiert; man sieht einige Gestalten in französischer Tracht, wie sie damals üblich war. Das andere Bild stellt die Krönung des eben genannten Königs dar[1], der Papst und Franz sind darin nach dem Leben gezeichnet, dieser bewaffnet, jener im päpstlichen Ornat. Kardinäle, Bischöfe, Kammerherren, Schildträger und Diener, in ihren Prunkgewändern nach der Natur abgebildet, sitzen, nach ihrem Rang geordnet, in der Kapelle, wie es Brauch ist, darunter Gianozzo Pandolfini, der Bischof von Troja, ein sehr vertrauter Freund Raffaels, nebst vielen anderen berühmten Personen damaliger Zeit. Neben dem König kniet ein Kind und hält die Königskrone, dieses ist Hippolyt de' Medici, der nachmals Kardinal und Vizekanzler, ein sehr berühmter Mann und ein Freund nicht nur der Malerei, sondern aller Künste wurde. Sein Andenken wird von mir heiliggehalten, denn ich danke ihm meine ersten Anfänge, wie sie auch gewesen sein mögen.

Es ist unmöglich, alle Einzelheiten in Raffaels Werken zu beschreiben, wo jeder Gegenstand in seinem Stillschweigen wirklich zu reden scheint; doch muß ich noch anführen, daß unterhalb der genannten Bilder sich Postamente befinden mit verschiedenen Verteidigern und Wiederherstellern der Kirche, von verschiedenerlei Hermen eingeschlossen. Sie sind in einer Weise ausgeführt, daß sich überall Geist, Gefühl und Überlegung kundgibt und man überall eine Übereinstimmung und Einheit des Kolorits findet, wie es nicht besser gedacht werden kann. Da die Decke des Zimmers Raffaels Lehrer, Pietro Perugino, gemalt hatte, wollte Raffael sie nicht zerstören, als

[1] Dargestellt ist die Krönung Karls des Großen durch Leo III., die durch die Bildnisse und Unterschriften deutlich auf das im Okt. 1515 mit dem französischen König abgeschlossene Bündnis bezogen ist.

Andenken und aus Zuneigung, die er gegen ihn hatte, da jener ihn zuerst der Stufe entgegengeführt hatte, die er in der Kunst einnahm.

Raffael verzierte den päpstlichen Palast auch mit Grotesken und mannigfaltigen Fußböden und verfertigte auch die Zeichnung zu den päpstlichen Treppen und zu den Loggien, welche von dem Baumeister Bramante wohl angefangen, durch dessen Tod aber unvollendet liegengeblieben waren; sie wurden nach der neuen Zeichnung und Architektur Raffaels weitergeführt, der ein Holzmodell dazu verfertigte, in größerer Gliederung und mit mehr Schmuck, als es Bramante getan hatte[1].

Und da nun Papst Leo die Größe seiner Freigebigkeit und Herrlichkeit zeigen wollte, verfertigte Raffael die Zeichnungen zu den Stuckverzierungen, zu den Bildern, die dazwischen gemalt sind, und zu den verschiedenen Abteilungen. Den Giovanni da Udine setzte er als Leiter über die Arbeit der Stukkaturen und Grotesken und den Giulio Romano über die der Figuren, obwohl dieser wenig daran tat. Sicherlich kann man in Malerei, Stukkatur, Ordnungen und schöner Erfindung kein herrlicheres Werk ausführen noch ersinnen[2]. Seine Schönheit war Ursache, daß Raffael alle Malereien und Bauten im Palast übertragen wurden. Man erzählt: seine Gefälligkeit sei so groß gewesen, daß er zur Bequemlichkeit seiner Freunde den Maurern gestattete, die Mauern nicht ganz voll und ohne Unterbrechung zu bauen, sondern einige Öffnungen und Räume unten über den alten Zimmern unausgefüllt zu lassen, um dort Fässer, irdene Krüge und Holz unterzubringen.

[1] Vgl. S. 326. Über ein Holzmodell Raffaels für das oberste Geschoß der Loggien fehlt jede Nachricht. – [2] Wann Raffael und seine Schüler die Dekoration der zweiten (mittleren) Loggia begonnen haben, steht nicht fest; vollendet erst im Laufe des Sommers 1519. In den ersten zwölf Arkaden Szenen des Alten Testamentes, in der dreizehnten (und letzten) des Neuen Testamentes.

Durch diese Löcher und Hohlräume wurde jedoch das Fundament des Gebäudes geschwächt, alles begann zu reißen, und man sah sich gezwungen, sie später auszufüllen.
Raffael verfertigte die Architekturzeichnungen zu der Gartenvilla des Papstes[1], zu mehreren Häusern im Borgo und vorzüglich zu dem überaus schönen Palaste des Messer Giovan Battista dall'Aquila. Einen anderen Palast zeichnete er für den Bischof von Troja, der ihn zu Florenz in der Via S. Gallo erbauen ließ[2].
Für die Schwarzen Brüder von S. Sisto in Piacenza malte er ein Bild für ihren Hochaltar; man sieht darin die Madonna, den hl. Sixtus und die hl. Barbara, ein fürwahr überaus kostbares und eigenartiges Werk[3]. Er porträtierte die Beatrice von Ferrara und andere Frauen, vornehmlich aber seine Geliebte und unendlich viele andere. Raffael war sehr zur Zärtlichkeit geneigt und den Frauen zugetan, deshalb war er stets bereit, ihnen zu dienen. Das war der Grund, daß er, da er sich unaufhörlich den Freuden der sinnlichen Liebe hingab, von seinen Freunden, vielleicht mehr als schicklich war, geachtet und zufriedengestellt wurde. Als Agostino Chigi, sein teurer Freund, von ihm das erste Geschoß seines Palastes malen ließ, konnte Raffael nicht viel bei der Arbeit bleiben, aus Sehnsucht nach seiner Geliebten; darüber geriet Agostino so in Verzweiflung, daß er durch Zureden anderer wie seiner selbst mit vieler Mühe endlich dahin gelangte, daß er seine Geliebte nach seinem Hause mitbrachte, wo sie stets in dem Teile verweilte, wo Raffael arbeitete; dadurch allein wurde

[1] Es ist die sog. Villa Madama in Rom, die Raffael für Kardinal Giuliano de' Medici, den späteren Papst Clemens VII., entwarf. 1527 beim Sacco di Roma schwer verwüstet. – [2] Es ist der Pal. Pandolfini in Florenz, für den Raffael 1516 einen Entwurf machte; inschriftlich 1520 datiert. – [3] Es ist dies die »Sixtinische Madonna« der Gemäldegalerie in Dresden. Außer Vasaris Worten ist nichts bekannt.

das Werk endlich zum Schluß gebracht. Raffael zeichnete dazu alle Kartons und malte viele Figuren mit eigener Hand in Fresko. An der Wölbung ist der Götterrat im Himmel dargestellt; und man sieht hier viele Gewänder und Umrisse, den Werken des Altertums nachgebildet, mit der schönsten Anmut und bestimmt gezeichnet. Und ebenso malte er die Hochzeit der Psyche, Jupiter wird von den Untergebenen bedient und die Grazien streuen Blumen über die Tafel. In den Zwickeln des Gewölbes sind eine Menge Bilder, in dem einen ist Merkur mit der Flöte, fliegend, daß er fürwahr vom Himmel zu kommen scheint; in einem andern ist Jupiter, voll himmlischer Würde den Ganymed küssend. Tiefer unten sieht man den Wagen der Venus und die Grazien, die mit Merkur Psyche zum Himmel emporheben, und auf den übrigen Zwickeln viele andere poetische Darstellungen. Auf den Gewölbeflächen über den Bögen, zwischen den Zwickeln, sind eine Menge schöner Kinder verkürzt gezeichnet; sie schweben in der Luft mit den Attributen der Götter beladen, mit dem Blitz und den Pfeilen Jupiters, den Helmen, Schwertern und Schildern des Mars, den Hämmern Vulkans, mit Herkules' Keule und Löwenhaut, mit dem Schlangenstab Merkurs, der Schalmei Pans und dem Feldgeräte des Vertumnus, alle von zu ihnen passenden Tieren begleitet; Malerei und Dichtung sind hier von seltener Herrlichkeit. Zudem ließ er durch Giovanni da Udine alle diese Bilder mit Gewinden von den verschiedenartigsten Blumen, Blättern und Früchten umschlingen, die nicht schöner sein könnten[1].

Raffael verfertigte die Architekturordnung für die Ställe

[1] Die Fresken in der Gartenloggia der Villa Farnesina zu Rom zeigen die Geschichte Amors und der Psyche, deren Stoff das Märchen des Apuleius gab. Am 1. II. 1519 als vollendet bezeichnet. Das starke Blau der Decke von Maratta.

der Chigi[1] und den Entwurf zu der Kapelle des obengenannten Agostino in der Kirche Sta. Maria del Popolo; er malte sie aus und traf obendrein Anordnung, ein bewunderungswürdiges Grabmal zu errichten; zwei Figuren ließ er dazu von dem florentinischen Bildhauer Lorenzetto arbeiten, die sich noch jetzt in Rom in seinem Hause am Macello de' Corbi befinden. Aber der Tod Raffaels und das darauffolgende Ableben Agostinos waren die Ursache, daß jene Arbeit dem Venezianer Sebastiano übertragen wurde[2].

Raffael war zu einer solchen Größe gelangt, daß Leo X. befahl, er solle den oberen großen Saal beginnen, in dem die Siege Konstantins dargestellt sind; und er begann das Werk[3]. Zudem kam dem Papste das Verlangen, ganz reiche Teppiche von Gold und Seide weben zu lassen. Deshalb verfertigte Raffael mit eigener Hand farbige Kartons, genau in der Form und Größe; man schickte sie nach Flandern, um sie weben zu lassen, und als die Teppiche vollendet waren, kamen sie nach Rom. Das Werk wurde so wunderbar ausgeführt, daß sein Anblick einen in Staunen versetzt, und man begreift nicht, wie es möglich war, Haare und Bärte so zu weben und mit dem Faden dem Fleische Weichheit zu verleihen. Das Ganze ist eher ein Wunder

[1] Der Kontrakt mit dem ausführenden Architekten Pallavicini wurde am 23. V. 1514 geschlossen. Giov. Francesco da Sangallo arbeitet am 11. II. 1518 hier. Nur noch Reste des Erdgeschosses erhalten. – [2] Zum Baubeginn der Kapelle ist nichts bekannt; die Mosaiken in der Kuppel, von dem Venezianer Luigi (Alvise) da Pace ausgeführt, sind 1516 datiert. In seinem Testament vom 28. VIII. 1519 übertrug Agostino Chigi die noch unvollendete Kapelle dem Raffael und Antonio da S. Marino. Die beiden erwähnten Figuren des Lorenzetto (1490–1541) sind Jonas und Elias. – [3] Wann Raffael den Auftrag für die »Sala di Costantino« erhielt, ist unbestimmt. Am 12. IV. 1520 war die Sala noch nicht vergeben, am 16. XII. 1520 sind Bilder zu besichtigen; am 26. XII. 1521 mehr als die Hälfte vollendet; letzter Abschluß im September 1524. Entwürfe und Ausführung nur noch durch die Schüler Raffaels.

als ein Werk menschlicher Hand, denn Wasser, Tiere und Gebäude sind mit einer Vollkommenheit ausgeführt, daß sie nicht wie gewebt, sondern wie mit dem Pinsel gemalt erscheinen. Der Preis, welcher dafür gezahlt wurde, betrug siebzigtausend Scudi, und sie werden noch jetzt in der päpstlichen Kapelle aufbewahrt[1]. –

Für den Kardinal und Vizekanzler Giulio de' Medici malte Raffael ein Bild von der Verklärung des Heilands; es sollte nach Frankreich kommen, und mit eigener Hand fortwährend daran beschäftigt, gab er ihm die letzte Vollendung. Darauf stellte er Christus dar, der auf dem Berge Tabor verwandelt wird, die elf Jünger harren seiner am Fuß des Felsens. Man sieht, wie ein besessener Knabe gebracht wird, damit Christus ihn vom Berg herabsteigend befreie. Der Knabe in verrenkter Stellung wirft sich schreiend und die Augen verdrehend zu Boden und zeigt, wie das Fleisch leidet, wie Adern und Pulse von dem bösen Geist gepeinigt sind, und mit fahler Hautfarbe macht er jene erzwungene und Furcht einflößende Bewegung. Ihn hält ein alter Mann mutig und mit umschlungenen Armen, die Augen weit aufgerissen, das Augenlicht inmitten, die Stirn gefaltet und die Brauen gehoben, so daß er Kraft und Angst zugleich zeigt. Er schaut dennoch die Apostel fest an und scheint, auf sie hoffend, sich selbst zu ermutigen. Eine Frau, die Hauptfigur des Bildes, kniet vor jenen beiden, sie wendet das Haupt nach den Aposteln

[1] Die Folge von 10 Teppichen war für die unteren Teile der Wände der Sixtinischen Kapelle im Vatikan bestimmt; für die Seite rechts der Altarwand die Geschichte des Paulus, für die links die des Petrus und die Steinigung des Stephanus. Zahlungen für die Kartons am 15. VI. 1515 und am 20. XII. 1516 (Schlußzahlung). Sieben Kartons erhalten, im Viktoria und Albert-Museum, London, jedoch farbig übergangen. Sie waren nach Brüssel gesandt worden und dort von Peter van Aelst gewebt worden. Am 26. XII. 1519 waren sieben Teppiche in der Kapelle aufgehängt worden. Die Originalteppiche in der Pinac. Vaticana in Rom; vielfach beschädigt.

und zeigt mit einer Bewegung der Arme auf den Besessenen, sein Elend kundzutun. Die Apostel, teils aufrecht stehend, teils sitzend und kniend, zeigen lebhaftes Mitleid mit diesem großen Unglück. In der Tat zeichnet Raffael in diesem Bilde Gestalten und Köpfe von ungewöhnlicher Schönheit, so neu, mannigfaltig und herrlich, daß alle Künstler in dem Urteil übereinstimmen: unter den vielen Werken, die er ausführte, sei dies das rühmlichste, das schönste und das göttlichste. Wer erkennen will, wie man Christus zur Gottheit verklärt darstellen könne, der komme und schaue ihn in diesem Bilde. Er ist verkürzt gezeichnet und schwebt in lichterfüllter Luft über dem Berge zwischen Moses und Elias, die, erleuchtet von der Klarheit des Glanzes, in seinem Licht zum Leben erwachen. Petrus, Jakobus und Johannes liegen zur Erde gebeugt in verschiedenen schönen Stellungen; der eine legt das Haupt auf den Boden, der andere hält die Hand vor die Augen zum Schutz gegen die Strahlen und den ungeheuren Glanz des Erlösers; dieser, von einem schneeweißen Gewande umgeben, die Arme ausgebreitet, das Haupt nach oben gewendet, scheint das Wesen und die Göttlichkeit der drei Personen darzutun, die in eins verbunden sind durch die Vollkommenheit der Kunst Raffaels. Es ist, als habe dieser alle seine Kraft aufgeboten, um in dem Angesicht von Christus die Macht und Gewalt der Kunst zu offenbaren, denn nachdem er es vollendet hatte, als das letzte, was zu vollbringen ihm oblag, rührte er keinen Pinsel mehr an, denn der Tod überraschte ihn[1].

Nachdem ich von den Werken dieses herrlichen Künstlers erzählt habe, soll es mir nicht zuviel Mühe sein, zum Ge-

[1] Die Verklärung Christi, jetzt in der Pinac. Vaticana, Rom, war von Kardinal Giuliano de' Medici für seinen Bischofssitz in Narbonne bestellt. Arbeitsbeginn im Januar 1517, vollendet im Februar 1520; 1524 in S. Pietro in Montorio in Rom aufgestellt, nachdem Giulio Romano bis zum Mai 1522 das Bild vollendet hatte.

winn unserer Künstler etwas über die Methode Raffaels zu sagen, bevor ich weitere Einzelheiten seines Lebens und Todes mitteile. Er hatte in der Kindheit die Manier seines Lehrers Pietro Perugino nachgeahmt, sie in Zeichnung, Kolorit und Erfindung um vieles verbessert und glaubte genug getan zu haben; als er jedoch älter wurde, erkannte er, daß er der Wahrheit allzuferne geblieben sei. Denn als er die Werke Lionardos sah, der im Ausdruck der männlichen wie der weiblichen Köpfe nicht seinesgleichen hatte, der in Bewegung und Anmut der Gestalten alle anderen Maler übertraf, da geriet er in Erstaunen und Bewunderung; so fing er an, die Manier Lionardos zu studieren, da sie ihm besser gefiel als sonst irgendeine, die er je gesehen hatte. Mit großer Mühe nur machte er sich allmählich von der Methode Pietros frei und suchte sosehr als möglich die Lionardos nachzuahmen. Wieviel Fleiß und Studium er indes auch aufwandte – in einigen Schwierigkeiten konnte er diesen Meister doch niemals übertreffen. Vielen scheint zwar, er sei in Zartheit und einer gewissen natürlichen Leichtigkeit besser gewesen, aber keineswegs überlegen war er ihm in einer gewissen gewaltigen Grundanlage der Entwürfe und Größe der Kunst, worin wenige dem Lionardo gleichgekommen sind; mehr als irgendein anderer Maler jedoch hat Raffael sich ihm genähert, besonders in der Lieblichkeit der Farben. Ein großes Hindernis und viel Beschwer machte ihm mit der Zeit die Manier Pietros, die er in frühester Jugend gelernt hatte und sehr leicht annahm, weil sie kleinlich, trocken und in der Zeichnung mangelhaft war; er konnte sie daher nicht vergessen und hatte mit vieler Anstrengung die Schönheit nackter Körper und schwieriger Verkürzungen nach dem Karton des Michelangelo Buonarroti im Ratssaale zu Florenz studiert. Ein anderer, dem der Mut gesunken wäre, in der Meinung, er habe seine

Zeit bis dahin vergeudet, würde, wenn auch mit herrlichem Geist begabt, doch nimmer das vollbracht haben, was Raffael leistete, der die Manier Pietros von sich warf, um die in allen Teilen so schwierige des Michelangelo sich anzueignen, und fast als Meister noch einmal zum Schüler wurde. Ein Mann schon, zwang er sich, durch unglaubliches Studium in wenigen Monaten das zu lernen, was ein zarteres, für Aneignung aller Dinge empfänglicheres Alter und einen Zeitraum von vielen Jahren bedurft hätte. Fürwahr, wer nicht rechtzeitig die guten Anfangsgründe und die Manier lernt, der er folgen will, und allmählich durch Erfahrung die Schwierigkeiten der Kunst sich erleichtert, indem er das einzelne zu verstehen und anzuwenden sucht, der wird fast niemals vollkommen werden, und wird er es, so erreicht er es nur durch mehr Zeit und weit größere Anstrengung.

Als Raffael den Entschluß faßte, seine Manier zu ändern und zu verbessern, hatte er noch nie nackte Körper mit dem Studium ausgeführt, das dabei notwendig ist; er zeichnete sie nur nach der Natur in der Weise, wie er es von Pietro, seinem Meister, gesehen hatte, und half ihnen durch die Anmut auf, die die Natur ihm verliehen hatte. Von nun an jedoch ergab er sich dem Studium nackter Gestalten und suchte die Muskeln in den Anatomiebüchern und sezierter Leichen mit den an Lebenden, wo sie sich durch die überdeckende Haut nicht so deutlich als bei jenen unterscheiden lassen, zu vergleichen; hierdurch sah er, wo die Muskeln Fülle und Weichheit bekommen und wie man durch Wenden der Ansichten gewissen Verzerrungen Anmut geben könne, sah die Wirkung des Anschwellens, des Senkens und Erhebens einzelner Glieder oder des ganzen Körpers, die Verknüpfungen der Knochen, der Nerven und Adern, und wurde in allen Teilen so vorzüglich, wie man es von einem vollkommenen Maler verlangt. Bei alledem erkannte er nichtsdestotrotz: es sei ihm nicht möglich, Michelangelo, als den Menschen von dem größten Urteil, hierin zu erreichen, doch sah er auch, die Kunst der Malerei bestehe nicht einzig darin, nackte Körper darzustellen, sondern daß sie ein weites Feld beherrsche, und man könne unter die vollkommenen Meister auch diejenigen als tüchtig und klug zählen, die ihre Erfindungen und Gedanken gut und mit Leichtigkeit und mit gutem Urteil auszudrücken vermögen, ihre Kompositionen nicht durch zu viel verwirren noch durch zu wenig dürftig erscheinen lassen, sondern vielmehr nach schöner Erfindung und Anordnung zusammenstellen. Hierzu gehört, wie Raffael richtig dachte, daß man sie durch mannigfaltige und ungewöhnliche Perspektiven, Gebäude und Landschaften und durch anmutige Bekleidung der Figuren bereichere, daß man die Gestalten bisweilen mit dem Dunkel sich verlieren, bisweilen mit dem Licht hervortreten lasse, daß man den Köpfen der Frauen, der Kinder, der jungen und der alten Leute Lebendigkeit und, je nachdem es erforderlich ist, Beweglichkeit und Kühnheit gäbe. Er beachtete, wie wichtig bei Schlachtszenen das Getümmel der Pferde und die Wildheit der Kriegsleute sei, wie man die verschiedenartigsten Tiere darstellen, vor allem aber die Menschen bildnisgetreu nachbilden können müsse, so daß sie wie lebend erscheinen und von dem erkannt werden, für den sie gemacht sind, weiterhin unzählige Dinge, wie schöne Gewänder, Fußbekleidungen, Helme, Waffen, Kopfputz der Frauen, Haare, Bärte, Vasen, Bäume, Grotten, Felsen, Feuer, trübe und klare Luft, Wolken, Regen, Blitze, heiteres Wetter, Nacht, Mondschein, Sonnenglanz und eine Menge zur Kunst der Malerei gehöriger Dinge. Dies war es, sage ich, was Raffael erkannte, und er entschloß sich, da er Michelangelo in dem nicht erreichen könne, worin er ihm nachgestrebt hatte, daß er in jenen anderen Teilen ihm gleichkommen oder vielleicht ihn übertreffen wolle. So gab er es auf, ihn nachzuahmen, um nicht unnötige Zeit zu verlieren, sondern um der unumschränkt Beste auf jenen Gebieten zu werden, die aufgezählt worden sind.

Hätten viele Künstler unserer Zeit ebenso getan, die sich einzig dem Studium der Werke Michelangelos widmeten, ihn jedoch weder nachahmten noch zu solcher Vollkommenheit zu gelangen vermochten, so würden sie ihre Mühe nicht umsonst aufgewandt und nicht eine ganz harte Manier voll von Fehlern, ohne Reiz, ohne Kolorit und arm an Erfindung geschaffen haben, während ein Streben nach allgemeiner Ausbildung und die Nachahmung auch der anderen Gebiete ihnen selbst und der Welt Nutzen bereitet hätte. – Raffael, als er diesen Entschluß faßte, hatte erkannt, daß Fra Bartolommeo von S. Marco eine recht gute Malweise, eine sehr richtige Zeichnung und gefälliges Kolorit besaß, obwohl er bisweilen zu viel Schatten gab, um mehr Relief zu geben, nahm von ihm, was nach seinem Sinn und Bedürfnis war, d. h. in Zeichnung und Kolorit einen Mittelweg einzuschlagen. Nachdem er einige andere Weisen, die den Werken anderer Meister entnommen waren, mit der obengenannten vermischt hatte, bildete er aus vielen Manieren eine einzige, die nachmals als seine ihm eigene galt und die immerdar von Künstlern hochverehrt wurde und sein wird. Man erkennt sie in ihrer Vollkommenheit an den Sibyllen und Propheten in der Kirche Santa Maria della Pace, bei welchem Werk es ihm von großem Nutzen war, daß er in der Kapelle des Papstes die Arbeit Michelangelos gesehen hatte. Wäre Raffael bei dieser bezeichneten Methode geblieben und hätte nicht gesucht, sie zu übertreiben und zu verändern, um zu zeigen, er verstehe nackte Gestalten so gut auszuführen wie Michelangelo, so würde er nicht einen Teil des erworbenen Ruhmes verloren haben; denn auch die nackten Gestalten in dem Zimmer der Torre Borgia, wo der Brand des Borgo nuovo dargestellt ist, sind zwar gut, doch nicht in allen Teilen vollkommen. Auch jene an der Decke des Palastes von Agostino Chigi in Trastevere genügen nicht ganz, denn es fehlt ihnen die Grazie und Weichheit, die Raffael eigen war; indes war das zum großen Teil dadurch veranlaßt, daß er sie nach seiner Zeichnung von anderen malen ließ. Raffael besaß Einsicht genug, diesen Irrtum zu erkennen, und wollte daher das Bild der Verklärung Christi für S. Pietro a Montorio ohne Hilfe anderer ganz allein arbeiten; man findet darin alles, wie schon gesagt wurde, was von einem guten Gemälde gefordert wird. Hätte er beim Malen dieses Bildes nicht fast aus Eigensinn Lampenruß, wie ihn die Drucker brauchen, angewendet, der, wie ich schon mehrmals sagte, mit der Zeit immer dunkler wird und den anderen Farben schadet, mit denen er vermischt ist, so würde dies Werk, glaube ich, heute noch so frisch sein wie zu der Zeit, als er es malte, während es ganz anders verfärbt erscheint.

Ich wollte diese Betrachtungen fast am Schluß der Lebensbeschreibung Raffaels anstellen, um zu zeigen, wieviel Mühe, Studium und Fleiß dieser ruhmwürdige Künstler sich auferlegt hat; ich wollte dies vornehmlich zum Nutzen der Maler tun, damit sie lernen, sich von den Hindernissen zu befreien, vor denen die Klugheit und das Talent Raffaels ihn zu schützen wußten. Noch hinzufügen will ich, daß jeder sich begnügen sollte, das gerne zu tun, wozu er sich aus natürlichem Instinkt hingezogen fühlt, und nicht nach dem zu streben, was ihm von der Natur versagt ist, damit er seine Mühe nicht umsonst, und oft zu seinem Schaden und zu seiner Schande verliere. Wo es überdies hinreicht, etwas zu schaffen, soll man nicht das Maß zu überschreiten

suchen, um jenen zuvorzukommen, die durch reiche Hilfe der Natur und die besondere Gnade Gottes Wunder in der Kunst getan haben oder tun. Wer zu einem Dinge nicht Geschick hat, mag er sich mühen soviel er will, der wird doch nicht dahin gelangen können, wohin ein anderer mit Hilfe der Natur leicht gekommen ist. Unter den alten Malern diene uns als Beispiel Paolo Uccello: er mühte sich gegen sein Können vorwärts zu schreiten, ging aber immer rückwärts; dasselbe sehen wir in unseren Tagen und noch kürzlich an Jacopo da Pontormo und an vielen anderen, wie schon gesagt wurde und noch gesagt werden wird. Und dies geschieht vielleicht deshalb, weil der Himmel die Gnaden so verteilt hat, daß jeder sich mit dem genügen kann, was ihm zufällt.
Aber vielleicht zuviel schon, als nötig war, haben wir über diese Angelegenheiten der Kunst jetzt geredet; um uns wieder zu Raffaels Leben und zu seinem Tode zu wenden, so teile ich folgendes mit: er stand in naher Freundschaft zu Bernardo Dovizio, dem Kardinal von Bibbiena; dieser hatte ihn seit Jahren schon gerne verheiraten wollen; Raffael trat dem Willen des Kardinals nicht ausdrücklich entgegen, sondern hielt die Sache hin, indem er sagte, er wolle noch drei oder vier Jahre vorübergehen lassen. Dieser Termin rückte für Raffael ganz unerwartet heran, der Kardinal erinnerte ihn an sein Versprechen, und da er höflich war und sich verpflichtet fühlte, wollte er seinem Worte nicht untreu werden; so sah er sich gezwungen, die Hand einer Nichte des Kardinals anzunehmen. Da er mit dieser Nachstellung äußerst unzufrieden war, verfuhr er in der Weise, Zeit verstreichen zu lassen, so daß viele Monate vergingen, ohne daß die Ehe vollzogen wurde. Auch tat er dies nicht ohne ehrenwerte Absicht: denn nachdem er dem Hofe viele Jahre gedient hatte und Leo sein Schuldner über eine große Summe war, hatte man

ihm angedeutet, wenn er den großen Saal beendet habe, den er für ihn malte, werde der Papst ihm als Anerkennung seiner Bemühungen und Fähigkeiten den Kardinalshut verleihen, deren eine Menge vergeben werden sollten, darunter manche an Personen von geringerem Verdienst als Raffael. Dieser ging unterdessen heimlich seinen Liebschaften nach und überließ sich deren Vergnügungen ohne Maß; daher geschah es, daß er sich einmal mehr als gewöhnlich der Ausschweifung hingab und mit einem heftigen Fieber nach Hause kam. Die Ärzte glaubten, er habe sich erkältet, und da er die Ausschweifung nicht angab, ließen sie ihn unverständigerweise zur Ader, so daß er sich geschwächt fühlte, während er der Stärkung bedurfte. Er machte deshalb sein Testament, schickte als ein guter Christ seine Geliebte als erstes aus dem Haus und hinterließ ihr so viel, daß sie mit Ehren leben konnte. Hierauf verteilte er sein Eigentum unter seine Schüler, an Giulio Romano, den er immer sehr geliebt hatte, den Florentiner Giovan Francesco, genannt Fattore, und ich weiß nicht welchen Priester von Urbino, seinen Verwandten. Einen Teil seines Vermögens bestimmte er, um ein altes Tabernakel in Santa Maria Rotonda, das er sich zur Grabesstätte auserlesen hatte, neu mit Marmor bekleiden und davor einen Altar mit einer Marmorstatue der Muttergottes errichten zu lassen. Alles, was er sonst besaß, blieb dem Giulio und Giovan Francesco, und zum Testamentsvollstrecker ernannte er Messer Baldassare da Pescia, damals Kanzleipräsident des Papstes. Nachdem er gebeichtet und bereut hatte, starb er an demselben Tage, an dem er geboren war, am Karfreitag in einem Alter von siebenunddreißig Jahren[1]. Wie seine Fähigkeiten die Erde verschönten, ist zu glauben, daß seine Seele den Himmel

[1] Raffael starb am 6. IV. 1520 in Rom und ist im Pantheon (zur Zeit Vasaris eine Kirche und S. Maria Rotonda genannt) beigesetzt.

schmückt. In dem Saale, worin er zuletzt arbeitete, stellte man nach seinem Tode zu Häupten das Bild von der Verklärung Christi auf, das er für den Kardinal de' Medici vollendet hatte; und wer dies lebende Gemälde und diesen toten Körper betrachtete, dessen Seele wurde von tiefem Schmerz erschüttert. Der Verlust Raffaels bestimmte den Kardinal, jenes Bild auf dem Hochaltar von S. Pietro in Montorio aufstellen zu lassen, und es wurde nachmals immer wegen der Kostbarkeit jeder Gebärde sehr hoch geschätzt. Sein Körper empfing ein ehrenvolles Begräbnis, wie es einem so edeln Geist geziemte, denn es war kein Künstler in Rom, der ihn nicht schmerzlich beweinte und zu Grabe geleitete. Tiefe Trauer brachte sein Tod dem ganzen päpstlichen Hofe; erstens, weil er zu Lebzeiten das Amt eines Kammerherrn bekleidet hatte, und dann, weil ihn der Papst so sehr geliebt hatte, daß sein Verlust ihn bitterlich weinen machte. – Glücklicher und seliger Geist, gerne redet ein jeder von dir, feiert deine Taten und bewundert jede Zeichnung, die du hinterlassen hast. Wohl konnte beim Tod dieses edlen Künstlers auch die Malerei sterben; denn als er die Augen schloß, blieb sie fast blind zurück. Uns aber, die wir hinterblieben sind, steht es zu, die gute oder vielmehr beste Weise nachzuahmen, die er uns zum Vorbild gegeben hat, sein Andenken dankbar im Herzen zu bewahren, wie unsere Pflicht und seine Verdienste es fordern, und durch das Wort ihm ein ehrenvolles Gedächtnis zu stiften. Er war es in der Tat, der die Kunst, Farben und Erfindung vereint zu einem Grade der Vollkommenheit brachte, den man kaum erhoffen durfte; kein Geist halte es für möglich, daß er ihn je übertreffen könne.

Und außer der Wohltat, die er der Kunst als ihr wahrster Freund erwies, lehrte er uns durch sein Leben, wie man sich im Umgang mit den Großen der Welt, wie mit

Menschen mittleren Standes und wie mit ganz geringen Leuten betragen müsse. Auch halte ich unter seinen einzigartigen Gaben eine für so wunderbar, daß sie mich in Staunen versetzt: daß der Himmel ihm Kraft verlieh, in unserem Kreise eine Wirkung zu erzielen, die dem Naturell von uns Malern ganz entgegengesetzt ist, ich sage, nicht nur den geringen, sondern auch denen, die den Anspruch machten, groß zu sein (wie die Kunst deren unzählige hervorbringt), nämlich, daß sie einig und einträchtig lebten, sobald sie in Gesellschaft Raffaels arbeiteten; jede üble Laune schwand, wenn sie ihn sahen, jeder niedrige und gemeine Gedanke war aus ihrer Seele verbannt. Eine solche Übereinstimmung herrschte zu keiner Zeit als in der seinigen. Dies kam daher, daß sie durch seine Freundlichkeit, durch seine Kunst und mehr noch durch die Macht seiner schönen Natur sich überwunden fühlten, die so anmutsvoll und gütig war, daß nicht nur die Menschen, sondern selbst Tiere ihn ehrten. Man sagt, wenn irgendein Maler, den er kannte oder auch nicht kannte, eine Zeichnung von ihm begehrte, die er brauchte, habe er seine Arbeit liegenlassen, um jenem zu helfen. Er hielt stets eine Menge Künstler in Arbeit, half ihnen und belehrte sie mit einer Liebe, wie sie nicht Künstlern, sondern eigenen Kindern geziemte. Dadurch kam es, daß er nie zu Hofe ging, ohne von Haus weggehend von wohl fünfzig guten und tüchtigen Malern umgeben zu sein, die ihn durch ihr Geleite ehren wollten; kurz, er lebte wie ein Fürst und nicht wie ein Künstler. – Wohl konntest du, o Kunst der Malerei, dich damals glücklich preisen, denn dir gehörte ein Meister an, dessen Tugend und Sitten dich über den Himmel erhoben. Wahrlich gesegnet konntest du dich nennen, seit das Vorbild eines solchen Mannes deine Schüler gelehrt hat, wie man leben müsse, und was es wert sei, Kunst und Tugend vereint zu haben. In

Raffael verbunden bezwangen sie die Größe Julius' II. und die Großmut Leos X., denn beide, mit der höchsten Würde bekleidet, erwählten ihn zum Freund und übten gegen ihn eine Freigebigkeit und Gnade, die ihm Mittel darbot, sich selbst und der Kunst die größte Ehre zu erwerben. Glückselig auch kann man die nennen, die in seinem Dienste standen und unter ihm arbeiteten, denn alle, die ihm nachstrebten, gelangten zu ehrenvollem Ziel; und alle die, die seine Bemühungen nachahmen werden, werden von der Welt geehrt sein, und wer in Sitten ihm zu gleichen sucht, wird im Himmel belohnt werden.

Michelangelo Buonarroti

Florentiner Maler, Bildhauer und Architekt

Während fleißige und ausgezeichnete Geister, vom Licht des hochberühmten Giotto und seiner Nachfolger geleitet, sich anstrengten, der Welt den ihnen durch die Gunst der Sterne und durch die im rechten Verhältnis stehende Mischung der Säfte verliehenen Wert zu zeigen, und darnach strebten, mit der Herrlichkeit der Kunst die Größe der Natur darzustellen, und soviel als sie vermochten, zu jenem höchsten Verständnis zu kommen suchten, das viele Intelligenz nennen, sich aber so gut wie vergebens abmühten, da wandte der Lenker der Welten gnädig seine Augen zur Erde, und als er die Unmenge so vieler eitler Anstrengungen, die glühendsten Studien ohne Erfolg und den Eigendünkel der Menschen sah, der der Wahrheit viel ferner liegt als die Dämmerung dem Lichte, da beschloß er, uns von so vielen Irrtümern zu erlösen, einen Geist zur Erde zu senden, der allvermögend in jeder Kunst und jedem Beruf sei, der durch sich allein dartun könne, was Vollkommenheit der Kunst der Zeichnung sei in Entwurf, Umriß, Licht und Schatten, wodurch Gemälde Relief gewinnen, der die Bildhauerei nach richtiger Einsicht zu üben und durch Kenntnis der Baukunst Wohnungen bequem, sicher, gesund, heiter, nach richtigem Verhältnis und reich an mancherlei Schmuck aufzuführen wisse. Zudem sollten wahre Philosophie und die holde Dichtkunst ihm eigen sein, damit die Welt ihn im Leben, im Wirken, in der Frömmigkeit der Sitten und in allen menschlichen Handlungen als ihr höchstes Vorbild wählte und bewunderte, und daß er von uns mehr ein himmlisches, denn ein irdisches Gut genannt werde. Und da er sah, daß in solcherlei Fertigkeiten und besonders in den einzigartigen Künsten, d. h. in Malerei, Bildhauerei und Architektur, sich die Geister Toskanas stets weit über die anderen erhoben haben, indem sie mehr als irgendein Stamm Italiens Fleiß und Studium in allen Fakultäten aufwenden, wählte er Florenz, die würdigste vor den übrigen Städten, zu seiner Heimat, um dort die wohlverdiente, endliche Vollendung allen Vermögens in einem ihrer Bürger anzuhäufen.

So wurde dem Signore Lodovico di Lionardo Buonarroti Simoni, der, wie man sagt, aus der überaus edeln und alten Familie der Grafen von Canossa stammte, im Jahr 1474 unter einem vom Schicksal bestimmten und günstigem Sterne von einer ehrsamen und edeln Frau im Casentino ein Sohn geboren. In demselben Jahr, als Lodovico Stadtvogt der befestigten Flecken Chiusi und Caprese in der Aretiner Diözese, nahe dem Felsen von La Vernia, wo der hl. Franziskus die Wundmale empfing, wurde dem Lodovico, so sagte ich, ein Sohn am 6. März, eines Sonntags, um die achte Stunde des Nachts geboren, und dieser gab ihm den Namen Michelangelo, weil er ohne weiteres Nachdenken, von etwas Höherem getrieben, sagen wollte, daß dieser ein himmlisches und göttliches Gut außer sterblichem Brauche sei, wie dies nachmals auch aus der Konstellation bei seiner Geburt hervorging, denn Merkur und Venus waren im Zweiten im Hause des Jupiter mit günstigem Aspekt; das war ein Zeichen, daß er einst durch die Kunst der Hand und des Geistes herrliche und bewunderungswürdige Werke vollbringen werde[1].

[1] Michelangelo wurde am 6. III. 1475 in Caprese im Casentino geboren. Er war von sechs Söhnen der Zweitgeborene. Die Verwandtschaft mit den Grafen von Canossa konnte bis jetzt urkundlich noch nicht erwiesen werden. Michelangelos Mutter (1455/1456 bis 1481) hieß Francesca di Neri di Miniato del Sera; Lodovico di

Nachdem Lodovico das Amt des Stadtvogtes beendet hatte, wohnte er wieder bei Florenz, in Settignano, das drei Meilen von der Stadt entfernt liegt, wo er von seinen Voreltern her ein Gut besaß. Der Ort ist reich an Steinen und ganz voll von Sandsteinbrüchen, die ohne Unterlaß von Steinmetzen und Bildhauern bearbeitet werden, die meist in jenem Ort heimisch sind. Lodovico gab dort Michelangelo zu der Frau eines Steinmetzen, damit sie ihn als Amme nähre; deshalb sprach Michelangelo einstmals im Scherze zu Vasari: Giorgio, wenn mein Geist etwas ist, so ist es daher gekommen, daß ich in der feinen Luft eures Aretiner Bezirkes geboren bin, so wie ich auch aus der Milch meiner Amme Meißel und Hammer eingesogen habe, womit ich meine Figuren mache.

Lodovico bekam mit der Zeit viele Kinder, und da er kein Vermögen und nur ein geringes Einkommen hatte, bestimmte er seine Söhne zu der Wollen- und Seidenweberei und gab Michelangelo, der schon herangewachsen war, in die Schule zu Herrn Francesco da Urbino; der Knabe aber, der durch seine Anlage am Zeichnen Ergötzen fand, verwendete darauf heimlich so viele Zeit als möglich, weil er von seinem Vater und von seinen Lehrern darum gescholten, bisweilen sogar geschlagen wurde, die vielleicht die Beschäftigung mit jener Kunst, die sie nicht kannten, für niedrig und ihrer alten Familie nicht würdig genug achteten.

In dieser Zeit schloß Michelangelo Freundschaft mit Francesco Granacci, der, ein Knabe wie er, bei Domenico del Grillandaio in der Lehre war, die Kunst der Malerei zu lernen[1]. Da Granacci den Michelangelo liebhatte und da

Lionardo Buonarroti Simoni (1444–1534) heiratete sie am 16. I. 1472.

[1] Francesco Granacci war am 23. VII. 1477 in Florenz geboren (gest. am 30. XI. 1543); er erfuhr seine Ausbildung bei Domenico Ghirlandaio, auch Grillandaio genannt, mit dem er Anfang 1493 nach Pisa ging.

er seine Geschicklichkeit im Zeichnen sah, brachte er ihm täglich Zeichnungen des Grillandaio, der nicht nur in Florenz, sondern in ganz Italien als einer der besten Maler geschätzt wurde. Hierdurch wuchs in Michelangelo von Tag zu Tag der Eifer, etwas zustande zu bringen, so daß Lodovico, als er die Unmöglichkeit und kein anderes Mittel sah, den Knaben vom Zeichnen abzuhalten, beschloß, damit doch etwas dabei herauskomme und er die Kunst auch wirklich lerne, ihn auf den Rat seiner Freunde zu Domenico Grillandaio in die Lehre zu geben.

So kam Michelangelo im Alter von vierzehn Jahren zu Domenico in die Lehre. Zwar hat ein Schriftsteller, der nach 1550, wo ich diese Lebensbeschreibungen zum ersten Male herausgab, das Leben Michelangelos schrieb, die Behauptung aufgestellt, es sei von einigen, aus Mangel an Verkehr mit jenem, Unwahres über ihn berichtet und Denkwürdiges verschwiegen worden, namentlich mit Beziehung auf das eben Gesagte, daß Domenico, den er als sehr neidisch bezeichnet, dem Michelangelo nie einen besonderen Dienst geleistet habe[1]; allein daß dies falsch ist, kann man aus einem Schreiben von der Hand Lodovicos, des Vaters von Michelangelo, in einem der Bücher Domenicos sehen, das jetzt bei dessen Erben aufbewahrt wird. Diese Schrift lautet: »1488. Ich bezeuge heute am 1. April, daß ich, Lodovico di Lionardo di Buonarota, meinen Sohn Michelangelo für die nächsten drei Jahre zu Domenico und Davit di Tommaso di Currado in die Lehre gegeben habe, mit dem Vertrag und der Bedingung,

[1] Vasari polemisiert hier gegen die von dem Bildhauer und Maler Asciano Condivi verfaßte Lebensbeschreibung, die 1553 in Rom erschienen war. (Deutsche Ausgaben: von Valdeck und Ilg in Quellenschr. zur Kunstgesch. Bd. VII, Wien 1874, und H. Pemsel, München 1898. – Condivi (etwa 1525–1574) kam jung nach Rom und stand dort in freundschaftlichen Beziehungen zu Michelangelo. Auch seinen Darstellungen liegen sicher persönliche Mitteilungen Michelangelos zugrunde.

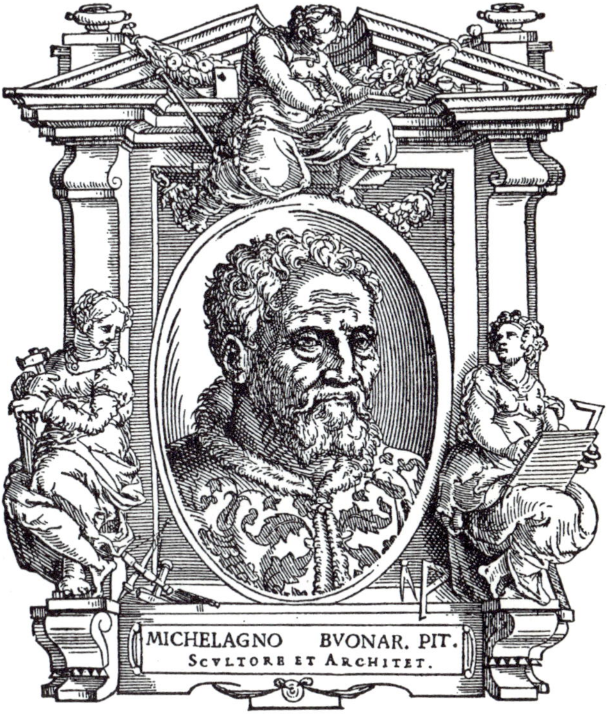
MICHELAGNO BVONAR. PIT.
SCVLTORE ET ARCHITET.

daß der genannte Michelangelo die genannte Zeit bei genannten Meistern bleiben solle, um malen und ihren Beruf üben zu lernen, und daß genannte Meister die Aufsicht über ihn führen und daß genannte Domenico und Davit ihm während dieser drei Jahre vierundzwanzig Gulden Lohn zahlen müssen, im ersten Jahr sechs, im zweiten acht, im dritten zehn, in allem die Summe von sechsundneunzig Lire.« Und unter diesem Zeugnis oder Vertrag liest man gleichfalls von der Hand Lodovicos: »Der obengenannte Michelangelo hat davon heute am 16. April zwei Goldgulden in Gold ausgezahlt erhalten. Ich, Lodovico di Lionardo, sein Vater, bekam auf seine Rechnung zwölf Lire zwölf.« Diese Eintragungen habe ich aus dem bezeichneten Buche selbst abgeschrieben, um darzutun, daß alles, was ich damals berichtete und weiter berichten werde, die Wahrheit ist; auch weiß ich nicht, daß irgendwer näher mit Michelangelo verkehrt hätte, ihm mehr als ich ein treuer Freund und Diener gewesen sei, wie selbst Nichtunterrichtete bezeugen müssen, und glaube nicht, daß jemand eine größere Zahl und mit mehr Liebe geschriebener Briefe von ihm aufweisen kann als ich. Diese Abschweifung gestattete ich mir aus Treue zur Wahrheit, und zwar mag das für die ganze Fortsetzung meiner Lebensbeschreibung genügen. Jetzt aber wollen wir zu unserer Darstellung zurückkehren.

In Michelangelo brachte jeder Tag immer göttlichere Früchte hervor, wie sich deutlich zu zeigen begann, als er einen Kupferstich von Martin dem Deutschen abzeichnete, wodurch er vielen Ruhm erlangte. Es war nämlich damals eine in Kupfer gestochene Darstellung des genannten Martin: Antonius, der von Teufeln geplagt wird, nach Florenz gekommen, und Michelangelo zeichnete sie mit der Feder nach, wie man derart noch nichts gesehen hatte, und malte sie auch mit Farben aus, zu welchem

Zweck er, um einige ungewöhnliche Formen von Teufeln besser zu treffen, Fische mit seltsam farbigen Schuppen kaufte; und hierbei bewies er so großes Vermögen, daß er sich Namen und Achtung erwarb[1]. Außerdem kopierte er Blätter von verschiedenen alten Meistern so treu, daß man sie von den Originalen nicht unterscheiden konnte, denn er färbte, räucherte und beschmutzte sie auf verschiedene Weise, bis sie ein altes Ansehen hatten und man beim Vergleich zwischen seinen und jenen keinen Unterschied gewahr wurde; und er tat dies nur, um die Nachbildungen statt der Originale hinzugeben, die er behielt, wegen ihrer Herrlichkeit der Kunst bewunderte und durch seine Leistungen zu übertreffen suchte. Durch dies alles wurde er sehr berühmt.

In jener Zeit hielt der prachtliebende Lorenzo de' Medici den Bildhauer Bertoldo in seinem Garten auf dem Platze von San Marco, nicht sosehr als Aufseher und Wächter über viele schöne, mit großen Kosten dort von ihm gesammelte Altertümer, als hauptsächlich aus dem Wunsche, eine Schule für hervorragende Maler und Bildhauer zu gründen, deren Haupt und Führer Bertoldo, ein Schüler Donatos, sein sollte. Obwohl er bereits so alt war, daß er nicht mehr arbeiten konnte, war er doch nichtsdestoweniger ein sehr geschickter und angesehener Meister, der nicht nur den Guß der Kanzeln seines Meisters Donato aufs fleißigste ausgeputzt, sondern auch selbst viele Bronzegüsse von Schlachten und einigen anderen kleinen Dingen ausgeführt hatte, mit einer Meisterschaft, darin ihn damals keiner in Florenz übertraf[2]. Da nun Lorenzo, der

[1] Weder das Vorlageblatt, ein Stich von Martin Schongauer (1430–1491), noch Michelangelos Nachzeichnung sind erhalten. – [2] Vasari spielt hier auf den berühmten Statuengarten des Lorenzo il Magnifico an, über den 1488 Bertoldo di Giovanni (etwa 1420 bis 1491) die Oberaufsicht übernahm. Bertoldo war als Schüler Donatellos an der Ausführung einiger Arbeiten aus dessen Spätzeit

eine sehr große Liebe zur Malerei und Bildhauerkunst hatte, es beklagte, daß es zu seiner Zeit keine berühmten und würdigen Bildhauer gäbe, wie man viele Maler von hohem Wert und Ruf antreffe, beschloß er, wie ich oben erzählte, eine Schule zu stiften, und forderte Domenico Ghirlandaio auf, wenn er junge Leute in seiner Werkstatt hätte, die Lust dazu bezeigten, solche nach seinem Garten zu schicken, wo er sie zu üben und in einer Weise auszubilden wünschte, daß er sich und ihn und die Stadt ehren würde. Hierauf empfahl ihm Domenico als die vorzüglichsten unter seinen jungen Leuten Michelangelo und Francesco Granaccio[1]. Sie gingen nach dem Garten und fanden dort Torrigiano, einen jungen Mann aus der Familie der Torrigiani, der im Auftrag des Bertoldo ein paar runde Figuren in Ton machte[2]. Als Michelangelo das sah, machte er sogleich, um ihm nachzueifern, auch einige; daraufhin erkannte Lorenzo alsbald den herrlichen Geist und behielt ihn von nun an immer im Auge. Michelangelo aber, dadurch ermuntert, gab sich nach wenigen Tagen daran, aus einem Stück Marmor den antiken Kopf eines alten, runzligen Fauns nachzubilden, der an der Nase beschädigt war und den Mund zum Lachen verzog. Obwohl nun Michelangelo nie Marmor und Meißel unter den Händen gehabt hatte, gelang ihm die Kopie zum Verwundern des Herzogs sehr gut. Dieser nun, als er sah, daß er dem Faun nach eigner Phantasie den Mund mit dem Drillbohrer geöffnet hatte, wodurch die Zunge und Zähne sichtbar wurden, sprach nach seiner gewohnten Weise freundlich

beteiligt; Vasari erwähnt hier seine Beteiligung an den beiden Kanzeln in S. Lorenzo in Florenz. Als eigene Arbeit Bertoldos zitiert er weiterhin offenbar das Relief mit der Reiterschlacht, jetzt im Bargello in Florenz.

[1] Wann der Eintritt Michelangelos in die Kunstschule des Mediçäischen Gartens erfolgte, liegt nicht genau fest; wohl im Frühjahr 1489. – [2] Pietro Torrigiani, 1472 geb. in Florenz, gest. 1528 in Sevilla.

scherzend: »Du hättest doch wissen sollen, daß alte Leute nie alle ihre Zähne haben, sondern daß ihnen stets einer fehlt.« Michelangelo, der den Herzog liebte und fürchtete, meinte in seiner Einfalt, er habe recht, und brach, sobald er fort war, einen Zahn heraus, bearbeitete mit dem Bohrer das Zahnfleisch so, daß es schien, der Zahn sei herausgefallen, und harrte mit Sehnsucht auf die Rückkehr des Magnifico, der, als er kam und die Einfalt und Güte Michelangelos sah, herzlich lachte und die Begebenheit oftmals gleich einem Wunder seinen Freunden erzählte. Da er sich vorgenommen hatte, den Jüngling zu unterstützen und zu begünstigen, so hielt er bei Lodovico, seinem Vater, um ihn an, mit dem Versprechen, daß er ihn wie einen Sohn halten werde; und dieser willigte gerne darein. So gab ihm der Herzog ein Zimmer in seinem Hause, ließ ihn an seinem Tische essen und mit seinen Söhnen und anderen Personen von Rang und Stand, die zu dem Herzog kamen, der ihn sehr ehrte. Das geschah im zweiten Jahre, nachdem Michelangelo zu Domenico gekommen und Michelangelo fünfzehn oder sechzehn Jahre alt war; er blieb vier Jahre in diesem Hause, nämlich bis zu dem Tode Lorenzos im Jahre 1492[1]. Während dieser Zeit erhielt er vom Herzog als Gehalt und zur Unterstützung für seinen Vater im Monat fünf Dukaten; auch schenkte ihm Lorenzo zu seinem Vergnügen einen violetten Mantel und gab dem Vater ein Amt beim Zoll.

Damals arbeitete Michelangelo auf den Rat des Polizian, eines in den Wissenschaften sehr erfahrenen Mannes, aus einem Stück Marmor, das der Herzog ihm gab, den Kampf des Herkules mit den Kentauren, der so schön gelang, daß mancher, der dies Werk jetzt ansieht, es

1 Lorenzo il Magnifico starb am 28. XII. 1491; demnach kann Michelangelo nicht vier Jahre in dessen Hause gewesen sein, da er ja erst 1488 in die Lehre zu Ghirlandaio kam.

nicht als die Arbeit eines Jünglings, sondern eines geschätzten, in den Studien erfahrenen und in dieser Kunst geübten Meisters hält. Zu seinem Gedächtnis bewahrt es sein Neffe Lionardo heutigentags als ein fürwahr seltenes Werk in seinem Hause auf[1]. Dieser Lionardo besaß auch noch vor wenigen Jahren in seinem Hause als Andenken an seinen Oheim ein Flachrelief Michelangelos: ein nicht viel über eine Elle großes Madonnenbild von Marmor, bei welchem Michelangelo, zur gleichen Zeit, als er noch ein Jüngling war, die Manier Donatellos nachahmen wollte und sich so gut hielt, daß es von dessen Hand zu sein scheint, nur daß es mehr Anmut und bessere Zeichnung hat. Später schenkte es Lionardo dem Herzog Cosimo de' Medici, der es für eine ganz einzigartige Sache hält, zumal es nur dies eine Flachrelief von seiner Hand gibt[2].
Viele Monate zeichnete er in der Carmine nach den Malereien Masaccios, und zwar kopierte er mit so viel Einsicht, daß Künstler und andere Leute sich verwunderten, und daß der Neid zugleich mit seinem Ruhme wuchs. Unter anderen erzählt man sich, daß Torrigiano, der mit ihm Freundschaft geschlossen hatte und sich mit ihm neckte, aus Neid darüber, ihn geehrter als sich und in der Kunst geschickter zu sehn, ihm einstmals einen solchen Schlag mit der Faust auf die Nase gegeben habe, daß sie gequetscht und zerbrochen und er für sein Leben schlimm gezeichnet blieb; Torrigiano aber wurde von Florenz verbannt[3].

[1] Auf dem Relief, das sich jetzt in der Casa Buonarroti in Florenz befindet, ist der Kampf der Lapithen und Kentauren bei der Hochzeit des Peirithoos dargestellt. Inhaltlich kommt die Anregung von Ovid, Metamorphosen XII, 210ff. – [2] Es kann sich wohl nur um das Relief der »Madonna an der Treppe« in der Casa Buonarroti in Florenz handeln. – [3] Pietro Torrigiani, Florentiner Bildhauer (1472 bis 1528); 1492 verließ er Florenz und führte ein unstetes Wanderleben durch Europa.

Nach dem Tode des Lorenzo il Magnifico kehrte Michelangelo in sein elterliches Haus zurück, unendlich betrübt über den Verlust eines solchen Mannes und Freundes aller Begabungen.

Als die Medici aus Florenz vertrieben wurden, und zwar mehrere Wochen vorher, war Michelangelo nach Bologna und dann nach Venedig gegangen, aus Besorgnis, es könne ihm als Freund des Hauses irgendeine Unannehmlichkeit treffen, denn er kannte die Vermessenheit und die schlechte Verwaltung des Piero de' Medici, kehrte aber, weil er in Venedig keinen Unterhalt fand, nach Bologna zurück[1].

Hier beging er aus Unachtsamkeit den Fehler, sich beim Eintritt in das Tor keine Kontermarke geben zu lassen, auf welche hin er wieder heraus könne, wie es damals aus Argwohn von Messer Giovanni Bentivogli befohlen war, der verlangte, jeder Fremde, der kein Zeichen habe, solle fünfzig bolognesische Lire bezahlen. Ohne Mittel, die Strafe zu zahlen, wurde Michelangelo, als ihm das Mißgeschick passierte, zufällig voll Mitgefühl von Messer Giovan Francesco Aldovrandi, einem der Sechzehn der Regierung, gesehen; dieser, nachdem er sich die Sache hatte erzählen lassen, befreite ihn und behielt ihn ein ganzes Jahr bei sich. Eines Tages, als Aldovrando mit ihm ging, das Grabmal des hl. Domenikus anzusehen, das, wie gesagt wurde, von den beiden alten Bildhauern Giovanni Pisano und nach ihm von Meister Niccolò dall'Arca gearbeitet ist, und an dem ein Engel fehlte, der einen Leuchter zu tragen hat, und ein heiliger Petronius, Figuren von ungefähr einer Elle Höhe, fragte ihn Aldovrando, ob er wohl Lust habe, sie zu arbeiten; und Michelangelo sagte: Ja. Man gab ihm

[1] Michelangelo floh etwa am 10./11. X. 1494 von Florenz. Die Vertreibung der Mediciäer erfolgte im folgenden Monat. Michelangelo traf Ende 1494 oder Anfang 1495 in Bologna ein.

Marmor, und er führte sie so aus, daß sie hier die besten sind; Messer Francesco Aldovrando aber ließ ihm dreißig Dukaten für beide auszahlen[1].

Michelangelo blieb nicht viel über ein Jahr in Bologna. Er würde länger geblieben sein, um die Höflichkeit des Aldovrando zu begleichen, der ihn sowohl wegen seiner Kunst im Zeichnen als wegen seiner toskanischen Mundart beim Vorlesen liebte, so daß er ihn gerne Werke Dantes, Petrarcas und Boccaccios wie anderer toskanischer Dichter vortragen hörte. Aber als Michelangelo erkannte, daß er Zeit verliere, kehrte er gerne nach Florenz zurück. Hier arbeitete er für Lorenzo di Pierfrancesco de' Medici einen kleinen Johannes aus Marmor, und danach nahm er einen anderen Marmorblock und begann einen schlafenden Cupido in natürlicher Größe, der, als er fertig war, von Baldassare del Milanese dem Pierfrancesco[2] als ein schönes Werk gezeigt wurde. Dieser aber, nachdem er ihn mit prüfendem Auge betrachtet, sprach: Wenn du ihn in die Erde vergraben würdest, so bin ich gewiß, er würde für antik gelten, und wenn du ihn in einer Weise zugerichtet, als ob er alt sei, nach Rom schicken würdest, so möchte dir das weit mehr einbringen, als wenn du ihn hier verkauftest. Man sagt, Michelangelo habe hierauf seiner Statue das Aussehen gegeben, als ob sie antik sei, und man braucht sich dabei nicht zu verwundern, weil er Verstand genug besaß, dies und noch mehr zu tun. Andere behaupten, Milanese habe sie nach Rom geschafft, in seinem Weingut vergraben und dann als ein antikes Werk für zweihundert Dukaten an den Kardinal San Giorgio ver-

[1] Das Grabmal des hl. Domenikus ist in S. Domenico in Bologna. Von Michelangelo sind jetzt noch daran der Kandelaber-haltende, knieende Engel rechts und der hl. Petronius; über die älteren Figuren des Niccolò Pisano vgl. S. 24; von dem noch genannten Nicolò dall'Arca ist der Kandelaber-tragende Engel links (1469 bis 1472). – [2] Muß natürlich heißen »Lorenzo di Pier Francesco«.

kauft; während noch andere erzählen, Milanese, für den er auch eine gearbeitet hätte, habe diese dem Kardinal verkauft und an Pierfrancesco geschrieben, er solle Michelangelo dreißig Scudi auszahlen, da er für den Cupido nicht mehr erhalten habe, so daß er den Kardinal, Pierfrancesco und Michelangelo betrogen hätte. Indes hörte San Giorgio von einem Augenzeugen, die Figur des Knaben sei in Florenz gearbeitet, und als er durch einen eigens Beauftragten die Wahrheit erfuhr, brachte er es dahin, daß der Agent des Milanese die Sache wieder in Ordnung bringen und den Cupido zurücknehmen mußte. Dieser ist nachmals an Herzog Valentino gekommen; von diesem wurde er der Markgräfin von Mantua geschenkt, die ihn mit nach ihrer Heimat nahm, wo man ihn noch heute sieht. Die ganze Begebenheit aber zog dem Kardinal San Giorgio[1] manchen Tadel zu, daß er die Trefflichkeit des Werkes nicht erkannte, die in dessen Vollkommenheit besteht, durch welche sich die neueren Werke so gut als die antiken auszeichnen; wie hervorragend sie auch immer sind, es ist Eitelkeit, mehr auf den Namen als auf die Sache zu achten. Aber freilich, Leute, denen der Schein mehr gilt als das Sein, gibt es zu allen Zeiten. Indessen gelangte Michelangelo durch dies Ereignis zu so großem Ruf, daß er sofort nach Rom gezogen wurde, wo er zu dem Kardinal San Giorgio kam und fast ein Jahr bei ihm blieb, doch ohne daß dieser Herr ihm Arbeit gab, da er für die Kunst wenig Verständnis hatte[2].

In der Zeit wurde ein Barbier des Kardinals, der Maler gewesen war und sehr sorgfältig in Tempera malte, vom Zeichnen aber nichts verstand, mit Michelangelo befreun-

[1] Der Kardinal von San Giorgio war damals Raffaelo Riario. – [2] Michelangelo war am 26. VI. 1496 nach Rom gekommen; für Kardinal Riario sollte Michelangelo eine lebensgroße Figur machen, die aber nicht zur Ausführung kam.

det, und dieser machte ihm den Karton zu einem hl. Franziskus, wie er die Wundmale empfängt, den der Barbier sodann sehr fleißig auf einer kleinen Tafel in Farben ausführte; dies Bild ist heutigentags in San Piero a Montorio in einer der ersten Kapellen linker Hand beim Eintritt in die Kirche aufgestellt. Die Fähigkeit Michelangelos erkannte auch Messer Jacopo Galli, ein geistreicher römischer Edelmann, der von ihm einen Cupido von Marmor, in natürlicher Größe, und dann die zehn Spannen hohe Gestalt eines Bacchus machen ließ, der in der rechten Hand eine Schale, in der linken ein Tigerfell und eine Weintraube hält, die ein kleiner Satyr zu essen sucht. In dieser Figur erkennt man, daß er eine bestimmte Zusammenstellung wunderbarer Glieder hat geben wollen, vornehmlich indem er ihm die Schlankheit männlicher Jugend und die Rundung und Weichheit des Fleisches der Frau gab; es ist eine so wunderbare Sache, daß Michelangelo damit erwies, er übertreffe in Ausführung von Statuen alle neueren Meister, die bis dahin gearbeitet hatten[1]. Durch seinen Aufenthalt in Rom kam er so im Studium der Kunst voran, daß es unglaublich anzusehen war, welch hohe Gedanken ihm zuströmten, welch schwierige Manier er mit der größten Leichtigkeit übte, zum Staunen solcher, die nicht gewohnt waren, derlei Dinge zu sehen, sowie derer, denen Gutes häufig zu Gesicht gekommen war; denn Arbeiten, wie man sie früher gesehen, schienen im Vergleich zu den seinen nicht bestehen zu können. Dies alles aber erweckte in dem Kardinal Rohan von St. Denis, einem Franzosen, den Wunsch, mit Hilfe eines so seltenen Künstlers in der berühmten Stadt ein würdiges Denkmal von sich zu hinterlassen, und bestellte bei ihm eine Pietà, vollplastisch in Marmor gearbeitet. Als sie vollendet war,

[1] Die Gruppe, der trunkene Bacchus mit dem Satyr, verblieb bis 1583 im Besitze des Galli; jetzt im Bargello zu Florenz.

wurde sie in St. Peter in der Kapelle der Jungfrau Maria della Febbre im Tempel des Mars[1] aufgestellt. Kein Bildhauer, noch sonst ein noch so ausgezeichneter Künstler glaube, dieses Werk in Zeichnung und Anmut oder durch Aufwand an Mühe, in Feinheit, Glätte und kunstreichem Bohren des Marmors, wie Michelangelo es hier bewies, je erreichen zu können; denn man erkennt darin alle Kraft und alles Vermögen der Kunst. Zu den Schönheiten des Werkes gehört, außer den herrlichen Gewändern, der Leichnam Christi, dessen Glieder so herrlich, dessen Leib so kunstvoll ist, daß niemand wähne, eine nackte Gestalt, bei der Muskeln, Adern und Nerven über das Knochengerüst mit soviel Können gelegt sind, noch einen Toten mit einer solchen Totenähnlichkeit finden zu können. In den Zügen des Angesichts spricht sich die höchste Sanftmut aus, in den Ansätzen und Verbindungen der Arme, der Beine und des Körpers herrscht solche Übereinstimmung, Adern und Pulse sind so gearbeitet, daß man tatsächlich immer und immer wieder erstaunt, wie die Hand eines Künstlers in der kurzen Zeit dies bewunderungswürdige Werk so göttlich und genau auszuführen vermochte.

Sicherlich ist es ein Wunder, daß einem erst formlosen Stein allmählich eine solche Vollendung gegeben wurde, wie sie kaum die Natur im Fleische zu erreichen pflegt. Die Liebe zu diesem Werke und die dabei aufgewandte Mühe veranlaßte Michelangelo dazu – was er sonst bei keinem anderen Werke tat –, seinen Namen querdurch in den Gürtel, der die Brust der Madonna umschließt, einzugraben. Heimlich kam er nämlich eines Tages nach dem Orte, wo das Werk aufgestellt war, und fand dort eine Anzahl Fremder aus der Lombardei, die es sehr rühmten, und von denen einer auf die Frage, wer es gearbeitet habe,

[1] Vasari will sagen: an der Stelle, wo früher der Marstempel war.

entgegnete: »Unser Gobbo aus Mailand[1].« Michelangelo schwieg still, doch dünkte ihm befremdlich, daß seine Mühen einem anderen angerechnet wurden; er schloß sich deshalb, mit Licht und Meißeln versehen, eines Nachts ein und grub seinen Namen ein[2].

Einige seiner Freunde aus Florenz schrieben ihm, er solle dahin kommen[3]: es sei nicht unmöglich, daß er den Marmorblock erhalten könne, der verhauen in der Dombauhütte liege und den Piero Soderini, der damals zum Gonfaloniere der Stadt auf Lebzeiten ernannt worden war[4], wie er oft geäußert hatte, an Lionardo da Vinci schicken wollte, und der nunmehr verhandelte, daß er an Meister Andrea Contucci dal Monte Sansovino, einen trefflichen Bildhauer, der ihn gerne haben wollte, ausgeliefert würde.

Es hielt schwer, eine ganze Statue daraus zu arbeiten, ohne daß man Stücke ansetzte, und keinem reichte der Mut dazu, außer Michelangelo, der den Block schon viele Jahre vorher gewünscht hatte und der ihn, sobald er in Florenz war, sogleich zu erlangen trachtete. Dieser Marmor war neun Ellen hoch, aus dem Meister Simone da Fiesole unglücklicherweise eine Kolossalfigur auszuhauen begonnen hatte, aber das Werk wurde für nichts erachtet, weil er zwischen den Beinen ein Loch durchgehauen hatte und alles ganz verdorben und verstümmelt war, so daß die Dombauverwalter von Santa Maria del

[1] Der Genannte ist Christoforo Solari gen. il Gobbo (gest. 1527). – [2] Die Gruppe steht – seit 1749 – in der Capp. del Crocifisso in St. Peter in Rom. Gestiftet ist sie von Jean de Villiers de la Grolaye, Kardinal von St. Denis. Der Kontrakt zur Arbeit ist vom 27. VIII. 1498, aber schon im November 1497 scheinen die Verabredungen fertig gewesen zu sein. Die Inschrift lautet: Michelangelus Bonarotus Floren. Faciebat. – [3] Michelangelo war am 19. VI. 1501 wieder in Florenz. – [4] Piero Soderini (1452–1522) war 1501 zum Gonfaloniere und 1502 zum Gonfaloniere auf Lebenszeit ernannt worden.

Fiore, die die Aufsicht über diese Dinge führten, ihn verkommen ließen; so stand er seit Jahren und hätte wohl weiterhin so gestanden[1]. Michelangelo nun vermaß ihn von neuem und prüfte, ob er eine anständige Figur aus dem Felsen würde schlagen können, und indem er sich mit der Stellung nach der Form des von Meister Simone verstümmelten Blockes richtete, beschloß er, ihn von den Dombauverwaltern und von Soderini zu erbitten, die ihn als ein nutzloses Ding hingaben, in der Überzeugung, daß, was auch aus ihm würde, besser sein werde als der Zustand, in welchem er sich jetzt befand, wo er, weder geteilt noch ganz, dem Bau irgendeinen Nutzen bringen konnte.

Daraufhin formte Michelangelo ein Modell von Wachs, in dem er einen jungen David mit der Schleuder in der Hand als Wahrzeichen des Palastes darstellte. Dies sollte andeuten: daß wie jener sein Volk verteidigt und gerecht regiert habe, auch die, die über die Stadt gebieten, sie mutig verteidigen und gerecht regieren müßten. Er begann die Statue in der Bauhütte von Santa Maria del Fiore, wo er sich zwischen der Mauer und dem Zaun einen Verschlag von Brettern rings um den Marmor machte, und dann bearbeitete er diesen ohne Unterlaß und führte sein Werk vollständig zu Ende, ohne daß irgend jemand es sah. Der Marmor war, wie ich schon sagte, durch Simone verhauen und verdorben und genügte deshalb an einigen Stellen den Absichten Michelangelos nicht; darum richtete er es ein, daß an den äußeren Enden des Marmors einige von Simones ersten Meißelhieben blieben, von denen man noch jetzt einige sieht. Gewiß ein Wunder war es von Michel-

[1] Der Block, für eine der projektierten großen Marmorfiguren an den Tribünen des Florentiner Domes bestimmt, war schon in Carrara von Bartolomeo di Pietro verhauen worden; 1464 hatte ihn Agostino di Duccio zur weiteren Bearbeitung übernommen, offenbar ohne Wesentliches daran zu tun.

angelo, einen, der bereits zu den Toten gezählt wurde, zum Leben aufzuerwecken[1].

Während der Aufstellungsarbeiten trug es sich zu, daß sie Piero Soderini ansah, während Michelangelo noch einiges daran nachbesserte; sie gefiel jenem sehr wohl, doch bemerkte er, die Nase der Figur scheine ihm zu dick. Michelangelo, der wohl sah, daß der Gonfaloniere unter der Statue stehe und deshalb keine richtige Ansicht des Werkes haben könne, stieg, um ihn zufriedenzustellen, auf das Gerüst neben den Schultern, nahm schnell in die linke Hand einen Meißel und von den Brettern des Gerüstes ein wenig Marmorstaub und fing sodann an, den Meißel leise zu rühren und ließ dabei den Staub langsam niederfallen, ohne an der Nase irgend etwas zu verändern. Darauf schaute er nieder nach dem Gonfaloniere, der ihm zusah, und sagte: »Betrachtet ihn nun!« – »Was mich anlangt,« antwortete dieser, »so gefällt er mir besser, Ihr habt ihm Leben gegeben!« – Und Michelangelo stieg herab, mitleidig lächelnd über Leute, die sich das Ansehen geben, Kenner zu sein, während sie nicht wissen, was sie sagen.

Als das Werk aufgestellt und vollendet war, enthüllte es Michelangelo, und es ist wahr, daß es alle modernen und antiken Statuen, griechische wie römische, um ihren Ruhm brachte. Denn bei ihr sind die Umrisse der Beine sehr schön, die Gelenke und die Schlankheit der Hüften sind göttlich, und nie hat man eine so liebliche Stellung gesehen, noch eine Anmut, die dieser gleichkommt, noch Füße, Hände und Kopf, die in Güte, künstlerischer Ausführung, Ebenmaß und Zeichnung in allen Teilen so wohl

[1] Michelangelo übernahm den Auftrag für die Statue des David, die sich jetzt in der Accademia in Florenz befindet, am 16. VIII. 1501. Am 25. I. 1504 fanden Beratungen über die Aufstellung statt; erst am 8. IX. 1504 war die endgültige Denkmalssetzung vor dem Palazzo Vecchio vollendet. (Am 26. IV. 1527 wurde der linke Arm abgeschlagen, der erst 1543 wieder angesetzt wurde.)

übereinstimmen. Bestimmt, wer dies Bildwerk sieht, braucht sich nicht darum zu sorgen, auch noch ein anderes, von irgendeinem Meister unserer oder früherer Zeit zu sehen. Michelangelo erhielt für diese Statue von Piero Soderini vierhundert Scudi zum Lohne; sie wurde im Jahre 1504 aufgestellt. Für den Ruf, den er in der Bildhauerei erlangte, machte er für den obengenannten Gonfaloniere einen sehr schönen David in Bronze, der nach Frankreich geschickt wurde. In derselben Zeit legte er im groben zwei Medaillons in Marmor an, ohne sie indes zu vollenden; das eine begann er für Taddeo Taddei, in dessen Haus es sich nunmehr befindet[1], das andere für Bartolommeo Pitti, das Fra Miniato Pitti von Monte Oliveto, ein in der Kosmographie und auch in anderen Wissenschaften und besonders in der Malerei bewanderter und vorzüglicher Mann, dem Luigi Guicciardini, seinem nahen Freund, schenkte[2]. Beide Arbeiten gelten für herrlich und bewundernswert. Weiterhin legte er in dieser Zeit eine Marmorstatue des Matthäus in der Bauhütte von Santa Maria del Fiore im groben an; diese nur roh angehauene Statue zeigt seine Vollkommenheit in der Kunst und lehrte die Bildhauer, wie man Figuren aus dem Marmor heraushauen müsse, ohne daß sie verkrüppelt werden, wie man mit Einsicht zu stetem Vorteil von dem Marmor fortnehmen und die Freiheit behalten könne, abzuweichen und zu ändern, wenn es notwendig sein möchte[3]. In Bronze arbeitete Michelangelo ein Medaillon mit einer Madonna

[1] Das Relief, die sog. Madonna Taddei, ist in der Royal Accad. in London. – [2] Das Relief ist jetzt im Bargello in Florenz; dargestellt ist die sitzende Madonna mit Christus und dem Johannesknaben. – [3] Die aus dem Marmorblock nur leicht ausgehauene Figur des Matthäus, jetzt in der Accademia in Florenz, war der Anfang eines Zwölf-Apostel-Zyklus für den Florentiner Dom, den Michelangelo am 24. IV. 1503 übernommen hatte. Am 18. XII. 1505 löste Michelangelo den Kontrakt. Ein Schreiben des Piero Soderini vom 27. XI. 1506 nimmt auf die Statue als noch in Arbeit befindlich Bezug.

auf Begehren einiger flandrischer Kaufleute, de' Moscheroni mit Namen und sehr angesehen in ihrem Vaterlande; sie zahlten ihm dafür hundert Scudi und schickten es nach Flandern[1]. Angelo Doni, Bürger zu Florenz und Freund Michelangelos, dem es die größte Freude machte, schöne antike wie neuere Kunstwerke zu besitzen, wünschte etwas von Michelangelo zu haben; deshalb fing dieser ein Rundbild zu malen an, worin er die Madonna darstellte, die auf beiden Knien liegend, das Kind auf ihren Armen hält und dem Joseph hinreicht, der es aufnimmt. Michelangelo offenbarte durch die Wendung des Hauptes der Mutter Christi und durch ihren Blick, der fest auf dem schönen Kinde ruht, ihre wunderbare Seligkeit und ihr Verlangen, jenen heiligen Greis daran teilhaben zu lassen, während er mit gleicher Liebe, Zärtlichkeit und Ehrfurcht das Kind hinnimmt, wie man es sehr gut aus seinen Zügen erkennt, ohne sie lange zu betrachten. Nicht zufrieden indes damit und im Verlangen, den Umfang seiner Kunst noch mehr zu zeigen, brachte Michelangelo im Hintergrund dieses Bildes eine Menge nackter Gestalten an, die sich anlehnen, stehen oder auch sitzen, und arbeitete das ganze Werk mit so vielem Fleiß und solcher Sauberkeit, daß es unter seinen Tafelgemälden, so wenige es auch nur sind, für das am besten ausgeführte und schönste erachtet wird, das es gibt[2]. Nachdem es vollendet war, schickte er es verdeckt durch einen Boten nach dem Hause Angelos, zusammen mit einer Zahlungsanweisung, und verlangte als Bezahlung

[1] Vasaris Angaben sind z. T. falsch: Es ist eine Marmorfigur der Madonna, in der Kirche Notre Dame in Brügge, die Franc. del Pugliese den Mouscron nach Brügge brachte. Die Figur wird am 31. I. 1506 und am 4. VIII. 1506 in Briefen erwähnt. – [2] Das Bild, in seinem Originalrahmen, ist in den Uffizien in Florenz. Da auf dem Rahmen die Wappen des Angelo Doni und der Maddalena Strozzi sind, deren Hochzeit 1503/1504 vollzogen worden war, ist es wohl bald nach diesem Termin entstanden.

siebzig Dukaten. Angelo, der sparsamer Natur war, erschien es seltsam, daß er so viel für ein Bild zahlen solle, obwohl er wußte, daß es mehr wert sei, und sprach zu dem Boten, vierzig seien genug, und gab ihm diese; aber Michelangelo schickte sie zurück, mit dem Bescheid, er solle hundert Dukaten zahlen oder das Bild zurückgeben. Als sich nun Angelo, dem das Bild gefiel, erbot, die zuerst geforderten siebzig Dukaten zu zahlen, ging Michelangelo darauf nicht mehr ein, sondern forderte vielmehr wegen des geringen Vertrauens von Angelo das Doppelte des ersten Preises, und Angelo mußte demnach, wenn er das Bild behalten wollte, den Preis von einhundertvierzig Dukaten darauf verwenden.

In der Zeit, als der herrliche Maler Lionardo da Vinci im großen Ratssaale arbeitete, wie in dessen Lebensbeschreibung erzählt worden ist[1], erhielt Michelangelo durch den damaligen Gonfaloniere Piero Soderini, der sein großes Talent erkannte, den Auftrag, einen Teil jenes Saales auszumalen. Das war der Anlaß, daß er im Wettstreit mit Lionardo die andere Wand begann; zum Gegenstand dafür wählte er den Krieg mit Pisa. Man wies ihm ein Zimmer im Spital der Färber zu San Onofrio an, und hier begann er einen riesengroßen Karton, gab aber nicht zu, daß ihn irgend jemand sah. Er füllte ihn mit nackten Gestalten, die sich zur Kühlung im Arno baden; jedoch plötzlich ertönt im Lager infolge eines feindlichen Überfalles der Ruf: Zu den Waffen! Und während die Soldaten aus dem Wasser kommen, um sich anzukleiden, sieht man sie durch Michelangelos göttliche Hände dargestellt, wie sie sich in Eile rüsten, um ihren Gefährten zu Hilfe zu kommen; andere legen sich den Panzer an, andere ergreifen die Waffen, und eine große Menge, die zu Pferde kämpfen, beginnen das Handgemenge. Unter anderen Gestalten war

[1] Vgl. S. 305 ff.

da ein Alter, der einen Efeukranz auf dem Kopf trug, um sich Schatten zu machen; er saß an der Erde und bemühte sich, die Strümpfe anzuziehen, brachte es jedoch, weil seine Beine vom Wasser naß waren, nicht zustande und zog bei dem Waffenlärm, dem Schreien der Krieger und Wirbeln der Trommler mit großer Hast und Gewalt einen Strumpf an. Alle Muskeln und Nerven sah man, und der Mund war in einer Weise verzerrt, wodurch er deutlich ausdrückte, wie er litt und sich bis zur Fußspitze anstrengte. Man sah auch Trommler und Soldaten, die mit zusammengerafften Kleidern nackt dem Kampfe zueilten; die allerseltsamsten Stellungen zeichnete er in Verkürzung, die einen aufrecht, andere kniend oder vorgebeugt, andere stürzend oder in die Höhe kletternd in den schwierigsten Verkürzungen. Auch waren viele Figuren zu Gruppen geordnet und in verschiedener Weise entworfen, die einen mit Kohle umrissen und jene mit Strichen gezeichnet, die andern gewischt und mit Bleiweiß gehöht, da er zeigen wollte, wieviel er in seinem Berufe verstünde. Und so gerieten die Künstler in Staunen und Verwunderung, als sie sahen, Michelangelo habe auf diesem Blatte das Äußerste an Kunst geleistet; ja einige, die diese göttlichen Figuren gesehen haben, versichern noch jetzt, es sei ihnen weder von seiner noch von anderer Hand je Besseres bekannt worden, und kein anderer Geist könne jemals dies Werk in der Göttlichkeit der Kunst erreichen. Solches ist fürwahr zu glauben, denn seit es vollendet und unter festlicher Teilnahme der Zunft und sehr zum Ruhme Michelangelos nach dem Saale des Papstes gebracht worden war, sind alle diejenigen, die an jenem Karton ihre Studien machten und danach zeichneten, wie es noch viele Jahre nachher in Florenz von Fremden und Einheimischen geschah, in ihrem Berufe berühmt geworden[1].

[1] Michelangelo begann den Karton für die »Schlacht von Cascina«

Durch die Pietà, durch die Kolossalstatue zu Florenz und durch den Karton war Michelangelos Ruf so weit verbreitet, daß im Jahre 1503, als Alexander VI. starb und Julius II. gewählt wurde, der damals ungefähr neunundzwanzigjährige Michelangelo sehr zu seinem Vorteil von Julius II. nach Rom berufen wurde, mit dem Auftrag, ihm sein Grabmal zu errichten, bei welchem Anlaß er ihm durch seine Unterhändler hundert Scudi Reisegeld auszahlen ließ[1]. Michelangelo ging nach Rom; es verstrichen jedoch viele Monate, ehe der Papst ihn veranlaßte, an irgend etwas Hand anzulegen; endlich entschied er sich für eine Zeichnung, die Michelangelo für das Grabmal gefertigt und die ein glänzendes Zeugnis seines Talents war, da sie an Schönheit, Pracht, großartiger Ausschmückung und Reichtum der Statuen jedes antike und kaiserliche Grabmal übertraf[2]. Dadurch angefeuert, faßte der Papst Julius den Gedanken, die Kirche von St. Peter in Rom zu erneuern und darin das Grabmal zu errichten, wie ich andern Ortes schon gesagt habe[3]. So gab sich Michelangelo guten Mutes ans Werk und ging, um einen Anfang zu machen, mit zwei Gehilfen nach Carrara, um den ganzen Marmor brechen zu lassen; er erhielt für diesen

im August 1504; die Arbeit daran zog sich mit Unterbrechungen bis Ende November 1506 hin. Der Karton ist verloren, die Komposition ist durch eine Grisaille des Bastiano da Sangallo überliefert (in Holkham Hall), weiterhin durch mehrere Zeichnungen Michelangelos usw.

[1] Die Wahl Julius' II. zum Papst erfolgte am 1. XI. 1503, aber erst im März 1505 war Michelangelo (auf Anraten des Giuliano da Sangallo?) nach Rom berufen worden. – [2] Vasari beginnt hier die Beschreibung der Geschichte und der Konzeption des Julius-Grabes, er rafft die ausgedehnte und sehr komplizierte Entwicklungsgeschichte aus schriftstellerischen Gründen zusammen, wobei ihm eine Reihe von Fehlern unterlaufen, von denen nur einige – nicht einmal immer die gröbsten – richtiggestellt werden können. Der Arbeitsbeginn ist urkundlich nicht gesichert; vom April bis Dezember 1505 war Michelangelo schon in Carrara, um Marmorblöcke fürs Grabmal zu brechen. – [3] Vgl. S. 326ff.

Zweck tausend Scudi von Alamanno Salviati in Florenz. Acht Monate verweilte er im Gebirge, ohne weiter Geld und Gehalt zu bekommen, wobei ihm in den Brüchen viele Einfälle kamen, wie er angeregt von jenen Massen eine Erinnerung an sich hinterlassen könne, wie ja auch schon die Alten große Statuen gemacht hatten. Nachdem er nun die gehörige Zahl Marmorblöcke ausgesucht und eingeschifft hatte, und sie nach Rom gebracht waren, nahmen sie die Hälfte des Petersplatzes um Santa Caterina herum und den Raum zwischen der Kirche und dem nach dem Kastell[1] führenden Korridor ein, wo Michelangelo das Haus hatte, in welchem er die Statuen sowie alles, was sonst zum Grabmal gehörte, arbeitete. Zu diesem Haus hatte der Papst vom Korridor aus eine Zugbrücke schlagen lassen, damit er bequem kommen und der Arbeit zusehen könne; daraus entstand eine so große Vertraulichkeit, daß die empfangenen Gunstbezeugungen Michelangelo nachmals viele Not und Verfolgung zuzogen und ihm bei den Künstlern großen Neid erweckten. Von diesem Werke vollendete Michelangelo bei Lebzeiten und nach dem Tode von Papst Julius vier Statuen ganz und acht haute er im groben an, wie an seinem Orte gesagt werden wird. Weil aber dies Werk in seiner Anordnung die größte Erfindung zeigt, so wollen wir über diese Anordnung, die er wählte, hier sogleich berichten[2]. Es sollte, um möglichst großartig zu werden, ganz frei von allen vier Seiten zu sehen sein, deren zwei je zwölf Ellen und zwei je achtzehn Ellen breit waren, so daß das Verhältnis wie $1:1^1/_2$ war. Außen ringsum war ein Geschoß mit Nischen, zwischen denen halbfigurige bekleidete Hermen standen, die mit ihren Köpfen das erste Gesims trugen;

[1] Gemeint ist die Engelsburg am Tiber (= Castel Sant'Angelo). – [2] Vasari verfolgt in seiner Beschreibung hier nur einen der verschiedenen bekannten Entwürfe.

und an jede Herme war in seltsamer und eigenartiger Stellung je ein nackter Gefangener gebunden, dessen Füße auf dem Vorsprung eines Sockels ruhten. Diese Gefangenen stellten die von jenem Papste unterworfenen und der apostolischen Kirche gehorsamen Provinzen dar. Verschiedene andere gleichfalls gefesselte Gestalten waren die sinnreichen Künste und Fertigkeiten, welche sich als dem Tode unterworfen darstellten, nicht weniger auch, weil sie von diesem Papste zu so ehrenvoller Tätigkeit berufen waren. Auf den Ecken des ersten Gesimses befanden sich vier große Figuren: das tätige und das beschauende Leben und Paulus und Moses. Vom Gesims aus stieg das Werk, stufenweise sich verjüngend, in die Höhe; zunächst mit einem Fries mit Reliefs in Bronze und mit allerlei Figuren, Putten und Verzierungen ringsum und darüber zum Abschluß zwei Figuren, davon die eine der Himmel war, der lächelnd eine Bahre auf den Schultern trug, die andere Kybele, die Göttin der Erde, die zu klagen schien, daß sie in der Welt bleiben müsse, durch den Tod eines solchen Mannes aller Tugend beraubt, während der Himmel seine Freude kundgab, daß seine Seele zur himmlischen Seligkeit eingegangen war. Es war so eingerichtet, daß man an den Seiten des Vierecks in der Mitte der Nischen ein- und ausgehen konnte, innen aber hatte es ovale Form, einem Tempel ähnlich, in dessen Mitte der Sarg mit dem Leichnam jenes Papstes gestellt werden sollte. Zu dem ganzen Werk gehörten vierzig Statuen aus Marmor ohne die anderen Reliefs, Putten und Verzierungen, Gesimse mit vertiefter Arbeit und sonstigen architektonischen Gliederungen. Michelangelo ließ sich zu größerer Bequemlichkeit einen Teil der Marmorblöcke nach Florenz schaffen, wo er sich des Sommers bisweilen aufhielt, um der Stickluft in Rom zu entfliehen. Dort arbeitete er die eine Seite des Grabmals in mehreren

Stücken ganz fertig[1], vollendete ferner in Rom zwei Gefangene, göttlich schön, und andere Statuen, wie man niemals bessere gesehen hat. Da sie aber nicht bei jenem Grabmale Verwendung fanden, gab Michelangelo die genannten Gefangenen dem Signor Ruberto Strozzi, in dessen Hause er krank lag; diese wurden dem König Franz geschenkt und sind jetzt in Cevan in Frankreich[2]. Acht Statuen legte er im groben in Rom, fünf in Florenz an und vollendete eine Viktoria, unter der ein Gefangener liegt. Diese sind jetzt im Besitz von Herzog Cosimo, dem sie Lionardo, der Neffe Michelangelos, gab, und Se. Exzellenz ließ sie in dem von Vasari gemalten großen Saal seines Palastes aufstellen[3]. Sodann vollendete er die fünf Ellen hohe Marmorstatue des Moses, deren Schönheit durch kein neueres Werk erreicht werden kann, dasselbe kann man auch von den Antiken sagen. Denn der Prophet sitzt in sehr würdevoller Stellung, den Arm auf die Tafel gestützt, die er mit einer Hand hält, während er mit der anderen an den Bart faßt, der herabwallend und lang in Marmor so gearbeitet ist, daß die Haare, in der Bildhauerei so schwer ausführbar, hier wollig, weich und wie einzeln erscheinen, und man es fast für unglaublich hält, daß der Meißel zum Pinsel geworden sei. Das Angesicht außerdem ist von hoher Schönheit, hat den Ausdruck eines wirk-

[1] Michelangelo war erst 1516 in Florenz am Julius-Grab tätig; die Architektur der Frontseite des Untergeschosses hatte Michelangelo schon 1513/1514 durch Antonio da Pontasieve nach abgeändertem Plane ausführen lassen. – [2] Der sog. gefesselte und sog. sterbende Sklave sind jetzt im Louvre in Paris. Michelangelo hatte sie zwischen 1513 und 1516 gearbeitet. Rob. Strozzi, in dessen Haus Michelangelo 1544 gesund gepflegt wurde, schenkte sie an Heinrich II. von Frankreich (1550) nach Schloß Ecouen. – [3] Wahrscheinlich sind außer nicht mehr nachweisbaren, angelegten Figuren die vier Sklaven, jetzt in der Accad. in Florenz, gemeint. Die Gruppe der Viktoria ist im Pal. Vecchio in Florenz in der Sala de' Cinquecento, sie wurde 1565 aus dem Haus Michelangelos hierhergebracht.

lichen Heiligen und gewaltigen Fürsten; betrachtet man ihn, so glaubt man, er werde den Schleier fordern, damit er sein Angesicht verhülle, so strahlend und leuchtend erscheint es jedem, so treu ist die Herrlichkeit in dem Marmor dargestellt, welche Gott den Zügen jenes Propheten aufgedrückt hatte. Überdies sind die Gewänder in schönem Faltenwurf durchbrochen und gemeißelt, sind die Muskeln der Arme, die Knochen und Nerven der Hände von solcher Schönheit und Vollkommenheit, die Beine, die Knie, die Füße mit ihrer passenden Bekleidung, kurz alles so vollendet, daß man jetzt mehr denn je Moses einen Liebling Gottes nennen kann, da er ihm vor allen anderen den Leib durch die Hand des Michelangelo zur Auferstehung hat bereiten wollen[1].

Endlich näherte sich Michelangelo dem Abschluß und Ende dieses Werkes und errichtete eine kürzere von den vier Seiten in San Pietro in Vincola. Während er hiermit beschäftigt war, kamen, wie man sagt, alle zu dem Grabmale noch fehlenden, in Carrara zurückgebliebenen Marmorblöcke nach der Ripa und wurden von dort zu den übrigen auf den Platz von St. Peter geschafft. Da nun das Geld dafür denen gegeben werden mußte, die sie gebracht hatten, ging Michelangelo, wie er es gewohnt war, zum Papst; da aber Se. Heiligkeit an jenem Tage gerade sehr mit den bolognesischen Angelegenheiten beschäftigt war, kehrte er nach Hause zurück und bezahlte die Marmorblöcke aus seinem Beutel, in der Meinung, er werde die Anweisung darauf von Sr. Heiligkeit alsbald erhalten. Als er jedoch eines anderen Tages kam, um mit dem Papst von dieser Angelegenheit zu reden, hatte er Schwierigkeit, vorgelassen zu werden, indem der Türhüter sprach, er möge Geduld haben, er habe Befehl, ihm keinen Eingang zu ge-

[1] Die Figur des Moses ist an dem Julius-Grab in S. Pietro in Vincolis in Rom aufgestellt; vgl. auch S. 437.

statten. »Du kennst vielleicht diesen Mann nicht«, sagte ein Bischof zu dem Türsteher. »Nur zu gut kenne ich ihn«, entgegnete jener, »ich bin aber hier, um zu vollziehen, was mir von meinen Vorgesetzten und vom Papste befohlen ist.« Diese Haltung mißfiel Michelangelo, und da es ihm im Widerspruch zu dem, was er bis dahin bewiesen hatte, zu stehen schien, antwortete er voll Unwillen dem Türsteher: er möge, wenn Se. Heiligkeit nach ihm frage, nur sagen, er sei anderswohin gegangen. Und nach seiner Wohnung zurückgekehrt, nahm er um zwei Uhr nachts die Post und hinterließ zwei Dienern den Befehl, alles, was in seinem Hause war, an die Juden zu verkaufen und ihm nach Florenz zu folgen, wohin er den Weg genommen hatte[1].

In Florenz angelangt, war Michelangelo darauf bedacht, im Verlauf von drei Monaten, die er dort verweilte, den Karton für den großen Saal zu vollenden, den der Gonfaloniere Piero Soderini nun auch ausgeführt zu sehen wünschte. Unterdessen erhielt die Signoria drei Breve mit dem Verlangen, Michelangelo nach Rom zurückzuschicken. Daraus erkannte dieser die Wut des Papstes, und ihm mißtrauend, faßte er, wie man sagt, den Gedanken, nach Konstantinopel zu gehen, um dem Großsultan zu dienen, der ihn durch Vermittlung einiger Franziskanermönche begehrte, um durch ihn eine Brücke von Konstantinopel nach Pera zu bauen[2]. Aber Piero Soderini überredete ihn, den Papst, wenn auch wider Willen, aufzusuchen, und zwar in öffentlichem Dienst, zu seinem Schutz als Gesandter der Stadt; endlich empfahl er ihn auch dem Kardinal Soderini, seinem Bruder, der ihn dem

[1] Am 17. IV. 1506, nachdem im Januar desselben Jahres der erste Marmortransport in Rom eingetroffen war, floh Michelangelo von Rom. – [2] Daß Michelangelo tatsächlich damals erwog, nach Konstantinopel zu gehen, ist auf Grund eines Briefes vom 1. IV. 1519 sehr wahrscheinlich.

Papste vorstellen sollte. So schickte er ihn nach Bologna, wohin Se. Heiligkeit von Rom aus gekommen war[1]. Man erzählt Michelangelos Weggang von Rom noch auf andere Weise. Der Papst war erzürnt über Michelangelo, der ihn niemals eine seiner Arbeiten sehen lassen wollte, und dieser hegte Argwohn gegen die Seinen, da er merkte, daß sie mehrere Male, während er nicht im Hause oder bei der Arbeit war, heimlich zeigten, was er ausführte. Einmal nun habe der Papst Michelangelos Lehrbuben mit Geld bestochen, um die Kapelle von Sixtus, seinem Oheim, zu sehen, die er ihn malen ließ, wie ich bereits erzählt habe[2], Michelangelo aber, den Verrat seiner Leute merkend, habe sich einmal verborgen, und als der Papst in die Kapelle trat, mit Brettstücken nach ihm geworfen, ohne zu bedenken, wer es sei, so daß der Papst in Wut fortgegangen wäre. Als der Papst wiederum in Rom war, dachte Bramante, der Freund und Anverwandte Raffaels von Urbino und demnach dem Michelangelo wenig freundlich gesinnt, dessen Abwesenheit benutzend, den Sinn des Papstes, der den Bildwerken des letzteren überaus geneigt und förderlich war, hiervon abzulenken, so daß Se. Heiligkeit nach Michelangelos Rückkehr das Grabmal nicht vollenden lassen solle, indem sie sagten, es sei ein böses Anzeichen und scheine, als wolle man den Tod beschleunigen, wenn man bei Lebzeiten sein Grab baue; und so überredeten sie Se. Heiligkeit, daß er zum Ehrengedächtnis seines Oheims Sixtus das Gewölbe der Kapelle, die er im Palast[3] erbaut

[1] Die Versöhnung zwischen Michelangelo und Julius II. fand Ende November 1506 in Bologna statt. – [2] Vielmehr kommt Vasari erst weiter unten auf die Sixtinische Kapelle zu sprechen. – [3] Papst Sixtus IV. hatte die nach ihm benannte Kapelle (Sixtinische Kapelle im Vatikan) von Giovanni de' Dolci im Vatikan erbauen lassen. Am 15. VIII. 1483, als schon der größte Teil der Ausstattung der Wände von Botticelli, Ghirlandaio, Perugino usw. vollendet war, hörte der Papst dort die erste Messe.

hatte, bei Michelangelos Rückkehr ausmalen lasse. Auf diese Weise meinten Bramante und andere Nebenbuhler Michelangelos, ihn von der Bildhauerei abzulenken, in der sie ihn für vollkommen erkannten, und ihn zur Verzweiflung zu bringen, in der Meinung, daß er, sobald er malen mußte, wegen Mangel an Erfahrung im Fresko, ein minder rühmliches Werk zustande bringen und somit weniger leisten würde als Raffael, daß er aber auch, angenommen selbst, daß die Arbeit ihm gelinge, sich doch auf jeden Fall mit dem Papste überwerfen werde, so daß sie auf die eine oder die andere Weise ihren Zweck erreichen und sich seiner entledigen würden.

So stand es, als Michelangelo nach Rom zurückkam und der Papst den Entschluß gefaßt hatte, daß er jetzt sein Grabmal nicht vollenden wollte, und dieser forderte ihn nun auf, die Decke der Kapelle zu malen. Michelangelo, der das Grabmal zu vollenden wünschte und dem die Decke der Kapelle eine große und schwierige Arbeit schien, zumal seine geringe Übung in der Behandlung der Farben erwägend, suchte auf alle Weise, sich dieser Last zu entledigen, und schlug dafür statt seiner den Raffael vor. Je mehr er sich indes weigerte, desto mehr stieg des Papstes Verlangen, der in allen seinen Unternehmungen ungestüm war und hier noch durch das Zutun von Michelangelos Nebenbuhlern, vornehmlich durch Bramante, immer von neuem gereizt und angetrieben wurde, so daß der Papst, heftig wie er war, fast wieder mit Michelangelo Streit gehabt hätte. Als dieser daher sah, Se. Heiligkeit beharre auf dem Willen, da entschloß er sich, die Arbeit zu übernehmen, und Bramante erhielt vom Papst den Auftrag, das Malergerüst aufzurichten. Dieses Gerüst ließ Bramante ganz in Seilen hängen und schlug dazu Löcher in das Gewölbe, so daß Michelangelo, als er es sah, Bramante fragte, wie man denn, wenn er mit Malen fertig sei, die Löcher ausfüllen solle, worauf jener erwiderte: »Das wird sich finden, anders kann es nicht gemacht werden!« Hieraus entnahm Michelangelo, daß Bramante entweder wenig Einsicht in diese Dinge oder ihm wenig Freund sei, ging zum Papst und sagte, das Gerüst sei schlecht und Bramante habe es nicht gut zu machen verstanden, worauf Se. Heiligkeit in Gegenwart Bramantes antwortete, er solle es nach seiner Weise aufrichten. So ließ Michelangelo sein Gerüst auf Stützen errichten, welche die Mauer nicht berührten – ein Verfahren, wodurch er nachmals Bramante und andere lehrte, wie man Wölbungen einrüsten und viele gute Werke ausführen könne. Er ließ einen armen Zimmermann, der das Gerüst aufstellte, kommen und gab ihm die Seile, der sie verkaufte und aus dem Erlös die Aussteuer seiner Tochter bestreiten konnte[1].

Michelangelo begann die Kartons zu der Decke, und der Papst, der auch die Wandbilder herunterschlagen lassen wollte, die frühere Meister zur Zeit von Sixtus gemalt hatten[2], setzte für dies Werk den Preis von fünfzehntausend Dukaten aus, den Giuliano da San Gallo angegeben hatte. Die Größe des Unternehmens zwang Michelangelo zu dem Entschluß, Hilfe anzunehmen; darum sandte er nach Florenz um Leute und dachte bei diesem Werke sich als Sieger über diejenigen zu zeigen, die vor ihm an demselben Orte gearbeitet hatten, und zugleich die neueren Künstler zu lehren, wie man zeichnen und malen müsse. So trieben ihn die Umstände, zu seinem Ruhme und zum Heil der Kunst, so hoch zu gehen, daß er die Kartons begann und vollendete; als er sie aber in Fresko ausführen wollte, und

[1] Im Frühjahr 1508 übernahm Michelangelo die Ausmalung der Decke; das Gerüst für die Deckenmalerei der Sixtinischen Kapelle wurde von Pietro Rosselli aufgestellt. – [2] Vgl. S. 217, 235, 275 u. 287.

er hat es auch nie wieder getan, kamen einige ihm befreundete Maler von Florenz nach Rom, um ihm Hilfe zu leisten und ihm die Behandlung der Freskofarben zu zeigen, worin einige erfahren waren; unter anderen waren es: Granacci, Giuliano Bugiardini, Jacopo di Sandro, der alte Indaco Agnolo di Donino und Aristotile; so begann er das Werk, indem er sie einiges zur Probe ausführen ließ. Als er aber ihre Leistungen weit hinter seinem Wunsche sah und sie ihn keineswegs zufriedenstellen konnten, entschloß er sich eines Morgens, alles herunterzuschlagen, was sie gearbeitet hatten, sperrte sich in der Kapelle ein und wollte ihnen nie wieder öffnen und ließ sich nicht einmal in seinem Hause von ihnen sehen. Um dieser Behandlung willen, die ihnen für einen Spaß zu lange dauerte, entschlossen sie sich zur Abreise und kehrten beschämt nach Florenz zurück[1]. So nahm Michelangelo das ganze Werk allein auf sich und führte es mit allem Aufwand an Mühe und Fleiß zum schönsten Ziel, ließ sich aber nirgends sehen, um nicht Anlaß zu geben, seine Arbeit irgendwem zeigen zu müssen. Dadurch stieg die Neugier der Leute mit jedem Tage mehr, und auch Papst Julius trug großes Verlangen, zu sehen, was er mache; und da auch vor ihm alles verdeckt blieb, stieg seine Begierde aufs höchste. Deshalb wollte er eines Tages hingehen, die Arbeit anzusehen, aber man öffnete ihm nicht, weil Michelangelo sein Werk nicht zeigen wollte. Daraus entstand der Streit, der, wie ich oben erzählte, Michelangelos Weggang von Rom herbeiführte. Er wollte aber dem Papste seine Arbeit nicht zeigen, weil sich – wie ich von ihm selbst hörte, als ich mich über diese Angelegenheit aufzuklären wünschte – nachdem ungefähr ein

[1] Erst im Jan. 1509 gab Jacopo Indaco die Arbeit daran auf; wann die anderen Gehilfen Rom verlassen haben, ist nicht genau zu bestimmen, vielleicht schon vorher.

Drittel des Ganzen beendet war, im Winter bei Nordwind Schimmel angesetzt hatte. Dies kam daher, weil in Rom der Kalk, damit er recht weiß sei, aus Travertin gemacht wird und darum nicht schnell trocknet und, mit der rotfarbigen Pozzolanerde vermischt, eine dunkle Grundierung ergibt, und wenn sie flüssig und wässerig und auch die Mauer gut genäßt ist, schlägt es beim Trocknen leicht aus, indem an vielen Stellen die salzige Feuchtigkeit hervorkommt, die indessen mit der Zeit von der Luft aufgezehrt wird. Voll Verzweiflung über diese Dinge wollte Michelangelo die Arbeit nicht weiterführen, und da er sich bei dem Papste entschuldigte, daß sie ihm nicht gelinge, schickte Se. Heiligkeit den Giuliano da San Gallo hin, der Michelangelo angab, worin der Fehler liege, ihn ermunterte fortzufahren und ihn lehrte, wie er den Schimmel wegbringen könne. Nachdem das Werk zur Hälfte fertig war, wollte der Papst, der einigemal, von Michelangelo unterstützt, auf Leitern dazu hinangestiegen war, sie solle alsbald aufgedeckt werden, denn er war ungeduldig und von hastiger Natur und konnte nicht ausharren, bis es vollendet, bis, wie man sagt, die letzte Hand daran gelegt war[1]. Kaum stand es aufgedeckt, als ganz Rom herzuströmte, um es in Augenschein zu nehmen, und der Papst war der erste, der nicht wartete, bis sich der Staub vom Niederreißen des Gerüstes gelegt hatte. Raffael von Urbino aber, der im Nachahmen ganz hervorragend war, änderte, sobald er es gesehen, sofort seine Manier und malte kurz darauf, um seine Fähigkeit zu zeigen, die Propheten und Sibyllen in der Kirche della Pace[2], und Bramante suchte zu bewirken, daß der Papst

[1] Die Ausführung der Arbeiten zur Sixtinischen Decke hatte Michelangelo im Mai 1508 begonnen; bis zum 17. VIII. 1510 (der Abreise Julius' II. von Rom) wird der 1. Teil (die östliche Hälfte) fertig; die erste Enthüllung fand am 14. VIII. 1511 (Vigilie von Mariä Himmelfahrt) statt. – [2] Vgl. S. 349.

die andere Hälfte der Kapelle dem Raffael übertrage. Als Michelangelo dies hörte, beschwerte er sich über Bramante und zieh ihn vor dem Papste rücksichtslos vieler Fehler, sowohl im Leben wie in seinen architektonischen Werken, wobei die letzteren, wie man nachmals gesehen, durch Michelangelo bei dem Bau von St. Peter verbessert worden sind. Der Papst indes, der Michelangelos Fähigkeit jeden Tag höher schätzen lernte, wollte, daß er die Arbeit weiterführe, überzeugt, nachdem er das Werk aufgedeckt gesehen hatte, daß Michelangelo bei der anderen Hälfte noch Besseres leisten werde. Dieser aber vollendete in zwanzig Monaten die Kapelle ganz allein, sogar ohne die Hilfe des Farbenreibers. Michelangelo hat es bisweilen beklagt, daß er durch die Eile, zu der ihn der Papst zwang, verhindert gewesen sei, dies Werk auszuführen, wie er es nach seiner Weise gewünscht hätte, da der Papst ihn unaufhörlich mit der Frage belästigte, wann er fertig werden würde? Und als er ihm nun einstmals antwortete: »Ich werde enden, wenn ich mir in Rücksicht auf die Kunst Genüge getan habe«, entgegnete ihm der Papst: »Wir aber wollen, daß Ihr uns in unserm Verlangen genügt, es schnell zu machen«; und fügte hinzu, wenn solches nicht bald geschehe, werde er ihn von dem Gerüste herabwerfen lassen. Worauf denn Michelangelo, der den Zorn des Papstes fürchtete und auch zu fürchten hatte, das Fehlende ohne Aufenthalt vollendete, den Rest des Gerüstes fortnahm und am Morgen von Allerheiligen, dem Tage, an dem der Papst in der Kapelle die Messe las, zur Befriedigung der ganzen Stadt sein Werk aufdeckte[1]. Michelangelo hätte gern im Trocknen einiges nachgebessert, wie die

[1] Michelangelo malte außer der zweiten Hälfte (die westliche, dem Hochaltar zu gelegene) auch die Schildwände und Gewölbezwickel. Die zweite Enthüllung fand am 31. X. 1512 (Vigilie von Ognissanti) statt.

alten Meister bei den unteren Bildern getan hatten, hätte einige Gründe und Gewänder, auch manchmal die Luft mit Ultramarinblau übergangen und hier und da ein wenig Gold aufgesetzt, damit das Ganze ein glänzenderes und reicheres Ansehen gewonnen hätte. Der Papst selbst, als er es vernahm, daß dies dem Werke noch fehle, das er übrigens von jemanden sehr rühmen hörte, wünschte, Michelangelo möge das Mangelnde hinzufügen; weil diesem aber das Wiederaufrichten des Gerüstes zu langweilig war, so unterblieb es. Äußerte sodann der Papst, der ihn oft sah: er möge die Kapelle mit Farben und Gold bereichern, sie habe ein armes Aussehen, so entgegnete er vertraulich: »Heiliger Vater, in jenen Zeiten schmückten sich die Leute nicht mit Gold, und die, die hier gemalt sind, waren nicht allzu reich, sondern heilige Personen, weil sie allen Prunk verschmähten«.

Die Einteilung des Ganzen ist, daß an jeder Längsseite sechs Tragsteine und je einer an der Kopf- und Fußseite angebracht sind. Darüber malte er sechs Ellen hoch die Sibyllen und Propheten, in der Mitte der Decke aber die Erschaffung der Welt bis zur Sintflut und der Trunkenheit Noahs, und in den Lünetten die Vorfahren Jesu Christi. In dieser Einteilung hat er keine perspektivischen Verkürzungen angewendet und auch keinen bestimmten Augenpunkt festgehalten, vielmehr hat er die Einteilung den Figuren, statt die Figuren der Einteilung angepaßt, da es ihm genügte, nackte und bekleidete Gestalten mit einer Vollkommenheit der Zeichnung auszuführen, wie sie niemand weder früher gehabt hat, noch künftig haben wird und wie sie kaum beim Kopieren mit größter Anstrengung erreicht werden kann. Wirklich war und ist dies Werk die Leuchte unserer Kunst und hat der Malerei so viel Licht und Hilfe gebracht, daß es genügt hat, die Welt zu erleuchten, die so viele Jahrhunderte im

Finstern gewesen war. Wahrhaftig! kein Maler bemühe sich mehr darum, etwas Neues zu sehen an Erfindungen, Stellungen, Bekleidungen der Gestalten, an neuen Ausdrucksmöglichkeiten des Gesichts und an großartiger Gewalt der Malerei; denn alle Vollkommenheit, die man in diesem Handwerk einem solchen Werke geben kann, hat Michelangelo diesem gegeben. Ein jeder, der sich darauf versteht, aber staune jetzt über die Güte der Gestalten, die Vollendung der Verkürzungen, die bewundernswürdige Rundung der Umrisse, die Anmut und Leichtigkeit haben und mit jenem schönen Verhältnis gezogen sind, das man an nackten schönen Körpern wahrnimmt, die er, um den Gipfel und die Vollendung der Kunst zu zeigen, in jedem Alter darstellte, verschieden im Ausdruck wie in der Form, im Gesicht wie in der Linienführung; die einen schlanker, die anderen voller in den Gliedern und gleich mannigfaltig in den schönsten Stellungen; die einen sitzend und sich dabei drehend, Girlanden von Eichenlaub und Früchten haltend, das Sinnbild und Wappen von Papst Julius, wodurch sie andeuten, daß damals und während seiner Herrschaft das goldene Zeitalter war und Italien noch nicht, wie später, unter Not und Drangsal litt. Zwischen sich tragen sie einige Rundbilder mit Reliefdarstellungen, scheinbar von Bronze oder Gold, deren Gegenstände den Büchern der Könige entnommen sind.

Die Vollkommenheit der Kunst und die Größe Gottes noch weiter zu zeigen[1], malte er in den Deckenbildern, wie Gott Licht und Finsternis scheidet; man sieht ihn in seiner Majestät, die Arme ausgebreitet, nur in sich selbst

[1] Ikonographisch ist der Zyklus eine Ergänzung zu den beiden unteren Freskenfolgen der Seitenwände: links das Erlösungswerk sub lege (die Geschichte Mosis), rechts das Erlösungswerk sub gratia (die Geschichte Christi) und von Michelangelo das Erlösungswerk ante legem (Genesis und Noahgeschichte).

ruhend, zugleich Liebe offenbarend und Kunstfertigkeit. Im zweiten Bilde malte er mit feinstem Gefühl und Geist, wie Gott Sonne und Mond erschafft; wobei er von vielen Engeln getragen erscheint und einen gewaltigen Eindruck durch Verkürzung der Arme und Beine macht. Ferner malte er in derselben Darstellung, wie Gott, als er die Erde gesegnet und die Tiere erschaffen hat, dahinfliegt; wobei er an der Decke eine Gestalt in Verkürzung anbrachte, die, wohin man in der Kapelle gehen mag, sich stets zu drehen und sich nach jeder Seite mitzuwenden scheint. Desgleichen auch eine im anderen Bilde, wo Gott Land und Wasser scheidet: schöne Figuren und sinnreiche Erfindungen, würdig, allein von den göttlichen Händen Michelangelos ausgeführt zu sein. Hiernach erfolgt die Erschaffung Adams. Gott Vater wird von einer Gruppe nackter Engelskinder getragen, die nicht nur eine Gestalt, sondern die Last der ganzen Welt zu stützen scheinen; solches Ansehen gewinnt es durch die Ehrfurcht gebietende Majestät Gottes und durch seine Bewegung, indem er mit einem Arme einige der Engelskinder umschlingt, fast als ließ er sich von ihnen tragen; die rechte Hand aber streckt er Adam hin, der mit einer Schönheit, Haltung und Konturierung dargestellt ist, so daß man glauben möchte, er sei von neuem von seinem höchsten und ersten Schöpfer erschaffen, nicht aber durch Pinsel und Zeichnung eines ebensolchen Menschen. In dem Bilde unter diesem sieht man, wie Gott aus der Rippe Adams unser aller Mutter Eva schafft; man sieht einige nackte Gestalten, die eine in Schlaf versunken fast wie tot, die andere durch den Segen Gottes lebendig geworden und ganz wach. Hier zeigt uns der Pinsel dieses überaus sinnreichen Künstlers vollständig den Gegensatz zwischen Schlafen und Wachen und wie fest und unwandelbar dagegen, um menschlich zu reden, die Majestät Gottes erscheinen kann.

Im nächsten Bilde folgt, wie Adam, verführt von einer Figur, halb Weib, halb Schlange, den verbotenen Apfel zu seinem und unserem Tode nimmt, und man sieht, wie er mit Eva aus dem Paradies vertrieben wird; wo in der Gestalt des Engels der Vollstrecker der Gebote des zürnenden Herrn voll Würde und Hoheit, in der Gebärde Adams die Reue über seine Sünde und Furcht vor dem Tode, in dem Weibe aber Scham, Gefühl der Erniedrigung und Verlangen nach Gnade erscheint, indem sie die Arme fest an sich drückt, die Hände flach gegeneinander legt und den Hals nach der Brust neigt, den Kopf aber zu dem Engel erhebt, so daß sie mehr Bangen vor der göttlichen Gerechtigkeit als Hoffnung auf Mitleid verrät. Gleich schön ist das Bild vom Opfer Kains und Abels, wo einer Holz herbeiträgt, ein anderer sich bückend das Feuer anbläst, andere das Opfertier schlachten; das Ganze ist sicher mit nicht geringerer Überlegung und Genauigkeit ausgeführt als die anderen. Dieselbe Kunst und Einsicht wandte er in der Darstellung der Sintflut an, worin die Menschen auf verschiedene Weise umkommen und durch die Schrecknisse jener Tage wie betäubt auf jede mögliche Art und Weise Schutz für ihr Leben suchen. Man erkennt in ihren Gesichtszügen, daß das Leben dem Tode zur Beute gefallen ist, liest darin nicht weniger Furcht, Entsetzen und Verachtung aller Dinge; in vielen bemerkt man auch Mitleid, indem sie einander helfen, Felshöhen zu erklimmen, wobei einer, der einen Halbtoten umfaßt, ihn mit aller Kraftanstrengung zu retten trachtet, wie die Natur es nicht besser zeigt. Nicht schildern läßt sich die Vorzüglichkeit des Bildes, wo Noah vom Weine trunken, entblößt schläft, sein einer Sohn ihn verspottet, die beiden andern ihn bedecken; es ist eine Darstellung eines unvergleichlichen Künstlers, die nur durch Michelangelo selbst übertroffen werden kann.

Wie als ob er durch die bisherigen Darstellungen Mut gewonnen hätte, so begann er wieder von neuem und zeigte sich noch viel herrlicher bei den fünf Sibyllen und sieben Propheten, Gestalten von fünf Ellen Höhe und mehr. Alle haben verschiedenartige Stellungen, schöne Gewänder, mannigfaltige Bekleidungen, kurz überall gewahrt man Erfindung und wunderbare Einsicht, und wer ihre Bedeutung versteht, dem erscheinen sie göttlich.

Was aber könnte man von den vier Eckbildern bei den Tragsteinen der Decke sagen? Im ersten bekämpft David den Riesen mit der höchsten, dem Knaben verliehenen Kraft und schlägt ihm den Kopf ab, zum Verwundern einiger Soldaten, die auf dem Felde umherstehen. Gleich wunderbar sind die schönen Stellungen im Bilde der Judith in der anderen Ecke, wo der Rumpf des Holofernes, des Kopfes beraubt, sich noch einmal zu beleben scheint, während Judith das abgeschlagene Haupt in einen Korb legt, den eine alte Dienerin auf dem Kopf trägt, und die sich, weil sie hochgewachsen ist, niederbeugt, damit Judith sie erreichen und alles gut ordnen könne. Während sie mit den Händen die Last zu halten und aufzuladen sucht und nach dem Rumpfe sich umsieht, der, obschon tot, ein Bein und einen Arm hebt und dadurch im Zelte Geräusch macht, zeigt sich in ihrem Gesicht Bangigkeit vor dem Lager und Furcht vor dem Leichnam; ein wirklich äußerst umsichtig überlegtes Bild. Noch schöner und göttlicher als dieses und die übrigen alle ist das Bild von den Schlangen des Moses, oberhalb der linken Altarecke. Denn hier sieht man die Todesverheerung, die das Niederregnen der Schlangen, ihr Stechen und Beißen anrichtet, sowie die eherne Schlange, die Moses auf einem Stabe aufgerichtet. Man unterscheidet deutlich die verschiedenen Todesarten derer, welche, von den Bissen der Schlangen verwundet, nichts mehr zu hoffen haben;

das scharfe Gift läßt Unzählige unter heftigen Schmerzen und in Angst sterben, nicht zu gedenken derer, die mit steifen Beinen und verdrehten Armen in ihrer Stellung verharren, ohne sich weiter regen zu können, noch der herrlichen Köpfe, die, schreiend rückwärts gebogen, Verzweiflung ausdrücken. Nicht minder schön unter allen diesen sind jene, die, der Schlange Mosis zugewendet, voll heißen Verlangens nach ihr hinblicken, da sie fühlen, wie ihr Schmerz hierdurch erleichtert wird und das Leben ihnen wiederkehrt. Unter ihnen sieht man eine Frau, die von einem Manne in solcher Weise gestützt wird, daß man ebensowohl seine nachdrückliche Hilfe als ihr Bedürfnis danach in so plötzlicher Angst und Pein erkennt. Recht schöne Gestalten sind in dem Bilde, wo Ahasver, im Bette liegend, in seinen Annalen liest, u. a. sieht man drei Personen, die an einem Tische sitzen und essen und den Rat darstellen, der tagt, um das Volk der Hebräer zu befreien und Haman an den Galgen zu bringen. Die Figur dieses letzteren ist in außerordentlicher Verkürzung ausgeführt, denn der Stamm, daran er befestigt ist, und der Arm, den er nach vorne streckt, erscheinen nicht wie gemalt, sondern wie wirklich und rund herausragend; dasselbe gilt von dem Beine, das nach vorn kommt, und von anderen Teilen des Körpers, die nach hinten liegen, unter den schönen und schwierigen Figuren gewiß die schönste und schwierigste.

Es würde zu lange dauern, wollte ich alle die herrlichen Erfindungen der verschiedenen Geschichten schildern, die ganze Genealogie der Patriarchen, von den Söhnen Noahs an, um die ganze Ahnenreihe Jesu Christi zu geben, Gestalten, deren Verschiedenheit in den Gewändern und dem Ausdruck der Köpfe ist, und die Menge eigenartiger und neuer Einfälle, die aufs schönste überlegt sind. Alles ist mit Geist ausgeführt, alle Figuren sind in richtigster und künstlicher Verkürzung gezeichnet, und was man sieht, ist rühmenswert und göttlich. Wer aber betrachtet ohne Bewunderung und Erstaunen die gewaltige Größe des Jonas, die letzte Figur in der Kapelle, die an der die Wölbung, die in der Wirklichkeit von der Mauer weg nach vorn kommt, durch die Macht der Kunst, indem jene Gestalt sich rückwärts beugt, zurückgeschoben und gerade erscheint; ja man glaubt, besiegt von der Kunst der Zeichnung, durch Licht und Schatten getäuscht, daß sie sich wirklich rückwärts beuge. O unser wahrhaft glückliches Zeitalter, o glückselige Künstler, die ihr euch wohl so nennen müßt, daß euch vergönnt ist, an so klarem Quell das verdunkelte Augenlicht zu erhellen, daß ihr durch einen so bewunderungswürdigen und einzigartigen Künstler alle Hindernisse eurer Bahn beseitigt seht. Gewiß, der Ruhm seiner Bemühungen macht auch euch bekannt und berühmt, seit er von eurem inneren Auge, das so voll Finsternis war, die Binde genommen und euch das Wahre vom Falschen unterscheiden gelehrt, das die Erkenntnis umdunkelte! Danket dafür dem Himmel und strengt euch an, Michelangelo in jedem Dinge nachzuahmen.

Nach Vollendung der Kapelle und bevor noch der Papst starb, verfügte Se. Heiligkeit dem Kardinal Santiquattro und dem Kardinal Aginense, seinem Neffen[1], sein Grabmal, wenn er gestorben wäre, nach einer einfacheren Zeichnung als der früheren vollenden zu lassen. An dies Werk begab sich Michelangelo aufs neue und fing um so lieber an der Arbeit des Grabmals an, als er hoffte, endlich einmal ohne Hindernis damit fertig zu werden. Er hatte indes nachmals stets Verdruß, Last und Not dabei, mehr als bei irgendeiner seiner anderen Arbeiten, ja wurde sogar lange Zeit auf gewisse Weise des Undankes gegen einen

[1] Der Kardinal Santiquattro war Lorenzo Pucci, und Kardinal Aginense war Leonardo Grossi della Rovere.

Papst geziehen, von dem er so sehr geliebt und geschützt worden war[1].

Zu dem Grabmale also zurückgekehrt, arbeitete er unausgesetzt daran und ordnete die Zeichnungen, damit er die Fassaden der Kapelle ausführen könne, als ein neidisches Geschick es nicht zulassen wollte, daß dieses in so großer Vollkommenheit begonnene Denkmal ein entsprechendes Ende gewinne. Papst Julius starb, und sein Grabmal wurde zur Seite gestellt wegen der Wahl von Leo X., der, von nicht minder glänzendem Unternehmungsgeist und Tatkraft als Julius, in seiner Vaterstadt, aus der er der erste Papst war, zu seinem und eines so göttlichen Künstlers, seines Mitbürgers, Gedächtnis jene Wunder ausführen lassen wollte, als ein mächtiger Fürst wie er es zu tun vermöge[2]. Deshalb gab er Michelangelo den Auftrag, die Fassade von San Lorenzo in Florenz, der Kirche, welche die Medici erbaut hatten[3], auszuführen; das aber war der Anlaß, daß die Arbeit am Grabmal von Julius unvollendet liegenblieb, da Leo X. nicht nur seine Meinung und seine Zeichnungen dazu, sondern auch ihn selbst als Chef des ganzen Werkes begehrte. Michelangelo widerstand soviel er konnte und berief sich darauf, daß er den Kardinälen Santiquattro und Aginense wegen des Grabmales verpflichtet sei; der Papst aber antwortete ihm, er möge darum nicht besorgt sein, er habe selber daran gedacht und erwirkt, daß Michelangelo entbunden würde unter dem Vorbehalt, daß er wie vorher in Florenz an den

[1] Nach dem Tode von Papst Julius II. (am 21. ii. 1513) und nach Vollendung der Sixtinischen Decke kam es zwischen obengenannten Erben und Michelangelo zu einem zweiten Kontrakt (am 6. v. 1513). Der Plan wurde vereinfacht, das Grabmal sollte nur noch an drei Seiten frei sein (der sog. Cappelletta-Entwurf). In dieser Phase arbeitete Michelangelo an den Louvre-Sklaven und dem Moses. – [2] Leo X., aus dem Hause der Medici in Florenz, wurde am 15. iii. 1513 gewählt. – [3] Vgl. S. 144–147.

Figuren für das Grabmal arbeiten werde; was freilich alles zum Bedauern der Kardinäle und Michelangelos geschah, der mit Tränen wegging.

Mannigfaltig, ja unzählbar waren die Verhandlungen, die hierauf folgten. Denn ein Werk wie jene Fassade hätte man gern mehreren Personen übertragen, auch kamen wegen dessen baulicher Anordnung viele Künstler nach Rom zum Papst und fertigten Zeichnungen an: Baccio d'Agnolo, Antonio da San Gallo, Andrea und Jacopo Sansovino, der anmutige Raffael von Urbino, den der Papst dann in dieser Angelegenheit mit nach Florenz nahm[1].

Michelangelo entschloß sich, ein Modell zu machen, und wollte dabei der Oberste oder Führer in der Architektur sein. Aber dieses entschiedene Zurückweisen jeder Beihilfe war der Grund, daß weder von ihm noch von anderen etwas ins Werk gesetzt wurde, und daß jene Meister verzweifelten und zu ihren gewohnten Beschäftigungen zurückkehrten. Er dagegen ging nach Carrara mit Aufträgen, für die ihm von Jacopo Salviati tausend Scudi ausgezahlt werden sollten. Als er indes zu ihm kam, hatte sich Jacopo wegen verschiedener Geschäfte mit einigen Bürgern eingeschlossen, und Michelangelo, der nicht Lust hatte, die Besprechung abzuwarten, reiste alsbald ab, ohne ein Wort zu sagen, und ging nach Carrara. Jacopo, von Michelangelos Besuch benachrichtigt, schickte ihm, da er ihn in Florenz nicht fand, tausend Scudi nach Car-

[1] Leo X. scheint den Entschluß zum Fassadenbau von S. Lorenzo während seines Aufenthaltes in Florenz (1515/1516) gefaßt zu haben (?). Wann die ersten Konkurrenzen dazu einsetzten, ist mit Sicherheit nicht zu sagen, jedenfalls vor dem 20. X. 1516, dem Tode des von Vasari nicht genannten Giuliano da Sangallo, der auch mehrere Entwürfe geliefert hat. Über die Beteiligung der anderen von Vasari genannten Künstler ist bis jetzt noch keine vollkommene Klarheit gewonnen worden; ebenso strittig ist das Problem der Art und Chronologie der Michelangelo-Modelle.

rara. Der Bote verlangte von Michelangelo eine Empfangsbescheinigung, erhielt aber zur Antwort, dies Geld sei zu Ausgaben für den Papst und nicht für ihn bestimmt, er möge es wieder mitnehmen, für andere pflege er weder Quittungen noch Empfangsbescheinigungen auszustellen; worauf der Bote aus Furcht ohne Schein zu Jacopo zurückkehrte[1].

Während Michelangelo in Carrara den Marmor zu dem Grabmale von Papst Julius und zu der Fassade brechen ließ, in der Meinung, sie auszuführen, schrieb man ihm, Papst Leo habe vernommen, es gebe in den Bergen von Pietrasanta nach Seravezza im Florentiner Gebiet, auf dem Gipfel des höchsten Berges, Altissimo genannt, Marmor von derselben Güte und Schönheit wie jener zu Carrara. Dies wußte zwar Michelangelo schon, schien es aber nicht beachten zu wollen, denn er war ein Freund des Marchese Alberigo, des Herrn von Carrara, und wollte entweder um seinetwillen lieber carraresischen Marmor brechen, als den von Seravezza, oder war wohl auch der Meinung, daß das ein langwieriges Geschäft sei, wobei viel Zeit verlorengehe, wie es auch geschah. Dessenungeachtet ward er gezwungen, nach Seravezza zu gehen, obwohl er dagegen anführte, dies werde mehr Arbeit und Kosten veranlassen, vornehmlich beim Beginn, und obendrein vielleicht nicht einmal so gut sein. Aber der Papst wollte davon nichts hören; eine Straße von mehreren Meilen mußte durch die Berge geführt, es mußten mit Hämmern und Hauen Gestein zur Einebnung zerschlagen und an sumpfigen Stellen Pfähle eingerammt werden, so daß Michelangelo viele Jahre verlor, um den Willen des Papstes zu er-

[1] Im Jan. 1517 erhält Michelangelo von Salviati das Geld, gab es aber für das Julius-Grab aus. Erst am 19.1.1518 wurde mit Michelangelo der Kontrakt geschlossen, nachdem schon seit Dezember 1517 die Fundamente gelegt worden waren.

füllen[1]. Endlich brach man fünf Säulen von gehöriger Größe, von denen eine auf dem Platz von San Lorenzo in Florenz aufgestellt ist, die anderen liegen an der Mittelmeerküste. Außer diesen Säulen brach man noch viele Marmorblöcke, die jetzt noch nach mehr als dreißig Jahren in den Steinbrüchen liegen.

Doch kehren wir zu Michelangelo zurück. Er ging wieder nach Florenz und verlor bald mit diesem, bald mit jenem viel Zeit. Unter anderem machte er für den Palast der Medici ein Modell zu den Fenstern mit gebrochenem Giebel an den Eckzimmern, deren eines Giovanni da Udine mit Stukkaturen und Malereien verziert hat, ein Werk, das sehr gerühmt wird; und dann ließ er von dem Goldschmied Piloto, auch nach seiner Angabe, in durchbrochenem Kupfer jene Fensterladen machen, die man mit Recht bewundert[2]. Mit dem Brechen der Marmorblöcke verbrauchte Michelangelo viele Jahre; doch fertigte er währenddessen Wachsmodelle und andere zu dem Bau gehörige Dinge. Aber das Unternehmen zog sich in die Länge, daß die dafür bestimmten Gelder auf den Lombardischen Krieg verwendet wurden und der Bau durch den Tod von Papst Leo unvollendet blieb, denn nichts weiter war daran geschehen, als daß man vorn die Fundamente legte und von Carrara eine große Marmorsäule nach dem Platze von S. Lorenzo schaffte[3].

Der Tod Leos versetzte Künstler und Handwerker in Rom und Florenz in so großen Schrecken, daß Michelangelo in Florenz blieb und an dem Grabmale von Papst Julius arbeitete, solang Hadrian VI. regierte[4]. Nach Ha-

[1] Die Straße wurde hauptsächlich 1518 gebaut. – [2] Die Fenster sitzen in der ehemaligen Familienloggia des Pal. Medici, ihre Entstehungszeit ist urkundlich nicht gesichert (1518/19?). – [3] Leo X. starb am 1. XII. 1521, aber schon am 10. III. 1520 hatte der Papst Michelangelo von allen seinen Verpflichtungen entbunden. – [4] Hadrians VI. Pontificat dauerte vom 9. I. 1522 bis 23. IX. 1523.

drians Tode jedoch wurde Clemens VII. zum Papst erwählt[1], der wie Leo und seine übrigen Vorgänger durch Werke der Baukunst, Bildhauerei und Malerei ein Gedächtnis an sich hinterlassen wollte. In dieser Zeit, d. h. 1525, wurde Giorgio Vasari in noch kindlichem Alter von dem Kardinal von Cortona nach Florenz gebracht[2] und bei Michelangelo in die Lehre gegeben, um die Kunst zu erlernen. Da dieser indes von Clemens VII. nach Rom berufen ward wegen des Baubeginnes der Bibliothek von San Lorenzo und der neuen Sakristei, worin er die Marmorgrabmäler seiner Vorfahren von Michelangelos Hand gefertigt aufstellen wollte, entschloß er sich, Vasari einstweilen bei Andrea del Sarto unterzubringen, und ging selbst nach dessen Werkstatt, um ihm Vasari zu empfehlen. Michelangelo reiste eilig nach Rom, und da er neuerdings von dem Herzoge Francesco Maria von Urbino, dem Neffen von Papst Julius, bedrängt wurde, der sich über Michelangelo beschwerte und sprach, man habe ihm sechzehntausend Scudi für das besagte Grabmal ausgezahlt und er treibe in Florenz, was ihm beliebe, und der drohend hinzufügte, vernachlässige er das Werk, so solle es ihm schlimm gehen[3]. Als er in Rom angelangt war, riet ihm der Papst Clemens, der sich gerne seiner bedienen wollte, er solle mit den Agenten des Herzogs Rechnung abschließen, seiner Meinung nach wäre er nach dem, was er schon vollbracht habe, eher Gläubiger als Schuldner; und der Handel blieb liegen.

Der Papst besprach sich mit Michelangelo über viele Dinge, bis man endlich beschloß, die neue Sakristei und und Bibliothek von San Lorenzo in Florenz zu vollenden.

[1] Die Wahl von Clemens VII. erfolgte am 19. XI. 1523. – [2] Vgl. dazu die Einleitung. – [3] Im Jahre 1524/25 arbeitete Michelangelo wieder, unter Androhung eines Prozesses seitens der Erben. Damals wurde der Entwurf wiederum vereinfacht: zu einem Wandgrab.

Er verließ daher Rom und wölbte die Kuppel, wie man sie jetzt sieht, und ließ sie in einer anderen Ordnung ausführen; von dem Goldschmied Piloto ließ er eine sehr schöne Kugel mit zweiundsiebzig Flächen dafür arbeiten. Während er sie wölbte, geschah es, daß ihn einige Freunde aufforderten: »Ihr solltet die Laterne Eurer Kapelle ganz anders als jene des Filippo Brunelleschi aufführen«, worauf er erwiderte: »Anders wohl, aber nicht besser![1]«
Im Inneren errichtete er zum Schmuck der Wände vier Grabmäler für die sterblichen Hüllen der Väter der beiden Päpste: für Lorenzo den Alten und für Giuliano, seinen Bruder, dann für Giuliano, den Bruder Leos, und für Herzog Lorenzo, seinen Neffen[2]. Und weil er die alte, von Filippo Brunelleschi erbaute Sakristei nur mit einer neuen Art von Ornamenten nachahmen wollte, so brachte er eine gemischte Ordnung an, die mannigfaltigste und neuartigste, die jemals von alten oder neueren Meistern angewendet werden konnte. Denn die Neuheit der schönen Gesimse, Kapitäle, Basen, Türen, Tabernakel und Grabmäler machte er völlig verschieden von dem, was die Menschen früher für Maß, Ordnung und Regel erachtet hatten, nach allgemeinem Brauch, nach den Bestimmungen Vitruvs und dem Altertum, dem er sich nicht anschließen mochte. Solches Zugeständnis ermutigte

[1] Der Ausbau der Neuen Sakristei an S. Lorenzo wurde als Ersatz für das eingestellte Fassadenprojekt von Leo X. – wahrscheinlich auf Anregung des Kard. Giulio de' Medici, dem späteren Clemens VII. – begonnen. Am 1. III. 1520 waren die Arbeiten schon im Gange, jedoch erst im November 1520 gelang es, Michelangelo zu versöhnen und für das Projekt zu verpflichten. Schon im Sommer 1521 Stockung wegen Geldmangel; Wiederaufnahme der Arbeit während der Regierungszeit Clemens' VII. – [2] Vasari übergeht hier die wieder sehr komplizierte Vorgeschichte der Entwürfe und die verschiedenen Planwechsel noch während der Ausführung, nur seine Bemerkung, daß vier Grabmäler gemacht werden sollten, deutet darauf hin. Ausgeführt wurden nur die Denkmäler des Giuliano, Herzog von Nemours (gest. 1516), und des Lorenzo, Herzog von Urbino (gest. 1519).

diejenigen, die Michelangelos Verfahren sahen, ihn nachzuahmen; und neue Erfindungen hat man seitdem gesehen, grotesk vielmehr, als nach herkömmlichem Gesetze und der Regel der Ornamentik. Daher sind ihm die Künstler zu unendlichem und ewigem Danke verpflichtet, daß er die Bande und Ketten brach, mit denen belastet alle stets auf der gewöhnlichen Straße fortgingen. Noch besser zeigte er dies und lehrte seine Verfahrensweise bei dem Bau der Bibliothek von S. Lorenzo, am selben Ort, bei der schönen Einteilung der Fenster, der Aufteilung der Decke und dem bewunderungswürdigen Eingang des Vorsaales. Nie herrschte eine kühnere Anmut in dem Ganzen und in den einzelnen Teilen eines Werkes, in den Konsolen, den Tabernakeln und den Gesimsen, und nie sah man eine bequemere Treppe, die obendrein so seltsame gebrochene Abstufungen hat und so sehr verschieden von dem allgemeinen Brauche ist, daß jedermann darüber erstaunte[1].

In dieser Zeit betrieb er die Arbeiten in der Sakristei, wovon sieben Statuen zum Teil ganz, zum Teil nicht ganz vollendet erhalten blieben. Er übertraf, wie man anerkennen muß, mit ihnen und bei der Erfindung der Architektur der Grabmäler jeden Meister in den drei Künsten. Die Statuen, die er im groben ausgehauen und vollendet hat und die sich am genannten Orte befinden, bezeugen es. Das eine ist die Mutter Gottes in sitzender Stellung, das rechte Bein über das linke gekreuzt, so daß ein Knie auf

[1] Den Auftrag zum Bibliotheksbau von S. Lorenzo erhielt Michelangelo von Clemens VII.; die Verhandlungen begannen Ende 1523, am 2. VIII. 1524 erfolgte die erste Arbeitsanweisung. Auch hier hat die Entwurfsarbeit verschiedene Phasen durchgemacht, z. T. noch während der Ausführung. Einstellung der Arbeit Ende 1526, Wiederaufnahme 1533 und 1549 usw., aber erst 1558/1559 konnte Bartolommeo Ammanati die Treppe ausführen. 1571 Eröffnung der Bibliothek für den öffentlichen Betrieb.

dem anderen ruht; das Kind sitzt rittlings auf dem übergelegten Beine und wendet sich mit schöner Bewegung, die Brust verlangend, nach der Mutter, die es mit der einen Hand hält, mit der anderen sich stützt und vorbeugt, sie ihm zu geben; und obwohl diese Statue nicht in allen Teilen fertig ist, erkennt man doch in dem nur roh ausgehauenen, nur gradierten Teil und in der Unvollkommenheit der Ausarbeitung die Vollendung des Werkes.
In noch viel größeres Staunen versetzte Michelangelo jedermann durch die Grabmäler des Herzogs Giuliano und Lorenzo de' Medici, bei denen er den Gedanken hatte, daß nicht allein die Erde diesen Fürsten eine ihrer Größe entsprechende, ehrenvolle Ruhestätte geben könne, sondern er wollte, daß alle Teile der Welt daran teilhaben sollten, indem er über ihre Sarkophage, so daß sie sie bedeckten, vier Statuen anbrachte, nämlich: bei dem einen den Tag und die Nacht, bei dem anderen die Morgenröte und die Abenddämmerung. Die Statuen sind von den schönsten Bewegungsformen und mit kunstreicher Muskulatur gearbeitet, so daß die Kunst, ginge sie je wieder verloren, durch sie allein wieder zu dem früheren Glanze gebracht werden könnte. Außerdem sind dort u. a. die Statuen der beiden Heerführer in Waffenschmuck, der in Gedanken versunkene Herzog Lorenzo im Angesicht der Weisheit; die Beine sind so schön gemacht, daß man nicht schönere sehen kann. Der andere ist der kühne Herzog Giulano; Kopf, Hals, Augenhöhlen, Nasenrücken, Öffnung des Mundes und Haare so göttlich, Hände, Arme, Kniee, Füße, kurz alle Teile, die er machte und machen ließ, von einer Herrlichkeit, daß die Augen nie satt und müde werden. Fürwahr, wer die schönen Fußbekleidungen und Harnische betrachtet, der muß sie für himmlisch und nicht für irdisch halten. Was aber sage ich von der Morgenröte, einer nackten, weiblichen Gestalt, ganz geschaffen, alle

Schwermut der Seele auszutreiben, und zu bewirken, daß die Bildhauerkunst den Meißel sinken lasse? In ihrer Stellung erkennt man das schwere Sicherheben aus tiefem Schlafe und das Sich-aus-den-Federn-Lösen, wobei es scheint, daß sie beim Erwachen die Augen vor dem großen Herzog geschlossen gefunden habe; mit dem Ausdruck der Klage in ihrer unzerstörbaren Schönheit, zum Zeichen ihres großen Schmerzes windet sie sich voll Gram. Was endlich könnte ich von der Nacht sagen, einer nicht nur seltenen, sondern einzigartigen Statue? Wer hat in irgendeinem Jahrhundert antike oder neuere, mit solcher Kunst geschaffene Gestalten gesehen? Man erkennt in ihr nicht nur zugleich die Ruhe eines Schlafenden, sondern auch den Schmerz und die Trauer dessen, der ein hohes und heiliges Gut verliert. Man möge es nur glauben, daß dies die Nacht ist, welche alle diejenigen verdunkelte, die Michelangelo in der Bildhauerei und Zeichenkunst einige Zeit, ich sage nicht, zu übertreffen, doch zu erreichen gedachten. Man gewahrt in solcher Figur jene Schlaftrunkenheit, wie man sie bei den Gesichtern Schlafender sieht.

Hätte die Feindschaft, die zwischen Glück und Kunst besteht, und die Güte von dieser und der Neid von jener ihn dies Werk zu Ende bringen lassen, so würde die Kunst der Natur gelehrt haben, wie sie ihr in jedem Gedanken überlegen sei. Während indes Michelangelo mit allem Fleiß und größter Liebe an diesem Werke arbeitete, kam (was die Beendigung nur zu sehr aufhielt) im Jahre 1529 die Belagerung von Florenz, weshalb er wenig oder gar nichts mehr daran tun konnte, da die Bürger ihm die Sorge für die Befestigung aufgeladen hatten, und zwar nicht allein von San Miniato, sondern von der ganzen Umgegend[1].

[1] Florenz wurde, da durch eine Volkserhebung die Herrschaft der Medici (am 15. V. 1527) gestürzt worden war, von den kaiserlichen

Da er der Republik tausend Scudi geliehen hatte und zu dem Kriegsrat der Neun gehörte[1], so wandte er allen Sinn und Gedanken ganz der Vervollkommnung jener Festungswerke zu. Schließlich wurden diese aber vom feindlichen Heere ringsum eingeschlossen; die Hoffnung auf Hilfe schwand allmählich, die Schwierigkeit, sich zu halten, stieg; und Michelangelo, der sich nicht an seinem Platze fühlte und für die Sicherheit seiner Person besorgt wurde, beschloß, von Florenz nach Venedig zu gehen, ohne sich unterwegs irgend jemand zu erkennen zu geben. Er verließ daher heimlich, ohne daß irgendwer etwas wußte, auf der Straße von San Miniato Florenz und nahm nur Antonio Mini, seinen Schüler, und den Goldschmied Piloto, seinen treuen Freund, mit, und jeder von ihnen trug auf dem Rücken, in der Jacke eingenäht, Geld[2]. In Ferrara, wo er sich ausruhte, wurde wegen des Argwohnes, der im Kriege herrscht, und wegen des Bündnisses zwischen Papst und Kaiser, die vor Florenz lagen, von Herzog Alfonso von Este polizeiliche Ordnung gehalten; auch wollte er heimlich von den Wirten, die Herberge gaben, die Namen aller derer wissen, die täglich bei ihnen einkehrten, und ließ sich jeden Tag die Liste der Fremden bringen, gleichviel, welcher Nation sie angehörten. Obwohl nun Michelangelo nicht erkannt zu sein wünschte und deshalb mit den Seinen vom Pferde gestiegen war, erhielt doch der Herzog auf diesem Wege Kunde davon und empfand große Freude darüber, daß er sein Freund geworden war. Dieser Fürst war großmütig und unablässig, solange er lebte, ein Freund der

Heeren belagert, die am 12. VIII. 1530 einzogen. Ab Mitte Oktober begannen die Befestigungsarbeiten; im April 1529 wurde Michelangelo zum Generalintendanten der gesamten Befestigungen ernannt.

[1] Seit dem 10. I. 1529. – [2] Michelangelos Flucht von Florenz war am 21. IX. 1529.

Kunst. Er schickte sofort einige seiner ersten Hofleute zu Michelangelo, um ihn im Namen Sr. Exzellenz nach dem Palaste zu führen, wo der Herzog war; seine Pferde und sein Gepäck sollten sie mitbringen und ihm im Palast das beste Unterkommen geben. Michelangelo, der sich in der Gewalt eines anderen sah, mußte nachgeben, und mit guter Miene zum bösen Spiel ging er in Begleitung jener Herren zum Herzog, ohne jedoch sein Gepäck aus dem Gasthaus mitzunehmen. Der Herzog bereitete ihm den besten Empfang, bedauerte seine Unzugänglichkeit, beehrte ihn danach mit reichen und ehrenvollen Geschenken und hoffte ihn durch glänzenden Lohn in Ferrara festzuhalten. Michelangelo aber, in dessen Plänen dies nicht lag, wollte nicht bleiben; von neuem bat ihn der Herzog, wenigstens solange der Krieg daure, nicht zu reisen, und erbot sich zu allem, was in seiner Macht stände. Hierauf wollte sich Michelangelo an Höflichkeit nicht übertreffen lassen; er dankte verbindlichst, und gegen seine beiden Reisegefährten gewendet, sagte er, daß er zwölftausend Scudi nach Ferrara mitgebracht habe, und daß, wenn er sie benötige, sie ihm zu Befehl stünden mit ihm zusammen.

Dann begab sich Michelangelo nach Venedig, wo viele der Vornehmen ihn kennenzulernen wünschten; da er indessen kein rechtes Vertrauen zu ihrer Kenntnis seines Berufes hatte, verließ er die Giudecca, wo er wohnte. Wie man sagt, habe er damals auf Begehren des Dogen Gritti für Venedig die Zeichnung zu der Brücke des Rialto gefertigt; ein in Erfindung und Ausschmückung ganz außerordentlicher Entwurf[1].

Michelangelo wurde dringend gebeten, wiederum nach

[1] 1523 war die alte Holzbrücke eingestürzt; Entwürfe zum Neubau lieferten in der Folgezeit: Fra Giocondo, Jac. Sansovino, Palladio usw. Ausführung der heutigen Anlage unter Leitung des Antonio da Ponte von 1588–1591.

seiner Vaterstadt zu kommen; man empfahl ihm angelegentlichst, die dortigen Unternehmungen nicht aufzugeben, und schickte ihm einen Geleitbrief zu[1], so daß er endlich, von Liebe zur Heimat getrieben, obschon nicht ohne Gefahr für sein Leben, dahin zurückging. In dieser Zeit vollendete er die Leda, die er, wie ich erzählte, zufolge einer Aufforderung, für den Herzog Alfonso gemalt hatte und die nachmals sein Schüler Antonio Mini nach Frankreich brachte. Man sagt auch, daß er zur Zeit der Belagerung Gelegenheit gefunden habe, einem früheren Wunsche gemäß, den großen Block carraresischen Marmors von neun Ellen zu erhalten, den Papst Clemens bei einer zwischen ihnen entstandenen Konkurrenz dem Baccio Bandinelli zugesprochen hatte. Da er jedoch der Gemeinde gehörte, forderte Michelangelo ihn von dem Gonfaloniere an, erhielt ihn von diesem, um dasselbe zu schaffen, wofür schon Baccio ein Modell gemacht und beim ersten Anschlagen bereits viel von dem Marmor weggehauen hatte. So machte Michelangelo ein Modell, das für bewundernswert galt und höchst reizend war; bei der Rückkehr der Medici erhielt indes Baccio den Marmor zurück[2].

Nach Abschluß des Friedensvertrages erhielt Baccio Valori, als Abgesandter des Papstes, den Auftrag, einige der heftigsten Parteigänger unter den Bürgern festzunehmen

[1] Am 20. X. 1529; seine Rückkehr nach Florenz erfolgte im November. – [2] 1525 war der Plan aufgetaucht, an der Piazza della Signoria als Gegenstück zu Michelangelos David eine Statue aufzustellen. Den Auftrag für eine Herkules-Caccusgruppe erhielt Bandinelli. Gleichzeitig entwirft Michelangelo eine Herkules-Antäusgruppe; im August 1528 erhält Michelangelo den von Bandinelli schon angeschlagenen Block, der daraus eine Gruppe »Simson mit den beiden Philistern« machen will. Nach der Rückkehr der Medici (am 5. VII. 1531) erhält Bandinelli den Block zurück und vollendet 1534 die Herkules-Caccusgruppe auf der Piazza della Singoria in Florenz.

und ins Bargello zu werfen; der Hof selbst ließ nach Michelangelo in seiner Wohnung suchen; dieser war indes, solches ahnend, heimlich nach dem Hause eines vertrauten Freundes gegangen und hielt sich dort viele Tage verborgen, bis sich die Rache gelegt hatte. Da gedachte Papst Clemens der Fähigkeiten Michelangelos, ließ mit Fleiß nach ihm forschen und gab Befehl, man solle ihm nichts vorwerfen, ihm vielmehr sagen, er werde sein früheres Gehalt bekommen, wenn er zurückkehre und für das Werk von San Lorenzo Sorge trage, über das Giovannbattista Figiovanni, ein alter Anhänger des Hauses Medici und Prior von San Lorenzo, zum Bauverweser ernannt worden war.

In solcher Weise sichergestellt, und um vorerst sich Baccio Valori zum Freund zu machen, fing Michelangelo eine drei Ellen hohe Figur in Marmor an, einen Apollo, der einen Pfeil aus seinem Köcher nimmt; und er vollendete ihn fast ganz; er befindet sich heutigentags im Zimmer des Fürsten von Florenz und ist ein außerordentlich kostbares Werk, obwohl nicht völlig fertig[1].

Michelangelo fand es angemessen, nach Rom zum Papst Clemens zu gehen, der ihm zwar zürnte, ihm jedoch aus Liebe zur Kunst alles verzieh und ihn beauftragte, nach Florenz zurückzugehen, um die Bibliothek und Sakristei von San Lorenzo zu vollenden; und um dies Werk schneller zu fördern, verteilte man eine Menge dazu gehörender Statuen an verschiedene Meister. Zwei wurden den Bildhauern Tribolo, eine Raffaello da Montelupo und eine Fra Giovan Agnolo, dem Servitenbruder, in Auftrag gegeben, und Michelangelo leistete ihnen Beistand, indem er einem jeden Modelle in Ton skizzierte[2].

[1] Es ist wohl die Figur im Bargello in Florenz. – [2] Erhalten sind in der Neuen Sakristei nur die Figur des Damian von Raffaelo da Montelupo und des Cosmas von Montorsoli.

Während sie alle rüstig daran arbeiteten, ließ er die Bibliothek weiterführen, namentlich die Decke nach seinen Modellen in Holzschnitzwerk durch die trefflichen florentinischen Schnitzer und Meister Carota und del Tasso und die Bücherbänke durch Battista del Cinque und seinen Freund Ciapino, beide recht geschickte Meister ihres Berufes. Zu letzter Vollendung berief man den göttlichen Giovanni da Udine nach Florenz, der mit seinen Gehilfen und einigen florentinischen Meistern die Stukkaturen der Kuppel arbeitete; kurz, man suchte mit allem Eifer jene Unternehmung zum Abschluß zu bringen, und Michelangelo wollte die Statuen bereits aufstellen, als es dem Papste in den Sinn kam, ihn bei sich zu haben, um die Wände der Sixtinischen Kapelle, deren Decke er für seinen Neffen Julius II. gemalt hatte, gleichfalls mit Bildern versehen zu lassen. Und zwar wollte Clemens, daß er auf der Hauptwand, wo der Altar steht, das Weltgericht darstelle, damit er in diesem Bilde zeigen könnte, was alles der Kunst der Malerei möglich sei; auf der gegenüberliegenden Wand, oberhalb der Haupttüre aber sollte man sehen, wie Luzifer wegen seines Stolzes aus dem Himmel vertrieben und nach der untersten Hölle mit all den Engeln geworfen wurde, die sich seiner Sünde teilhaftig gemacht hatten[1]. Zu diesen Erfindungen hatte Michelangelo, wie man später erfuhr, schon viele Jahre vorher Entwürfe und verschiedene Zeichnungen gemacht, davon eine nachmals in der Kirche von Santa Trinità in Rom durch einen sizilianischen Maler ausgeführt wurde, der viele Monate Michelangelo als Farbenreiber diente.

Während Michelangelo den Auftrag gab, die Zeichnungen

[1] Wann der Auftrag an Michelangelo für das Jüngste Gericht erging, ist nicht genau festzustellen. Michelangelo war im Herbst 1533 mit Clemens VII. in Rom und Florenz zusammengetroffen. Ende Dezember verließ Michelangelo Florenz – wohin er lebend nicht mehr zurückkehrte –, um nach Rom überzusiedeln.

und Kartons zu der Wand mit dem Weltgericht zu machen, hatte er unausgesetzt Händel mit den Agenten des Herzogs von Urbino, die ihn beschuldigten, er habe von Julius II. sechzehntausend Scudi für dessen Grabmal erhalten; und da ihm diese Anschuldigung unerträglich war, wünschte er das Werk doch eines Tages zu vollenden, obschon er bereits alt war.

Endlich wurde der Vertrag wegen des Grabmals abgeschlossen; es sollte vollendet werden, doch nicht frei stehend in Quadratform, sondern mit nur einer Fassade in einer Weise, wie es Michelangelo gut dünke. Zugleich mußte er versprechen, sechs Statuen von seiner Hand dort aufzustellen; dagegen räumte der Herzog von Urbino vertragsmäßig das Recht ein, daß Michelangelo sich verpflichten durfte, vier Monate des Jahres für Papst Clemens zu arbeiten, in Florenz oder wo es ihm sonst gefallen möchte[1]. Hierdurch glaubte Michelangelo, Ruhe erlangt zu haben; dennoch vollendete er jetzt das Werk nicht, weil Clemens, begierig, die äußerste Probe seiner Kraft, seiner Fähigkeit zu sehen, ihn anhielt, sich dem Karton des Weltgerichtes zu widmen. Er aber, sobald er dem Papste gezeigt hatte, daß er damit beschäftigt sei, gab sich dieser Arbeit nicht nach ganzem Vermögen hin, sondern arbeitete heimlich an den Statuen zu dem Grabmale.

1533 starb Papst Clemens[2], worauf der Bau der Sakristei und Bibliothek in Florenz, den man mit so vielem Eifer zu vollenden gestrebt, eingestellt wurde. Damals glaubte Michelangelo tatsächlich, er sei frei und könne das Grabmal von Julius II. zum Schluß bringen. Als jedoch Paul III. erwählt war[3], dauerte es nicht lange, so rief er ihn zu sich,

[1] Der neue Kontrakt wurde am 29. IV. 1532 geschlossen. Als Aufstellungsort wurde damals die Kirche S. Pietro in Vincolis bestimmt. – [2] Clemens VII. starb am 25. IX. 1534. – [3] Die Wahl von Paul III. erfolgte am 3. X. 1534.

war sehr liebenswürdig gegen ihn, machte ihm Anerbietungen und bat, er möge in seine Dienste treten, er wünsche, ihn bei sich zu behalten. Dies lehnte Michelangelo ab, indem er versicherte, er sei bis zur Vollendung des Grabmales dem Herzog von Urbino durch einen Vertrag verpflichtet. Da geriet der Papst in Zorn und sprach: »Seit dreißig Jahren habe ich dies Verlangen, und nun, wo ich Papst bin, sollte ich ihm nicht Genüge tun? Ich werde den Vertrag zerreißen und bin entschlossen, daß du mir auf jeden Fall dienen sollst.«
Als er diesen Beschluß vernommen hatte, fühlte Michelangelo sich versucht, von Rom fortzugehen, um, wie auch immer es sei, die Möglichkeit zur Vollendung des Grabmales zu finden. Klug jedoch, wie er war, fürchtete er die Macht des Papstes und dachte darauf, wie er ihn, der schon so bejahrt war, mit Worten hinhalten könne, ehe es zu etwas komme. Der Papst, der irgendein bedeutendes Werk von Michelangelo ausführen lassen wollte, ging eines Tages mit zehn Kardinälen nach dessen Hause, wo er alle Statuen zu dem Grabmale von Papst Julius sehen wollte; sie schienen ihm wunderbar, vornehmlich der Moses, von dem der Kardinal von Mantua meinte, diese Figur allein genüge, um Papst Julius zu ehren. Und nachdem der Papst sich auch die Kartons und Zeichnungen angesehen hatte, die er für die Wand der Kapelle machen ließ, die ihm ganz staunenswert vorkamen, bat der Papst wiederum auf das dringendste, er möge in seinen Dienst treten, und versprach zu bewirken, daß sich der Herzog von Urbino mit drei Statuen von seiner Hand begnüge und die übrigen nach seinen Modellen von anderen trefflichen Meistern ausführen lasse. Und so, nachdem Se. Heiligkeit mit den Agenten des Herzogs verhandelt hatte, schloß man einen neuen Vertrag, den der Herzog bestätigte, und Michelangelo erbot sich freiwillig, die drei (fehlenden)

Statuen zu bezahlen und auch das Grabmal mauern zu lassen; dazu hinterlegte er auf der Bank der Strozzi tausendfünfhundertachtzig Dukaten. Dem hätte er sich wohl entziehen können, und es schien ihm, als habe er mehr als genug getan, von einem so langwierigen und verdrießlichen Werk entbunden zu sein. Er ließ es dann in San Pietro in Vincola aufstellen[1].

Michelangelo hatte sich, da er es nicht vermeiden konnte, entschlossen, dem Papst Paul zu dienen, und dieser wünschte, daß er die von Clemens angeordnete Arbeit fortsetzen möge[2], ohne an der Erfindung oder dem Plane, der ihm vorgelegt worden war, etwas zu ändern, da er die Tüchtigkeit Michelangelos hoch achtete und solche Liebe und Ehrfurcht für ihn empfand, daß er ihm nur zu gefallen trachtete. So ließ denn Michelangelo vor der Hauptwand jener Kapelle eine Vormauer von gut gefügten, ausgewählten und sorgfältig gebrannten Backsteinen aufführen, die vorher nicht dagewesen war, und zwar abgeschrägt, so daß sie oben eine halbe Elle überhing, damit weder Staub noch Schmutz darauf haften könne. Auf die Einzelheiten in der Erfindung und Komposition des ganzen Bildes will ich nicht eingehen; es gibt davon so viele große und kleine Abbildungen und Drucke, daß es unnütz sein würde, wollte ich auf die Beschreibung derselben Zeit verwenden. Genug, daß man sieht, die Absicht dieses einzigartigen Mannes war keine andere, als die vollkommene und am besten proportionierte Gestaltung des menschlichen Kör-

[1] Nicht Paul III., sondern schon Clemens VII. hatte den am 7. IV. 1532 geschlossenen Vertrag angefochten (Paul III. bezog sich nur in einem Breve von 1537 darauf). Im Juli und August 1533 wurden die Vorbereitungen zur Aufstellung in S. Pietro in Vincolis in Rom getroffen. Es folgte wiederum eine lange Unterbrechung, und wohl erst 1542 wurde der untere Teil der Architektur aufgemauert, im Mai bis Juni 1542 wird der Vertrag zur Architektur des Obergeschosses abgeschlossen; im Februar 1545 ist das Denkmal vollendet. – [2] Dazu gab Paul III. am 1. IX. 1535 ein Breve heraus.

pers in den verschiedensten Bewegungen darzustellen; und nicht nur dieses, sondern zugleich auch die Gefühle der Leidenschaften und die Freuden der Seele, wobei es ihm darauf ankam, nur das Beste auf diesem Gebiet zu tun; darin war er allen Künstlern überlegen. Er wollte den Weg der großen Manier und der Darstellung des Nackten zeigen und seine Kenntnis in den größten Schwierigkeiten der Zeichnung offenbaren. So hat er schließlich die Bahn gebrochen zur Erleichterung der Kunst in ihrer Hauptaufgabe, nämlich dem menschlichen Körper. Nur dies Ziel vor Augen, bekümmerte er sich nicht um den Reiz der Farben, um Gedanken und neue Einfälle in gewissen Kleinigkeiten und Feinheiten, die viele andere Meister, vielleicht mit einigem Recht, nicht ganz vernachlässigt haben. Mancher, in der Zeichnung nicht so Fester sucht durch Mannigfaltigkeit in den Tonwerten und durch Farbenübergänge, durch seltsame, verschiedene und neue Erfindungen, kurz, auf einem anderen Wege Geltung zu erlangen. Michelangelo dagegen, feststehend auf dem tiefgelegten Grunde der Kunst, hat denen, die hinreichende Kenntnisse haben, gezeigt, wie sie die rechte Vollkommenheit erlangen können.

Aber um zu dem Gemälde zurückzukehren, so hatte Michelangelo schon mehr als drei Viertel davon vollendet, als Papst Paul kam, um es anzusehen. Messer Biagio da Cesena, Zeremonienmeister und ein sehr sittenstrenger Mann, war mit dem Papst in der Kapelle und befragt, was er von dem Werke halte, entgegnete er, es sei wider alle Schicklichkeit, an einem so heiligen Ort soviel nackte Gestalten zu haben, die so schamlos ihre Blößen zeigten, und daß das kein Werk für die Kapelle des Papstes, sondern für eine Badestube oder eine einfache Gastwirtschaft sei. Das verdroß Michelangelo, und um sich zu rächen, malte er den Zeremonienmeister, sobald er fort war, ohne ihn weiter vor sich zu haben, als Minos in der Hölle, die Beine von einer großen Schlange umwunden, mitten unter einer Schar von Teufeln. Und es half dem Messer Biagio nichts, daß er sich an den Papst und an Michelangelo wandte, er möge sein Bild dort wegnehmen; es blieb stehen, zum Gedächtnis dieser Geschichte, wie man es noch jetzt sieht.

In dieser Zeit trug es sich zu, daß Michelangelo ziemlich hoch von dem Gerüste in der Kapelle herunterfiel und sich am Bein verletzte; aus Schmerz aber und Zorn wollte er sich von niemand heilen lassen. Nun war damals Meister Baccio Rontini aus Florenz, sein Freund, ein geschickter Arzt und großer Verehrer der Kunst, noch am Leben, und ging eines Tages von Teilnahme ergriffen nach Michelangelos Hause, pochte an und stieg, da weder einer der Nachbarn noch er selbst Antwort gab, auf geheimen Wegen hinan und von einem Zimmer ins andere, bis er zu Michelangelo gelangte, der in Verzweiflung dalag. Unter diesen Umständen wollte Meister Baccio ihn durchaus nicht verlassen und sich nicht von ihm trennen, bevor er hergestellt war. Von seinem Übel geheilt und zur Arbeit zurückgekehrt, beschäftigte Michelangelo sich damit ohne Unterlaß und führte sein Werk in wenigen Monaten zu Ende, und gab den Gestalten darin solche Kraft, daß er das Wort Dantes verwirklichte: »die Toten schienen tot, die Lebenden lebendig[1];« und man erkennt den Jammer der Verdammten und die Freude der Seligen. Als daher dies Weltgericht aufgedeckt war, zeigte sich Michelangelo nicht nur als Sieger über die Künstler, die früher an demselben Ort gearbeitet hatten, sondern man sah auch, daß er sich in Beziehung auf die Decke, die er zu so großem Ruhme ausgeführt hatte, hatte selbst übertreffen wollen; und er hat sich darin übertroffen, und zwar sehr weit.

Wer Urteilskraft besitzt und von der Malerei etwas ver-

[1] Dante, Divina Commedia, Purg. 12, 67.

steht, der erkennt hier die erschreckende Gewalt der Kunst, sieht in den Gestalten Gedanken und Leidenschaften, die kein anderer außer Michelangelo je gemalt hat. Hier lernt man, wie den Stellungen Abwechslung an den seltsamen und verschiedenen Gebärden bei jungen und alten Männern und Frauen gegeben werden kann; und wem offenbart sich in ihnen nicht der Schrecken der Kunst vereint mit jener Anmut, die diesem Meister von der Natur verliehen war? weil er alle Herzen tief bewegt, mögen sie von unserem Berufe nichts verstehen oder dessen kundig sein. Die Verkürzungen, die hier sind, erscheinen in Relief gearbeitet und erzielen in ihrer Verbindung jene Weichheit; die Feinheit, mit der er in allen Einzelheiten zarte Gegenstände malte, zeigt, wie gute und wahrhaftige Künstler bei ihren Bildern verfahren müssen; und schon in den Umrissen aller Dinge, die er, und zwar nur er in solcher Weise ziehen konnte, erkennt man das wahre Gericht, die wahre Verdammnis und Auferstehung. Dies Werk ist für unsere Kunst jenes Zeugnis und jenes großes Gemälde, das Gott den Menschen zur Erde geschickt hat, damit sie sehen, wie das Schicksal wirkt, wenn Geister von der erhabensten Stufe auf die Erde herabkommen und Anmut und die Göttlichkeit des Wissens als ihnen inneseiend mitbringen. Dieses Werk legt alle in Fesseln, die die Kunst zu verstehen meinen; und wer jene Zeichen in Umrissen veranschaulicht sieht, sei es was es sei, der bebt und befürchtet, irgendein mächtiger Dämon habe sich der Zeichenkunst bemeistert; und beachtet man allein die Mühen seines Werkes, so sind die Sinne allein bei dem Gedanken wie betäubt, was andere schon ausgeführte oder noch auszuführende Gemälde im Vergleich zu diesem sein können. Glücklich kann sich wirklich der nennen und ein beseligendes Andenken bewahrt der in sich, wer dies tatsächlich herrliche Wunderwerk unseres Jahrhunderts gesehen hat. Paul III., du bist der Glücklichste, da Gott zugelassen hat, daß unter deinem Schutze der Ruhm sich ausbreitete, den die Federn der Schriftsteller dir und ihm bewahren werden! Wie sehr sind deine Verdienste durch seine Kunst erhöht worden! Jedoch das beste Geschick haben in diesem Jahrhundert durch seine Geburt die Künstler, denn sie haben den hemmenden Schleier von jenem heruntergerissen gesehen, was man in den von ihm geschaffenen Werken der Malerei, Bildhauerei und Architektur ersinnen und schaffen kann.

Acht Jahre lang mühte sich Michelangelo an diesem Werke und deckte es 1541 (wie ich glaube) am Weihnachtstage auf, zum Verwundern und Erstaunen Roms, ja der ganzen Welt; und ich, der ich jenes Jahr in Venedig war und nach Rom ging, um es zu betrachten, geriet darüber in das größte Erstaunen[1].

Papst Paul hatte, nach dem Vorbilde der Kapelle von Nicolaus V., eine andere in demselben Stockwerk, Paolina genannt, durch Antonio da San Gallo bauen lassen[2] und dachte daran, durch Michelangelo darin zwei große Bilder in zwei großen Rechteckfeldern malen zu lassen. Und so malte Michelangelo in dem einen die Bekehrung Pauli, mit Christus in den Wolken und einer Schar nackter Engel in den schönsten Bewegungen, und unten, wie Paulus erschreckt und betäubt und vom Pferde zur Erde gestürzt ist, mit seinen Soldaten ringsum, die einen bemüht, ihn wieder aufzurichten, andere durch die Stimme und den Glanz Christi in Schrecken versetzt und in allerlei schönen Stellungen und Bewegungen verwundert und verwirrt fliehend. Und das davonjagende Pferd scheint durch seinen

[1] Der ungefähre Entwurf für das Jüngste Gericht war im September 1535 fertig; die Ausführung begann April/Mai 1536; Enthüllung am 25. II. 1541. – [2] Die Cappella Paolina im Vatikan war am 25. I. 1540 durch die erste päpstliche Messe geweiht worden.

raschen Lauf den mit fortzureißen, der es zurückhalten will; das ganze Bild ist mit größter Kunst ausgeführt und vortrefflich gezeichnet. Im zweiten ist die Kreuzigung des Petrus, der nackt auf das Kreuz geheftet ist – eine seltene Gestalt; die Henker haben ein Loch in die Erde gegraben, und er zeigt, wie sie das Kreuz so aufrichten wollen, daß die Füße des Gekreuzigten nach oben kommen; ein Bild voll schöner und bemerkenswerter Gedanken. Michelangelos Bestreben war, wie ich anderwärts schon sagte, einzig auf die höchste Vollendung der Kunst gerichtet; so findet man hier weder Landschaften noch Bäume, Gebäude und auch nicht eine gewisse Abwechslung und Reize der Kunst, auf die er nicht achtete, vielleicht weil er seinen hohen Geist nicht mit solchen Dingen erniedrigen wollte. Diese waren seine letzten Malereien, ausgeführt von ihm in einem Alter von fünfundsiebzig Jahren und, wie er mir sagte, unter großer Beschwerde; denn die Malerei, vornehmlich aber die Freskomalerei, ist keine Arbeit für Alte, wenn man ein bestimmtes Alter überschritten hat[1].

Der Geist und das Talent Michelangelos konnten nicht müßig bleiben; und da er nicht mehr malen konnte, setzte er sich vor einen Block Marmor und begann daraus vier überlebensgroße Rundfiguren, eine Beweinung Christi, zu meißeln, weil es ihm Vergnügen und Zeitvertreib verschaffte, und weil er sich, wie er zu sagen pflegte, den Leib gesund erhalte, wenn er den Schlegel führe. Christus wird nach der Abnahme vom Kreuz von der Madonna gehalten, wobei Nikodemus, indem er darunterher fassend, fest auf seine Füße gestellt, sie kraftvoll unterstützt, und eine der Marien, da sie sieht, daß der Mutter die Kräfte schwinden

[1] Die Ausmalung der Kapelle hatte Michelangelo im Winter 1541 übernommen; zuerst entstand das Fresko mit der Bekehrung Pauli (Sommer 1542 bis August 1545), dann die Kreuzigung Petri (März 1546 –1550).

und sie, vom Schmerz überwältigt, den Leichnam nicht mehr halten kann, ihr beisteht. Einen toten Körper, der diesem Christus vergleichbar wäre, kann man nicht sehen, der niedersinkt mit haltlosen Gliedern in einer Stellung, die nicht nur völlig verschieden ist von denen, die Michelangelo früher gewählt hatte, sondern auch von all denen, welche je gemacht wurden; und ein mühevolles Werk, wie es selten aus einem einzigen Stein gearbeitet wird, und wahrhaft göttlich. Es blieb unvollendet, wie unten gesagt werden wird, und erlebte mancherlei Mißgeschick, obwohl Michelangelo die Absicht gehabt hatte, es für sein eigenes Grab am Fuß des Altars zu benutzen, woselbst er es aufzustellen gedachte[1].

1546 starb Antonio da San Gallo, und da es nun an einem Meister fehlte, den Bau von St. Peter zu leiten, gab es viele Verhandlungen zwischen den Bauverwesern und dem Papste, wem das Amt übertragen werden solle[2]. Endlich beschloß Se. Heiligkeit, wie ich glaube, auf göttliche Eingebung, nach Michelangelo zu schicken. Auf Befragen, ob er jenes Amt übernehmen wolle, lehnte es Michelangelo ab, indem er, dieser Last zu entgehen, sagte, daß die Baukunst eigentlich nicht sein Fach sei. Und als hierauf Bitten nichts halfen, so befahl ihm der Papst zuletzt, das Amt anzunehmen. Demnach mußte er ganz wider seinen Wunsch und Willen auf dies Unternehmen eingehen. Als er nun eines Tages nach S. Pietro kam, um das Holzmodell des San Gallo zu sehen[3] und den Bau der Kirche zu überprüfen, fand er dort die ganze Sippschaft der Sangalli beisammen, die sich vordrängten und Michelangelo, so fein sie's

[1] Es ist die Kreuzabnahme (»Deposizione«) oder Beweinung Christi, die jetzt im Florentiner Dom steht. Über die Überarbeitung der Gruppe usw. vgl. S. 462. – [2] Antonio da San Gallo d. J., der seit 1538 Chefarchitekt von St. Peter gewesen war, starb am 3. VIII. 1546. – [3] Das im Auftrag Pauls III. entstandene Holzmodell (1537–1546) des Antonio ist jetzt im Mus. Petriano in Rom.

vermochten, sagten, wie erfreut sie wären, daß er die Leitung des Baues bekommen habe, und daß jenes Modell eine Wiese sei, darauf zu weiden er wohl niemals unterlassen werde. »Ihr sprecht sehr wahr«, entgegnete Michelangelo, indem er (der Erklärung gemäß, die er einem Freunde gab) dadurch andeuten wollte: für die Schafe und Ochsen, die nichts von der Kunst verstehen. Öffentlich pflegte er dann zu sagen, San Gallo habe dem Bau nicht genug Licht gegeben und außen zu viele Säulenordnungen übereinander gehäuft; durch die vielen Pyramidenvorsprünge und das Gemengsel der Glieder schließe er sich mehr der deutschen als der guten antiken, oder der schönen und anmutigen neueren Weise an; überdies könne man bei der Ausführung des Baues fünfzig Jahre Zeit und über dreihunderttausend Scudi Kosten sparen und ihn mit mehr Majestät, Größe und Leichtigkeit, größerer Ordnung, Schönheit und Annehmlichkeit aufführen. Dies zeigte er dann an einem Modell, das er machte, um der Kirche die Form zu geben, in der sie nunmehr vor uns steht und die erkennen läßt, daß er die vollste Wahrheit sagte. Sein Modell kostete fünfundzwanzig Scudi und wurde in vierzehn Tagen vollendet; das von San Gallo dagegen hatte viertausend Scudi und viele Jahre Zeit gekostet. Und daraus und aus anderen Dingen konnte man sehen, daß dieser Bau ein Geschäft oder Handel um Gewinn war, der verlängert wurde, mit der Absicht, ihn nicht zu beenden, und den jeder, der ihn übernimmt, als eine Spekulation betrachtet.

Ein solches Verfahren mußte einem rechtlichen Manne wie Michelangelo mißfallen, und da der Papst ihn mit Gewalt zum Baumeister von St. Peter gemacht hatte, so sagte er ihnen eines Tages freimütig, er wisse recht gut, daß sie sich durch Freunde fortzuhelfen suchten und alles täten, damit er nicht jenes Amt übernähme; darum solle, sobald er das Amt übernommen, auch nicht einer von ihnen am Bau bleiben. Diese Worte taten ihm, da er sie öffentlich ausgesprochen hatte, großen Schaden – wie wohl zu glauben ist – und waren Ursache, daß jene argen Haß wider ihn faßten, der sich Tag um Tag mehrte, als sie sahen, die ganze Ordnung werde innen und außen verändert; sie ließen Michelangelo nicht in Frieden leben und suchten ihn stets durch andere und neue Vorwände zu quälen, wie an seinem Ort gesagt werden wird.

Endlich stellte der Papst ihm eine unanfechtbare Entscheidung aus, worin er ihn zum Haupt des Baues ernannte, mit aller Vollmacht, nach Gefallen zu schaffen und einzureißen, hinzuzufügen, fortzunehmen und zu verändern, auch sollte die ganze Baubehörde von seinem Willen abhängig sein; worauf Michelangelo gegenüber dieser Zuversicht und diesem Vertrauen des Papstes, um seine gute Gesinnung zu zeigen, begehrte, daß in dem Motuproprio erklärt werde, daß er dem Bau um Gottes willen und ohne irgendeinen Lohn diene[1].

Der Papst genehmigte endlich das Modell Michelangelos, nach dem die Peterskirche im Umfang kleiner, in der Wirkung aber um so größer wurde zur Befriedigung aller Einsichtigen, wiewohl gewisse Leute, die sich für Kenner ausgeben, tatsächlich es aber nicht sind, noch dagegen stimmen[2]. Er fand, daß die vier von Bramante erbauten und von Antonio da San Gallo unverändert beibehaltenen Hauptpfeiler, die die Last der Kuppel zu tragen hatten,

[1] Dieses Motuproprio, durch das Michelangelo zum Chefarchitekten von St. Peter ernannt wurde, wurde am 1. 1. 1547 gegeben. – [2] Michelangelo hat in der Zeit von September 1546 bis September 1547 ein kleines Ton- und ein großes Holzmodell gemacht. Er nahm mit seinem Entwurfe die alte, inzwischen aber aufgegebene Idee eines Zentralbaues – griechisches Kreuz mit bekrönender Mittelkuppel, wie sie Bramante gehabt hatte – wieder auf. In der Ausführung wich man aber durch die Anfügung des Langhauses (durch C. Maderno, 1605 ff.) von Michelangelos Plänen ab.

zu schwach waren, füllte sie zum Teil aus und baute daneben zwei Wendel- oder Schneckentreppen mit flachen Stufen, auf denen die Saumtiere emporsteigen, um das Baumaterial bis zur Spitze zu tragen, wie denn auf demselben Wege Menschen auch bis zur Plattform über den Bögen reiten können. Er führte das erste Gesims oberhalb der Bögen von Travertin ringsherum; eine bewundenungswürdige Sache, gefällig und ganz verschieden von andern, das Beste, was man in solcher Weise machen kann. Er begann die beiden großen Nischen im Querschiff; wo man aber nach der Angabe Bramantes, Baldassares und Raffaels, denen auch San Gallo gefolgt, gegen den Campo Santo hin, acht Tabernakel angelegt hatte, machte Michelangelo deren drei, baute darin drei Kapellen, darüber das Gewölbe von Travertin und eine Reihe Fenster mit vollem Licht, die eine neue Form und von einer gewaltigen Wucht und Würde sind. Da sie ausgeführt sind und im Kupferstich erscheinen, und zwar nicht nur die Michelangelos, sondern auch jene von San Gallo, so ist es unnötig, sie zu schildern[1].

Das römische Volk wünschte unter der Begünstigung des Papstes dem Kapitol eine schöne, zweckmäßige und bequeme Gestalt zu geben: Säulenordnungen, Aufgänge, Rampen und große Treppenanlagen anzubringen, und durch den Schmuck antiker Statuen, die schon hier waren, jenen Ort zu verherrlichen. Da man dafür Michelangelos Rat begehrte, fertigte er eine sehr schöne, reiche Zeichnung an, nach welcher er an der Seite, wo der Senator wohnt, das heißt gegen Osten, eine Fassade von Travertin und eine Treppe mit zwei Aufgängen zu einem Podest, von dem man in der Mitte in den Saal des Palastes gelangt, entwarf; mit reichen Wendungen und verschiedenartigen

[1] Zuerst wurde das nördliche Querschiff und dessen Apsis, dann das südliche aufgemauert.

Geländern, die zugleich als Stützen und als Brustwehren dienen. Michelangelo ließ zu ihrem größeren Schmuck, unten wo sie beginnt, die beiden liegenden, antiken Flußgötter von Marmor, den Tiber und den Nil, neun Ellen große herrliche Gestalten, auf zwei Postamenten aufstellen, und in eine große Nische in der Mitte soll ein Jupiter kommen[1]. Für die Südseite, wo sich der Palast der Konservatoren befindet, entwarf er, um das Gebäude ins Rechteck zu bringen, eine reiche und andere Fassade, unten eine Loggia mit Säulen und Nischen, für die viele antike Statuen bestimmt sind, umher aber wurde mancherlei Schmuck an Türen und Fenstern angebracht, wovon ein Teil schon fertig ist[2]. Dieser Seite gegenüber, nach Norden zu, unterhalb Araceli wird man eine ähnliche Fassade errichten, und vorne gegen Westen wird ein ausgeschwungener, ebener Aufgang kommen mit Balustern als Einfassung und Brustwehr, und dort wird der Haupteingang sein, mit einer Ordnung und Postamenten, für die man alle die herrlichen, jetzt auf dem Kapitol befindlichen Statuen bestimmte[3]. In der Mitte des Platzes wurde das so berühmte Pferd aus Bronze, das die Statue des Marc Aurel trägt, auf einer ovalen Basis aufgestellt, nachdem Papst Paul es von dem Platz des Laterans, wo es Sixtus IV. hatte aufstellen lassen, weggenommen hatte[4]. Das ganze Gebäude hat

[1] Das Kapitol ist die erste regelmäßige römische Platzanlage (1546), die nach Osten vom Senatorenpalast abgeschlossen wird. Dessen Freitreppe von Michelangelo; von 1563 an verwirklicht Michelangelos unmittelbarer Schüler, Giacomo della Porta (1537–1602), getreu nach Michelangelos Willen die Bauten. Seit 1564 wurde von ihm der Umbau des Senatorenpalastes betrieben; die Fassade von Rainaldi (dat. 1598). Die erwähnten Statuen jetzt im Mus. Vatik. – [2] Seit 1564 leitet Giacomo della Porta nach Michelangelos Plänen auch den Bau des Konservatorenpalastes. 1576 ist der Bau bis zum Kranzgesims gefördert. – [3] Der Bau des Kapitolinischen Museums – der ältesten öffentlichen Kunstsammlung der Welt – ist erst unter Carlo Rainaldi im Jahre 1655 vollendet worden. – [4] Die Statue des Marc Aurel war 1538 überführt worden, 1548 erhielt sie die neue Basis durch Michelangelo.

jetzt schon ein so schönes Ansehen, daß es würdig ist, unter die herrlichen Werke Michelangelos gezählt zu werden; geleitet aber wird es gegenwätig von Tommaso de' Cavalieri, einem römischen Edelmann und sehr vertrauten Freunde Michelangelos, wie weiter unten gesagt werden wird.

Paul III. hatte den Bau des Palastes der Familie Farnese durch San Gallo, solange dieser lebte, errichten lassen; als man aber an dessen Außenseite ganz oben zur Vervollständigung des Daches das Gesims aufsetzen mußte, wollte er, daß es Michelangelo nach seiner Zeichnung und Angabe machte; und dieser, der dem Papste, der ihn hochhielt und ihm so viele Freundlichkeit erwies, nichts abschlagen konnte, ließ ein sechs Ellen großes Holzmodell in der Größe des dort anzubringenden Gesimses arbeiten und es an einer Ecke des Palastes befestigen, um die Wirkung zu zeigen, die das Werk haben würde; da es Sr. Heiligkeit sowie ganz Rom gefiel, so wurde es nachmals so weit ausgeführt, als man es sieht, und wurde das schönste und eigenartigste Werk seiner Art, das bei den Alten oder den Neueren gefunden werden kann. Daher wollte nach San Gallos Tode der Papst, Michelangelo solle die weitere Sorge auch für dieses Gebäude übernehmen; dort errichtete er über dem Haupteingang des Palastes das große Marmorfenster mit den herrlichen, bunten Marmorsäulen, und dem großen, sehr schönen und reichen Marmorwappen von Papst Paul III., dem Gründer des Palastes. Innen im Hof baute er über der ersten Säulenordnung die beiden folgenden mit den schönsten, neu gestalteten und anmutigsten Fenstern, Schmuckwerk und Dachgesimsen, die man je gesehen hat, so daß es durch die Bemühung und den Geist dieses Mannes nunmehr der schönste Hof in ganz Europa geworden ist. Er erweiterte und vergrößerte den großen Saal und traf Anordnung zum Bau des Empfangsraumes, dessen Decke er nach einer neuartigen Weise in halbeiförmigen Bogen wölben ließ[1]. Weil in demselben Jahr in den Antoniusthermen eine Marmorgruppe von sieben Ellen im Geviert gefunden worden war, worin von den Alten Herkules dargestellt war, der auf einem Berge stehend einen Stier an den Hörnern hält, nebst einer anderen Figur, die ihm Hilfe leistet, und um den Berg her verschiedene Figuren: Nymphen, Hirten und andere Tiere, ein Werk von wirklich außerordentlicher Schönheit, da diese so vollkommenen Gestalten aus einem einzigen, nicht zusammengefügten Steine gearbeitet sind, der, wie man meint, als Brunnen gedient hatte, da machte Michelangelo den Vorschlag, dieselbe nach dem zweiten Hof zu bringen und dort zu restaurieren, so daß sie wiederum als Brunnen benutzt werden könne; was allen wohlgefiel. So ist im Auftrag der Herren Farnese mit Fleiß bis jetzt an der Wiederherstellung dieses Werkes für den bestimmten Zweck gearbeitet worden[2]. Damals gab Michelangelo auch an, man solle in gerader Linie mit dem Brunnen eine Brücke über den Tiber schlagen, so daß man von dem Palaste nach Trastevere zu einem anderen, ihnen zugehörigen Garten und Palast gelangen könne, wodurch man, wegen der geraden Richtung des Hauptportals, das nach dem Campo di Fiore

[1] Den Auftrag zum Bau des Palazzo Farnese in Rom hatte Antonio da San Gallo 1513 von Alessandro Farnese, dem nachmaligen Papst Paul III., erhalten. Die Bauausführung kam bald ins Stocken und wurde erst durch die Stuhlbesteigung Alessandros nachhaltiger betrieben. Nach San Gallos Tode (1546) übernimmt Michelangelo die Leitung. Es entstand das Kranzgesims, das Mittelfenster der Fassade und das (erste und) zweite Stockwerk des Hofes. Ihm folgten Vignola und dann Giacomo della Porta (bis 1589). – [2] Gemeint ist die antike Gruppe, die, 1546 gefunden, unter dem Namen »Der farnesische Stier« bekannt ist, jetzt im Mus. Naz. in Neapel. Sie stellt natürlich nicht eine Tat des Herkules dar, sondern zeigt, wie Dirke von Zethos und Amphion, den Söhnen der Antiope, an die Hörner eines wilden Stieres gebunden und so zu Tode geschleift wird; die Gruppe von Guglielmo della Porta restauriert.

führt, auf einen Blick den Hof, den Brunnen, die Strada Giulia, die Brücke und die Herrlichkeit des jenseitigen Gartens bis zu der anderen Türe, die nach der Straße von Trastevere führt, überschauen könne; ein herrlicher und einzigartiger Plan, würdig jenes Papstes und der Kunst; eine Erkenntnis und ein Plan Michelangelos.

1549 starb Paul III., worauf nach der Erwählung Julius' III.[1] der Kardinal Farnese seinem Vorgänger Paul durch Fra Guglielmo ein großes Grabmal errichten ließ, der es in der Peterskirche im ersten Bogen des Neubaues unterhalb der Kuppel aufstellen wollte, wo es den Plan jener Kirche behinderte und wirklich nicht an seinem Orte stand; und weil nun Michelangelo mit richtigem Urteil riet, dorthin könne und dürfe es nicht kommen, faßte der Mönch großen Haß wider ihn, fest überzeugt, er tue es aus Neid; nachmals freilich wurde er wohl inne, daß jener die Wahrheit gesagt habe und der Fehler auf seiner Seite lag, der bei aller Freiheit das Werk nicht beendigte.

Damals sahen sich Vasari und Michelangelo jeden Tag, und da gerade das Heilige Jahr war, erteilte der Papst eines Morgens aus besonderem Wohlwollen gegen beide die Erlaubnis, sie sollten doppelten Ablaß erhalten, wenn sie sich zu Pferde nach den sieben Kirchen begeben würden. Bei diesem Anlaß hatten sie auf dem Wege zwischen einer und der anderen Kirche viele nützliche, schöne und sinnreiche Gespräche über die Kunst, die Vasari in einem Dialog aufzeichnete, der bei passender Gelegenheit mit andern, auf die Kunst bezüglichen Gegenständen im Druck erscheinen wird.

In demselben Jahr bestätigte Julius III. das Motuproprio von Paul III. über den Bau der Peterskirche[2], und obwohl

[1] Der Tod Pauls III. erfolgte am 10. XI. 1549; Julius III. bestieg am 8. II. 1550 den päpstlichen Stuhl. – [2] Das Motuproprio Julius' III. wurde am 23. I. 1552 gegeben.

von den Gönnern der Sangallischen Sippschaft bezüglich des Baues von St. Peter vielerlei gegen ihn vorgebracht wurde, so wollte doch der Papst damals nichts davon hören, da Vasari ihm der Wahrheit gemäß dartat, Michelangelo habe dem ganzen Werke Leben gegeben, und bewirkte, daß Se. Heiligkeit nichts in betreff der Zeichnung ohne Michelangelos Rat vornehmen wollte, was er auch stets beobachtete; wie denn weder auf der Vigna Giulia[1] irgend etwas ohne seinen Rat ausgeführt wurde, noch im Belvedere, wo er eine neue Treppe an der Stelle jener halbrunden, nach vorn geschwungenen baute, die acht Stufen emporstieg und dann mit acht anderen wendeltreppenförmig nach innen führte, wie sie Bramante in der großen Nische in der Mitte des Belvedere angebracht hatte. Michelangelo ließ an dieser Stelle nach seiner Zeichnung die sehr schöne viereckige Treppe mit dem Geländer von Peperino aufführen, wie sie jetzt steht.

In diesem Jahre hatte Vasari den Druck seines Werkes vollendet, das die Lebensbeschreibungen der florentinischen Maler, Bildhauer und Baumeister enthält, doch von keinem der noch lebenden, obwohl hochbetagte darunter waren, hatte er die Lebensbeschreibung gegeben, mit Ausnahme des Michelangelo. Als er ihm, dem weit älteren und einsichtsvolleren Künstler, durch den Vasari dafür viele Mitteilungen über Tatsachen mündlich erhalten hatte, sein Werk überreichte, nahm es Michelangelo mit Freuden an und sandte auch bald, nachdem er es gelesen hatte, das folgende von ihm gedichtete Sonett an Vasari, das ich gerne in Erinnerung seiner mir bewiesenen liebreichen Gesinnung hier beifügen möchte:

[1] 1551 hatte Michelangelo ein Modell für die Villa Julius' III., die Villa Giulia in Rom, gemacht; der Bau wurde dann aber von Ammanati und Vignola 1551–1553 errichtet.

Se con lo stile, e coi colori avete
Alla natura pareggiato l'arte,
Anzi a quella scemato il pregio in parte,
Che'l bel di lei più bello a noi rendete.

Poichè con dotta man posto vi sete
A più degno lavoro, a vergar carte,
Quel che vi manca, a lei di pregio in parte
Nel dar vita ad altrui, tutto togliete.

Che se secolo alcuno omai contese
In far bell' opre, almen cedale, poi
Che convien ch'al prescritto fine arrive.

Or le memorie altrui, già spente, accese
Tornando, fate or che fien quelle e voi,
Malgrado d'essa, eternalmente vive.

*

Mit deinem Griffel, deinen Farbentönen[1]
Hast gleich die Kunst du der Natur gemacht,
Ja übertroffen sie zum Teil an Macht,
Da fähig du, ihr Schönes zu verschönen.

Doch heut' erst wird vollständ'ger Sieg dich krönen,
Dich, der auf höh're Werke jetzt bedacht,
Denn deine Schrift erhellt des Grabes Nacht
Und gibt Unsterblichkeit den Erdensöhnen.

Ob auch die Kunst oft die Natur bezwungen,
Ob Jahre ihre Werke nicht verletzen,
Sie hindert's nicht, daß alle einst zerstäuben.

Du aber, Taten singend, die verklungen,
Du, Tote weckend trotz Naturgesetzen,
Wirst du und werden sie lebendig bleiben!

[1] Nach der Übersetzung von Sophie Hasenclever, Sämtliche Gedichte Michelangelos, Leipzig 1875, S. 175.

Kaum war Vasari nach Rom zurückgekehrt, als vor Anfang des Jahres 1551 die Sangallische Sippschaft einen Handel wider Michelangelo anzettelte und begehrte, der Papst solle in St. Peter eine Versammlung einberufen und dazu alle Bauaufseher und alle, die dafür zu sorgen hatten, zusammenkommen lassen, wobei sie Sr. Heiligkeit durch gemeine Verleumdung zu zeigen gedachten, daß der Bau durch Michelangelo verdorben worden sei. Denn da er schon die Königsnische mit den drei Kapellen aufgeführt hatte, denen er in der Höhe drei Fenster gegeben hatte, jene aber nicht wußten, was er mit der Wölbung vorhabe, da hatten sie mit ihrer dürftigen Einsicht dem alten Kardinal Salviati und Marcello Cervino, dem nachmaligen Papste[1], zu verstehen gegeben, St. Peter werde nicht genug Licht bekommen. Nachdem nun alle versammelt waren, sprach der Papst zu Michelangelo: »Die Abgeordneten sind der Meinung, jene Nische werde zuwenig Licht erhalten.« »Wer sind diese Abgeordneten?« fragte Michelangelo; »ich möchte sie sprechen.« Und der Kardinal Marcello antwortete: »Das sind wir.« »So wißt denn, Monsignore«, sprach Michelangelo, »daß über diesen Fenstern in der Wölbung, die von Travertin gebaut wird, noch drei weitere kommen.« »Dies habt Ihr uns aber nie gesagt«, entgegnete der Kardinal. »Weil ich«, sagte Michelangelo dazu, »nicht verpflichtet bin und noch weniger verpflichtet sein mag, weder Ew. Hochwohlgeboren noch irgendwem vorher zu berichten, was ich vorhabe; Eures Amtes ist, Geld herbeizuschaffen und es vor Dieben zu sichern, für die Zeichnungen des Baues aber müßt Ihr mich sorgen lassen.« Hierauf wandte er sich zu dem Papste und sprach: »Heiliger Vater, Ihr seht, welchen Gewinn ich davontrage; wenn diese Anstrengungen nicht meiner Seele zugute

[1] Kard. Cervini gelangte später als Marcellus II. zur Papstwürde, die er nur wenige Wochen bekleidete.

kommen, so verliere ich Zeit und Mühe!« Der Papst aber, der ihn liebte, legte die Hände auf seine Schultern und sagte: »Es soll Eurer Seele zugute kommen und Eurem Leibe! Verlaßt Euch darauf!« Die Liebe des Papstes aber gegen ihn nahm unendlich zu, darum, daß er gewußt hatte, sich jene vom Hals zu schaffen, und er beschied Michelangelo und Vasari, am folgenden Tage beide nach der Vigna Giulia zu kommen; und hier hatte er viele Unterredungen mit Michelangelo, infolge deren fast alle die Schönheiten für den Bau angeordnet wurden, die wir nunmehr zur Ausführung gebracht sehen; auch tat und beschloß der Papst in allem, wobei Zeichnungen erforderlich waren, niemals etwas, ohne Michelangelo um sein Urteil und seine Meinung zu befragen. So verlangte er auch einmal, als Michelangelo, wie er öfters tat, mit Vasari zu dem Brunnen von Acqua Vergine kam und dort Se. Heiligkeit mit zwölf Kardinälen fand, so verlangte, sage ich, der Papst ausdrücklich, Michelangelo solle sich an seine Seite setzen, obwohl dieser voller Ehrerbietung sich weigerte, und ehrte hier wie überall seine Kunst, soviel er nur konnte. Er ließ ihn das Modell zu der Fassade eines Palastes machen, den er mit Benutzung der Mauerreste vom Mausoleum des Augustus neben S. Rocco zu erbauen dachte; als Zeichnung einer Fassade kann man nichts Eigenartigeres, Schmuckreicheres und Moderneres an Manier und Säulenordnungen sehen, da Michelangelo sich hier wie bei allen seinen Arbeiten weder an ein altes noch an ein neues Gesetz der Baukunst binden mochte, als einer, der stets geschickt war, neue, mannigfaltige und nicht minder schöne Dinge zu erfinden. Dieses Modell findet man gegenwärtig bei dem Herzog Cosimo de' Medici, dem es Papst Pius IV. schenkte, als er nach Rom kam, und er bewahrte es unter seinen liebsten Schätzen.

Dieser Papst achtete Michelangelo so hoch, daß er gegen

Kardinäle und andere, die ihn zu verleumden suchten, immer seine Verteidigung übernahm; auch von den vorzüglichsten und berühmtesten Künstlern verlangte er stets, sie sollten ihn in seinem Hause aufsuchen; ja seine Ehrfurcht für diesen Meister war so groß, daß er aus Furcht, ihm lästig zu werden, viele Dinge von ihm nicht begehrte, die Michelangelo, auch wenn er betagt war, wohl tun konnte.

Vasari ging nach Florenz zurück, dem Herzog Cosimo zu dienen; dies war im Jahre 1554. Die Abreise Vasaris tat beiden, Michelangelo und ihm, sehr leid, und da kein Tag verging, an dem nicht Michelangelos Widersacher ihn auf die eine oder die andere Weise quälten, so verfehlten sie nicht, sich täglich zu schreiben, und als im April desselben Jahres ihm Vasari meldete, seinem Neffen Lionardo sei ein Sohn geboren, den man unter ehrenvollem Geleit vieler angesehener Damen zur Taufe getragen und zu seinem Andenken Buonarroto genannt habe, antwortete Michelangolo in einem Brief an Vasari folgendermaßen:

»Mein lieber Freund Giorgio! Ich habe die größte Freude über Euern Brief gehabt, da ich sehe, daß Ihr Euch doch noch des armen Alten erinnert, und noch mehr, daß Ihr, wie Ihr mir schreibt, an dem Triumph teilgenommen habt, einen zweiten Buonarroto geboren zu sehen. Für diese Nachricht danke ich Euch, soviel ich weiß und kann, doch mißfällt mir jenes Gepränge sehr, denn der Mensch soll nicht lachen, wenn die ganze Welt trauert. Denn nach meiner Meinung sollte Lionardo um ein Neugeborenes nicht so große Festlichkeiten veranstalten und die Freude auf den Tod dessen aufsparen, der gut gelebt hat. Wundert Euch nicht, daß ich Euch nicht umgehend antwortete; ich tat es, um nicht für einen Kaufmann zu gelten. In betreff der vielen Lobeserhebungen, die Ihr mir in Eurem Briefe schenkt, sage ich Euch, daß, käme nur eine davon mir zu, ich glauben würde, Euch doch etwas gegeben zu haben, als ich mich selbst mit Seele und Leib Euch gegeben habe, und somit einen kleinsten Teil meiner Schuld an Euch abgetragen zu haben. Denn ich erkenne Euch allezeit als meinen Gläubiger für viel mehr, als ich je bezahlen kann; da ich als ein alter Mann nicht hoffen darf, in diesem, sondern erst in einem anderen Leben jenseits die Rechnung auszugleichen zu können, so bitte ich Euch um Geduld und bin der Eurige. Und so geht's in der Welt[1].«

Schon zur Zeit Pauls III. war Tribolo im Auftrag von Herzog Cosimo nach Rom geschickt worden, um zu sehen, ob er Michelangelo zur Rückkehr nach Florenz und zur Beendigung der Sakristei von San Lorenzo bereden könne. Michelangelo entschuldigte sich jedoch mit seinem hohen Alter, für das diese Last der Mühen zu beschwerlich sei, und führte viele Gründe an, weshalb er von Rom nicht fortgehen könne. Schließlich fragte Tribolo nach der Treppe in der Bibliothek von San Lorenzo, für die Michelangelo schon viele Steine hatte zuhauen lassen; ein Modell aber war nicht da, noch irgendeine bestimmte Angabe über ihre Form, und obwohl sich einige Zeichen in Ton auf dem Fußboden von Backsteinen und einige Skizzen von Ton vorfanden, so fehlte doch die eigentliche und letzte Bestimmung. Auf alle Bitten Tribolos, in die er nicht unterließ, den Namen des Herzogs zu verflechten, antwortete Michelangolo stets nur, er entsinne sich der Sache nicht mehr. Da erhielt Vasari von Herzog Cosimo den Auftrag, an Michelangelo zu schreiben und ihn zu veranlassen zu sagen, welches Ende es mit der gedachten Treppe nehmen solle? Denn man hoffte, er werde vielleicht aus Freundschaft und Liebe für Vasari einen Bescheid geben, wodurch man zu einer Entschei-

[1] Der Brief ist vom April 1554.

dung kommen und das Werk ausführen könne[1]. Vasari schrieb nun an Michelangelo die Überzeugung des Herzogs, daß alles, was bei jenem Bau zu tun sei, ihn als den Ausführenden angehe, und daß er dies mit aller möglichen Treue, die er bei seinen eigenen Werken zu haben pflege, machen werde. Hierauf schickte Michelangelo die Bestimmung über jene Treppe in einem am 28. September 1555 von ihm selbst geschriebenen Briefe:

»Messer Giorgio, mein lieber Freund. Was die Treppe zu der Bibliothek anlangt, von der mir schon so vieles vorgeredet ist, so glaubt, daß, wenn ich mich noch entsinnen könnte, wie ich sie angeordnet hatte, ich mich nicht so lange bitten lassen würde. Zwar erinnere ich mich wie im Traume einer gewissen Treppe, glaube aber nicht, daß es genau die ist, die ich damals im Sinne hatte, da sie mir ungeschickt vorkommt; dennoch werde ich sie hier beschreiben. Ich nahm eine Menge ovaler Schachteln, jede eine Spanne tief, doch nicht von gleicher Länge und Breite; die erste und größte legte ich auf den Fußboden von der Mauer und dem Eingang so weit entfernt, als Ihr wollt, daß die Treppe sanft oder steil ansteigen soll. Auf diese stellte ich eine zweite, nach allen Seiten hin so viel kleiner, daß bei der ersten darunter genug Raum vorstand, um beim Steigen den Fuß aufsetzen zu können, und so ließ ich sie gleichmäßig von Stufe zu Stufe kleiner werden und gegen die Tür zu zurückweichen, so daß die oberste Stufe aber gerade so breit als die lichte Breite der Türe ist. Dieser Teil der ovalen Treppe soll gleichsam zwei Flügel ha-

[1] 1554/55 ließ Großherzog Cosimo de' Medici durch Briefe und Mittelsmänner Michelangelo mehrere Male auffordern, nach Florenz überzusiedeln; dieser antwortet, er könne St. Peter nicht verlassen, da er bald an die Kuppelwölbung komme. Enttäuscht in seinen Bemühungen, versucht Cosimo I. Michelangelos Rat für die unvollendet gebliebenen Bauten wenigstens aus der Ferne in Anspruch zu nehmen.

ben, einen rechts und einen links, mit ebenso vielen Stufen, doch nicht in ovaler Form. Der Aufgang der Mitte ist für den Herren; von der Mitte ab nach oben müssen sich die Krümmungen der Flügel an die Mauer lehnen, von der Mitte ab nach unten bis auf den Fußboden aber mitsamt der ganzen Treppe ungefähr drei Spannen von der Mauer entfernt sein, so daß der Sockel des Vorsaales nirgends beengt wird und alle Wände frei bleiben. Ich schreibe Dinge zum Lachen, weiß aber wohl, daß Ihr die Absicht herausfinden werdet[1].«

In jenen Tagen schrieb Michelangelo an Vasari, daß nunmehr, da Julius III. gestorben und Marcellus erwählt sei[2], die ihm feindliche Partei die Ernennung des neuen Papstes benutze und wiederum anfange, ihn zu quälen. Dies hörte der Herzog, und da es ihm leid tat, ließ er ihm durch Giorgio schreiben, er möge von Rom fortgehen und nach Florenz kommen; der Herzog begehre nichts weiter, als zuweilen bei seinen Bauten Rat und Zeichnungen von ihm zu erhalten, und daß er alles von diesem Herren haben solle, was er wünsche, ohne selbst an irgend etwas Hand anzulegen. Auch Messer Lionardo Marinozzi, der Privatsekretär Herzog Cosimos, mußte ihm Handschreiben von Sr. Exzellenz und auch von Vasari bringen. Unterdessen war Marcellus gestorben und Paul IV. erwählt worden[3], von dem er gleich im Anfang, als er kam, um ihm den Fuß zu küssen, so viele Anerbieten erhielt, weil jener den Bau der Peterskirche vollendet sehen wollte, so daß die Verbindlichkeit, die Michelangelo hierfür zu haben meinte, ihn festhielt. Deshalb schrieb er an den Herzog

[1] 1549ff. hatte sich Niccolo Pericoli, gen. il Tribolo, vergeblich um die Vollendung der Treppe bemüht, deren Stufen schon 1533 gehauen worden waren. Erst 1558/1559 konnte Ammanati auf erneute Bitten die Treppe ausführen. – [2] Papst Julius III. starb am 23. III. 1555. Marcellus II. regierte April/Mai 1555. – [3] Die Wahl Pauls IV. erfolgte am 23. V. 1555.

und entschuldigte sich, daß er für jetzt nicht in seine Dienste treten könne, und schickte auch an Vasari einen Brief folgenden Inhaltes:

»Messer Giorgio, mein lieber Freund. Ich rufe Gott zum Zeugen auf, wie ich vor zehn Jahren, meinem Willen entgegen, mit der größten Gewalt von Papst Paul III. beim Bau der Peterskirche in Rom angestellt wurde, und hätte man, wie damals, bis heute an jenem Werke zu arbeiten fortgefahren, so würde ich jetzt so weit am Bau sein, daß ich wünschen könnte heimzukehren. Mangel an Geld hat indes den Bau sehr verzögert und verzögert ihn noch, wo die mühevollsten und schwierigsten Dinge auszuführen sind. Sie sind derartig, daß, wollte ich mich jetzt davon losmachen, es nichts anderes sein würde, als zu größter Schmach und zu eigenem Verderb den Lohn der Mühen dahingeben, die ich zehn Jahre lang aus Liebe zu Gott aufgewendet habe. Diese Erklärung als Antwort auf Euren Brief und weil ich vom Herzog einen Brief habe. Es hat mich in Erstaunen versetzt, mit welcher Güte Se. Herrlichkeit zu schreiben mich gewürdigt hat. Ich danke dafür Gott und Sr. Exzellenz, soviel ich weiß und kann. Doch ich komme von meinem Vorsatz ab, das macht, ich habe Gedächtnis und Verstand verloren, und das Schreiben ist mir eine große Beschwerde, da es ohnehin nicht mein Beruf ist. Um zusammenzufassen: ich wollte Euch nur zu verstehen geben, was daraus folgen würde, wenn ich den obengenannten Bau verlassen und von hier fortgehen wollte. Das erstere würde verschiedenen Spitzbuben ganz recht sein, und ich würde dadurch den Verfall des Werkes oder auch dessen Einstellung für immer bewirken[1].«

Ferner schrieb Michelangelo an Giorgio und sagte ihm, um sich beim Herzog zu entschuldigen, er besitze in Rom

[1] Dieser Brief muß in den letzten Tagen des Mai 1557 geschrieben sein; Michelangelo war also 82 Jahre alt.

ein Haus und viele Dinge zu seiner Bequemlichkeit von mehreren tausend Scudi Wert, auch sei er nicht gesund, leide an Nierenschmerzen, Seitenstechen und Steinen, gleich allen alten Leuten, wie Meister Eraldo, sein Arzt, bezeugen könne, dem er nächst Gott das Leben zu danken habe; er möge um aller dieser Ursachen willen nicht von Rom weg, und bemerkte endlich, es fehle ihm Mut zu allem, außer zum Sterben. In späteren Briefen, die Vasari von ihm aufbewahrt, bat er diesen, ihn dem Herzog zu empfehlen, damit er ihn entschuldige, nachdem er doch schon (wie ich sagte) seine Entschuldigung an den Herzog geschrieben hatte; ja wäre Michelangelo zu reiten imstande gewesen, so würde er alsbald nach Florenz gekommen sein; und ich glaube, er hätte dann nicht mehr gewußt, wie loskommen und nach Rom zurückgehen, so groß war seine Liebe und Zärtlichkeit für den Herzog, und so sehr verlangte er mehrere Teile des Baues von S. Lorenzo zu leiten, bis er fest genug stehe, um keine Veränderung mehr zuzulassen. Unterdessen war ihm von einigen Personen berichtet worden, Papst Paul IV. wolle an der Wand der Kapelle, auf der sein Weltgericht gemalt war, einiges zurichten lassen, weil ihm jene Gestalten ihre Blößen zu unanständig zu zeigen schienen. Von dieser Ansicht des Papstes unterrichtet, antwortete Michelangelo: »Sagt dem Papst, dies sei ein Kleines und könne leicht geschehen; er möge nur die Welt ändern, Malereien ließen sich schnell ändern[1].« Das Amt bei der Kanzlei von Rimini war Michelangelo genommen worden; er wollte es jedoch dem Papst nicht sagen, der nichts davon wußte, da es dessen Mundschenk eingezogen hatte, in der Absicht, Michelangelo auf Rech-

[1] Daniele da Volterra erhielt den Auftrag 1558, die Arbeit auszuführen; man legte ihm deshalb den Spottnamen il Bracchettone (der Hosenmaler) bei. Auch der hl. Blasius und die Katharina wurden dabei vollkommen verändert.

nung des Baues von St. Peter monatlich hundert Scudi zu zahlen; als ihm ein Monatsgehalt nach Hause gebracht wurde, nahm er es nicht an. In demselben Jahre starb ihm Urbino, sein Diener, oder richtiger sein Gefährte, denn dies war er ihm geworden[1]. Er war im Jahre 1530 in Florenz zu Michelangelo gekommen, als die Belagerung überstanden und dessen Schüler Antonio Mini nach Frankreich gegangen war, und hatte in Verlauf von sechsundzwanzig Jahren, die er Michelangelo gedient hatte, diesem so viel Ergebenheit und Anhänglichkeit bewiesen, daß Michelangelo ihn zum reichen Manne machte und ihn also liebte, daß er ihn, obwohl selber ein Greis, während seiner Krankheit pflegte, ja des Nachts in Kleidern schlief, um ihm aufzuwarten. Darum, als er gestorben war, schrieb Vasari an Michelangelo, um ihn zu trösten, und jener antwortete folgendermaßen:

»Mein geliebter Messer Giorgio. Es fällt mir schwer zu schreiben, doch will ich als Antwort auf Euern Brief etwas sagen. Ihr wißt, wie Urbino gestorben ist; dabei erfuhr ich eine große Gnade von Gott, doch unter herbem Verlust und unsäglichem Schmerz. Diese Gnade ist gewesen, daß, wie er mich im Leben lebendig erhielt, er mich sterbend gelehrt hat, nicht ungern, sondern mit Verlangen nach dem Tode zu streben. Sechsundzwanzig Jahre habe ich ihn bei mir gehabt und habe ihn herrlich und treu gefunden, und nun, da ich ihn reich gemacht hatte und hoffte, er solle Stab und Hüter meines Alters werden, ist er mir entrückt, und es bleibt mir keine andere Hoffnung, als ihn im Paradiese wiederzusehen. Und dafür hat mir Gott durch seinen glückseligen Tod ein Zeichen gegeben, denn mehr als dieser schmerzte es ihn, mich unter so vielen Sorgen wie ein Treuloser zu verlassen. Da der größere Teil

[1] Es war Francesco di Bernardo dell'Amadore aus Casteldurante (das im Hoheitsgebiet von Urbino lag); er starb am 3. XII. 1555.

von mir mit ihm gegangen ist, bleibt mir nichts anderes als unsäglicher Jammer. Laßt mich Euch empfohlen sein!«

Um diese Zeit kam das französische Heer nahe vor Rom, und Michelangelo, der fürchtete, es könne ihm wie der ganzen Stadt übel ergehen, beschloß mit Antonio Francese von Castel Durante, den Urbino ihm als Diener nach seinem Tode zurückgelassen hatte, von Rom zu fliehen, und begab sich heimlich in die Berge von Spoleto, wo er einige Einsiedeleien besuchte[1]. Damals schrieb ihm Vasari und sandte ihm ein kleines Werk, das Carlo Lenzoni, ein florentinischer Bürger, bei seinem Tode dem Herrn Cosimo Bartoli vermacht hatte, mit dem Auftrag, es drucken zu lassen und Michelangelo zu widmen. Es war in jenen Tagen erschienen, und Vasari, der es Michelangelo schickte, erhielt von ihm folgende Antwort[2]:

»Messer Giorgio, geliebter Freund. Das Büchlein von Herrn Cosimo, das Ihr mir zuschickt, habe ich bekommen und sage hier meinen Dank dafür, den ich Euch bitte ihm zu bringen und mich ihm zu empfehlen.

Ich habe in diesen Tagen mit vieler Beschwerde und vielen Kosten, doch zu meinem großen Vergnügen unternommen, die Einsiedler in den Bergen von Spoleto zu besuchen, so daß ich nur mit halbem Herzen nach Rom heimgekehrt bin; fürwahr, nur in den Wäldern findet man den Frieden. Anderes weiß ich Euch nicht zu sagen; ich freue mich, daß Ihr wohl und fröhlich seid, und empfehle mich Eurem Andenken. Den 18. Sept. 1556.«

Michelangelo meißelte damals zu seinem Zeitvertreib fast

[1] Gemeint ist der Einfall des spanischen Heeres in den Kirchenstaat, im Herbst 1556. Michelangelo war im September/Oktober dieses Jahres in den Marken und Umbrien. – [2] Der Titel des Büchleins ist: Difesa della lingua fiorentina e di Dante, con le regole di far bella e numerosa la prosa, Firenze 1556; es wurde dem Großherzog Cosimo I. zugeeignet.

jeden Tag an jener Beweinung mit den vier Gestalten, von der schon die Rede war[1], er zerbrach sie in jener Zeit aus folgenden Gründen: weil der Block vielen Schmergel hatte, hart war und beim Bearbeiten oft Feuer gab, oder auch weil dieser Mann so strenge Anforderungen stellte, daß er sich nie an dem genügte, was er vollbrachte. Daß dies wahr ist, sieht man daraus, daß er im Mannesalter nur wenige Statuen vollendete, daß die, die er ganz zum Schluß brachte, in seiner Jugend ausgeführt sind, wie der Bacchus, die Pietà della febbre, die Kolossalstatue in Florenz und der Christus in der Minerva, bei denen es nicht möglich wäre, ein Körnlein hinzuzutun oder fortzunehmen, ohne ihnen zu schaden. Die übrigen Statuen dagegen von Herzog Lorenzo und Giuliano, die Nacht, die Aurora, den Moses und die beiden dazugehörigen Figuren, zusammengenommen nicht einmal elf, die übrigen, sage ich, blieben unvollendet, und es sind deren wohl eine noch viel größere Zahl; auch pflegte er zu sagen, wenn er mit seinen Werken hätte wirklich zufrieden sein wollen, so würde er wenig oder vielleicht gar nichts ans Licht gebracht haben. Er ging so mit Kunst und Urteil voran, daß, deckte er eine Figur auf und erkannte daran den mindesten Fehler, er sie stehenließ und sofort einen anderen Marmor zur Hand nahm, in der Meinung, es werde nicht wiederum so kommen; dies aber gab er oftmals als den Grund an, weshalb er so wenige Statuen und Bilder ausgeführt habe.

Diese Pietà mit den vier Figuren schenkte er, zerbrochen wie sie war, Francesco Bandini. Zu dieser Zeit war der florentinische Bildhauer Tiberio Calcagni durch Francesco Bandini und Messer Donato Gianotti nahe mit Michelangelo bekannt worden; eines Tages war er in dessen Hause und sah die zerbrochene Pietà. Nach einer langen Unterredung fragte er ihn, um welcher Ursache

[1] Es ist die Gruppe der »Deposizione« im Florentiner Dom, vgl. S. 442.

willen er sie zerschlagen und soviel wunderbare Mühen zunichte gemacht habe? Und Michelangelo antwortete, daran sei die Hartnäckigkeit seines Dieners Urbino schuld, der ihn Tag für Tag getrieben habe, die Arbeit zu vollenden; auch sei ihm ein Stück vom Ellbogen der Madonna abgesprungen und das Werk sei ihm schon früher verhaßt geworden, weil ihm eine Ader im Marmor viel zu schaffen gemacht habe; durch dies alles wäre ihm die Geduld ausgegangen, er habe es zerbrochen und würde es ganz zertrümmert haben, hätte nicht Antonio, sein Diener, ihn gebeten, er möge es ihm geben, wie es sei. Als dies Tiberio vernommen, redete er mit Francesco Bandino, der irgendein Werk seiner Hand zu besitzen wünschte; und Bandino bewirkte, daß Tiberio dem Antonio zweihundert Gold-Scudi versprach, Michelangelo dagegen ersuchte, ihm zu gestatten, mit Hilfe seiner Modelle das Werk für Bandino fertigzumachen und auf diese Weise zu verhindern, daß er eine solche Arbeit ganz umsonst gemacht habe. Michelangelo war es zufrieden und so schenkte er sie ihnen. Sie wurde sogleich fortgeschafft, Tiberio setzte sie zusammen und erneute, ich weiß nicht welche Stücke; doch sie blieb unvollendet, weil Bandino, Michelangelo und Tiberio starben. Gegenwärtig wird sie von Pierantonio Bandini, dem Sohne Francescos, auf dessen Vigna am Monte Cavallo aufbewahrt. Michelangelo aber, zu dem wir zurückkehren wollen, mußte irgend etwas in Marmor erfinden, um sich jeden Tag mit dem Meißel die Zeit zu vertreiben, und nahm einen anderen Block, den er schon zu einer anderen Pietà, verschieden von der vorigen und um vieles kleiner, im groben zugehauen hatte[1].

Es war der Baumeister Pirro Ligorio bei Paul IV. in

[1] Es ist die sog. Pietà Rondanini im Pal. Sanseverino in Rom; auch die Überarbeitung der Gruppe ist von Michelangelo nicht vollendet worden.

Dienste getreten und bei dem Bau von St. Peter beschäftigt; er quälte Michelangelo und sagte ihm nach, er sei kindisch geworden[1]. Hierüber erzürnt, wäre dieser gerne nach Florenz heimgekehrt, auch wurde er aufs neue von Giorgio in Briefen dazu aufgefordert, sofort zu kommen; er erwog jedoch sein hohes Alter, da er bereits im einundachtzigsten Jahre stand, und äußerte daher gegen diesen, als er nach Gewohnheit an Vasari schrieb, um ihm verschiedene sinnreiche Sonette zu senden, das Ende des Lebens sei nahe, er müsse achtgeben, wohin seine Gedanken gerichtet wären, aus seinen Briefen werde er wohl sehen, daß es mit ihm zu Ende ginge, und kein Gedanke steige in ihm auf, auf den nicht der Tod sein Zeichen gedrückt. Und so sagt er in einem seiner Briefe:

»Gott gebe, Vasari, daß ich die Beschwerde einige Jahre noch aushalte. Ich weiß wohl, daß Ihr mir sagen werdet, ich sei alt und töricht, da ich Sonette dichten will, weil aber viele sagen, ich sei zum Kinde worden, wollte ich tun, was meines Amtes ist. Aus Eurem Briefe erkenne ich die Liebe, die Ihr zu mir tragt; seid überzeugt, daß ich meine schwachen Knochen gerne neben die meines Vaters zur Ruhe legen würde, wie Ihr mich bittet; wollte ich aber von hier fort, so würde ich dem Bau von St. Peter großes Verderben bereiten, eine große Schande und eine sehr große Sünde begehen. Ist erst alles daran so fest geordnet, daß nichts mehr geändert werden kann, so hoffe ich zu tun, was Ihr schreibt, falls es nicht schon eine Sünde ist, einigen Schurken unbequem zu sein, welche erwarten, ich solle alsbald von dannen gehen.«

Michelangelo würde Rom gerne verlassen haben und hatte, da er so erschöpft und bejahrt war, wie ich später sagen

[1] Pirro Ligorio (etwa 1500–1583) wurde 1555 in den Bauverband von St. Peter aufgenommen und wurde nach Michelangelos Tode für kurze Zeit dessen Nachfolger.

werde, seine Abreise schon festgesetzt; allein der Geist war willig, aber das Fleisch war schwach und das hielt ihn in Rom. Da fiel im Juni des Jahres 1557, als man das Gewölbe über der Nische in der Königskapelle, wozu er das Modell gemacht hatte, von Travertin aufmauerte, ein Irrtum vor, weil er nicht wie gewöhnlich nach der Arbeit sehen konnte; indem nämlich der Bauführer das Maß der ganzen Wölbung mit einem einzigen Lehrbogen nahm, während es ihrer unendlich viele hätten sein sollen. Michelangelo schickte an Vasari, als an seinen Freund und Vertrauten, einige eigenhändige Zeichnungen, mit folgenden Worten unter der einen von beiden.

»Das Maß zu dem mit Rot bezeichneten Lehrbogen nahm der Werkmeister über dem eigentlichen Körper der Wölbung; als man nun über den Halbkreis im Scheitel der Wölbung kam, sah er den Irrtum, in den er hinsichtlich des Lehrbogens gefallen war, wie hier in der Zeichnung mit Schwarz angezeigt ist. Durch diesen Fehler ging die Wölbung so weit über ihr Maß, daß eine große Menge Steine abgebrochen werden muß, da bei dieser Wölbung nichts von Backsteinen, sondern alles von Travertin gemauert ist; und der Durchmesser der Kreise beträgt außer dem sie umschließenden Gesimse zweiundzwanzig Spannen. Daß solches Versehen begangen wurde, nachdem ich das Modell genau gearbeitet hatte, wie ich es bei jedem Dinge tue, ist nur möglich gewesen, weil ich wegen meines Alters nicht oft nachsehen konnte; während ich glaubte, jene Wölbung sei fertig, wird sie in diesem ganzen Winter nicht vollendet werden. Könnte man vor Scham und Schmerz sterben, so wäre ich nicht mehr am Leben. Ich bitte Euch, dem Herzog ausführlich zu berichten, daß ich jetzt nicht in Florenz bin.«

Der Herzog bedrängte nun Michelangelo nicht weiter, da er sah, welche Hindernisse sich seinem Kommen entgegenstellten, und sagte ihm, daß er nur wünsche, ihn zufrieden zu sehen, und daß er den Bau der Peterskirche fortführen möge, als das Beste, was er in der Welt tun könne, und daß er sich beruhigen möge. Hierauf bezüglich schrieb Michelangelo auf demselben Blatte an Vasari, er danke dem Herzog, soviel er wisse und könne, für seine große Liebe und sagte: »Gott möge mir Gnade geben, damit ich Sr. Exzellenz durch meine arme Person Dienste zu leisten vermöge, denn Gedächtnis und Verstand waren schon von dannen gegangen, um meiner anderswo zu warten.« Das Datum dieses Briefes war vom August des Jahres 1557. Michelangelo wurde zu einem Entschlusse gedrängt, und da man sah, daß für den Bau von St. Peter wenig geschah, er aber bereits einen großen Teil vom inneren Fries der Fenster und vom äußeren der doppelten Säulen vollendet hatte, die über dem runden Gesimse stehen, auf dem (wie später gesagt werden wird) die Kuppel aufsitzen sollte, da wurde er von seinen besten Freunden, dem Kardinal di Carpi, Messer Donato Gianotti, Francesco Bandini, Tommaso de' Cavallieri und Lottino, geradezu gezwungen, wenigstens ein Modell zu der Kuppel zu machen, da er sehe, wie sehr man mit der Wölbung zögere. Viele Monate verstrichen, in denen er sich für nichts entschied, bis er endlich Hand anlegte und allmählich ein kleines Tonmodell ausführte, um nach diesem Vorbilde und den von ihm gezeichneten Grund- und Aufrissen ein größeres von Holz machen zu lassen. Dies wurde im Verlauf von nicht viel mehr als einem Jahre auf seine Veranlassung durch den Meister Giovanni Franzese mit viel Eifer und Mühe ausgeführt, und zwar in solcher Größe, daß die kleinen Maße und Verhältnisse, nach alten römischen Spannen gerechnet, völlig mit dem großen Werke übereinstimmen[1]. Er ließ alle Glieder der Säulen, Basen, Kapi-

[1] Am 30. I. 1557 schrieb Michelangelo, daß er sich mit dem Modelle zur Peterkuppel beschäftige.

täle, Türen, Fenster, Gesimse, Vorsprünge und jede Kleinigkeit daran mit möglichstem Fleiß arbeiten, geleitet von der Ansicht, daß man bei einem solchen Werke nicht weniger tun dürfe, damit in der ganzen Christenheit, ja in der ganzen Welt kein großartigeres, an Schmuck reicheres Gebäude gefunden werde[1].

Die Vollendung des Modells gereichte Michelangelos Freunden, ja ganz Rom zu großer Befriedigung, es war die Sicherung und Festigung des Baues. Als Paul IV. starb und Pius IV. zu seinem Nachfolger erwählt wurde[2], der, indem er den kleinen Palast im Garten des Belvedere durch Pirro Ligorio, der Palastbaumeister blieb, weiterführen ließ, dem Michelangelo viele Anerbieten machte und viele Artigkeiten erwies. Das Motuproprio über den Bau von St. Peter, das Paul III. ausgefertigt und Julius III. und Paul IV. erneut hatten, bestätigte er und gab außerdem Michelangelo einen Teil der Einkünfte wieder, die ihm Paul IV. entzogen hatte, beschäftigte ihn bei vielen seiner Unternehmungen und ließ am Bau der Peterskirche während seiner Regierung rüstig fortarbeiten. Vornehmlich mußte ihm Michelangelo die Zeichnung zu dem Grabmale seines Bruders, des Marchese Marignano, fertigen, das Se. Heiligkeit im Dom von Mailand aufstellen wollte und dem Ritter Lione Lioni, einem Aretiner und trefflichen Bildhauer, einem nahen Freunde Michelangelos, übertrug[3]. Gleichzeitig fertigte der Ca-

[1] Am 3. VII. 1557 wird die Fertigstellung und der Brand des Tonmodells erwähnt; das letzte große Holzmodell entstand zwischen dem 19. XI. 1558 und dem 14. XI. 1561. Die Ermittlung der ursprünglichen Gestalt nur nach Zeichnungen und Beschreibungen möglich, da durch die Ausführung unter Giacomo delle Porta besonders an der Kuppelwölbung (1586 beschlossen; im Juli 1588 begonnen, Mai 1590 vollendet) empfindliche Veränderungen gemacht wurden. – [2] Paul IV. starb am 18. VIII. 1559 und Pius IV. begann sein Pontificat am 25. XII. 1559. – [3] Es ist das Grabmal des Gian Giac. Medici (1497–1556), des Markgrafen von Mari-

valiere Lione eine Medaille mit einem sehr lebhaften Bildnis Michelangelos und stellte aus Artigkeit gegen ihn auf der Kehrseite einen Blinden dar, den ein Hund leitet, und schrieb rundherum folgende Worte:

DOCEBO INIQVOS VIAS TVAS ET IMPII
AD TE CONVERTENTUR.

Michelangelo, dem diese Medaille sehr gut gefiel, gab Lione das von seiner Hand gearbeitete Wachsmodell zu einem Herkules, der den Antäus erdrückt, und einige seiner Zeichnungen. Gemalte Bildnisse von Michelangelo hat man nur zwei, eines von der Hand Bugiardinos[1], das andere von Jacopo del Conte; eine Bronzebüste von ihm arbeitete Daniello Ricciarelli[2] und der Cavaliere Lione das ebengenannte, davon so viele Kopien gemacht wurden, daß ich deren an vielen Orten Italiens und auch außerhalb eine ziemliche Zahl gesehen habe.

In demselben Jahr ging der Kardinal Giovanni de' Medici, der Sohn Herzog Cosimos, nach Rom, um von Pius IV. den Kardinalshut zu empfangen, und es kam dem Vasari, als seinem Diener und Vertrauten, zu, ihn zu begleiten; er tat es gerne und blieb etwa einen Monat in Rom, den Umgang Michelangelos zu genießen, der ihn sehr liebhatte und bei dem er sich stets aufhielt[3].

In demselben Jahr kam Herzog Cosimo mit seiner Gemahlin, der Herzogin Leonora, nach Rom, und Michelangelo ging sogleich nach seiner Ankunft zu ihm, um ihn zu sehen, und der Herzog erwies ihm viele Freundlichkeiten, ließ ihn aus Achtung vor seiner großen Kunst

gnano im Mailänder Dom, das dem Leone Leoni am 12. IX. 1560 in Auftrag gegeben wurde; 1563 vollendet.

[1] Es ist in der Casa Buonarroti in Florenz. – [2] Exemplare der von Daniele da Volterra, im Auftrag des Lionardo Buonarroti 1564/66 gefertigten Büste in der Casa Buonarroti in Florenz und im Louvre in Paris. – [3] Das war im März bis Juni 1560.

neben sich setzen, redete mit vieler Vertraulichkeit von allem, was er an Maler- und Bildhauerwerken in Florenz hatte ausführen lassen, wie von dem, was er weiter vorhabe. Während der Herzog in Rom war, wiederholte Michelangelo öfters seinen Besuch zu seiner großen Befriedigung und tat ein Gleiches, als bald nachher der durchlauchtige Don Francesco de' Medici, dessen Sohn, auch nach Rom kam. Bei ihm ergötzte sich Michelangelo sehr wegen der freundlichen Aufnahme und Artigkeit Sr. Exzellenz gegen ihn, der aus unendlicher Achtung vor einem so seltenen Manne stets mit dem Barett in der Hand zu ihm redete; auch schrieb jener an Vasari, es schmerze ihn, daß er alt und krank sei, da er gern etwas für diesen Herrn gearbeitet haben würde, nun aber suche er einige schöne Altertümer zum Kauf zu erhalten, die er ihm nach Florenz schicken wolle.

Um diese Zeit wünschte der Papst eine Zeichnung zu der Porta Pia von Michelangelo zu erhalten; er fertigte deren drei, alle außerordentlich schön und ganz sonderbar, davon der Papst diejenige zur Ausführung wählte, welche die wenigsten Kosten verursachte, wie man sie gegenwärtig sehr zum Lobe ihres Meisters erbaut sieht[1]. Und da er sah, daß der Papst Lust bezeige, auch die anderen Tore Roms durch ihn instand setzen zu lassen, so fertigte er dazu eine Menge Zeichnungen; ein Gleiches tat er auf Begehren desselben Papstes, als dieser die neue Kirche von Santa Maria degl' Angeli in den Thermen Diocletians erbauen und somit jedes Gebäude zu einer christlichen Kirche umgestalten wollte. Seine Zeichnung übertraf die vieler anderer vortrefflicher Baumeister, durch wohlüberlegte Rücksicht auf die Bequemlichkeit der Kartäuser-

[1] Pier Luigi Gaeta hat den Bau nach Michelangelos Enwurf (am 2. VII. 1561) begonnen; der unvollendet gebliebene Torbau wurde 1565 zu einem vorläufigen Abschluß gebracht.

mönche, die sie nunmehr fast beendet haben, so daß Se. Heiligkeit und alle Prälaten und Herren des Hofes erstaunt waren über die wunderschönen Beobachtungen seiner Einsicht, mit deren er das ganze Gerüst der Thermen nutzte und daraus einen sehr schönen Tempel aufführte, mit einem Eingang jenseits der Gepflogenheit aller Architekten, so daß er Lob und unendliche Ehre dadurch erntete[1].

Die Florentiner Gemeinde hatte öfter beraten, um den Bau der Kirche von San Giovanni in Strada Giulia ernstlich zu beginnen. Sämtliche Häupter der reichsten Familien versammelten sich und versprachen durch Beiträge nach Maßgabe ihres Vermögens das Unternehmen zu fördern; eine gute Summe Geldes wurde zusammengebracht, und es handelte sich nur noch darum, ob es besser sei, bei der alten Anordnung zu bleiben oder etwas Neues und Besseres zu beginnen[2]. Zuletzt beschloß man, auf den alten Fundamenten etwas Neues aufzuführen, ernannte drei Vorsteher für den Bau: Francesco Bandini, Uberto Ubaldini und Tommaso de' Bardi, und diese wandten sich sodann an Michelangelo mit der Bitte, ihnen eine Zeichnung zu fertigen, und legten ihm ans Herz, was für eine Schande es für die Gemeinde sei, soviel Geld fortgeworfen und nie einen Gewinn davon gehabt zu haben, und daß, wenn seine Kunst ihnen nicht beistehe, das Werk zustande zu bringen, sie völlig ratlos sein wür-

[1] Die Kirche wurde in das noch stehende Tepidarium eingebaut; die Umgestaltung erfolgte 1563–1566. Im 18. Jahrh. weitere Umbauten durch Vanvitelli. – [2] Der Baubeginn der Florentiner Nationalkirche fällt noch in das Pontifikat Leos X.; erste Konkurrenz zwischen Raffael, Sangallo d. J., Peruzzi und Jacopo Sansovino; letzterer gewinnt, jedoch zwangen Bau- und Geldschwierigkeiten zur Einstellung des Vorhabens. Im Herbst 1559 Wiederaufnahme des Bauprojekts; Michelangelo macht dazu mehrere Zeichnungen (aufbewahrt in der Casa Buonarroti in Florenz) und läßt Anfang 1560 von Tiberio Calcagni ein Modell ausführen – aber schon im Sommer nimmt man Abstand von der Ausführung.

den. Michelangelo gab seine Zusage mit der größtmöglichen Bereitwilligkeit, denn in diesem seinem hohen Alter beschäftigte er sich gerne mit heiligen Dingen, die zur Ehre Gottes unternommen wurden, und tat es hier überdies aus Liebe für seine Landsleute, denen er stets anhing.

Bei der Beratschlagung über diesen Gegenstand hatte Michelangelo den florentinischen Bildhauer Tiberio Calcagni[1] bei sich, einen Jüngling, der sehr danach verlangte, die Kunst zu erlernen, und sich durch seinen Aufenthalt in Rom dem Studium der Baukunst zuwendete. Michelangelo, der ihn liebte, ließ ihn, wie ich vorher schon sagte, die von ihm zertrümmerte Beweinung von Marmor vollenden und übertrug ihm außerdem die Ausführung der mehr als lebensgroßen Marmorbüste eines Brutus, daran er nur den Kopf mit feinen Gradierstrichen ausgeführt hatte. Den Kopf jenes Brutus hatte er nach dessen Bildnis einem antiken Karneol entnommen, der ein sehr altes Besitztum des Herrn Giuliano Cesarini war; Michelangelo aber fertigte jene Büste, ein seltenes Werk, auf Bitten seines nahen Freundes, des Herrn Donato Gianotti, für den Kardinal Ridolfi[2].

Da nun Michelangelo wegen seines hohen Alters nicht mehr zeichnen und scharfe Linien ziehen konnte, benutzte er bei Werken der Baukunst Tiberios Hilfe, den er als liebenswürdig und bescheiden kannte. Er verlangte auch bei dem genannten Unternehmen seinen Beistand und gab ihm den Auftrag, einen Grundriß von der Lage jener Kirche zu nehmen. Sobald dieser gezeichnet und in Michelangelos Händen war, noch während man dachte, daß nichts geschehe, ließ er den Vorstehern durch Tiberio

[1] Tiberio Calcagni, Bildhauer und Architekt (1532–1565), vgl. über seinen Anteil an der »Deposizione« im Florentiner Dom S. 462. – [2] Diese Büste befindet sich im Bargello in Florenz.

sagen, er habe ihrem Wunsche entsprochen, und legte ihnen fünf Pläne zu den herrlichsten Kirchen vor, die sie, nachdem sie sie gesehen hatten, in Staunen versetzten; und er sagte ihnen, sie möchten sich eine davon nach Gefallen wählen; als sie sich weigerten und sich seinem Urteil anvertrauten, bestand er doch darauf, die Entscheidung müsse von ihnen kommen; und da sie sich einstimmig für eine der reichsten entschieden hatten, sagte ihnen Michelangelo, wenn sie diesen Plan zur Ausführung brächten, so würden weder die Griechen noch die Römer in ihren Zeiten etwas Ähnliches aufzuweisen haben: Worte, wie sie Michelangelo weder vorher noch nachher wieder gesprochen hat, denn er war sehr bescheiden. Man beschloß endlich, die Anordnung des Werkes solle ganz dem Michelangelo, die Ausführung dagegen Tiberio übertragen werden – ein Vorschlag, den beide billigten. Michelangelo versprach den Vorstehern aufs beste zu dienen, gab Tiberio die Pläne, um sie ins reine zu zeichnen und genau auszuführen, gab ihm alle Profile innen und außen an und ließ ihn ein Tonmodell machen, wobei er ihn unterrichtete, wie man es ausführen müsse, daß es aufrecht stünde. In zehn Tagen fertigte Tiberio das acht Spannen hohe Modell; es gefiel der Florentiner Gemeinde so, daß sie eines von Holz danach ausführen ließ, das gegenwärtig in ihrem Konsulat aufbewahrt wird, ein außerordentliches Werk, wie man sonst keinen Tempel sehen konnte, hinsichtlich seiner Schönheit, Pracht und großen Mannigfaltigkeit. Der Bau wurde begonnen, als aber fünftausend Scudi darauf verwendet waren, fehlte es an weiteren Geldanweisungen, und das Werk blieb liegen, was großen Verdruß verursachte[1].

[1] Seit 1600 Ausbau durch Giacomo della Porta nach neuem Plane, dieser fügt an das vorhandene Sangallo-Langhaus ein Querschiff. Chor und Kuppel erst von C. Maderno vollendet.

Siebzehn Jahre hatte Michelangelo dem Bau von St. Peter vorgestanden, und die Mitglieder der Bauverwaltung hatten schon mehrfach versucht, ihn von dem Amt zu entfernen; und da ihnen dies nicht gelungen war, so trachteten sie, sich allem bald mit dieser, bald mit jener sonderbaren Handlung zu widersetzen, in der Hoffnung, er werde sich aus Verdruß darüber entfernen, da er schon alt war und nicht mehr sehr ausdauernd. Als nun in jenen Tagen Cesare da Castel Durante, einer der Aufseher des Baues, starb[1], da stellte Michelangelo, der nicht wollte, daß das Werk darunter leide, einstweilen, bis er jemand nach seinem Sinn gefunden haben würde, Luigi Gaeta ein, einen allerdings noch sehr jungen, doch vollauf genügenden Mann[2]. Die Bauverwalter dagegen, von denen einige verschiedene Male versucht hatten, Nanni di Baccio Bigio[3] ins Amt zu bringen, der sie drängte und große Dinge versprach, schickten Luigi Gaeta weg, in der Absicht, die Angelegenheiten nach ihrem Sinn zu leiten. Als das Michelangelo hörte, erklärte er, fast von Zorn überwältigt, nicht länger die Oberaufsicht des Baues führen zu wollen; und nun sprengten sie aus: er könne nicht mehr, man müsse ihm einen Stellvertreter geben, und er habe selbst geäußert, er wolle sich nicht mehr um St. Peter kümmern.

Alles kam Michelangelo zu Ohren; er sandte Daniello Ricciarelli aus Volterra zum Bischof Ferratino, einen der Vorsteher, der dem Kardinal Carpi erzählt hatte, Michel-

[1] Michelangelos Werkführer Cesare da Casteldurante wurde im August 1563 bei St. Peter erstochen. – [2] Michelangelo ernannte im August 1563 Pierluigi Gaeta zum Werkführer von St. Peter; seitdem bricht der Konflikt zwischen Michelangelo und der Gegenpartei offen aus. – [3] Nanni di Baccio Bigio, Bildhauer und Architekt († 1568?), arbeitet um 1547 an einem Modell für St. Peter, um Michelangelos Entwürfe zu verdrängen. Im August/September 1563 Bauleiter von St. Peter, wird aber wegen der Abneigung Michelangelos gegen ihn entlassen.

angelo habe gegen einen seiner Diener geäußert, er möge sich nicht länger mit dem Bau abgeben; dies, versicherte Daniello, sei keineswegs Michelangelos Absicht; Ferratino aber beklagte sich darüber, daß Michelangelo seine Pläne nicht mitteile, und fügte hinzu, es werde gut sein, ihm einen Stellvertreter zu geben, und er würde sehr gerne Daniello als solchen annehmen, mit dem sich Michelangelo einverstanden zu erklären schien; Ferratino ließ darauf die Bauverwaltung im Namen Michelangelos wissen, daß sie einen Stellvertreter hätten, stellte jedoch nicht Daniello, sondern an seiner Statt Nanni Bigio vor. Kaum eingetreten und von den Vorstehern angenommen, gab er sogleich Befehl, ein Gerüst von Holz an der Seite der päpstlichen Ställe, wo der Hügel ist, aufzuschlagen, damit man auf die große Nische an derselben Seite steigen könne; er ließ auch einige starke Balken von Tannenholz absägen, indem er sagte, es gingen beim Emporziehen des Materials zu viele Seile zugrunde und es sei besser, sie auf diesem Wege hinaufzubringen.

Von dem allen unterrichtet, begab sich Michelangelo alsbald zum Papst, der sich gerade auf dem Kapitolsplatz befand, und da Michelangelo in Zorn ausbrach, ließ er ihn sofort ins Zimmer treten, wo er also sprach: »Heiliger Vater, die Bauverwaltung hat mir einen Stellvertreter gegeben, von dem ich nicht weiß, wer er ist; wenn aber sie und Ew. Heiligkeit der Meinung sind, ich könne jenem Amte nicht mehr genügen, so will ich nach Florenz gehen und mich der Gunst des mächtigen Herzogs freuen, der so sehr nach mir verlangt, um mich auszuruhen und mein Leben in meinem Hause beschließen; so bitte ich Euch, Ihr wollet mich in Gnaden entlassen.« Das war nicht nach des Papstes Sinn; er suchte ihn mit Worten zu begütigen und beschied ihn am folgenden Tag zu einer Unterredung nach Araceli. Dorthin ließ er sämtliche Abgeordnete der Bauverwaltung berufen und verlangte Auskunft über die Ursachen des Vorgefallenen. Sie antworteten, das Werk gehe zugrunde und viele Fehler würden dabei begangen. Als der Papst gehört hatte, daß das nicht wahr sei, beauftragte er Herrn Gabrio Scierbellone, nach dem Bau zu gehen und sich von Nanni, der die Beschuldigungen vorgebracht, sie durch Augenschein beweisen zu lassen. Dies geschah, und da nun Herr Gabrio fand, daß alles Bosheit sei und nicht der Wahrheit entspräche, wurde Nanni angesichts vieler Herren mit nicht sonderlich höflichen Worten vom Bau gejagt, wobei man ihm noch vorwarf, daß durch seine Schuld die Brücke Santa Maria einstürzte, und daß in Ancona, wo er die Reinigung des Hafens mit wenig Kosten verheißen hatte, durch seine Schuld in einem Tage mehr verschlämmt worden sei, als es das Meer in zehn Jahren getan habe. So endete Nannis Tätigkeit beim Bau von St. Peter.

Um zu Michelangelo zurückzukehren, so hatte Vasari etwa ein Jahr vor dessen Tode heimlich dahin gewirkt, daß Herzog Cosimo de' Medici durch Herrn Averardo Serristori, seinen Gesandten, den Papst veranlaßte, jetzt, wo Michelangelo sehr hinfällig wurde, sorgsam auf diejenigen aufzupassen, die bei ihm waren, um ihn zu pflegen, und in seinem Hause aus und ein gingen, Vorkehrungen zu treffen, daß, wenn irgendein plötzlicher Umstand einträte, wie es bei alten Leuten zu geschehen pflegt, ein Verzeichnis seiner Sachen, Zeichnungen, Kartons, Modelle, seines Geldes und aller seiner Besitztümer nach seinem Tode aufgenommen und alles in Sicherheit gebracht werde, um es der Bauhütte von St. Peter zu sagen, wenn etwas sie Betreffendes dabei wäre, sowie daß alles, was die Sakristei, die Bibliothek und Fassade von S. Lorenzo anginge, nicht weggeschleppt würde, wie es oftmals ge-

schieht. Solche Vorsicht half schließlich, so daß alles richtig ausgeführt wurde[1].
Lionardo, der Neffe Michelangelos, der den nahen Tod seines Oheims ahnte, wünschte die kommenden Fasten nach Rom zu gehen, und Michelangelo war um so lieber damit einverstanden, da er an einem schleichenden Fieber erkrankt war. Er ließ alsbald durch Daniello schreiben, Lionardo möge kommen; als indes ungeachtet der Pflege seines Arztes, des Herrn Federigo Donati und anderer das Übel zunahm, da machte er bei vollkommen klarem Bewußtsein sein Testament, und zwar in drei Worten: er übergebe Gott seine Seele, der Erde den Leib, den nächsten Anverwandten seine Besitztümer, und forderte die Seinen auf, ihn beim Sterben an die Leiden Christi zu erinnern. Er verschied am 17. Februar des Jahres 1563 um 23 Uhr nach florentinischer Zeitrechnung, nach römischer 1564, um zu einem besseren Dasein hinüberzugehen[2].
Michelangelo war den Anstrengungen der Kunst leidenschaftlich ergeben, da er sah, daß jede noch so schwierige Sache ihm leicht gelang, denn die Natur hatte ihm einen Geist verliehen, der in der herrlichen Kunst des Zeichnens überaus geschickt und gewandt war. Um hierin ganz vollkommen zu werden, beschäftigte er sich unendlich viel mit Anatomie, indem er selbst viele Leichname sezierte, um die Grundformen und Verbindungen der Knochen, Muskeln, Nerven und Adern zu sehen, die verschiedenen Bewegungen und alle Stellungen des menschlichen Körpers kennenzulernen, und nicht nur des Menschen, sondern auch der Tiere, vornehmlich der Pferde, deren er sich einige zu seinem Vergnügen hielt. Vor allem

[1] Der Versuch, Michelangelos Besitz zu inventarisieren, wurde im Juni 1563 gemacht. – [2] Michelangelo starb hingegen am 18. II. 1564 nachmittags gegen 5 Uhr.

wollte er die Ordnung und den Zusammenhang in bezug auf die Kunst kennenlernen, und zeigte dies so sehr bei dem, was er zu tun hatte, daß derjenige, der sich ausschließlich damit beschäftigt, nicht mehr darin leisten kann. Seine Arbeiten mit dem Pinsel und dem Meißel wurden dadurch fast unnachahmlich; er verlieh, wie schon gesagt wurde, seinen Werken so viel Kunst, Anmut und Lebendigkeit, daß er (es sei mit Erlaubnis aller gesagt) die Alten übertroffen und besiegt hat; auch wußte er die Schwierigkeiten bei der Arbeit so leicht zu überwinden, daß sie nicht unter Mühen ausgeführt zu sein scheint, obgleich der, der seine Sachen zeichnet, das Mühevolle der Arbeit beim Kopieren wohl darin erkennt.
Die Kunst Michelangelos fand während seines Lebens und nicht erst, wie es bei vielen zu geschehen pflegt, nach seinem Tode Anerkennung, denn wir haben gesehen, daß die großen Päpste Julius II., Leo X., Clemens VII., Paul III., Julius III., Paul IV. und Pius IV. ihn immer in ihrer Nähe haben wollten, und wissen dasselbe von Soliman, dem türkischen Kaiser, Franz Valois, dem König von Frankreich, Kaiser Karl V., der Signoria von Venedig und schließlich Herzog Cosimo de' Medici, die sich alle erboten, ihm ehrenvolles Gehalt zu zahlen, aus keinem andern Grunde, als um sich seiner Kunst zu bedienen. Dies geschieht nur Menschen von hohem Wert gleich ihm; man hatte erkannt und gesehen, daß die drei Künste in ihm zu einer Vollkommenheit gediehen seien, wie sie weder bei alten noch bei neuern Meistern gefunden wird, und in so vielen und vielen Jahren, als die Sonne kreist, keinem außer ihm von Gott verliehen war. Er besaß eine so gewaltige und vollkommene Einbildungskraft, daß die von ihm im Geiste vorgestellten Dinge derartig gewesen sind, daß er oft, weil er so große und gewaltige und erschreckende Gedanken nicht ausdrücken konnte, die

Hände von seinen Werken ließ, ja sogar viele zerstörte. So weiß ich, daß er kurz vor seinem Tode eine Menge von ihm ausgeführte Zeichnungen, Skizzen und Kartons verbrannte, damit niemand sehe, welche Mühen er aufwandte und wie sein Geist die verschiedenen Arten versucht hatte, nur um vollkommen zu erscheinen. Niemand wird es unbekannt sein, daß Michelangelo die Einsamkeit liebte, als einer, der sich ganz der Kunst ergeben hat, die den Menschen für sich und seine Gedanken allein haben will, und denen, die sich ihr widmen, zur Pflicht macht, die Gesellschaft zu meiden; dadurch aber kommt es, daß der, der sich den Überlegungen der Kunst ganz hingibt, nie allein ist, noch ohne Gedanken; und wer dies für Eigensinn und Wunderlichkeit hält, hat sehr unrecht, da man, um etwas wahrhaft Gutes zu leisten, sich von Sorgen und Widerwärtigkeiten fernhalten muß. Die Kunst heischt Nachdenken, Einsamkeit und Gemächlichkeit und kann Zerstreuungen nicht vertragen. Bei alledem schätzte Michelangelo jedoch zu rechter Zeit den Umgang mit ausgezeichneten, gelehrten und geistreichen Männern sehr hoch und wußte ihre Freundschaft sich zu erhalten, wie die des erhabenen Kardinals Hippolyt de' Medici, der ihn so zärtlich liebte, daß er, als er eines Tages hörte, sein türkisches Pferd gefalle Michelangelo sehr um seiner Schönheit willen, dasselbe ihm sogleich freigebig als Geschenk übermitteln ließ und zugleich zehn mit Futter beladene Maulesel nebst einem Pferdeknecht sandte, was alles Michelangelo gern annahm.

Michelangelo liebte die Meister seines Berufes und hatte Umgang mit ihnen: so mit Jacopo Sansovino, mit Rosso, Pontormo, Daniello da Volterra und Giorgio Vasari aus Arezzo, dem er unendlich viele Freundlichkeiten erwies. Er veranlaßte ihn, sich mit der Baukunst mit der Absicht zu beschäftigen, daß er sie einst ausüben könne, unterhielt sich gerne mit ihm und sprach mit ihm über Gegenstände der Kunst. Wer Michelangelo nachsagt, er habe nicht unterrichten mögen, der hat unrecht; er tat es bei jedem, mit dem er vertraut war und der seinen Rat begehrte; auch war ich oftmals zugegen, wo dies geschah, schweige aber aus Rücksicht, um nicht die Fehler anderer aufzudecken. Richtig ist nur, daß er mit denen Mißgeschick hatte, die im Hause bei ihm lernten, da sie sich wenig eigneten, ihn nachzuahmen. Der Pistojese Pietro Urbano, sein Schüler[1], war ein Mann von Geist, wollte sich aber niemals anstrengen; Antonio Mini[2] hätte dies wohl tun mögen, allein es fehlte ihm am geeigneten Verstande, und wo das Wachs hart ist, prägt sich's nicht gut; Ascanio dalla Ripa Transone[3] wandte große Mühe auf, ohne daß man einen Erfolg davon sah, sei es in Werken oder nur in Zeichnungen; er pinselte mehrere Jahre an einer Tafel herum, wozu ihm Michelangelo den Karton gegeben hatte, und die guten Erwartungen, die man von ihm hegte, lösten sich schließlich in Rauch auf. Ich entsinne mich, daß ihm Michelangelo, seine Not bemitleidend, mit eigener Hand half, es nützte aber wenig. Hätte er, wie er mir mehrmals sagte, jemand gehabt, der dafür geeignet gewesen wäre, so würde er, unbekümmert um sein hohes Alter, oft Leichname anatomiert und zum Nutzen der Künstler über diesen Gegenstand geschrieben haben. Von mehreren war er hintergangen worden und mißtraute sich selbst, daß er schriftlich nicht das zu sagen wußte, was er im Sinn hatte, und daß er im Reden keine Übung besaß, obwohl er in Briefen mit wenig Worten in freier Redeweise seine Meinung wohl ausdrückte, zumal er großes

[1] Nur bekannt zwischen 1515–21 als eine Art Amanuensis Michelangelos. – [2] Florentiner Maler, von Ende 1523 bis Herbst 1531 Schüler Michelangelos, mit dem er zusammen von Florenz nach Venedig floh; vgl. S. 430. – [3] Es ist dies Asciano Condivi, der von Michelangelo auch eine Biographie verfaßte; vgl. S. 384.

Vergnügen an den Dichtern der Volkssprache fand, vornehmlich an Dante, den er hoch verehrte und in Gedanken wie in Erfindungen nachahmte; ebenso Petrarca, wie er sich übrigens selbst damit abgab, Madrigale und sehr ernste Sonette zu dichten.

Unzählige Sonette von sich sandte er an die Marchesa von Pescara und erhielt Antwort von ihr in Versen und in Prosa, in deren Vorzüge Michelangelo so verliebt war, wie sie in die seinigen, und häufig kam sie von Viterbo nach Rom, ihn zu besuchen[1]. Michelangelo fertigte ihr mehrere Zeichnungen: den Leichnam Christi im Schoß der Madonna, dabei zwei kleine, bewunderungswürdig schöne Engel; einen Christus am Kreuz, der das Haupt nach oben wendet und seinen Geist Gott befiehlt – ein unvergleichliches Werk; auch einen Christus, der mit der Samariterin am Brunnen redet.

Als ein guter Christ fand Michelangelo großen Gefallen an der Heiligen Schrift und war ein Verehrer der Werke des Fra Girolamo Savonarola, dessen Stimme er von der Kanzel herab vernommen hatte. Menschliche Schönheit liebte er überaus, um sie in der Kunst nachzuahmen, das Schöne vom Schönen auszuwählen, weil ohne diese Nachahmung Vollkommenes nicht geleistet werden kann, doch nicht in wollüstigen und ehrlosen Gedanken, denn das hat er durch sein Leben gezeigt. Er war sehr mäßig und begnügte sich, um anhaltend bei der Arbeit zu bleiben, in seiner Jugend mit ein wenig Brot und Wein, und pflegte in späteren Jahren, bis zu der Zeit, wo er das Weltgericht in der Kapelle malte, nach vollbrachtem Tagewerk ein äußerst sparsames Mahl einzunehmen. Obwohl reich,

[1] Es ist Vittoria Colonna (1490–1547) gewesen (seit 1509 mit Ferrante Francesco d'Avalos, Marchese von Pescara, vermählt); die seit 1525 verwitwete Frau lernte Michelangelo 1536 kennen; sie war eine orthodoxe Glaubensanhängerin.

lebte er gleich einem Armen, nie oder nur selten aß ein Freund mit ihm, auch wollte er von niemand Geschenke annehmen, da er sich demjenigen, der ihm etwas gab, für ewig für verpflichtet hielt. Seine Mäßigkeit war Ursache, daß er äußerst wachsam war und nur wenig Schlafs bedurfte; oft stand er des Nachts auf, wenn er nicht ruhen konnte, um mit dem Meißel zu arbeiten; für diesen Zweck hatte er sich eine Kappe aus starkem Papier gemacht, in deren Mitte er oben ein brennendes Licht befestigte, welches dort, wo er arbeitete, einen hellen Schein verbreitete, ohne die Hände zu behindern. Vasari hatte diese Kappe oft gesehen und bemerkt, daß Michelangelo nicht Wachs-, sondern Talglichte von reinem Ziegenfett dazu verwendete, die vortrefflich sind, weshalb er ihm einstmals deren vier Pakete, im Gewicht von vierzig Pfund, zuschickte; sein Diener brachte sie ihm um die zweite Stunde des Abends und wollte sie ihm höflich übergeben, aber Michelangelo weigerte sich, sie anzunehmen. Da nun hierauf der Diener sprach: »Herr, die Pakete haben mir auf dem Wege bis hierher zur Brücke die Arme lahm gemacht, und ich habe nicht Lust, sie zurückzutragen; vor Eurer Tür ist dicker Schlamm, worin sie bequem aufrecht stehen werden, dort werde ich sie alle anzünden«; da sagte Michelangelo: »Lege sie hierher, ich will nicht, daß du vor meiner Tür Possen treibst.«

In seiner Jugend hat Michelangelo, wie er mir selbst erzählte, oft in Kleidern geschlafen, wenn er sich, ermüdet von der Arbeit, nicht ausziehen mochte, um sich dann wieder anziehen zu müssen. Einige haben ihn für geizig gehalten, aber sie irren sich, da er bei Werken der Kunst und mit seinem Vermögen das Gegenteil bewiesen hat. Kunstsachen schenkte er, wie gesagt wurde, Herrn Tommaso de' Cavalieri, gab Messer Bindo und Fra Bastiano Zeichnungen von bedeutendem Werte; Antonio Mini, seinem Schüler, aber schenkte er seine sämtlichen Zeichnungen und Kartons, das Bild der Leda und alle Wachs- und Tonmodelle, die er je arbeitete. Sie blieben, wie ich schon sagte, in Frankreich bei dem nahen Freunde desselben, bei Herrn Gherardo Perini, einem florentinischen Edelmann. Drei Blätter, auf denen einige Köpfe mit schwarzer Kreide göttlich schön von ihm gezeichnet sind, kamen nach dessen Tode in die Hände des erlauchten Don Francesco, Prinzen von Florenz, und werden von ihm gleich einem Juwel geachtet, das sie wirklich sind. Bartolommeo Bettini schenkte er einen Karton: Venus mit Cupido, der sie küßt, ein göttliches Werk, heutigentags Besitztum von Bettinos Erben in Florenz, und für den Marchese del Vasto fertigte er den Karton zu einem »Noli me tangere«, ein kostbares Ding, die beide von Puntormo trefflich in Farben ausgeführt wurden. Die zwei Sklaven gab er dem Signor Ruberto Strozzi, Antonio, seinem Diener, und Francesco Bandini aber die Pietà von Marmor, die er zerschlagen hatte. Ich weiß nicht, wie man nun diesen Mann des Geizes anklagen kann, nachdem er so viele Dinge weggegeben hat, aus denen er Tausende von Scudi hätte gewinnen können. Was läßt sich da sagen? Nicht zu gedenken, daß ich weiß und sah, wie er eine Menge Zeichnungen fertigte und Bilder und Gebäude prüfte, ohne je etwas dafür anzunehmen. Kommen wir nun auf die Gelder, die er im Schweiße seines Angesichts verdient hat, nicht durch Einkünfte, nicht durch Wechsel, sondern durch Fleiß und eigene Mühe: kann man den geizig nennen, der gleich ihm vielen Armen half? eine ganze Anzahl Mädchen in der Stille verheiratete und diejenigen bereicherte, die ihm bei seinen Arbeiten nützlich waren oder ihm sonst beistanden, wie Urbino, seinen Diener, der durch ihn sehr vermögend wurde, nachdem er ihm lange Zeit als sein Schüler gedient hatte.

»Wenn ich sterbe«, fragte er Urbino, »was fängst du an?« »Ich werde einem anderen dienen«, entgegnete er. »O du Armer!« sprach Michelangelo, »ich will deiner Not abhelfen«, und schenkte ihm auf einmal zweitausend Scudi – eine Weise, wie Kaiser und große Päpste zu verfahren pflegen. Überdies gab er seinem Neffen jeweils drei- oder viertausend Scudi und hinterließ ihm, als er starb, außer den Besitztümern in Rom ein Vermögen von zehntausend Scudi.

Michelangelo hatte ein sehr scharfes und vielumfassendes Gedächtnis. Er brauchte die Arbeiten anderer nur einmal zu sehen, um sie ganz zu behalten und sich ihrer in einer Weise zu bedienen, daß niemand es je gewahr wurde; auch hat er nie etwas ausgeführt, das einem seiner früheren Werke ähnelte, weil er sich alles dessen erinnerte, was er gearbeitet hatte. In seiner Jugend, als er einmal mit befreundeten Malern zusammen war, scherzten sie beim Abendessen, wer eine Figur darstellen könne, die gar keine Zeichnung habe, die häßlich sei, gleich den Fratzen derjenigen, die gar nichts können und nur die Mauern besudeln. Hier half ihm sein Gedächtnis, denn er erinnerte sich, auf einer Wand einen dieser tölpelhaften Streiche gesehen zu haben, er stellte sie dar, gleich als ob sie ihm eben erst vor Augen gewesen sei, und übertraf damit alle jene Maler; eine schwierige, mit Geschick nicht leicht zu lösende Sache für einen Menschen, der so voll Zeichnung und der ausgesuchtesten Dinge so gewöhnt war.

Er war zornig, und dies gerechterweise, gegen diejenigen, die ihn beleidigten, niemals aber sah man ihn, daß er nach Rache verlangte, war eher äußerst geduldig, bescheiden in seinen Sitten, im Sprechen sehr verständig und weise, gab Antworten voll Würde und Ernst und führte bisweilen auch sinnreiche, lustige und scharfe Reden. Wir haben eine Menge seiner Äußerungen aufgezeichnet und wollen nur einige davon hier anführen, weil es zu lange dauern würde, alle wiederzugeben.

Einst, als ein Freund mit ihm vom Tode redete und sagte, er müsse wohl mit Schmerz an ihn denken, da er in beständigen Mühen für die Kunst lebe und nie Ruhe habe, antwortete er: »Durchaus nicht! denn wenn uns das Leben gefällt, muß auch der Tod, der von der Hand desselben Meisters kommt, uns nicht unangenehm sein.« Ein Bürger, der ihn vor Or San Michele in Florenz stehen und den Markus von Donato[1] betrachten sah, fragte ihn, was er von dieser Figur halte? Nie, antwortete Michelangelo, habe er eine Figur gesehen, die mehr das Gepräge eines rechtlichen Mannes an sich trage wie diese, und wenn Markus so ausgesehen habe, könne man ihm wohl das glauben, was er geschrieben habe. Einstmals wies man ihm eine Zeichnung vor, die Arbeit eines Kindes, das eben zu lernen angefangen hatte, und empfahl ihm dies, indem einige entschuldigend hinzufügten, es treibe die Kunst erst seit kurzem. »Das merkt man«, antwortete Michelangelo. In ähnlicher Weise sprach er zu einem Maler, der eine Pietà (Beweinung Christi) dargestellt und sich nicht gut dabei gehalten hatte: es sei wirklich eine Pietà (Gefühl des Erbarmens), sie anzusehen. Als er hörte, daß Sebastiano Veneziano in der Kapelle von San Pietro a Montorio einen Mönch malen solle, bemerkte er: er würde damit dies Werk verderben; und befragt: »Warum?«, antwortete er: »Haben sie die Welt verdorben, die so groß ist, so sei es keine große Leistung, eine Kapelle zu verderben, die so klein ist.« Ein Maler hatte mit großer Mühe und vielem Zeitaufwand ein Bild fertiggebracht und, als er es aufdeckte, reichlichen Gewinn davon. Als man Michelangelo fragte, was er von dem Urheber des Werkes halte, erwiderte er: »Er wird, während er reich werden

[1] Vgl. in der Lebensbeschreibung des Donatello S. 159.

will, ewig arm bleiben.« Einer seiner Freunde, der schon die Messe las und Mönch war, kam im Büßergewand mit dem Stachelgürtel nach Rom; er grüßte Michelangelo, dieser stellte sich aber, als sehe er ihn nicht, und der Freund war gezwungen, ihm seinen Namen zu nennen. Da zeigte sich Michelangelo verwundert, ihn in solchem Kleid zu sehen, und fügte fast freudig hinzu: »Ihr seid schön; wenn Ihr innerlich ausseht wie äußerlich, dann ist es gut für Eure Seele.« Derselbe Mönch empfahl ihm einen seiner Freunde, den Michelangelo eine Statue hatte arbeiten lassen, und bat ihn, zu bewirken, daß jener etwas mehr bezahlt erhalte. Dies tat Michelangelo freundlicherweise, der neidische Freund aber, der sich an ihn gewandt hatte, in der Meinung, er werde nicht tun, was er verlangte, und nun sah, daß es doch der Fall gewesen war, beschwerte sich über ihn. Michelangelo, dem dies erzählt wurde, entgegnete, solche Kloakenmenschen mißfielen ihm gründlich, mit denen, um im Gleichnis der Baukunst zu bleiben, wegen doppelter Mündung schlecht umzugehen sei. Ein Freund fragte ihn um sein Urteil über einen, der einige der berühmtesten antiken Statuen in Marmor nachgebildet hatte und sich rühmte, er als Kopist habe hierbei selbst die Alten weit übertroffen. »Wer anderen nachgeht«, sprach Michelangelo, »kommt ihnen nie voraus, und wer von sich aus nicht etwas Gutes zu leisten vermag, weiß die Werke anderer nicht wohl zu benutzen.« Ein Maler - ich weiß nicht welcher - hatte ein Bild ausgeführt, worin ein Ochse um vieles besser gemalt war als alles übrige; man fragte Michelangelo, weshalb dieser mehr Leben habe als die anderen Gegenstände: »Weil«, antwortete er, »jeder Maler sich selbst gut darstellt.« Als er einstmals an San Giovanni in Florenz vorüberging, fragte man ihn, was er von diesen Türen meine: »Sie sind so schön«, antwortete er, »daß sie die Pforten des Paradieses sein könnten[1].« Er diente einem Fürsten, der jeden Tag seine Pläne änderte und bei keinem Ding verharrte: »Der Sinn dieses Gebieters«, sagte Michelangelo zu einem Freunde, »gleicht einer Wetterfahne; bei jedem Winde, der dagegen bläst, dreht sie sich.« Einst, als er ein Bildwerk betrachtete, das vollendet war und an seinen Ort gestellt werden sollte, gab sich der Bildhauer sehr viel Mühe, das Licht durch die Fenster so hereinfallen zu machen, daß seine Arbeit sich gut darstelle; da sagte Michelangelo: »Bemühe dich nicht, nur das Licht auf der Piazza wird von Bedeutung sein«, und wollte damit andeuten, daß, wenn die Sachen öffentlich aufgestellt werden, das Volk urteilt, ob sie gut oder schlecht sind. In Rom war ein großer Fürst, der für einen Baumeister gelten wollte und einige Nischen hatte mauern lassen, in der Absicht, Figuren darin aufzustellen. Eine jede war drei Breiten hoch und hatte ganz oben einen Ring; er versuchte verschiedene Statuen hineinzubringen, da sie sich jedoch nicht gut darin ausnahmen, fragte er Michelangelo, was wohl hinein passe? »Hängt Bündel Aale in dem Ringe oben auf«, erwiderte er. Den Aufsehern über den Bau von St. Peter wurde ein Herr beigesellt, der sich einen Beruf daraus machte, sich auf den Vitruvius zu verstehen und den Zensor dessen abzugeben, was ausgeführt war: »Ihr habt einen Mann beim Bau gehabt«, sagte man zu Michelangelo, »der einen großen Geist besitzt.« »Das ist wahr«, antwortete er, »aber er hatte ein schlechtes Urteil.« Ein Maler hatte ein Bild ausgeführt, dessen Gegenstände verschiedenen Zeichnungen und Gemälden entnommen waren, so daß in dem Werke nichts war, das er nicht irgendwoher hatte. Man zeigte es Michelangelo, und ein naher Freund fragte ihn, was er davon halte: »Es ist gut gemacht«, antwortete er, »aber ich weiß nicht, was am

[1] Vgl. die Lebensbeschreibung des Ghiberti S. 103.

Jüngsten Tage, wenn jeder Körper seine Glieder sammelt, aus diesem Bilde werden soll; es wird ihm nichts bleiben«; eine Warnung für diejenigen, die die Kunst üben, daß sie sich gewöhnen, aus sich zu schaffen. Einstmals, als er durch Modena kam, sah er viele schöne, von dem modenesischen Bildhauer Antonio Bigarino geformte Figuren von gebrannter Erde, denen dieser Künstler Marmorfarbe gegeben hatte; sie schienen ihm herrlich, und da jener Bildhauer nicht in Marmor zu arbeiten verstand, sprach er: »Wenn diese Erde Marmor würde, dann wehe den antiken Statuen!« Man sagte Michelangelo, er solle sich doch gegen Nanni di Baccio Bigio rühren, der jeden Tag mit ihm zu wetteifern trachte; er aber entgegnete: »Wer mit Tölpeln streitet, gewinnt gar nichts.« Ein Priester, der sein Freund war, sagte ihm: »Es ist schade, daß Ihr nicht eine Frau genommen habt, Ihr würdet viele Kinder bekommen und ihnen den ehrenvollen Lohn so langer Mühen hinterlassen haben.« »Nur zuviel«, antwortete Michelangelo, »habe ich mit einer Frau zu schaffen gehabt, das ist die Kunst, die mich stets gequält hat, und meine Kinder sind die Werke, die von mir zurückbleiben, die, wenn sie auch nichts taugen, doch eine Zeitlang leben. Wehe dem guten Lorenzo di Bartoluccio Ghiberti, wenn er die Türen von San Giovanni nicht gearbeitet hätte, denn seine Kinder und Neffen haben alles verkauft und zugrunde gehen lassen, was er hinterließ; die Türen aber sind noch da.«

Vasari wurde einstmals in später Nachtstunde von Papst Julius III. zu Michelangelo wegen einer Zeichnung geschickt. Er fand ihn gerade beschäftigt, an der Pietà von Marmor zu meißeln, die er nachmals zerschlug. An der Weise des Pochens erkannte er jedoch, wer vor der Türe sei, stand von der Arbeit auf, indem er eine Lampe beim Henkel nahm, schickte, von Vasaris Begehren unterrichtet, Urbino nach oben, um die Zeichnung zu holen. Während sie sich über etwas anderes unterhielten, wandte Vasari die Blicke nach dem Beine des Christus, an dem Michelangelo meißelte, um es zu verändern; um zu verhindern, daß Vasari dies gewahr werde, ließ er die Lampe auf die Erde fallen, so daß sie im Dunkeln standen, rief dann nach Urbino, daß er Licht bringen solle, und aus dem Verschlag getreten, wo das Werk stand, sprach er: »Ich bin so alt, daß der Tod mich oft am Käppchen zupft und mich mahnt, mit ihm zu kommen; eines Tages wird mein Körper niederfallen wie diese Lampe, und das Licht meines Lebens wird erlöschen.« Bei alledem hatte er Freude an gewissen Leuten nach seinem Geschmack, wie z. B. an dem Dutzendmaler Menighella aus dem oberen Arnotal, einem dummen, aber sehr drolligen Menschen, der bisweilen zu Michelangelo kam, damit er ihm die Zeiohnung zu einem hl. Rochus oder hl. Antonius fertige, die er für Bauern zu malen hatte. Michelangelo, der schwer daranging, für einen König etwas zu arbeiten, ließ alles liegen und machte ihm einfache Zeichnungen, wie sie für seine Manier und seinen Geschmack paßten, wie Menighella sich ausdrückte. Unter anderem ließ dieser von ihm das sehr schöne Modell zu einem Kruzifix anfertigen, machte eine Form darüber, formte Kruzifixe von Pappe und anderen Substanzen daraus und ging auf dem Lande umher, sie zu verkaufen. Das machte Michelangelo lachen, daß er bersten wollte, vornehmlich wenn jenem lustige Dinge begegneten, wie mit einem Landmann, der einen Franziskus von ihm hatte malen lassen und sich dann unzufrieden zeigte, ihn in ein graues Gewand gekleidet zu sehen, da er es von schönerer Farbe gewünscht hatte; worauf ihm Menighella ein Pluviale von Brokat darüber malte und den Landmann vollkommen zufriedenstellte.

Doch, um es kurz zu machen, so füge ich nur noch hinzu: Michelangelo hatte einen sehr gesunden Körper, denn er war mager und mit guten Nerven ausgestattet. Als Kind war er schwächlich und mußte als Mann zwei schwere Krankheiten durchmachen, ertrug indes jede Beschwerde leicht und hatte kein Leiden, als daß er im Alter an Nierenschmerzen und Blasensteinen litt, weshalb Herr Realdo Colombo, sein naher Freund, ihn jahrelang ärztlich behandelte und sorgfältig kurierte. Er war von mittlerer Größe, hatte breite Schultern, die jedoch in richtigem Verhältnis zu seinem übrigen Körperbau standen. Als er alt wurde, trug er fortgesetzt Stiefel von Hundefellen über den bloßen Füßen, oft monatelang, so daß manchmal, wenn er sie endlich ausziehen wollte, die Haut mit herunterging. Über den Strümpfen pflegte er den Säften zuliebe innen zugeschnallte Stiefel von Corduanleder zu tragen. Sein Gesicht war rund, die Stirne eckig und breit, mit sieben Furchen querüber hin. Die Schläfen ragten weiter vor als die Ohren; die Ohren waren eher ein wenig groß und von den Wangen abstehend. Der Körper hatte richtiges Verhältnis zum Gesicht und war ziemlich lang; die Nase ein wenig gequetscht, wie ich im Leben Torrigianos sagte, der sie ihm mit der Faust einschlug[1]. Die Augen waren mehr klein als groß, von hornartiger Farbe, mit gelblichen und hellblauen sprühenden Punkten gesprenkelt. Die Augenbrauen hatten wenig Haare, die Lippen waren fein, die untere dicker und ein wenig vorstehend; das Kinn stimmte gut zu dem übrigen Gesicht, Haupt- und Barthaare waren schwarz, mit vielen grauen untermischt, der Bart nicht sehr lang, gabelartig geteilt und nicht sehr dicht.

Sicherlich war er, wie ich zu Anfang schon sagte, von Gott zur Welt als ein Vorbild für die Meister unseres Berufes gesandt, damit sie durch sein Leben Sitten lernen und durch seine Werke Einsicht gewinnen möchten, wie sie

[1] Vgl. auch S. 389.

als wahre und beste Künstler sein müßten. Ich, der Gott für unendlich viele Wohltaten zu danken habe, wie sie Männern unseres Berufes nur selten widerfahren, zähle als eine der größten die auf, daß ich zu Lebzeiten Michelangelos geboren wurde und daß er so gütig gewesen ist, ihn mir zum Beschützer zu geben, daß er mir vertraute und so sehr mein Freund war, wie es ein jeder weiß; die Briefe bezeugen es, die er mir geschrieben hat und die noch bei mir sind. Aus Wahrheitsliebe und aus dem Gefühl der Verpflichtung, das ich gegen ihn wegen seiner Freundlichkeit habe, konnte ich über ihn so viele Sachen schreiben, die alle wahr sind und die viele Andere nicht berichten konnten. Das zweite mir widerfahrene Glück ist jenes, das Michelangelo oft hervorhob, indem er sprach: »Giorgio, danke Gott, daß er dich in die Dienste des Herzogs Cosimo gebracht hat, der keine Kosten gespart, um die Freude zu haben, daß du mauern, malen und seine Gedanken und Zeichnungen zur Ausführung bringen konntest, während, wie du wohl siehst, andere, deren Lebensbeschreibungen du verfaßt hast, nicht das gleiche erfahren haben«.

Michelangelo wurde mit ehrenvollstem Leichenbegängnis, unter dem Zulauf der ganzen Kunstgenossenschaft, aller seiner Freunde und der Florentiner Gemeinde, im Angesicht von ganz Rom in einer Gruft in Santi Apostoli beigesetzt, da Se. Heiligkeit die Absicht hatte, ihm in St. Peter in Rom ein besonderes Denkmal und Grabmal zu errichten[1].

Sein Neffe Lionardo kam an, nachdem alles vorüber war, obwohl er umgehend reiste; und als Herzog Cosimo die Nachricht von dem, was sich begeben hatte, erhielt, be-

[1] Michelangelo wurde ein paar Tage nach seinem Tode in Santi Apostoli durch die Bruderschaft S. Giovanni Decollato beigesetzt, da er ihr zu Lebzeiten angehört hatte.

schloß er, da er Michelangelo lebend nicht hatte haben und ehren können, ihn nach Florenz bringen zu lassen, um ihm im Tode mit aller Pracht die höchsten Ehren zu erweisen. Als Kaufmannsgut in einem Ballen verpackt, schaffte man ihn heimlich fort; dies Verfahren wandte man an, damit in Rom kein Lärm gemacht und man vielleicht verhindert werde, den Leichnam Michelangelos von dort weg nach Florenz zu bringen[1].

Schon ehe der Körper dahin kam, versammelten sich bei der Nachricht von seinem Tode auf Berufung des Prorektors ihrer Akademie die dort lebenden vornehmsten Maler, Bildhauer und Baumeister. Der Prorektor, damals der ehrwürdige Don Vincenzio Borghini, stellte ihnen vor, sie wären durch ihre Satzungen verpflichtet, jedem ihrer Brüder im Tod Ehre zu erweisen, und nachdem sie dies höchst liebevoll und zu so allgemeiner Zufriedenheit bei dem Leichenbegängnis des Fra Giovann' Agnolo Montorsoli getan hätten, der vor Errichtung der Akademie gestorben sei, würden sie wohl der Ansicht sein, daß etwas geschehen müsse zur Ehrung Buonarrotos, den die gesamte Gesellschaft einstimmig zum ersten Akademiker und zu ihrem Haupte erwählt habe[2]. Diesem Vorschlag stimmten alle einmütig bei, da sie sich der Tugend eines solchen Menschen aufs höchste verpflichtet und geneigt erklärten, daß man sich auf alle Weise Mühe geben solle, ihn aufs umfassendste und herrlichste zu ehren. Es wurden, um nicht jeden Tag so viele Menschen durch die häufigen Versammlungen zu belästigen und die Angelegenheiten ruhiger zu ordnen, vier Männer erwählt, die das Nähere über das zu veranstaltende Leichenbegängnis be-

[1] Lionardo traf am 21. II. in Rom ein; nachdem er die Hinterlassenschaft übernommen hatte, ließ er die Leiche heimlich in der ersten Märzwoche nach Florenz überführen. – [2] Michelangelo war am 31. V. 1563 zum Haupte der von Cosimo gegründeten Florentiner Akademie, neben Herzog Cosimo, gewählt worden.

stimmen sollten: Agnolo Bronzino und Giorgio Vasari als Maler, Benvenuto Cellini und Bartolommeo Ammannati als Bildhauer, alle von berühmten Namen und großem Ruf in ihrer Zunft. Diese sollten sich gemeinschaftlich und mit dem Prorektor beraten, wie alles zu veranstalten sei, indem ihnen das Recht verliehen wurde, über die gesamte Körperschaft und Akademie zu verfügen. Diese übernahmen das Amt um so lieber, als alle Künstler, die jungen und die alten, sich freiwillig erboten: jeder in seinem Berufe die Bilder und Statuen auszuführen, welche zu dieser Ehrung gemacht werden mußten.

Vorerst bestimmte man, der Prorektor kraft seines Amtes und die Vorsteher im Namen der Kompanie (d. h. der Lukasbrüderschaft) und Akademie sollten die ganze Sache dem Herzog vortragen und seine Hilfe und Gunst erbitten, wo sie ihrer bedürftig wären, vornehmlich aber nachsuchen, daß man jene Exequien in San Lorenzo, der Kirche des erlauchten Hauses Medici, feiern dürfe, woselbst die meisten in Florenz befindlichen Werke Michelangelos aufbewahrt werden. Außerdem bat man, Se. Exzellenz möge gestatten, daß Herr Benedetto Varchi[1] die Leichenrede halte, damit die herrliche Kunst Michelangelos durch die Beredsamkeit eines so ausgezeichneten Mannes wie Varchi gefeiert werde; er könne als besonderer Diener Sr. Exzellenz ohne besondere Erlaubnis jenes Amt nicht übernehmen, obwohl er es, höchst gefällig von Natur aus und dem Andenken Michelangelos sehr geneigt, für sich nie zurückgewiesen haben würde, wie sie fest überzeugt wären.

Während man diese Dinge in Florenz verhandelte, hatte sich Lionardo Buonarroti, der Neffe Michelangelos, auf die Nachricht von der Krankheit seines Oheims mit der

[1] Benedetto Varchi (1503–1565), ein großer Humanist und Historiograph, war 1543 in die Florentiner Akademie aufgenommen worden.

Post nach Rom begeben, ihn aber nicht mehr am Leben gefunden; durch Danielo da Volterra aber, einem vertrauten Freund Michelangelos, wie auch von anderen jenem heiligen Greis nahestehenden Personen war bekannt, er habe verlangt und gebeten, man möge seinen Leichnam nach Florenz, seiner edeln, von ihm stets hochverehrten Vaterstadt bringen. So wurde rasch und mit kluger und sicherer Entschlossenheit der Leichnam von Rom vorsichtig fortgeschafft, wobei er ihn wie ein Kaufmannsgut in einen Ballen verpackt nach Florenz schickte. Nicht zu verschweigen ist hier, daß diese letzte Bestimmung Michelangelos gegen den Glauben einiger offenbarte, was gewißlich wahr ist, daß er sich viele Jahre lang einzig um der Beschaffenheit der Luft willen von Florenz ferngehalten hatte. Denn die Erfahrung hatte ihn gelehrt, die dortige Luft sei um ihrer Schärfe und Feinheit willen seiner Natur sehr nachteilig, während die weiche und milde der römischen ihn bis zum neunzigsten Jahre ganz gesund erhielt, ihn bei unveränderter Frische und Lebendigkeit der Sinne und, je seinem Alter entsprechend, bei so viel Kräften erhielt, daß er bis zum letzten Tage nicht unterließ, etwas zu arbeiten[1].

Die plötzliche und fast unerwartete Ankunft der Leiche Michelangelos in Florenz gestattete nicht, im Augenblick das zu veranstalten, was nachmals geschah. Man trug den Sarg, sowie er nach Florenz kam, das war eines Sonnabends, den 11. März, auf Verlangen der Abgeordneten nach der Compagnia del' Assunta, die unter dem Hochaltar und den Treppen hinter San Piero Maggiore ist, ohne irgend etwas damit vorzunehmen. Tags darauf, am Sonntag, in der zweiten Woche der Fasten, versammelten sich alle Maler, Bildhauer und Baumeister in aller Stille bei San Piero, wo-

[1] Noch am 12. Februar hatte Michelangelo den ganzen Tag stehend an der Pietà Rondanini gearbeitet.

hin sie nichts als eine ganz mit Gold verzierte und durchwirkte Samtdecke brachten, um sie über die Bahre und den Sarg zu legen, auf dem ein Kruzifix lag. Um Mitternacht umstanden alle dicht die Leiche; die ältesten und vorzüglichsten Künstler ergriffen plötzlich eine Menge Fackeln, die ihnen gereicht wurden, und die jüngeren hoben die Bahre so schnell empor, daß sich glücklich pries, wer herzutreten und die Schulter darunter schieben konnte, gleichsam glaubend, sich in kommenden Zeiten rühmen zu können, sie hätten die Gebeine des größten Meisters getragen, den es je in ihrem Berufe gegeben. Diese Versammlung bei San Piero veranlaßte, wie es bei derlei Gelegenheiten zu geschehen pflegt, daß viele Personen stehenblieben, um so mehr, als man sich zuraunte, die Leiche Michelangelos sei angelangt und müsse nach Santa Croce gebracht werden. Obwohl, wie ich eben sagte, alle Sorgfalt aufgewendet worden war, damit die Sache nicht bekannt werde und das Gerücht sich nicht in der Stadt verbreitete, damit nicht eine zu große Menge zusammenliefe, die unabweislich eine gewisse Unruhe und Verwirrung herbeiführen mußte, und obwohl man wünschte, das wenige, was für jetzt geschehen konnte, möge mit mehr Stille als Pomp vor sich gehen und alles übrige für eine passendere und bequemere Zeit aufgespart werden, geschah doch von beidem das Gegenteil. Denn was die Menge anlangt, so füllte sich, indem die Neuigkeit von Mund zu Mund ging, die Kirche augenblicklich in solchem Maße, daß zuletzt der Leichnam nur mit größter Mühe aus der Kirche nach der Sakristei getragen werden konnte, woselbst man ihn von den Hüllen frei machen und nach der dafür bestimmten Gruft bringen wollte. Was aber die Ehren anlangt, so ist zwar nicht zu leugnen, daß es eine prächtige Erscheinung ist, bei feierlichen Leichenbegängnissen eine Menge Geistlicher, viele Wachskerzen und viele Leichendiener und in Schwarz gekleidete Personen zu sehen, gewiß aber war es auch etwas Großes, als sich die trefflichen Männer, die jetzt hochberühmt sind und es in Zukunft noch mehr sein werden, mit so liebevoller Dienstbeflissenheit und Zuneigung unvorbereitet um jene Leiche scharten.

Die Zahl der Künstler, die sich alle einfanden, ist zu jeder Zeit in Florenz sehr groß gewesen, weil die Künste dort stets in einer Weise geblüht haben, daß ich glaube, man könne ohne Beleidigung anderer Städte sagen, Florenz sei ihre eigentlichste Wiege und Heimat, gleichwie Athen es vordem für die Wissenschaften gewesen ist. Außer den Künstlern aber folgten der Leiche hinter diesen so viele Bürger und so viele Leute auf den Straßenseiten, durch welche sie getragen wurde, daß mehr überhaupt nicht gehen konnten. Ja, was mehr ist, man hörte von jedermann die Verdienste Michelangelos feiern und sagen: Wahre Tugend übe eine solche Macht, daß sie, wenn man bereits alle Hoffnung auf Ruhm und Gewinn durch einen sittlich guten Menschen habe aufgeben müssen, dennoch um ihrer Natur und eigenen Vorzüge willen geliebt und geehrt werde.

Durch alle diese Dinge erschien diese Kundgebung lebendiger und kostbarer, als Prunk und Gold und Teppiche ihr hätten verleihen können. Nachdem die Leiche unter so schönem Gefolge nach Santa Croce gebracht war, feierten die Mönche die bei Verstorbenen üblichen Zeremonien, und man trug sie nicht ohne Schwierigkeit durch die herzugeströmte Volksmenge hindurch nach der Sakristei. Der Prorektor, der sich gemäß seines Amtes dort befand, entschloß sich, den Sarg öffnen zu lassen, überzeugt, dies werde vielen sehr lieb sein, und von dem Wunsche getrieben (wie er nachmals bekannte), den Anblick desjenigen wenigstens im Tode zu haben, den er lebend nie oder doch in so frühem Alter gesehen hatte, daß ihm keine Erinnerung davon geblieben war. Es geschah, und während er und wir alle, die wir zugegen waren, einen verwesten Körper erwarteten, denn er war schon fünfundzwanzig Tage tot und hatte zweiundzwanzig Tage im Sarg gelegen, fanden wir ihn in allen Teilen wohl erhalten und so ganz frei von jedem üblen Geruch, daß wir fast des Glaubens wurden, er liege in einem sanften und ruhigen Schlaf. Nicht nur waren seine Züge genau wie zur Zeit, da er lebte (ausgenommen, daß sein Angesicht ein wenig Leichenfarbe hatte), sondern es war auch an keinem Gliede eine Beschädigung oder Unsauberkeit zu sehen, und fühlte man Kopf und Wangen an, so glaubte man, er sei erst vor wenigen Stunden verstorben.

Nachdem das Gedränge des Volkes vorüber war, wurde Anordnung getroffen, ihn durch die Türe, die nach dem Kreuzgang des Kapitels führt, in eine Gruft in der Kirche neben dem Altar der Cavalcanti zu bringen. Es hatte sich jedoch unterdessen das Gerücht dieser Begebenheit in der Stadt verbreitet, und nun strömte eine solche Menge junger Leute herbei, um die Leiche zu sehen, daß man die Gruft nur mit großer Mühe schließen konnte. Ja, wäre es Tag gewesen, wie es Nacht war, so hätte man sie, um der Menge Genüge zu tun, viele Stunden offenlassen müssen.

Am folgenden Morgen, während Maler und Bildhauer für die kommenden Ehrungen Anstalt zu treffen begannen, beeilten sich viele schöne Geister, an denen Florenz stets überreich ist, Verse in Latein und in der Volkssprache über der Gruft anzuheften, und es geschah dies lange Zeit, wobei die Zahl der damals gedruckten Gedichte im Vergleich zu den vielen überhaupt verfaßten gering war.

Um nun auf die Exequien zu kommen, die nicht am Tag nach St. Johannis, wie man gemeint hatte, sondern erst am 14. Juli begangen wurden, so wählten die drei Abgeordneten (denn Benvenuto Cellini, der sich gleich von Anfang an etwas unwohl fühlte, hatte nie an den Beratungen teilgenommen) vorerst den Bildhauer Zanobi Lastricati zu ihrem Verweser und beschlossen hierauf, eine mehr sinnreiche und der Kunst würdige, als prächtige und teure Festlichkeit zu veranstalten. In Wahrheit (so sagten die Abgeordneten und ihr Verweser), da man einen Mann wie Michelangelo, und zwar durch Meister des vordem von ihm selbst geübten Berufes ehren wolle, die an Geschick reicher seien als an Vermögen, so müsse dies nicht mit königlichem Pomp oder überflüssigen Nichtigkeiten, sondern viel mehr durch Erfindungen und Werke voll Geist und Anmut geschehen, hervorgebracht durch Erfindungen und unser Wissen und die Fertigkeit unserer und der Handwerker Hände, auf daß die Kunst von der Kunst geehrt werde. Obwohl wir alles nötige Geld von der Großzügigkeit des Herzogs erwarten durften, der bewilligt hat, was bis jetzt begehrt worden ist, so mußten wir doch das als ganz sicher annehmen, man fordere von uns eher etwas, was durch Erfindung und Kunst, als was durch Kostenaufwand oder glänzende Pracht sinnreich und wohlgefällig sei. Dessenungeachtet war zuletzt der Prunk den Werken gleich, die aus den Händen der genannten Akademiker hervorgingen, und jene Ehrung war nicht minder prächtig als sinnvoll und reich an wunderbaren und rühmenswerten Erfindungen.

Endlich wurde demnach bestimmt, man wolle im Mittelschiff von San Lorenzo, den beiden Seitentüren gegenüber, von denen eine nach außen, die andere nach dem Kreuzgang führt, den Katafalk errichten.

Als die Kirche in solcher Weise geschmückt, mit Kerzen erleuchtet und von einer unendlichen Volksmasse erfüllt war, da jedermann die Sorgen des Lebens hinter sich warf und zu solch ehrenreichem Schauspiel lief, trat der Zug in die Kirche; voraus der Prorektor der Akademie, dann, begleitet von dem Hauptmann und den Hellebardieren des Herzogs, die Konsuln und Akademiker, kurz alle Maler, Bildhauer und Baumeister von Florenz. Sie nahmen zwischen dem Katafalk und dem Hochaltar Platz, wo sie von einer sehr großen Zahl hoher Personen und Edelleute erwartet wurden, die alle gemäß den Verdiensten jedes einzelnen bequem nebeneinander saßen, und es begann eine äußerst feierliche Totenmesse mit Musik und jeder Art Gepränge. Nach ihrer Beendigung stieg der obengenannte Varchi auf die Kanzel, um ein Amt zu vollziehen, das er zuletzt für die durchlauchtige Herzogin von Ferrara, Tochter Herzog Cosimos, und seitdem nicht wieder ausgeübt hat; von dort herab verkündete er mit der ihm ganz eigenen Gewähltheit der Rede und wohltönender Stimme das Lob, die Verdienste, das Leben und die Werke des göttlichen Michelangelo Buonarroti.

Es war wirklich ein Glück für Michelangelo, daß er nicht vor der Stiftung unserer Akademie starb, da sein Leichenbegängnis durch ihre Veranstaltung mit soviel Ehre, Glanz und rühmlicher Pracht gefeiert wurde; auch muß man es für sein günstiges Schicksal halten, daß er früher als Varchi zu einem ewigen und glückseligen Leben hinüberging, da ihn kein Mann von größerer Gelehrsamkeit und Beredsamkeit hätte preisen können. Die Leichenrede des Messer Benedetto Varchi wurde bald nachher gedruckt, und dasselbe geschah kurz darauf mit einer anderen überaus schönen Rede zum Lobe Michelangelos und der Malerei, von dem edeln und sehr gelehrten Herrn Lionardo Salviati[1], der, damals ein Jüngling von ungefähr zweiundzwanzig Jahren, in allen seinen Abhandlungen in Latein wie in der Volkssprache einen so glücklichen und seltenen Geist zeigte, wie es jetzt alle Welt weiß und in

[1] L. Salviati, Florentiner Literat und Philologe (1540–1589).

Zukunft noch mehr erfahren wird. Was aber werde oder kann ich sagen, um der Trefflichkeit, Güte und Klugheit des sehr ehrwürdigen Herrn Prorektors Don Vincenzio Borghini[1] genügendes Lob zu spenden, als daß die hervorragendsten Mitglieder der Akademie und der Gesellschaft der Maler ihn als Haupt, als Lenker und Ratgeber jener Exequien feierten; denn war auch jeder von ihnen imstande, viel Größeres in seiner Kunst zu leisten, als er es tat, so kann doch ein Unternehmen nur zu ehrenvollem Ziele geführt werden, wenn ein einzelner nach der Weise eines erfahrenen Steuermannes und Kapitäns alle beherrscht und Macht über sie ausübt.

Da nicht die ganze Stadt an einem einzigen Tage die Ausschmückung der Kirche in Augenschein nehmen konnte, so blieb sie gemäß dem Wunsche des Herzogs viele Wochen unverändert, zu Befriedigung der Einheimischen und der Fremden, die aus der Umgegend kamen, um sie zu sehen.

Eine große Zahl Grabschriften und Verse in Latein und in der Volkssprache, die viele treffliche Männer zu Michelangelos Ehre verfaßt haben, wollen wir nicht beifügen, sowohl weil sie für sich allein ein Werk ausmachen würden, als auch, weil sie von anderen Schriftstellern aufgezeichnet und herausgegeben worden sind. Doch will ich nicht unterlassen, hier am Schlusse zu berichten, daß der Herzog nach den ebengenannten Ehrenbezeugungen anordnete, Michelangelo an einer Ehrenstelle ein Grabmal in Santa Croce zu errichten, da er schon während seines Lebens bestimmt hatte, einst in jener Kirche beigesetzt zu werden, da sich hier die Gruft seiner Ahnen befand. Se. Exzellenz schenkte Lionardo, dem Neffen Michelangelos,

[1] Vincenzio Borghini, Florentiner Philologe und Historiker (1515 bis 1580); er als auch Salviati gehörten der bekannten Kommission der korrektierten Dekameron-Ausgabe an.

den zu dem Grabmale nötigen weißen und bunten Marmor, das nach einer Zeichnung Giorgio Vasaris, samt der Büste Michelangelos, dem trefflichen Bildhauer Battista Lorenzi in Auftrag gegeben wurde. Es gehören dazu drei Statuen: die Malerei, die Bildhauerei und die Baukunst; eine davon wurde dem genannten Battista, die andere dem Giovanni dell'Opera, die letzte Valerio Cioli, drei florentinischen Bildhauern, aufgetragen; sie werden zugleich mit dem Grabmale noch jetzt gearbeitet, und binnen kurzem wird man sie vollendet und an ihrem Ort aufgestellt sehen[1]. Die Kosten, mit Ausnahme des Marmors, den er von dem Herzog empfangen, bestreitet Lionardo Buonarroti; Se. Exzellenz aber, um nichts zu unterlassen, womit er einem so seltenen Mann Ehre erweisen kann, hat schon daran gedacht, ein Denkmal mit seinem Namen und seiner Büste im Dom aufstellen zu lassen, gleichwie man dort die Namen und Bildnisse anderer hervorragender Florentiner findet.

[1] Das Grabmal befindet sich im zweiten Joch des rechten Seitenschiffes von S. Croce in Florenz, die Ausführung geschah in der Hauptsache von November 1564 bis Juli 1568. Die Figur der Malerei ist von Battista Lorenzi, die der Bildhauerei von Valerio Cioli und die der Architektur von Giovanni dell'Opera.

Tiziano da Cador

Maler

Tizian wurde im Jahr 1480 zu Cador, einem kleinen befestigten Flecken an der Piave, fünf Meilen von der Klause der Alpen, in der Familie de' Vecelli, einem der vornehmsten Häuser jener Gegend geboren[1]. Zehn Jahre alt geworden, wurde er, ausgerüstet mit glänzendem Geist und wachem Verstande, nach Venedig zu seinem Oheim, einem angesehenen Bürger, geschickt. Dieser erkannte des Knaben Lust zur Malerei und gab ihn zu Gian Bellino, einem damals vortrefflichen und sehr berühmten Maler, in die Lehre. Unter dessen Aufsicht übte er sich im Zeichnen und lieferte bald den Beweis, daß die Natur ihn mit allen Gaben des Geistes und Verstandes ausgerüstet habe, deren die Kunst der Malerei bedarf. Gian Bellino und die übrigen Maler jenes Landes, denen das Studium der Antike fehlte, pflegten alles meist, oder richtiger ausschließlich nach dem Leben zu zeichnen, doch nach trockner, harter und mühsamer Manier, und auch Tizian erlernte vorerst jene Weise. Als aber um das Jahr 1507 Giorgione da Castelfranco nach Venedig kam, begann er, da ihn insgesamt das bezeichnete Verfahren nicht befriedigte, seinen Werken mehr Weichheit und Rundung in schönerer Manier zu geben, ohne jedoch das Studium von Leben und Natur zu vernachlässigen; ja er suchte, sie so gut als möglich in Farben nachzuahmen und durch starke und schwache Farb-

[1] Das Geburtsdatum Tizians liegt urkundlich nicht fest, am wahrscheinlichsten ist das zuerst von Raffaello Borghini auf 1477 festgelegte Datum, das auch von Tizianello, einem Vetter Tizians, bekräftigt wird.

töne zu färben, wie es die Wirklichkeit zeigte, ohne eine Zeichnung zu machen. Denn er war der festen Meinung, daß es das richtige und beste Verfahren und die wahre Malkunst sei, wenn man nur mit Farben male, ohne weitere Zeichenstudien auf dem Papier vorzunehmen. Hierbei vergaß er aber, daß es für jeden notwendig ist, der seine Kompositionen wohl anordnen und seine Erfindungen in guten Zustand bringen will, daß er sie vorerst in verschiedener Weise auf ein Blatt entwerfen muß, um zu sehen, wie alles zusammenstimmt. Denn die Phantasie vermag nicht, in sich selbst die Erfindung vollkommen zu schauen, wenn sie nicht ihre Vorstellung den körperlichen Augen eröffnet und ihnen, die ihr helfen, zeigt, daß sie ein richtiges Urteil darüber fällen. Überdies erfordern nackte Körper großes Studium, wenn man richtige Einsicht davon gewinnen will, und man kann diese nicht erlangen, ohne auf Papier zu zeichnen. Will man darauf bestehen, nackte oder auch bekleidete Gestalten stets sogleich zu malen, so wird man immer in großer Abhängigkeit bleiben, während der, welcher sich bemüht hat, auf Papier zu zeichnen, allmählich mit größerer Leichtigkeit im Zeichnen und Malen Gegenstände darzustellen lernt. Wenn man sich so im Handwerk übt, werden Manier und Einsicht vollkommen, und Mühe und Anstrengung schwinden, mit denen die Gemälde in der obengenannten Weise ausgeführt sind. Um es noch zu sagen: wenn man auf Papier zeichnet, geschieht es, daß sich die Seele mit schönen Gedanken und Entwürfen füllt und daß man lernt, alle Gegenstände der Natur frei darzustellen, ohne sie stets vor Augen haben, ohne den Mangel, nicht zeichnen zu können, unter dem Reiz der Farben verbergen zu müssen. Viele Jahre lang haben die venezianischen Maler wie Giorgione, Palma[1],

[1] Jacopo d'Antonio Negreti, gen. Palma Vecchio, venezianischer Maler, geb. um 1480, gest. 1528.

Pordenone[1] und andere, die weder in Rom noch sonstwo ganz vollkommene Werke gesehen haben, in dieser Manier gearbeitet.

Tizian, als er die Manier und das Verfahren Giorgiones kennengelernt hatte, machte sich von der des Gian Bellino frei, wenngleich er sie lange Zeit gehabt hatte, und näherte sich der ersteren; er ahmte dessen Arbeiten in kurzer Zeit so gut nach, daß seine Gemälde bisweilen irrig für Werke des Giorgione gehalten wurden, wie weiter unten berichtet werden wird. Reifer an Jahren, an Übung und Einsicht, führte Tizian eine Menge Bilder in Fresko aus, die man nicht der Reihe nach aufzählen kann, weil sie an verschiedenen Orten verstreut sind. Es genügt, zu sagen, daß sie von der Art waren, daß viele Leute von Verstand urteilten, er müsse ein ganz hervorragender Maler werden, wie es ja auch dann eingetroffen ist.

Im Anfang, da er der Manier Giorgiones zu folgen begann und erst achtzehn Jahre alt war, fertigte er das Bildnis von einem Edelmanne aus dem Hause Barbarigo, seinem Freunde, an, das für sehr schön galt, denn die Treue der Hautfarbe war wirklich und natürlich; jedes einzelne Haar war so fein gemalt, daß man sie einzeln hätte zählen können, und dasselbe gilt von den Stichen an einer Jacke von silbernem Atlas in demselben Bilde. Kurz, es war so gut und fleißig ausgeführt, daß man es für eine Arbeit Giorgiones gehalten haben würde, hätte Tizian nicht im Schatten seinen Namen hingesetzt[2]. – Unterdes, als Giorgione die vordere Wand vom Lagerhaus der Deutschen gemalt hatte, übertrug man Tizian, auf Verwendung Barbarigos, an derselben einige Bilder oberhalb der Merceria[3]. Nach diesen

[1] Giovanni Antonio de Lodesanis (nach seinem Geburtsort genannt il Pordenone), geb. um 1484, gest. 1539. – [2] Identisch mit dem sog. Ariost der Nat.-Gal. in London (?). – [3] Nur noch einige geringe Fresko-Fragmente erhalten; vgl. auch S. 312/13 Anm.; ein Dokument für Tizians Mitarbeit ist nicht erhalten.

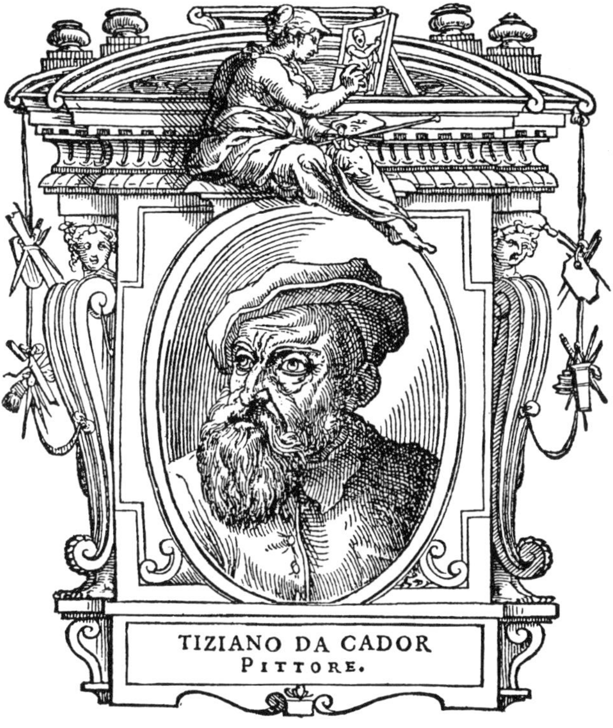

TIZIANO DA CADOR
PITTORE.

machte er ein großes Bild mit lebensgroßen Gestalten, das sich gegenwärtig im Saale des Messer Andrea Loredano bei San Marcuola befindet. Man sieht darin die Madonna auf der Flucht nach Ägypten in einem großen Walde und eine wohlausgeführte Landschaft, da Tizian viele Monate Zeit darauf verwendete, Ähnliches zu schaffen, und einige Deutsche, treffliche Meister in der Ausführung von Landschaften und Laubwerk, zu sich in sein Haus genommen hatte. In jenem Gehölz sind viele Tiere nach der Natur gezeichnet, wirklich natürlich und fast wie lebend. In dem Hause des Messer Giovanni D'Anna, einem Edelmann und flämischen Kaufmanne, seinem Vertrauten, fertigte er dessen Bildnis so treu, daß es wie lebend erscheint, und malte ihm ein Ecce homo mit vielen Figuren, das von Tizian selbst und von andern als ein ganz vorzügliches Werk erachtet wurde[1].

1507, während Kaiser Maximilian mit den Venezianern Krieg führte, malte Tizian, wie er selbst erzählt, in der Kirche von San Marziliano den Engel Raphael, Tobias und einen Hund; in der Ferne ist eine Landschaft mit einem Gebüsch, darin Johannes der Täufer kniet, betend zum Himmel emporschaut und von seinem Glanz erleuchtet wird[2]. Dies Bild, glaubt man, sei von ihm vorher ausgeführt, ehe er die Wand des Handelshauses der Deutschen begann. Mehrere Edelleute, die weder wußten, daß Giorgione nicht weiter an jenem Ort arbeite, noch daß Tizian, der schon einen Teil seines Werkes aufgedeckt hatte, daselbst beschäftigt sei, begegneten Giorgione und wünschten ihm als Freunde Glück, indem sie sprachen, er halte sich bei der Fassade nach der Merceria zu besser, als

[1] Das für Giovanni D'Anna (van Haanen) gemalte Bild mit dem Ecce homo befindet sich jetzt im Kunsthist. Mus. in Wien. Es ist signiert und datiert (1543). – [2] Das Bild ist noch in S. Marciliano (S. Marziale) in Venedig.

er es bei der über dem Canal Grande getan habe; Giorgione empfand darüber solchen Verdruß, daß er sich, bis Tizian seine Arbeit ganz vollendet hatte und als Maler derselben ganz bekannt geworden war, nicht viel sehen ließ und von da ab nicht mehr wollte, daß Tizian ihn besuche oder sein Freund wäre.

1508 gab Tizian den Holzschnitt, den Triumph des Glaubens, mit einer unendlichen Menge von Figuren heraus: Adam und Eva, die Patriarchen, Propheten und Sibyllen, die unschuldigen Kindlein, die Märtyrer, die Apostel und Jesus Christus, den die vier Evangelisten und die vier Kirchenlehrer im Triumphe tragen; hinter ihnen die heiligen Glaubensbekenner. Bei diesem Werke zeigte Tizian Kühnheit, schöne Manier und fortschreitende Geschicklichkeit[1]. Ich entsinne mich, daß Fra Bastiano del Piombo[2] mir hierauf bezüglich einstmals sagte: wenn Tizian damals in Rom gewesen wäre, die Arbeiten Michelangelos und Raffaels und die antiken Statuen gesehen und die Zeichenkunst studiert hätte, so würde er das Erstaunlichste geleistet haben; denn er sah, daß er mit großem Geschick mit der Farbe umzugehen verstand und den Ruhm verdiente, zu unserer Zeit im Gebiete der Farben als der beste und vorzüglichste Nachahmer der Natur geachtet zu werden, und daß er den Urbinaten und Buonarroto in der Grundlage der großen Zeichnung gleichgekommen wäre. Tizian begab sich dann nach Vicenza und malte in der kleinen Loggia, wo bei öffentlichen Sitzungen Recht gesprochen wird, das Urteil Salomos, in Fresko; ein schönes Werk. Nach Venedig zurückgekehrt, malte er die Fassade

[1] Der Holzschnitt, der Triumph des Glaubens, besteht aus einer Folge von fünf Einzelblättern (von insgesamt 2,68 m Länge). Die erste Ausgabe ist nicht überliefert, eine gute ist bezeichnet »Gregorius de Gregoriis excudit 1517«. – [2] Sebastiano Luciani, genannt »del Piombo« (etwa 1485–1547), venezianischer Maler; der bestbekannte Maler des Giorgionekreises.

der Grimani und zu Padua in der Kirche Sant' Antonio einige Bilder von den Taten jenes Heiligen, wiederum in Fresko[1]. Auf einer kleinen Tafel in der Kirche Santo Spirito malte er den hlg. Markus, sitzend zwischen mehreren Heiligen, von denen einige Gesichter nach der Natur porträtiert und mit größtem Fleiß in Öl ausgeführt sind. Diese Tafel wurde von vielen für eine Arbeit Giorgiones gehalten[2].

1514 hatte Herzog Alfonso von Ferrara ein Zimmerchen herrichten und in einigen Feldern von dem ferraresischen Maler Dosso[3] Bilder von Aeneas, Mars und Venus, in einer Grotte Vulkan mit zwei Schmieden an dem Schmiedefeuer malen lassen. Er wollte weiterhin auch, daß hier Gemälde von der Hand des Gian Bellino wären; dieser malte auf einer anderen Wand eine Kufe mit rotem Wein, darum einige Bacchanten, Musikanten, Satyrn und andere berauschte Männer und Frauen, bei denen einen sehr schönen ganz nackten Silen, der auf seinem Esel reitet, um ihn her Gestalten mit Früchten und Trauben in den Händen. Es war fürwahr ein mit vielem Fleiß ausgeführtes Bild, schön im Kolorit, eines der schönsten, die Gian Bellino je vollendete; herrscht auch im Fall der Gewänder einige Steifheit und Schärfe nach deutscher Manier, so bedeutet dies doch nicht viel, denn er ahmte dabei eine Tafel des Flamen Albrecht Dürer nach, die in jenen Tagen nach Venedig kam und in der Kirche von San Bartolommeo aufgestellt wurde, ein seltenes Werk mit

[1] Die Fresken sind in der Scuola di Sant'Antonio, dem Haus der Brüderschaft des Hlg. Antonius, zu Padua und stellen dar: Antonius bringt das neugeborene Kind zum Sprechen, er erweckte eine von ihrem Gatten getötete Frau, und Antonius heilt das abgehauene Bein eines jähzornigen Jünglings. Der Arbeitsbeginn ist unbestimmt, die letzte Zahlung an Tizian am 2. XII. 1511. – [2] Das Bild befindet sich jetzt in der Sakristei von S. Maria della Salute in Venedig. – [3] Giovanni de Lutero, gen. Dosso Dossi, geb. etwa 1475, gest. 1542.

einer Menge in Öl gemalter Figuren[1]. Gian Bellino schrieb auf die besagte Weinkufe folgende Worte: »Johannes Bellinus Venetus P. 1514«. Dieser Künstler hatte seines Alters wegen dies Werk nicht ganz vollenden können, und man sandte nach Tizian, als dem hervorragendsten unter allen anderen, damit er es beende. Voll Verlangen nach Erwerb und um bekannt zu werden, malte dieser zwei Bilder, die in jenem Zimmerchen noch fehlten. Im ersten ist ein Strom von rotem Wein, umher Sänger und Musikanten, alle, Männer sowohl als Frauen, fast berauscht. Eine schlafende, nackte Frau ist so schön, daß sie zu leben scheint, zusammen mit anderen Gestalten. Auf dieses Bild schrieb Tizian seinen Namen. In dem zweiten, das neben diesem, dem Eingange gegenüber ist, malte er viele Liebesgötter und schöne Putten in verschiedenen Stellungen, die gleich dem ersten Bilde jenem Fürsten sehr wohl gefielen. Besonders schön ist eins der Kinder, das in einen Fluß pißt und sich im Wasser erblickt, während die übrigen ein altarähnliches Postament umgeben, auf dem die Statue der Venus steht, eine Meermuschel in der rechten Hand und von den Göttinnen der Anmut und Schönheit umgeben, herrliche, mit unglaublichem Fleiß ausgeführte Gestalten[2].

Auf einer Schranktüre an demselben Ort malte Tizian das wunderbare und herrliche Brustbild von Christus, dem

[1] Es ist das Rosenkranzfest, das 1506 datiert ist (in welchem Jahr Dürer in Venedig war), jetzt im Nat.-Mus. in Prag; zwischen 1593 bis 1603 durch Kaiser Rudolf II. nach Prag gebracht. S. Bartolomeo war die Begräbniskirche der Deutschen in Venedig. – [2] Das Bacchanal des Giovanni Bellini ist in Slg. Widener in Philadelphia. Von Tizian entstanden für Alfonso d'Este drei Mythologien: 1. das Venusfest und 2. die Andrier, deren Bildinhalte den Amores des Philostrates entnommen sind. Am 1. IV. 1518 lobt Tizian das ihm vom Herzog für das zweite Gemälde entwickelte Programm; beide Bilder im Prado in Madrid; die dritte Mythologie: Bacchus und Ariadne, einer Catullstelle entnommen, jetzt in der Nat.-Gal. in London. Erst Anfang 1523 von Tizian nach Ferrara gebracht und dort vollendet.

ein böser Jude die Münze des Kaisers zeigt[1]. Diesen Kopf, samt den andern in jenem Zimmerchen ausgeführten Bildern, rühmen unsere besten Künstler als die vorzüglichsten und wohlgelungensten, die Tizian je gemalt hat; fürwahr, sie sind auch außerordentlich kostbar, und er verdiente deshalb von jenem Fürsten den größten Lohn und Preis. Nach Venedig zurückgekehrt, malte Tizian auf Leinwand in Öl für den Schwiegervater des Giovanni da Castel Bolognese einen nackten Hirten und ein Landmädchen, das ihm Flöten hinreicht, damit er spiele, mit einer sehr schönen Landschaft. Dies Bild befindet sich heutigentags in Faenza, im Hause des obengenannten Giovanni[2]. In der Kirche der Minoriten, la Ca grande genannt, übernahm er dann das Gemälde für den Hochaltar: eine Himmelfahrt der Madonna, unten die zwölf Apostel, die ihr nachschauen, wie sie auffährt. Von diesem Werke ist indes jetzt nur noch wenig zu sehen, da es auf Leinwand gemalt und vielleicht schlecht behütet worden ist[3]. In der Kapelle der Familie aus Ca Pesaro in derselben Kirche stellte er auf einer Tafel die Madonna mit dem Sohne auf dem Arm, Petrus und St. Georg dar; zu seiten knien die Patrone der Kapelle, nach dem Leben porträtiert; unter ihnen ist der Bischof von Baffo und sein Bruder, die damals von einem Siegeszuge gegen die Türken heimgekehrt waren[4]. Für die Kirche von San Rocco malte er nach

[1] Es ist der »Zinsgroschen« in der Staatl. Gemäldegalerie zu Dresden. Der Herzog Alfonso hatte den Wahlspruch: »Gebt Gott, was Gottes ist, und dem Kaiser, was des Kaisers ist.« – [2] Das Bild heißt: »Die drei Lebensalter« und befindet sich im Bridgewater House in London. – [3] Es ist die Himmelfahrt Mariae in der Kirche S. Maria Gloriosa dei Frari zu Venedig. 1516 bei Tizian bestellt, welches Datum auch der Originalrahmen trägt; am 20. III. 1518 zum ersten Male öffentlich gezeigt. – [4] Das Bild, der sog. Pesaro-Altar, ist noch an Ort und Stelle in S. Maria Gloriosa dei Frari. Der Auftrag war Tizian von Monsignore Jacopo da Pesaro, Bischof von Paphos, zur Verherrlichung des Sieges über die Ungläubigen erteilt worden. Zahlungen an Tizian von 1519–1526; am 8. XII. 1526 enthüllt.

Vollendung der genannten Arbeiten einen Christus mit dem Kreuz auf der Schulter und einem Stricke um den Hals, an dem er von einem Juden gezogen wird. Diese Gestalt, die viele für eine Arbeit Giorgiones hielten, wird heutigentags in Venedig sehr heilig gehalten und hat mehr Scudi als Opfergabe empfangen, als Tizian und Giorgione während ihres ganzen Lebens verdienen konnten[1]. Bembo, dessen Bildnis Tizian schon früher gemalt hatte, war damals Sekretär von Papst Leo X., als er ihn zu sich nach Rom berief, damit er Rom, Raffael von Urbino und andere kennenlerne[2]; Tizian verschob jedoch die Sache von heute auf morgen, bis endlich Leo und im Jahr 1520 auch Raffael starben, und er nicht hinkam. Er malte für die Kirche Santa Maria Maggiore einen Johannes den Täufer in der Wüste, umher einige Felsen, ein Lamm, das wie lebend erscheint, in der Ferne ein kleines Stück Landschaft mit einigen sehr zierlichen Bäumen, die am Ufer eines Flusses stehen[3].

Vor der Plünderung Roms war Pietro Aretino[4], ein sehr berühmter Dichter unserer Zeit, nach Venedig gekommen und mit Tizian und Sansovino nahe befreundet geworden, was Tizian viel Ehre und Gewinn verschaffte, denn er wurde dadurch bekannt, soweit die Feder jenes Dichters reichte, vornehmlich bei bedeutenden Fürsten, wie ich an seinem Orte erzählen werde.

Doch kehren wir zu den Werken Tizians zurück. Unter-

[1] Das Bild ist noch in S. Rocco zu Venedig. An anderer Stelle hat es Vasari als eine Arbeit Giorgiones beschrieben; vgl. S. 313. Es ist zu vermuten, daß Vasari hier in der Tizian-Vita seine Aussage in der Lebensbeschreibung des Giorgione korrigieren will. – [2] Pietro Bembo, venezianischer Humanist (1470–1547), war von 1512–20 apostolischer Sekretär. Ein Bildnis von Tizian, etwa 1540 gemalt, in New York, Slg. Ch. M. Schwab. – [3] Das Bild ist jetzt in der Accademia zu Venedig. – [4] Pietro Aretino, Literat (1491–1556), bekannt als scharfer Kritiker seiner Zeitgenossen, floh 1526 von Rom und kam im März 1527 nach Venedig.

des malte er die Tafel für den Petrus-Martyr-Altar in der Kirche von San Giovanni e Paolo. Er stellte darauf in einem Wald von mächtigen Bäumen jenen heiligen Märtyrer überlebensgroß dar; zur Erde gestürzt, wird er von einem Soldaten wild bedroht, der ihn am Kopfe dermaßen verwundet hat, daß er halbtot scheint und man in seinem Angesicht die Schauer des Todes erkennt. Ein anderer Bruder, nach vorn zu fliehend, zeigt Schrecken und Furcht vor dem Tode; in der Luft schweben zwei nackte Engel; sie kommen aus einem Blitz des Himmels hervor, der die sehr schöne Landschaft und das ganze Bild erleuchtet. Es ist das reichste, gefeiertste, größte, bestersonnene und -ausgeführte von allen, die Tizian bis zu diesem Augenblick seines Lebens vollendet hat[1].

Für einen Edelmann aus dem Hause Contarini malte er ein Bild, einen überaus schönen Christus, der mit Kleophas und Lukas zu Tische sitzt; diesem Edelmann erschien es der öffentlichen Aufstellung mit vollem Rechte würdig, und als ein dem Vaterlande und der Gemeinde sehr freundlich gesinnter Bürger schenkte er es der Signoria, wo es viele Jahre in den Zimmern des Dogen aufbewahrt wurde; heutigentags aber ist es an einem öffentlichen Orte, wo es von jedermann gesehen werden kann, in dem kleinen goldenen Saal, ehe man in den Sitzungssaal der Zehn tritt, über der Tür[2].

Fast gleichzeitig malte er für die Scuola di Santa Maria della Carità die Madonna, die die Stufen des Tempels hinansteigt, eine Darstellung mit Köpfen jeder Art nach dem Leben gezeichnet[3].

[1] Das von allen Zeitgenossen und späteren Beurteilern als eines von Tizians Hauptwerken gerühmte Bild (entstanden 1528–30) verbrannte am 16. VIII. 1867. In S. Giovanni e Paolo ist jetzt eine Kopie von Cigoli. – [2] Das Emmausbild aus dem Dogenpalast ist jetzt in der Slg. des Earl of Yarborough in England. Das berühmtere (und bessere) ist im Louvre. – [3] Das große Gemälde mit dem

1530, als Kaiser Karl V. in Bologna war, wurde Tizian, wie man sagt, durch Vermittlung des Pietro Aretino von dem Kardinal Hippolyt de' Medici nach jener Stadt berufen und fertigte ein schönes Bildnis von Sr. Majestät in vollem Waffenschmuck an[1]. Es gefiel dem Kaiser so gut, daß er ihm tausend Scudi zahlen ließ; die Hälfte davon mußte er jedoch dem Bildhauer Alfonso Lombardi[2] geben, der ein kleines Modell gearbeitet hatte, um eine Marmorbüste des Kaisers danach zu fertigen.

Nach Venedig zurückgekehrt, erfuhr Tizian, daß viele Edelleute, die den Pordenone fördern wollten, indem sie seine zahlreichen Werke an der Decke der Sala de' Pregai[3] und an anderen Orten besonders lobten, ihm den Auftrag verschafft hätten, in der Kirche von San Giovanni Elemosinario eine kleine Tafel zu malen, im Wettstreit mit ihm, der kurz vorher an demselben Orte Johannes, den Almosenspender, im bischöflichen Ornat dargestellt hatte. Aber bei allem Fleiß, den Pordenone aufgewandt, konnte er indes Tizian nicht entfernt erreichen, noch sich mit ihm vergleichen[4]. Dieser malte für die Kirche Santa Maria degli Angeli zu Murano eine überaus schöne Tafel mit einer Verkündigung; weil aber diejenigen, die sie bestellt hatten, Tizians Begehren gemäß keine fünfhundert Scudi dafür zahlen wollten, sandte er sie, auf den Rat des Messer Pietro

Tempelgang Mariae, gemalt für einen Sitzungsraum (sog. »Albergo«) der Brüderschaft, ist wieder an Ort und Stelle in der Accademia zu Venedig. Es entstand vom 29. VIII. 1534–1538.

[1] Die erste Begegnung Tizians mit Karl V. fand Anfang 1530 durch Vermittlung des Herzogs Federigo Gonzaga von Mantua statt. – [2] Alfonso Lombardi, Bildhauer (1497–1537), hauptsächlich in Bologna tätig; die Büste Kaiser Karls V. ist verschollen. – [3] Pordenone (etwa 1484–1539) hatte am 27. III. 1538 die Decke der Camera dello Scrutinio im Dogenpalast in Venedig vollendet. – [4] Tizians Bild ist noch in der Kirche, der Rahmen ist 1533 datiert; das Bild Pordenones ist ein Dreiheiligen-Altar, ebendort, seine Entstehungszeit ist urkundlich nicht bestimmt.

Aretino, als Geschenk an Kaiser Karl V. Dies Werk gefiel Sr. Majestät ausnehmend gut, und er schickte als Gegengeschenk zweitausend Scudi, und an den Ort, für den das Gemälde bestimmt gewesen war, kam statt dessen ein Bild von der Hand Pordenones[1].

Nicht lange nachher, als Kaiser Karl, mit dem Heere aus Ungarn zurückgekehrt, noch einmal nach Bologna kam, um sich mit Papst Clemens zu besprechen, wollte er wiederum von Tizian gemalt sein[2]. Dieser hatte vor seiner Abreise von Bologna auch den Kardinal Hippolyt de' Medici in einem ungarischen Gewande und zum zweiten Male in einem kleineren Bilde ganz in Waffen dargestellt; beide Gemälde aber befinden sich heutigentags in der Garderobe Herzog Cosimos[3]. Während derselben Zeit malte er das Bildnis des Marchese del Vasto Alfonso Davolos[4] und des genannten Pietro Aretino, der ihn damals bei Federigo Gonzaga, dem Herzoge von Mantua, in Dienst und Gunst brachte.

In Cador, Tizians Vaterstadt, ist eine Tafel seiner Hand, worin er die Madonna, den Bischof St. Tizian und sich selbst kniend abbildete[5]. In dem Jahre, als Paul III. nach Bologna und von da nach Ferrara ging, malte Tizian, der nach dem Hofe kam, das Bildnis des Papstes, ein sehr schönes Werk, und nach demselben ein zweites für den Kardinal Santa Fiore. Beide Bilder wurden ihm vom Papste

[1] Das Ersatzbild Pordenones mit der Verkündigung Mariae ist wieder an Ort und Stelle. – [2] Das Bildnis Karls V. mit dem Hund, jetzt im Prado zu Madrid, entstand zwischen Dezember 1532 und Februar 1533. – [3] Es ist nur noch das eine Bild erhalten, im Pal. Pitti in Florenz, wo der Kardinal Hippolyt in ungarischer Tracht dargestellt ist, zur Erinnerung daran, daß er 1532 als päpstlicher Legat nach Wien geschickt wurde, um an dem Feldzug gegen die Türken teilzunehmen. – [4] Jetzt im Besitz der Comtesse de Behague, Paris. – [5] In der Pieve zu Cadore, auf dem dem hlg. Tiziano geweihten Altar der Kapelle der Vecelli. Dargestellt ist die Madonna mit Kind, der hlg. Andreas und Tiziano.

reichlich bezahlt; sie sind in Rom, das eine in der Garderobe des Kardinals Farnese, das andere bei den Erben des Kardinals Santa Fiore aufgestellt; es gibt danach zahlreiche Kopien an verschiedenen Orten Italiens[1]. Fast gleichzeitig porträtierte er Francesco Maria, den Herzog von Urbino; ein wunderbares Werk, so daß es Messer Pietro Aretino durch ein Sonett feierte[2].

In der Garderobe desselben Herzogs sind zwei sehr reizende weibliche Köpfe von der Hand Tizians[3] und eine jugendliche Venus mit Blumen und einigen sehr zarten wohl ausgeführten Tüchern[4], und obendrein das Brustbild einer hlg. Maria Magdalena mit aufgelösten Haaren; ein seltenes Werk[5].

1541 malte Tizian für die Mönche von Santo Spirito in Venedig die Tafel des Hochaltars mit der Ausgießung des Heiligen Geistes, wobei er Gott Vater als das Feuer und den Geist als eine Taube versinnbildlichte. Nach kurzer Zeit litt diese Tafel Schaden; Tizian mußte sie zuletzt, nachdem er mit den Mönchen prozessiert hatte, wieder instand setzen; und sie ist nunmehr auf dem genannten Altar[6]. Zu Brescia malte er in der Kirche von San Nazzaro die Tafel des Hochaltars; sie ist in fünf Bilder geteilt; im mittleren sieht man eine Auferstehung Christi, um das Grab her einige Soldaten; in den Seitenbildern sind San Naz-

[1] Die erste der erwähnten Fassungen ist im Mus. Naz. in Neapel; sie entstand 1543 in Bologna; Wiederholungen und Kopien im Pal. Pitti in Florenz, Galleria Spada in Rom, Gall. Naz. Rom. in Rom und in England. – [2] Das Bildnis des Francesco Maria della Rovere, jetzt in den Uffizien in Florenz, entstand 1536–1538. – [3] Vielleicht meint Vasari hier das Porträt der Herzogin Eleonora, in den Uffizien, und die sog. Bella im Pal. Pitti in Florenz. – [4] Die liegende Venus, in den Uffizien in Florenz, die sog. »Venus von Urbino«, wurde für den Herzog Guidobaldo II. gemalt. Im März 1538 wird es bei Tizian abgeholt. – [5] Jetzt im Pal. Pitti in Florenz. – [6] Das Altarblatt ist jetzt in S. Maria della Salute in Venedig. In einem Briefe von 1544 an Kard. Farnese spielt Tizian auf die Streitigkeiten an und bittet um die Intervention seitens des Kardinals.

zaro, Sebastian, der Engel Gabriel und die Jungfrau, der er die Verkündigung bringt[1]. – Auf einer Tafel an der Eingangswand des Domes von Verona stellte er die Himmelfahrt der Madonna und die Apostel dar; unter den neueren Werken jener Stadt wird es für das beste erklärt[2].

1541 malte er das Bildnis von Don Diego di Mendozza, dem damaligen Gesandten Kaiser Karls V. in Venedig; er ist stehend in ganzer Figur abgebildet, eine sehr schöne Gestalt. Von da an begann Tizian einige Bildnisse in ganzer Figur zu malen, was dann in Brauch gekommen ist. Er fertigte in derselben Weise das Bildnis des Kardinals von Trient, als dieser noch jung war[3], und für Francesco Marcolini das von Messer Pietro Aretino, es gelang ihm jedoch nicht so gut wie eines, das Messer Pietro von sich selbst an Herzog Cosimo de' Medici geschenkt hatte[4]. Diesem sandte er außerdem das Brustbild des Signore Giovanni de' Medici, des Vaters des genannten Herzogs, nach einer Maske gemalt, die in Mantua, wo er gestorben, von der Leiche abgenommen und in Besitz des Aretino gekommen war. Beide Bildnisse sind in der Garderobe des genannten Herzogs unter vielen anderen zu rühmenden Gemälden aufgestellt[5].

In demselben Jahr hielt sich Vasari dreizehn Monate in Venedig auf, um eine Decke für Messer Giovanni Cornaro und einiges andere für die Brüderschaft della Calza zu

[1] Der Altar ist noch in S. Nazaro e Celso in Brescia. Der Auftrag seitens des Legaten Altobello Averoldo, der auch als Stifter dargestellt ist, erfolgte an Tizian 1520. Das Werk ist sign. und dat. 1522. – [2] Noch im Dom zu Verona befindlich; Nachrichten über die Entstehungszeit sind nicht bekannt. – [3] Dargestellt ist Christoforo Madruzzo von Trient, jetzt im Metropolitan-Museum in New York; das Bild entstand im Febr./März 1542. – [4] Das Bildnis des Pietro Aretino, das dieser selbst 1545 dem Herzog übersandte, ist jetzt im Pal. Pitti in Florenz. – [5] Tizian wurde durch seine Abreise nach Rom im Herbst 1545 verhindert, das Porträt zu malen. Pietro Aretino ließ es durch Gian Paolo Pase ausführen; jetzt in den Uffizien in Florenz.

arbeiten, und Sansovino, der den Bau von Santo Spirito leitete, ließ ihn die Zeichnungen zu drei großen Ölbildern für die Decke machen, die er in Farben ausführen sollte; als Vasari jedoch abgereist war, übertrug man jene drei Bilder dem Tizian, der sie sehr schön malte, wobei er sich mit vieler Kunst befleißigt hatte, die Figuren von unten auf zu verkürzen. Auf dem einen ist Abraham, der Isaak opfert, auf dem andern David, der Goliath den Kopf abschlägt, auf dem dritten Abel, den sein Bruder Kain erschlagen hat[1]. Damals malte Tizian sein eigenes Bildnis, um es seinen Kindern zu seinem Gedächtnis zu hinterlassen. 1546 wurde er von dem Kardinal Farnese nach Rom berufen[2]; er fand dort Vasari, der von Neapel zurückgekehrt war und im Auftrag des genannten Kardinals den Saal der Cancelleria[3] malte. Der Kardinal empfahl Tizian an Vasari, und dieser leistete ihm mit großer Freude Gesellschaft und zeigte ihm die Merkwürdigkeiten Roms. Nach einigen Tagen der Ruhe gab man Tizian Wohnung im Belvedere und beauftragte ihn, noch einmal ein Bildnis von Papst Paul, von dem Farnese und von dem Herzog Ottavio in ganzer Figur zu malen; alle wurden trefflich und sehr zur Zufriedenheit jener Herren von ihm ausgeführt[4]. Auf ihr Zureden malte er als Geschenk für den Papst einen Christus in halber Figur, ein Ecce homo. Sei es, daß die Arbeiten Michelangelos, Raffaels, Polidoros und anderer ihm Schaden brachten oder daß sonst ein Grund obwaltete, es schien den Malern nicht, daß es im Ganzen

[1] Diese drei Bilder sind jetzt in der Sakristei von S. Maria della Salute in Venedig (1656 nach hier aus der aufgehobenen Kirche übertragen). Vasari vergißt die auch von S. Spirito kommenden und ebendort aufbewahrten acht Rundbilder mit den Evangelisten und Kirchenvätern zu nennen. – [2] In einem Briefe vom 10. X. 1545 des Kardinals Bembo wird erwähnt, daß Tizian schon in Rom sei. [3] Vgl. die Einleitung. – [4] Das Gruppenbildnis Pauls III. mit seinen Nepoten Ottavio und Kard. Alessandro Farnese ist im Mus.-Naz. in Neapel; das Bild ist nicht ganz zu Ende gemalt.

ein gutes Werk sei, nicht von der Herrlichkeit wie viele seiner anderen Arbeiten, vornehmlich seine Bildnisse. Eines Tages, da Michelangelo und Vasari ins Belvedere gingen, um Tizian zu besuchen, sahen sie dort ein damals von ihm gemaltes Bild: eine nackte weibliche Gestalt, eine Danae, in deren Schoß Jupiter in Form von Goldregen niederfällt, und sie rühmten (wie man's macht, wenn der Künstler anwesend ist) sein Werk sehr[1]. Beim Nachhausegehen redeten sie über Tizians Arbeitsweise, und Buonarroti lobte sie und sprach, Tizians Kolorit und Manier gefalle ihm sehr wohl, es sei nur schade, daß man in Venedig nicht von Anfang an gut zeichnen lerne und daß jene Maler nicht die Möglichkeit eines besseren Studiums hätten. »Wenn diesem Manne«, sagte er weiter, »Kunst und Zeichnung Hilfe leisteten gleich der Natur, vornehmlich bei dem Abmalen des Lebenden, so könnte nicht mehr und Besseres geleistet werden, da sein Geist herrlich und seine Manier sehr angenehm und lebhaft ist.« Dies ist gewiß wahr, denn wer nicht genug zeichnet und auserlesene antike oder neuere Werke studiert, kann durch Übung von sich aus nicht gut arbeiten, kann nicht verbessern, was nach dem Leben gezeichnet wird, noch ihm die Grazie und Vollkommenheit leihen, die die Kunst noch über die Ordnung der Natur hinaus gibt, welche ja gewöhnlich einige Teile hervorbringt, die nicht schön sind.

Endlich verließ Tizian Rom, wo er von den obengenannten Herren viele Geschenke erhalten hatte.

In Florenz angelangt, erstaunte er nicht minder über die kostbaren Werke jener Stadt, als es bei den römischen der Fall gewesen war. Er besuchte Herzog Cosimo in Poggio a Caiano und erbot sich, sein Bildnis zu malen. S. Exzellenz beachtete das nicht sehr, vielleicht um den vielen edlen

[1] Das Bild ist die Danae mit Amor im Mus.-Naz. in Neapel; es entstand im Auftrage des Ottaviano Farnese.

Künstlern seiner Stadt und seines Gebietes nicht unrecht zu tun[1].

Nach Venedig zurückgekehrt[2], vollendete Tizian ein Gemälde für den Marchese del Vasto, eine »Allokution« (so nannten sie es), die dieser Herr an seine Soldaten hält[3], und dann malte er ihm die Bildnisse von Kaiser Karl V., von dem katholischen König und vielen anderen Personen. Mit diesen zum Schluß gekommen, übernahm er für die Kirche Santa Maria Nuova zu Venedig eine kleine Tafel mit einer Verkündigung. Sodann malte er mit Hilfe seiner Schüler im Refektorium von San Giovanni e Paolo ein Abendmahl, in der Kirche von San Salvadore eine Tafel für den Hochaltar: die Verklärung Christi auf dem Berge Tabor, und für einen anderen Altar derselben Kirche eine Verkündigung Mariae[4]. In diesen letzteren Werken erkennt man zwar viel Gutes, doch werden sie von ihm nicht sehr hoch gehalten und besitzen nicht die Vollkommenheit seiner übrigen Gemälde. Und weil die Werke Tizians unzählig sind, vorzüglich die Bildnisse, ist es fast unmöglich, aller Erwähnung zu tun, und ich werde deshalb nur der hauptsächlichsten gedenken, ohne sie zeitlich zu ordnen, da es nicht viel darauf ankommt, zu wissen, welches früher und welches später ausgeführt wurde.

Er porträtierte, wie ich schon sagte, mehrere Male Karl V., wurde deshalb endlich an dessen Hof berufen und malte ihn, wie er damals in seinen fast letzten Lebensjahren aussah; und diesem immer siegreichen Kaiser gefiel die Weise Tizians so sehr, daß er von der Zeit an, da er ihn kennen-

[1] Tizian war dem Herzog durch einen Brief des Pietro Aretino vom 12. VI. 1546 empfohlen worden. – [2] Schon am 19. VI. 1546 war Tizian in Venedig. – [3] Das Gemälde mit der Ansprache des Generals de Vasto, eines Heerführers Karls V., dem 1532 der Oberbefehl des Heeres gegen die Türken anvertraut war, befindet sich im Prado zu Madrid. Ende 1539 bei Tizian bestellt, 1541 vollendet. – [4] Beide Gemälde noch in S. Salvatore in Vendig. Die Verklärung Christi dient als Schutzdecke für den Silberaltar.

lernte, von keinem Maler porträtiert werden wollte[1]. So oft er dessen Bild ausführte, erhielt er tausend Goldscudi zum Geschenk; S. Majestät ernannte ihn auch zum Ritter mit einem Gehalte von zweihundert Scudi, das auf die Kammer von Neapel angewiesen war[2].

Als er auch König Philipp von Spanien und seinen Sohn Karl gemalt hatte, erhielt er auch von ihm zweihundert Scudi fortlaufendes Gehalt; rechnet man zu diesen vierhundert die dreihundert, die ihm für das Handelshaus der Deutschen von den venezianischen Signoren gezahlt worden, so hatte er, ohne sich zu mühen, jedes Jahr siebenhundert Scudi feste Einnahme[3]. Die Bildnisse von Karl V. und von Philipp sandte Tizian an Herzog Cosimo, in dessen Garderobe sie aufgestellt sind.

Er malte Ferdinand, den römischen König, den nachmaligen Kaiser und dessen Kinder, das heißt Maximilian, den jetzt regierenden Kaiser und seinen Bruder; malte die Königin Maria und im Auftrag von Kaiser Karl den Herzog von Sachsen in der Zeit seiner Gefangenschaft[4]. Doch welche Zeitverschwendung ist dies? Es gab fast keinen Herrn von hohem Rang, weder einen Fürsten noch eine vornehme Dame, deren Bildnisse Tizian nicht malte, der

[1] Tizian traf Karl V. mehrere Male in Italien; 1548 ging er vom Januar bis Oktober und vom November 1550 bis Juli 1551 nach Augsburg. Die großartigsten Porträte Karls V. von der Hand Tizians sind: Karl V. in der Schlacht bei Mühlberg, im Prado zu Madrid; Karl V. im Lehnstuhl, Ält. Pinak., München; dieses ist sign. und dat. 1548. – [2] Tizian war schon 1532 vom Kaiser geadelt worden, als dieser zum zweiten Male Bologna besuchte. Am 10. V. 1533 ernannte der Kaiser, von Barcelona aus, seinen Lieblingsmaler zum Pfalzgrafen, Ritter vom Goldenen Sporn und Reichsfreiherrn. – [3] Wie wir aus einem Briefe Tizians wissen, wurden aber ihm gegenüber die Verbindlichkeiten nie fest eingehalten. – [4] Das Bildnis des Kurfürsten Johann Friedrichs des Weisen entstand in Augsburg 1548 oder 1550/1551; in mehreren Fassungen erhalten (Kunsthist. Mus. in Wien und Prado zu Madrid), doch wird die Echtheit des letzteren angezweifelt.

auf diesem Gebiete ein fürwahr überaus herrlicher Maler war. Karl V. ließ ihn in Venedig auf einer großen Altartafel die Dreieinigkeit Gottes darstellen: auf einem Throne sitzt die Madonna mit dem Christuskind, darüber die Taube, der ganze Grund ist feurig, um die Liebe zu versinnbildlichen, und den Vater umgeben glühende Cherubinen. An einer Seite sieht man Karl V., an der anderen die Kaiserin in leinene Gewänder gekleidet, mit gefalteten Händen, im Gebet zwischen vielen Heiligen; alles nach Angabe des Kaisers, der damals auf dem Gipfel der Siege zu zeigen begann, daß er sich von Weltgeschäften zurückzuziehen trachte, wie es später wirklich geschah, um ernstlich als ein Christ in Gottesfurcht und im Verlangen nach dem ewigen Heile zu sterben. Der Kaiser sagte zu Tizian, daß er das Gemälde nach dem Kloster bringen lassen wolle, worin er nachmals den Lauf seines Lebens beschloß. Man erwartet jetzt, es werde als ein höchst seltenes Werk bald als Kupferstich erscheinen[1]. Tizian malte für die Königin Maria einen Prometheus, der, an den Kaukasus geschmiedet, von dem Adler Jupiters zerfleischt wird, und einen Sisyphus in der Hölle, der einen Stein trägt, und Tityus, den der Geier zerreißt. Diese mit Ausnahme des Prometheus erhielt Ihre Majestät und zugleich einen Tantalus in derselben Größe, das heißt lebensgroß auf Leinwand in Öl gemalt[2]. In einem bewunderungswürdigen Bilde stellte er Venus und Adonis dar; Venus ist ohnmächtig, und der Jüngling will eben von ihr gehen,

[1] Das Bild mit der Anbetung der heiligen Dreifaltigkeit, jetzt im Prado zu Madrid, hatte Tizian 1551 begonnen und laut seinem Briefe vom 10. IX. 1554 an Karl V. in die Niederlande abgeschickt. Der Stich des Cornelius Cort erschien 1567. – [2] Die vier Bilder von den Verdammten des Hades waren für den Sommerpalast der Königin Maria von Ungarn, Binche in den Niederlanden, bestimmt. Die beiden von Vasari zuerst genannten (1549 entstanden) im Prado zu Madrid; vielleicht sind es aber auch nur Kopien.

ihm folgen einige sehr treu nach der Natur gemalte Hunde[1].

Auf einer gleich großen Tafel malte er Andromeda, die an den Felsen gefesselt durch Perseus von dem Meerungeheuer erlöst wird; kein anderes Gemälde kann reizvoller sein als dieses[2]. Dasselbe gilt von einem anderen: Diana, die mit ihren Nymphen im Quell badet und Aktäon in einen Hirsch verwandelt[3]; außerdem malte er eine Europa, die auf dem Stiere durchs Meer reitet[4]. Alle diese Bilder aber werden von dem katholischen König sehr hoch gehalten wegen der Lebendigkeit, die Tizian den Figuren durch die Farben gegeben hat, wodurch er sie fast lebendig und natürlich gemacht hat. Es ist wirklich wahr, daß seine Verfahrungsweise bei den letzteren von der seiner Jugend sehr verschieden ist, indem er seine ersten Arbeiten mit einer gewissen Feinheit und mit unglaublichem Fleiß ausführte, so daß man sie sowohl aus der Nähe als auch aus der Ferne betrachten kann, während die letzteren, ohne Vorzeichnung gemalt, dick und fleckig aufgetragen, derart sind, daß sie aus der Nähe nicht angesehen werden dürfen, aus der Ferne aber als vollendet erscheinen. Und diese Verfahrungsweise war die Ursache, daß von vielen, die ihn hierin nachahmen und dabei ihre Erfahrenheit zeigen wollten, häßliche Malereien

[1] Das Bild Venus und Adonis, im Prado in Madrid, wurde Philipp II. von Tizian 1553 angekündigt; im September 1554 schickte er es ab. – [2] Das Bild, jetzt in Wallace Coll., London, wurde Philipp II. 1553 brieflich von Tizian versprochen; wahrscheinlich 1556 nach Spanien geschickt, da im Herbst des Jahres 1556 als vollendet bezeichnet. – [3] Das Bild Diana und Aktäon und sein Gegenstück: die Entdeckung des Fehltrittes der Callisto (beide im Bridgewater House in London) eröffnen die zweite Serie der Mythologien für Philipp II., an den sie 1559 geschickt wurden. – [4] Dargestellt ist der Raub der Europa, offenbar als Pendant zu Andromeda gedacht; jetzt in Slg. Gardener in Boston. Am 19. VI. 1559 als begonnen bezeichnet und laut Brief vom 26. IV. 1562 an Philipp II. geschickt.

gemacht worden sind, und zwar geschieht dies deshalb, weil es ihnen scheint, jene Bilder wären ohne Mühe gemalt, was aber keineswegs der Fall ist und sie sich im Irrtum befinden; denn man erkennt, Tizian überarbeitete sie und ging mit den Farben so oft darüber, daß sich die dabei aufgewandte Sorgfalt wohl kundgibt. Diese Manier, so ausgeübt, ist voll Überlegung, schön und vortrefflich, denn sie bewirkt, daß die Malereien sehr lebendig und mit großer Kunst ausgeführt erscheinen, während ihre Mühen verborgen bleiben.

Eine andere sehr schöne Tafel, ein Christus, den die Juden verspotten, wurde in Mailand in einer Kapelle der Kirche Santa Maria delle Grazie aufgestellt[1]. – Für die Königin von Portugal malte er einen fast lebensgroßen Christus an der Säule, den die Juden geißeln; ein sehr schönes Bild. In Ancona malte er die Tafel des Hochaltars von San Domenico: Christus am Kreuz, zu Füßen die Madonna, Johannes und Domenikus, sehr schöne Gestalten; es ist in der späteren fleckigen Manier ausgeführt, von der ich oben sprach[2].

Von der Hand desselben ist in Venedig in der Kirche der Crucicchieri auf dem Altar des hl. Laurentius eine Tafel mit dem Martyrium jenes Heiligen mit einem Gebäude voll von Figuren und dem hl. Laurentius, der verkürzt gezeichnet, auf dem Roste liegt; darunter brennt ein großes, von einigen Männern angeschürtes Feuer. Und weil er es als Nachtstück gemalt hat, halten zwei Diener zwei Fackeln, die Licht dahin geben, wo der Widerschein des Feuers, das unter dem Rost sehr voll und lebhaft brennt, nicht hintrifft; obendrein hat er einen Blitz gemalt,

[1] Es ist die Dornenkrönung Christi, im Louvre in Paris. Das Bild entstand im Wettbewerb mit Gaudenzio Ferrari, der einen hl. daulus malte; Ferraris Bild ist auch im Louvre und ist 1543 Patiert – [2] Die Tafel ist noch an Ort und Stelle.

der, vom Himmel niederfallend, die Wolken teilt und das Licht des Feuers und das der Fackeln noch übertrifft. Er steht über dem Heiligen und den Hauptfiguren, und außer diesen drei Lichtern leuchten die Menschen, die in der Ferne an den Fenstern des Gebäudes stehen, mit Laternen und Kerzen, die sie bei sich haben. Kurz, das Ganze ist mit vieler Kunst, mit Geist und Einsicht ausgeführt[1].

Für den katholischen König malte Tizian dann eine heilige Maria Magdalena in halber Figur bis zur Mitte der Schenkel; ihre Haare sind aufgelöst und fallen ihr über die Schultern um den Hals und über die Brust, während sie, das Haupt hebend, den Blick fest zum Himmel gekehrt, mit ihren roten Augen und durch ihre Tränen Schmerz über ihre begangenen Sünden kundgibt. Jeder, der dies Bild sieht, fühlt sich dadurch außerordentlich bewegt, und was mehr ist, obwohl sie überaus schön ist, regt es doch nicht zu frecher Sinnlichkeit, sondern zu Mitleid an. Als es vollendet war, gefiel es Silvio..., einem venezianischen Edelmanne, so wohl, daß er, als ein großer Verehrer der Kunst, Tizian 100 Scudi gab, um es zu besitzen. Deshalb war Tizian gezwungen, für den katholischen König ein zweites auszuführen, welches nicht minder schön war[2].

Endlich sandte dieser herrliche Maler dem obengenannten katholischen König ein Abendmahl Christi mit seinen Jüngern, ein sieben Ellen langes Bild von außergewöhn-

[1] Das Bild mit der Laurentiusmarter befindet sich in der Kirche ai Gesuiti in Venedig. Nach dem Testament des Stifters Lorenzo Massalo, vom 18. XI. 1548, hatte Tizian das Gemälde schon in Arbeit; wohl erst zwischen 1557 und 1559 aufgestellt. – [2] Tizian hat zu verschiedenen Zeiten Magdalenen-Bilder gemalt; von den erhaltenen sicheren Originalen seien genannt: 1. zu dem frühen Typ der 30er Jahre gehört die Magdalena im Pal. Pitti in Florenz, 2. zu dem späten der 60er Jahre das Bild in der Eremitage in Petersburg und 3. das Bild in Neapel, Mus.-Naz., das Tizian wahrscheinlich 1567 dem Kardinal Farnese gegeben hat.

licher Schönheit[1]. Außer den angeführten und vielen minder wertvollen Arbeiten, die Tizian vollendet hat und die wir der Kürze wegen übergehen, findet man in seinem Hause folgende angefangene und im Groben angelegte Bilder: das Martyrium des Laurentius, dem obigen ähnlich, das er dem katholischen König zu schicken gedenkt[2]; eine große Leinwand, mit einem Christus am Kreuz, ihm zur Seite die Schächer, unten die Henkersknechte, ein von ihm im Auftrag des Messer Giovanni D'Anna begonnenes Werk und ein Bild, das er für den Dogen Grimani, den Vater des Patriarchen von Aquileja, begonnen hatte[3]. Für den Saal des großen Palastes zu Brescia hat er drei große Bilder zur Ausschmückung der Decke angefangen. Außerdem begann er vor vielen Jahren ein Bild für Alfonso I., den Herzog von Ferrara; man sieht darin eine nackte Jungfrau, die sich vor Minerva neigt, neben ihr eine andere Gestalt und dann das Meer, wo in der Mitte des Hintergrundes Neptun auf seinem Wagen ist. Dies wurde nicht vollendet, weil jener Fürst starb, nach dessen eigenen Angaben es Tizian ausführte, und somit blieb es in seinen Händen[4]. Ziemlich weit gebracht, doch nicht vollendet ist ein Bild, wo Christus in Gestalt des Gärtners der Maria Magdalena erscheint; die Figuren sind in natürlicher Größe; und ein anderes, an Umfang ähnliches, wo der tote Christus in Gegenwart der

[1] Im Eskorial für das dortige Refektorium gemalt. Von Tizian nach siebenjähriger Arbeit 1564 an Philipp II. geschickt; oben beschnitten, da es nicht an die Wand paßte. – [2] Im Eskorial; Tizian hatte es 1564 begonnen, die Übersendung an Philipp II. ist durch einen Brief vom 13. XII. 1567 sichergestellt. – [3] »Der Doge Grimani vor dem Glauben kniend«, Dogenpalast in Venedig; gemalt als Staatsauftrag (1555) auf Verlangen des Dogen Francesco Venier. Am 22. III. 1556 erhielt Tizian eine Abschlagszahlung. – [4] Das Gemälde »Spanien kommt der Religion zu Hilfe«, im Prado zu Madrid, war ehedem für den 1534 verstorbenen Alfonso I. begonnen und dann in diesen Gegenstand verwandelt worden; 1575 wurde es an Philipp II. geschickt.

Madonna und der anderen Maria ins Grab gelegt wird[1]. Zu den guten Sachen in seinem Hause gehört weiterhin ein Madonnenbild und sein Selbstbildnis, das, wie ich schon sagte, vor vier Jahren von ihm vollendet wurde, sehr schön und natürlich[2], und endlich noch ein Paulus in halber Figur, der liest und selbst vom Heiligen Geist erfüllt zu sein scheint.

Diese und viele andere Werke, die wir nicht anführen, um nicht zu langweilen, hat er bis jetzt gearbeitet, wo er etwa sechsundsiebzig Jahre alt ist[3]. Tizian war stets ganz gesund und so glücklich, wie nur je ein anderer seinesgleichen gewesen ist; der Himmel gab ihm nur Glück und Beweise seiner Gnade. In seinem Hause in Venedig sah man alle Fürsten, Gelehrte und vorzügliche Personen, die zu seiner Zeit nach jener Stadt kamen oder dort lebten; denn er war nicht nur in der Kunst hervorragend, sondern er besaß auch eine schöne Bildung und die angenehmsten Sitten und Manieren. Er hatte in Venedig einige Nebenbuhler, doch nicht von großer Bedeutung, so daß er sie leicht durch die Herrlichkeit seiner Kunst, das Vermögen, sich unterhalten und den Personen von Rang sich angenehm machen zu können, besiegt hat. Der Gewinn, den er von seinen Arbeiten zog, war groß, da sie ihm sehr gut bezahlt wurden; richtiger wäre indes gewesen, wenn er in seinen letzten Jahren nur zum Zeitvertreib gemalt hätte, um nicht durch minder gute Werke den Ruf, den er sich in besseren Jahren erworben hatte, zu schmälern, als er noch nicht durch die Abnahme der Kräfte zum Unvollkommenen neigte.

[1] Es ist vielleicht das Bild im Kunsthist. Mus. in Wien, das 1572 aus Tizians Werkstatt an Staatssekretär Perez gesandt wurde. – [2] Welches der Tizian-Selbstbildnisse gemeint ist, läßt sich mit Sicherheit nicht entscheiden. – [3] Da Vasari 1566 Tizian in Venedig traf, wäre dessen Geburtsdatum mit 1490 zu errechnen; vgl. dazu S. 502.

1566, als Vasari, der Verfasser dieser vorliegenden Geschichten, nach Venedig kam, besuchte er Tizian als seinen lieben Freund; er fand ihn, obwohl hoch an Jahren, die Pinsel in der Hand, mit Malen beschäftigt und hatte große Freude, seine Werke zu sehen und sich mit ihm zu unterhalten. Durch ihn lernte Vasari den Messer Gian Maria Verdezotti, einen venezianischen Edelmann, kennen, als einen Jüngling von großen Vorzügen, Freund Tizians und recht verständnisvollen Zeichner und Maler, wie er durch einige sehr schön ausgeführte Landschaften bewiesen hat[1]. Dieser besitzt von der Hand Tizians, den er gleich einem Vater liebt und ehrt, zwei Figuren, einen Apoll und eine Diana, in zwei Nischen in Öl gemalt.

Tizian, der die Stadt Venedig, ja ganz Italien und andere Teile der Erde mit den besten Malereien geschmückt hat, verdient von Künstlern geliebt und gewürdigt und in vielen Dingen bewundert und nachgeahmt zu werden, als jemand, der Werke geschaffen hat und noch ausführt, die eines unendlichen Lobes würdig sind und dauern werden, solange das Andenken berühmter Menschen bestehen kann. Zwar haben sich viele zu Tizian in die Lehre begeben, doch ist jetzt die Zahl derer, die man wirklich seine Schüler nennen kann, nicht groß, denn er hat nicht viel gelehrt, jeder aber hat mehr oder weniger gelernt, je nachdem er verstand, aus den Werken Tizians Nutzen zu ziehen.

Es darf hier nicht verschwiegen werden, daß jene Art der Malerei, die fast überall in Vergessenheit geraten ist, d. h. die Mosaikmalerei, durch den erlauchten venezianischen Senat lebendig erhalten wird, denn die beste und fast einzige Veranlassung wurde dazu von Tizian ge-

[1] Giov. Maria Verdezotti war Maler und Schriftsteller; von ihm sind die schönen Holzschnitte zu den 1571 erschienenen und von ihm auch verfaßten Cento Favole antiche.

geben, der, soviel er konnte, stets zu bewirken suchte, daß jene Kunst in Venedig geübt würde und denen, die sich damit beschäftigten, reichlichen Lohn geben ließ. So sind denn in der Kirche von S. Marco verschiedene Mosaikarbeiten entstanden und fast alle alten erneuert worden, und man hat jene Art der Malerei zu höchster Vollkommenheit und auf eine andere Stufe gebracht, als es in Florenz und Rom zur Zeit des Giotto, Alessio Baldovinetti, Grillandaio und dem Miniaturmaler Gherardo der Fall war. Sämtliche Werke dieser Art sind in Venedig nach Zeichnungen Tizians und anderer trefflicher Maler ausgeführt worden; sie machten Entwürfe und bunte Kartons, um jenen Arbeiten die Vollkommenheit zu geben, wie es bei denen in der Vorhalle von San Marco der Fall ist, wo in einer sehr schönen Nische das Urteil Salomos so herrlich dargestellt wurde, daß man es in Farben fürwahr nicht anders machen könnte[1].

[1] Von Tizian ist der Entwurf zu dem Mosaik, Markus in der Ekstase, über dem Hauptportal in der Vorhalle von S. Marco in Venedig. 1545 von Francesco und Valerio Zuccato ausgeführt. Das Mosaik mit dem Urteil Salomos ist von Bianchini ausgeführt (datiert 1538), wahrscheinlich nach einem Karton des Jacopo Sansovino.

Vasaris Darstellung von Tizians Leben und Werk bricht mit dem Jahre 1566 ab, während Tizian noch zehn Jahre zu leben und zu schaffen hatte. Der Meister starb am 27. VIII. 1576 an der Pest in Venedig; sein Grab ist in der Kirche S. Maria Gloriosa ai Frari.

VERDEUTSCHUNG
DER LATEINISCHEN INSCHRIFTEN

S. 14 Credidit ut Cimabos picturae castra tenere; / Sic tenuit; nunc tenet astra poli: Wie Cimabue die Veste der Malerei zu behaupten glaubte, so hielt er sie (tatsächlich) inne; jetzt beherrscht er die Sterne des Himmelsgewölbes.

S. 24 A. MCCXXVIIII Fuccio me fecit: Im Jahre 1229 schuf mich Fuccio.

S. 25 Comitis Guielmi tempore fecit: Zur Zeit des Grafen Wilhelm hat er es gemacht.

S. 34 A. D. MCCLXXXVIII, tempore Domini Federigi Archiepiscopi Pisani et Domini Firlatti potestatis, operario Orlando Sardella, Joanne Magistro aedificante: Im Jahre des Herrn 1288 zur Zeit des Herrn Friedrich, Erzbischofs von Pisa, und der Regierung des Herrn Firlatti (Tarlati) unter der Bauverwaltung des Orlando Sardella und der Bauleitung von Meister Johannes.

S. 37 Hoc opus sculpsit Joannes, qui res non egit inanes / Nicoli natus sensia (scientia) meliora beatus, / Quem genuit Pisa, doctum super omnia visa: Dieses Werk schuf Johannes in Stein, der keine Nichtigkeiten trieb, der Sohn des Niccola, herrlich in einer besseren Wissenschaft, ihn zeugte Pisa, gelehrt über das Maß alles Gesehnen.

S. 39 Sub Petri cura haec pia fuit sculpta figura; / Nicoli nato sculptore Joanne vocato: Unter des Pietro Sorge wurde diese fromme Gestalt gemeißelt unter Berufung des Bildhauers Johannes, des Niccola Sohn.

S. 57 Hoc opus fecit magister Augustinus et Magister Angelus de Senis MCCCXXX: Dies Werk stellten her Meister Augustin und Meister Angelo aus Siena 1330.

S. 71 Andreas Ugolini Nini de Pisis me fecit a. d. 1330: Andrea Ugolini Nini aus Pisa hat mich gefertigt im Jahre des Herrn 1330.

S. 95 Opus universitatis censorum Florentie anno Domini MCCCCXX: Ein Werk der Zunft der Wechsler in Florenz im Jahre des Herrn 1420.

S. 154 D. S. Quantum Philippus Architectus arte daedalea valuerit, cum huius celeberrimi templi mira testudo, tum plures aliae divino ingenio ab eo adinventae machinae documento esse possunt. Quapropter ob eximias sui animi dotes singularesque virtutes eius b. m. corpus XV Calend. Maias anno MCCCCXLVI hac humo supposita grata patria sepeliri iussit: Dem heiligen Gott. Wieviel der Baumeister Philippus in der Kunst des Dädalus (der Baukunst) vermochte, können sowohl dieses hochberühmten Gotteshauses wunderbare Kuppel bezeugen als besonders mehrere Maschinen, die durch seine göttliche Begabung von ihm erfunden worden sind. Deshalb hat wegen der hervorragenden Gaben seines Geistes und seiner einzigartigen Tugenden seine dankbare Vaterstadt seinen, des wohlverdienten Mannes Leib am 17. April im Jahre 1446 in dieser darunter liegenden Erde beisetzen lassen.

S. 259 Esse parem hunc novis, si non praeponis Apelli, / Aenea Mantineae, qui simulacra vides: Du weißt, daß dieser dem Apelles gleich ist, wenn du ihn nicht höherstellst, nämlich der Aeneas aus Mantua (oder Synonym für Andrea Mantegna, d. h. Andreas aus Mantua), dessen Abbild du hier siehst.

S. 264 Bene scripsisti de me Thoma: Gut hast du über mich geschrieben, Thomas.

S. 277 Petrus Perusinus egregius pictor, / Perdita si fuerat, pingendo hic retulit artem: / Si nunquam inventa esset hactenus, ipse dedit. Anno do. MD: Pietro aus Perugia, der hervorragende Maler, der hat, wenn sie verloren gewesen war, durch sein Malen die Kunst wiedergebracht: wenn sie bis jetzt niemals gefunden worden wäre, so hat er sie selbst geschaffen. Im Jahre des Herrn 1500.

S. 334 hoc opus fecit Dnicus Tome de Gavaris 1503: Dies Werk schuf Domenicus Tome de Gavaris 1503.

S. 357 Pingant sola alii, referantque coloribus ora; / Caeciliae os Raphael atque animum explicuit: Andere mögen allein die Gesichter malen und in Farben wiedergeben: Raffael hat das Antlitz der Caecilia und ihre Seele enthüllt.

S. 395 Michelangelus Bonarotus Floren. Faciebat: Es schuf Michelangelo Buonarroti aus Florenz.

S. 469 Docebo iniquos vias tuas et impii ad te convertentur: Ich werde die Ungerechten deine Wege lehren und die Gottlosen werden zu dir bekehrt werden.

S. 506 Gregorius de Gregoriis excudit 1517: Gregor de Gregoriis schnitt (dies) 1517.

STANDORTVERZEICHNIS
DER KUNSTWERKE

Nur die erhaltenen Werke sind aufgeführt
Die Zahlen bedeuten die Seiten unserer Ausgabe, auf denen Vasari von den betreffenden Werken redet